犹太

THE JEWISH WAR

战争

[古罗马]

约瑟夫斯

Flavius Josephus

著

杨之涵

译

郑州大学出版社

图书在版编目（CIP）数据

犹太战争 /（古罗马）弗拉维奥·约瑟夫斯著；
杨之涵译 .— 郑州：郑州大学出版社，2023.12
ISBN 978-7-5645-9001-7

Ⅰ.①犹… Ⅱ.①弗… ②杨… Ⅲ.①犹太人—民族
历史—研究 Ⅳ.① K18

中国版本图书馆 CIP 数据核字（2022）第 152191 号

犹太战争
YOUTAI ZHANZHENG

策划编辑	郜　毅	封面设计	陆红强
责任编辑	樊建伟	版式制作	九章文化
责任校对	陈　思	责任监制	李瑞卿

出版发行	郑州大学出版社	地　　址	郑州市大学路40号（450052）
出 版 人	孙保营	网　　址	http://www.zzup.cn
经　　销	全国新华书店	发行电话	0371-66966070
印　　刷	鸿博昊天科技有限公司		
开　　本	635 mm × 965 mm　1 / 16		
印　　张	49.5	字　　数	619千字
版　　次	2023年12月第1版	印　　次	2023年12月第1次印刷

书　　号	ISBN 978-7-5645-9001-7	定　　价	168.00元

中译本序言一

难以容忍的不可或缺——约瑟夫斯的生存状态及其意义

张平 撰

1926 年，以色列诗人以撒·拉姆丹（1899—1951 年）出版了长诗《马萨达：一部史诗》，其中一段写道：

> 日子在我们的肩头哭泣，
>
> 我们往何处去？我们的归宿何在？
>
> 振作起来，坚定脚步，
>
> 转起来，转起来
>
> 我们拉起的圈舞还在，
>
> 马萨达不会再次陷落！
>
> 就这样继续圈舞，
>
> 我们不会再让这舞圈断裂！[1]

---

[1] https://www.zemereshet.co.il/m/song.asp?id=1136. 于 2023 年 4 月 1 日访问。

拉姆丹 1955 年以其文学成就荣获以色列国最高荣誉——以色列奖。终其一生，他有影响力的作品几乎只有这部《马萨达》，但即便如此，他的获奖依然是实至名归的——这部作品在犹太复国主义事业中的影响力实在是太大了。作品描述了以马萨达为象征的以色列国在强敌环伺的险恶环境中进行的艰苦卓绝的斗争。虽然他也描述了失败的可能性，但人们显然更注重那些鼓舞斗志的内容。据说著名的反纳粹的华沙起义中的很多起义者便深受这部史诗中的英雄主义精神的影响。而"马萨达永不再陷落"则成了以色列人耳熟能详的表达保家卫国的决心的金句。

1963—1965 年，以色列国防军前总参谋长、希伯来大学考古学教授伊戈尔·亚丁主持了马萨达遗址的发掘工作。以色列国军事领导人与著名学者的双重身份赋予亚丁的马萨达考古工作突出的特点——他以考古学家的严谨和犹太复国主义者的热情竭尽全力地证明壮烈的马萨达传奇的历史真实性。在下层平台发现了三具尸骨之后，他激动地宣称："我们注视着这些尸骨，它们让我们亲历了马萨达悲剧最终和最悲惨的部分……毫无疑问我们所目睹的是马萨达守卫者的一部分。"[1] 虽然他的这一判断并无现场证据支持，后来很多学者也对此提出了质疑。对于与传奇不一致的考古证据，亚丁也毫无例外地进行了辩护性解释。比如传奇宣称守军在自杀前留下了大量仓储供给，没有进行破坏性活动，以示自己并非死于饥饿，但考古发掘表明很多库房都有焚烧和打砸的痕迹。对此亚丁解释说，守卫者只要留下一两个装满粮食的库房明志即可，没必要把所有的粮食都留给罗马人。[2]

---

〔1〕 Yigael Yadin, *Masada: Herod's Fortress and the Zealots' Last Stand*, New York: Random House, 1966, p.54.

〔2〕 同上，第 97 页。

拉姆丹充满灵性的诗句、亚丁（连同其他一些考古学家）激情充沛的学术与传播活动，加上犹太复国主义者们实在太需要在以色列这块土地上找到一个英雄主义的地标，这一切使得马萨达从一个普通的历史遗迹上升为以色列的爱国主义和英雄主义教育基地。直到 20 世纪 80 年代末，马萨达都是以色列国防军举行入伍仪式的地方。今天，以色列装甲兵仍然把攀登马萨达作为入伍仪式的一部分，步兵们则往往是在长途拉练之后登上马萨达，在那里接受贝雷帽，正式完成训练。而在外国领导人对以色列的访问中，马萨达始终是以方加意安排的目的地之一。

然而"马萨达英雄主义"有一个致命的问题：它完全建立在约瑟夫斯记录的基础之上，而约瑟夫斯则恰恰在这场起义中战败投敌，而且他投降的场景恰恰与他所描述的马萨达英雄们的壮举相反——他被围困在洞穴中，战友们都自杀了，他却走出洞穴向罗马人投降了。不仅如此，他还成为罗马将军韦斯巴西安和提图斯的近臣，全程陪伴了罗马军团对犹太起义者的镇压、屠杀，以及对犹太城镇，包括耶路撒冷犹太圣殿的毁灭性破坏，在当时的犹太人眼中是个不折不扣的叛徒、被追杀的对象。

现代以色列国是一个充满矛盾的国家，而作为国家象征的马萨达传奇出自近两千年前的犹太叛徒之口，则可以说是这些矛盾中最为奇特的一对——马萨达是不可或缺的，然而这不可或缺的来历却是让人难以忍受的。

如果我们再向前探究一下，就会发现约瑟夫斯这种"难以忍受的不可或缺"的地位并不始于现代以色列。1655 年 9 月，阿姆斯特丹的著名拉比、大哲学家斯宾诺莎的老师梅纳什·本·以色列启程前往英国。他此行肩负着说服以克伦威尔为首的英国领导层向犹太人重开国门的重大使命，试图改变该国从 13 世纪末驱赶犹太人以来的强硬政策。他行装简陋，很多必需品都没有带，却没忘带上一部书：拉丁文版的《约瑟夫斯文集》[1]——一切皆可或缺,唯有约瑟夫斯不可或缺。

这种情况的出现并非偶然。阿姆斯特丹犹太社区的主体是葡萄牙犹太人,他们与当时欧洲其他地区的犹太人在宗教背景、教育修养、文化熏陶等方面都截然不同。在 15 世纪西班牙驱逐犹太人之后,留在伊比利亚半岛的犹太人只能在表面上皈依基督教,成为"新基督徒"。这些人在基督教的环境里成长,有条件接受大学教育,熟悉基督教的各种典籍,而约瑟夫斯的著作则恰恰是基督教极为看重的历史文献,因为这几乎是基督教创建时期唯一一部由同一时代同一地区的历史学家撰写的历史记录,其中能与《新约圣经》的记录相互印证的材料更是难能可贵。因此那个时代的葡萄牙犹太人普遍熟悉约瑟夫斯的著作,而且对于他在基督教世界里所获得的声望和地位甚为钦佩。移居荷兰之后,宗教迫害没有了,犹太人开始回归犹太教,但是约瑟夫斯的重要性依然如故,因为他不仅记录了历史,而且以其《驳阿庇安》等著作开启了犹太教传统与希腊文明对话的先河,对于回归的犹太人如何以犹太身份与西方世界对话有着意义重大的启迪和指导作用。

因此,我们就不难理解为什么阿姆斯特丹犹太社区的领袖以撒·阿波亚·达·冯塞卡一方面认为斯宾诺莎罪不可恕,签字将其驱逐出教门,另一方面却对约瑟夫斯大为赞赏,在为《驳阿庇安》的西班牙语译本写评论时称赞他是"我们著名的约瑟夫斯"。[2]外人不明就里的,大概还会以为是斯宾诺莎在战场上叛变投敌了。当然,我们应该明白冯塞卡并没有冤枉斯宾诺莎——约瑟夫斯虽然在战场上变

---

[1] 参见 Jacob Abolafia, "Josephus in Early Modern Jewish Thought From Menasseh to Spinoza", 收录于 Andrea Schatz 主编的 *Josephus in Modern Jewish Culture*, Leiden: Brill, 2019, p.17.

[2] 同上,第 18 页。

节，但他在本质上是忠于犹太教传统的。他相信《希伯来圣经》的完美性，认定犹太律法可以让犹太人在丧失了国家和财富的情况下保持自身的独立和完整；斯宾诺莎则是从理性和逻辑出发，在理性主义哲学的高度严厉批判了建立在传奇基础上的宗教传统，并与之彻底决裂。斯宾诺莎的哲学对门德尔松影响甚大，而后者直接开启了犹太启蒙运动的新时代。在这个时代里，从经文而非理性出发的约瑟夫斯在另一个层面上再次变得"难以容忍"，他所为之辩护的那些犹太传统恰恰成了启蒙者们意欲突破的藩篱，因此阿姆斯特丹的"约瑟夫斯热"很快从犹太主流思想界销声匿迹了。

没有多少证据表明，在 17 世纪的阿姆斯特丹犹太社区发现约瑟夫斯之前，犹太人对他有多少了解。事实上，约瑟夫斯与活跃在亚历山大地区的哲学家斐洛一样，都是在中古犹太传统之外平行存在的犹太文化巨人，他们的著作主要是通过基督教文化而得以保存与研究的，同一时代的犹太教经典如《密释纳》《塔木德》等均未提到他们的名字。不过，不知道约瑟夫斯之名并不等于不了解约瑟夫斯的著作内容，恰恰相反，约瑟夫斯的不可或缺在这一时期体现得更加淋漓尽致。大约在公元 10 世纪前后，意大利南部的一位犹太人用希伯来语编写了一部《约瑟彭之书》（Josippon），该书署名为约瑟夫·本·古里安（Joseph ben Gorion），应该是从约瑟夫斯的本名演变而来的。该书讲述从亚当起至第二圣殿被毁的犹太历史，显然是以约瑟夫斯的《犹太古史》和《犹太战争》为蓝本而编纂的。尽管这部著作后来被人反复增删，出现了许多不同版本，且内容中出现了大量的错误，但它仍然受到中古犹太社区的追捧，不仅被反复印刷发行，而且被翻译成意第绪语、拉丁语、英语等多种语言，在犹太社区中产生了巨大的影响力；在埃塞俄比亚犹太社区内，这部著作甚至登堂入室，成为当地犹太教正典的一部分。

约瑟夫斯的著作在这一时期的"不可或缺"主要基于其史学价值。

由于独特的融合时间观导致过去、现在、未来之间的界限模糊，拉比犹太教那些叠床架屋的浩瀚经典没能给人提供一条犹太历史的清晰脉络。[1] 一个人即使读了全部《塔木德》，也搞不清那个时代究竟发生了什么事情。而约瑟夫斯的著作则恰恰填补了这一空白，而且是唯一一部填补这一空白的著作——任何想从史学角度了解犹太文明的人都绕不开这些著作。吊诡的是，约瑟夫斯能够填补这一犹太历史空白恰恰是因为他从这一历史中跳了出来。如果他依然留在以色列的犹太社群之中，他也会跟着拉比犹太教贤哲们一起卷入纷繁复杂的律法争辩，即使他想讲述历史，由于受到其时间观的限制，也只能讲得一团糟。同样可能真实的是，他后来在罗马的经历和他对罗马史学的了解很有可能帮助他摆脱了犹太教时间观，确立起更加接近历史叙事的普世时间观，从而有能力将犹太历史叙述清楚。

然而撰写了记录这段犹太历史的唯一一部史籍，并非约瑟夫斯的"不可或缺"成立的唯一基础。更重要的是，约瑟夫斯对犹太人这场惊天动地的大劫难进行了及时且深刻的反思。

圣殿是《圣经》犹太教的精神与物质中心，是其全部教义的现实载体，是全知全能的超越之神在俗世的圣洁存在。圣殿的毁灭对犹太教徒来说是难以置信的，对《圣经》犹太教的打击是万劫难复的。面对这场危机，犹太人要如何应对？犹太民族要如何生存？犹太文明要如何延续？在公元 70 年的以色列土地上，这些都是决定犹太文明生死存亡的要害问题，需要犹太精英们深思熟虑，找出一条绝地求生的道路来。

就现存的资料而言，约瑟夫斯第一个就上述问题进行了深度思考。他的思考大致包括了以下几个方面：

---

[1] 有关拉比犹太教独特的时间观念及其与犹太史学的关系，参见张平：《密释纳·第 2 部·节期》，北京：商务印书馆，2022，"导论"，第 15—16 页。

要延续一个被毁掉的文明，第一件事情是要设法保留对该文明的记忆。约瑟夫斯准确地意识到这个记忆的关键是对圣殿的记忆，对那个被烧成灰烬的民族文化核心载体的记忆。一座精神上的圣殿将为犹太文明的延续提供坚实的基础。因此他在本书的第五卷第五章中对圣殿的建筑进行了详尽的描述。这种描述并非简单平铺直叙地记录圣殿的外貌，而是充满感情地赞美了圣殿的辉煌。在《犹太古史》里，他还记录了圣殿所行的各种祭典的详尽细节，仿佛是在写一部圣殿行祭指南。[1]

延续文明的第二个要点是继承该文明的精神核心。在这一点上，约瑟夫斯准确地选择了《圣经》犹太教的根基——上帝。他敏锐地意识到圣殿可以被毁掉，但上帝不能被毁掉，否则犹太文明将就此断根。为此，他将圣殿的毁灭归结为犹太人因种种违反神的诫命律法的行为而受到的惩罚，由此将圣殿的毁灭归结为上帝的公正，以免信徒们产生"上帝无能"乃至"上帝是否存在"的质疑。[2]为了确保这一点能够说服信众，他还采用了《希伯来圣经》的方法，详细讨论了圣殿毁灭前的种种预兆，表明神事先给了人们种种表征，如果先知存在的话，那么这场灾难是可以被预言的，就像耶利米预言第一圣殿被毁灭一样。[3]

毫无疑问，延续文明的关键不只在于继承其精神中的超越部分，还需要脚踏实地地反思灾难的人为因素。在这方面，约瑟夫斯对犹太领袖们的嗜血品性与暴力追求进行了严厉的批判，特别指出这种嗜血与暴力所造成的犹太人之间的血腥内斗和杀戮是罗马人获得这场战争的正义性的主要原因。[4]

---

〔1〕约瑟夫斯：《犹太古史》第三卷第 224—257 节。
〔2〕本书第五卷第 566 节。
〔3〕《耶利米书》第 52 章。
〔4〕本书第五卷第 257 节。

值得指出的是，虽然拉比犹太教经典《密释纳》《塔木德》从未提到约瑟夫斯和他的著作，但两者之间有关圣殿毁灭的反思内容却有着惊人的相似之处。[1]有学者指出，约瑟夫斯著作中的部分历史记录显然被《塔木德》直接引用了，[2]不过目前的学术研究尚未厘清这些文本之间的全面承接关系，因此我们无法断言拉比犹太教贤哲们是延续了约瑟夫斯的思考，还是完全另辟蹊径却殊途同归。不过有一点我们是可以确定的：约瑟夫斯所进行的这些反思的内容及其探索出来的大方向，对于犹太文明克服这场危机并得以存续是至关重要、不可或缺的。就算当时的犹太人完全没读过他的著作，他的思想对他们没起到应有的作用，但使犹太文明浴火重生的仍然是同样的思想，这些思想究竟来自何处反而没有那么重要。

在约瑟夫斯与拉比犹太教的关系问题上，最有代表性的也许就是预言韦斯巴西安称帝的故事了。在本书中，这个故事是这样叙述的：

> 韦斯巴西安则命令提图斯严密地看守约瑟夫斯，打算不久就把他押送到尼禄那里。一听到这个消息，约瑟夫斯立即向韦斯巴西安表达了单独面见他的强烈愿望。除了他的儿子提图斯和他的两个朋友外，韦斯巴西安命令所有人全都离开，于是约瑟夫斯对他这样说道："噢，韦斯巴西安，难道您以为约瑟夫斯仅仅是一名俘虏吗？但我是作为伟大天命的使者来到您这儿的。若不是上帝差遣我来执行这使命，我当然知道犹太人的律法是怎样的，以及一个犹太将军该如何死亡。您不是要把我送到尼禄那里吗？您为

---

[1] 参见 Jonathan Klawans, "Josephus, the Rabbis, and Responses to Catastrophes Ancient and Modern", *The Jewish Quarterly Review*, Vol.100, No.2（Spring 2010），pp.278–309.

[2] Shaye J.D. Cohen, "Parallel Historical Tradition in Josephus and Rabbinic Literature", *Proceedings of the World Congress of Jewish Studies*, Division B, Volume I, p.13.

什么要这么做呢？尼禄及其继承人都将先于您死于非命。韦斯巴西安，您会成为凯撒，您会成为皇帝，而您的儿子提图斯也会。您现在把我捆绑得这么紧，到时您会把我留在身边；因为，您是凯撒；您不仅是我的主人，而且是陆地、海洋和全人类的主人。如果我胆敢冒充上帝的话语，那么作为惩罚，到时我请您更加严格地看管我。"

对于约瑟夫斯所说的这番话，韦斯巴西安一开始根本就不相信，他认为这不过是约瑟夫斯为了活命而使出的一个诡计。但是，过了一段时间后，他就开始相信了，因为上帝唤醒了他对帝国的渴望，其他一些迹象也预兆了他要荣登皇帝大位。此外，他发现约瑟夫斯在一些事情上所做的预言都被证明是真实的。（《犹太战争》第三卷第398—405节）

在《巴比伦塔木德》中，存在着一个非常相似，而且对拉比犹太教的形成至关重要的故事，只是故事的主人公换成了拉比犹太教的开山鼻祖之一——拉班约哈南·本·扎卡伊（Rabban Johanan ben Zakkai）：

当拉班约哈南·本·扎卡伊到达罗马军营时，他说："向您问安，陛下；向您问安，陛下。"韦斯巴西安对他说："您该被处以两个死刑：一是因为我不是国王，而您却称我为陛下；二是因为，如果我是国王，为什么您直到现在才来见我呢？"拉班约哈南·本·扎卡伊对他说："您说自己不是国王，事实上，您是国王。即使现在不是，将来也是国王。如果您不是国王，那么耶路撒冷将不会交在您手中，正如经上所写：'黎巴嫩的树木必被大能者伐倒。'（《以赛亚书》10：34）而'大能者'只能意味着国王，正如经上所写：'他们的大能者必是属于他们的，统治者要从他们中间而出。'（《耶利米书》30：21）这表明'大能者'与'统治者'

是相等的。而'黎巴嫩'只意味着圣殿，正如经上所述：'那佳美的山地和黎巴嫩'。（《申命记》3：25）至于您的第二个观点：'如果我是国王，为什么您直到现在才来见我？'那是因为我们中间有狂热分子，他们不允许我这样做。"[1]

两个故事的情节主线几乎完全一致，约瑟夫斯和扎卡伊都在确信罗马人必胜之后离弃了犹太起义军，以俘虏的身份进入了罗马军营。他们都得到了面见韦斯巴西安的机会。他们都当面预言韦斯巴西安即将成为罗马皇帝，也因此得到了韦斯巴西安的赏识。当然，细节上的差别也是很明显的。其中最主要的一点是：约瑟夫斯基本上是把自己当作一个《圣经》时代的先知，他的预言直接来自上帝。而扎卡伊则是拉比犹太教贤哲的思维，他的预言是从经文的解读中推导出来的。

两个故事成文的时间相差几百年，最大的可能性是《塔木德》受到了约瑟夫斯故事的某种影响。从历史真实性来看，约瑟夫斯完成本书时，他的同时代人包括韦斯巴西安和提图斯都还健在，甚至可能是他的第一批读者，[2]因此约瑟夫斯撒谎的可能性不大。就当时的历史情况而言，尼禄死后罗马帝国经历了"四帝之年"，基本都是拥兵自重的将领在外擅自称帝。韦斯巴西安也是先被他所统率的军团及其周边部队将领推举为皇帝，然后才回罗马开战争位。因此约瑟夫斯的预言与其说是先见之明，不如说是逢迎劝进，而且当时军营里劝进的肯定不止他一个人。因此他的故事很可能没有他所讲述的那样玄妙，更有可能是真实的历史事件。反观《塔木德》的故事，叙述者误以为韦斯巴西安当皇帝的事情是由罗马贵族们先做了决定，然后才跑到以色列请圣驾回宫的，显然对罗马历史一无所知。因此，扎卡伊故事属

---

〔1〕《巴比伦塔木德·休书卷》56a-b。
〔2〕约瑟夫斯：《驳阿庇安》，第一卷第51—52节。

于原创作品的可能性非常小，从某种版本的约瑟夫斯故事改编而来的可能性非常大。

而这种改编恰恰是约瑟夫斯"不可或缺"的一个典型例子。犹太文明要挺过圣殿毁灭这场大灾难，进而重获新生，必须在承认失败的同时保持对罗马帝国的某种精神优势。如果没有这种精神优势，那么犹太人心悦诚服地将自己蜕变为罗马人即可，完全没必要苦苦保守自己的文明和传统。而这个"预言称帝"的故事在军事失败与文化胜利、现实弱势与宗教优越、政治挫折感与文明自信心之间找到了很好的平衡点和穿越的桥梁。约瑟夫斯和扎卡伊以失败者的身份进入罗马军营，却以自己压倒性的智慧让对方崇拜得五体投地，最终达到了自己的目的，完成了从灾难到胜利的完美转折。而这个完美转折，是约瑟夫斯送给犹太人的另一件"不可或缺"的礼物。

问题在于，如果约瑟夫斯和拉班约哈南·本·扎卡伊做的实际上是同一件事情，如果两个人实际上都离弃了犹太起义军，向罗马帝国投降，那么为什么约瑟夫斯在很长时间内（18—19世纪，如果不是更早的话）被看作是犹太人的叛徒，而扎卡伊则被看作是拯救了犹太教和犹太文明的顶级贤哲？

显然，我不是第一个问这个问题的人。1948年以色列在独立战争期间曾举行过一次对约瑟夫斯的模拟审判。不过这次审判的被告不是他一个人，而是他和拉班约哈南·本·扎卡伊两个人。毕竟两人行为相似，只审判其中一个显然难以服众。审判的结果是：两人双双清白！他们的辩护人提出的最有力的辩护是：两人的离弃行为确实有背叛的嫌疑，但他们在离弃后为犹太文明的存续所做出的贡献远远超出其行为所造成的损失。[1]

---

[1] Louis H. Feldman, "Book review: Jerusalem's Traitor", in Bible History Daily, Feb.13, 2012. https://www.biblicalarchaeology.org/reviews/jerusalems-traitor/. 于2023年11月9日访问。

约瑟夫斯无疑是两人中背叛嫌疑更大的那个。他是加利利地区的军事长官，在约塔帕塔城堡失守的情况下不能尽职尽忠，求活投敌，显然不是无辜的。不过就他给犹太人造成的损失而言，的确也不那么严重。他的部队已经战败，城堡已经失守；罗马帝国正在上升时期，罗马军团战斗力难逢对手。因此，约瑟夫斯是否投降，对加利利的战局以及整个犹太战争的结局都没有真正的影响。而他后来撰写的犹太历史著作却在犹太文明的存续和复兴方面起到了不可或缺的作用。得失相较，约瑟夫斯的贡献显然大于破坏。至于拉班约哈南·本·扎卡伊，他本来就是一介布衣，身无职责，出城投降最多也就是违抗了命令而已。而他后来在雅夫内建起经学院，带领犹太教从圣殿的灰烬中爬起来，重启文明征程，则无疑是犹太文明克服危机的关键人物。

　　公元67年7月，当约瑟夫斯困守在约塔帕塔城堡外的那个洞穴时，他有三个选择：他可以像一个普通犹太战士那样战死或者自杀，从此湮没无闻；他也可以投降，并从此忘掉犹太身份，全心全意地归化为一个罗马人，并在罗马大群辉煌人物的光环里消失无踪；但他选择了第三条道路，向罗马投降以求活命，保留犹太信仰、身份和文化，并向世人证明这一点。在这个证明的过程中，他创作出了犹太史籍巨著，从而使自己无论对谁都成为不可或缺的，并由此名垂青史。

　　从某种意义上来说，约瑟夫斯的生存状态就是失去土地之后整个犹太人群的生存状态——他们必须臣服于异族的统治，同时又不计一切代价地守护自己特有的文明和身份。这样一种独特的困境使得他们必须自强，必须做出超越他人的贡献，使独特的自己对宗主国来说变得不可或缺，尽管他们顽强拒绝被同化的态度时时让宗主国觉得难以容忍。这便是约瑟夫斯生存状态的意义，也是离散中的犹太民族生存状态的意义。

　　时至今日，即使是在犹太人中间，也很少有人否认约瑟夫斯著作"不可或缺"的价值。它是详细记述人类历史上那段至关重要的关口的唯一一部史籍。因此本书的中译，对中国犹太学、宗教学、历史学和其他相关学科的发展来说，都是同样不可或缺的。感谢杨之涵先生为此所付出的心血，感谢他给了我们一部忠实于原文却又通晓流畅的译著。

2023 年 11 月 10 日星期五　于特拉维夫

中译本序言二

阿灵猊（Aryeh Amihay）撰

约瑟夫斯的主要作品《犹太战争》全本终于有了完整的中译本，这无疑是一桩重要的学术事件。约瑟夫斯生活在公元 1 世纪，也就是东汉时期。如果他听说过中国文化，那也是通过三手或四手的叙述；尽管他对自己评价甚高，但他可能不会想到，在他写作近两千年后，他的作品仍然会在一个遥远的国度和文化里得到出版和阅读。要充分认识这一译本的意义，我们必须考虑到三个主要方面：他对犹太读者的重要性，他对基督教读者的重要性，以及他作为古代历史学家的地位。

犹太语境中的约瑟夫斯

大约在公元 37 年，约瑟夫斯出生在耶路撒冷一个显赫的祭司家庭。犹太人的祭司身份实质上是世袭的：祭司都是摩西的兄弟亚伦的后裔，亚伦是上帝在以色列人在旷野时任命的第一位祭司（《出埃及记》29：44–46）。不管这个世系在历史上的准确性如何，等到约瑟夫斯出生时，自公元前 7 世纪约西亚国王（King Josiah）将崇拜集中化之后（《列王纪下》23：1-24），整个犹地亚（Judea）只有一座礼拜的神庙。因此，祭司是强大的精英人士，控制着这座城市的中心和非凡的礼拜场所，这里也是犹太与外邦统治者的政治首都和权力中心。这种社会背景确保了约瑟夫斯在其自身的犹太和希伯来传统中获得了良好的教育，以及对他那个时代周围希腊文化的世俗性体验。在其自传中，他记载说，他以记忆力和理解力而著称，并夸耀说："大约 14 岁时，我就因为酷爱读书而被大家夸赞，以至于耶路撒冷城的祭司长和主要人物都经常跑来问我律法方面的问题，希望从我这里获取准确的信息。"（《生平》第 9 节）即使这有点夸张，但这可能是一个从小就习惯于权力殿堂的人的真实印象。这将为他未来的道路指明方向，首先是作为自己人民天生的领袖，其次是成为罗马宫廷的一员。

他最广为人知的名字是约瑟夫斯（Josephus），这是一个由希伯来圣经名字"约瑟夫"（Joseph）和希腊罗马后缀"乌斯"（us）组合而成的复合词。这种混合本身就充分说明了约瑟夫斯的时代和他自己的独特传记游走于两个世界之间。约瑟夫斯生活在犹太历史上被称为第二圣殿的时期，这是一个由被称为希腊化犹太教（Hellenistic Judaism）文化发展所定义的独特时代：公元前 586 年巴比伦人摧毁了第一圣殿之后，波斯国王居鲁士大帝允许犹太流亡者返回耶路撒冷，并于公元前 539 年重建圣殿。这标志着犹地亚从圣经时期向波斯时期的转变——后者以公元前 332 年亚历山大大帝的到来为结束。这就开启了希腊文化对犹太文化的长期影响，犹太人逐渐接受了希腊人的名字、风尚和习惯。希伯来语文本被翻译成希腊语，最著名的是将神圣的《托拉》（Torah）翻译成希腊语，即著名的《七十士译本》（Septuagint），而新的诸宗教文本也是由犹太作家用希腊语创作的。在抵制这一进程中，马加比起义（公元前 167—前 161 年）无疑达到了最高潮——马加比起义试图恢复犹太人在犹地亚的自治权，驱逐希腊人，并削弱那些过度信奉希腊文化而牺牲犹太教宗信仰的犹太人。尽管马加比起义取得了胜利，直到今天犹太人的光明节（Festival of Hannukah）都在对其进行庆祝，但其民族自豪感的动力具有某些模糊的遗产：马加比家族（the Maccabees）自身并非完全没有希腊文化因素，他们的军事努力需要与罗马人结盟，最终导致罗马人在犹地亚的影响力越来越大，乃至实际上结束了犹太人的主权。约瑟夫斯出生时，希律王（King Herod）逐渐破坏了马加比家族建立的哈希曼王朝（the Hasmonean dynasty），通过站在罗马人一边而获得了统治权。

约瑟夫斯作为历史学家的重要性首先是由其在记载第二圣殿时期所起的作用而决定的。在《犹太战争》（*Jewish War*）和《犹太古史》（*Jewish Antiquities*）两部作品中，他呈现了他那个时代的犹太历史，也成为重建此前时代的犹太历史最重要的文献来源。他对亚历山大大帝到达耶路撒冷的描述——如果发生的话，应该发生在约瑟夫斯出生前的几个世纪——很有说服力：

> 亚历山大大帝远远看到民众身穿白衣站着，祭司身穿细麻衣站着，大祭司身穿紫红色衣服，头戴冠冕，手持刻着神名的金盘，就亲自上前向大祭司致敬，也向神的名致爱慕之意。犹太人也同声向亚历山大致意，并团团围住他。因此，叙利亚诸国王和其他人都对亚历山大的所作所为深感惊奇，认为他精神错乱……他进入圣殿，遵照大祭司的吩咐，向神献祭，并且厚待大祭司和众祭司……他对民众说，如果他们希望以继续遵从祖先的律法并按照祖先的律法生活作为加入自己军队的条件，那么他很愿意带上他们。于是，许多人都准备好，与他一同奔赴战场。（《犹太古史》第十一卷第331—339节）

人们不必把这个故事当作完全的历史来接受，但仍可领会其中所蕴藏的诸种重要元素。对犹地亚的征服基本上是和平的，这是完全合理的，因为犹太人当时不是一个独立的国家，而且听说希腊人在这一地区的进展，很可能决定以和平的方式迎接希腊军队，而不是武装抵抗他们。同样，希腊人对当地文化表现出的兴趣，以及在对待比自己更古老的文明上表现出的某种谦逊感，在其他地方也得到了证明。因此，亚历山大大帝在到达圣殿时向圣殿致敬的说法也是可信的，无论实际上是亚历山大大帝本人还是其他官员到达耶路撒冷圣殿。这一叙述的背景里可能还有另外两个因素：对大祭司和其他祭司所获得的尊重的提及，可能是约瑟夫斯家族内部传递的一种温暖的记忆，而对自己出身于一个受到亚历山大大帝尊敬的家族的提及，则是约瑟夫斯骄傲的源泉。其次，希腊军队的热情接待加上对犹太人的宗教宽容可能是对罗马东道主的微妙批评，表明犹太人知道如何既殷勤又顺从，如果他们受到占领军的正确对待的话。无论如何，这个叙述将犹太－希腊化（the Jewish–Hellenistic）的相遇呈现为一种积极的相遇，以相互尊重为标志，从而为约瑟夫斯自己作为一名希腊化犹太人（a Hellenistic Jew）的成长呈现了适当的背景。他以耶路撒冷精英的身份开始了自己的人生，并以罗马杰出公民的身份结束了自己的人生。

第二圣殿时期是犹太历史上一个动荡的时期：公元前 2 世纪反叛希腊人的胜利导致了弥赛亚式的救赎期望。学者们开始重新计算关于时间终结（the End of Times）的预言，将他们那个时代的政治事件解释为即将到来的救赎的标志。持续困扰着这个王国的问题导致人们在整个国家的行为，尤其是在圣殿中搜寻罪孽。这些对意义的追求，加上实际的政治斗争和对神圣经文正确解释的智力辩论，导致了犹太社会里各种派系和教派的兴起。今天，这些团体中最著名的是拿撒勒的耶稣（Jesus of Nazareth）的追随者，在约瑟夫斯时代的犹太社会里，它可能是一个边缘性的、几乎不引人注目的派别。在约瑟夫斯对自己那个时代的教派的描述中，他提到了三个群体：法利赛人（the Pharisees）、撒都该人（the Sadducees）和艾塞尼人（the Essenes）。他声称，在16岁时，他曾考虑——加入这些团体，并花费时间与他们进行了相处，并思考了他们的教义。尽管如此，他还是用了最大部分的篇幅来记述艾塞尼派，而对其他两派则进行了更为简短的思考。他自己对这些教派的描述是这样开始的：

> 事实上，犹太人中间存在三个哲学派别（three philosophical sects），第一个派别的追随者叫作法利赛人，第二个派别的追随者叫作撒都该人，第三个派别的追随者叫作艾塞尼人。艾塞尼人在培育独特的圣洁方面享有盛名。他们在血统上都是犹太人，但比起其他两个教派，艾塞尼人相互之间更加友爱。然而，艾塞尼人拒斥享乐，他们把享乐视为一种邪恶，并把节制和对激情的控制视为一种特殊的美德。他们蔑视婚姻，但他们收养外人的孩子，前提是这些孩子仍具有足够的可塑性而适合学习；他们把这些孩子视作自己的家人，并按照自己的原则逐步培育和塑造他们。事实上，他们并不完全拒斥婚姻和由此而来的种族繁衍，但他们希望自己免于女人的放荡，因为他们相信，没有一个女人可以一直保持对丈夫的忠贞。（《犹太战争》第二卷第119—121节）

前两个群体在当时的犹太教和基督教中都有记载，这些群体的名称很容易因为它们的希伯来语起源和含义而识别出来。另一方面，艾塞尼派主要是因约瑟夫斯（以及第二圣殿时期的另一位作家——亚历山大里亚的斐洛［Philo of Alexandria］）而为人所知，他们名称的含义或起源并不容易解释。由于缺乏来自其他文献的信息，再加上约瑟夫斯在描述这三个群体时投入了最多的时间来描述这一群体，这引起了人们对他们的极大兴趣。当1947年发现了《死海古卷》（Dead Sea Scrolls）时，其中包括一个特殊教派的著作，许多人认为这就是约瑟夫斯所描述的艾塞尼派。在古老卷轴中发现的该教派的著作与约瑟夫斯的著作之间也存在着显著的差异，这给学者们留下了很大的空间来讨论两者之间的异同。当然，也有可能约瑟夫斯替换了一些细节，以使其更符合罗马读者的口味。也有可能，由于约瑟夫斯只是在考虑加入该教派，而从未真正成为其中的一员，以至于他无法接触到该教派的所有著作和礼仪。如果是这样的话，《死海古卷》和约瑟夫斯的叙述之间的差异并不一定意味着约瑟夫斯是不可靠的，也不一定意味着把艾塞尼派与卷轴中的该教派等同起来是错误的。然而，还有许多其他的选择，不管是否是同一个教派，两者之间的相似之处表明，约瑟夫斯是第二圣殿犹太教教派生活的忠实记录者。

尽管约瑟夫斯只提到了三个教派，并且只详细描述了艾塞尼派，但在他的自传中，他声称自己遇到了一位名叫班努斯（Banus）的精神领袖，"他居住在旷野，天天都穿着树皮做的衣服，吃着自然生长的食物，以刺骨的冷水洗身，以保持自己的纯粹"（《生平》第 11 节）。约瑟夫斯声称自己效仿了这位班努斯，并同他一起生活了三年。这意味着，他年轻时花了更多的时间追随一位素不相识的苦行僧，而不是他详细描述的主要哲学派系之一。虽然没有关于这位班努斯的进一步信息，但它为第二圣殿时期犹太教丰富多样的宗教景观提供了重要的一瞥，而那幅景观当中包括远远超过约瑟夫斯在《犹太战争》中所描述的那三个群体。

26 岁时，作为一项出使任务的其中一部分——目的是释放一些被囚禁并被送往罗马的犹太祭司——约瑟夫斯前往罗马。尽管他的航船在海上遭遇了失事，但他安全抵达了罗马，并在罗马停留了一段时间，接着回到了犹地亚。约瑟夫斯在回来之前，就听说对罗马人的愤怒正愈演愈烈，约瑟夫斯在犹地亚的兄弟们开始考虑反叛罗马人，而约瑟夫斯最初无疑是反对反叛的。再一次地，我们很难确定约瑟夫斯这番话的真实性，因为他是以罗马公民的身份写作的，他事后知道罗马人打败了犹太人，摧毁了耶路撒冷的圣殿。然而，并非不可能的是，当他在罗马的那段时间里，他已经开始钦羡罗马文化，他对罗马的军事力量和基础设施也印象深刻，而这对于生活在一个行省的普通犹太人来说是无法触及的，也是无法评估的。这开始了约瑟夫斯一生中最戏剧性的一幕。他从耶路撒冷来到以色列北部的加利利，作为耶路撒冷领导层的代表，试图安抚起来反叛的犹太军队，避免与罗马人全面对抗。然而，在听到加利利的局势和罗马人的压迫后，他向耶路撒冷发送了一份报告，这份报告说服了领导层让约瑟夫斯留在那里，不是为了解除犹太反叛军队的武装，而是为了帮助他们组织和保护自己。约瑟夫斯从一个反对任何针对罗马人的行动的祭司化外交官幡然转变为一个参与叛乱的官员。他以将军身份加入起义将成为他人生的决定性时期。他对罗马人的投降以及他选择书写这场反叛的决定都源于这一初始阶段，他自己的写作和政治活动都将回到这一时期。

约瑟夫斯向罗马人投降被认为是叛国行径，许多犹太作家谴责他的这一抉择。事实上，在犹太历史的大部分时间里，犹太人都忽略了约瑟夫斯的著作，也没有参与其中，而把他的遗产留给了基督教读者，这将在下文中进行解释。然而，要正确地理解他的所作所为，我们必须记住三件事：首先，如果没有这种叛国行为，就没有第二圣殿时期的历史，学者们将不得不从遥远的文本中拼凑出零碎的证据，而没有明确的事件时间线。约瑟夫斯选择改变立场，使他得以在罗马胜利者的保护下为后代记录犹太历史。其次，约瑟夫斯看似合理地坚持认为，他从一开始就反对叛乱，这表明，虽然其他人可能认为这是一种自私自利的背叛行径，但事实上，正是约瑟夫斯对自身的一贯性和忠诚性使他迈向了这一步：他一开始就不确定反叛是否明智，他可能是为了帮助加利利的犹太人而被俘的。最后，在别无选择的情况下，他决定向罗马人投降。这也引出了需要记住的第三点，也是最后一点：约瑟夫斯不会在自己的人民获胜时背叛他们。在战争进行期间，他从来不是一个双重间谍，去为伤害自己人民的战争努力。他没有私自投降，而是向所有与他同在的人建议一起投降，因为在他看来，这是当时不可避免的行动。当约瑟夫斯和自己的人民在约塔帕塔被围困时，一场辩论开始了——是集体自杀而不向罗马人投降，还是接受失败向罗马人投降？约瑟夫斯赞成后一种选择，他说自杀只会激怒上帝，他们应该投降。如果罗马人选择杀死他们，那么他们的命运无论如何都是死亡，但投降留下了一些希望的空间：

> 自杀是一种违背所有生物本性的罪恶行径，也是对创造我们的上帝的不虔敬……我们是从他那里接受生命的，也只有他才能决定我们的死亡……因此，战友们，我们应该听从理性和做正确的事情，而不应该给我们的民族徒增新的罪孽，更不应该犯下自杀这种对上帝极不虔敬的罪恶。如果我们决定保存自己的生命，那么，就让我们继续生存下去吧！我们向敌人投降并不是一件丢人的事情，因为，我们之前已经无数次地证明了自己的勇敢；然而，即使我们决定赴死，那么，死于征服者之手也要好过死于自己之手。（《犹太战争》第三卷第 369—380 节）

这并不是约瑟夫斯在叙述反叛罗马人时唯一的一次演讲。整部作品中最令人难忘的章节之一是以利亚撒·本·亚伊尔（Eleazar ben Yair）的两次演讲。他是一个名为奋锐党（Zealots）的极端组织的领导人，当时他们被罗马人围困在犹地亚荒漠的马萨达的希律堡（the Herodian fort of Masada）里。看着别无选择，看着罗马人就要破城而入，他们决定在这座堡垒顶上集体自杀。约瑟夫斯记载到，他们的领袖发表了两次演讲，以说服他们这样做。这些演讲不太可能具有史实性：约瑟夫斯本人并不在那里，任何听到这些演讲的人都可能已经死了。约瑟夫斯提到了一些藏匿其中的女性，但这可能只是为了提升这些演讲的可信度罢了。然而，即使不把这些演讲当作真实的文字记录，它们也很可能非常接近约瑟夫斯在约塔帕塔与志同道合的人们辩论时这些奋锐党人的声音。当然，即使某些演讲在精神和语气上接近于真正的奋锐党人，约瑟夫斯也在利用这个机会论证自己的立场和决定。因此，奋锐党人以利亚撒承认，他们不可避免的失败表明上帝不赞同奋锐党人，并且抛弃了他们，这并不奇怪。很难想象，一个极端主义者会承认这样的事情，这听起来更像是约瑟夫斯的看法，而不是以利亚撒自己的话语：

> 即使这座坚不可摧的城堡也挽救不了我们；尽管我们拥有足够的食物供应、成堆的武器装备和大批其他的各种物资，但是，我们仍然被上帝剥夺了所有获救的希望。要知道，我们的敌人点燃的大火本来是不会烧向我们建造的那道城墙的；所有这些无不预示了上帝对我们疯狂残杀自己同胞的愤怒。我们遭受的这些惩罚不是出自罗马人，而是出自上帝，他通过我们的双手来执行他自己的意图，因为相较于其他的惩罚，这种惩罚要更容易忍受。让我们的妻子不受蒙羞地死去，让我们的孩子像一个自由人而不是奴隶那样死去。（《犹太战争》第七卷第 331—334 节）

深嵌在以利亚撒的演讲里的民族主义自豪感是一个很好的例子，因为这表明了约瑟夫斯在 19 世纪被新的犹太读者重新发现的原因。在历史上被大多数犹太读者回避之后，随着犹太复国主义运动的兴起，19 世纪犹太人民族主义情绪觉醒了：当欧洲的犹太人开始想象回到巴勒斯坦并在那里建立一个独立的国家时，人们对第二圣殿时期的历史产生了极大的兴趣——那是历史上犹太人最后一次对自己的土地拥有主权。约瑟夫斯不仅描述了事件，而且提供了这片土地的地理细节，以及一个自豪的民族的生活。他的作品在 19 世纪首次被翻译成希伯来语，并最终成为犹太复国主义先驱们的兴趣源头，他们在巴勒斯坦旅行时阅读约瑟夫斯的作品，并成群结队地前往马萨达山顶，阅读以利亚撒·本·亚伊尔在堡垒顶上的演讲，他在那里说服自己的追随者集体自杀，而不是向罗马人投降。具有历史极大讽刺意味的是，这位离弃自己犹太民族的所谓叛徒的著作，是犹太复国主义者通过其对手奋锐党人以利亚撒找到犹太人自豪感的源泉。犹太复国主义作家米哈·约瑟夫·伯迪茨夫斯基（Micha Josef Berdichevsky）明确表示，要恢复约瑟夫斯的犹太正典地位，重新构筑犹太传统的遗产——不仅是宗教遗产，而且是民族主义遗产。他问自己的读者："为什么我们只读《塔木德》（*Talmud*）和《米德拉什》（*Midrash*）的段落，而忽略了历史记录和约瑟夫斯的书面文件中的长长页码？"［Berdichevsky，1922］

犹太读者重新发现约瑟夫斯是 19 世纪末 20 世纪初爱国主义高涨的结果。随着以色列文化的变化，读者对回归时间上晚于约瑟夫斯的拉比文本更感兴趣，他们更乐于探索犹太宗教，而不是战争故事。约瑟夫斯仍然是古代犹太教学者重要的文献来源，他描述了犹太社会，犹太社会的冲突、信仰和希望，以及它与外部世界的斗争。

约瑟夫斯对基督教的重要意义

作为一位描述罗马统治下犹太人生活的犹太人，很明显，约瑟夫斯的犹太背景要比基督教背景重要得多，基督教对他来说意义不大，他也不知道这个宗教的名称。然而，关于耶稣的这部分内容虽然极其简短，仍然至关重要，因为如果没有它，约瑟夫斯可能不会被保存下来，我们也将无法阅读到他，无论是汉语还是其他语言。

下面这段就是《犹太古史》中关于基督教奠基者耶稣的那部分内容：

耶稣（Jesus）大约生活在这个时期，他是一位智者，倘若非要这么称呼他的话。因为他是一个广行奇事之人，而且是许多心悦诚服接受其教导的人的老师。他赢得了许多犹太人和希腊人。他是弥赛亚（the Messiah）。当彼拉多（Pilate）听到我们民族中的显赫之人指控他时，下令把他钉死在十字架上，一开始追随他的人并没有消散。第三天，他向他们显现复活了。这位上帝的预言者早已预言了这些事情，并且还行了许多其他的神迹。因他而被命名为基督徒的一派（the tribe of the Christian），至今［大约公元 93 年］仍然没有消失。（《犹太古史》第十八卷第 63—64 节）

这段文字是除了新约基督教著作之外唯一关于耶稣的历史证明。因此，对基督徒来说，这段简短的文字使约瑟夫斯的作品无比珍贵；也正是由于这段文字，几个世纪以来，约瑟夫斯的所有作品都被基督教僧侣和其他抄写员孜孜不倦地抄写，直到可以安全地印刷。

在抄写的过程中，由于出现一些干预，以至于很难确定这段文字到底有多少是约瑟夫斯的原作。当然，耶稣是弥赛亚或基督的说法不是约瑟夫斯写的。没有迹象表明他改变了自己的信仰，在他的作品中也没有其他的基督教陈述。有可能是抄写员在页边上做了评注，这样读者就会意识到这段文字是在描述耶稣，因为这段文字的谦逊属性可能会使人们错过它。后来，这个页边评注可能被错误地纳入了文本之内，没有任何迹象表明约瑟夫斯会称耶稣是弥赛亚。同样，其中的结论性陈述提到了"基督徒"（Christians）这个标签，在约瑟夫斯有生之年，这个标签还没有被广泛使用。关于"是否应该称他为人"（one ought to call him a man）的问题，似乎也是后来基督教的补充，但与其他问题不同的是，这似乎是对文本中原始陈述的修正，从而提供了一些确定性，即约瑟夫斯确实记述过耶稣。凯撒利亚的尤西比乌斯（Eusebius of Caesarea）在其关于教会历史的开创性著作中引用了这一记述，这进一步赋予了约瑟夫斯意义。虽然学者们仍在继续争论这段文字有多少是约瑟夫斯最初写的，但他对耶稣的简短评论为他在历史上赢得了一席之地。他试图全面而又详尽地描述第二圣殿时代犹太人的生活，以确保自己的作品得以保存。如果没有《犹太古史》中这段简短的文字，我们今天可能无法查阅《犹太战争》。

作为历史学家的约瑟夫斯

迄今的评述提供了一个约瑟夫斯作为一名历史学家的优秀品质：他受过良好教育，知识渊博，对自己的传统天生充满好奇，并保留了许多关于自己民族的信息。他是一个骄傲的犹太人，这从他自传中对自己血统的描述，以及他的护教作品《驳阿庇安》（*Against Apion*）中就可见一斑，后者试图驳斥针对他个人和整个犹太人的淫秽言论。他的著作《犹太古史》总结了整个犹太历史，包括供罗马读者阅读的圣经叙事。这是一部杰出的作品，它保留了许多关于圣经叙事的重要传统，正如它们在第二圣殿时期所讲述的那样。

作为一个受希腊化传统教育的犹太人，约瑟夫斯熟谙希腊史学，尤其是修昔底德的著作。他自由地引用自己的演讲和别人的演讲很可能就源于这一传统，他认为自己的读者明白演讲不是忠实的文字记录，而是战争期间传达的信息类型的程式化修辞。然而，他没有提到这一点，这可能表明了一种些许不同的方法。

在犹太战争开始时，约瑟夫斯哀叹希腊历史学家们选择忽视真相，并断言自己一直宁要真相。约瑟夫斯是一位慷慨激昂的作家，深深沉浸在自己所撰写的主题之中。因此，他在《犹太战争》的前言中总结道：

我将所有这些主题全都涵括在七卷本的《犹太战争》当中。我没有留下任何供人（例如那些参与这场战争或者知晓这场战争的人）指责或者非难的空间，我的著作不是为了取悦读者的，而是写给那些热爱事实真相之人的。（《犹太战争》第一卷第 30 节）

　　21 世纪的读者有理由怀疑约瑟夫斯所写的一切是否都是真相：无论是由于他知识的局限，还是由于生活在罗马致使他所能言说的话语的局限。但是，今天的真相热爱者可以加入他的邀请，他们可以心怀三重任务来阅读他的这部著作：首先，它可以照亮罗马帝国的一个小角落，而这个小角落没有得到其他历史学家的太多关注；对罗马史兴趣盎然之人会喜欢从一个全新的角度阅读罗马人。其次，通过它可以更广泛地思考约瑟夫斯所完成的历史学家的任务，并判断他与古代其他历史学家——无论是希腊、罗马还是中国的历史学家——相比如何。最后，约瑟夫斯关于自己的民族及其与击败他们的罗马帝国的关系提出了一个引人入胜的政治观点。如果他的民族听从了他的建议，他可能会为他们展望一个不同的命运。

　　除了这部重要的译著之外，杨之涵还撰写了一篇关于约瑟夫斯政治思想研究的博士学位论文。如果读者想进一步了解约瑟夫斯，可以在阅读他的这部译著后查阅他的这篇学位论文。

中译本序言三

约拿单·普莱斯（Jonathan Price）撰

约瑟夫斯的重要意义

约瑟夫斯的《犹太战争》全本终于有了完整的中译本，是一个值得特别注意的事件。约瑟夫斯在中国可能并不为人所熟悉，他的著作对中国历史与文学并没有直接的影响；但他的文本是西方世界文化与历史的基础。约瑟夫斯为世界三大全球性一神论宗教中的两大宗教——犹太教和基督教——的早期形成时期提供了重要的历史见证。他是历史上最广阔、最强大、持续时间最长的帝国之一——罗马帝国的独特历史来源，他一生都生活在罗马帝国。他自己艰难的个人生活呈现出伦理和道德上的困境，今天人们对此进行了热烈的讨论。一般来说，约瑟夫斯在自己的大量著作中涉及的主题范围——战争与内战、帝国管理与控制、政治与宪法、历史与历史编纂方法、神学与伦理学、种族认同以及人类心理学等——将使任何阅读文学和历史以深入了解人类状况的人心生兴趣。

约瑟夫斯的作品不容易翻译成任何语言，现任译者杨之涵完成了非常艰巨的任务，首次将《犹太战争》全本翻译成中文，无论如何都是值得称赞的。翻译基本上是一项不可能完成的任务——请注意意大利谚语"traduttore traditore"（字面意思是"译者即叛徒"，即翻译背叛了原文的意思）——而希腊语（英语）和汉语之间的语言鸿沟，以及我们与约瑟夫斯（他生活在2000年前）的时间距离、他的文化陌生感（古代世界与所有现代文化有着根本的不同，甚至在西方也是如此）、约瑟夫斯的主题与中国历史的疏离，必定会使这项任务变得更加困难。当然，16世纪至19世纪来到中国的西方传教士在翻译、改编和解释基督教经典上花费了巨大的力气，但他们没有付出类似的努力来引介约瑟夫斯，尽管他的著作对基督教历史和神学非常重要；约瑟夫斯的著作不适合传教。我们最好根据他自己的背景、情况和目的来阅读他，这也是这篇序言的目的。

应当注意的是，即使对今天的大多数西方读者来说，约瑟夫斯也不容易理解或熟悉。不仅因为大多数西方人不再学习阅读古希腊语——在被翻译成现代欧洲语言的过程中，许多东西都丢失了——而且约瑟夫斯的各种文本中也充满了陌生的术语、事物和概念。他在公元1世纪以一种文学性的希腊语为同时代的读者写作，即使是有成就的学者也经常错过他的精妙之处和意图。在他的大部分作品中，包括《犹太战争》，约瑟夫斯都参与了论战，其中一些是个人性的，另一些则沉浸在1世纪的政治与意识形态当中。此外，约瑟夫斯作品的复杂性、丰富性和紧张性——再加上他所写的大部分内容都是唯一幸存的文献来源，因此很难评估他的准确性——造就了一个异常庞大而又充满活力的学术研究，其特征是对其作品中的几乎每一个细节都进行了持续不断、充满活力，有时甚至是激烈的辩论。换言之，《犹太战争》的所有译本，包括从18世纪至21世纪出版的几种英译本，必然充满解释性的注释、附录和地图，以便为现代读者生动地呈现约瑟夫斯的复杂世界。亲爱的读者：你正踏上一场智力冒险之旅！

约瑟夫斯的《犹太战争》——事实上，应该说约瑟夫斯的全部作品——不仅是为了传达信息，也是为了说服。这是大多数古希腊语和拉丁语历史著作公认的目的，因此，约瑟夫斯的修辞目的完全符合这一类型。他的叙述充满了无数的细节，尽管这些细节可能是（而且大多数都是）真实的，但目的是让他的叙述生动可信。他为自己的一些主要历史人物撰写演讲稿，虽然它们当时并不是逐字逐句被演讲的，但很好地反映了演讲者的观点（正如约瑟夫斯所理解的那样），并有助于引导读者理解历史叙事。激动人心的历史情节是根据当时法庭演说家教授的修辞技巧来叙述的。最重要的是，约瑟夫斯围绕着一些重大的主题来组织自己的历史，而这些主题则为叙事提供了动力和意义。我列举几个这样的主题：道德行为的重要性和对唯一上帝的服从，宗教极端主义的危险，犹太教义与传统的高贵性，犹太历史的普遍意义——以及其他更具体的历史主题，如罗马帝国的总体仁慈本质与和平的祝福，以及反抗它的徒劳。从这个意义上来说，约瑟夫斯是在为我们——他只能在宗教梦境中想象的某个世纪的居民——写作，他希望我们理解他的共同信息（universal messages），他认为在自己之后的许多世代，这些信息仍然是有独创性和有价值的。

约瑟夫斯的生平

正如我们所知道的，他并不是生来就叫约瑟夫斯这个名字。"约瑟夫斯"（Josephus）是希伯来名字约瑟夫（Yosef / Joseph）的拉丁化，约瑟夫斯出生时被称为约瑟夫·本·马提亚胡（Yosef ben Mattitiyahu），意即"马提亚斯之子约瑟夫"（Joseph the son of Matthew）。他于公元37年出生在耶路撒冷，这一年盖乌斯·卡利古拉登上了罗马皇帝的宝座。约瑟夫斯出身名门，他的父亲是耶路撒冷圣殿的一名祭司，因此他也是一名祭司，因为祭司职位是具有圣经根源的一个世袭职位。祭司们负责日常的献祭和圣殿里复杂的仪式，但他们也占据了犹太社会的顶层，因此，在许多方面，他们实际上是犹太人的领袖；大祭司负责监督所有的圣殿活动，并承担特殊的仪式义务，是所有犹太社会的象征性领袖。约瑟夫斯家族在各个方面都是贵族：他们是祭司，是首都耶路撒冷的本地人，他们也很富有。最后，约瑟夫斯的母亲是著名的哈希曼王朝（Hasmonean royal dynasty）的后裔，哈希曼王朝是统治犹地亚的祭司国王家族，直到罗马人征服了他们并控制了整个地区。因此，约瑟夫斯可以吹嘘自己的血管里流淌着"王室的血液"（royal blood）。

约瑟夫斯的出生日期意味着，当他达到懂事的年龄时，他可能在耶路撒冷看到过，甚至遇到过基督教和犹太文献中的许多著名人物，包括耶稣死后的第一代基督徒，甚至可能是使徒保罗本人。在公元70年圣殿被毁之前的几十年里，耶路撒冷到处是自称先知、弥赛亚、圣贤和拉比的人。来自世界各地的访客——包括犹太人和非犹太人——到圣殿献祭；在任何时候，这个城市的居民都可以听到街上说着十几种或更多的语言。这座圣殿创造了繁荣的经济，并吸引了来自世界各地的货物。

约瑟夫斯接受了与自己的出身和背景相称的贵族教育。这意味着他受过彻底的希伯来圣经教育——他从小就烂熟于心，同时还学习圣经的解经方法，以及成文与口头的犹太律法。他后来在自传中写道，他是一个才华横溢的学生。他还学习了希腊语，这至少意味着他拥有一种口语化的功能性知识——当约瑟夫斯同罗马人和其他非犹太人交谈时，他使用希腊语；他可能也了解一些希腊文学，尽管远不如了解希伯来文本那样透彻。在约瑟夫斯开始用希腊语撰写历史之前——这需要很高的技巧和理解水平——他必须更加系统地学习语言和文学。

因此，约瑟夫斯会说三种语言：希伯来语——他会说希伯来语，也会读希伯来语，这是犹太神圣文本的语言；阿拉米语——这是从小亚细亚和叙利亚－巴勒斯坦到美索不达米亚，甚至埃及的大片领土上的一种通用语言（约瑟夫斯可能会说一种叫作犹太阿拉姆语的方言）；希腊语——这是罗马东部行省的主要语言，整个帝国受过教育的阶层也都使用和阅读希腊语。

公元 62 年，年轻的约瑟夫斯被耶路撒冷当局派往罗马，以解救一群因某项罪名而被逮捕并囚禁在罗马的耶路撒冷祭司，约瑟夫斯的希腊语口语流利，足以进行谈判。他在罗马遇到的每一个人都可以用希腊语交流，虽然罗马人的母语是拉丁语。通过一名犹太人，即皇宫里的一名犹太演员的人际关系，约瑟夫斯成功地完成了自己的使命：这种联系使他一路找到了皇帝尼禄的妻子庞培娅（Poppaea），她以同情犹太教而闻名；而且，他帮忙释放了那些犹太祭司。我们可以想象，当这位行省犹太人约瑟夫斯第一次进入帝国的首都时，他会作何感想；这座"大理石之城"（city of marble）充满了令人敬畏的实物纪念碑，展示了罗马的财富和权力，也展示了这座城邦征服世界的壮举以及皇帝的个性。

约瑟夫斯成功地完成了自己在罗马的使命，在他回到耶路撒冷后不久，犹地亚的犹太人在公元 66 年爆发了针对罗马帝国的全面叛乱。这场极其惨烈的战争不仅是他第一部著作的主题，也是他一生中的决定性事件。

在这里，我简要介绍犹太人反叛帝国的背景。到犹太人起义之时，罗马人已经征服了包括今天的西欧和东欧、土耳其、叙利亚和以色列 / 巴勒斯坦，以及整个非洲北部海岸的大片领土，因此，整个地中海都被罗马势力包围了。事实上，罗马人把地中海称为"我们的海"（mare nostrum，our sea），它就像他们自己的私家湖泊一样，促进了整个帝国经济的繁荣。罗马人将这片广袤的土地划分为诸行省，每个行省都由总督直接管辖，总督的主要职责是收税、执法和维持秩序。在他们庞大的政治、军事和经济网络的中心，安坐着罗马皇帝，他非常强大和富有，全军和各行省的官员都要向他负责；当然，主要的皇宫和政府建筑都在罗马。罗马行政管理的细节因行省而异，但在大多数情况下，行政机构相当薄弱和不发达：与现代帝国和一些古代帝国庞大而复杂的官僚机构相比，罗马人更喜欢通过由罗马派遣的骨干人手来管理，并依靠当地统治阶级来监督日常生活。这些统治阶级与罗马的利益一致，希望维持秩序和有效治理，因此，他们通常试图与罗马的地方总督和皇帝保持良好的关系。这个体系运行得相当好，能够维持罗马帝国几个世纪——事实上，罗马帝国是西方历史上持续时间最长的帝国。

罗马人自己也在宣传一个"成功"帝国的信息，这个"成功"是以前所未有的规模和寿命来衡量的。罗马人吹嘘"永恒的罗马"（Roma Aeterna，eternal Rome），这在约瑟夫斯时代的许多观察者看来是可能的现实：罗马看起来如此强大，它将永远存在。罗马人还很高兴地宣扬"罗马和平"（Pax Romana，Roman Peace），他们认为这是世界和平，是他们统治的恩惠，他们说这影响了"整个文明世界"（the entire cultured world），他们指的是受希腊和罗马文化影响的整个世界；他们当然知道在他们的领土之外还有其他帝国和民族。罗马的和平实际上远非完美，因为即使在帝国最稳定的时期，一些行省的居民——尤其是最新被征服的行省和边缘行省——仍然不满和不安；在罗马历史上，在帝国的某些地区，从来没有一个时期是没有任何军事叛乱或军事警报的。

犹地亚是一个行政单位，与今天的以色列 / 巴勒斯坦的大部分地区相吻合，它是世界上大部分犹太人聚集的地方。这是那些尚未完全平息下来的边缘或边疆地区之一。自公元前 63 年罗马人第一次统治了整个犹地亚地区，那里就一直动荡不安。这种动乱是由许多因素引起的，包括对丧失独立性的怨恨，高额的税收，以及罗马向犹地亚派遣了一系列无能、贪婪和滥用职权的总督的不幸事实，这些总督一再的挑衅行为增加了对外邦统治的怨恨，甚至在罗马统治所依赖的犹太上层阶级中也是如此。

这场动荡的最后一个因素，也是犹太人革命热情的最重要和最有力的来源——导致了全面的叛乱——即公元1世纪流传甚广的"天启"（apocalypse）或"启示"（revelation）即将来临的宗教信仰。这种信仰设想整个世界即将经历一场全面的大灾难，这场灾难将从犹地亚开始并向外蔓延，导致罗马帝国的毁灭和整个全球秩序的颠覆，以色列将在一个永恒和平的新历史时期获得普遍主权。这被认为是所有历史指向的终点。许多犹太人相信上帝会亲自领导这场最后的战争，或者他会通过一位被称为弥赛亚（the Messiah）或"受膏者"（the anointed one）的王室——神圣或半神圣的代表——来领导这场战争。这种基于希伯来圣经中的预言的信仰，激发了激进的宗教团体围绕着声称自己是即将到来的世界末日战争领导者的魅力人物组建起来。其中一些团体有已知的名称，例如奋锐党（Zealots）和匕首党（Sicarii，以其暗杀对手的短刀［the sica］或罗马匕首［Roman dagger］而得名），而许多其他团体仅知道其领导人的名字，或者只是简单地知道其存在，而没有进一步的信息：这种清晰性和细节性的缺乏是古代文献来源作者充满敌意的结果。除了一个例外，没有一份来自奋锐党或任何其他革命组织的书面内部文件在历史的瓶颈中幸存下来。基督徒是这些启示团体之一，他们的著作今天当然可以研究，但他们的领袖耶稣与其他人不同，他并不宣扬暴力，而是建议接受罗马的统治；事实上，公元66年对罗马的战争爆发时，耶路撒冷的基督徒就离开了这座城市。

这些宗教运动——其中很少有规模很大的宗教运动——不仅主张对罗马帝国发动战争，不接受上帝以外的统治者，而且相互竞争革命的领导权和控制权。他们之间的斗争变得越来越激烈。此外，一些武装团体，例如匕首党，最初的目标是犹太人；匕首党人尤其专门暗杀那些他们认为亲罗马的杰出犹太领袖，因此对犹太事业构成威胁。因此，反罗马的叛乱同时是两场战争：一场是针对罗马政权的革命斗争，另一场是争夺权力和控制的内部斗争，而后者是一场争夺革命纯洁性的斗争。

约瑟夫斯就身处其中。当公元 66 年战争爆发时，包括约瑟夫斯在内的犹太上层人士成为这场战争的第一批领导人。关于这场犹太叛乱，一个令人惊讶的事实是：旧有贵族——祭司、大祭司以及像约瑟夫斯所属的那种富有且有社会关系的家族——是最初领导叛乱的人，他们在耶路撒冷建立了独立政府，组织了一支军队，并领导了对罗马的抵抗运动。这些人做出了一个艰难的决定，放弃了与罗马当局的合作关系，他们认为罗马当局辜负了他们和他们的人民，因而，他们带领他们的国家迈入战争。所有的犹太贵族，尤其是像约瑟夫斯这样的祭司，都是虔诚的犹太人，因此，他们中的大多数人，包括约瑟夫斯在内，在战前最后一位罗马总督抢劫圣殿并袭击耶路撒冷居民时，一定也感受到了人身冒犯；他们那时也会相信，圣经中关于以色列击败一个大国的预言会在他们的时代实现；他们听从了他们所认为的圣战召唤。至少可以说，他们向人民和极端武装组织充分证明了自己在意识形态上的真情实意，在叛乱的第一阶段被接受为革命的领导人。

从长远看，犹太人在犹太反叛罗马帝国的想法是相当令人震惊的：一个没有任何军队的弱小民族，居住在强大的罗马帝国东部边缘行省的一小片土地上，首先通过采取几项象征性的不服从行动——例如停止罗马皇帝对耶路撒冷圣殿的献祭，接着通过击杀罗马军队，把他们赶出这个行省，进而发动了一场全面的叛乱。所有人都清楚，罗马人会率领足够的军事力量回来镇压叛乱。犹太人在想什么？鉴于罗马帝国的强大力量——它总是彻底无情地消灭每一次叛乱，他们是如何计算他们有可能会成功或者避免大规模的毁灭的？

回答这个问题是约瑟夫斯作为历史学家面临的主要挑战之一。他的解释包含一定程度的自我辩护，既没有做到简洁明了，也没有做到前后一致。这部著作的读者应当从头到尾思考这个问题，并注意到约瑟夫斯不断地回到这个问题上。你会看到，首先，约瑟夫斯在《犹太战争》第二卷中国王阿格里帕二世的演讲中提出了一个反对战争的理性论点，他认为，远比犹太人强大的民族和国家，例如西班牙人、高卢人、希腊人和许多其他民族，都屈服于罗马的力量；阿格里帕说，反叛罗马人无异于疯狂之举。因此，对罗马的战争（请记住，约瑟夫斯自己一开始也支持这一点）似乎是一个非理性的选择，大多数现代读者也会如此认为。这种观点会吸引受过教育的罗马与希腊读者，尤其是非犹太读者。在第二卷的其他地方，约瑟夫斯提供了一个实际的解释，声称战争的第一批贵族犹太领导人，包括他自己，试图控制狂热的反叛冲动，他们接管了这场冲突，以便迅速结束冲突；他们打算利用他们老练的外交技巧和对罗马人的熟悉，以及他们对本国人民的影响，来缓和双方的行动和反应。但是，他们这一目的遭遇了挫败，在公元66/67年的冬天，他们在耶路撒冷的一场血腥政变中遭到推翻，读者会在第四卷中读到这一血腥政变。让我们把这种解释称为政治外交解释。约瑟夫斯还为这场不可能的叛乱提供了一种宗教上的解释，他指出，那些将国家推向战争并坚持到最后的极端叛乱分子相信上帝会帮助他们，正如上帝在以前的历史遭遇中所做的那样，最近一次这样的事情则发生在所谓马加比或哈希曼起义（the Maccabean or Hasmonean Revolt）上。马加比起义早于这场反罗马起义大约130年，它被人们铭记为神的干预所带来的一场英勇而伟大的胜利。直到公元70年罗马人摧毁圣殿和耶路撒冷之前的最后一刻，这些犹太反叛者还在仰望天空，寻求天上的援助；因而，有上帝作为他们的将军，他们不需要一支军队来对抗罗马人令人望而生畏的军事机器。有鉴于此，读者会发现在《犹太战争》的许多地方，约瑟夫斯试图将战争的爆发与无休无止的最终责任限制在那些极端的宗教派别身上——他们从未停止相信，他们是在执行上帝的意志，上帝很快就会来拯救他们。

但回到最初。公元 66 年，贵族领导下的第一个革命政府在耶路撒冷成立，它将国家划分为不同的军事区，每个军事区任命总督 / 将军（governor/generals）进行管辖。除耶路撒冷以外，在这些地区中，最重要的是位于这个国家最北部的一个地区——加利利（Galilee）地区，以及戈兰（Golan）南部地区。其重要性是双重的：其中包含了加入叛乱的高密度犹太城市和村庄，将是第一个承受罗马人攻击的地方，因为罗马人正在叙利亚集结一支庞大的军队，计划由北向南进攻犹太人。被任命到这个关键地区担任总督 / 将军的人不是别人，正是约瑟夫斯。约瑟夫斯于公元 66 年冬天北上，以组织军队、整个地区和人民。他深知，在春天他将面对罗马将军韦斯巴西安（Vespasia）——韦斯巴西安正召集三个军团和辅助部队，组成一支非常可怕的强大力量，积极谋划着入侵行动。罗马人没有想到战争会持续很长时间。但战争持续了四年，这一结果无疑是非同寻常的。

在《犹太战争》第三卷中，约瑟夫斯记述了自己在加利利的行动和最终的失败。这是一个生动有趣而又常常令人兴奋的故事，讲述了他如何试图加强城市防御，建立和训练军队，组织抵抗，同时击退了众多渴望取而代之的犹太对手、敌人和阴谋。约瑟夫斯承担了一份几乎不可能完成的任务。公元 67 年春天，罗马人不出所料地入侵，开始系统地摧毁犹太人的要塞，并根据自己的意愿杀害、俘虏或饶恕犹太人。此外，约瑟夫斯还不得不时刻提防犹太敌人，难以置信的是，他们希望他失败。成千上万的犹太人在与罗马人的加利利战役中殒命，还有成千上万的犹太人首先逃到加利利其他设防的村庄，最后逃到耶路撒冷，他们相信耶路撒冷——圣城与上帝的居所圣殿的所在地——永远不会沦陷，上帝会通过驱逐或（最好会）摧毁专横的侵略者来保护它。

读者应该知道，在其生命的最后阶段，约瑟夫斯在一部一卷本的自传中第二次写到自己人生中的同一时期，这段叙述与你们手里的这部《犹太战争》所做的叙述之间有着显著的差异。尽管解决这些差异对学者来说是一个问题，但不应妨碍对本书中约瑟夫斯故事的谨慎阅读。相反，读者应该注意约瑟夫斯想说什么，他如何描绘自己，他希望读者思考什么。因为约瑟夫斯投入了大量的精力，试图营造某种特定的印象，在每个读者心里留下一个关于他自己的持久记忆和坚实结论。他想让你看到他是一个精力充沛、足智多谋的将军，他尽了最大的努力让加利利人备战罗马人的进攻，他证明自己是值得韦斯巴西安尊敬的对手，他成功地战胜了自己的犹太敌人，但不可避免地在其中最后一座堡垒约塔帕塔（Jotapata，希伯来语写作 Yodfat）沦陷时落入罗马人之手。

约塔帕塔是下加利利（Lower Galilee）一个相对较小但防御森严的城镇。约瑟夫斯描述了自己是如何英勇无畏而又足智多谋地保卫这个地方的，但经过四十七天的残酷围困后，这座城市仍然遭到了罗马人的占领。罗马人蜂拥而入，不仅像围城时通常所做的那样肆意屠杀，而且特别寻找敌军的将军约瑟夫斯，以期活捉他，在战后罗马举行胜利游行（亦即"凯旋"）时让他戴上镣铐游行。

约瑟夫斯在约塔帕塔经历了其一生中最具变化性和争议性的时刻之一。这一刻很大程度上决定了约瑟夫斯的人生和成就。为了弄清事实，也为了向罗马世界的读者展示他自己，他在《犹太战争》中对这件事进行了非常详细的书写（他只在这里进行了书写，而他的自传没有对这件事进行书写）。因此，正如他所希望呈现的那样，你将在第三卷中读到他对这件事的详细陈述，以及他在那个关键时刻及之后的意图。

当约塔帕塔的城墙被罗马人的攻城槌击穿时，约瑟夫斯逃到了一个有隐蔽入口的洞穴里，在那里他发现了其他四十名"有地位"（of

rank）的人；换言之，他们是与约瑟夫斯的社会阶层不相上下的犹太人。他们听到罗马士兵的靴子声在自己头顶上奔跑，以寻找约瑟夫斯。几天后，他们的藏身之处暴露了，谈判随即展开：罗马人不想饿死洞穴里的犹太人，而是想活捉他们，并逐一决定他们的命运。然而，不仅洞穴内的犹太人和洞穴外的罗马人就投降条件进行了谈判，而且洞穴内的犹太人之间也进行了谈判，约瑟夫斯的同伴们宁愿自杀，也不愿屈服于罗马人的统治。约瑟夫斯反对自杀，赞成投降，他说，他相信如果他们投降，罗马人会饶恕他们的性命，并善待他们。在这些谈判中，约瑟夫斯讲述了以下内容：

> 这使他的脑海里忽然浮现起连日来晚上做的那些梦，在梦里，上帝向他预示了犹太人即将面临的种种灾难以及罗马皇帝的命运。约瑟夫斯是一名释梦者，他擅长正确领悟上帝（the Deity）的那些模棱两可的话语的真实含义；身为一名祭司和祭司的后代，他对圣书（the sacred books）中的预言并不是一无所知。在那一刻，他突然灵光闪现地理解了它们的真实含义，同时回忆起自己最近梦中的可怕画面，于是，他向上帝做了一番无声的祷告：既然您——犹太民族的缔造者——打断了我的工作，而这让您喜悦，既然现在所有的好运（fortune）全都已经转向罗马人，既然您拣选了我的灵魂来预报未来的事情，那么，我乐意向罗马人投降，也会心甘情愿地存活下去；然而，我请您见证，我之所以倒向罗马人，并不是因为我要背弃犹太人，而是因为我要做您的使节（thy minister）（《犹太战争》第三卷第351—354节）

在这段话中，约瑟夫斯讲述了自己所理解的一个关键转折点——他提到了最初激发叛乱的预言；提到了自己作为祭司的身份，以及他理解预言真正含义的能力；声称自己拥有独一无二的预言能力，这是他的专属特权，意味着上帝把他变成了一个信使，一个先知，来拯救犹太人民。当我们谈到约瑟夫斯为什么决定写历史的问题时，这些都是需要记住的重要事情。

然而，洞穴里的约瑟夫斯的同伴们拒绝投降，坚持要约瑟夫斯与他们一起集体自杀。值得注意的是，自杀是这场战争中一种反复出现的模式：在不止一个关键时刻，处于即将被罗马人俘虏边缘的犹太人选择了自杀；发生这种情况的两个最著名的地方（但不是只有这两个地方）是第四卷所叙述的迦马拉（Gamala）和第七卷所叙述的马萨达（Masada）。在约塔帕塔，发生了一场激烈的辩论。约瑟夫斯撰写了一篇反对自杀的演讲，并将其写进了自己的历史之中；这篇演讲并不代表他的实际言辞，而是他后来撰写的一篇经过润饰的演讲，但他很可能在这篇演讲中表达了一些想法——他的论点涵盖了逻辑、历史、犹太律法和习俗。他没有说服任何人。接着，他撰写了一些从那以后一直是备受争议和猜测的主题：

> 即使在这种极端不利的困境中，约瑟夫斯也不缺少睿智。他相信上帝对自己的保佑，因而不惜把自己置于危险的境地，他说道："既然我们决定赴死，就让我们用抽签的方式来决定死亡的顺序吧！第一个抽到签的人，将由下一个抽到签的人给杀死；在这个过程中，机会公平地降临到我们所有人，这样我们就可以避开自杀了。因为当一些人已死，这时如果有人后悔或者逃脱的话，肯定就不公正了。"这项建议吸引了他们的兴趣；他们采纳了他的建议，于是他就进行抽签。所有人都将自己的脖子对下一个人袒露出来，并相信他们的将军马上就会同他们一样死去；他们觉得，死亡（如果是同约瑟夫斯一起死去的话）要比活着更美好。然而，不知道是神意（the providence of God）还是运气（fortune）使然，约瑟夫斯和另一个人留到了最后；他既不想被抽中，也不想被留

到最后，使自己手上沾满同胞的鲜血，于是，通过起誓，他说服了这个人一起活下来。（《犹太战争》第三卷第 387—391 节）

就这样，约瑟夫斯在死亡抽签中幸存下来。他认为是上帝之手挽救了自己的性命，他无疑相信这一点，因为他相信上帝拣选了他，让他对犹太人和整个世界负有一个特殊的使命。许多人认为他操纵了抽签；事实上，在数学和计算机科学中，有一个问题就叫作"约瑟夫斯排列"（Josephus Permutation），涉及计数序列。但约瑟夫斯认为自己是被上帝拯救的。他被带到罗马军营，本来他照样会被镣铐锁住，直到战后被带回罗马，在罗马街头游行，接着被处决。但他挑战常规，要求与韦斯巴西安将军会面，这是一个非常大胆的要求，但不管怎样它得到了批准。他将自己与罗马将军的谈话记录如下：

噢，韦斯巴西安，难道您以为约瑟夫斯仅仅是一名俘虏吗？但我是作为伟大天命的使者来到您这儿的。若不是上帝差遣我来执行这使命，我当然知道犹太人的律法是怎样的，以及一个犹太将军该如何死亡。您不是要把我送到尼禄那里吗？您为什么要这么做呢？尼禄及其继承人都将先于您死于非命。韦斯巴西安，您会成为凯撒，您会成为皇帝，而您的儿子提图斯也会。您现在把我捆绑得这么紧，到时您会把我留在身边；因为，您是凯撒，您不仅是我的主人，而且是陆地、海洋和全人类的主人。如果我胆敢冒充上帝的话语，那么作为惩罚，到时我请您更加严格地看管我。（《犹太战争》第三卷第 400—402 节）

约瑟夫斯继续他自封为先知的角色，提出了另一个大胆的主张，即韦斯巴西安——一个对罗马皇帝负责的将军——很快就会成为皇帝。这是一个惊人的举动，近乎叛国；在那一刻，约瑟夫斯作为一名相对不为人知的犹太战俘的身份挽救了自己的性命。从韦斯巴西安的角度来看，远在罗马的尼禄皇帝并没有受到即将灭亡的预言的威胁，而保护犹太囚犯的安全并让他们接受严密监视也不会伤害任何人；事实上，正如我们已经说过的，把约瑟夫斯的性命一直留到凯旋游行那刻，对皇帝是有利的；每一次军事胜利都归功于皇帝，即使他们没有参与过战争。从约瑟夫斯自己的角度来看，他做了一件近乎神圣的举动，那就是，他传达了上帝交付给自己的预言，也为战后的一项重要任务而保全了自己的性命。

约瑟夫斯要么富有洞察力，要么极其敏锐，要么就只是运气好。在一系列无法预料的后果中，韦斯巴西安确实在公元 69 年成为皇帝，并在那年年底来到罗马，登上了皇帝大位；他把自己的儿子提图斯（Titus）留在了犹地亚，以结束这场战争；到此时，这场战争的主要目标是围攻由三个极端反叛组织控制的耶路撒冷。约瑟夫斯被解除了镣铐，获得了罗马公民权——正是在这种情况下，他的正式名字从希伯来语的"马提亚斯之子约瑟夫"变成了拉丁语的"提图斯·弗拉维乌斯·约瑟夫斯"（Titus Flavius Josephus）。他在罗马军营中发挥了作用，尤其是在围困耶路撒冷期间，耶路撒冷是一个他非常熟悉的城市，到处都是他熟悉的人。他可能曾就耶路撒冷地形和其他实际问题向罗马人提出建议，但这并不是他所展示的；相反，他在城墙内向被围困的犹太人发表演讲，敦促他们投降，试图（徒劳地）说服他们，上帝现在支持的是罗马人和罗马人的帝国，如果他们不放弃叛乱，他们所珍视的城市和圣殿将会被摧毁。犹太叛乱首领们在城墙上听到他的话，咒骂他是叛徒，并向他投掷石块和飞弹。他受了轻伤，但很快就康复了，并再次绝望地恳求叛乱分子饶恕这座城市。

约瑟夫斯在罗马营地的一座俯瞰耶路撒冷城的高山上，目睹了自己心爱的圣殿和城市惨遭烧毁。他生动地描述了耶路撒冷陷落时可怕而激烈的场景，其中不仅包括圣殿和其他建筑的被毁，而且包括成千上万犹太人痛苦而血腥的死亡，充满了悲怆、心绪和遗憾。你会在第六卷的末尾读到这一描述。约瑟夫斯寻找强烈有力的文字和丰富多彩的图像，来传达可怕而暴力的场面里的景象、声音和气味，他无法控制自己的情绪：他的眼泪几乎湿透了书页。

重要的是要明白，虽然罗马人对犹太叛乱的镇压是残酷而彻底的，但这并不是出于种族和宗教仇恨或者政策。人们经常声称存在这种偏见，但事实并非如此。约瑟夫斯自己也深知这一重要事实。在自己的晚年，约瑟夫斯写了一整本小册子——名为《驳阿庇安》（*Against Apion*）——驳斥他那个时代的仇犹者（the Jew-haters），他敏锐地意识到现代学者所说的犹太恐惧症的历史和近在眼前的危险；许多个人和团体都对此负有责任，其中许多是希腊知识分子。但罗马当局从未对帝国内的犹太人表现出种族敌意或系统性歧视；当然，罗马也没有反犹太人的意识形态。从古代到现在，犹太人在其漫长而痛苦的历史中遭受了许多反犹政权的迫害，但罗马人并不在那些受反犹意识形态驱使的敌人之列。这种情况在公元4世纪发生了变化，当时罗马帝国信奉基督教（第一位基督教皇帝是君士坦丁一世［Constantine I］），但那是在约瑟夫斯去世很久之后；这是一个约瑟夫斯无法预料的历史变化。

罗马帝国在镇压叛乱的过程中摧毁了犹太圣殿，杀害了如此之多的犹太人，甚至在战后征收了一种"犹太税"（Jewish tax），如果说罗马帝国所作所为不是出于对犹太人的反感，这听起来可能甚是奇怪。但罗马人的主要任务，在他们自己看来，是镇压叛乱，恢复秩序、和平、统治、经济稳定，并杀鸡儆猴式地震慑其他盘算叛乱的臣民，而不是摧毁犹太教。韦斯巴西安及其两个儿子，也就是其后的皇帝，以及他们之后的王朝，都没有攻击或摧毁整个帝国内许多围绕犹太会堂组织起来的犹太社区；他们让犹太人继续按照自己的意愿和平地做礼拜。事实上，罗马人以容忍所有宗教为荣，不仅允许他们的臣民崇拜他们所选择的任何一个神明或多个神明，甚至支持整个帝国的神庙建设和崇拜维护。这是他们宣传的一部分，但在这一罗马历史时期，这通常是真实的（也有一些例外）。战前，罗马人在耶路撒冷的犹太圣殿献祭，并容忍了位于埃及的另一座犹太圣殿（叛乱后遭到摧毁），他们在战前和战后都允许建造犹太会堂，豁免犹太人的兵役和某些与他们的宗教相冲突的公民义务。但是，任何人的反叛都是不能容忍的；任何程度的武装反抗都会被视为威胁，不仅是在发生武装反抗的地区，而且对整个帝国也是如此。罗马人毫不犹豫地回应了这一威胁以及所有类似的威胁（犹太人不是唯一的威胁），并采取了必要的武力。任何反抗的苗头都被视为对整体的威胁。

约瑟夫斯的文学作品

在耶路撒冷和圣殿遭到摧毁、武装叛军和他们的领导人遭到逮捕或处决后，将军提图斯回到了罗马；约瑟夫斯则和他一起回到了罗马。约瑟夫斯可能是四年犹太战争期间成千上万名囚犯之一，这些囚犯中有数千人被带到意大利。但约瑟夫斯获得了其他人没有的特权：他拥有弗拉维皇室先前所生活的老宅邸——因为皇帝搬到了皇宫——以及生活津贴（不清楚这笔津贴实际持续了多久）。在首都这些舒适的条件下，他开始写作。

约瑟夫斯的文学作品是体量巨大的。他的余生都在用希腊语写作，而希腊语并不是他的母语。没有任何迹象表明他曾离开罗马或停止写作，直到他大约三十年后去世。约瑟夫斯的第一部著作就是这部《犹太战争》，共分为七卷。在古代罗马，任何长度的文学作品都被分为"卷"（books）或"册"（volumes），实际上是分开的纸莎草卷轴（separate papyrus rolls）。文学作品的空白纸莎草卷的生产者使它们的长度大致相同，一卷纸莎草卷相当于古代作品中的一本书。大多数文学作品都是用墨水写在这种标准的纸莎草卷轴上的。因此，作家们不得不将他们的作品分成"卷"，每一卷代表一个连贯的主题单元，即使这种文学习俗始于纸莎草卷轴的物理限制。在图书馆，约瑟夫斯的《犹太战争》以七个纸莎草卷轴的形式存放在一个小隔间里，每个纸莎草卷轴上都挂着识别标签。

约瑟夫斯的第一部著作显然是一部当代史作品，是希腊文学读者所熟知的一种类型。当代历史写作是一种文学传统，在约瑟夫斯之前五百年就开始了。在这部著作的诸多明显主题中（还有一些不太明显的主题，我将在下文进行讨论），叛乱是一小群犹太狂热分子的责任，他们并不代表整个犹太人口；在罗马统治下的犹太人过去是和平的，现在也仍然是和平的；反叛罗马纯粹是徒劳的；上帝介入历史是为了惩罚罪恶。

在出版了《犹太战争》之后，约瑟夫斯又撰写了《犹太古史》（*Jewish Antiquities*），这是一部二十卷本的著作，记述了从创世到他那个时代的犹太历史。这部著作的前半部分，即前十卷，被称为约瑟夫斯的"重述圣经"（rewritten Bible），因为它用约瑟夫斯自己的话语涵盖了整个希伯来圣经的历史叙事。

在《犹太古史》之后，约瑟夫斯接着出版了一卷本的自传，主要是为他作为加利利将军的行为辩护，驳斥他在战后生活中受到的各种指控。最后，他完成了两卷本的《驳阿庇安》——一些人认为这是约瑟夫斯的一部杰作，以非常博学的方式回应了当时反犹太人的指控和错误的历史。

因此，在三十年里，约瑟夫斯以四种不同的文学类型，以一种选定的语言，出版了总计三十卷本的著作。约瑟夫斯写道，在他到达罗马后，他投身于希腊文学的研究，以提高自己的希腊语水平，他也投入了相当程度的精力来收集资料和其他材料，以完成自己庞大的文学项目。罗马有非常优良的图书馆和档案馆，也有可供咨询和讨论的学者。考虑到他撰写的东西的庞大数量，约瑟夫斯必定把大部分时间都花在了研究和写作上。

在罗马帝国书写历史

约瑟夫斯的文学产量异常之大。如此庞大的语料库能够完整保存下来是很罕见的——几乎每一个词汇都完好无损。古代希腊－罗马时期的大部分巨著，尤其是史学著作，即使有的话，也只是部分保存了下来；那个时代的许多文学作品只留下作者的名字和标题。但约瑟夫斯的全集以相对可靠的手稿形式呈现在我们面前，因此，我们可以全面而详细地评估他的作品。

然而，一个初步的问题需要注意：约瑟夫斯究竟为什么要撰写著作？约瑟夫斯没有被要求写任何东西。撰写历史并不是约瑟夫斯在罗马获得自由、保护或者津贴的条件。尽管后来有人认为，约瑟夫斯并不是一个"宫廷犹太人"（court Jew）——这是历史上较晚时期的现象。他也不是一个"宫廷历史学家"（court historian），在他那个时代，希腊化国王的宫廷中确实存在这种类型的历史学家，但在罗马皇帝的宫廷中却并不存在。

现在可能会有人问：为什么大多数历史学家都会写作？这个问题当然适用于那些选择花费数年时间研究某个事件或某段历史，除了得到认可之外没有任何补偿的历史学家。在约瑟夫斯的时代，历史写作并不是一种职业；没有一个历史学家从自己的作品中赚到金钱，事实上，他们对复制品的制作和销售几乎无法控制。每位历史学家都根据自己的意愿选择自己的主题和预算时间。

可以肯定地说，大多数古代历史学家——以及所有优秀的历史学家——之所以书写历史，是因为他们觉得有必要这样做。一些较次要的历史学家之所以动笔，是出于个人动机，比如辩护、复仇或论战，但更严肃的作家有着更伟大、更卓越的写作理由。对于他们选择书写的事件，有一些东西让他们产生了不得不进行书写的需要，以至于让他们花大量的时间来撰写他们认为必须被恰当讲述的真相。

约瑟夫斯发现自己身处帝国的首都罗马，他心爱的圣殿被毁，他的城市遭到破坏，大部分被夷为平地，他的家园惨遭摧毁，而他的许多朋友则被残忍地杀害或被卖为奴隶。以铸币和凯旋拱门的形式，以及严厉批评反叛的犹太人的党派历史，乃至可能也包括对通过镇压起义而获得荣耀的皇室的过度奉承，大量关于罗马战胜犹太人的宣传充斥着意大利和整个帝国。此外，失败的叛乱只会强化希腊罗马知识分子的偏见，他们对犹太人怀有潜在的、有时甚至是明显的敌意，尤其是在帝国东部的许多城市。

面对这一切，约瑟夫斯转向了历史写作。没有人要求或强迫他撰写任何东西——有许多像他一样的犹太人，他们在战争中被俘虏，被奴役，被赎回，能够再次自由生活，他们转向了自己的生活，没有写下任何一个字以供公众消费。约瑟夫斯本可以在奢华的罗马过着安全、平静的生活，但他却撰写了大量关于犹太人叛乱和犹太教的文字。正如我们已经指出的，这是一个勇敢的决定；他一定认为这也是一个必要的决定。

在《犹太战争》开篇第一句，约瑟夫斯就批评那些已经出版的关于这场战争的历史是完全错误的，或者是故意歪曲事实来奉承罗马人或诋毁犹太人，而"没有任何历史准确性"。有趣的是，在约瑟夫斯出版《犹太战争》之时，也就是耶路撒冷被毁不到十年之时，关于这场战争的一些历史就已经出版了。约瑟夫斯表达了自己对流传的虚假历史和偏颇历史的愤怒：他必须澄清事实，并在其他事情中，为犹太人开脱这些历史中所包含的明显诋毁。此外，正如他在开篇第一句中所说，他觉得自己比任何人都更有资格书写这场叛乱的历史，不仅因为他参与了叛乱，而且因为他是一名祭司。在这种地位和角色下，约瑟夫斯声称自己具有馆长（curatorial）那样的准确记录的功能。准确记录这一特殊事件至关重要。对他来说，犹太人的叛乱"不仅是我们这个时代最伟大的战争，而且几乎也是我们有史以来记载的最伟大的战争，无论是城邦之间的战争，还是国家之间的战争"。"最伟大的战争"的主题已经成为希腊史学中一种文学上的陈词滥调，但约瑟夫斯是认真的。对他来说，这场犹太叛乱不仅是他一生的决定性事件，也是整个犹太历史的决定性事件，弄清事实真相非常重要。

问题是，约瑟夫斯为什么要书写？与这个问题有关，他是为谁书写？他卷帙浩繁的巨著的读者是谁？出于这篇序言的需要，让我们现在只关注手头上的作品《犹太战争》。

即使是第一次阅读这本书的人也可能会注意到，约瑟夫斯撰写这本书所面向的读者不止一种：他希望同时有兴趣、背景、己见和期望不同的读者。在这一点上，他显示了自己最大的才能和敏锐的头脑。首先，自古以来，人们普遍认为约瑟夫斯是为自己的罗马赞助人韦斯巴西安（约瑟夫斯到达罗马时的皇帝）和他的儿子提图斯（提图斯是统领对耶路撒冷最后围攻的将军，后来成为皇帝）书写的：他希望以积极的态度向他们展示并向他们保证，这场叛乱是一小群激进的极端分子所为——正是这一小群极端分子压制胁迫了其他不想叛乱的犹太人，而犹地亚和整个帝国的犹太人都有和平的意愿。这一假定的目的是正确的，但有两点保留：约瑟夫斯允许自己包含关于弗拉维王朝（the Flavians）的信息，这些信息不完全是正面的，比如韦斯巴西安和提图斯的残忍和武断行为；皇帝和皇帝的儿子们无论如何都不可能是这部作品的唯一或主要的目标读者。《犹太战争》显然也是针对帝国的所有居民的，因为它表明了叛乱的徒劳与接受和平的潜在好处。这部作品也面向理智的希腊－罗马读者，并回应了那些起来叛乱的犹太人的批评，同时也从正面的角度呈现了犹太教——它的实践、信仰和制度。

但这还不是故事的全部。在讨论《犹太战争》的读者时，常常受到忽视的读者是约瑟夫斯的犹太读者。

罗马帝国的大多数犹太人都能够阅读希腊语，他们的人数当然比能够阅读希伯来语和阿拉米语的人还要多；对于近东以外的大多数犹太社区来说，希腊语是他们的第一语言，受过教育的犹太人有可能读过他的历史著作（事实上，在我们稀少的资料中没有明确的迹象来表明这一点，但这是很有可能的）。犹太读者似乎是约瑟夫斯最直接、最迫切的读者。的确，他从来没有以"犹太读者"这一名号来直呼其名地公开称呼自己的犹太读者。他从来没有明确地说过，他正在向自己的犹太人同胞伸出援手，教导他们或说服他们相信某种观点或历史解释。犹太读者必须从文本中理解那些专门写给他们的段落。约瑟夫斯强调自己作为祭司、先知和圣经解释者的身份，这对犹太读者来说有即刻的意义，但对受过教育的希腊人来说却没有任何意义，因为这些宗教和社会头衔在每个犹太社会都能产生共鸣：在耶路撒冷圣殿被毁后，祭司继续在犹太会堂里占据显赫地位；在整个犹太世界，仍然热衷于阅读和信仰希伯来圣经，圣经中的预言书尤其引起人们的极大兴趣。

对于《犹太战争》和约瑟夫斯的所有作品，有些章节只有受过犹太教育的人才能理解，或者只有使用大量注释版本的读者才能理解。对于今天的许多西方读者来说，尤其是对那些几乎没有希伯来圣经背景的读者来说，这确实是千真万确的。例如，在当前版本中，读者可能就需要帮助，以理解约瑟夫斯在第五卷中——当时罗马军队正猛烈攻击城墙——对被围困在耶路撒冷的犹太叛军领袖和其他犹太民众的长篇讲话。在这一叙事背景下，约瑟夫斯试图说服犹太反叛者相信，纵观他们的整个历史，犹太人通常都是在与伟大帝国作战，只有上帝帮助他们时，他们才会获胜，只有当他们表现良好时，上帝才会帮助他们，而现在他们却正在犯罪，因此失去了上帝的帮助。事实上，上帝会抛弃了自己的圣所；他们最好的做法是向罗马人投降，并期望获得这些大体善良温和的统治者的怜悯：

> 总之，当我们的祖先把自己的事业交托给上帝时，我们找不到任何一个我们祖先凭借武力就赢得胜利的事例，也找不到任何一个我们祖先因没有凭借武力就遭遇失败的事例；当他们坐在家里一动不动的时候，他们却赢得了胜利，因为这是他们的裁判者（their Judge）所喜悦的，但是，当他们出去战斗的时候，他们却总是遭遇失败。（《犹太战争》第五卷第 390 节）

要点就是，战争的胜利揭示了神的恩惠，这是任何罗马人都可以理解和同意的；罗马人认为，他们的帝国落入他们手中，是对他们自身高尚德行的奖赏。但在这一章节中，约瑟夫斯通过引用圣经历史的细节来表达自己的观点，而没有向外行读者解释：他提到了亚伯拉罕（Abraham）和撒拉（Sarah），法老尼哥（Necho the Pharaoh），西底家王（King Zedekiah）和先知耶利米（the prophet Jeremiah）——这些名字和故事对于没有读过希伯来圣经的人来说无疑都是陌生的。值得怀疑的是，约瑟夫斯的非犹太裔希腊读者是否会费心地打开希腊语或拉丁语圣经译本，看看他在说什么。

然而，读者应该注意这样一个事实，即约瑟夫斯也可以用希腊罗马读者和犹太读者完全能够同时理解的方式写作，只是方式不同而已。这是约瑟夫斯的长项。例如，在第五卷的同一篇演讲中，约瑟夫斯说："确实，命运女神（Fortune；Tyche）已经从四面八方转移到了罗马人的身上，而巡视各个民族、将帝国之杖轮流赐予诸多民族的上帝（God），现在却一动不动地停留在了意大利的上空。"罗马和犹太读者都会同意，神的恩惠是政治、经济和军事成功所必需的。但是，命运女神和上帝之间的关系可以有两种不同的理解方式，这取决于如何理解希腊语的句法规则。普通的罗马读者能理解：命运女神——罗马信仰中的一个神圣实体——是上帝在那个历史时刻决定垂青罗马帝国的原因。在希腊和罗马的信仰中，包括诸神在内的一切都服从于命运女神（Tyche）的专横力量。但犹太读者会以相反的方式理解这句话：上帝统治一切，他给罗马人带来了成功的化身——命运女神。与其说上帝是命运女神的工具，不如说命运女神是上帝的工具。在描述罗马人对上城（upper city）的进攻之时，约瑟夫斯后来发布的那份声明也可能出现同样的双重解读；他说："我们从中可以明显地看到，上帝对邪恶之徒的大能和对罗马人好运的青睐。"（《犹太战争》第六章第399节）与命运女神不同，上帝有自己的计划；最终，约瑟夫斯说，犹太人的转折将会到来。但只有犹太读者才能不可言传地理解这一点。

约瑟夫斯是一位在同一部作品中，甚至在同一句话中，为多种读者写作的大师。这是他在作为一场由各种各样犹太分子所构成的叛乱军队的领袖时所学到的技能——他必须说服不同人群中的不同阶层，从像他这样显赫的贵族，到怀有个人不满的最朴素农民，再到渴望将叛乱进行到底的极端激进的弥赛亚团体。约瑟夫斯善于言辞，说话语焉不详，因此，每一方都能听到他们想听的，这对他在罗马的宫廷无疑也很有帮助，在那里他必须注意自己的言行，尤其是当韦斯巴西安的小儿子图密善（Domitian）在公元81年掌权时：图密善以偏执怀疑每一个人、每一首诗和每一本书而臭名昭著，并毫不犹豫地用死亡来惩罚那些被视为敌人的人。

僭政（Tyranny）对几乎所有的创造性表达都有一种天然的毁灭作用，但在罗马帝国时期，对文学或言论没有系统性的审查制度——罗马当局并没有设立机构以在出版前审查每本书籍。尽管如此，作家们仍必须小心翼翼，因为如果他们被认定侮辱了皇帝或违反了公共政策，他们可能会被流放或处决。对于作家或艺术家来说，与皇帝亲近通常更危险，而远离罗马和意大利则更安全。宫廷充满了机会主义者和诽谤者，他们可以从成功的指控中获利，因此，每一种文学媒介都受到关注：诗歌、哲学、演讲，当然还有历史——尤其是有皇帝本人出现的历史。在一些臭名昭著的案件中，作家以叛国罪而在罗马元老院受审并定罪；惩罚可以是处决或流放，也可以是烧毁他们的书籍。为了避免皇帝及其党羽的监视，历史学家们进行自我审查，或者决定根本就不写某些事件。

因此，身处弗拉维宫廷（the Flavian court）的约瑟夫斯书写历史是相当勇敢的，尤其是当他的第一个主题要求其书写皇室成员之时，而且，他还试图捍卫和阐释那些反抗罗马权力的战败民族。但正如我们所看到的，他有一个令人信服的写作理由。我们可以从约瑟夫斯的第二部作品、百科全书式的《犹太古史》的一段话里窥见这种强烈的写作欲望。在《犹太古史》第十卷中，他重述了圣经《但以理书》（Book of Daniel）中的故事。但以理是一位先知，他能通过梦境和神迹看到未来。《但以理书》深受犹太读者的喜爱，因为它有令人兴奋的奇迹故事和对弥赛亚的预言。在一段特别有趣但又困难重重的章节中，但以理将国王的梦解释为对四个世界帝国的历史顺序的预告，第四个帝国将被一块神秘的石头摧毁，在犹太人的信仰中，这块石头象征着犹太人的弥赛亚和以色列的胜利。约瑟夫斯是这样讲述这部分内容的：

> 但以理也向国王解释了这块石头的意义，但我认为不适合在此记述它，因为我应该记述过去和现在发生的事情，而不是未来的事情。然而，如果有人急欲获悉确切的信息，以至于他不停地仔细询问，渴望了解即将到来的隐藏的事情，那就让他不厌其烦地阅读《但以理书》，他将在这些神圣的著作中找到它。（《犹太古史》第十卷第 210 节）

再次假设罗马读者不会去一本陌生的犹太书籍中找到那段晦涩不明的段落，而约瑟夫斯的写作方式使罗马读者和犹太读者对其含义的理解也有所不同。罗马读者会毫不怀疑地认为，罗马本身就是那块神秘的"石头"，它将粉碎之前的帝国，成为世界的主宰，或者相反，看似坚不可摧的罗马帝国有一天真的会在自身的重压下崩溃；罗马人自己也在争论他们自己的未来，这两种观点都是可能的，但都没有与约瑟夫斯笔下的文字的平实解读相矛盾。另一方面，一个犹太读者会立刻明白，这块"石头"就是应许的弥赛亚，他最终会来到地球上，将犹太人从最后一个帝国（罗马）手中拯救出来。罗马读者如果没有对犹太信仰的初步涉足，甚至猜不出弥赛亚的含义。整个神学教训是"上帝主宰人类事务"，所有读者——罗马读者和犹太读者——都会同意这一点。

我们现在差不多可以理解约瑟夫斯书写历史的冲动了。他作为犹太革命军队的高级将领开始了对罗马的战争。他必须表现出自己对革命的真情实意，才能让他们接受其担任这个职位。尽管他在军事方面缺乏经验，但他尽了自己最大的努力，虽然他最终也不可避免地失败了。在约塔帕塔那个命悬一线的洞穴里，他在一场集体自杀中幸存下来，但他并不一定背叛了自己的犹太同胞：他精力充沛，甚至充满激情地讲述了自己在洞穴里实现的神的一项使命——那是一个来自上帝的信息——即他讲述了关于叛乱、罗马帝国、上帝对历史的终极目的与计划的真相。他在洞穴里意识到叛乱的时机不对；现在不是反抗这个世界上最强大的帝国的时候，因为当时这个帝国得到了上帝的认可。换言之，他对自己在洞穴中的行动的描述是承认自己一开始就错了：他相信《但以理书》和其他神圣来源的预言——预言当前的世界帝国最终会灭亡，并被以色列永远取代——并没有错，但他错误地相信预言会在现在实现。这就是他书写历史的冲动：他必须迫切地说服自己的犹太人同胞，上帝希望他们等待，暂时停止革命。

你可能会问：为什么必须这样言说？圣殿已经被毁，这还不够证明上帝的旨意和目的吗？答案是，一些相信这场叛乱的弥赛亚目的的犹太人认为，圣殿和耶路撒冷的毁灭是对他们信仰的确认。这是当今心理学家所熟知的一个现象：一个宗教组织的成员遭遇灾难，例如他们的领袖去世，他们不会得出他们的领袖误导了他们或者他们的事业已经失败的结论；相反，他们往往更加坚信自己的事业是正义的。在公元 70 年圣殿被毁后，许多犹太人并没有像约瑟夫斯那样说：我们错了。相反，他们说：上帝给了我们一个信号，表明我们是对的，我们必须在逆境中继续前进。随着岁月的流逝，这种执着的信念越来越坚定。约瑟夫斯在那场毁灭性的反罗马叛乱中幸存下来，他非常担心犹太人会再次给自己带来灾难。关于他们惨败于罗马的意义以及下一步应该采取什么措施这整个问题的意义，实际上是笼罩在犹太人头上的一场生死存亡的辩论。约瑟夫斯想参与这场辩论。他并没有丧失自己的宗教信仰，也没有丧失自己对犹太历史的道德内容和目的的信仰，而是放弃了自己以前对强大的罗马帝国的武装反叛的信仰。如果说他曾经相信反叛罗马是上帝的旨意，那么作为一个历史学家，他认为犹太人不应该继续反叛罗马。他在自己的后半生不停地书写历史，以告诉自己的犹太人同胞：现在不是第二次反叛罗马之机；那一天终究会到来，但上帝要我们暂时静静地坐着等待。

英译本导言

萨克雷（H. St. J. Thackeray）撰

《犹太战争》（*History of the Jewish War*）是约瑟夫斯最早的一部作品，同时也是约瑟夫斯最著名的一部作品。这部作品可以说是他利用战后的闲暇，在罗马完成的初次成果。约瑟夫斯撰写《犹太战争》具有巨大的优势：首先，他是这场战争的参战者和亲历者；其次，他享有韦斯巴西安（Vespasian）[1]提供的年金和宅邸，而这座宅邸先前就是韦斯巴西安自己居住的；最后，约瑟夫斯可以随心所欲地阅读自己的帝国庇护人韦斯巴西安和提图斯的"战事记录"（commentaries），而他们正是最近这场战争的领导人。[2]

---

[1] ［中译按］韦斯巴西安：罗马皇帝，公元69—79年在位，弗拉维王朝的创建者和第一任皇帝。他是四帝之年（公元69年）的最后一位皇帝，在尼禄皇帝死后，他结束了罗马帝国一年半以来的战乱局面。在其十年的统治期间，他积极与罗马元老院合作，改革内政，重建经济秩序。后世普遍对这位皇帝持正面的评价。

[2] 约瑟夫斯：《驳阿庇安》（*Contra Apionem*）第一卷第50节；《生平》（*Vita*）第358节和第423节。

作者提及，自己这部作品的标题是"论犹太战争"（*Concerning the Jewish War*，Περὶ τοῦ Ἰουδαϊκοῦ πολέμου）。[1]拉克尔（Laqueur）认为，[2]这个标题非常明显地暴露了这位犹太叛徒的罗马视角。有人认为，在尼斯所依赖的主要抄本 P（Niese's principal MS P）的前两卷的开头，人们发现这个标题的扩展形式——Ἰουδαϊκοῦ πολέμου πρὸς Ῥωμαίους（对罗马人的犹太战争）——有可能是作者试图消除前一个标题的冒犯性。然而，绝大部分的抄本都采用了另一个标题，亦即"论征服"（Concerning［the］capture，Περὶ ἁλώσεως），而这个标题通常都会加上 Ἰουδαϊκῆς ἱστορίας（犹太历史的）。在奥利金（Origen）和哲罗姆（Jerome）的著作中，人们也可以找到 Περὶ ἁλώσεως（论征服）这样的标题，后者认为这是作者自己写下的："撰写了七卷本《犹太战争》的约瑟夫斯把自己的标题解释为'犹太征服'，亦即 Περὶ ἁλώσεως（论征服）。"（ quae Josephus Judaicae scriptor historiae septem explicat uoluminibus，quibus imposuit titulum Captiuitatis Judaicae id est Περὶ ἁλώσεως. ）[3]尼斯认为，[4]这是一个源自基督教的标题，它是在我们这位作者的主要作品——《犹太战争》（*War*）和《犹太古史》（*Antiquities*）——被收入一套单一文集时采用的，其主标题是 Ἰουδαϊκὴ ἱστορία（犹太历史），副标题则是 Περὶ ἁλώσεως（论征服）和 Ἀρχαιολογία（古史）。然而，约瑟夫斯很可能自己就使用了这个简短的标题：ἅλωσις（征服）。它往往不带冠词，经常用于描述最后的悲剧，例如：

---

〔1〕约瑟夫斯：《生平》第 412 节和《犹太古史》（*Antiquities*）第二十卷第 258 节；对比《犹太古史》第十八卷第 11 节。

〔2〕拉克尔（Laqueur）：《犹太历史学家约瑟夫斯》（*Der Jüd. Historiker Flavius Josephus*，Giessen，1920）第 98 页和第 255 页。

〔3〕*Comm. in Isaiam*，cap. 64，*sub fin.*

〔4〕第一卷第 6 页。

第二卷第 454 节（προοίμιον ἁλώσεως，征服的序幕），第四卷第 318 节（ἁλώσεως ἄρξαι，发动征服）和第五卷第 3 节（ἁλώσεως κατῆρξεν τῇ πόλει，对这座城市发动征服）。

罗伯特·埃斯勒博士（Dr. Robert Eisler）——在本篇导言中，本文作者感谢他提出的许多建议，而且，他即将出版的，同时也是非常重要的古俄语本《犹太战争》，也将有助于揭示这部作品的起源——在较早而又较为简单的版本 Halosis 与较晚而又较为详细的版本 Polemos 之间进行了区分。

> 埃斯勒博士认为，"犹太历史"（Jewish history）或"历史"（histories）[1]是约瑟夫斯的"著作集"（collected works）的总称，因为它们最终由以巴弗提（Epaphroditus）出版发行。埃斯勒博士强调，所有俄语抄本的标题都是"关于耶路撒冷的征服"（On the Capture of Jerusalem），而且，一段至今未被确认的约瑟夫斯引文——ἐν τῷ πέμπτῳ λόγῳ τῆς ἁλώσεως（在关于征服的第五次演说中），[2]可以追溯到那些抄本中的一些抄本。埃斯勒博士希望在自己即将出版的著作中证实，俄语抄本，以及所谓的"俄格西普斯"抄本（the so-called "Egesippus"［Heg.］）——后者是由一位皈依基督教的犹太人以撒（Isaac）翻译的一个拉丁译本，这位以撒亦名高登提乌斯（Gaudentius）或赫拉里乌斯（Hilarius），与教皇达马苏斯（Pope Damasus）生活在同时代——是源于我们之前已经佚失的而又有点不同的版本：首次出版于公元 72 年，以庆祝提图斯（Titus）的胜利，其标题则是 Φλαυίου Ἰωσήπου περὶ

---

〔1〕ἱστορίαι 参见 *Vita* 345；Euseb. *Histor. Eccl.* i. 8.

〔2〕参见 *Chron. Pasch.* i. 263 Dind.

ἁλώσεως τῆς Ἰερουσαλήμ（弗拉维乌斯·约瑟夫斯论耶路撒冷的征服）。在随后的岁月里，这个抄本逐渐被增加、修改、缩减和扩展。他认为，Ἰουδαϊκὸς πόλεμος（犹太战争）是全新修订本的标题，出版于图密善（Domitian）统治时期，因为它存在于 PA 抄本和 L 抄本，而 VR 抄本和 MC 抄本则代表了更为早期而又较少进行仔细修订的原版 Ἅλωσις（征服）的修订版，例如，斯拉夫语译者使用的也是后者。

我们可以从前言中了解到，希腊语本（the Greek text）并不是这部著作的初版（the first draft）。[1] 它在前面就有一段阿拉米语（Aramaic）写的叙述，里面写道，它面向的读者是"内陆地区的野蛮人"（the barbarians in the interior），确切地说，这些野蛮人指的是生活在帕提亚（Parthia）、巴比伦（Babylonia）、阿拉伯（Arabia）的本地人（the natives），以及流散在美索不达米亚的犹太人和阿迪亚比尼的居民（the inhabitants of Adiabene）——阿迪亚比尼是一个由家族统治的公国（a principality），阿迪亚比尼居民皈依了犹太教，犹太人对此颇为自豪地铭记在心。[2] 在这部阿拉米语本《犹太战争》中，约瑟夫斯叙述道，希腊语本《犹太战争》是出于罗马帝国臣民的利益，亦即整个希腊－罗马世界（the Graeco-Roman world）的利益，而［专门］制作的一个"版本"（Ἑλλάδι γλώσσῃ μεταβαλών［用希腊语转写］）。[3]

---

〔1〕《犹太战争》的初稿是阿拉米语本（Aramaic edition），而非希腊语本。

〔2〕参见《犹太战争》第一卷第 3 节和第 6 节。

〔3〕［中译按］参见《犹太战争》第一卷第 3 节。

阿拉米语本《犹太战争》已经佚失了，但关于它和希腊语本《犹太战争》的关系，以及它的目的，我们仍然可以从中得出两个可能性的推论。第一，希腊语本《犹太战争》不是对阿拉米语本《犹太战争》的逐字直译。这可以从这位历史学家在其他地方的言谈中推断出来。约瑟夫斯声称，自己的《犹太古史》译自希伯来经卷（ἐκ τῶν Ἐβραικῶν μεθηρμηνευμένην γραμμάτων），[1] 而且，他再一次声称，自己的《犹太古史》只是将希伯来经书译成希腊语（μεταφράζειν εἰς τὴν Ἑλλαδα γλῶτταν），[2] 他自己没有做任何实质性的增删。[3] 然而，我们都知道，通过《七十士译本》（the LXX translation）的帮助，包括从其他来源获得的大量补充，《犹太古史》这部著作其实对圣经故事做了一种自由性的意译（a free paraphrase）。约瑟夫斯告诉我们，希腊语本《犹太战争》是在其希腊语助手的帮助下完成的，没有任何闪米特语的使用痕迹；我们可以推断，原先的那部《犹太战争》实际上已经重写了。

至于《犹太战争》的目的，由于它几乎是在战后不久在韦斯巴西安的赞助下写成的，因而我们有充分的理由相信，它是受到官方“鼓舞的”（inspired）。[4] 这是一份宣言，旨在警告帝国东部（the East）无用的反抗和缓解战后强烈的复仇欲望，而这种反抗和复仇最终在图拉

---

〔1〕《犹太古史》第一卷第 5 节。
〔2〕《犹太古史》第十卷第 218 节。
〔3〕［中译按］the Hebrew Scriptures 和 the Hebrew books 都指的是旧约圣经，这两处错用词应是英文的惯有修辞；鉴于前一处希腊文 τῶν Ἐβραικῶν γραμμάτων 直译是希伯来语的书籍，与 τὰ ἱερὰ γράμματα（神圣的书籍），亦即圣经有所区分，故如此行文。
〔4〕参见拉克尔：《犹太历史学家约瑟夫斯》第 126—127 节。

真（Trajan）[1]和哈德良（Hadrian）[2]统治时期激烈地爆发了。帕提亚人崛起的危险是一个持续不断的威胁，很明显，在预期的读者名单中，帕提亚人无疑排在最前列。[3]事实上，约瑟夫斯在结束对罗马军队的描述时就承认了这种动机："倘若我在这个主题上谈得有些冗长，那么，我的目的与其说是赞美罗马人，不如说是安慰那些惨遭他们征服的人，并震慑其他那些可能想要起来反叛的人。"[4]

最初的阿拉米语本《犹太战争》很早就已经在西方世界佚失了。科特克（H. Kottek）在 1886 年就提出了这样一种理论，那就是，一部分阿拉米语本《犹太战争》在公元 6 世纪的古叙利亚语本《犹太战争》第六卷（Syriac version of Book vi）中幸存下来，而诺德克（Nöldeke）证明这是站不住脚的。然而，伯纳德特（A. Berendts）最近以来坚持认为，[5]阿拉米语本《犹太战争》仍然幸存在古俄语本（the Old Russian version）《犹太战争》中。古俄语本《犹太战争》包含了对希腊语本《犹太战争》的一些显著偏离和补充，包括与施洗约翰（John the Baptist）、基督（Christ）和

---

〔1〕［中译按］图拉真：第一位出生于非意大利地区的罗马皇帝，同时也是罗马五贤帝之一。在公元 91 年被任命为罗马执政官之前，图拉真一直在亚欧两洲指挥罗马军团。公元 97 年，图拉真被内尔瓦（Nerva）指定为继承人。他建造了纪念达契亚战争胜利的图拉真圆柱广场。在其统治时期，达契亚、美索不达米亚以及帕提亚一同被并入了罗马帝国。

〔2〕［中译按］哈德良：罗马五贤帝之一，公元 117—138 年在位。他最为人所知的事迹是兴建哈德良长城和划定罗马帝国在不列颠尼亚的北部国境线。同时，他还在罗马城内重建了万神殿，并新建了维纳斯和罗马神庙。身为罗马皇帝，他倡导人文主义，提倡希腊文化。

〔3〕《犹太战争》第一卷第 6 节。

〔4〕《犹太战争》第三卷第 108 节；对比《犹太战争》第二卷第 345 节及以下的阿格里帕（Agrippa）演讲所提到的犹太人希望从美索不达米亚获得援助。

〔5〕*ap*. Harnack. *Texte und Untersuchungen*. xiv. 1. 1906.

早期基督徒有关的特定章节。

全本斯拉夫语本（the full text of the Slavonic version）《犹太战争》尚未为学者们所获得；但是，它的前四卷已经出现在由已故的伯纳德特翻译，并由格拉斯（K. Grass）编辑的德语译本中（Dorpat. 1924—1927）。这部著作到达本译者手里太晚了，以至于无法在现在出版的这册书籍中加以利用。然而，他希望在第三卷的附录里印上在斯拉夫语本（the Slavonic text）《犹太战争》中占据更为重要地位的补充性翻译，并附上一份它所遗漏的章节的清单。

按照埃斯勒博士的说法，我们只能有保留地接受伯纳德特的理论。斯拉夫语文本是有添加的，但即使在某些基督徒的添加被发现和搁置之后，它也不能直接从佚失的阿拉米语本（the lost Aramaic）衍生出来：许多迹象表明，它译自一个希腊语文本（a Greek text），而后者与 VRC 抄本里的内容一致。但在该希腊语文本之下，埃斯勒博士在一些音译的单词中发现了闪米特语原文的痕迹。按照他的说法，[1] 在公元 1250—1260 年之间，俄罗斯教会的一位犹太化异端牧师在立陶宛（Lithuania）将其从希腊语翻译成了斯拉夫语——这位牧师偶然获得了一份或多份粗糙的希腊语本《犹太战争》，而这种粗糙的希腊语本是约瑟夫斯阿拉米语原版《犹太战争》（the original Aramaic，the *Halosis*）的第一个粗糙的希腊语本（first rough Greek version），该希腊语本是在它被改写成我们现在的版本形式之前的版本。

---

[1] "Les Origines de la traduction slave de Josèphe, l'hérésie judaisante en Russie et la secte des Joséphinistes en Asie Mineure, en Italie et en Provence." Communication au Congrès des Historiens Français le 22 Avril 1927（*Revue des Etudes slaves*，Paris，1927）

这部希腊语作品的初稿是分批写成的，并成为约瑟夫斯与阿格里帕国王（King Agrippa）之间漫长通信的主题，约瑟夫斯从两人之间的 62 封赞美信中抄录了两封信，而其中一封会提供进一步的口头信息；[1] 我们可以推测，就更早的阿拉米语本《犹太战争》而言，约瑟夫斯也请教了阿格里帕。这部著作一经完成，约瑟夫斯就向自己的帝国庇护人和其他人赠送了副本，而提图斯也批准了这部著作——"提图斯皇帝真切地认为，我的著述是世人了解这段历史的唯一权威，因此，他亲自把他的名字签在了书上，并下令公开出版这部著作。"[2]

《犹太战争》的出版日期，普遍认为是韦斯巴西安统治的后半期，即公元 75—79 年之间——在收到这部著作副本的韦斯巴西安皇帝去世之前，在公元 75 年[3]和平神殿（Temple of Pax）[4]落成之后。我们知道，在此之前还有其他关于这场战争的历史著作。[5]

然而，这些限制不能被强调，它们有可能只适用于单一版本。正如我们所知，与其他古代作家一样，由于需要新的副本，约瑟夫斯必须不断地润色和增改自己的作品。我们知道，在公元 93—94 年，在其行将就木之际，他仍在考虑出版新版的《犹太战争》，而这部新版的《犹太战争》包括了作者自己民族历史上最新的后续事件。[6]同样，我们现存的文本之前有一个较短的草稿，这也并非不可能。事实上，希腊语本《犹太战争》前言里的"目录"

---

〔1〕《生平》第 364 节及以下。

〔2〕《生平》第 363 节；《驳阿庇安》第一卷第 50 节及以下。

〔3〕迪奥·卡西乌斯（Dio Cassius）第六十六卷第 15 节。

〔4〕《犹太战争》第七卷第 158 节及以下。

〔5〕《犹太战争》第一卷第 1 节及以下；《犹太古史》第一卷第 4 节。

〔6〕《犹太古史》第二十卷第 267 节。

（table of contents）就是以提图斯的凯旋作结的。[1]埃斯勒博士推断，第一版希腊语本《犹太战争》是以提图斯的这次凯旋事件而终结全书的，并且，它早在公元71年就问世了。他坚定地指出，约瑟夫斯努力在凯旋那天完成自己的这部作品，并在那个值得纪念的时刻向两位罗马皇帝呈送了自己这部作品的副本。在埃斯勒博士看来，这个续篇（the sequel），包括讲述公元73年另一座犹太圣殿——埃及的安尼亚斯（Onias）圣殿——的毁灭的倒数第二章，[2]就是在凯旋事件之后加上去的，而且，约瑟夫斯还借此机会在这整部著作的前面加上了相应的一章，内容是关于安尼亚斯圣殿的由来[3]和同时代的哈希曼王朝的历史（Hasmonaean history）。

一个简短的前言包含了对这整部著作有些不充分和不系统的概括（《犹太战争》第一卷第19—29节）；提到的主题可能是为了吸引皇帝的眼球，同时也为了吸引普通读者。接着是一篇过度冗长的导言，这个导言占据了整个第一卷和第二卷将近一半的篇幅，其中概述了安条克·俄皮法尼斯（Antiochus Epiphanes）之前占领圣殿到与罗马爆发犹太战争的犹太历史，横跨长达将近250年的时间。当约瑟夫斯晚年撰写自己民族的整个历史时，这部分叙述在《犹太古史》中得到了扩展，占据了七卷半的篇幅（《犹太古史》第十三至二十卷）。对这两种叙述的对比产生了一个富有教益的研究；《犹太古史》的相应章节标注在了这部《犹太战争》英译本的页首（编按：关于这部分内容，参见本书附录）。

---

[1]《犹太战争》第一卷第29节。

[2]《犹太战争》第七卷第420—436节。

　　[中译按]《犹太战争》第七卷第420—436节亦即《犹太战争》第七卷第十章。

[3]《犹太战争》第一卷第33节。

《犹太战争》第一卷从安条克·俄皮法尼斯时期（约公元前 170 年）一直延续到希律之死；第二卷从希律之死写到公元 66 年犹太战争的爆发、塞斯提乌斯（Cestius）的溃败和约瑟夫斯在加利利的备战；第三卷叙述了公元 67 年韦斯巴西安在加利利的战事，包括围攻约塔帕塔（Jotapata）和约瑟夫斯被俘；第四卷则叙述了加利利战役的结束、耶路撒冷的被围、因韦斯巴西安称帝而中断的军事行动（公元 68—69 年）；第五卷和第六卷描述了提图斯在公元 70 年对耶路撒冷的围困和占领；第七卷记述了征服者返回罗马、凯旋仪式的盛大举行、叛军最后据点的清除，以及后来的一些事件。

　　作为一部文学作品，整部《犹太战争》具有巨大的价值。它是公元 1 世纪流行的阿提卡式希腊语（the Atticistic Greek）风格的一个杰出样本，而这种风格是由一个学派引入的——该学派试图遏止始于亚历山大时代（the Alexandrian age）的语言发展和复兴伯里克利时代（the age of Pericles）的阿提卡风格。精选的词汇、紧凑的句子和段落、准确的助词使用和语词顺序、整齐划一的古典风格，但又不盲目模仿古典模式，这些诸多特质与其他种种优点无时无刻不在挑战译者的能力，让译者大伤脑筋，可谓译者的噩梦。

　　　　词汇——以下这些词汇是《犹太战争》的典型特征，在约瑟夫斯的其他著作中没有出现过：ἀδιάλειπτος（-ως）[不断的（不断地）]，ἀνέδην [自由地]，ἄτονος（-ως）[轻松的（轻松地）]，βασιλειᾶν [领土]，δημότης [公民]，διεκπαίειν [攻破]，διέχειν（*distare*，in preference to ἀπέχειν）[分开（*distare*，而不是"离开"）]，εἰκαῖος（-ως）[随意的（随意地）]，ἐξαπίνης（in preference to ἐξαίφνης）[突然地（而不是"突然地"[另一写法]），ἑωθινός [黎明的]，θανατᾶν [想死]，καταλήγειν [结束]，καταντιβολεῖν [恳求]，κατορρωδεῖν and ὀρρωδεῖν [恐惧和担忧]，κοπιᾶν [努

xiv

力］，λαθραῖος（-ως）［隐秘的（秘密地）］，λεωφόρος［繁忙的］，μεσημβρινός（"southern"）［南方的］，μεταγενέστερος and προγενέστερος［随后的和先前的］，μόνον οὐκ（"almost"）［几乎］，ὀλόφυρσις（from Thuc.）［哀叹（出自修昔底德）］，παλινδρομεῖν［返回］，πανοῦργος（and derivatives）［不择手段的（及其衍生词）］，παράστημα（"intrepidity"）［无畏］，πολίχνη and πολίχνιον［乡镇和小村庄］，πρὸς δέ（adverb: where *Ant.* uses καὶ προσέτι）［可是（副词：《犹太古史》在这个地方使用的是"此外"）］，προσαμύνειν［援助、抵抗］，προσάρκτιος［北边的］，προσιτός［可接近的］，πτοεῖσθαι［惊慌］，συμμίσγειν［混合］，συστάδην［近身地］，διὰ τάχους and κατὰ τάχος［迅速地和快速地］，τονοῦν［奋起］，ὑποδείδειν（epic）［害怕（史诗）］，χθαμαλός［低的］，χωρισμός（"departure"）［离开］，χῶρος［地区］。

约瑟夫斯是为那些有教养的读者写作的，他吹嘘自己沉浸于希腊文学，[1]并孜孜不倦地锻造自己的风格。"除了上述这些条件之外"，约瑟夫斯写道，"历史学家需要有风格上的魅力，对此，他可以通过对语词进行精心的选择和巧妙的布局（ἁρμονία），以及借助其他任何可以为读者润色自身叙事的东西来实现。"[2]在这种"巧妙的布局"（nice adjustment）中，约瑟夫斯提到，自己小心翼翼地避免元音的间断或刺耳碰撞（hiatus or harsh clashing of vowels）——这是其著作的一个显著特征，而《犹太战争》尤其明显。然而，如此娴熟自如的驾驭只能逐步获得，一位迄今为止只用阿拉米语写作的作家倘若不是在后来的一部作品中顺带性地（*obiter dictum*）进行解释的话，以一部

xv

---

〔1〕《犹太古史》第二十卷第 263 节。
〔2〕《犹太古史》第十四卷第 2 节。

如此炉火纯青地掌握希腊语方方面面的作品来开启自己的文学生涯，无疑是令人惊讶的。

在《驳阿庇安》（*Contra Apionem*）中——《驳阿庇安》撰写于《犹太战争》后约四分之一世纪，尽管有些姗姗来迟，约瑟夫斯却愉快地承认了自己在撰写早期著作时得到了写作助手的帮助。他告诉我们，他雇用了一些写作助手以润饰希腊语（χρησάμενός τισι πρὸς τὴν Ἑλληνίδα φωνὴν συνεργοῖς）。[1] 在《犹太战争》这部著作的几乎每一页上，我们都可以无比清晰地看到，约瑟夫斯从这些可敬的合作者那里得到了巨大恩惠。《犹太战争》第七卷卓然独立而自成一家；这个地方的这种风格[2] 展示了《犹太古史》的许多特征，作者似乎更依赖自身的才智。对作者自身的风格，我们也可以在一些自传性段落和偶尔插入的章节中进行窥探。

约瑟夫斯在《驳阿庇安》中所做的这番承认，有助于从整体上解释约瑟夫斯著作中的不均衡性问题，并促使我们进一步追踪其他的"写作助手"（assistant）。《生平》（*Life*）的粗犷风格似乎代表了约瑟夫斯的原貌（*ipsissima verba*）。大部分《犹太古史》似乎也都是在没有任何写作助手的情况下完成的，直到接近尾声时，亦即当写到《犹太战争》已经部分涵盖的叙述时，约瑟夫斯才把《犹太古史》这部著作中将近五卷（第十五至十九卷）的内容委任于他人之手：《犹太古史》第十五至十六卷似乎暴露了《犹太战争》中一位精明强干的写作助手的写作风格；《犹太古史》第十七至十九卷第 275 节则表现出一位雇佣文人——修昔底德（Thucydides）的盲目模仿者——的明显怪癖。在《驳阿庇安》中，

---

〔1〕《驳阿庇安》第一卷第 50 节。
〔2〕［中译按］"这个地方的这种风格"亦即"《犹太战争》第七卷的这种风格"。

精选的用词、深奥的古典知识和出色的主题安排再次表明，约瑟夫斯获得了写作助手的帮助。

　　等到撰写《犹太古史》时，约瑟夫斯声称，自己已经完全精通最好的希腊文学，根据对一些抄本的解读，包括希腊诗歌："通过获取文法经验，我致力于掌握希腊文学"（τῶν Ἑλληνικῶν δὲ γραμμάτων ἐσπούδασα μετασχεῖν τὴν γραμματικὴν ἐμπειρίαν ἀναλαβών），[1] 此处，抄xvi本 A 和梗概在"文字"（γραμμάτων）后面加上了"以及诗歌课程"（καὶ ποιητικῶν μαθημάτων）这些词（抄本 A 还加上了 πολλὰ［许多］）。由于句子末尾单词的重复（homoioteleuton），或者正如埃斯勒博士所说，可能由于约瑟夫斯的奴隶助手们刻骨的怨恨——他们知道自己主人所吹嘘的这些成就的真相，最后那句话可能是从其他抄本里掉落下来的。在约瑟夫斯的这部早期作品中，我们有理由相信，对于偶尔使用的经典用语或典故，约瑟夫斯有赖于自己那些学识渊博的秘书们。修昔底德自然是绝大部分历史学家的榜样。[2] 在《犹太古史》中，约瑟夫斯随心所欲地攫取了这个富矿，第十七至十九卷中的写作助手活该受到西塞罗对这种抄袭者的讥讽（"ecce autem aliqui se Thucydidios esse profitentur, novum quoddam imperitorum et inauditum genus"［这里来了一群自诩为"修昔底德风格"的人——一群全新而又闻所未闻的无知者］）。[3] 相反，在《犹太战争》中，这种来源（this

----

〔1〕《犹太古史》第二十卷第 263 节。

〔2〕埃斯勒博士让我注意到，琉善（Lucian）在其《论如何撰历》（*Quomodo historia sit conscribenda*）一书中对这种借用的指摘（Lucian's strictures on such borrowing）。对西塞罗的引文（The quotation from Cicero），我要感谢德鲁纳（Drüner）的《约瑟夫斯研究》（*Untersuchungen über Josephus*，1896）。

〔3〕*Orator* 30.

　　［中译按］洛布本《犹太古史》的英译者将其译作：And here come some who take the title "Thucydideans," —— a new and unheard-of group of ignoramuses.

source）的使用就要克制得多，只限于偶尔的回忆或习语。类似的使用也出现在希罗多德（Herodotus）、色诺芬（Xenophon）、德摩斯提尼（Demosthenes）[1]和波利比乌斯（Polybius）身上。

更有趣的是约瑟夫斯对古希腊诗歌、《荷马史诗》和古希腊悲剧的巨大谙熟度。约瑟夫斯以一种古希腊戏剧的方式讲述了大希律（Herod the Great）的家庭纷争，他的叙述感伤而又沉重：[2]我们一开始就听到了报应（Nemesis，第一卷第431节）、王室的玷污（μύσος，第638节，对比第445节）、风暴的降临（第488节）、阴谋的祸根和幕 后操纵者（τὸν λυμεῶνα τῆς οἰκίας καὶ δραματουργὸν ὅλου τοῦ μύσους，第530节）、焦虑地等待"戏剧的结局"（the anxious waiting for "the end of the drama"，第543节）、复仇的神明（καθ᾽ᾅδου φέρειν τὸν ἀλάστορα，第596节），被杀害的儿子们的鬼魂（δαίμονες）在宫殿里游荡并揭露真相（第599节），或者封住别人的嘴巴（第607节）。然而，《犹太战争》还拥有其他更加精确的典故。索福克勒斯（Sophocles）显然是最受到偏爱的；对这位作家的悲剧典故的引用——主要限于《犹太战争》和部分《犹太古史》，尤其是以《犹太战争》风格写就的

---

〔1〕[中译按] 德摩斯提尼（公元前384—前322年）：雅典政治家，古希腊最伟大的雄辩家。根据普鲁塔克（Plutarchus）的记载，德摩斯提尼幼时口吃，为了治愈这个毛病，他把一些小石子含在嘴里，对着镜子练习讲话。德摩斯提尼自小即显露天分，有权有势的人家请他撰写诉状。终其一生，他拥护民主原则。他曾发表多篇《反腓力辞》，号召雅典人起而反抗腓力二世，后来继续反对腓力的儿子亚历山大大帝。他斥责雅典政治家埃斯基涅斯（Aeschines）媚敌，而埃斯基涅斯则认为腓力是爱好和平的国王。公元前330年，德摩斯提尼成功地使埃斯基涅斯遭到流放，但后来他也被迫流亡（公元前324年）。亚历山大死后（公元前323年），德摩斯提尼奉召回国，但当亚历山大的继承人进军雅典时，他弃城而逃，服毒自尽。

〔2〕尤西比乌斯（Eusebius）将这部分叙述描述为"悲剧"（τραγικὴ δραματουργία）。我要再一次感谢埃斯勒博士的引文。

《犹太古史》第十五至十六卷——可能要归功于写作助手，而非约瑟夫斯。从约瑟夫斯的著作来看，毫无疑问，也明显运用了维吉尔（Virgil）的典故。

　　修昔底德.——约瑟夫斯的前言（i. 4 γενομένου γὰρ…μεγίστου τοῦδε τοῦ κινήματος…ἀκμάζον［第一卷第 4 节 因为发生了……这场最大的动荡……达到顶峰］）仿效了修昔底德的前言（i. 1 κίνησις γὰρ αὕτη μεγίστη…ἐγένετο with preceding ἀκμάζοντες［第一卷第 1 节 "因为这场最大的动荡……发生"，伴随之前的"达到顶峰"］）；希律王向自己因为遭受地震和紧随其后的战败而士气低下的军队发表的演讲（第一卷第 373 节及以下），让人想起伯里克利向因为入侵和瘟疫而怒不可遏的雅典人发表的演讲（第二卷第 60 节及以下）；耶路撒冷接到约塔帕塔沦陷的消息（第三卷第 432 节），让人想起雅典人接到西西里灾难（the Sicilian disaster）的消息（第八卷第 1 节）。在措辞方面，下列相似之处值得注意：《犹太战争》第三卷第 296 节、第六卷第 326 节同修昔底德第四卷第 8 节当中的 βύζην［紧密地］；《犹太战争》第四卷第 217 节同修昔底德第六卷第 13 节当中的 ἀναρριπτεῖν κίνδυνον［冒风险］；《犹太战争》第四卷第 590 节同修昔底德第四卷第 85 节和第 95 节当中的 περιαλγεῖν τῷ πάθει［对这场灾难感到极度痛苦］；《犹太战争》第七卷第 324 节同修昔底德第六卷第 80 节当中的 δουλεία ἀκίνδυνος［不会沦为奴隶］；《犹太战争》第七卷第 338 节同修昔底德第一卷第 90 节当中的 τὸ（μὴ）βουλόμενον τῆς γνώμης［内心的（不）愿意］；《犹太战争》第七卷第 314 节同修昔底德第七卷第 36 节当中的 στεριφώτερ（ον）ποιεῖν［使更坚固］。

　　希罗多德则为约瑟夫斯提供了下列术语：τέμενος ἀποδεικνύναι［证明圣地］（《犹太战争》第一卷第 403 节）；对比 προκαθίζειν （ἐπὶ θρόνου）［坐（在宝座上）］（《犹太战争》第二卷第 27 节）与 ἐς θρόνον［到宝座上］（希罗多德第一卷第 14 节）；τὴν ἐπὶ θανάτῳ（sc. ὁδόν）［通往死亡的（省略了"道路"）］（《犹太战争》第二卷第 231 节和第六卷第 155 节）；πάντες ἡβηδόν［所有人，无论老少］（对比《犹太战争》第三卷第 133 节与第四卷第 554 节）；τροχοειδὴς λίμνη［圆形的湖泊］（《犹太战争》第三卷第 511 节）；ἄκεσις（"cure"［治愈］，《犹太战争》第四卷第 11 节和第七卷第 189 节）；πρὸς ἀλκὴν τρέπεσθαι［奋起反击］（《犹太战争》第六卷第 14 节和第七卷第 232 节）；ἀναμάρτητος πρός τινα γίνεσθαι［对某人无过错］（《犹太战争》第七卷第 329 节）；对比《犹太战争》第七卷第 340 节的 λήματος πλήρης［情绪高涨］和希罗多德第五卷第 111 节的 λήματος πλέος［情绪高涨］。

色诺芬的《居鲁士的教育》（Cyropaedia）一书，则可能为约瑟夫斯提供了下列术语：θήγειν ψυχὰς［激怒灵魂］（《犹太战争》第四卷第 174 节）；ἀντιμέτωπος［面对面］（《犹太战争》第五卷第 56 节）和 ἀντιπρόσωπος［面向］（《犹太战争》第五卷第 62 节及第 136 节）；τάραχος（for ταραχή）［（皆为）"动荡"］（《犹太战争》第四卷第 495 节）；διαδωρεῖσθαι［分配］（《犹太战争》第六卷第 418 节）；ριψοκίνδυνος［鲁莽的］（《犹太战争》第七卷第 77 节）。

德摩斯提尼则为约瑟夫斯提供了演讲方面的专门术语：ἐπιτετειχισμένη τυραννίς［强化了的僭政］（《犹太战争》第四卷第 172 节），τιμωρίας διακρούεσθαι［逃避惩罚］（《犹太战争》第四卷第 257 节）；可能也有 ἀναισθητεῖν［麻木］（《犹太战争》第四卷第 165 节），ἐκ τῶν ἐνόντων［从现有条件中］（《犹太战争》第六卷第 183 节），βρόχον ἐπισπᾶν［（被）勒紧套索］（《犹太战争》第七卷第 250 节），σκευώρημα［计划、阴谋］（《犹太战争》第七卷第 449 节）。

　　源于**荷马**的术语有：ἀναιμωτί［兵不血刃］（《犹太战争》第
二卷第 495 节及第四卷第 40 节，等等）；εἴχοντο καὶ μετὰ κωκυτῶν
［伴随着哀号］（《犹太战争》第三卷第 202 节），参见 κωκυτῷ
τ' εἴχοντο［伴随着哀号］（《伊利亚特》第二十二卷第 409 行）；
ἐκφορεῖν= "carry out corpse for burial"［搬运，等同于"抬尸下葬"］
（《犹太战争》第四卷第 330 节）；ἄκολος "morsel"［一小口、一
小块］（《犹太战争》第五卷第 432 节）；ἀμάρα "conduit"［管道、
水道］和 ὄνθος "dung"［粪便］（《犹太战争》第五卷第 571 节）；
πεπαρμέν（α）ήλοις［镶有钉子］（《犹太战争》第六卷第 85 节）；
φυλακτήρ（for φύλαξ）［（皆为）"卫兵、哨兵"］（《犹太战争》
第七卷第 291 节）。

　　索福克勒斯．——约瑟夫斯著作中来源于《厄勒克特拉》
（*Electra*）[1] 的专门术语有：ἀφειδεῖν ψυχῆς［对灵魂慷慨（意译
为"毫不吝惜生命"）］（《犹太战争》第三卷第 212 节；《厄勒克
特拉》第 980 行）和 θράσος ὁπλίζειν［武装勇气］（《犹太战争》
第三卷第 153 节；《厄勒克特拉》第 995-996 行），我们可以非常
确信地推断，在《犹太战争》第三卷第 495 节及第五卷第 501 节
中，约瑟夫斯对《厄勒克特拉》第 945 行的一句台词（ὅρα πόνου
τοι χωρὶς οὐδὲν εὐτυχεῖ［你要明白，不努力，就没有什么会成功］）
进行了改写；《厄勒克特拉》和《埃阿斯》（*Ajax*）的回忆也出现
在《犹太古史》第十五至十六卷之中。我们也进一步发现，《犹太

――――――――――

〔1〕［中译按］厄勒克特拉（Electra）：在希腊传说中，厄勒克特拉是阿伽门农和克
　　吕泰涅斯特拉的女儿。当阿伽门农遭到克吕泰涅斯特拉和她的情夫埃吉斯托斯
　　谋害后，厄勒克特拉送走了自己的弟弟俄瑞斯忒斯，从而挽救了他的性命。后
　　来俄瑞斯忒斯返回家乡，厄勒克特拉帮助他杀死他们的母亲及其情夫。埃斯库
　　罗斯、欧里庇得斯及索福克勒斯都曾以此题材创作了戏剧。

战争》第五卷第 66 节的 θάρσος προξενεῖν［提供勇气］来源于《特拉基斯妇女》（*Trach*）第 726 行；《犹太战争》第五卷第 408 节的 ἐνσκήπτειν θεός［神施加］可能来源于《俄狄浦斯王》（*O.T.*）第 27 行；《犹太战争》第七卷第 348 节的 προσψαύειν［触摸］参考了《俄狄浦斯在科罗诺斯》（*O.C*）第 330 行，等等，紧随其后的 ζῇ καὶ τέθηλεν［活着且茁壮发展］取自《特拉基斯妇女》第 235 行；《犹太战争》第五卷第 326 节的 οὐδὲν ὑγιες φρονεῖν［觉得一切都不可信］则参考了《菲洛克忒忒斯》（*Phil.*）第 1006 行。

维吉尔 .——就像同一时期的一位年轻历史学家塔西佗（Tacitus），［约瑟夫斯的］这位合作者/写作助手［the συνεργός］（约瑟夫斯在这里几乎没有责任）似乎在叙述中穿插了一些维吉尔式的回忆（some Virgilian reminiscences）。对约塔帕塔的洗劫（正如塔西佗和马凯尔［Mackail］[1]笔下的维特里乌斯［Vitellius］对卡皮托［Capitol］的围攻），让人想起对特洛伊的洗劫。请将《犹太战争》第三卷第 319 节的 "περὶ γὰρ τὴν ἐσχάτην φυλακήν, καθ' ἣν ἄνεσίν τε τῶν δεινῶν ἐδόκουν ἔχειν καὶ καθάπτεται μάλιστα κεκοπωμένων［= mortalibus aegris］ἑωθινὸς ὕπνος…［因为大约在最后的值守时间，此时（守军）不仅似乎对困苦有所放松，而且清晨的瞌睡极尽骚扰疲惫的（他们）……］"和第三卷第 323 节的 "ᾔεσαν ἡσυχῇ πρὸς τὸ τεῖχος. καὶ πρῶτος ἐπιβαίνει Τίτος…· ἀποσφάξαντες δὲ τοὺς φύλακας εἰσίασιν εἰς τὴν πόλιν［他们悄悄地向城墙进军。并且提图斯是第一个登上城墙的人……；割断了哨兵们的喉咙，他们潜入了城内］"与《埃涅阿斯纪》第二卷第 263 行及以下（*Aen.* ii. 263 ff.）的 "…primusque Machaon…Invadunt urbem somno vinoque

---

〔1〕*Latin Literature* 219.

sepultam; caeduntur uigiles…Tempus erat quo prima quies mortalibus aegris incipit et dono divum gratissima serpit［他们占领这被睡眠和美酒埋葬的城市；他们把卫兵杀死，打开各个城门，把他们的同伴全部接进城里，两支队伍按计划会合了］"进行比较。《犹太战争》第三卷第 433-434 节（真相本身也添油加醋地附加了许多虚构的成分，προσεσχεδιάζετό γε μὴν τοῖς πεπραγμένοις καὶ τὰ μὴ γενόμενα）的拟人化传言（the personified Φήμη），[1]让人想起《埃涅阿斯纪》第四卷第 173 行及以下（"et pariter facta atque infecta canebat" 190）的流言画面（the picture of Fama）；对比《犹太战争》第一卷第 371 节。

《犹太战争》第二卷第 585 节及以下对基士迦拉的约翰（John of Gischala）的描绘，同撒路斯特（Sallust）《喀提林阴谋》（Cat.）第五卷对喀提林（Catiline）的描绘具有惊人的相似性。

《犹太战争》没有提及散布在整部《犹太古史》各处的权威文献。在这部早期作品中，这位历史学家对自己的资料来源三缄其口，只是让我们从他的前言中推断他的信息主要是第一手的，并且基于他自己作为目击者的回忆，[2]他拥有了全新的材料，并构建了一种属于自己的叙事框架（φιλόπονος…ὁ μετὰ τοῦ καινὰ λέγειν καὶ τὸ σῶμα τῆς ἱστορίας κατασκευάζων ἴδιον），而且，他不辞辛劳地收集了各种事实真相。[3]

这些匮乏的线索可以在约瑟夫斯晚年撰写的著作——《驳阿庇安》和《生平》中得到一些补充。在这两部著作中，约瑟夫斯再一次强调了自己在这场战争中所扮演的个人角色，包括在开战初期担任加利利

---

〔1〕名词 φήμη（声望）源自古希腊语动词 φημί（说），拟人化的 Φήμη 在古希腊神话中被认为是声望女神或传闻女神。——本书古希腊语审订者注

〔2〕《犹太战争》第一卷第 3 节。

〔3〕《犹太战争》第一卷第 15—16 节。

的指挥官，被俘后一直与罗马将军们联系，以及在耶路撒冷被围期间
与提图斯在罗马防线后面的交往。约瑟夫斯告诉我们，在耶路撒冷的
整个围城期间，他仔细记录了罗马营地的情况，并从逃亡者那里获悉
城内的消息，而这些消息只有他一个人能够获取。[1] 此外，我们可以
从《犹太战争》中得知，约瑟夫斯不止一次被雇作中间人，以敦促被
围的犹太同胞投降。我们可以进一步了解到，阿格里帕国王——他不
断地得到约瑟夫斯提供的一份份分批问世的《犹太战争》副本——在
《犹太战争》成书过程中，一直与约瑟夫斯保持着通信联系，并且向
约瑟夫斯提供了一些鲜为人知的事情。[2]

　　但是，除了自己的笔记和回忆，以及诸如可能从阿格里帕那里获
取的信息之外，约瑟夫斯似乎还获得了另一份重要文件，那就是韦斯
巴西安和提图斯的"回忆录"（memoirs）或"战事记录"（"memoirs"
or "commentaries"［ὑπομνήματα］）。《犹太战争》本身没有提到这份文
献资料；按照作者在这部著作中不提及任何权威文献来源的惯常做法，
这种沉默情有可原，但如果我们不怀偏见地来看待，那么这种沉默在
一定程度上也有可能是作者的虚荣自负所致。约瑟夫斯想让我们知
道，这是他自己的叙述框架（σῶμα ἴδιον）；此外，对这份文献的任何
提及都有可能减损他的个人声誉，不管这会给他的权威增加何等分量。
不管怎样，就像他承认自己受惠于希腊助手一样，他只是在自己后期
的作品里提到了《战事记录》（Commentaries），[3] 以回应《犹太战争》
所引发的尤斯图斯（Justus）和其他敌对的历史学家们的负面批评。

---

〔1〕《驳阿庇安》第一卷第 47—49 节。

〔2〕《生平》第 364 节及以下。

〔3〕［中译按］在有的地方，英译者将其写作 commentaries（以小写字母 c 开头且字
　　体是正体），在有的地方，又将其写作 Commentaries（以大写字母 C 开头且字
　　体是斜体）。为做区别，中译者将前者译作"战事记录"（加双引号），而将后
　　者译作《战事记录》（加书名号）。

约瑟夫斯以前在其他问题上的沉默（τὰ μέχρι νῦν σεσιωπημένα），显然成为他的批评者指责他的一个理由。[1]

约瑟夫斯三次提到了《战事记录》。为了回应提比里亚的尤斯图斯（Justus of Tiberias）的指责，约瑟夫斯提醒他，他和他的同胞们在韦斯巴西安到来之前对战端开启的敌对行动负有责任，这些敌对行动后来甚至引起了这位罗马将军的注意。约瑟夫斯进而补充道："这不仅是我一个人这么说。而且，这些事实还记载在皇帝韦斯巴西安的《战事记录》里，里面详细记述了德卡波利斯人（Decapolis）是怎样要求韦斯巴西安（当时他正在托勒米亚［Ptolemais］）惩罚你们这些作乱者的。"[2]托勒米亚是韦斯巴西安从其最初的基地安提阿（Antioch）xxi率领军队进军的第一个地方；[3]我们从这里可以了解到，《战事记录》追溯到了这场战争开始之时。在攻击这位对手后，约瑟夫斯再次写道："或许，你会说你详细记录的是整个耶路撒冷的事情。但这怎么可能呢？因为你既没有参加战争，也没有读过凯撒的《战事记录》，况且，我也有足够的证据证明你精心编造了同凯撒的《战事记录》完全相反的史记。"[4]其次，对于一些恶毒的批评家竟敢把他的《犹太战争》比作一名小学生的获奖习作（ὥσπερ ἐν σχολῇ μειρακίων γύμνασμα προκεῖσθαι νομίζοντες），约瑟夫斯这样回应："但是，的确有一些卑鄙之人一直在诋毁我的历史著作，把它视为一部学校里的学生们的应承之作。[5]他们应该通过了解事情的来龙去脉或者从熟知它们的人那里打探消息，从而用准确的知识真实地叙述所发生的事情，也应该认识

---

〔1〕《生平》第 338—339 节。

〔2〕《生平》第 342 节。

〔3〕《犹太战争》第三卷第 29 节。

〔4〕《生平》第 358 节。

〔5〕［中译按］"我的历史著作是一部不朽之作，而不是一部让人遗忘的应承之作"，参见修昔底德第一卷第 22 节。

到给读者提供准确的事实是一种责任。我认为，我写的那两本书很好地做到了这一点：《犹太古史》是我从圣经那里翻译而来的，而我出身于世代都是祭司的家庭，精通那些著作中的哲学；我的《犹太战争》里涉及的事情，绝大部分我都亲眼见证过，对其间发生的事情一点也不陌生，全都烂熟于心。尊重那些罔顾历史真相的人是多么荒诞！即使声称阅读过最高统帅的《战事记录》的那些人，也不熟悉作为敌对阵营的犹太民族的历史。"[1]最后这两段话——约瑟夫斯在这里对比了自己的资质和其他人的资质——表明，在他撰写《犹太战争》时，《战事记录》就呈现在他的面前。

事实上，正如最近一位作家所指出的，[2]我们有理由认为，我们的作者约瑟夫斯非常广泛地使用了这些文献。可以认为，《元首战事记录》（Commentarii principales）是罗马指挥官及其参谋人员在战场上用拉丁文写下的笔记（the notes），有时也会用一种更为文学化的形式作为战争的官方记录而出版，就像尤利乌斯·凯撒（Julius Caesar）的《高卢战记》（Commentarii de Bello Gallico）。关于公元66年罗马军团部署方面的信息，肯定就出自这份官方文献或者其他一些官方文献，这已经得到了其他证据惊人的证实，并在这里编织进了阿格里帕国王的那篇伟大演讲中。[3]另一个段落——这个段落似乎直接摘录于提图斯的《战事记录》——简要地记录了这位将军（提图斯）从埃及到凯撒利亚（Caesarea）的行军历程，并简单地列举了进军的各个阶段，尽管必须牢记约瑟夫斯伴随在他左右。[4]不管韦伯（Weber）提

〔1〕《驳阿庇安》第一卷第53—56节。

〔2〕参见韦伯（W. Weber）：《约瑟夫斯与韦斯巴西安》（Josephus und Vespasian, 1921）。

〔3〕《犹太战争》第二卷第345—401节。

〔4〕《犹太战争》第四卷第658—663节。

到的这个文献是否正确，穿插在整个叙述中的巴勒斯坦地理概貌可能会受到质疑，但对死海的描述以及对韦斯巴西安的视察的提及[1]支持了他的观点。[2]

　　　　韦伯甚至认为，整部历史的支柱是"一部弗拉维的作品"（a Flavian work），其主题是弗拉维王朝权力的崛起。在他看来，这部作品以公元66年罗马军团部署的概述（运用在阿格里帕的演讲中）开始——包含了《犹太战争》第三卷到第四卷中的大部分材料，并以约瑟夫斯《犹太战争》第七卷第157节的段落结束；这部作品也被老普林尼（Pliny the Elder）和塔西佗使用过。在检讨韦伯的评论时，拉克尔提出了异议，他否认了任何此类文学作品的存在，理由是约瑟夫斯严厉批评了此前所有关于这场战争的出版物。[3]

　　对于战前时期（第一至二卷），我们可以自信地说出一位作家的名字，这位作家常常为《犹太古史》所提及，他也为《犹太战争》提供了素材，他就是大马士革的尼古拉斯（Nicolas of Damascus，约公元前64年至公元1世纪末）。尼古拉斯是大希律和奥古斯都（Augustus）的密友，同时也是一部144卷本的通史性著作和其他著作（可能包括一部独立的希律传记）的作者。毫无疑问，从尼古拉斯那里可以得到　　xxiii
希律王室的详细历史（这一历史占据了第一卷长达三分之二的篇幅），以及阿基劳斯（Archelaus）登基的详细历史（第二卷开篇），而尼古

---

〔1〕《犹太战争》第四卷第477节。
〔2〕对比塔西佗在《历史》（Hist.）第五卷第6节所做的极为相似的叙述。
〔3〕《犹太战争》第一卷开篇处。
　　［中译按］《犹太战争》第一卷开篇处指的是《犹太战争》第一卷第1节。

拉斯本人在其中发挥了重要作用。在这一点上，约瑟夫斯再次拥有同时期的一流权威文献的优势，尽管它存在一些偏向性。遗憾的是，在阿基劳斯之后，叙事变得贫乏，而当阿格里帕一世的统治到来之时，叙述扩展得相当丰满。关于阿格里帕一世，约瑟夫斯可以从其子阿格里帕二世那里获得信息，至于导致战争爆发的事件，约瑟夫斯则可以利用自己的回忆。关于哈希曼王室（the Hasmonaean house）的简要概述，尼古拉斯撰写的历史可能再次成为权威；约瑟夫斯的《犹太战争》表明，他并不熟悉《马加比一书》（the first book of Maccabees），后来他在《犹太古史》中则大量使用了《马加比一书》。

作为这场犹太战争的历史学家，约瑟夫斯显然以超高的资历出现在我们面前。不管怎样，无论是古代或现代的战争史学家，他们都很少能赶上如此千载难逢的机会，来呈现事件的真实叙述。倘若以史学著作的最高标准《伯罗奔尼撒战争史》（*History of the Peloponnesian War*）进行检验，约瑟夫斯的这部作品会是怎样的呢？比较这位犹太人和这位雅典人是很自然的，因为尽管他们的性格迥然不同，但二人的经历却有相似之处。像修昔底德一样，约瑟夫斯兼有将军和历史学家的双重职能；像修昔底德一样，约瑟夫斯也是作为指挥官而战败的，由此与敌人产生了密切的联系，并能够从交战双方的角度看待整个战争。[1] 与那位希腊历史学家不同的是，这位犹太历史学家利用了敌方将军编纂或敌方将军监督下编纂的官方战役记录，从而获得了进一步的优势。

能够接触到第一手的资料，拥有两位帝国庇护人和阿格里帕国王的权威性支持，再加上优秀的文学助手的可疑帮助，使得这位历史学

_{xxiv}

---

〔1〕修昔底德第四卷第 104 节及以下、第五卷第 26 节："由于我的流亡，我与双方都有往来，与伯罗奔尼撒人的往来同与雅典人的往来一样多。"对比约瑟夫斯《犹太战争》第一卷第 3 节。

家的整体叙述不能不被认为是可靠的。遗憾的是，我们也不得不同时做出保留。约瑟夫斯缺乏修昔底德的冷静公正，尽管他自吹自擂对真理（truth）的热忱，但当他的陈述受到控制时，他有时对这个词的含义表现出一种宽松的理解。《战事记录》本身是站在罗马人的立场上写就的，而这位征服者的委托人，从一开始就认识到抵抗罗马帝国的无望，其中的亲罗马偏见（pro-Roman）是很明显的。约瑟夫斯反复提及罗马将军们，尤其是自己的英雄提图斯的仁慈，并把他们一再描绘成一个被压迫民族的救世主，这尤其值得怀疑。

在一个关键例子中，约瑟夫斯的陈述——提图斯希望保留圣殿——遭到了后来的一位历史学家的直接反驳。与约瑟夫斯一样，公元4世纪的基督教作家苏比修斯·塞维鲁（Sulpicius Severus）[1]——他的看法被认为是根据塔西佗的佚著而来——也说，就这一问题举行了一次军事会议，会议上发表了各种不同的意见；但提图斯的角色在这里被颠倒了，是提图斯批准了对圣殿的摧毁。具体的章节见下表：

---

〔1〕［中译按］苏比修斯·塞维鲁（Sulpicius Severus，约公元363—425年）：基督教作家，出生于现代法国的阿基塔尼亚（Aquitania）。他以圣史编年史（chronicle of sacred history）和图尔的圣马丁传记（biography of Saint Martin of Tours）而闻名。苏比修斯撰写的《编年史》（Chroincles）英译本收录在理查德·古德利奇（Richard J. Goodrich）编辑翻译的《苏比修斯全集》（Sulpicius Severus：The complete works）之中。古德利奇将苏比修斯的《编年史》第二卷第30节英译作：Titus, in a council that had been summoned prior to this, is reported to have deliberated as to whether he should a destroy temple such impressive work. For it seemed to some that a famous, sacred shrine, beyond all mortal creations, should not be destroyed. If preserved, it would serve as a testimony to the restraint of the Romans, but if destroyed, a perpetual sign of their cruelty. 参见 Sulpicius Severus：The complete works, translated by Richard J. Goodrich, New York：The Newman Press, 2015, pp.157–158.

约瑟夫斯:《犹太战争》第六第 238-241 节	苏比修斯:《编年史》第二卷第 30 节
βουλὴν περὶ τοῦ ναοῦ προυτίθει. τοῖς μὲν οὖν ἐδόκει χρῆσθαι τῷ τοῦ πολέμου νόμῳ · μὴ γὰρ ἄν ποτε Ἰουδαίους παύσασθαι νεωτερίζοντας τοῦ ναοῦ μένοντος, ἐφ᾿ ὃν οἱπανταχόθεν συλλέγονται. τινές δὲ παρήνουν, εἰ μὲν καταλίποιεν αὐτὸν Ἰουδαῖοι καὶ μηδεὶς ἐπ᾿αὐτοῦ τὰ ὅπλα θείη, σώζειν. εἰ δὲ πολεμοῖεν ἐπιβάντες, καταφλέγειν...ὁ δὲ Τίτος οὐδ᾿ἂν ἐπιβάντες ἐπ᾿αὐτοῦ πολεμῶσιν Ἰουδαῖοι φήσας ἀντὶτῶνἀνδρῶν ἀμυνείσθαι τὰ ἄψυχα οὐδὲ καταφλέξειν ποτὲ τηλικοῦτον ἔργον · Ῥωμαίων γὰρ ἔσεσθαι τὴν βλάβην. ὥσπερ καὶ κόσμον τῆς ἡγεμονίας αὐτοῦ μένοντος. (提图斯提议他们讨论圣殿的问题。其中一些人认为，按照战争法则就应该摧毁它，因为犹太人从未停止叛乱，而圣殿就是犹太民众从四面八方聚集的中心。其他人则认为，如果犹太人能够舍弃它，并且不会存放任何武器的话，那么它可以被保留下来；但是，如果他们凭靠它再作抵抗的话，它就应该被烧毁；因为，它将不再是一座圣殿，而是一座堡垒，到那时，应受谴责的不虔敬之人不是他们罗马人，而是那些逼迫他们烧毁圣殿的犹太人。然而，提图斯则宣称，即使犹太人借助圣殿来抵抗，他也不会对这座无生命的建筑进行报复，不会烧毁这座伟大的艺术品；因为，只要它矗立在那里，它就是帝国的一件装饰品，而它的毁灭将会是罗马人的重大损失。)	Fertur Titus adhibito consilio prius deliberasse, an templum tanti operis euerteret. Etenim nonnullis uidebatur, aedem sacratam ultra omnia mortalia illustrem non oportere deleri, quae seruata modestiae Romanae testimonium, diruta perennem crudelitatis notam praeberet. At contra alii *et Titus ipseeuertendum in primis templum censebant*, quoplenius Iudaeorum et Christianorum religio tolleretur: quippe has religiones, licet contrarias sibi, isdem tamen ab auctoribus profectas; Christianos ex Iudaeis extitisse: radice sublata stirpem facile peritturam. (在此之前，提图斯就召开了一个军事会议，据说他在军事会议上仔细考虑过是否应该摧毁一座如此让人印象深刻的圣殿。因为，在一些人看来，这样一座超越一切凡间造物的著名而神圣的圣殿不应该被摧毁。倘若保存下来，它将成为罗马人克制精神的见证，但倘若予以摧毁，它将成为罗马人残暴的永恒标志。)

苏比修斯的证据在某种程度上因为最后提到基督教而受到削弱，因为他最后提到的基督教几乎不可能是真实的；[1]但是，约瑟夫斯众所周知的偏袒让人怀疑，他扭曲了提图斯的态度，以洗脱提图斯的残忍名声。韦伯[2]和其他人支持苏比修斯的观点，而反对约瑟夫斯的说法；舒尔（Schürer）[3]则倾向于瓦勒顿（Valeton）的中间观点，那就是，约瑟夫斯实际上并没有说谎，但他隐瞒了一些重要的事实，从而给人造成了一种错误的印象。

对于更早的战前历史，约瑟夫斯亲自给我们提供了一些验证其说法的方法，而且，通过他留下的双重叙述，约瑟夫斯使我们可以对其处理文献的手法做出某种评估。本文对这两种叙述之间的确切关系是无法考量的。约瑟夫斯在《犹太古史》中所做的更为详尽的描述，部分是基于《犹太战争》中使用过的相同文献，部分则是基于他获得的新信息。主题有时会被重新编排，特别是到了大希律王统治后期，《犹太战争》会将外部历史与家庭悲剧分开，而《犹太古史》则遵照时间顺序。这两种叙述之间自然存在不一致之处；但一般而言，约瑟夫斯忠实地遵循了自己的书面权威（written authorities）。

《犹太战争》与《生平》重叠的段落则不然。这里有一些难以解释的不一致，约瑟夫斯的自传体声明必然被认为是他作品中最不可信的部分。他在加利利指挥战事的两种叙述之间存在许多或大或小的不一致之处——请注意《犹太战争》第二卷第569—646节脚注中的提

---

〔1〕埃斯勒博士认为，Christiani 一词可能是对犹太"弥赛亚"叛乱分子（Jewish "Messianist" rebels）的一种笼统的称呼；但是，我对此表示异议。

〔2〕韦伯：《约瑟夫斯与韦斯巴西安》第 72—73 节。

〔3〕舒尔：《犹太民族史》（*Gesch. des jüd. Volkes*，ed. 3）第一卷第 631—632 节。

示——要么暴露出严重的疏忽，要么暴露出实际的欺骗。[1]拉克尔认为，《生平》或其中的某些部分是更为早期且更为忠实的记录，他怀疑，约瑟夫斯在《犹太战争》中故意扭曲了一些细节，以讨好自己的另一位庇护人阿格里帕国王。

不幸的是，约瑟夫斯在其前言中批评的那些最早的犹太战争史著作——可能由罗马人撰写——没有任何东西留存下来，而且，公元 100 年后不久出版的提比里亚的尤斯图斯的犹太历史著作（约瑟夫斯的作品也受到它的批评）也没有留存下来任何东西。不过，我们拥有塔西佗在公元 2 世纪早期写下的一份关于这场战争的简要概述乃至围攻耶路撒冷的准备情况；[2]遗憾的是，塔西佗这部作品的后续章节佚失了。我们也拥有大约在同一时期由苏埃托尼乌斯（Suetonius）撰写的韦斯巴西安与提图斯的传记，以及公元 11 世纪西菲里努斯（Xiphilinus）对狄奥·卡西乌斯（Dion Cassius，公元 3 世纪初）[3]撰写的这部分伟大罗马史（第六十六卷）所做的梗概。塔西佗的叙述，不仅与《犹太战争》呈现出一些有趣的相似之处，而且在论及犹太民族的起源上，也与约瑟夫斯的《驳阿庇安》呈现出一些有趣的相似之处。尽管《历史》（*Histories*）几乎是在约瑟

---

〔1〕埃斯勒博士告诉我，后一个选择（The latter alternative）通过他对第三种叙述的批判性比较（through his critical comparison of the third）而得到了确定，根据斯拉夫语本 *Halosis*（the Slavonic *Halosis*）的叙述，后一个选择也是相当清楚无误的。

〔2〕塔西佗：《历史》第五卷第 1—13 节。

〔3〕［中译按］狄奥·卡西乌斯（公元 150—235 年）：古罗马政治家与历史学家，著有从公元前 8 世纪中期罗马王政时代到公元 3 世纪早期罗马帝国时代的历史著作。他出身于贵族家庭，后参加政治事务，曾担任执政官。其著作现仅存残篇，风格模仿修昔底德，内容质朴翔实。

夫斯有生之年于罗马写成的，但罗马人对犹太人的反感使塔西佗不可能查阅约瑟夫斯的著作。这两位作家可能依赖于一种共同的文献来源（a common source），例如弗拉维的《战事记录》（the Flavian *Commentaries*）。

本书印刷的希腊语文本是基于尼斯的版本（of Niese），但也是对其伟大版本中收集的诸抄本证据进行了仔细而独立研究的结果。《犹太战争》所引用同时也是尼斯所使用的诸抄本和古代其他权威文本及其缩写形式见下表：[1]

P	Codex Parisinus Graecus 1425, cent. x. or xi.
A	Codex Ambrosianus（Mediolanensis）D. 50 sup., cent. x. or xi.
M	Codex Marcianus（Venetus）Gr. 383, cent. xi. or xii.
L	Codex Laurentianus, plut. lxix. 19, cent. xi. or xii.
V	Codex Vaticanus Gr. 148, about cent. xi.
R	Codex Palatinus（Vaticanus）Gr. 284, cent. xi. or xii.
C	Codex Urbinas（Vaticanus）Gr. 84, cent. xi.
Exc.	Excerpts made in the tenth century by order of Constantine VII Porphyrogenitus. [2]
Lat.	A Latin version known to Cassiodorus in the fifth century and commonly ascribed to Rufinus in the preceding century. [3]

---

〔1〕对于这些版本的相关信息，我要深深地感激埃斯勒博士。

〔2〕［中译按］这句英文可以译作：公元 10 世纪在君士坦丁七世（Constantine VII Porphyrogenitus）的命令下所做的摘录（Excerpts）。

〔3〕［中译按］这句英文可以译作：公元 5 世纪卡西奥多鲁斯就知晓的一个拉丁版本，通常被归属到前一个世纪的鲁非努斯的名下。

卡西奥多鲁斯（Cassiodorus，约 490—580 年）：罗马政治家和历史学家。

Heg.	Hegesippus, a corruption of Josepus or Josippus: another Latin version, wrongly ascribed to S. Ambrose, written about 370 A.D. by a converted Jew, Isaac, as a Christian called Hilarius or Gaudentius, the so-called Ambrosiaster, a contemporary of Pope Damasus (see Jos. Wittig in Max Sdralek's *Kirchengesch. Abhandlungen* iv; ed. Keber-Caesar, Marburg, 1864). A new edition by Vine. Ussani for the Vienna Corpus is forthcoming.[1]
Syr.	A Syriac translation of Book vi in Translatio Syra Pescitto Vet. Test. ex cod Ambrosiano sec. fere vi phololith. edita cura et adnotationibus Antonii Maria Ceriani, Milan, 1876—1883.

我们还可以加上以下这些文献：

Yos.	= Josephus Gorionides or Yosippon, a Hebrew paraphrase, derived from Heg., ed. Breithaupt, Gotha, 1727.
Slav.	A critical edition of the Old Russian Version by Vladimir Istrin is nearing completion. The first four books are published in a German version by Konrad Grass (see above, p. xi).[2]

尼斯本偶尔引用的其他抄本：

---

〔1〕［中译按］这段英文可以译作：赫格西普斯是约瑟夫斯或约西普斯（Josippus）的变体；另一个拉丁语本——该版本被错误地认为是圣安布罗斯写的——由一位改宗的犹太人以撒写于约公元 370 年，这位以撒的基督教名字是赫拉里乌斯或者盖登提乌斯，也即所谓的安布罗斯阿斯特，他与达马苏斯教皇是同时代的人（参见 Jos. Wittig in Max Sdralek's *Kirchengesch. Abhandlungen* iv; ed. Keber-Caesar, Marburg, 1864）。由维纳·尤萨尼为维也纳汇编（the Vienna Corpus）编辑的一个全新版本即将出版问世。

〔2〕［中译按］这段英文可以译作：弗拉基米尔·伊斯特林编辑的一个古俄语考订本即将完工。这个版本的前四卷的德文版由康拉德·格拉斯编辑出版（同上，第 11 页）。

N	Codex Laurentianus, plut. lxix. 17, about cent. xii.
T	Codex Philippicus, formerly belonging to the library of the late Sir Thomas Phillips, Cheltenham, about cent. xii.

  这些抄本分为 PA（ML）和 VR（C）两大组类；M 抄本、L 抄本和影响较小的 C 抄本不是固定不变的，它们时而分在一个组类，时而分在另一个组类。第一组明显要优于第二组。这两种类型的文本相比尼斯所依赖的最古老的抄本还可以追溯到更加久远的年代，因为这种"次等"类型（the "inferior" type）的痕迹已经出现在波菲利（Porphyry）之中（公元 3 世纪）；因此，读本的多样性肯定很早就开始了。事实上，有些异本似乎保存了作者本人在其作品的后期版本中逐步吸收的修正。[1] 这两种类型的混合也很早就开始了，在公元 4 世纪的拉丁语本中已经出现了一些"合并"（conflation）的例子。尼斯本主要依赖的 P 抄本和 A 抄本，似乎是从一个模型中复制出来的——单词的词尾在这个模型中采用的是缩写形式——这两种抄本在某种程度上也是不可靠的。真正的文本似乎并不罕见地保存在混合型的抄本当中，尤其是 L 抄本。那个抄本的混合很是怪异：从整个第一卷到大约第二卷第 242 节可以分在 VRC 这个组类，而这之后的章节则可以更多地分在另一组类或拉丁语本组类。在后面的几卷中，L 抄本成为一个第一流的权威文本，并似乎常常单独保存原始文本，或者与拉丁语本结合而一起保存原始文本。

---

〔1〕一个惊人的例子出现在《犹太战争》第六卷第 369 节，在那里，与更为简洁的 τόπος...πᾶς λιμοῦ νεκρὸν εἶχεν ἢ στάσεως［这个地方……全是死于饥荒或叛乱的尸体］这样的表达相比，冗长的、明显也更为老旧的表达 καὶ πεπλήρωτο νεκρῶν ἢ διὰ στάσιν ἢ διὰ λιμὸν ἀπολωλότων［并且满是要么死于叛乱要么死于饥荒的死尸］还未被删除。参见拉克尔：《犹太历史学家约瑟夫斯》第 239 页。我了解到，埃斯勒博士对古俄语本的研究证实了拉克尔理论的正确性。

最后，作为本书的英译者，我必须对自己获得的帮助表示诚挚的感谢。因为，在这个领域里我从各个民族的众多作家那里得到了他们的劳动成果。尤其是埃斯勒博士（埃斯勒博士即将出版的斯拉夫语本《犹太战争》预计将由梅修恩先生［Messrs. Methuen］出版相应的英文本）、本尼迪克特·尼斯（Benedict Niese，《犹太战争》的希腊文本是基于尼斯本）、罗伯特·特雷尔牧师（the Rev. Robert Traill，在1846—1847年爱尔兰大饥荒时期，特雷尔牧师因为全力救助教区居民而不幸罹难，他翻译了一个出色的译本）、威廉·惠斯顿牧师（the Rev. William Whiston，在将近两个世纪前，惠斯顿牧师出版了约瑟夫斯著作最早的英译本，在1889—1890年，希莱托牧师［the Rev. A. R. Shilleto］对这个英译本做了修订），最后同样重要的是西奥多·莱纳赫博士（Dr Théodore Reinach）及其合作者（莱纳赫的法语译本及其宝贵的注释价值巨大）。[1]莱纳赫博士慷慨地允许我利用他的这部著作及其令人钦佩的注释，读者可以从贯穿于本书的脚注中看出，我对这位才华横溢的学者的感激之情。拉克尔（R. Laqueur）和韦伯（W. Weber）的著作也必须予以提及。

耶路撒冷地图部分参见《圣经百科全书》（*Encyclopaedia Biblica*，第二卷）中的耶路撒冷条目，部分参见巴勒斯坦研究基金会（the Palestine Exploration Fund）出版的著作。同时，作为英译者，我也要深深感谢布莱克先生（Messrs. A. & C. Black）、马斯特曼博士（Dr. E. W. G. Masterman）、巴勒斯坦研究基金会的名誉秘书（the Hon. Secretary）的慷慨和友善，让我可以自由地使用他们的出版物。我还要进一步感谢马斯特曼博士在一些问题上向我提供的诸多有益的建议。同时，我也要感谢莫特先生（Mr. C. E. Mott），他是位于耶路撒冷的不列颠考古

---

〔1〕 *Euvres complètes de Flavius Josèphe*, tome v, *Guerre des Juifs*, livres i–iii, Paris, 1912.

学会的名誉秘书（the Hon. Secretary of the British School of Archaeology in Jerusalem）。此外，我也一直在不断地使用由史密斯勋爵（Sir George Adam Smith）和巴托罗缪博士（Dr. J. G. Bartholomew）合著的《圣地的历史地图集》（*Atlas of the Historical Geography of the Holy Land*），[1] 这是一部价值连城的著作。

---

〔1〕Hodder & Stoughton，1915.

目　录

第一卷

前　言

[1]（1）这场反罗马的犹太战争——不仅是我们这个时代最伟大的战争，而且几乎是我们有史以来记载的最伟大的战争，无论是城邦之间的战争，还是国家之间的战争[1]——并不缺乏撰写它的历史学家。然而，在这些历史学家中，有一些人根本就没有参与这场战争，他们只是搜集了一些道听途说的传闻和相互矛盾的故事，再以一种修辞手法编辑而已。（2）其他一些人虽然亲历了这场战争，但他们要么献媚罗马人，要么憎恨犹太人，以至于严重歪曲了事实，因而，他们的著作不是痛毁极诋就是歌功颂德，没有任何准确性可言。（3）在这种情况下，我，约瑟夫斯（Josephus），马提亚斯之子（son of Matthias），希伯来人的后裔，耶路撒冷本地人，同时也是一名祭司，在战争一开始，就与罗马人作战，而在后来我被迫成为这场战争的一名见证者，

---

〔1〕［中译按］在惠斯顿本中，英译者将其译作"无论是城邦与城邦之间的战争，还是国家与国家之间的战争"（wherein cities have fought against cities, or nations against nations）。

通过把我先前用自己的本国语言（my vernacular tongue）[1]撰写并寄给生活在内地的野蛮人[2]的叙述翻译成希腊语，我希望向罗马帝国的臣民提供一种事实性的叙述。

［2］（4）就在这场大巨变爆发之时，罗马人自己正深陷巨大的内部动荡之中。犹太革命者抓住罗马人自顾不暇的动乱的机会，达到了自身势力和运气的顶峰。[3]结果，整个帝国东部都处于一种巨大的混乱当中；叛乱分子希望可以从中浑水摸鱼，而他们的对手则深恐遭受损失。（5）因为，犹太人指望幼发拉底河那边（beyond the Euphrates）的全部犹太同胞会与自己一起反叛；与此同时，罗马人在忙于应付邻居高卢人（Gauls），而且，凯尔特人（Celts）[4]也正蠢蠢欲动。[5]此外，尼禄的死亡引起了普遍的混乱；许多人希望利用这次机会攫取皇权，军队也在追逐金钱的欲望驱使下变得躁动不已。

（6）因而，在我看来，倘若让这场战争的真相任人打扮，将是极其可怕的。没有参与其中的希腊人和罗马人仍旧对这场战争一无所知，他们的叙述要么是谄词令色，要么是胡编乱造；然而，通过我的勤勉不懈，帕提亚人（Parthians）、巴比伦人（Babylonians）和最偏远的阿拉伯人（Arabians），乃至幼发拉底河那边的犹太同胞和阿迪亚比尼的居民（the inhabitants of Adiabene），[6]却都非常熟悉这场战争的起因、

---

〔1〕指阿拉米语（Aramaic）或者希伯来语（Hebrew）。
〔2〕第 6 节对生活在内地的野蛮人（the up-country barbarians）有意地进行了更加详细的列举。
〔3〕正如莱纳赫（Reinach）指出，这明显是一种夸张。在犹太战争爆发之时，罗马帝国并没有发生动荡。
〔4〕亦即日耳曼人（the Germans）。
〔5〕分别指的是温德克斯（Vindex）领导下的高卢人反叛（公元 68 年）和西维利斯（Civilis）领导下的巴达维人（the Batavi）反叛（公元 69 年）。
〔6〕阿迪亚比尼（Adiabene）位于底格里斯河的上游区域（the upper Tigris region）。
　　［中译按］Adiabene 亦写作 Adiabeni。

给我们带来的痛苦及其结束的方式。

[3](7) 尽管这些作家成竹在胸地把自己的著作冠以"历史"（histories）的标题，但是在我看来，他们的叙述存在严重的缺陷，他们的自信也徒有其名，根本达不到他们自己想要达到的目的。他们一心描绘罗马人的伟大，而不断地贬低和轻视犹太人的行动。（8）对于一个征服者而言，倘若他征服的对象只是一个极其弱小不堪的民族，那么，我看不到任何值得荣耀与伟大之处。这些作家既不关心这场战争持续的漫长跨度，也不关心罗马参战士兵的庞大数量，更不关心将军们的巨大声望——在这些作家看来，他们在耶路撒冷城墙下面的艰苦奋战毫无荣誉可言，倘若他们的成就只是雕虫小技的话。

[4](9) 然而，我不会走向另一个极端，我无意通过夸大自己同胞的事迹，而与那些颂扬罗马强权的人竞争。我要忠实地叙述战斗双方的行动；但是，对所描述的那些事件，我不会隐藏自己的个人感情，对自己祖国遭受的那些巨大苦难，我也不会不从心底发出由衷的哀悼。（10）因为，它的毁灭是由犹太人自己的内部纷争造成的，是犹太僭主们（the Jewish tyrants）把不愿意进攻我们的罗马军队引到了圣殿，并引发了圣殿的大火，对此，洗劫耶路撒冷城的提图斯·凯撒（Titus Caesar）可以为我做证；整个战争期间，提图斯对革命者治下的民众都持一种同情的态度，并且常常主动推迟对耶路撒冷的占领和围攻，以让那些罪人拥有充足的时间悔改。（11）然而，当我激烈地谴责那些僭主和劫掠者，或者沉痛地哀悼自己国家的不幸时，如果有人对我进行不公正地指责，就让他们尽情地嘲弄我的感情去吧，因为这已经超出了一位历史学家的范畴。[1]因为，在罗马人统治下的所有城

---

〔1〕"这已经超出了一位历史学家的范畴"（which falls outside an historian's province）的字面含义是"这与历史法则相悖"（which is contrary to the law of history）；对比第五卷第 20 节。

市中间，我们耶路撒冷城获得了最高程度的繁荣，但最终却陷入了最为深重的灾难。（12）确实，在我看来，自创世以来，其他任何民族的苦难都比不上犹太人的苦难；[1]由于这些苦难不能归罪于任何异族人，这使我更加无法抑制自己的悲伤。但是，如果有人执意要对我进行谴责的话，就让他们自己去面对历史事实吧，也让这位历史学家独自去哀痛吧。

[5]（13）然而，我只会谴责那些博学的希腊人，他们生活的时代发生了这样重大的行动，以至于古代的战争都相形见绌，他们妄加评论当前发生的这些事件，恶言痛斥深入研究这些事件的古代作家；他们缺乏原则，尽管他们在文学技巧上占有优势。他们随意地撰写亚述帝国（the Assyrian empires）和米底帝国（the Median empires）的历史，就好像那些古代作家没有尽责地记录他们的历史一样。（14）然而，事实的真相却是，不管在文学能力上还是在判断尺度上，这些现代作家都要远逊于古代作家。古代的史家们只会撰写自己时代所发生的历史，他们与这些事件的联系是如此紧密，使得他们的记录非常清晰；因为他们知道，如果熟知事实真相的读者阅读到他们瞎编乱造的历史，那么将是一件极其丢脸的事情。（15）事实上，假如一个人保存了之前没有记录下来的记忆或者记载了他自己时代的历史，那么，这将是一件非常值得称赞和表扬的事情。一位优秀勤勉的作家不仅会重塑其他作家的著作体系和结构，而且会使用全新的材料和构筑一种属于自己的历史体系。（16）于我自己而言，则花费了大量的金钱和精力来撰写这部历史作品，以献给希腊人和罗马人，从而作为对这一伟大行动

---

[1]［中译按］在犹太人的这些苦难当中，杀害我们的救主的行径是有史以来最大的苦难。在《马太福音》第二十四章第21节、《马可福音》第十三章第19节和《路加福音》第二十一章第23—24节中，我们的救主对此直接做出了预言。
　　　　——惠斯顿本注

的纪念，尽管我是一名外国人。至于希腊人，他们在涉及个人利益或者诉讼的地方，嘴巴立刻就会张得老大，而舌头也会不听使唤地滔滔不绝起来；但是，在历史撰写的问题上——在需要无畏地讲出事实真相和费力地收集材料的地方——他们则缄默不语，而任由那些低劣又无知的作家去撰写统治者的事迹。无论希腊人多么无视历史真相，至少我们会尊重历史真相。

[6]（17）在我看来，叙述犹太人的古代历史——犹太民族最初源自哪里，他们为什么要从埃及迁徙出去，他们漫游穿越了哪些地区，他们接下来（subsequently）[1]攻占了哪些领土，以及他们为什么被迫离开了这些地方——在这里不仅不合适，而且显得多余。因为，在我之前，许多犹太人就已经准确记载了我们祖先的古史，而且已经被一些希腊人大致不谬地翻译成了他们的母语。[2]（18）因此，我将在历史学家和我们的先知停笔的地方开始我的历史书写。对于我自己时代发生的这场战争，我将竭尽所能，最大限度地详细记录这一历史；对于我自己时代之前发生的事件，我将进行简要的概述。

[7]（19）我将讲述安条克·俄皮法尼斯（Antiochus Epiphanes）是如何突袭攻占耶路撒冷的，以及他在占据耶路撒冷三年零六个月后是如何被哈希曼人（the Hasmonaeans）[3]驱逐出这个国家的；接着，我将讲述哈希曼人的后裔对王权的争夺，并招致罗马人和庞培（Pompey）

---

〔1〕 也可能意指"接连地/连续地"（successively）。

〔2〕 约瑟夫斯提到了德米特里（Demetrius）、老斐洛（Philo the elder）和欧波勒穆斯（Eupolemus）等人的著作；对比《驳阿庇安》第一卷第 218 节，约瑟夫斯在这里说了一番相同的话。后来约瑟夫斯认为，这些早期著作仍然为一种新的"考古学"（a new "archaeology"）留下了空间（《犹太古史》第一卷前言）。

〔3〕 确切地说，指的是"亚撒曼的儿子们"（the sons of Asamonaeus）。
[中译按] 哈希曼王朝（公元前 166—前 63 年）是以亚撒曼这个姓氏命名的，哈希曼王朝建立了一个独立的犹太王国。

介入他们之间的争议；安提帕特之子希律（Herod son of Antipater）如何在索西乌斯（Sossius）的帮助下推翻了哈希曼王朝（the Hasmonaean dynasty）；[1]（20）当奥古斯都是罗马皇帝、昆提利乌斯·瓦鲁斯（Quin-tilius Varus）是行省总督时，我们的人民是如何借希律之死而煽动叛乱的；在尼禄统治的第十二年，这场战争是如何爆发的，塞斯提乌斯（Cestius）遭遇了什么样的命运，以及犹太军队如何在交战之初成功地席卷了整个国家。[2]

[8]（21）接着，我将继续讲述他们是怎样强化临近城镇的防卫的；尼禄担心塞斯提乌斯的失败会威胁到帝国的安全，进而他是怎样委派韦斯巴西安（Vespasian）指挥这场犹太战争的；韦斯巴西安和他的那位年长的儿子[3]是怎样远征犹太人领土的；进军加利利（Galilees）的罗马军队及其辅助军队是多少，以及韦斯巴西安是怎样依靠军事力量或者条约协议而占领那些城镇的。（22）我也将讲述罗马人在作战方面和训练军团方面所展现出来的优秀纪律；[4]进一步讲述两个加利利[5]的广袤与特征[6]以及犹地亚（Judaea）的范围，尤其会非常详细地讲述乡村、湖泊和水源。[7]我将根据自己的亲眼所见或者亲身经历，详细地记述在几座城镇中被抓的俘虏所遭受的痛苦。即使是对我自己所遭受的不幸，我也不会有任何隐瞒，因为我的讲述所面向的那些对象本身也对这些事情了如指掌。[8]

---

〔1〕［中译按］第一卷第 19 节概述了第一卷的内容。

〔2〕［中译按］第一卷第 20 节概述了第二卷的内容。

〔3〕指提图斯。

〔4〕参见第三卷第 70 节及以下。

〔5〕指上加利利（Upper Galilee）和下加利利（Lower Galilee）。

〔6〕参见第三卷第 35 节及以下。

〔7〕对比第三卷第 50 节。

〔8〕［中译按］第一卷第 21—22 节概述了第三卷的内容。

［9］（23）接着我将讲述，当犹太人的好运正在走下坡路之时，尼禄去世了；正准备向耶路撒冷进军的韦斯巴西安由此转移了视线，他盯上了皇帝大位；[1]韦斯巴西安荣登皇帝大位的那些预兆、罗马发生的那些风云突变，以及他是如何不情愿地被士兵们推举为皇帝的；[2]（24）犹太人之间的内战（韦斯巴西安一离开埃及而准备恢复帝国的秩序之时，犹太人的内战就爆发了），以及僭主们的争权夺利和彼此之间的宿怨。[3]

［10］（25）我将继续讲述，从埃及开始的提图斯对我们国家进行的第二次远征；[4]提图斯集结军队的方式、地点和士兵人数；[5]当提图斯抵达耶路撒冷时，耶路撒冷城内各派系之间的冲突状况；提图斯展开的进攻以及建造的一系列防御工事（earthworks）；耶路撒冷的三道防卫城墙及其规模；[6]耶路撒冷城的防御，以及圣殿和圣所的结构；[7]此外，这些宏伟的建筑以及那座祭坛也都会得到非常详细的描述；（26）我还会讲述一些节日的习俗、七种洁净等级（the seven degrees of purity）[8]、祭司的神圣服侍和他们的法衣、高级祭司（the

---

[1] 参见第四卷第 491 节。

[2] 参见第四卷第 601 节和第四卷第 656 节。

[3] [中译按] 第一卷第 23—24 节概述了第四卷的内容。

[4] 参见第四卷第 658 节。

[5] 参见第五卷第 47 节和第五卷第 1 节。

[6] 参见第五卷第 136 节。

[7] 参见第五卷第 184 节。

[8] 正如莱纳赫指出，"七种洁净"的字面含义指的是从这座圣城（the Holy City）划分出来的区域（the zones）或地带（the rings），倘若要进入其中的话，就必须进行相应程度的洁净仪式。《密释纳·斋戒篇》（Mishna, Kelim）第一章第 8 节列举了这些地带，不过遗漏了最里面的地带（至圣所），转引自舒尔：《犹太民族史》第二卷第 273 节；在《犹太战争》第五卷第 227 节和《驳阿庇安》第二卷第 102 节及以下，约瑟夫斯自己也做了不完全的列举。

high priest）的神圣服侍和他们的法衣，〔1〕以及最神圣的至圣所（the Holy of Holies）。〔2〕我不会有任何隐瞒，也不会对事实真相做任何添加。〔3〕

[11]（27）接着我将讲述，僭主们是如何野蛮地对待自己的同胞的，罗马人是如何宽待异族人的，以及提图斯为了拯救这座圣城和圣殿，多少次地邀请敌方达成和解。我也会区分人民所遭受的苦难和灾难，其中有多少不幸可以归因于战争，有多少不幸可以归因于叛乱，又有多少不幸可以归因于饥荒。〔4〕（28）我既不会遗漏对逃亡者所遭受的不幸的记录，也不会忽视对俘虏所遭受的惩罚的描述；我也将讲述，圣殿是如何违背凯撒的意愿而惨遭烧毁的，以及从大火中抢救出多少数量的神圣宝物；整座圣城是如何惨遭摧毁的，以及在此之前所显现的所有异象和征兆；〔5〕僭主们是如何被俘的，俘虏的总人数又是多少，以及他们各自所遭受的不同命运；〔6〕〔7〕（29）罗马人是如何扫平最后的残余和摧毁各地要塞的；提图斯是如何向整个犹地亚地区进军的，以及他是如何恢复该地秩序的；最后我将讲述，提图斯是如何以胜利之姿回到意大利的。〔8〕

[12]（30）我将所有这些主题全都涵括在七卷本的《犹太战争》

---

〔1〕参见第五卷第 231 节。

〔2〕"圣所的神圣之地"（The holy［place］of the sanctuary）。

〔3〕在《驳阿庇安》第二卷第 80 节和第 107 节中，安条克·俄皮法尼斯在至圣所的"发现"（discoveries）和"难以启齿的秘密"（unspeakable mysteries）应该就发生在这里。

〔4〕［中译按］第一卷第 25—27 节概述了第五卷的内容。

〔5〕参见第六卷第 288 节。

〔6〕参见第六卷第 414 节。

〔7〕［中译按］第一卷第 28 节概述了第六卷的内容。

〔8〕［中译按］第一卷第 29 节概述了第七卷的内容。

当中。我没有留下任何供人（例如那些参与这场战争或者知晓这场战争的人）指责或者非难的空间，我的著作不是为了取悦读者的，而是写给那些热爱事实真相之人的。现在我将沿着前述概要开头的那些事件，开始我对这场战争的叙述。

第一章

[1]（31）就在安条克·俄皮法尼斯[1]和托勒密六世（Ptolemy VI）争夺叙利亚的宗主权之时[2]，犹太贵族内部发生了激烈的权力争斗。他们相互争夺最高权力，不甘心听命于自己的贵族同侪。安尼亚斯（Onias）——其中的一位大祭司（one of the chief priests）——占据了上风，他把托比亚斯的儿子们（the sons of Tobias）驱逐出了耶路撒冷城。（32）后者逃到安条克那里寻求庇护，并恳求安条克远征犹地亚，以协助他们夺回领导权。这位国王早就有远征犹地亚的计划，因而同意了他们的恳求。他率领了大批军队前去进攻犹地亚，屠杀了托勒密的大批追随者，并放纵自己的士兵任意劫掠。[3]同时，安条克自己也劫掠了圣殿，并导致圣殿每日的常规献祭（the regular course of the daily sacrifices）[4]中断了长达三年零六个月的时间。（33）大祭司安尼亚斯逃到托勒密那里，并从托勒密的赫利奥波利斯地区（the nome of

---

〔1〕［中译按］即安条克四世·俄皮法尼斯（Antiochus IV Epiphanes）。
〔2〕约在公元前 171 年。
〔3〕约在公元前 170 年。
〔4〕按照《塔木德》（*Tāmūd*）的理解，常规进程（the regular course）的字面含义是"连续／持续"（continuity），或者"连续不断的燔祭"（continuous［standing］burnt offering）。在其他一些地方，献祭（Sacrifice）的希腊语词汇用来表示拉丁语的 *parentatio*，或者向死者献上 *manes*。

Heliopolis）[1]获取了一块土地，在这块土地上仿照耶路撒冷的模型建了一座小城和一座圣殿。对此，我在后面还会进行一番详细的说明。[2]

[2]（34）安条克现在已经远远不满足于对这座圣城的占领、劫掠和屠杀了，他深陷于无法抑制的激情和围攻期间所遭受的惨痛记忆而不能自拔，因此，他通过强令犹太婴儿不得行割礼以及把猪献祭于圣坛的方式，逼迫犹太人违背自己民族的律法。（35）犹太人全都纷纷起来抵制安条克的这些命令，一些最突出的反抗者遭到了安条克的残酷屠杀。安条克派遣巴基德斯（Bacchides）[3]前去镇守这座堡垒，天生野蛮残忍的巴基德斯就带着这些极不虔敬的命令赴任了，他无恶不作，一个接连一个地大肆拷打当地的犹太名士，甚至每天都公开威胁要摧毁这座圣城，直到他的罪恶行径最终引发了报复行动。

[3]（36）这些报复行动始于亚撒曼之子马提亚斯（Matthias son of Asamonaeus）[4]用短刀对巴基德斯[5]的刺杀，这位马提亚斯是一座名叫摩德因（Modein）的村庄的一位祭司，他和他的五个儿子一起自我武装起来。由于担心敌军的搜捕，他逃到山上。（37）越来越多的

---

〔1〕［中译按］赫利奥波利斯（Heliopolis）：埃及古代圣城，现大部分为废墟，在开罗的东北部，曾是埃及太阳神瑞（Ra）的崇拜中心。大瑞神庙的规模仅次于底比斯的阿蒙神庙，其祭司发挥了很大的影响力。新王国时期，神庙成为保管皇室档案的库藏地。现存最古老的碑文是塞索斯特里斯一世的方尖碑。图特摩斯三世在赫利奥波利斯竖立的一对方尖碑（称克里奥佩特拉方尖塔），其中一座现在立在伦敦泰晤士河畔，另一座在纽约市中央公园。

〔2〕参见第七卷第 421 节及以下。

〔3〕正如莱纳赫注意到，这个地方提到巴基德斯（Bacchides），其实是年代错置；这位巴基德斯直到几年之后才出现，当时他根本就没有在这个场合出现过。请参见《犹太古史》第十二卷第 393 节和《马加比一书》（1 Macc.）第七章第 8 节。

〔4〕在《马加比一书》中，Matthias 亦写作 Mattathias。

〔5〕按照《犹太古史》第十二卷第 270 节的记载，这个人不是巴基德斯，而是阿佩勒斯（Apelles）；而《马加比一书》第二章第 25 节则没有记载这位军官的名字。

犹太人追随着他，因而，他就鼓起勇气杀下山来，他打败了安条克手下的将军们，并把他们驱逐出犹地亚。这次胜利让他登上了权力的顶峰；他驱逐外邦人的政策使他的同胞更加愿意服从于他的统治，他去世时[1]立下遗嘱，让他最年长的儿子犹大（Judas）接替自己的位置。[2]

[4]（38）犹大认为，安条克肯定不会坐视不管，于是就在同胞中招募了一支犹太军队，还和罗马首次建立了同盟关系。[3]安条克果然对犹地亚进行了第二次远征，[4]却遭到了犹大的痛击，以至于安条克不得不撤军。（39）在这次胜利的鼓舞下，犹大袭击了尚未被赶出首都的驻军，成功地把他们从上城逐出，赶进下城（也就是著名的阿克拉[Acra]）。[5]现在他控制了圣殿，他对圣殿的整个区域一一进行了彻底清理，而且用围墙把圣殿围护起来；为了进行宗教仪式，犹大把全新的器皿——因为之前的器皿已经遭到亵渎——带进了圣殿。此外，犹大还建造了另一座祭坛，并重新开始献祭。[6]（40）就在这座城市刚要焕发生机之际，安条克去世了；[7]其子继承了他的王位，同时也继承了他对犹太人的憎恶。

[5]（41）安条克的这个儿子[8]调集了五万名步兵、五千名骑兵

---

〔1〕约在公元前167年。

〔2〕根据《马加比一书》第二章第4节的记载，犹大是五个儿子中的第三个儿子。

〔3〕这是另一个年代错置，倘若《马加比一书》第八章的记载可信，那么，犹太人和罗马人建立同盟关系是在德米特里（Demetrius）统治时期（公元前162—前150年）。

〔4〕根据《马加比一书》的记载，指挥这次远征的不是安条克，而是安条克手下的将军利西亚斯（Lysias）和古基亚斯（Gorgias）。

〔5〕在公元前165年。

〔6〕参见第32节注释。

〔7〕在公元前164年。

〔8〕[中译按]安条克的这个儿子也叫安条克。

和八十头战象，他们穿过犹地亚，进逼到山区。[1]当他占领了一座名叫贝特苏隆（Bethsuron）的小镇后，[2]在一个名叫贝特撒迦利亚（Bethzacharia）的地方——这里的道路非常狭窄——遭遇了犹大的军队。（42）在敌军尚未行动之前，犹大的兄弟以利亚撒（Eleazar）就注意到，最高的一头战象上有一座巨大的象轿（howdah）[3]和一排镀金的防卫墙，他由此断定，这头战象上坐着的就是安条克本人。于是，他远远地甩离了自己的军队，疾速向前猛冲，在敌军中杀出了一条奔向这头战象的血路。（43）然而，他没能够碰到这位国王，因为国王乘坐的这头战象太过高大，以至于他只能攻击这头野兽的腹部，导致整头战象向他倒下来，把他给压死了。单凭这项伟大的行动，他就无愧于荣耀的声誉。（44）实际上，乘坐这头战象的是一位普通人物；然而，即使战象上碰巧就是安条克，他的这位一心只想赢得伟大荣耀的英勇无畏的攻击者也只会得到送死的名声。（45）以利亚撒的兄弟［犹大］认为，这个不幸的事件预示了这场战役的某种征兆。事实上，虽然犹太人进行了长期而又艰苦的抵抗，但是安条克仍然赢得了胜利，因为，无论在数量上还是在运气上，安条克国王的军队都要优于前者；在折损了大量战士后，犹大率领剩余人马逃到了戈弗纳行省（the province of Gophna）。[4]（46）安条克进军到耶路撒冷，由于供应的短

---

〔1〕对于这次战役，《马加比一书》第六章第 28 节及以下做了一番独立的叙述，约瑟夫斯在其后来的著作（《犹太古史》第十二卷）中使用了这段叙述。

〔2〕按照《马加比一书》第六章第 50 节（以及《犹太古史》第七卷第 376 节）的记载，贝特苏隆（Bethsuron）直到战役结束后才被占领。

〔3〕亦即希腊语的"塔楼"（tower）。

〔4〕犹地亚的十一个次级地区中的一个（one of the eleven sub-districts of Judaea），参见第三卷第 55 节；按照《犹太古史》第十二卷第 375 节的记载，犹大撤退到了耶路撒冷，他在耶路撒冷积极地备战，以应对敌军围城。

［中译按］the province of Gophna 亦写作 the toparchy of Gophna。

缺，他在耶路撒冷只待了几天；在留下了一支自认为足够数量的军队之后，他率领余下的军队撤退到位于叙利亚的冬季营房里去了。

[6]（47）在这位国王撤退之后，犹大并没有无所作为。他重新集结了这场战役的幸存者，而且从自己民族那里招募了许多新兵，接着，他在一座名叫阿塞达萨（Acedasa）的村庄再次与安条克手下的将军们[1]打了一仗。在那天，犹大赢得了荣耀，他杀死了大量的敌军，不过，犹大自己最后也被敌军所杀。[2]几天之后，[3]他的兄弟约翰（John）也牺牲了，在安条克党羽的密谋下惨遭杀害。[4]

第二章

[1]（48）犹大的兄弟约拿单（Jonathan）继任了他的职位，除了审慎地防范自己的同胞之外，通过与罗马的结盟[5]以及与小安条克（the young Antiochus）[6]的休战，从而强化了自己的权力。（49）然而，

---

[1] 按照《马加比一书》第七章第 39 节及以下的记载，这位将军是尼卡诺尔（Nicanor），他是德米特里手下的一名将军。

[2] 犹大不是被杀于阿塞达萨之战（the battle of Adasa［Acedasa］），而是被杀于后来的以拉萨（Elasa）之战（《马加比一书》第九章第 5 节）或者贝泽托（Berzetho）之战（《犹太古史》第十二卷第 422 节）。

[3] 公元前 161 年。

[4] 对比《马加比一书》第九章第 35–36 节；《犹太古史》第十三卷第 10–11 节。

[5]《马加比一书》第十二章第 1–4 节；《犹太古史》第十三卷第 164–165 节。

[6] 希腊语本写作"安条克之子"（the son of Antiochus），想必就是安条克四世·俄皮法尼斯（Antiochus IV Epiphanes）之子。但是，按照《马加比一书》第十一章第 57 节和《犹太古史》第十三卷第 145 节的记载，这里提到的和约，无疑是约拿单与安条克六世·狄奥尼索斯（Antiochus VI Dionysus）缔结的。约瑟夫斯混淆了安条克五世（Antiochus V）和安条克六世（Antiochus VI）。

僭主特里风（the tyrant Trypho）——他是小安条克的监护人——已经在密谋针对自己的被监护人，并试图清除小安条克的朋友们，当约拿单带着几位随从前去面见在托勒米亚（Ptolemais）的安条克之时，特里风背信弃义地扣押了约拿单，并对犹地亚发动了远征。约拿单的兄弟西蒙（Simon）击退了特里风的进攻，恼羞成怒的特里风则处死了约拿单。[1]

[2]（50）西蒙非常擅长管理公共事务，[2]而且占领了位于首都附近的迦萨拉（Gazara）、约帕（Joppa）和迦尼亚（Jamnia）三座城镇。接着，他打败了耶路撒冷的卫戍部队，并摧毁了这座要塞（the citadel）。[3]后来，西蒙和安条克[4]结盟共同对抗特里风，在安条克准备远征米底人（Medes）之前，这位国王被围困在了多拉（Dora）。（51）然而，这位国王并没有对自己的贪欲感到任何羞愧，尽管西蒙帮助他摧毁了特里风；因为安条克不久就派遣了自己的将军森德巴乌斯（Cendebaeus）率领军队，前去蹂躏犹地亚和征服西蒙。（52）尽管西蒙已经征战多年，但是，他却有年轻人那样的旺盛精力；他派遣自己的儿子率领手下一部分强大的军队先行迎战安条克，而他自己则率领一部分军队在另一个地方展开进攻。（53）接着，西蒙在山上的许多地方都安置了大量的伏兵，最终赢得了所有这些伏击战的胜利。在这次辉煌的胜利之后，西蒙被任命为高级祭司（high-priest），并且把

〔1〕对比《马加比一书》第十二章第39节及以下和《犹太古史》第十三卷第187节及以下。

〔2〕公元前142—前135年，西蒙担任了领袖之职。

〔3〕希腊语本写作"阿克拉"（Acra）；《犹太古史》第十三卷第215节记载的是耶路撒冷。

〔4〕《犹太古史》第十三卷第223节记载的是安条克七世·希德提斯（Antiochus VII Sidetes）。从这一点看，《犹太战争》和《犹太古史》的这两种叙述是非常相似的。

犹太人从马其顿人长达一百七十年的奴役之中解放出来。[1]

[3]（54）然而，西蒙却遭遇了阴险的密谋，在一次宴会中，他的女婿托勒密将他谋杀了。在将西蒙的妻子和他的两个儿子囚禁之后，托勒密又派遣了一队人马前去追杀西蒙的第三个儿子约翰（John），又名希尔堪（Hyrcanus）。（55）由于事先得知他们的到来，这个年轻人急忙赶往城池，他自信自己能够获得人民的拥戴。因为，一方面他们怀念他的父亲取得的伟大成就，另一方面他们憎恨托勒密的恶行。托勒密急匆匆地试图从另一道城门进城，不过，他被拥戴希尔堪的人民击退。（56）托勒密立即撤退到耶利哥[2]上方（above Jericho）的一座要塞——达戈恩（Dagon）——之中；而荣获高级祭司职位的希尔堪——该职位之前由希尔堪的父亲担任——向上帝献祭后，立即向托勒密展开了进攻，以拯救自己的母亲和兄弟。

[4]（57）希尔堪围攻了要塞，在所有方面他都取得了优势地位，但他内心的正直情感击败了他。希尔堪感到极其痛苦，因为托勒密将希尔堪的母亲和兄弟带到城墙边上，在希尔堪和众目睽睽之下折磨他们，托勒密威胁希尔堪，如果他不立即撤退，就把他们从城墙上扔下去。（58）目睹这种惨状，希尔堪心中的愤怒变成了怜悯和恐惧。然而，他的母亲完全没有被痛苦的折磨和死亡的威胁吓倒，她伸开双手，恳

---

〔1〕我们估计，马其顿人奴役犹太人的时间是从塞琉古时代（the Seleucid era）第一年开始的，亦即公元前312年；按照这个估算，西蒙就任高级祭司的时间可以追溯到约公元前142年，亦即他获得领导权的开始之年。对此，《犹太古史》第十三卷第213节也做了相应的叙述。对比《马加比一书》第十三章第41—42节的记载："异教徒对犹太人长达一百七十年的沉痛枷锁终于被清除了"，耶路撒冷开始了自己的一个全新的时代纪元。

〔2〕[中译按] 耶利哥（Jericho）：巴勒斯坦的一座古城，位于耶路撒冷东北处和约旦河谷之中。

求儿子不要因为自己遭受的卑劣折磨而有所动摇，更不要宽恕这个残忍的禽兽；因为，对她而言，死于托勒密之手无疑远远好于苟且偷生，只要对他们家犯下罪恶行径的托勒密能受到应有的惩罚。（59）当看到母亲的大义凛然和苦苦哀求后，希尔堪发动了对托勒密的进攻；但是当他看到母亲所遭受的鞭打和被折磨得面目全非的身体后，希尔堪又被不能自已的感情所击倒。（60）因此，围攻一直持续到了安息年（the year of repose），七年一度的安息年是犹太人的休息之年（a period of inaction），就像犹太人每星期的第七天一样。[1]托勒密就这样于安息年从被围中解脱出来，他处死了希尔堪的兄弟和他们的母亲，并逃到费拉德尔菲亚的僭主（despot of Philadelphia）芝诺·科图拉斯（Zeno Cotulas）那里去了。

[5]（61）安条克对来自西蒙的重创一直耿耿于怀，于是他率领了一支军队进军犹地亚，坐阵在耶路撒冷城前，指挥大军团团围困希尔堪；希尔堪打开大卫（David）——大卫是最富裕的国王——的陵墓，从那里取走了超过三千塔兰特（talents）的金钱，用其中的三百塔兰特贿赂安条克，以让后者解除封锁。[2]他用剩下的金钱买了一支雇佣兵，这是犹太人第一次使用雇佣兵。

[6]（62）然而，安条克随后对米底人的战争让希尔堪赢得了一次复仇的机会。[3]希尔堪立即进攻叙利亚诸城，他预计他们没有足够的兵力迎战，事实也确实如他所料。（63）因而，希尔堪占领了米达

---

〔1〕安息年（The sabbatical year）：参见《利未记》（Lev.）第二十五章第4节。

〔2〕《犹太古史》第七卷第393节也做了同样的叙述；《犹太古史》第十三卷第249节对应的叙述是：直到安条克离开后，希尔堪才才打开这座陵墓。

〔3〕对此，《犹太古史》第十三卷第250节及以下做了更加可靠的叙述。在那里，希尔堪加入了安条克在公元前130年对帕提亚人（这里称作米底人）的远征；他在安条克去世后，才于公元前129年开始进攻叙利亚诸城。

比（Medabe）、撒马迦（Samaga）以及这两座城镇周边的一些地区，同时占领了示剑（Sichem）和阿迦里茨因（Argarizin）。此外，他还打败了古他人（Cuthaeans）[1]——古他人是一个居住在一座圣殿（该圣殿是对耶路撒冷圣殿的仿造）周围的民族。希尔堪进一步占领了以土买（Idumaea）地区的许多城市，包括阿多里昂（Adoreon）和马里萨（Marisa）。

[7]（64）希尔堪也向撒玛利亚（Samaria）发起进军，在撒玛利亚的塞巴斯特城（the city of Sebaste）——这座城是由希律王（King Herod）建造的——建造了一道封锁它的围墙，并派遣自己的儿子亚里斯多布鲁斯（Aristobulus）和安提柯（Antigonus）对它进行围攻；他们将塞巴斯特围得如同铁桶一般，以至于那里的居民陷入了极度的饥荒之中，饿殍遍野，甚至不得不食用那些闻所未闻的食物。（65）因而，他们请求安条克·阿斯彭迪乌斯（Antiochus Aspendius）[2]前来援助，安条克也欣然应允了他们的请求，但他却被亚里斯多布鲁斯和安提柯的军队击败了。这两兄弟一直把他赶到希索波利斯（Scythopolis），[3]最终仍让他给逃走了；他们重新回到撒玛利亚，再一次把那里的居民包围在了城墙之内。最终，他们占领了这座城镇，并把它夷为平地，迫使那里的居民沦为奴隶。（66）巨大的军事胜利并

---

〔1〕按照《犹太古史》第九卷第 288 节和《列王纪下》（2 Kings）第十七章第 24 节的记载，古他人（Cuthaeans）是大流散期间移居撒玛利亚的外邦民族。

〔2〕阿斯彭迪乌斯的安条克（Antiochus of Aspendius）（阿斯彭迪乌斯位于潘菲利亚 [in Pamphylia]）即安条克八世（Antiochus VIII）或者格里普斯（Grypus）；《犹太古史》第十三卷第 276 节所记载的名字却不是他，而是他的同父异母兄弟兼对手安条克九世·希茨塞努斯（Antiochus IX Cyzicenus）。

〔3〕[中译按] 希索波利斯（Scythopolis）是德卡波利斯（Decapolis）地区的一座国际性城市，位于约旦河西部，在热内萨湖（Lake of Gennesar，亦即加利利海）以南二十五公里处。希索波利斯位于今天的以色列境内。

没有让他们的热情冷却，他们接着进军希索波利斯，占领了这个地区，并将迦密山以南（south of Mount Carmel）[1]的整个地区全都变成废墟。

[8]（67）然而，希尔堪和他的儿子们的巨大成功遭到了自己同胞的深切妒忌，以至于后者煽动了叛乱；许多人都是不见棺材不落泪，他们不停地兴风作浪，以至于局势愈演愈烈，终于爆发公开的战争，不过他们最终被击败了。（68）在余后的人生中，希尔堪过得很幸福；在卓有成效地统治了整整三十一年后，希尔堪去世了，留下了五个儿子。希尔堪确实是一个真正有福的人，也确实是一个没有任何理由抱怨命运（fortune）的人。希尔堪是唯一一个享有三种最高权威的人：国家的最高行政统治权、高级祭司的身份和天生的预言者。（69）由于他和上帝（the Deity）的联系是如此紧密，以至于他对未来将要发生的事情不是一无所知的；他预见到自己的两个年长的儿子不会一直执掌权力。他们垮台的故事非常值得我们详尽地叙述一番，这将展现他们是如何从父亲的好运里急速坠落的。

第三章

[1]（70）希尔堪一死，其长子亚里斯多布鲁斯就将政体转换成了君主制（monarchy），他也是犹太民族自结束巴比伦人的奴役和重

---

[1] 字面含义是"在迦密山之内"（within），亦即"在迦密山这边"（this side of）。
　　［中译按］迦密山是以色列北部的一个山脉，濒临地中海。得名于希伯来语"Karem El"，意思是"上帝的葡萄园"。古代这里是一片葡萄园，而且始终以土地肥沃著称。

新回到他们的故土以来，经过四百七十一年[1]零三个月后第一位戴上王冠的人。（71）至于他的那些兄弟们，他只对安提柯有兄弟之情，只会找安提柯商议事情（安提柯在资历上仅次于他），他让安提柯拥有与自己相同的地位；至于其他的兄弟，他则用锁链把他们囚禁起来。由于之前希尔堪让亚里斯多布鲁斯的母亲成为这个王国最高的女主人，于是亚里斯多布鲁斯的母亲就跟他争夺权力。亚里斯多布鲁斯把自己的母亲捆绑和囚禁起来，并残忍地任她活活饿死在监狱里。

[2]（72）然而，报应终于临到他的身上，[2]也即临到他自己深爱的兄弟，同时也是治理自己王国的搭档安提柯身上：由于无耻的献媚者捏造了对安提柯的污蔑，亚里斯多布鲁斯杀掉了他。起初，亚里斯多布鲁斯并不相信这些献媚者的报告，这是因为他对自己的兄弟感情深厚，在他看来，这些报告都是出于嫉妒而编造出来的。（73）然而，安提柯有一次从前线盛装回来参加节日——按照犹太民族的传统，在这个节日里，要为纪念上帝而搭建帐幕（tabernacles）[3]——之时，亚里斯多布鲁斯碰巧生病了；当庆典快要结束之际，安提柯在卫兵的簇拥和华丽的阵势下前往圣殿，代表自己的兄弟献上了特殊的礼拜。（74）于是，这些无耻之徒就跑到国王亚里斯多布鲁斯那里，告诉他

---

〔1〕按照《犹太古史》第十三卷第 301 节的记载，是四百八十一年。这两种时间都非常长远；居鲁士（Cyrus）下令犹太人返回故土的时间是在公元前 537 年，距离亚里斯多布鲁斯一世（Aristobulus I）登基有四百三十二年。约瑟夫斯的年代学（the chronology of Josephus）似乎是据《但以理书》（Dan.）第九章第 24 节中的"七十个七"（= 490 年）计算的。

[中译按]《但以理书》第九章第 24 节："为你本国之民和你圣城，已经定了七十个七。要止住罪过，除净罪恶，赎尽罪孽，引进永义，封住异象和预言，并膏至圣者。"

〔2〕参见第 81 节及以下。

〔3〕"结茅节"（Sukkoth）或者"住棚节"（Tabernacles），节期在秋季。

那些簇拥的卫兵和安提柯的华丽阵势，甚至污蔑说，对于一名人臣而言，这是一种极其傲慢的举动；此外，他们还告诉他，安提柯正率领一支庞大的军队前来追杀他，因为安提柯已经无法满足于王室的厚待了，他想要攫取的是王权本身。

[3]（75）逐渐地，亚里斯多布鲁斯开始不情愿地相信这些含沙射影的指控。亚里斯多布鲁斯小心翼翼地隐藏了自己的怀疑，对自己可能遭受的危险做了防范；他在没有灯光的地下通道里安排了自己的士兵——当时亚里斯多布鲁斯正躺在一座先前名叫巴里斯（Baris）、现在则被称为安东尼亚（Antonia）的城堡里养病——并对这些士兵下令，如果安提柯未带武装，就让他安全通过，如果安提柯带有武装，则立即杀死他。亚里斯多布鲁斯派人告诉安提柯，让他不带武装就过来。（76）但是，这时王后阴险地与那些密谋者沆瀣一气。他们设法让送信的使者隐瞒了国王的命令，而且告诉安提柯，他的兄弟听说他在加利利获得了一些精美的铠甲和军用品，然而疾病妨碍他前来观赏这么精美的宝物：“但是，现在你就要离开我了，如果你身穿铠甲而来，我会非常高兴。”

[4]（77）由于安提柯对自己兄弟的善良秉性没有任何怀疑，一听到这个消息，他立即身穿铠甲前去与兄弟会面。就在他通过那条黑暗无光的通道——这条通道名叫“斯特拉托塔台”（Strato's Tower）——之时，他被事先埋伏在那里的士兵给杀害了。这个事例生动地展现了情感和天然血亲的纽带是如何被污蔑所摧毁的，我们的善良感情尚未强大到足够抵制延绵不绝的嫉妒的程度。

[5]（78）这次事件的另一个特点——同时很可能让人深感惊奇——是犹大的举动。他是艾塞尼人（Essene），他所做的预言从来没有出现过失误或者错误。[1]当犹大看到安提柯通过圣殿之时，他向他的熟人（其中有不少是坐在他旁边的门徒）这样说道：

---

〔1〕关于作为先知的艾塞尼人，参见第二卷第 159 节及其注释。

（79）噢，我现在还是死了为好，这样的话，我就会死于真相之前，我的那个预言也就不会出错了。安提柯现在仍旧活得好好的，但是，他本应该死于今天啊。距离我们这里六百弗隆（furlongs）远的斯特拉托塔台注定是他的被杀之地；今天已经过去四个小时了，我的预言看来无法实现了。

（80）说完这番话，这位老者就陷入了极度沮丧的沉思之中。稍后，传来了安提柯被杀于一处名叫斯特拉托塔台的地下通道之中的消息，而海滨城市凯撒利亚（Caesarea）也有一处地方名叫斯特拉托塔台；[1]正是两个相同的地名让这位先知产生了巨大的困惑。

[6]（81）对于自己所犯下的罪恶，亚里斯多布鲁斯懊悔不已，这反过来又日益加重了他的疾病。一想到那场对安提柯的谋杀，他的灵魂就会受到煎熬，他的身体也由此每况愈下；由于内心深处过度悲伤，他吐了很多血。（82）一位仆人在擦洗血迹时，出于神意的安排，他正好滑倒在安提柯被杀害的那个地方，于是把凶手的血迹洒在了受害者的血迹上面。旁边的人立即喊叫起来，他们觉得，这位仆人故意在那个地方倾洒了（poured）祭血（the bloody libation）。（83）一听到喊叫，这位国王立即跑出来查看究竟，但是没有一个人胆敢告诉他这件事，因而他就越发急切地逼迫别人告诉他是怎么一回事。在他的威胁之下，他们最终把事情的真相告诉了他。他满含热泪，用尽最后一丝力气喃喃地说道：

（84）我自己所犯下的罪恶肯定逃脱不了全能上帝的眼睛；报

---

〔1〕海滨地区的斯特拉托塔台后来由大希律（Herod the Great）重建，并被他重新命名为凯撒利亚，请参见第一卷第408节及以下。除了《犹太古史》第十三卷相应的章节之外，其他任何地方都没有提及耶路撒冷的这个同名区域。

应很快就会降临到我的子孙后代身上。噢，多么无耻的人啊！对于一个杀害自己兄弟和母亲的凶手，您还要保全他的灵魂多久啊？我要多久才能一滴滴地滴完我那全部的罪恶之血啊？让他们立刻全部拿走吧，让他们的鬼魂不要再因为一小点一小点地取走我的肉身而感到不满意吧！

一说完这些话，他就咽气了，他的统治历时不到一年。

第四章

[1]（85）亚里斯多布鲁斯的遗孀[1]释放了亚里斯多布鲁斯的那些遭到囚禁的兄弟们，而且，她把亚历山大（Alexander）推上了王位。较之于其他人，亚历山大具有双重优势，他拥有较为年长的年龄和表面上较为温和的性格。然而，一旦掌握权力，他就处死了自己的一位兄弟，因为后者有攫取王权的野心；对于那些满足于[2]过一种平静生活而无意干政的人，他则使他们倍享尊荣。

[2]（86）他也与占领阿索基斯城（the town of Asochis）的托勒密·拉塞鲁斯（Ptolemy Lathyrus）打了一仗；尽管他杀死了众多敌人，但是，胜利的天平仍然倒向了他的敌人一方。然而，就在这时，托勒密遭到了他母亲克里奥佩特拉（Cleopatra）的追击，于是他退守到埃

---

〔1〕根据《犹太古史》第十三卷第320节的记载，亚里斯多布鲁斯的这位遗孀是萨琳娜（Salina，亦写作 Salome［撒罗米］）或亚历山德拉（Alexandra）。似乎可以肯定的是，亚历山德拉不仅把亚历山大·詹纳乌斯（Alexander Jannaeus，公元前104—前78年在位）推上了王位，还嫁给了他——尽管约瑟夫斯从来没有这样明确地说过。关于她后来的统治情况，参见第107节。
〔2〕或者说"喜欢"（love）。

及，[1]亚历山大就抓住这个机会，围攻并占领了迦达拉（Gadara）和阿马萨斯（Amathus），而阿马萨斯是约旦河对岸（beyond Jordan）最为重要的城堡，同时也是芝诺之子提奥多鲁斯（Theodorus son of Zeno）最为宝贵的财产。（87）但是，提奥多鲁斯突然出现了，他重新占领了自己的这两座宝贵的城堡，同时还截获了这位国王的物品和行李，并杀掉了一万名犹太人。然而，亚历山大从这次打击中重新振作起来，他率领军队向海滨地区转进，并占领了加沙（Gaza）、拉菲亚（Raphia）和安塞顿（Anthedon），安塞顿这座城后来落入希律王之手，希律王把它重新命名为阿格里皮亚（Agrippias）。[2]

[3]（88）由于亚历山大对这些城镇的居民施行奴役统治，因而，犹太人在一个节期掀起了一场反对他的叛乱；这些节期里最容易爆发叛乱。人们认为，若非国外雇佣军——亦即皮西底亚人（Pisidia）[3]和西里西亚人（Cilicia）[4]的军队——的帮助，亚历山大根本不可能平

---

〔1〕确切地说，托勒密退守的地方是塞浦路斯（Cyprus），在被克里奥佩特拉废黜埃及王位之后，他在那里实行统治；参见《犹太古史》第十三卷第328和第358节。

〔2〕按照第一卷第416节的记载，重新命名的名字是阿格里皮安（Agrippeion）。

〔3〕[中译按]皮西底亚（Pisidia）：小亚细亚南部古代地区，大部分处于托罗斯山脉。该地区为不法人群提供了一个避难所，他们连续多次抵抗征服者。公元1世纪早期被并入罗马的加拉太行省，公元74年成为韦斯巴西安皇帝统治下吕西亚（Lycia）和潘菲利亚（Pamphylia）的一部分。大约在公元297年，戴克里先皇帝将皮西底亚纳入亚洲教区。在拜占庭时代，这里一直是个不断发生暴乱的地方。

〔4〕[中译按]西里西亚（Cilicia）：小亚细亚南部的古地区，位于托罗斯山脉南部，濒临地中海。在古代，它是从小亚细亚到叙利亚的必经之地，所以成为各国都重视的一块领地。公元前14—前13世纪为赫梯人的附庸。公元前8世纪臣服于亚述。公元前6—前4世纪归属波斯人，后来相继由马其顿人和塞琉古人统治。公元前1世纪成为罗马的一个行省。圣保罗曾访问该地区，至今仍有早期基督教遗迹。公元7—10世纪为阿拉伯穆斯林占领，后来再度被拜占庭人占领。1515年沦入奥斯曼土耳其人之手，1921年以后属土耳其。

息这场叛乱。他没有让叙利亚人加入这支雇佣军，因为他们对犹太人怀有深深的敌意。（89）在屠杀了六千多名叛乱分子之后，他转而进攻阿拉伯；在那里，他征服了迦拉德人（Galaad）和摩押人（Moab），强迫他们称臣纳贡，接着，他再一次回到阿马萨斯。由于他的胜利让提奥多鲁斯深感震慑，因而亚历山大占领了那座城堡，并将它夷为平地。

[4]（90）他接下来进攻阿拉伯国王奥比达斯（Obedas King of Arabia），而后者在戈兰（Gaulane）附近设下埋伏，亚历山大掉进了他的圈套，全部军队都被赶进一座峡谷之中，成批的骆驼在其中来回地碾压，最终导致全军覆没。亚历山大自己则逃回耶路撒冷，但是，他铸下的巨大灾难激起了原本就厌恶他的民众的叛乱。（91）然而，他再一次严厉镇压了他们，在接下来的六年中的一系列战役里，他至少屠杀了五万名犹太人。对于这些胜利，他没有任何高兴的理由，因为，他已经把自己的国家给耗干了；为了缓和敌意，他试图通过对话来调和自己同臣民之间的矛盾。（92）但是，他这种前后矛盾的政策和反复无常的性格只会徒增人民的憎恶；当他前去询问，他要怎样做他们才能平息怒气时，他们回答说："去死吧！就连死亡也抚慰不了你的暴行所带给我们的伤痛。"他们同时向德米特里——德米特里的绰号是"尤利亚迪"（Unready）[1]——进行求援。对于他们的殷切要求，德米特里做出了及时的回应，他亲率一支军队前来，而犹太人则在示剑附近纷纷加入德米特里的军队。

[5]（93）三千名骑兵、一万四千名步兵的德米特里联军遭遇了亚

---

[1] 即叙利亚国王德米特里三世（Demetrius III King of Syria）；在其他地方，他的绰号亦称作"尤卡罗斯"（Eukairos），其含义是"及时"（the timely），这里的绰号则是"阿卡罗斯"（Akairos），其含义是"不及时"（the untimely）。

[中译按] Unready 即"不及时"之意。

历山大的一千名骑兵和八千名步兵；除了这些雇佣兵之外，亚历山大还拥有一万名[1]仍旧忠于王室的犹太人的支持。在开战之前，这两位国王都发表了声明，试图劝说对方的士兵离开他们自己的军队；德米特里希望亚历山大一方的雇佣兵抛弃亚历山大，而亚历山大则希望德米特里一方的犹太人抛弃德米特里。（94）但是，这既没有减少犹太人对亚历山大的憎恶，也没有减少希腊人对亚历山大的忠诚，最终，双方仍旧以交战收场。（95）德米特里最终赢得了战争的胜利。尽管亚历山大的雇佣兵表现出非凡的勇气和强大的力量，然而，最终的结局却超出了交战双方的预料。作为胜利一方的德米特里发现，自己被先前召唤他来帮忙的犹太人给抛弃了；出于对亚历山大不幸处境的同情，六千名犹太人跑到了作为战败者而逃到山里避难的亚历山大一方。尽管这件事情远远超出了德米特里所能忍受的范围，但是，德米特里认为，亚历山大现在已做好了与自己开战的准备，所有的犹太人最终都会倒向亚历山大，于是他撤出了这个国家。

[6]（96）然而，余下的一些犹太人并没有和他们的同盟者一起撤退，他们没有放弃战斗，而是继续与亚历山大开战，直到亚历山大把他们当中的大部分人屠杀殆尽，并把剩下的残兵赶进了贝米塞里斯（Bemeselis）；[2]当他最终征服贝米塞里斯这座城镇后，他把他们一起押往耶路撒冷。（97）亚历山大是如此愤怒，以至于他的残暴程度远远超过了不虔敬的极限。他把八百名俘虏钉在这座城市中央的十字架上，并让他们眼睁睁地看着自己的妻子和小孩被活活地虐杀，而躺在情妇怀里的亚历山大则喝着美酒，慢慢地观赏着这一切。（98）这种

---

〔1〕《犹太古史》第十三卷第377节所记载的数字有所不同：德米特里拥有三千名骑兵和四万名步兵，而亚历山大拥有六千二百名雇佣兵和大约两万名犹太人。

〔2〕在《犹太古史》第十三卷第380节中写作 Bethome。

景象让民众感到万分惊恐，以至于第二天晚上就有八千名敌对派系的成员逃出了全犹地亚地区；直到亚历山大去世，这些人才结束了自己的逃亡之旅。他这样的行径最终使整个王国都难以获得平静，他余下的人生一直都处于战争的动荡之中。

[7]（99）当然，安条克·狄奥尼索斯是另一些动乱的源头，他是德米特里的兄弟，同时也是塞琉古家族（Seleucid line）的最后一位国王。[1]这位国王准备进攻阿拉伯，惊恐万状的亚历山大挖掘了一条巨大的壕沟来拦截他，壕沟从安提帕特里斯（Antipatris）的山腰一直延伸到约帕的海岸，为了阻止敌军的突袭，他还在这条壕沟前建造了一道高大的城墙，其中又嵌入了一些木制的城堡。（100）然而，亚历山大仍旧没能把安条克挡在外面，后者烧毁了城堡，填平了壕沟，并率领大军浩浩荡荡地向前开进。安条克推迟了对阻挠自己的亚历山大的报复行动，把大军压向了阿拉伯。（101）一开始阿拉伯国王向更为有利的战斗地点撤退，接着，在安条克的军队陷于混乱之时，他突然调转自己的一万名强大的骑兵，向安条克发起了突袭。一场激战接踵而至。只要安条克仍然活着，安条克的军队就能够坚持战斗，尽管他们遭到了阿拉伯人的无情杀戮。（102）当安条克在最为危险的前线集结自己的部队时，他摔倒了，全面溃败也就由此开始。安条克的大部分士兵要么在战斗中要么在逃亡中被屠杀；其余的士兵则逃到了坎纳村（Cana）避难，他们在那里缺少粮食补给，除了一小部分人，其他人全都活活饿死了。

[8]（103）大约就在这个时间，出于对蒙纳乌斯之子托勒密

---

[1] 安条克十二世·狄奥尼索斯（Antiochus XII Dionysus）：约公元前86—前85年在位。在公元前64年叙利亚成为罗马行省之前，最后一位塞琉古家族的国王实际上是安条克十三世·阿希亚提库斯（Antiochus XIII Asiaticus），参见比冯（Bevan）：《塞琉古王室》（*House of Seleucus*），第二卷第266—267节。

（Ptolemy son of Mennaeus）的憎恶，大马士革的民众立即邀请阿里塔斯（Aretas）前来接管政权，并拥立他为科利－叙利亚的国王（King of Coele-Syria）。[1] 阿里塔斯对犹地亚进行远征，并打败了亚历山大，但在双方缔结和约之后，他又撤军了。（104）接着，亚历山大占领了佩拉（Pella），[2] 出于对提奥多鲁斯的财富的觊觎，亚历山大再一次向基拉萨（Gerasa）进军。[3] 他用了三倍于守备部队的兵力包围对方，结果兵不血刃地占领了这个地方。（105）同时，他也攻克了戈兰、塞琉西亚（Seleuceia）[4] 和所谓的"安条克山谷"（the so-called "Ravine of Antiochus"）。接着，他占领了高耸的迦马拉要塞（fortress of Gamala），此外，他借口对德米特里的诸多指控，解除了迦马拉要塞的德米特里的指挥官之职。在进行了整整三年的战争之后，他返回了犹地亚。由于取得了巨大的军事成功，他受到了人民的热烈欢迎；但是，休战结果却成了疾病的开始。（106）由于饱受一种三日疟（a quartan ague）的痛苦折磨，他希望在战事上重新振作起来，以摆脱这种疾病。于是，他在这个错误的时间里发起了战役，强迫自己完成身体所不能承受的任务，结果加速了自己的灭亡。在统治了二十七年之后，他终于在压力和动乱之中去世了。

---

〔1〕这位托勒密是迦尔西（Chalcis）及其周围的科利－叙利亚（Coele-Syria）地区的国王（约公元前85—前40年在位）；阿里塔斯是纳巴泰阿拉伯人的国王（King of the Nabataean Arabs）。

〔2〕［中译按］佩拉（Pella）：古代马其顿王国的首都，位于希腊北部的塞萨洛尼基（Thessaloniki，旧译帖撒罗尼迦）西北，公元前5世纪末开始繁荣。腓力二世统治时期城市迅速发展，但在马其顿末代国王被罗马人击败后，该城地位降格为小镇。亚历山大大帝诞生于该城。

〔3〕对比第86节。

〔4〕［中译按］Seleuceia 亦写作 Seleucia。

第五章

[1]（107）亚历山大把自己的王国传给了妻子亚历山德拉，他相信犹太民众会臣服于她，因为，她不愿意像他那样残暴地对待他们，她也反对他破坏他们的律法，因此，她最终可以获得犹太民众的好感。（108）亚历山大果然未卜先知；由于亚历山德拉的虔敬名声，这个柔弱的女人牢牢地掌控了统治权。她确实是犹太习俗最为严格的坚持者，而且把那些违背犹太神圣律法的人都清除出了公职队伍。[1]（109）她和亚历山大生下了两个儿子，出于对年龄和性格的考虑，她把长子希尔堪任命为高级祭司，因为他沉闷内敛的性情肯定不会节外生枝和扰乱国事；出于对次子的冲动性情的考虑，她限制了亚里斯多布鲁斯的个人生活。

[2]（110）法利赛人出现在了亚历山德拉的旁边，[2]他们的势力不断地随着亚历山德拉势力的增长而增长，相较于其他犹太人，这个教派的犹太人以更加严格地遵守律法而享有盛名，他们被视作犹太律法的准确解释者。（111）亚历山德拉怀着极为尊敬的态度倾听他们的意见，因为她自己就是一位极度虔敬的人；然而，法利赛人却逐渐利用了这个女人的淳朴，以至于最终成为整个国家的真正掌控者，他们随心所欲地对人们进行驱逐、召回、监禁或者释放。总之，王室权威的享有者是法利赛人；而王室的花费和困境则落到了亚历山德拉的身上。（112）然而，在大部分事务上，她都被证明是一位精明的统治者，通过不断地征召士兵，她的军队扩充了两倍，此外，她也招募了庞大的外邦军队；因此，她不仅强化了自己在国内的统治地位，也成为国外当权者的可怕敌人。然而，只要她统治着这个国家，法利赛人就统治着她。

[3]（113）因而，他们处死了迪奥根尼（Diogenes）——他是亚

---

〔1〕或者可能是"驱逐出境"（banish from the realm）。

〔2〕其字面含义是，法利赛人"在她的权力旁边不断地增长"（就像环绕树的枝条一样）（grew up beside into her power［like suckers round a tree］）。

历山德拉的朋友，同时也是一位杰出之士。其理由是，迪奥根尼先前建议国王[1]钉死八百名受难者。[2]他们进一步劝说亚历山德拉，让她杀掉其他那些先前鼓动过亚历山大国王惩治法利赛人的人士；出于迷信的缘故，亚历山德拉总是一直退让，以至于他们就这样随心所欲地进行杀戮。（114）因而，那些陷入危险之中的最杰出之士，纷纷逃到了亚里斯多布鲁斯那里寻求庇护，考虑到他们的尊贵地位，亚里斯多布鲁斯劝说自己的母亲宽恕这些人，但是，亚历山德拉却把他们全都驱逐出城，而且前提是他们还要能够证明自己是清白的。他们的生命因而得到了保全，于是，他们就这样在这个国家散居开来。

（115）以托勒密不断地向大马士革施压做借口，亚历山德拉派遣了一支军队前去增援大马士革；然而，亚历山德拉的军队没有取得任何明显的成就，就折返回来了。（116）另一方面，借助于条约和礼物，亚历山德拉赢得了亚美尼亚国王提格拉尼斯（Tigranes, King of Armenia）的支持，[3]当时提格拉尼斯正在托勒米亚，围困克里奥佩特拉。[4]然而，由于卢库卢斯（Lucullus）[5]入侵亚美尼亚，提格拉尼斯

---

〔1〕［中译按］指的是亚历山大国王。

〔2〕参见第 97 节。

〔3〕约在公元前 70—前 69 年。

〔4〕这位克里奥佩特拉或者塞琳娜（Selene）（《犹太古史》第十三卷第 420 节）是托勒密·菲斯康的女儿（daughter of Ptolemy Physcon），她曾嫁给数位塞琉古国王。从斯特拉波（Strabo.）第十六卷第 749 节中，我们可以获悉，提格拉尼斯在撤退至叙利亚时因禁和带走了克里奥佩特拉，随后处死了她。

〔5〕［中译按］卢库卢斯（Lucullus）：罗马将军，公元前 74 年任执政官。他与苏拉（Sulla）并肩战斗，而且是参加苏拉向罗马进军的唯一一位军官。苏拉去世后，卢库卢斯运用计谋维持了自己的权力。他指挥数个军团把米特拉达梯六世（Mithridates VI）从比提尼亚（Bithynia）和本都（Pontus）驱逐到了亚美尼亚，后来入侵亚美尼亚并打败了它的国王提格拉尼斯二世（Tigranes II）。数度的兵变阻碍了他获得完全的胜利，卢库卢斯后来被庞培取代，他曾在元老院反对过庞培。有关他的享乐主义和奢侈无度的传说使"卢库卢斯"成为浪费的同义词。

不得不急忙地撤退回国，以应付本国所遭受的危机。

[4]（117）就在这时，亚历山德拉生病了，她的次子亚里斯多布鲁斯抓住这次机会，在追随者——由于他充满激情，因而拥有众多的铁杆追随者——的帮助下，占领了所有的城堡；他利用在这些城堡里发现的金钱来招募雇佣军，而且自立为王。（118）希尔堪向自己的母亲哭诉，出于对他的同情，亚历山德拉就把亚里斯多布鲁斯在安东尼亚的妻子和小孩关押了起来。安东尼亚是一座与圣殿北面相毗邻的城堡，正如我在前面所说，[1]安东尼亚之前叫作巴里斯，但是，当安东尼成为［帝国东部的］主人后，它就被更名为安东尼亚了；正如奥古斯都和阿格里帕分别把另外两座城市赐名为塞巴斯特[2]和阿格里皮亚[3]一样。（119）但是，在亚历山德拉能够惩罚亚里斯多布鲁斯抢夺自己兄弟的继承权之前，她就咽气了。她总共统治了九年时间。

第六章

[1]（120）希尔堪是王位的唯一继承者，这是他的母亲在其生前就安排的，但是在能力和勇气方面，亚里斯多布鲁斯都要超过希尔堪。王位的争夺之战爆发在耶利哥附近，然而，大部分的士兵都遗弃了希尔堪，跑到亚里斯多布鲁斯那里去了。（121）希尔堪率领那些追随者匆忙逃到了安东尼亚避难，并以亚里斯多布鲁斯的妻子和小孩作为人质来保全自己。在事情变得无法挽回之前，这两兄弟达成了协议，亚里斯多布鲁斯继承王位，而作为国王兄弟的希尔堪则享有除王位之外的其他一切尊荣。（122）他们在圣殿达成了这些和解条件。在周围众

---

〔1〕参见第 75 节。

〔2〕亦即先前的安塞顿（第 87 节）。

〔3〕亦即撒玛利亚。

多人士的见证下，他们热烈地拥抱了对方，接着，他们相互交换了住地（residences），亚里斯多布鲁斯搬到了王宫里面居住，希尔堪则搬到了亚里斯多布鲁斯的房子里居住。

［2］（123）亚里斯多布鲁斯这种意想不到的胜利让他的敌人，尤其是安提帕特（Antipater）深感惊恐，后者是一位上了年纪的老者，同时也是亚里斯多布鲁斯极度憎恶的敌人。安提帕特的祖先是以土买人（Idumaean），借助于自身的财富和其他的优势，安提帕特成了这个国家的头面人物。（124）现在，他一方面劝说希尔堪逃到阿拉伯国王阿里塔斯那里，并声称有权恢复自己的王位；另一方面，他劝说阿里塔斯接纳希尔堪，并帮助希尔堪恢复王位。他大肆地污蔑亚里斯多布鲁斯，同时又大力地颂扬希尔堪。他告诉阿里塔斯，如果他向遭受不公者伸以援手，那么，他必将在自己的国度更加熠熠生辉；同时，他又对希尔堪说，遭到自己的弟弟非法剥夺的王位本来就属于身为长子的应有遗产。

（125）因而，当他做好了这两方的工作之后，安提帕特就在一个晚上偕希尔堪逃出了那座城市，并以最快的速度安全地逃到了一座名叫佩特拉（Petra）[1]——阿拉伯王国的首都（the capital of the Arabian Kingdom）——的城市。（126）他将希尔堪交到了阿里塔斯的手上，借助于安抚的语言和贿赂的礼物，他诱使这位国王装备了一支五万名士兵（包含骑兵和步兵[2]）的强大军队来帮助希尔堪恢复王位。亚里斯多布鲁斯根本无法抵抗，两军首次遭遇，他就被打败了，被赶进了耶路撒冷；（127）倘若不是罗马将军斯卡鲁斯（Scaurus）在关键时刻及时干预，这座城市很快就会在汹涌的围攻中遭到占领。斯卡鲁斯是

---

〔1〕［中译按］佩特拉（Petra）：约旦西南部的一座古城。约从公元前312年起，它即是纳巴泰王国的首都；直到公元106年被罗马人打败，成为阿拉比亚行省的一部分。

〔2〕按照《犹太古史》第十四卷第19节的记载，"除了步兵之外，还有五万名骑兵"（50000 cavalry besides infantry）。

从亚美尼亚被庞培"大帝"（Pompey the Great）派往叙利亚的，那时斯卡鲁斯正与亚美尼亚国王提格拉尼斯酣战。一到大马士革——大马士革新近被梅特鲁斯（Metellus）和鲁利乌斯（Lollius）占领——斯卡鲁斯就撤换了[1]那里的地方官员，在听到了犹地亚的战事之后，他立即赶了过去，急欲抓住这个似乎是神明给予的机会。

[3]（128）斯卡鲁斯一进入犹地亚，就接到了希尔堪和亚里斯多布鲁斯两兄弟各自向他求救的使团。亚里斯多布鲁斯提供的三百塔兰特的金钱要重于正义本身；接受了这笔金钱的斯卡鲁斯派遣了一位信使前往希尔堪和阿拉伯人那里，威胁他们：如果他们不撤出围攻的话，那么，他们就等着迎接罗马人和庞培的到访吧。（129）深感恐惧的阿里塔斯立即从犹地亚撤退到了费拉德尔菲亚，而斯卡鲁斯则退回大马士革。（130）然而，对于这次逃脱被俘的命运，亚里斯多布鲁斯并不满足，他集结了自己的全部军队追击敌人，并同他们在一个名叫帕皮隆（Papyron）的地方开战，结果杀掉了敌方超过六千名士兵，其中包括安提帕特的兄弟法尔里安（Phallion）。

[4]（131）没有了阿拉伯人的联盟，希尔堪和安提帕特转而把希望寄托在了自己的对手身上；当庞培途经叙利亚并抵达大马士革时，他们就跑到他那里求助。他们没有携带任何礼物，而且，他们的请求同他们之前所诉诸阿里塔斯的请求是一样的。他们希望让庞培憎恨亚里斯多布鲁斯的暴力行径，并恳求庞培公正地恢复无论是从性情还是年龄来看都本该属于希尔堪的王位。（132）亚里斯多布鲁斯也不甘示弱，仗着自己对斯卡鲁斯的公开贿赂，他肆无忌惮地将自己打扮成一副最神气的国王的派头。但是，不久他就感觉，自己的廷臣以一种卑躬屈膝的态度在下面玩弄他的尊贵。他鄙视这种卑躬屈膝的态度，他

---

[1] 关于 καὶ τούτους μεταστήσας［直译为"以及这些转移"］这个词组（在《犹太古史》里被省略了）的真实含义，并不是十分确定。

认为，这种态度会让自己的高贵蒙羞，因此一到迪乌姆（Dium），他立即就离开了。[1]

[5]（133）对亚里斯多布鲁斯的这种行径，庞培深感愤怒；同时，对希尔堪及其朋友们的深切恳求，庞培为之所动。于是，庞培率领罗马军队和大批叙利亚仆从军，开始追击亚里斯多布鲁斯。（134）在穿过佩拉和希索波利斯后，庞培进入了科里亚（Coreae），就在这时遇到了一位深入过犹地亚内陆的旅行者。庞培从旅行者这里听说，亚里斯多布鲁斯已经逃到了亚历山大里安（Alexandreion）[2]去了，亚历山大里安是一座极其坚固和雄伟的城堡，位于一座高山之上。庞培派人传令给亚里斯多布鲁斯，命令后者下来面见自己。（135）面对庞培这种傲慢的命令，亚里斯多布鲁斯选择的不是服从，而是想冒险一搏；然而，当他看到极度恐慌的民众，听到朋友们对他无法抵挡罗马强权的力劝后，他妥协了。亚里斯多布鲁斯接受了他们的劝告，他从城堡下来觐见了庞培；对于自己攫取的王位，他向庞培做了一番长长的辩解，接着，他就返回了自己的城堡。（136）当他的兄弟邀请他前来一起商讨其理由的正当性时，亚里斯多布鲁斯再一次从城堡下来了；然后他又回去，庞培也没有做任何的阻挠。亚里斯多布鲁斯就在这种希望和恐惧之中煎熬着，为了避免陷入太过糟糕的局面，他又从城堡下来了，在劝说庞培将整个犹地亚的统治权全都交给自己之后，他又返回了城堡。（137）最后，庞培下令他撤出城堡，并坚持要他向所有的总督撰写一封他就要离开的通报信，因为庞培知道这些总督只服从亚里斯多布鲁斯亲自下达的命令。亚里斯多布鲁斯虽然按照庞培的要求，把这些指示全都一一照办了，但他的内心一直愤愤不平，一撤退到耶路撒

──────────

〔1〕《犹太古史》的记载是："他离开大马士革进入了迪乌姆，并从迪乌姆进入了犹地亚。"

〔2〕［中译按］亚历山大里安（Alexandreion）亦即亚历山大里乌姆（Alexandrium）。

冷，他立即就准备迎战庞培。

[6]（138）然而，庞培紧跟着就到了，以至于丝毫没有让亚里斯多布鲁斯具有备战的时间。当庞培在耶利哥（这里的土地是犹地亚地区最为富饶的，并且盛产棕榈树和香油树；用锋利的石块把香油树的茎干切开一个口，香油就会从切口处一滴滴地慢慢流到外面而可以收集起来）附近听到米特拉达梯（Mithridates）去世的消息后，他更是加快了进军的速度。（139）庞培只在那里扎了一个晚上的营，第二天破晓，他就紧急率军赶往耶路撒冷。对于庞培的到来，亚里斯多布鲁斯感到非常害怕，于是，他就以一种哀求的方式前去觐见庞培；他答应交出金钱，也答应把自己和这座城市一起交给庞培，一切任由庞培处置，以减轻其怒气。（140）然而，他的这些承诺没有一项兑现过；因为，当加比尼乌斯（Gabinius）前来接受亚里斯多布鲁斯所应允的这些金钱时，亚里斯多布鲁斯的同党却拒绝让他进入耶路撒冷城。

第七章

[1]（141）一听到这个消息，庞培怒不可遏，他立即把亚里斯多布鲁斯关押了起来，而且来到耶路撒冷城前仔细地观察，以选定最合适的进攻地点。他注意到耶路撒冷城墙的坚固和即将到来的恶战，同时，他也注意到在这些坚固的城墙前，还有一座可怕的山谷，圣殿就位于这座山谷之中，它同样拥有坚固的城墙保卫，即使占领了耶路撒冷城，敌人仍然可以躲入圣殿进行第二次防卫。

[2]（142）然而，就在他长时间犹豫不决之时，城墙内爆发了内乱；亚里斯多布鲁斯的同党坚持要应战和救出国王，而希尔堪一伙则主张打开城门，迎接庞培。希尔堪一伙的人数越来越多，因为他们在看到罗马军队的优良秩序后无不惊恐。（143）亚里斯多布鲁斯一伙

发现自己处境糟糕，于是就退守到了圣殿，并切断了连接圣殿到耶路撒冷城的桥梁，准备坚守反抗到最后。其他人则放罗马人进了城，并把这个地方移交给了后者。庞培委派自己手下的一位重要副将皮索（Piso），率领一支军队来占领这座城市。（144）这位副将在这座城市设置了哨兵，由于他劝说不了躲入圣殿内的反抗者投降，就把他们全都包围起来，以随时发动进攻。在这一过程中，不论是建议还是实际的效劳，希尔堪一伙全都积极地支持他。

[3]（145）庞培自己则指挥军队收集石料，填埋了圣殿北边的那条沟壑和整座山谷。填平这座巨大的山谷是一项艰巨的任务，而且犹太人也在上方利用有利位置来阻碍敌人。（146）确实，庞培充分地利用了每个星期的第七天——出于宗教信仰的原因，犹太人被禁止在这一天从事任何形式的劳作——而命令罗马士兵连绵不休地劳作，不断地修筑高垒，但他严禁自己的军队攻击敌方；因为，犹太人在安息日只会进行自卫性的作战。（147）这座山谷一填平，庞培就在修筑的高垒上矗立起一座座巨大的塔楼，并将从推罗（Tyre）[1]运来

---

〔1〕［中译按］推罗（Tyre），亦译作苏尔、提洛、提尔。推罗城延伸突出于地中海上，在以色列阿卡北方二十三英里（约三十七公里）、西顿城南二十英里（约三十二公里）处。根据希腊神话，推罗国王的女儿欧罗巴长得非常漂亮。一天，当公主和侍女在海边采集花朵时，被众神之父宙斯所见，宙斯惊为天人，决定诱奸欧罗巴，于是化身为一头雪白的公牛出现在海边。好奇的欧罗巴看到这样温驯的巨兽，便骑上了公牛的背，没想到公牛急速地冲向大海，惊慌的欧罗巴只能紧紧地抓住公牛的角。公牛把欧罗巴带到克里特岛后，才在欧罗巴面前显出真实的身份。欧罗巴失踪后，推罗国王叫儿子们出去寻找欧罗巴，并下令：若没有找到公主就不要回来。因此，他的儿子们都滞留他乡，其中的卡德摩斯（Cadmus）据说因此腓尼基字母带到了希腊。欧罗巴和宙斯生了三个儿子：米诺斯（后来成为克里特岛的统治者）、拉达曼迪斯和萨耳珀冬。历史上，希腊人把爱琴海以西的大陆称为"欧罗巴"，这也成为欧洲名称的起源。孕育文明的欧罗巴和传播腓尼基字母的卡德摩斯都来自推罗，象征着在早期文明西传到爱琴海（以及后来欧洲）的过程中，推罗所扮演的枢纽地位。

的攻城器械运到了城墙边，试图一举攻占城墙；这种投石器也可以打击那些位于高处的敌人，而高垒上的塔楼则可以抵挡投石器（the ballistae）[1]从高处发射过来的石块。然而，犹太人的那些巨大而又宏伟的塔楼却长久地抵挡住了罗马人的这种攻击。

[4]（148）罗马人给犹太人造成了极大的重创，但庞培心中却对犹太人所展现出来的坚韧充满了深深的敬意：即使是四面都被投石器的飞石包围，他们也没有中断和减少自己的宗教仪式。这座城市就好像处于一种完全的和平之中，日常的献祭、赎罪和所有的拜神仪式全都一丝不苟地进行，以此来荣耀他们的上帝。甚至在圣殿被攻陷的那一刻，他们在祭坛边遭受到疯狂的屠杀，也没有停止那一天的宗教仪式。（149）经过三个月的围攻，[2]罗马人方才艰难地攻占了其中的一座塔楼，进而得以攻入圣殿。第一位冒险穿过城墙的人是苏拉（Sulla）之子法斯图斯·科内利乌斯（Faustus Cornelius）；紧随其后的是两位百夫长弗里乌斯（Furius）和法比乌斯（Fabius）。他们各自的连队（companies）也紧跟过来，从而把犹太人紧紧地包围在了圣殿的庭院之中，并大肆地屠杀他们，其中一些人逃进了至圣所（sanctuary）避难，其他人则进行了一番短暂的抵抗。

---

〔1〕一种可以发射或者抛掷石块和其他物体的军事器械。

〔2〕《犹太古史》第十四卷第66节给出了准确的年份（第179届奥林匹亚大会和公元前63年的罗马执政官时期［Olympiad 179 and the Roman consuls of 63 B.C.］），并进一步补充说，"那天是斋戒日"（on the day of the fast），亦即可能是赎罪日（Day of Atonement）（10th Tishri September–October［九月至十月的提什月的第十日］）。迪奥·卡西乌斯（Dio Cassius）在其著作的第三十七卷第16节中说，"那天是安息日"（on the Sabbath［ἐν τῇ τοῦ Κρόνου ἡμέρᾳ］）；有一些人，例如舒尔就认为，约瑟夫斯的非犹太文献（Josephus's non-Jewish source）所提到的"斋戒日"（the fast）实际上指的就是"安息日"（the sabbath），因为，按照希腊－罗马世界（the Graeco-Roman world）一个错误而又普遍流行的看法，犹太人在安息日那天进行斋戒。

[5]（150）即使看到敌人手上握着利剑，许多祭司仍然平静地继续着自己的神圣仪式，他们就在斟倒祭酒和焚烧香火的过程中惨遭屠戮；他们把对上帝的仪式置于自己的性命之上。大部分被杀之人都是被敌对派系的犹太同胞所杀；不计其数的人纵身跳下了悬崖；一些人被这绝望的苦难逼疯，以至于他们放火点燃了城墙附近的建筑，并纵身跳进熊熊烈火之中。（151）犹太人有一万两千人惨遭杀戮；然而，罗马人却只有极少数人死亡，但有很多人受伤。

[6]（152）没有比圣所（the Holy Place）暴露在外邦人的眼皮底下更加严重的灾难了，而庞培却带着自己的随从进入了只有高级祭司才能进入的至圣所，看到了里面的东西：带着油灯的烛台、桌台、盛祭酒的器皿和香炉（所有这些都是纯金制成的），以及大量堆积的香料和总计两千塔兰特的神圣货币（the store of sacred money）。（153）然而，庞培没有碰圣殿里的任何一件东西，也没有碰圣殿里的任何神圣货币；在占领圣殿的当天，他就下令彻底地清洁圣殿和进行惯常的献祭。庞培恢复了希尔堪高级祭司的职位，以回报他在围攻期间对自己的巨大支持，尤其是阻止了大量倾向于亚里斯多布鲁斯的乡下人加入亚里斯多布鲁斯一方。通过更多的仁慈而非恐吓，庞培实现了民族和解。（154）那些被抓的俘虏——包括亚里斯多布鲁斯的岳父，同时也是亚里斯多布鲁斯的叔父[1]——如果负有主要的战争责任，那么就会被处死。法斯图斯及其勇敢的部下则得到了巨大的奖赏。这个国家和耶路撒冷必须支付贡金。

[7]（155）此外，庞培剥夺了犹太人之前在科利－叙利亚地区所占领的那些城市，他把这些城市置于一位罗马总督的管辖之下，[2]从而把犹地亚限定在自己的国界线之内。出于对德米特里的取悦——

〔1〕按照《犹太古史》第十四卷第71节的记载，这个人名叫阿布萨隆（Absalom）。
〔2〕κατ' ἐκεῖνο（按照那个），"非正式的"（ad hoc），或者也可能是"任命在那个地区的罗马总督"（of the Roman governor placed over that region）。

德米特里是一名迦达拉人（a Gadarene），同时也是庞培的一名自由民——他重建了之前被犹太人摧毁的迦达拉。（156）同时，他也从他们的手里解放了尚未被摧毁的这个国家所有的内陆城镇，也即西普（Hippos）、希索波利斯、佩拉[1]、撒玛利亚、迦尼亚、马里萨、阿佐图斯（Azotus）和阿里特乌萨（Arethusa）；同样地，他还解放了加沙、约帕、多拉和之前被称为斯特拉托塔台（Strato's Tower，希律恢宏地重建该城后将其命名为凯撒利亚）的诸海滨城镇。（157）他把这些城镇都归还给了当地的居民，并把它们划入叙利亚行省（the province of Syria）管辖。叙利亚行省和犹地亚的疆界远至埃及和幼发拉底河，庞培委任了斯卡鲁斯统率两个军团的兵力，统治这两片巨大的区域；接着，他自己则带上作为俘虏的亚里斯多布鲁斯及其家人，一起动身启程，他们匆匆地穿过西里西亚，而往罗马去了。（158）亚里斯多布鲁斯有两个女儿和两个儿子。长子亚历山大在途中逃跑了；次子安提柯和他的两个姐姐则被押送至了罗马。

第八章

[1]（159）与此同时，斯卡鲁斯入侵了阿拉伯，但受阻于佩特拉附近的艰苦地形。斯卡鲁斯持续在佩特拉挥掷兵力，却遭遇了巨大的困境，而且他的军队遭受了饥荒的威胁。为了缓解困境，希尔堪派遣安提帕特前去支援补给。由于安提帕特与阿里塔斯关系密切，斯卡鲁斯于是派遣他去劝说国王阿里塔斯用金钱换和平。这位阿拉伯国王同意了这个建议，并支付了三百塔兰特的金钱；在满足了这些条件后，斯卡鲁斯就把军队撤出了阿拉伯地区。

---

[1]《犹太古史》还记载有迪乌姆。

［2］（160）从庞培的俘虏中逃出来的亚里斯多布鲁斯之子亚历山大，在经过一段时间的蛰伏之后，召集了一支相当强大的军队，这支军队对犹地亚的袭击引起了希尔堪的严重担忧。现在亚历山大已经占领了耶路撒冷，并冒险重建了庞培所摧毁的耶路撒冷城墙，要不是加比尼乌斯的到来——加比尼乌斯是被派往叙利亚接任斯卡鲁斯为总督[1]，亚历山大可能很快就会废黜自己的对手。（161）加比尼乌斯之前已经在很多场合证明了自己的英勇无畏，现在他向亚历山大进军。亚历山大听到了他开进的消息，就招募了一支由一万名步兵和一千五百名骑兵组成的强大军队，并强化了毗邻阿拉伯山脉的亚历山大里安、希尔堪尼亚（Hyrcania）和马卡鲁斯（Machaerus）等战略重镇的军事力量。

［3］（162）加比尼乌斯派遣马克·安东尼（Mark Antony）率领一支小部队作先锋，自己则率领主力部队紧随其后。安提帕特手下的精兵，连同马里奇乌斯（Malichus）与佩特劳斯（Peitholaus）指挥下的其他犹太分遣队，一起加入安东尼将军的军队之中，他们一起进军，以共同对付亚历山大。加比尼乌斯率领的主力大军不久之后就赶到了。（163）亚历山大抵挡不住敌方联军的进攻，于是就撤退了，但是，当他快要到达耶路撒冷时，他被迫发起了战斗。在这场战役中，他损失了六千名士兵，其中三千名士兵被杀，三千名士兵被俘。带着自己的残余部队，他逃到了亚历山大里安。

［4］（164）加比尼乌斯也跟着他到了亚历山大里安，他发现，亚历山大的许多士兵正在城墙外面露营。在展开攻击之前，他答应宽恕他们的冒犯，以努力争取他们到自己一边来；但是，他们骄傲地拒绝了所有的条件，于是，加比尼乌斯就对他们展开了大肆的屠杀，并把

---

〔1〕根据阿庇安（Appian）撰写的《叙利亚》（Syr.）第五十一章的记载，在斯卡鲁斯和加比尼乌斯之间，还有另外两个人担任了叙利亚总督一职，也即马西乌斯·菲利普斯（Marcius Philippus，公元前61—前60年在位，舒尔）和伦图鲁斯·马塞利努斯（Lentulus Marcellinus，公元前59—前58年在位）。

残余部队紧紧地围困在了城堡里。（165）这次战斗的荣誉归于指挥官马克·安东尼；他的英勇在这次战役中大放异彩。在留下一些军队继续攻占这座城堡之后，加比尼乌斯开始巡视这个国家，他修复了那些在战争中幸存下来的城市并重建了那些在战争中遭到摧毁的城市。（166）例如，他下令修复了希索波利斯、撒玛利亚、安塞顿、阿波罗尼亚（Apollonia）、迦尼亚、拉菲亚、马里萨、亚多里厄斯（Adoreus）、迦马拉、阿佐图斯和其他众多城镇；许多人也非常乐意跑到这些城镇定居。

[5]（167）在做好以上这些安排后，加比尼乌斯回到了亚历山大里安，并继续加紧围攻亚历山大。亚历山大深感绝望，他派使者去到加比尼乌斯那里，乞求他宽恕自己的冒犯行径，并愿意交出仍在自己手上的希尔堪尼亚和马卡鲁斯两座城镇；后来，他连亚历山大里安也放弃了。（168）为了阻止对手以这些城堡作为之后的战争基地，加比尼乌斯把它们全都摧毁了。加比尼乌斯之所以采取这样的措施，是因为他受到了前来乞求宽恕的亚历山大母亲的鼓动；而亚历山大的母亲之所以这样鼓动加比尼乌斯，完全是出于对关押在罗马的丈夫和其他孩子的关心。（169）接着，加比尼乌斯恢复了希尔堪在耶路撒冷的原有地位，并委任后者看管圣殿。（170）加比尼乌斯以贵族制的形式重组了行政机构。他将整个国家分成了五部分（five unions）：[1]第一部分属于耶路撒冷，第二部分属于迦达拉，[2]第三部分属于阿马萨斯，第四

---

〔1〕συνόδους（集会、聚会）：莱纳赫把其读作 συνέδρια，亦即"议事会"（councils），在《犹太古史》第十四卷第 91 节的相应章节中也采用了此种含义。

〔2〕Gadara（迦达拉）是《犹太战争》和《犹太古史》里的写法；但是，我们应该将其读作 Gazara（迦萨拉），也即《旧约》中的基色（Gezer），它位于耶路撒冷和约帕中间的位置。位于佩拉亚（Peraea）以北的这座希腊化城镇迦达拉已被庞培分割出了犹太人的领土。其他地方出现的同名城镇让人困惑不已（舒尔）。五座城镇中只有三座城镇在犹地亚，另有一座在加利利，还有一座则在佩拉亚（阿马萨斯）——位于约旦河的东边一点（a little E. of Jordan）和雅博河的北边（the N. of the river Jabbok）。

部分属于耶利哥，第五部分属于加利利地区的色弗黎（Sepphoris）。[1] 能够从君主制的统治中解放出来，犹太人由衷地高兴，他们非常欢迎这种贵族制的统治。

[6]（171）然而，不久之后，亚里斯多布鲁斯却让他们陷入了一种新的动乱之中。亚里斯多布鲁斯逃出了罗马，并重新集结了一支庞大的犹太队伍——其中一些是出于对革命的渴望，另一些则出于对他的爱戴。他首先占领了亚历山大里安，并试图修复这座城堡的城墙；但是，当他听到加比尼乌斯已派遣了一支军队——由希森纳（Sisenna）、安东尼（Antony）和塞维亚努斯（Servianus）[2]率领——前来之后，他立即撤退到了马卡鲁斯。（172）亚里斯多布鲁斯遣散了那些无用的民众，只保留了能够武装起来战斗的人员，其具体人数是八千；在被遣散的人当中，甚至包括佩特劳斯——在耶路撒冷时，他是排名第二的指挥官，却带着自己的一千人马投奔了亚里斯多布鲁斯。罗马人追赶上来，并立即投入战斗。亚里斯多布鲁斯及其军队进行了长时间英勇的抵抗，最终还是被罗马人击败了。其中有五千人被杀，大约有两千人逃到了山区，亚里斯多布鲁斯和余下一千人则从罗马军队中杀出来，逃到了马卡鲁斯。（173）亚里斯多布鲁斯在马卡鲁斯的废墟中度过了第一个晚上，如果战争暂时告一段落的话，他希望再招募一支军队；此外，他也构筑了一些简要的工事。然而，罗马人猛烈地攻击他，在经过两天竭力的抵抗之后，他和他的儿子安提柯（安提柯与他一起

---

〔1〕［中译按］色弗黎（Sepphoris）：亦译作西弗利斯、塞法里斯、塞佛瑞斯等，以色列城市名，位于加利利地区，在拿撒勒西北六公里处，是一座历史古城。它充满了希腊化时代、罗马、拜占庭、伊斯兰、十字军、阿拉伯帝国和奥斯曼土耳其帝国等不同时期的文化遗址，在基督教历史中也有特别的地位，圣母马利亚就出生在这个地方。

〔2〕按照《犹太古史》第十四卷第92节和《犹太战争》的诸多抄本，塞维亚努斯（Servianus）亦写作塞维里乌斯（Servilius）。

逃出了罗马）被罗马人俘虏了，他们被铐着锁链带到了加比尼乌斯那里，而加比尼乌斯再一次把他们送到了罗马。[1]（174）元老院判处父亲监禁，但允许其子回到犹地亚，因为加比尼乌斯事先写信告诉元老院，他先前已经答应给予亚里斯多布鲁斯的妻子这种恩惠，以此作为她交出城堡和向自己投降的回报。[2]

[7]（175）加比尼乌斯已经开始的对帕提亚人的远征，却遭到托勒密[3]的掣肘；因为，托勒密正在埃及恢复王位，需要加比尼乌斯从幼发拉底河畔赶回埃及。加比尼乌斯安排希尔堪和安提帕特为这场远征准备一切必要的东西。安提帕特给他提供金钱、武器、粮食和援军；同时还劝说边境地区（the frontiers）[4]贝鲁西亚（Pelusium）[5]的犹太守军予以保护和让出通道，以便让加比尼乌斯顺利通过。（176）然而，加比尼乌斯的离开，使叙利亚有了蠢蠢欲动的机会；亚里斯多布鲁斯之子亚历山大再次掀起一场新的叛乱，他招募了一支相当庞大的军队，准备屠杀在这个国家的所有罗马人。（177）加比尼乌斯深感震惊。他已经到了暴乱地点———一听到当地的暴乱，他立即就从埃及赶

---

〔1〕亦即公元前 56 年。

〔2〕对比第 168 节。

〔3〕托勒密·奥利特斯（Ptolemy Auletes）被自己的臣民从埃及王位上赶了下来，他给了加比尼乌斯一大笔贿赂，希望后者帮自己复位（公元前 55 年）。自公元前 58 年被罢黜以来，托勒密一直在罗马寻求机会复位，并得到了西塞罗的重大支持。

〔4〕或者"河口"（river-mouths）。罗马人把照看尼罗河的任务委任给了犹太人，对比《驳阿庇安》第二卷第 64 节。

〔5〕［中译按］贝鲁西亚（Pelusium）：古埃及城市，位于尼罗河最东边的河口（长期淤积），亦即塞得港的东南处。它曾是埃及第 26 王朝时期抵御巴勒斯坦的主要边境堡垒，也是对亚洲货物收税的关卡。公元前 522 年，在冈比西斯二世（Cambyses Ⅱ）率领下，波斯人在这里打败法老萨姆提克三世（Psammetique Ⅲ）。在罗马时期，这里是通往红海路线上的一个驿站；现存罗马时期的废墟。

了回来。加比尼乌斯先派遣安提帕特前去劝说其中的一些叛乱分子，以争取他们。然而，亚历山大身边仍有三万名士兵，并时刻准备着战斗。因此，当犹太人遭遇加比尼乌斯时，双方立即作战，战斗就发生在他泊山（Mount Tabor）附近，有一万名犹太人被杀，其余的则被打散和逃走了。（178）接着，加比尼乌斯来到了耶路撒冷，在那里，他按照安提帕特的要求组建了政府。接着，加比尼乌斯再一次从耶路撒冷出发，远征纳巴泰人（Nabataeans），并打败了他们。至于从帕提亚逃出来的米特拉达梯和奥萨尼斯（Orsanes），他则把他们秘密地送走，但前提是他们要把逃亡时所带出来的军队交出来。[1]

[8]（179）克拉苏（Crassus）接替加比尼乌斯继任了叙利亚总督一职。为了给远征帕提亚筹集资金，克拉苏掠夺了耶路撒冷圣殿里的所有黄金，[2]包括庞培所留下的、碰都没碰过的两千塔兰特黄金。[3]然而，在克拉苏越过幼发拉底河之后，他和他的整个军队全军覆没了；关于这些事件，现在尚未到详细谈论的时机。

[9]（180）克拉苏一死，帕提亚人立即就越过了这条河流，[4]他们一路进发到了叙利亚，却被逃到那里的卡西乌斯（Cassius）击退了。在保卫了叙利亚的安全后，卡西乌斯急速地进军犹地亚，他占领了塔里基亚（Taricheae），[5]并把塔里基亚的三万名犹太人沦为奴隶。此外，

---

〔1〕按照莱纳赫的说法，这个（无关犹太历史的）细节表明，约瑟夫斯正在删节一部通史（Josephus is abridging a general history）。不管是这里的语言（κρύφα ἀπέπεμψεν［他秘密地送走］），还是《犹太古史》第十四卷第 103 节相应章节的语言（τῷ δὲ λόγῳ ἀπέδρασαν αὐτόν［但他们因这话逃离他］），都是以修昔底德第一卷第 128 章为基础的。

〔2〕此事发生在公元前 54—前 53 年。

〔3〕参见第 152—153 节。

〔4〕亦即幼发拉底河（参见第 182 节）。

〔5〕［中译按］塔里基亚（Taricheae）位于热内萨湖岸边，距提比里亚老城北六公里。

卡西乌斯还处死了佩特劳斯，因为后者支持亚里斯多布鲁斯一伙的叛乱；这也是安提帕特建议他这么做的。（181）安提帕特迎娶了一位出自阿拉伯名门望族的女人，她的名字叫作塞浦路斯（Cypros），安提帕特和她生养了四个儿子——法塞尔（Phasael）、后来当上国王的希律（Herod）、约瑟（Joseph）与菲洛拉斯（Pheroras）——以及一个名叫撒罗米（Salome）的女儿。安提帕特通过友好的款待和殷勤，到处结交有影响力的人物；最为重要的是，通过这种姻亲关系，他成功地赢得了阿拉伯国王的友谊；甚至在与亚里斯多布鲁斯开战时，他还把自己的小孩托付给了阿拉伯国王。（182）卡西乌斯迫使亚历山大达成和平协议后，返回了幼发拉底河，以阻止帕提亚人越过该河。对于这些事情，我将会在其他地方予以讲述。[1]

第九章

[1]（183）当庞培带着元老院的元老越过爱奥尼亚海（the Ionian Sea）逃亡后，凯撒成为罗马和整个帝国的主人，[2]他把亚里斯多布鲁斯释放了，恢复了他的自由，还把两个军团交给他指挥，派他急速进军叙利亚，以期通过这种方式，轻松占领叙利亚行省和犹地亚周围的地区。（184）但是，怨恨让亚里斯多布鲁斯的热忱和凯撒的愿望落空

---

[1] 约瑟夫斯所做的这个承诺没有实现，他没有在其他地方谈及这些事情。相似的表达也出现在《犹太古史》第十四卷第122节：ὡς καὶ ὑπ' ἄλλων δεδήλωται[而就像被另一些所表明的那样]。约瑟夫斯使用这样的或者类似的措辞（尤其表现在涉及帕提亚和塞琉古的问题上）是否只是他写作的一种惯用套话，或者，约瑟夫斯是否事实上已经撰写了这样的内容，抑或正在构思撰写这样的内容？对此，我们无法做出一个确定的回答。

[2] 于公元前49年。

了。庞培一派毒杀了亚里斯多布鲁斯；而且，亚里斯多布鲁斯很长时间都不能在自己的祖国得到安葬，他的尸体一直用蜂蜡保存着，直到安东尼将它送还给犹太人，以安葬在王室陵地。

[2]（185）他的儿子亚历山大也死了；西庇阿（Scipio）[1]按照庞培的命令，让他在安提阿（Antioch）被砍了头，经审判他被指控损害了罗马。蒙纳乌斯之子托勒密[2]——当时是黎巴嫩山谷（the Lebanon Valley）里的迦尔西国王（prince of Chalcis）——派遣自己的儿子菲利皮安（Philippion），把亚历山大的兄弟及其众姊妹接回阿斯卡隆（Ascalon）。（186）菲利皮安成功地从亚历山大遗孀的军队手中将安提柯及其众姊妹抢了回来，并将他们护送到自己的父亲那里。由于爱上了其中一位公主，[3]菲利皮安把她迎娶过来，却因此被他的父亲杀了；托勒密在杀死自己的儿子后，将这位名叫亚历山德拉（Alexandra）的年轻公主迎娶过来。由于有这层婚姻关系，他更加细心地照看她的兄弟和姊妹。

[3]（187）庞培死后，安提帕特立即改弦更张，转而向自己以前的敌人凯撒大表忠心。帕加马的米特拉达梯（Mithridates of Pergamus）率领军队前往埃及，却受阻于贝鲁西亚边境（the Pelusiac frontier），[4]从而被迫停留在阿斯卡隆，正是安提帕特说服自己的阿拉伯朋友前去增援他，安提帕特自己也调遣了三千名犹太步兵前去增援。（188）

---

〔1〕全名是卡西利乌斯·梅特鲁斯·西庇阿（Caecilius Metellus Scipio），他是庞培的岳父和叙利亚的总督；公元前 46 年，尤利乌斯·凯撒在塔普苏斯之战（the battle of Thapsus）中打败了他。

〔2〕参见第 103 节。

〔3〕亦写作"年轻公主"（the younger）。

〔4〕或者写作"尼罗河之臂"（arm of the Nile）。贝鲁西亚当局（the authorities at Pelusium）肯定事先就向米特拉达梯通告了禁止通过的消息；从阿斯卡隆行军到尼罗河河口（mouth of the Nile）需要六天的时间（第四卷第 661 节及以下）。

叙利亚的那些强权人物——例如黎巴嫩人托勒密[1]和杰布里克斯（Jamblichus）——的支持让米特拉达梯备受振奋，通过这种方式，那个国家的诸多城市很快就加入了这场战争。（189）由于得到了安提帕特的增援，深受鼓舞的米特拉达梯冒险进军贝鲁西亚；在被拒绝通过后，他就把贝鲁西亚给包围起来。在这次围攻中，安提帕特再一次赢得了巨大关注；因为，他在围攻的城墙上打开了一个缺口，并率领军队第一个冲进了这座城市。

[4]（190）贝鲁西亚就这样被攻克了；但是，胜利者的前进之路仍受阻于埃及犹太人，因为，后者占据了一个以安尼亚斯[2]的名字命名的地区。然而，安提帕特不仅说服了埃及犹太人不要阻碍自己前进，而且从他们那里获得了军需补给；甚至，孟菲斯（Memphis）的民众不仅没有与他为敌，还自愿加入米特拉达梯的军队。（191）米特拉达梯绕道三角洲（the Delta），以进攻在一个名叫"犹太军营"（Jews' Camp）的地方的埃及人。在这次战斗中，米特拉达梯及其整个右翼处于极度的危险之中，而安提帕特指挥的左翼却取得了胜利，于是他转身回来，沿着河岸前来营救。（192）安提帕特猛烈攻击那些追击米特拉达梯的埃及人，杀死了他们很多人，并一直追杀那些漏网的残余部队，直到占领他们的军营。他自己只损失了八十人；[3]米特拉达梯则在这次溃败中损失了大约八百人。由于自己的意外获救，米特拉达梯慷慨地在凯撒面前大加称赞安提帕特的非凡才能。

[5]（193）通过热情的称赞和巨大的奖赏回报，凯撒随后鼓励安

---

〔1〕这个托勒密是索赫穆斯的儿子（Son of Sohemus）（《犹太古史》第十四卷第129节），而非之前所提及的（第185节）蒙纳乌斯的儿子，尽管他们两人都住在同一个地区。对于他和杰布里克斯（Jamblichus），我们并无更多的了解。

〔2〕耶路撒冷的逃亡者安尼亚斯在埃及建造了一座犹太圣殿，参见第七卷第421节以下。

〔3〕按照《犹太古史》的记载，损失的是"五十人"（fifty）。

提帕特采取其他的冒险行动。在诸多的危险中，安提帕特都展现出了勇敢，他已经变成了一个最勇敢的战士；遍及全身的伤口是他勇敢的最好证明。（194）当凯撒解决了埃及的事务并回到叙利亚后，他授予安提帕特令人艳羡的罗马公民权——罗马公民权享有免税特权，同时也是凯撒表达友谊的标志。出于对安提帕特的取悦，凯撒确认了希尔堪的高级祭司一职。

第十章

[1]（195）大约就在这个时间，亚里斯多布鲁斯之子安提柯前来拜访凯撒，并违心地成为安提帕特进一步行动的工具。因为，安提柯本应该痛悼自己父亲的死亡（由于与庞培不和，他的父亲遭到毒杀）和控诉西庇阿对其兄弟[1]的残忍行径，而不应在乞求宽恕之时混淆着嫉妒之情。但是恰恰相反，他来到凯撒面前，指控起希尔堪和安提帕特来。（196）他说，他们完全无视正义，把他和他的兄弟姊妹一起放逐出他们的家乡，并且残暴地对待他们的国家；至于他们增援埃及，也不是出于对凯撒的任何善意，而是出于对过去不和的担心和彻底清除对庞培友谊的记忆的缘故。

[2]（197）一听到这些话，安提帕特立即脱下了自己的衣服，露出众多的伤疤。他说，他对凯撒的忠心不需要任何多余的语言；他自己的身体都在哭泣，尽管身体不会说话。（198）然而，安提柯厚颜无耻的话使他深感震惊。安提柯身为罗马敌人和罗马逃犯的儿子，所遗传的不过是其父亲的革命欲望和叛乱激情，在本应该庆幸自己侥幸活下来之时，他却胆敢在罗马统帅（Roman general）面前胡乱指控别人

---

〔1〕参见第184—185节。

和竭力为自己谋求优势。安提帕特说道，安提柯对权力的野心不是源于贫穷；他之所以渴望权力，是为了在犹太人中间播种叛乱，以及利用从罗马获得的资源损害那些提供这些资源的人。

[3]（199）在听取了双方的陈述之后，凯撒宣布，希尔堪是最受人尊敬的高级祭司，并且让安提帕特自由选择公共职位。但是，安提帕特把这个授予其要职的决定留给了凯撒自己，随后，他被任命为全犹地亚总督（viceroy）。[1]他也被授予重建犹地亚地区各大都市的权力。[2]（200）这些授权令由凯撒发往罗马，因为，这些权力属于卡皮托（the Capitol），[3]同时，这样做也是对他自身的公正和安提帕特的英勇的纪念。

[4]（201）在护送凯撒穿过叙利亚后，安提帕特回到了犹地亚。安提帕特在犹地亚做的第一件事就是重建庞培所摧毁的首都城墙。接着，他行遍整个犹地亚，镇压当地叛乱和所有可能的威胁。他告诉人们，如果他们服从希尔堪，就可以享有幸福、平静、富足和安宁的生活。（202）相反，如果他们执迷于某些人为自己的个人利益而挑起的革命幻想，就会发现这些人会变成他们的主人而不是保护者，希尔堪会变成僭主而不是国王，罗马人和凯撒也都会成为他们的敌人而不是统治者和朋友；因为他们[4]不会让自己任命的总督遭到罢黜的厄运。（203）然而，一说完这些话，他就亲自接管了国家事务，因为他发现希尔堪萎靡不振，并不适合当国王（king）。[5]他任命自己的长子法塞

---

〔1〕 viceroy（总督）或者写作 procurator（代理监护者）。

〔2〕 按照《犹太古史》第十四卷第144节的记载，这项权力被授予了希尔堪，而非安提帕特。

〔3〕 [中译按] 卡皮托指代罗马元老院，因为罗马元老院就位于卡皮托山。

〔4〕 [中译按] 这里的"他们"指的是罗马人。

〔5〕 这是一个错误的表达；希尔堪只拥有"行政长官"（ethnarch）的头衔，参见《犹太古史》第十四卷第191节，等等。

尔统治耶路撒冷及其郊区；任命次子希律[1]统治加利利，尽管他当时只是个小男孩。

[5]（204）天生精力充沛的希律立即发现了可用来锤炼心志之物。他发现，强盗头子埃泽基亚（Ezechias）正带着一大群强盗在叙利亚边境地区抢劫。希律抓住了他，并将他和许多强盗处死。（205）此举赢得了叙利亚人的巨大感激。各地的村庄和城镇都在歌颂希律，因为希律保护了他们的安全和财产。此外，这次行动也引起了凯撒大帝的亲属、叙利亚的总督塞克斯图斯·凯撒（Sextus Caesar）的注意。（206）希律所取得的巨大声望也引起了其兄法塞尔的效仿和追逐。通过管理城市事务，法塞尔赢得了耶路撒冷居民的好感，并且没有以任何令人不快的方式滥用他的权力。（207）结果（in consequence），[2]安提帕特成为整个国家讨好的对象和人人尊敬的主人，好像他就是国王一样。尽管如此，他对希尔堪的感情和忠诚从未有任何减损。

[6]（208）然而，这样的成功不可能不引起别人的嫉妒。年轻人的名声已经点燃了希尔堪内心的不快，尽管他没有对任何人说过这种不快。希律的巨大成功更是让他心生怨恨，尤其是一波波的信使传来他所取得的一个个新成就时，更是如此。他的愤恨因王宫中恶毒之人的大量挑拨而进一步加剧，安提帕特及其儿子们的精明行动妨碍了这些人。（209）这些人说道，由于安提帕特和他的儿子们掌管政务，以至于希尔堪只沦为一个未有任何实权的空头国王。他如此执迷不悟，以至于把他们培植成国王来毁灭自己的日子还会远吗？他们已不再用总督身份包装自己，而是公开宣称自己是国家的统治者，将希尔堪挤向权力的边缘；因为，在既没有希尔堪口头命令，也没有希尔堪书面命令的情况下，希律就将众多人员大批大批地处死了。如果他不是国

---

[1] 在本卷的余下部分，大希律的历史占据了很大的篇幅。

[2] "结果"（in consequence）或写作"从那以后"（thenceforth）。

王而只是普通平民的话，他就应该来到王宫接受审判，以回应国王和王国律法的审问（律法不允许未经审判的人被处死）。

[7]（210）这些话逐渐激怒了希尔堪；在一次盛怒之下，他终于下令希律过来接受审判。在自己父亲的建议下，在交代了加利利的政务以及在整个加利利布置了警备部队之后，希律去了首都［耶路撒冷］。希律带去了一支较强的护卫部队，一方面，是为了避免给人留下一种自己带来了一支压倒性的军事力量以期废黜希尔堪的印象，另一方面，也是为了防止自己遭到嫉妒之人的暗算。（211）然而，塞克斯图斯·凯撒却担心，这个年轻人可能会受到其敌人的孤立而惨遭不幸，于是，他向希尔堪下令说，希尔堪应该明确宣布希律并无杀人和谋反的罪行。希尔堪本来就倾向于宣告其无罪，因为他爱希律。[1]

[8]（212）然而，希律则认为，自己这次逃脱惩罚违背了国王的本意，于是他主动撤退，去到大马士革的塞克斯图斯那里，并准备拒绝希尔堪对自己的再次征召。王宫中的阴险小人继续对希尔堪煽风点火，他们说希律带着怨怒离开，并准备与希尔堪开战。国王相信了他们，却不知道怎样做，因为他看到敌人的势力要强于自己。（213）由于塞克斯图斯·凯撒任命希律为科利－叙利亚和撒玛利亚[2]的总督，对其享有的巨大声望和强大实力，希尔堪现在甚为惊惧；希尔堪

---

〔1〕按照《犹太古史》第十四卷第177节的记载，希尔堪将这次审判延期并建议希律逃亡。

〔2〕［中译按］撒玛利亚在加利利和犹地亚之间，是公元前10世纪以色列分裂后，北部十个支派形成的（北国）以色列的首都。以色列经过大卫和所罗门的全盛时期，在所罗门死后，其十二部族发生分裂，北部十个支派形成北国以色列，南部两个支派形成犹大国（南国），首都在耶路撒冷。与犹大国不同，北国以色列比较少受到宗教的约束。撒玛利亚人受原迦南住民影响，崇拜偶像，与异族通婚。根据《圣经·旧约》记载，北国以色列因此受到上帝耶和华的惩罚，被亚述帝国消灭，比犹大国早灭亡136年（以色列国于公元前721年亡国，犹大国于公元前586年亡国）。

越来越恐慌，每时每刻都在脑子里臆测着，希律正率领军队前来进攻自己。

[9]（214）他的臆测并没有错。对于这次审判中所遭受的威胁，希律深感震怒，他调集了一支军队进军耶路撒冷，准备推翻希尔堪的王位。要不是他的父亲和哥哥及时赶过来当面平息他的愤怒，希律的这个目的很快就可以实现。他们劝告他，不要对自己所遭受的威胁和侮辱进行报复，而是要宽恕国王，因为，正是由于这位国王，他才获得了这样巨大的权力；他也不应该为自己的受审而大发怒气，相反，他应该感谢国王宣告其无罪；在面对被定罪的无望命运之后，[1]他也不应该不对自己逃脱死亡而心怀感激。（215）此外，如果我们相信战争的胜负全在上帝手中的话，那么，他发动的这次战争的不正义性也不会在上帝视线之外。[2]因此，与自己的国王并支持者，往往也是自己的恩主开战，他不应该有那种过度的自信，即使暴君受到邪恶佞臣的影响，国王的威胁也只是给他蒙上一层伤害的阴影罢了。于是，希律听从了这些建议，认为自己通过在国民眼前展示实力，已经足以满足他对未来的期望。

[10]（216）同时，罗马人在阿帕米亚（Apamea）陷入了纠纷，并导致战争。出于对庞培的忠诚，卡西利乌斯·巴苏斯（Caecilius Bassus）暗杀了塞克斯图斯·凯撒，并接管了后者的军队。因此，为了复仇，凯撒手下的另一位将军率领着自己的全部军队，向巴苏斯开战。（217）死去的凯撒和活着的凯撒都是安提帕特的朋友，为了自己的这两位朋友，安提帕特派遣了两个儿子前去增援。战事一直久拖不决，从意大

---

〔1〕关于 τὸ σκυθρωπόν［严厉的审判］的这层意思，请对比《犹太古史》第二卷第156节（反对宣告其无罪）和《犹太战争》第一卷第542节。

〔2〕或者可能写作"（他的案件的）不正义性重于一支军队"（the injustice［of his case］might outweigh an army）。

利来的马尔库斯（Marcus）[1]接替了安提斯提乌斯（Antistius）。[2]

第十一章

[1]（218）就在这时，伟大的罗马内战爆发了，罗马内战的起因是，执政三年零七个月[3]的凯撒被卡西乌斯和布鲁图斯（Brutus）谋杀了。这次谋杀引起了时局的剧变；重要人物纷纷分裂成不同的派系；每一个人都加入自认为最有利于自己的派系。卡西乌斯则进入叙利亚，接管阿帕米亚地区的军事力量。（219）在那里，他让马尔库斯与巴苏斯及敌对地区之间取得了和解，他解除了阿帕米亚的围攻，并亲率大军到周围城镇征收贡品，向他们强征远超过他们支付能力的严苛贡金。

[2]（220）犹太人接到需要交纳七百塔兰特贡金的命令。由于害怕卡西乌斯的威胁，安提帕特赶紧向自己的儿子们和其他人分配交纳任务，其中甚至包括一位名叫马里奇乌斯（Malichus）的敌人，因为催促交纳贡金的任务是如此急促。（221）希律第一个带来了规定数量的贡金——他从加利利带来了一百塔兰特的金钱，这减缓了卡西乌斯的不满，同时也使卡西乌斯视希律为最好的朋友。对于其他迟迟不交贡金的拖延者，卡西乌斯予以严厉的责备，并将自己的怒气发泄在了

---

〔1〕［中译按］Marcus 亦写作 Murcus。

〔2〕参见考订性注释（critical note）。Antistius（安提斯提乌斯）的拉丁语全名是 C. Antistius Vetus（盖乌斯·安提斯提乌斯·维图斯）。在马尔库斯到来之前，安提斯提乌斯把巴苏斯包围于阿帕米亚，参见迪奥·卡西乌斯第四十七章第 27 节。

［中译按］在惠斯顿本中，安提斯提乌斯（Antistius）亦写作塞克斯图斯（Sextus）。

〔3〕按照《犹太古史》第十四卷第 270 节的记载，凯撒执政的时间是"三年零六个月"。从公元前 48 年 8 月 9 日的法塞里亚之战（the battle of Pharsalia）算起，直到公元前 44 年 3 月 15 日，事实上超过了三年零七个月。

他们所属的城镇之上。（222）他将戈弗纳、埃马厄斯（Emmaus）和其他两个更不重要的城镇[1]的市民沦为奴隶。他还要处死马里奇乌斯，因为后者拖延收缴贡金；但是安提帕特急忙通过赠送一百塔兰特的礼金给卡西乌斯，从而挽救了这个人和其他城镇。

[3]（223）然而，卡西乌斯一走，马里奇乌斯就忘记了安提帕特对自己的恩惠，转而密谋反对起救过自己性命的安提帕特来，他急不可耐地想清除这块阻碍自己作恶的绊脚石。由于害怕马里奇乌斯的权势和狡诈，安提帕特越过了约旦河，以集结一支能够打败其阴谋的军队。（224）尽管马里奇乌斯的阴谋遭到了识破，但是借助厚颜无耻的手腕，马里奇乌斯成功地智取了安提帕特的儿子们——耶路撒冷的保护人法塞尔和军械库的负责人希律在种种理由和誓言的劝诱下，同意充当自己父亲的调解人。通过对叙利亚总督马尔库斯的劝阻，安提帕特再一次救了马里奇乌斯一命，而马尔库斯之前已决定处死马里奇乌斯，以惩治他的叛乱行径。

[4]（225）当年轻的凯撒（the young Caesar）[2]和安东尼同卡西乌斯和布鲁图斯宣战时，卡西乌斯和马尔库斯从叙利亚征召了一支军队，因为，他们把希律未来的帮助视为一笔巨大的资产，[3]任命希律为全叙利亚的总督（prefect of the whole of Syria），[4]并给予他一支骑

---

〔1〕 按照《犹太古史》第十四卷第 275 节的记载，这两座城镇是里达（Lydda）和萨姆纳（Thamna）。

〔2〕［中译按］指的是屋大维。

〔3〕 或者可能写作"考虑到希律在提供帮助方面所起的重要作用"（out of consideration for the large part which H. had played in rendering assistance）。

〔4〕 prefect 或者写作 procurator（代理监护者），按照《犹太古史》的记载，他被任命为"科利－叙利亚总督"（governor of Coele-Syria），这个任命更不重要，但这个任命更为可信。

［中译按］在惠斯顿本中，英译者将其译作 procurator of all Syria。

兵和步兵部队。卡西乌斯进一步允诺说，一旦战争结束，他将任命希律为犹地亚国王。（226）事实上，希律的这些权力和美妙的期望最后毁灭了自己的父亲。因为，马里奇乌斯感到非常害怕，就贿赂了安提帕特身边的一位王室男管家，去给安提帕特下毒。安提帕特成为马里奇乌斯邪恶的牺牲品，一离开宴会就断气了。[1]安提帕特处理政务井井有条、精力充沛，而且正是因为他的帮助，希尔堪才能够恢复和维持王权。

[5]（227）然而，当民众怀疑马里奇乌斯毒杀了安提帕特，并怒气冲冲地质问他时，他通过矢口否认来安抚愤怒的民众，并且招募了一支军队来巩固自己的地位。因为，他从不认为希律会虚掷光阴，事实上，后者立即组织了一支军队，准备为父亲复仇。（228）但是，法塞尔建议自己的兄弟不要对那些无耻之徒进行公开的复仇，因为他担心这可能会引起民众的叛乱。因此，希律接受了马里奇乌斯的辩解，并宣称后者是清白的。接着，希律为自己的父亲举行了非常隆重的葬礼。

[6]（229）由于撒玛利亚发生了叛乱，希律去到那里，在恢复了那里的秩序之后，他率领自己的军队，全副武装地返回耶路撒冷过节。马里奇乌斯害怕希律的到来，于是唆使希尔堪发出这样一道命令：在洁净期间禁止希律将外邦人混入到本地人中间。但是，希律完全鄙视这种诡计，他下令晚上入城。（230）马里奇乌斯等候着他的到来，并为安提帕特之死哀悼哭泣。希律罕见地抑制住愤怒，假装相信了他的哀悼。同时，希律送了一封信给卡西乌斯，谴责马里奇乌斯谋杀了自己的父亲。对马里奇乌斯深为厌恶（厌恶的原因由另外的事情所致）的卡西乌斯回复道："你应该复仇"，并且秘密命令自己的保民官们暗

---

[1] 于公元前43年。

中支持希律的正义行动。

[7]（231）当卡西乌斯占领劳迪西亚（Laodicea）[1]后，各地的显要人物都带着礼物和王冠聚集到那里，希律就乘这个时候进行复仇。马里奇乌斯已经产生了怀疑，因而一到推罗，他就秘密地让自己在那里当人质的儿子出逃，他自己则准备逃往犹地亚。（232）绝望已让他彻底发狂，并促使他铤而走险地实施一个更大的阴谋。当卡西乌斯正忙着一心对付安东尼之时，马里奇乌斯盘算着在国内掀起反罗马的叛乱，这样他就可以轻轻松松地废黜希尔堪并篡夺王位。

[8]（233）但是，命运无情地嘲弄了他的如意算盘。猜到其意图的希律邀请他和希尔堪来享用晚宴，接着，希律派遣自己的一位贴身仆人出去，这位仆人表面上是准备晚宴，实际上则是通知保民官们前来伏击马里奇乌斯。（234）想到卡西乌斯之前下达过这样的命令，保民官们手持利剑纷纷来到城市前的海岸上，包围和刺死了马里奇乌斯。希尔堪对马里奇乌斯的被杀感到极其害怕，甚至昏厥在地。在被人费了很大的力气才弄醒之后，他询问是谁下令杀死了马里奇乌斯。（235）其中一位保民官回答：“这是卡西乌斯下达的命令。”“那么，”希尔堪说，“通过清除一个密谋反对我和我的国家之人，卡西乌斯拯救了我和我的国家。”他说这番话是出于真心还是出于恐惧的默许，我们并不能确定。但是，通过这种手段，希律实现了对马里奇乌斯的复仇。

---

〔1〕［中译按］劳迪西亚（Laodicea）：弗里吉亚（Phrygia）的古代都市（其间也归属过卡里亚和吕底亚），兴建于安纳托利亚的吕库斯河（Lycus）河畔，靠近现代土耳其代尼兹利省的伊斯基赫萨（Eskihisa）村庄。劳迪西亚即和合本《圣经》中的老底嘉。

第十二章

[1]（236）卡西乌斯一离开叙利亚，耶路撒冷就爆发了叛乱。[1]赫利克斯（Helix）[2]率领一支军队进攻法塞尔，用进攻希律兄弟的方式向希律复仇，以报复其杀害马里奇乌斯之仇。那时希律正陪着大马士革总督法比乌斯（Fabius），就在希律要去增援其兄弟之际，却因害病而耽搁了。（237）在没有得到增援的情况下，法塞尔仍旧击败了赫利克斯，同时，他也责备了希尔堪的忘恩负义，因为希尔堪不仅怂恿叛乱，而且允许马里奇乌斯的兄弟占领城堡。相当多的城堡已经被占领，其中包括最坚固的马萨达（Masada）。

[2]（238）然而，没有什么东西能够阻挡希律的威力。一恢复健康，希律就重新占领了其他城堡，并把赫利克斯驱逐出了马萨达。他还把推罗僭主马利安（Marion）——三座坚固城堡的主人——赶出了加利利。对于那些被抓的推罗人，他则饶恕了他们的性命；在遣散其中一些推罗人时，还给他们赠送了礼物，这让他获得了市民的欢迎，也让他更受到那位僭主的忌恨。（239）马利安确实得到了卡西乌斯给予的僭主权力，后者在整个叙利亚设置了众多的僭主；出于对希律的憎恨，马利安参与了迎回被放逐的亚里斯多布鲁斯之子安提柯[3]的行动；正是马利安施加影响于法比乌斯，而安提柯则贿赂法比乌斯以帮助自己复位；放逐期间的所有花费是安提柯的妹夫托勒密[4]提供的。

[3]（240）这些人在进入犹地亚境内后遭到了希律的打击，在一次战役中，希律取得了决定性胜利。安提柯被逐出这个国家，希律则

---

〔1〕于公元前 42 年。

〔2〕[中译按] 在其他版本中，Helix 亦写作 Felix。

〔3〕对比第 173 节。

〔4〕参见第 186 节。

回到了耶路撒冷，后者的巨大成功也赢得了所有人的拥护；甚至之前与其疏远的那些人，现在也因其与希尔堪家庭的联姻而重新与之交好。（241）他之前迎娶过一位名叫多丽斯（Doris）且稍有地位的犹太女子为妻，同她生育了一个名叫安提帕特的儿子；他现在则迎娶了[1]亚里斯多布鲁斯之子亚历山大的女儿、希尔堪的孙女（grand-daughter of Hyrcanus）玛丽安（Mariamme），因而，他成为国王[2]的亲戚。

[4]（242）当卡西乌斯在腓立比（Philippi）被杀之后，凯撒和安东尼就分开了，前者去了意大利，后者去了亚洲。各地所派的使团正在比提尼亚（Bithynia）等候着安东尼，其中包含一些犹太头面人物，他们纷纷指控法塞尔和希律篡夺权力，致使希尔堪仅仅只有国王的空头名号。希律于是准备出面回应这些指控，又贿赂了一大笔金钱给安东尼；安东尼拒绝了其敌人的听证请求。因此，希律的这些敌人就离开了。

[5]（243）然而紧接着，犹太世界的一百位头面人物来到安提阿附近的达菲纳（Daphne）的安东尼那里——当时的安东尼已是克里奥佩特拉的爱情奴隶；他们推选出最卓越和最雄辩的代表，控诉这对兄弟。[3]但是，他们却遭到了米萨拉（Messala）[4]的反对，希尔堪也由于与希律存在姻亲关系而支持他。（244）在听取了双方的申辩后，安东尼询问希尔堪谁是最合适的统治者；希尔堪回答说，希律及其兄弟是最合适的统治者。对此，安东尼非常高兴，因为他以前是他们的父

---

[1] 更确切地说，应该是订婚；结婚应该是在其后的第 344 节。
[2] 按照第 203 节的叙述，希尔堪二世（Hyrcanus II）不适合享有"国王"（king）的称号。
[3] [中译按] 指的是法塞尔和希律两兄弟。
[4] 马尔库斯·瓦里里乌斯·米萨拉·科维努斯（M. Valerius Messala Corvinus）：生活于大约公元前 70—前 3 年，亲身卷入过卡西乌斯、安东尼和奥古斯都之间的内战；他也是一位作家、演说家和文学资助人，还是贺拉斯（Horace）和提布鲁斯（Tibullus）的朋友。

亲安提帕特的客人，当他陪同加比尼乌斯前往犹地亚作战时，曾受到安提帕特的盛情款待。因此，他册封这对兄弟为藩属王（tetrarchs），并委任他们管理全犹地亚的事务。

[6]（245）使团代表深感愤怒，当他们发泄不满之时，安东尼逮捕和监禁了其中的十五人，甚至准备处死他们；其他人则被耻辱地遣散回家了。耶路撒冷爆发了更大规模的叛乱，第二支使团（人数多达一千人）被派往推罗，安东尼正在那里停留，他正在进军耶路撒冷去镇压叛乱的路上。面对使团代表们的抗议，安东尼派出了推罗总督，命令后者严惩所有被抓之人，并支持他所任命的藩属王的权威。[1]

[7]（246）然而，在这些命令被执行之前，希律和希尔堪就向海岸边的使团走来，强烈劝说他们不要自掘坟墓，从而鲁莽地给自己的国家引来自我毁灭的冲突。这番讲话只是徒增了使团的愤怒，因而，安东尼命令军队出击，杀伤了大量人员；希尔堪派人埋葬了那些死者，悉心医治了那些伤者。（247）其他逃走的人并没有安静下来，他们在自己所属的城市里掀起了叛乱，这彻底惹恼了安东尼，于是，他下令处死关押在监狱里的那些人。

第十三章

[1]（248）两年后，帕提亚总督（the Parthian satrap）[2]巴萨法尼（Barzapharnes）和国王的儿子帕克鲁斯（Pacorus）占领了叙利亚。里萨尼亚（Lysanias）继承了其父托勒密——蒙纳乌斯之子——的迦尔

---

〔1〕参见修昔底德第一卷第93章：συγκατασκευάζειν τὴν ἀρχήν［帮助确立统治］。
〔2〕［中译按］在惠斯顿本中，英译者将"帕提亚总督"译作"帕提亚人当中的一名总督"（a governor among the Parthians）。

西王位，通过允诺一千塔兰特金钱和五百名妇女，[1]他成功说服这位总督在废黜希尔堪之后带回安提柯，并扶持其登上王位。（249）受到这些允诺引诱的帕克鲁斯一方面沿着海滨进军，一方面命令巴萨法尼向内陆进军。至于沿海城镇那边，推罗则拒绝了帕克鲁斯，而托勒米亚和西顿（Sidon）接纳了他。这位王子委派一支骑兵部队给一位王室斟酒人（他与王子同名），命令他进军犹地亚，以侦察敌人的方位并向安提柯提供所需要的援助。

[2]（250）当这些军队洗劫迦密（Carmel）的时候，大量的犹太人逃到了安提柯那里，以示自己心甘情愿地欢迎入侵者的到来。安提柯派遣了一些士兵前去占领一个名叫达利姆斯（Drymus）[2]的地方。在那里，他们展开了激战，击退了敌人，并把敌人一直追击到了耶路撒冷，随着人数的增加，他们实际上已经攻到了王宫前。（251）但是，他们遭遇了希尔堪和法塞尔的一支强大部队，随后就在市场（the market-place）里展开了一场激战。希律一派（The Herodian party）打败了他们的敌人，并把后者关在了一座圣殿里面，而且派遣了六十名士兵在临近的房子里监视敌人的一举一动。（252）然而，反对这对兄弟的暴民攻击了这些士兵，并放火烧死了他们，于是，盛怒之下的希律调集军队围攻和屠杀了众多市民。各个派系之间每天都在日夜不停地互相残杀。

[3]（253）当五旬节（Pentecost）快要来临之际，圣殿周围所有的地方以及整座耶路撒冷城都挤满了民众，其中大部分民众也全副武装着。法塞尔守卫着城墙，希律则率领小部分部队守卫着王宫。希律乘敌人在城郊混乱无序之际突袭了他们，杀死了他们很多人，其余的人都四处逃散；其中一些人被关在了城里或圣殿里，另一些人则在城

---

〔1〕按照《犹太古史》的记载，做出这个承诺的是安提柯自己。对比第257节及以下。

〔2〕这是一处橡树林地（Oak-coppice）。

外被迫筑起了防御的壕沟。（254）于是，安提柯请求允许帕克鲁斯[1]前来做调停人。法塞尔同意了这个请求，让帕克鲁斯进入城内，并盛情款待了这位帕提亚人。带着五百名骑兵而来的帕克鲁斯表面上是来调解纠纷，实际上却支持安提柯。（255）因此，帕克鲁斯为法塞尔设了一个圈套——成功说服了法塞尔作为使者前往巴萨法尼那里，以求结束敌对关系。然而，希律却强烈劝说其兄诛杀密谋者，不要使自己陷入别人的圈套，（他说）因为野蛮人天生就反复无常。然而，法塞尔仍旧带着希尔堪一起离开了耶路撒冷城。为了减轻疑虑，帕克鲁斯留给希律一些骑兵——帕提亚人称这些骑兵为"自由民"（Freemen)；[2] 其他人则护送法塞尔上路。

[4]（256）一到加利利，他们就发现，民众已经武装起来并发动叛乱了。那位总督（The satrap）[3] 是一个非常狡猾的人，他通过广施善意来掩盖自己的阴谋：他一开始给他们赠送礼物，然后却在他们离开之时派伏兵去抓他们。（257）当他们来到一座名为埃卡迪帕（Ekdippa）[4]的海滨城市后，他们发现了那个阴谋。在那里，他们听说了所允诺的一千塔兰特金钱，[5] 以及安提柯已经把五百名女人献给了帕提亚人。（258）他们还听说，野蛮人晚上一直都在监视着他们；只要希律在耶路撒冷被抓，他们也会跟着被抓，现在之所以没有被抓，

---

〔1〕正如莱纳赫指出，这位帕克鲁斯可能就是那位斟酒人（the cup-bearer），而不是王子（the prince），因为，如果是王子的话，他就可以用王子的身份直接与法塞尔谈判，根本就不需要派遣使节。

〔2〕确切地说，是两百名骑兵和十位"自由民"（《犹太古史》第十四卷第342节）。大部分帕提亚士兵都是奴隶（查士丁［Justin］第四十一卷第二章第5节，引自莱纳赫）。

〔3〕指的是巴萨法尼。

〔4〕或称埃克兹布（Achzib），亦即现在的埃泽 - 兹布（ez Zib），位于推罗和迦密海角（the promontory of Carmel）之间。

〔5〕参见第248节。

只不过是担心抓捕了他们会打草惊蛇，从而让希律有所防范。现在这些已经不是道听途说了，因为，他们已经放眼就可以看到不远处的哨兵。

［5］（259）尽管奥菲利乌斯（Ophellius）从一位最为富裕的叙利亚人萨拉马尔（Saramall）那里听说了整个阴谋计划，极力劝说法塞尔逃跑，但法塞尔却不愿丢下希尔堪独自逃跑。相反，法塞尔去找帕提亚总督，直率地指责他搞的阴谋诡计，尤其指责他完全是为了金钱而这样行事；法塞尔允诺给总督一笔金钱，这笔金钱会比安提柯向王国允诺的还要多。（260）但是，这个帕提亚人却信誓旦旦，狡猾地撇清自己的一切嫌疑，然后就跑到帕克鲁斯[1]那里去了。那些帕提亚人走后，法塞尔和希尔堪立即遭到了逮捕和监禁，而他们却只能诅咒帕提亚人发的假誓和背信弃义。

［6］（261）与此同时，逮捕希律的密谋也在紧锣密鼓地进行之中，那位斟酒人[2]被派回来执行这个阴谋——按照事先的命令，他引诱希律出城。但是，希律一开始就怀疑这些野蛮人，现在他又听说了敌人背叛的阴谋，因而希律拒绝出城。帕克鲁斯积极地游说他出城，并劝说他见一见信使，他说，信使既未被敌人拦截过，也未携带任何的阴谋，而只有法塞尔的真实消息。（262）然而，希律已经从另一条渠道得知其兄被捕。此外，希尔堪的女儿玛丽安[3]——一个非常聪明睿智的女人——也过来劝说他不要去，不要相信那些野蛮人，因为后者现在正密谋摧毁他。

---

〔1〕这位帕克鲁斯明显指的是那位王子。

〔2〕帕克鲁斯，参见第 249 节。

〔3〕严格地说，玛丽安（Mariamme）是他的孙女（第 241 节）；但是，《犹太古史》第十四卷第 351 节记载的"希尔堪的女儿，他的未婚妻的妈妈"（the daughter of Hyrcanus，the mother of his betrothed）可能是正确的。他的新娘几乎不可能以这种方式来提及。

[7]（263）当帕克鲁斯和他的朋友尚在暗中思考秘密对策之际——因为公开对抗这么审慎强大的对手不可能取得成功，希律就已经抢在他们的前面，在没有被敌人察觉的情况下，偷偷地在晚上带着自己最亲近的亲人去了以土买。（264）帕提亚人在发现他们逃跑后，就展开了追击。于是，希律命令自己的母亲、姐妹、年轻的未婚妻及其母亲和最小的弟弟继续前行，自己则率领手下的人马掩护他们撤退，不让野蛮人逼近他们。在每一次的战斗中，他都杀死了大量的敌人，接着，他向着马萨达城堡前进。[1]

[8]（265）而希律在战争中发现，犹太人甚至比帕提亚人还要麻烦，因为他们一直在没完没了地骚扰他，在距离耶路撒冷城六十弗隆远的地方发动了一次花费相当长时间的军事行动。希律最终在那里打败了犹太人，并大肆地屠杀他们；而且，希律在那里兴建了一座城堡，并配有最华丽的宫殿，还以自己的名字将其命名为希律迪安（Herodion），[2]以纪念在那里所取得的巨大军事成就。（266）在他们逃亡的过程中，每天都有很多人加入他们的队伍，在到达以土买地区的里萨（Rhesa）后，他们遇到了希律的兄弟约瑟（Joseph），后者建议希律摆脱这么庞大的跟随者，因为马萨达最多能够容纳九千人。（267）希律接受了约瑟的建议，在给予了他们粮食之后，他就驱散了全以土买地区的跟随者，因为他们现在更像是累赘而非援手。带着他们当中那些最忠诚的追随者以及自己最珍爱的血亲，他安全地撤退到那座城堡[3]里去了。在留下一支八百人的军队以保护妇女并充足的供给以应付围攻之后，希律亲自率领军队向阿拉伯的佩特拉进军。

[9]（268）与此同时，帕提亚人在耶路撒冷大肆地进行劫掠，恣

---

〔1〕马萨达城堡位于死海西海岸的上方，接近死海的下端。
〔2〕在后面的第419节及以下描述了这座城堡。
〔3〕亦即马萨达。

意进攻那些逃亡之人的家园和王宫；希尔堪支付了三百塔兰特的金钱，才使王宫幸免于难。[1] 在其他地方，帕提亚人没有发现他们所期望的东西；因为，希律一直以来都在怀疑野蛮人的不忠，所以他事先就做了防范，把最有价值的财宝都送到了以土买，希律的那些朋友们也效仿了希律的这种做法。（269）劫掠之后，帕提亚人并没有收手，而是把他们的残酷发挥到了极致。他们在全国范围内点燃了冷血无情（implacable）[2] 的恐怖战火，把马里萨（Marisa）[3] 城堡夷为平地；他们不仅把安提柯扶上王位，而且用铁链锁住并折磨法塞尔和希尔堪。（270）当希尔堪跪下来求饶时，安提柯用自己的牙齿咬掉了他的两只耳朵，[4] 这样他就永远翻不了身，而再也不能担任高级祭司了；因为担任高级祭司之人必须是完好无缺之人，身体有缺陷则不能担任此职。[5]

[10]（271）然而，在既不能用手，也不能用利剑的情况下，法塞尔无畏地将自己的头撞击在石头上，从而避免了恶意的侮辱。法塞

---

〔1〕究竟是出于对渎神的顾忌——因为希尔堪是高级祭司——还是出于对安提柯的考虑而保留下来，这就不得而知了。

〔2〕或者写作"未经宣战的"（undeclared）。

〔3〕Marisa 亦写作 Mareshah（*Khurbet Mer'ash*），位于以土买地区和耶路撒冷西南大约二十五英里处（参见第 63 节）。

〔4〕《犹太古史》第十四卷第 366 节忽略了这个细节，仅仅只说"被剪掉的耳朵"（docked is ears）。

〔5〕对比《利未记》第二十一章第 17—23 节。

　[中译按] 你告诉亚伦说，你世世代代的后裔，凡有残疾的，都不可近前来献他神的食物。因为凡有残疾的，无论是瞎眼的、瘸腿的、塌鼻子的、肢体有余的、折脚折手的、驼背的、矮矬的、眼睛有毛病的、长癣的、长疥的，或是损坏肾子的，都不可近前来。祭司亚伦的后裔，凡有残疾的，都不可近前来，将火祭献给耶和华。他有残疾，不可近前来献神的食物。神的食物，无论是圣的、至圣的，他都可以吃。但不可进到幔子前，也不可就近坛前，因为他有残疾，免得亵渎我的圣所。我是叫他成圣的耶和华。（《利未记》21：17—23）

尔证明自己是希律真正的兄弟，而希尔堪则被证明是最卑鄙可耻的人；法塞尔以一种英雄的方式赴死，他的死亡与他的身份完全相得益彰。（272）对于法塞尔的死亡，还有另一个版本，那就是，他当时正从头部撞击的伤势中慢慢恢复过来，而安提柯委派了一名医生给他，这名医生表面上过来治病，实际上却把有毒的药物注入伤口，就这样杀死了他。但是，不管哪种死法是真的，法塞尔最初的举动都是非常光荣的。而且，据说在他断气之前，一名妇女告诉了他希律逃走之事，一听到这个消息，他立即说道："现在我死而无憾了，因为我留下了给我复仇的人。"

[11]（273）法塞尔就这样死了。帕提亚人尽管没有得到女人这种他们最为渴望的奖品，但是，他们却把安提柯成功地推到统治耶路撒冷的位置上，而且他们带走了希尔堪，把他作为囚犯押送到了帕提亚。

第十四章

[1]（274）希律以为他的哥哥仍旧活着，现在他正加速进抵阿拉伯，以期获得阿拉伯国王的金钱；他希望只凭金钱就可以打动野蛮人，以换取自己哥哥的性命。如果这位阿拉伯国王太过健忘而记不起其（希律的）父亲的友谊，或者太过贪心而要求另外的礼物，希律就打算向他借一笔赎金，并用自己要赎的那位囚犯的儿子做抵押。（275）因此，他带上了自己的侄儿——一个七岁的小男孩。此外，他为自己的兄弟准备了三百塔兰特的金钱，打算以此为礼物来换取推罗人的调停。然而，他的努力抵不过命运：法塞尔已经死了，希律挽救其兄弟性命的所有努力都徒劳无功。而且他发现，那些阿拉伯人已经不是他的朋友了。（276）因为他们的国王马奇乌斯（Malchus）去信给他，

蛮横地命令他立即撤出自己的领土，声称自己已从帕提亚人那里得到了把希律驱逐出阿拉伯的正式命令，而事实上，马奇乌斯已经决定不再报答安提帕特，更不要说报答安提帕特的儿子了，因为他是从希律的父亲那里得到的恩惠。他甚至无耻地建议宫廷中的那些最有权势之人——他们也想侵占安提帕特寄存在他们那里的金钱——像自己那样行事。

[2]（277）希律发现阿拉伯人已经成为自己的敌人（其理由本是他寻求帮助和温暖友谊的最好借口），他按捺不住激情，愤怒地质问他们，随后转身去了埃及。为了与落在后面的那些人会合，第一晚，他就借宿在阿拉伯的一座神庙里。第二天，在去往里诺科鲁拉（Rhinocorura）[1]的路上，他收到了其兄死亡的消息。（278）他的焦虑现在被巨大的悲伤[2]填满和取代了，但他继续着自己的行程。然而，过了一段时间后，这位阿拉伯国王对于自己的所作所为后悔起来，于是又赶紧派人去叫希律回来；但是，希律比他们行进得更快，已经到了贝鲁西亚。贝鲁西亚的港口驻扎着一支舰队，拒绝他通过，于是，他请求当局出于对其名声和地位的考虑，护送他到亚历山大里亚（Alexandria）。（279）一进城，他就受到了克里奥佩特拉的隆重欢迎，后者希望说服他担任一支远征军的统帅；但他拒绝了这位女王的请求，而且，不顾随时可能发生的暴风雪危险，也不顾意大利地区所发生的骚乱，下定决心要航行到罗马。

[3]（280）快要航行到潘菲利亚时，船只受到了严重的损毁，希律被迫抛弃了船舷上的大量货物，艰难地平安抵达罗得岛（Rhodes），

---

〔1〕亦写作 Rhinocolura（el-Arish），巴勒斯坦和埃及交界处的一座海滨城镇。

〔2〕这似乎是最好的一个抄本中的意思，其字面含义是"他所淤积的巨大悲痛"。在一个次一等的抄本中，特雷尔（Traill）将其翻译为"这样的巨大悲痛极少，他善于摒除悲痛"；惠斯顿和莱纳赫也持相似的表达。

而这个地方之前已遭到卡西乌斯严重的战争破坏。在那里，他受到了其友托勒密（Ptolemy）和萨菲尼乌斯（Sapphinius）的热烈欢迎，尽管当时他缺少资金，但他还是获得了一艘三桨座（trireme）的巨型船只，这艘船载着他和他的朋友们去了布伦迪西（Brundisium），再从那里全速前往罗马。（281）希律首先等到了自己父亲的朋友安东尼，并告诉后者他自己和家庭的悲惨遭遇，他怎样离开被围在城堡里的那些血亲，以及他怎样横穿暴雪肆虐的大海前来求助。

[4]（282）安东尼对希律遭受的命运挫折感到同情；同时受到安提帕特盛情款待的美好回忆的影响，最重要的是他被眼前这个男人的英雄气概所感染，因此，安东尼决心立希律为犹太人的王（king of the Jews）——安东尼之前曾册封希律为藩属王。[1]安东尼钦佩希律，同时对安提柯抱有极强的反感情绪，把后者视作叛乱的火上浇油者和罗马人的敌人。（283）比起安东尼，凯撒是一个更加优异的支持者；因为，凯撒清晰地记得他的父亲同安提帕特一起在埃及并肩作战过，[2]记得希律父亲的盛情款待和不变的忠心，而且，希律所做的一切以及他的强烈进取精神，凯撒也都看在眼里。（284）于是，凯撒召集元老院会议，米萨拉在阿特拉提努斯（Atratinus）的附议下向元老院引荐了希律，并详细叙述了希律父亲的优异品质以及希律自己对罗马人的善意；与此同时，凯撒也进一步证明了安提柯是罗马的敌人，因为安提柯不仅不久前仍旧与罗马人开战，而且鄙视罗马的权威，以至于借助帕提亚人之手来攫取王冠。这些讲话惹恼了元老院；就在这时，安东尼走进元老院，告诉他们，如果立希律为王，那么，他们将在与帕提亚人的战争中占据有利地位；他们一致同意了安东尼这个动议。（285）元老院会议结束了，安东尼和凯撒以及走在他们两人中间的希律，一

---

〔1〕参见第 244 节。
〔2〕参见第 187 节及以下。

起离开了元老院议事厅（the senate-house），而执政官们（the consuls）和其他官员们（the other magistrates）则先一步就离开了，因为他们要前往卡皮托献上祭品和颁布法令。在希律做王统治的这第一天，安东尼为他举行了一场盛大宴会。

第十五章

［1］（286）在此期间，安提柯正围攻马萨达，这里除了饮水短缺之外，其他的补给品全都非常充足。面对这种困境，希律的兄弟约瑟及其两百名朋友们决定逃往阿拉伯，因为他们听说马奇乌斯已对冒犯希律的行径感到后悔。（287）就在正要离开城堡的那个晚上，恰好下了一场大雨，蓄水池里的饮水因而得到了充分的补充，约瑟看到后觉得没有必要逃跑了。相反，马萨达的守卫部队开始主动出击安提柯的军队，有时通过公开地战斗，有时通过隐蔽地伏击，他们杀死了大量的敌人。然而，他们并不总是成功，有时也会被打败和被迫撤退。

［2］（288）同时，罗马将军温提迪乌斯（Ventidius）从叙利亚被调了回来，以对付帕提亚人的侵犯；他把他们一直追击到犹地亚，名义上是援助约瑟和他的朋友，实际上却从安提柯那里索取金钱。（289）他驻扎在一个紧挨着耶路撒冷的地方，在捞取了足够的金钱之后，才把大部分军队撤走；但他还是留下了一支由西罗（Silo）指挥的小分队，以防全部军队撤走后无法牟利。现在安提柯希望帕提亚人重新过来援助自己，同时他对西罗大献殷勤，以防有任何干扰自己意图的情况出现。

［3］（290）然而，希律已经从意大利航行到了托勒米亚，而且，他调集了一支相当庞大的外邦军队和多支本土军队；现在他正穿过加

利利，以进攻安提柯。温提迪乌斯和西罗被安东尼的密使德里乌斯（Dellius）说服，将合作协助希律恢复地位。（291）但是，温提迪乌斯正忙于镇压由帕提亚人入侵所引发的地方叛乱，而西罗则被安提柯所贿赂，一直徘徊在犹地亚。然而，希律并不缺少支持者：随着他的进军，支持他的新生力量每天都在增加，所有加利利人几乎无一例外都倒向了他。（292）摆在他面前的最重要的任务是解救马萨达之围，因为他的血亲仍旧被围困在那里。然而，约帕是他面对的第一个障碍。作为敌对城镇的约帕有必要首先予以占领，因为当他进军耶路撒冷时，背后不容许有任何一座城镇掌握在敌人的手上。西罗现在满心欢喜地拥有了一个从耶路撒冷撤军的合理借口，前去与希律的队伍会合，而犹太人在他身后猛烈追击。希律带着一小部分人马疾行过去，很快就打败了他们，从而将西罗从危机中拯救了出来。

[4]（293）占领了约帕后，希律急匆匆地进军马萨达，以拯救他在那里的血亲。在他进军的过程中，许多人加入他的队伍之中；其中一些人是出于其父的友谊，另一些人则出于他的巨大声望，还有一些人则是为了报答他们父子俩的恩惠；不过，人们之所以加入他的队伍，大多数是因为觉得他可以稳登王位。因此，他现在召集了一支非常强大的军队。（294）在进军的路上，安提柯伏击了他，但后者几乎没有遭受任何损害。希律不费吹灰之力就把自己在马萨达的血亲给解救出来，并且收复了里萨，[1]接着，他向耶路撒冷进军；西罗的军队在那里与他的队伍会合，众多城镇也因为惧怕他的巨大力量而纷纷归附于他。

[5]（295）当他把军队驻扎在这座城市的西边后，他的军队就遭到了驻岗守军发射的箭雨和标枪的攻击，还有士兵一队队地冲出来，进攻他的前沿阵地。一开始，希律只是下令传令官巡视城墙并代他宣

───────────────

〔1〕里萨位于以土买地区，参见第 266 节。

告，为了人民的利益和这座城市的保全，他无意惩罚那些甚至与他公开为敌的人，也将会大赦那些最恶毒的死敌。（296）但是，安提柯也做出了相反的劝告，他既不允许任何人听这些宣告，也不允许他们倒向希律那边；希律立刻命令自己的士兵向城墙上的攻击者进行报复，他们从塔楼上向敌人发射飞弹，很快就将敌人打得四散而逃。

[6]（297）西罗现在接受了贿赂，暴露出他的腐败本性。他驱使自己的大批士兵大声疾呼供给不足，要求支付金钱以购买食物，并要求行军到舒适的冬季营地过冬，因为他们已经完全清除了耶路撒冷城周围的安提柯的军队，迫使后者逃向了沙漠。于是，他开动军队，准备撤退。（298）然而，希律首先会晤了（interviewed）[1]西罗手下的高级将领和军队，乞求他们不要抛下他，因为他是凯撒、安东尼和元老院正式派到这里的；他说："今天我就给你们解决给养问题。"（299）在做出这番请求之后，他立即前往母国，带来了大量的给养，以堵住西罗之口；并且，为了保证未来的给养充足，他已经给撒玛利亚人下令，命令他们带着粮食、美酒、油和牲畜到耶利哥来。（300）一听到这个消息，安提柯立即派出一部分军队前去拦截和伏击运输队。依照这条命令，大批的士兵前往耶利哥集结，占领了山丘上的有利位置，严密监视路上的补给运输队伍。（301）然而，希律并没有闲着，他率领了十个步兵大队（cohorts）[2]——其中五个步兵大队由罗马人组成，另外五个步兵大队则混合了犹太人和雇佣兵——以及一小支骑兵，进军耶利哥。当他赶到后，他发现这座城市已经变成了空城，但是有五百人带着他们的妻儿占据了那些高地（the heights）。[3]希律先是关

---

〔1〕或者写作"求情"（interceded with）。

〔2〕[中译按]步兵大队是古罗马军队单位之一，一个步兵大队等于军团的十分之一。

〔3〕在这个地方和《犹太古史》中写作 τὰ ἄκρα [那些高地]，而不是写作预期中的 τὴν ἄκραν（"the citadel"）[一处高地]。

押了这些人，随后又把他们释放了。（302）罗马人攻下和劫掠了其他的城镇，他们发现，这些地方的房屋里到处都堆满了各种奇珍异宝。在耶利哥留下一支卫戍部队之后，这位国王返回了，并将自己的罗马军队遣散到已倒向自己的以土买、加利利和撒玛利亚的冬季营地里。另一方面，为了取悦安东尼，安提柯通过贿赂，让西罗的一部分军队驻扎在里达（Lydda）。[1]

第十六章

[1]（303）因此，罗马人就在这些肥美的土地上休养生息。然而，希律却没有闲着，在用两千名步兵和四百名骑兵攻占了以土买地区之后，他委派自己的兄弟约瑟前去治理，以防安提柯的支持者起来作乱。同时，他把从马萨达那里解救回来的自己的母亲和其他亲属转移到撒玛利亚；将他们安置在那里之后，他向加利利的残余之地进军，并驱逐安提柯的驻军。

[2]（304）希律在大雪纷飞之中向色弗黎推进，并且毫不费力地占领了这座城市，因为色弗黎人在他进攻之前就逃之夭夭了。那里的充足补给让疲惫不堪的军队得到了休整，接着，他开始剿灭藏匿在山洞中的强盗，这批强盗侵扰广泛，肆虐居民的罪行不下于战争。（305）他事先派了三个步兵营和一个骑兵营去到一个名叫阿尔贝拉（Arbela）[2]的村庄，四十天后，他率领余下的军队与其会合。但是，

---

〔1〕里达（Lydda）坐落在犹地亚的西部边境；这种对敌人有利的一种行动，明显是为了削弱罗马军队的忠诚度。

〔2〕亦即现在的伊尔比德（Irbid），位于热内萨里特湖（the Lake of Gennesareth）附近和提比里亚（Tiberias）的西北。

敌人并不惧怕他的到来，相反，他们全副武装地投入战斗，用其右翼打败希律的左翼。（306）然而，希律突然调转其右翼军队前来支援，与溃逃的左翼一起痛击追杀过来的敌人，后者根本承受不住希律军队的正面进攻，纷纷败逃。

[3]（307）希律大肆地追杀他们，一直追击到约旦河，消灭了他们很多人；其余的敌军则越过河流，逃得无影无踪。因而，除了山洞里还剩下一些残匪需要额外的时间进行剿灭之外，加利利的混乱和恐怖就被清除了。（308）为了奖励士兵的辛劳付出，希律给每个士兵分发了一百五十德拉克马银币，军官则分得更多；接着，他们被安置在了众多的冬季营地。希律命令自己最小的兄弟菲洛拉斯负责军需部门[1]并防卫亚历山大里安；对于这两项任务，他的兄弟都全力以赴。

[4]（309）这时安东尼正好住在雅典，而温提迪乌斯则征召西罗和希律去同帕提亚人作战，不过，后来他又命令他们首先处理犹地亚地区的事务。希律非常高兴地打发西罗去了温提迪乌斯那里，他自己准备进军围剿山洞里的土匪。（310）这些山洞位于悬崖峭壁上，除了一些弯弯曲曲而又极为狭窄的小路之外，从其他任何地方都很难到达那里；悬崖下面是深深的山谷。对于这种几乎不能攻克的地形，国王也困惑了很久时间。但是，他们最终想出了一条非常冒险的计谋。（311）他把那些最忠诚的士兵放进吊篮（cradles）[2]，然后用绳子慢慢地把吊篮降下，直到把它们放到山洞口；接着，士兵们大肆屠杀了那些强盗及其家人，并放火烧死抵抗者。希律为了救出一些匪徒，于

---

〔1〕按照《犹太古史》第十四卷第 418 节的记载，菲洛拉斯受命供给的不是希律的军队，而是西罗和罗马人的军队——他们的供给在月底时就遭到了切断（参见第 297 节）。

〔2〕"吊篮"（cradles）或者写作"箱子"（chests）。

是就让使者喊话，叫他们放下武器，出来投降；[1]但没有一个人出来，即使那些被迫出来的，许多人也宁愿监禁至死。（312）有一位老者，是七个孩子的父亲，这些孩子们及其母亲请求他允许他们凭着希律的承诺离开，但他却用下面的方式将他们杀死。这位父亲命令他们一个一个地走出来，而他自己则站在山洞口，将他们一一杀死。看到这幅触目惊心的（conspicuous）[2]场景，希律心底最柔软的部分被深深地触动了，他向那位老者伸出右手，恳请他宽恕自己孩子们的性命。（313）但是，老者毫不为之所动，而是一遍遍地数落希律出身低贱的暴发户身份（a low-born upstart）；[3]在将自己的小孩一个个杀死后，他接着杀死了自己的妻子；他把这些尸体扔下悬崖，自己也随之纵身跳了下去。

[5]（314）用这种方法，希律征服了那些陡峭的山洞和山洞里的强盗，接着，他在那里留下一部分自以为足够镇压叛乱的军队镇守，并任命托勒密作为他们的将军，自己则离开了那里，返回撒玛利亚，率领着一支由三千名重装步兵和六百名骑兵组成的军队前去迎战安提柯。（315）希律的离开进一步怂恿了安提柯的野心，后者利用加利利惯有的骚乱，出乎意料地猛烈攻击他们的将军托勒密，并杀死了他；他们劫掠了加利利，随后退回到沼泽地带和其他难以找到的地区。（316）在获悉加利利被劫掠的消息后，希律立即返回救援，他杀死了大批叛乱分子，并围攻和摧毁了他们所有的城堡。同时，他向那些城镇征收了一百塔兰特的罚金，以惩治他们的变节行径。

[6]（317）帕提亚人最终被驱逐出去了，而且，帕克鲁斯也被杀

---

〔1〕相反，《犹太古史》第427节却提到很多人投降的事例。

〔2〕"触目惊心的"（conspicuous）或者写作"深刻印象的"（commanding）。

〔3〕对比第478节；这里"出身低贱的暴发户身份"（a low-born upstart）也有可能是指"他的卑鄙的心灵"（for his abject spirit）之意。

了；温提迪乌斯依照安东尼的命令，派遣马查拉斯（Machaeras）将军率领一千名骑兵和两个军团前去支援希律对抗安提柯。安提柯写信给马查拉斯将军，恳求后者反过来援助他，并大肆抱怨希律的残暴及其对这个王国（realm）[1]的种种非正义的恶劣行径；此外，他也向后者允诺了一大笔金钱。（318）马查拉斯并不准备违背上级的命令，尤其是希律给他赠送了一笔更大数目的金钱，这极大地降低了发动叛乱的诱惑。因此，他假装友好，前去探查安提柯的军情，而没有听从希律对他不要这样行事的劝告。（319）然而，安提柯已经事先注意到他的意图，拒绝他入城，并将他当作敌人予以驱逐；最终，深感耻辱的马查拉斯被迫撤到了埃马厄斯，并与希律在那里会合。由于恼羞成怒，他屠杀了自己行军路上所遇到的所有犹太人，甚至连希律党人（the Herodians）都不宽恕，而是把他们视为安提柯的同伙。

[7]（320）希律对此非常愤怒，准备将马查拉斯当作敌人开战；但是，他抑制住了自己的愤怒，改为前往安东尼那里控诉马查拉斯的罪恶行径。马查拉斯发现了自己所犯的错误，他立即追上这位国王，通过恳求，他成功地安抚了后者。（321）然而，希律没有停止行军，仍去与安东尼会合，当他听到安东尼正在围攻幼发拉底河附近一座强大的城邦萨摩萨塔（Samosata）的消息后，他立即加快了自己的前进步伐，因为他觉得这是一次难得的展现自己勇气和力量以赢得安东尼欢心的机会。（322）确实，他到来不久就结束了这场围攻。他杀死了众多野蛮人，并赢得了大量战利品，结果，之前就一直钦佩其勇气的安东尼，现在对他更是钦佩得无以复加。安东尼向希律赐予了更多的荣誉，并对其获得王权寄予了更多的期待；这时国王安条克被迫放弃了萨摩萨塔。

---

〔1〕或者可能写作"王权"（the throne）。

第十七章

　　[1]（323）与此同时，希律在犹地亚的事业却遭遇了严重的逆转。他让自己的兄弟约瑟全权负责王国事务，同时命令约瑟，在他返回来之前不要对安提柯采取敌对行动，因为，马查拉斯之前的行动已经表明他是一个不可靠的同盟者。然而，约瑟不久之后听说自己的兄弟在一个安全距离之外，就不顾之前的命令，率领由马查拉斯委派给他的五个步兵大队向耶利哥进发，意图抢夺谷物，因为那时正值盛夏。（324）在山区的一处艰险地带，他遭遇了敌人的猛烈进攻；在经过一番英勇无畏的战斗后，他倒下身亡了，步兵大队也全军覆没。这些步兵大队都是在叙利亚新招募的，以至于其中没有能够支援新兵作战的所谓"老兵"（veterans）。

　　[2]（325）对于这次胜利，安提柯并不满足，相反，他非常残暴地对待约瑟的尸体。当他得到了被杀者的尸体后，他把约瑟的头颅切了下来，尽管死者的兄弟菲洛拉斯已支付了五十塔兰特的赎金。（326）安提柯的这次胜利让加利利陷入了非常混乱的局面，甚至安提柯的党羽将那些站在希律一边的头面人物驱赶到湖边，让他们淹死在湖里。[1]以土买的很多地方也发生了叛乱，[2]马查拉斯正在那里重建一座名叫戈塔（Gittha）的城堡的城墙。（327）但是，希律并不知晓这些事情。在占领萨摩萨塔之后，安东尼任命索西乌斯（Sossius）为叙利亚总督，并命其支持希律、反对安提柯，接着便动身去了埃及。[3]因此，索西

---

〔1〕亦即热内萨里特湖。

〔2〕《犹太古史》记载的是在犹地亚；城堡的具体位置并不是很确定。在《圣地的历史地图集》（Hist. Atlas of Holy Land）的地图44中，史密斯（Smith）和巴托罗缪（Bartholomew）认为，城堡位于希伯伦（Hebron）的西南方。

〔3〕莱纳赫指出，这里的记述是错误的。在公元前38—前37年，安东尼是在雅典度过冬天的（参见普鲁塔克［Plut］,《安东尼》［Ant.］第三十四章）。

乌斯派了两个军团进军犹地亚以支援希律，他自己则带着其余的军队紧随其后。

[3]（328）当希律在安提阿附近的达菲纳时，他清晰地梦见了自己兄弟的死亡，就在噩梦惊醒之际，正好信使带来了这个灾难性的消息。在对约瑟的死亡进行简短的哀悼后，希律将进一步的哀悼推迟到另一个季节，便急速向自己的敌人进军。（329）他使出浑身之力赶到黎巴嫩，在那里，他得到了八百名山民的支援和一个罗马军团的加入。依仗这些盟友的力量，没有等到天亮，[1] 他就迫不及待地入侵加利利；他遭遇到了敌人，把他们赶回了他们刚刚出发的地方。（330）他准备立即攻打他们的要塞，但由于遭遇了风暴，他被迫在附近的村庄扎营。几天后，安东尼的第二军团前来与他会合，[2] 敌人忌惮其军事力量，在夜色的掩护下撤离了要塞。

[4]（331）接着，他进军耶利哥，因为他急于向杀害自己兄弟的凶手复仇；在耶利哥，他奇迹般地活下来，上帝眷顾了他。当时，有一大群官员们[3] 与他共进晚餐，宴会结束后，所有的客人刚刚离开，这座房子立刻就倒塌了。（332）他从中看出在接下来的战事中化险为夷的预兆，于是在破晓时重新率领军队开拔。六千名敌军冲下山来，猛烈攻击他的前锋部队；他们不敢同罗马人零距离地面对面作战，而是隔着远远的距离狂投石块和标枪，以至于击伤了希律的许多士兵。当

---

〔1〕希腊语的含义可能是"没有耽误一天"（without a day's delay）；但是，上述这种含义似乎需要比较《犹太古史》第十四卷第 452 节（νυκτὸς ἀναστάς［夜间动身］），才能予以确定；在约瑟夫斯的著作中，περιμένειν 通常的含义是"等待"（to wait for）。但是，此处的叙述是缩写；在《犹太古史》中，晚上行军不是始于黎巴嫩，而是始于托勒米亚。

〔2〕参见第 327 节。

〔3〕［中译按］惠斯顿本英译者将"一大群官员们"（a large company of magistrate）译作"众多头面人物"（many of the principal men）。

希律骑马亲自在前线视察之时，他自己也被一支标枪刺伤了。

[5]（333）安提柯希望创造一种己方军队不论是在气势上还是在数量上都极具明显优势的印象，于是派遣自己的忠实伙伴帕普斯（Pappus）率领一支军队前往撒玛利亚，其任务就是同马查拉斯作战。（334）与此同时，希律劫掠了敌军的领土，征服了五个稍小的城镇，杀死了两千名居民，放火烧毁了他们的房子，随后返回了自己的军营。现在他的指挥部设立在一座名叫坎纳（Cana）的山村附近。[1]

[6]（335）现在大批的犹太人每天都从耶利哥和其他地方加入他的队伍，其中一些人是出于对安提柯的憎恨，另一些人是出于希律所取得的巨大成就，不过，大部分人则是出于对时局变化的非理性渴望。希律猛烈地攻击敌人；帕普斯也毫不畏惧希律的人马和气势，欣然迎击他们。（336）在军事行动的最开始，敌人在战线其他部分进行了短暂的抵抗。但是，在复仇之心的驱使下，希律冒险向杀害自己兄弟的敌军进攻，并很快打败了前面的敌人，接着，他又攻击仍在抵抗的其他敌人，最终击溃了整个敌军。（337）希律屠杀了大量敌军，并迫使一些敌军逃回了他们出征前驻扎的村庄；对那些殿后的敌军，希律紧追不舍并大行杀戮。他紧追敌军进入那些村庄，村庄里的每一间房子都布满了武装的士兵，屋顶上也挤满了从上往下进行攻击的士兵。（338）在将外面的敌人消灭后，他摧毁了那些房子，并将房子里面的人拖了出来。许多人从屋顶上掉下来摔死了；而那些逃出废墟的敌人，等待他们的则是嗜血的刀剑。各条街道上全都堆满了尸体，以至于胜利者也无法通行。（339）敌人不能承受这种打击，当战后他们重新聚集起来，看到村庄里满地的尸体后，就四散逃走了。凭借这次胜利的信心，希律立即进军耶路撒冷，却遭遇了一场罕见的风暴，而被迫耽

---

〔1〕按照《犹太古史》第十四卷第 458 节的相应记载，我们可能要把"坎纳"（Cana）写作"埃萨纳"（Isana），它位于耶路撒冷以北、犹地亚和撒玛利亚交界处附近。

搁了。这场风暴阻碍了他的全胜，也妨碍了他对安提柯的征服，因为现在安提柯已准备考虑放弃首都了。

[7]（340）那天晚上，希律解散了自己的伙伴，让他们回去休养和恢复精神，他自己则由于酣战而全身发热，像一名普通战士一样去洗澡了，当时只有一个奴隶服侍他。在他进入澡堂之前，一个敌人从他面前跑过，手里握着利剑，接着又是第二个、第三个和更多的敌人跟随过来。（341）这些人全都是战场上的逃兵，他们全副武装地在澡堂避难。他们在那里藏匿了一段时间；但是当他们看到国王后，却感到非常害怕，以至于浑身发抖地跑向出口，尽管国王手里没有握有任何武器。他们没有一个人被抓，希律对于自己能够全身而退已经相当满足，于是他们全部逃走了。

[8]（342）第二天，希律砍下了已经战死的安提柯的将军帕普斯的头颅，并将它送给了自己的兄弟菲洛拉斯，表示对杀害他们兄弟的报复；因为正是帕普斯杀害了约瑟。[1]（343）当风暴减小后，他就向耶路撒冷进军，而且让自己的军队向城墙进发；自从他在罗马被立为国王，这时恰好刚满第三年。[2]他把军队驻扎在圣殿的对面，因为那里方便进攻，庞培之前也占领过那个地方。[3]（344）接着，他给自己的军队下达了几项任务：砍倒城郊的树木、建造三座高垒并在其上筑起塔楼。他留下了最有效率的副手监督这些工作，自己则跑到撒玛利亚，去迎接亚历山大（亚里斯多布鲁斯之子）的女儿——正如我们在前面所说，她已经和他订了婚。[4]他对敌人是如此蔑视，以至于他把自己的婚礼都安排在围城之战的间隙举行。

[9]（345）当婚礼结束后，希律率领大批军队返回了耶路撒冷。

---

〔1〕参见第 323—324 节。
〔2〕参见第 284 节。
〔3〕参见第 145 节。
〔4〕参见第 241 节。

与此同时，索西乌斯也率领大批的骑兵和步兵——这支军队是之前被派往内陆的，索西乌斯自己则沿着腓尼基（Phoenicia）进军——与希律在耶路撒冷会合。[1]（346）两军联合起来后，总兵力就达到了十一个步兵营和六千名骑兵，这尚未包括叙利亚的仆从部队——叙利亚仆从部队不是一支微不足道的小部队。两军一起扎营在城墙的北面：希律仗着元老院立他为王的命令，信心十足；索西乌斯则听命于安东尼，安东尼之前就命令他指挥军队，以支持希律作战。

第十八章

[1]（347）城内焦虑的犹太民众分裂成了数个不同的派别。那些更为虚弱的民众聚集到圣殿周围，陷入了癫狂状态，他们为这场危机编造了众多的神谕。而那些胆大之徒则成群结队地四处劫掠，尤其劫掠耶路撒冷城周边的那些地方，抢占所有的物资，不给马匹和人员留下任何给养。（348）一些尚武而又更为训练有素之人被调过来保卫这座城市，他们从防御的城墙上攻击那些土垒工程的挖掘者，并不断设计出各种各样的方式以对付敌军的器械；他们尤其在挖掘方面表现出了自己的优势。

[2]（349）对于打击抢劫的问题，这位国王想出了伏击的办法，并成功地制服了他们的骚扰；对于物资的补给问题，他则通过长距离的运输来解决；至于战术方面，罗马人的军事经验给予他压倒性的优势，尽管敌人英勇无畏。（350）如果他们不选择那种正面冲向（they did not openly fling themselves against）[2]罗马军队这一必死无疑的战法，

---

〔1〕对比第 327 节。
〔2〕或者写作（在 PA 抄本中省略了否定词）"他们公开地冲向"（they openly flung themselves）。

他们就必须借助地下道突然出现在对手中间。在一道城墙被猛击倒塌之前，他们又会筑起另一道替代的城墙。总之，他们既不缺乏行动，也不缺乏谋略，而且决心坚持抵抗到最后一人。（351）事实上，尽管围军力量强大，但是他们依然坚持到第五个月；[1]直到希律挑选了一批人爬上城墙跳进城内，而且，索西乌斯的百夫长也紧随其后。圣殿周围的地方首先被占领，当大批军队涌入之时，大规模的屠杀接踵而至。一方面，这是由于罗马人被长时间围攻而激发的怒气所致；另一方面，希律的犹太军队（the Jews of Herod's army）决心对反对派不留任何活口。（352）他们在街道上屠杀了不计其数的人，房子里面挤满了人，很多人甚至跑到圣殿里去了。他们对婴儿、老人和柔弱的妇女都不存任何的心慈手软。尽管国王不断地往各个方向发出消息，恳请他们大发慈悲，宽恕那些民众，然而在盛怒之下，他们就像疯子一样不加鉴别地胡乱屠杀。（353）在这种场景下，安提柯——不论他此前和现在的命运如何——走出了城堡，并跪倒在索西乌斯脚下。索西乌斯毫不怜悯他不幸的人生剧变，大肆嘲笑他，称他为安提戈涅（Antigone）。[2]却没有把他当成一位女人那样对待，也没有释放他，而是把他铐锁并监禁起来。

[3]（354）现在希律控制住了敌人，他接下来的任务是控制住自己的外邦盟友；因为，成群结队的外邦人想冲去观看圣殿和至圣所的圣物。这位国王不断进行抗议和威胁，有时甚至动用武力来阻止他们，他认为，胜利比战败更加可怕，倘若让这些人看到了不该看到的东西的话。（355）同时，他也结束了城内的劫掠。他强有力地劝说索西乌

---

〔1〕按照《犹太古史》第十四卷第 487 节的记载，耶路撒冷在"第三个月里"（in the third month）甚至在更短的时间内被攻占，第一道城墙在四十天后被攻破，第二道城墙在十五天内被攻破。

〔2〕在一般的拉丁语中（in the general Latin），或者写作 Antigona。
　　[中译按] 安提戈涅（Antigone）是一个女性的名字。

斯，如果罗马人清空了这座城市的金钱和人口，他们就会留下一片荒漠；他进一步地劝说，用所屠杀的巨量人口来购买世界帝国，这本身太过昂贵了。（356）索西乌斯回答，允许士兵劫掠是对他们辛苦的围城之战的一种报偿，希律则允诺，他将从自己的私人财产中拿出钱来分给每一个士兵。他就这样通过赎买的方式拯救了自己的国家，并践行了自己的诺言——慷慨地给每一个士兵发放酬报，同时，每一个军官也得到了相应比例的慷慨酬报，而索西乌斯得到了最丰厚的酬金；没有任何一个人遭到遗漏。（357）在向上帝献祭了一顶金制的王冠后，索西乌斯就从耶路撒冷撤退了，带上被囚的安提柯去到了安东尼那里。安提柯在最后一刻仍然抱着侥幸活下去的希望，但是，他还是殒命在斧头之下，结束了自己屈辱的一生。

[4]（358）国王希律把城内的民众分为两类，并予以区别对待：对于自己的支持者，他通过授予荣誉，拉进他们同自己的关系；对于安提柯的党羽，他则一一消灭。希律发现自己的金钱减少了，于是将他所有有价值的财产变现为金钱，再将这些金钱送给安东尼及其手下。（359）即使花费了这样的高价，他仍然无法确保自己免于伤害；因为，安东尼深陷于对克里奥佩特拉的爱情之中不能自拔，完全成了她的奴隶。克里奥佩特拉一个接一个地处死了她的所有家人，没有一个近亲活下来，接着，她又开始残杀与自己毫无血缘关系之人。（360）她在安东尼面前污蔑叙利亚的那些头面人物，不断催促安东尼处死他们，她相信，她可以毫无困难地占有他们的财产。现在，她把自己的贪欲延伸到了犹太人和阿拉伯人身上，密谋杀害他们各自的国王希律和马奇乌斯。

[5]（361）不管怎样，对于她的这些命令，安东尼仍旧保持了一部分清醒：他觉得，杀死无辜而又杰出的国王是在亵渎神灵。然而，他现在也在慢慢疏远他们。他拿走了他们国家的大量东西，尤其是耶利哥出产香脂的棕榈树林，并准备把它们，以及伊鲁特鲁斯河

（Eleutherus）〔1〕南部〔2〕——除了推罗和西顿——的所有城镇，全都献给克里奥佩特拉。〔3〕（362）她现在成了这些地方的女主人，而且她把安东尼带去远征帕提亚乃至幼发拉底河流域，接着，她途经阿帕米亚和大马士革，进入了犹地亚。通过赠送慷慨大方的礼物，希律平息了她的不满和愤怒，他也同意以每年两百塔兰特的租金，租下那些她从他的国土里分离出来的土地。他接着护送她到贝鲁西亚，一路上对她恭敬有加。（363）不久，安东尼就从帕提亚返回来了，并且带了一件礼物——沦为俘虏的提格拉尼斯之子阿塔巴泽（Artabazes）——送给克里奥佩特拉；他把这位帕提亚人（the Parthian）〔4〕连同金钱和所有的战利品，一起交给了她。

第十九章

［1］（364）亚克兴战争（the War of Actium）〔5〕爆发后，希律准备前去支援安东尼，因为他现在已经清除了犹地亚的叛乱，并且占领了先前

---

〔1〕伊鲁特鲁斯河位于推罗以北。

〔2〕其希腊语的含义是"在范围之内"（within），亦即"在这边"（on this side of）。

〔3〕亦即公元前 34 年（舒尔）。

〔4〕这位阿塔巴泽（Artabazes［Artavasdes］）不是帕提亚人，而是亚美尼亚国王（king of Armenia），在进攻与自己同名的米底国王（king of Media）阿塔瓦斯德（Artavasdes）时，加入了安东尼的军队，但他随后背弃了安东尼，后来被安东尼俘获（普鲁塔克，《安东尼》第五十章）。约瑟夫斯或者约瑟夫斯使用的原始资料（source）混淆了这两位同名之人（莱纳赫）。按照《犹太古史》第十五卷第 104 节的相应记载，他不是帕提亚人。

〔5〕［中译按］亚克兴角（Actium）：古罗马地名，是位于今日的希腊西岸阿卡纳尼亚西北部的一个海角。公元前 31 年，屋大维和安东尼在该处爆发亚克兴角战役，屋大维击败安东尼，开创了罗马帝国。

一直被安提柯的姐姐所占领的希尔堪尼亚城堡（the fortress of Hyrcania）。（365）然而，狡猾的克里奥佩特拉却阻止他分担安东尼的战争风险。正如我在前面所说，[1] 她正密谋对付犹地亚国王和阿拉伯国王，她劝说安东尼让希律发动对阿拉伯人的战争；她盘算着，如果希律成功了，她就可以成为阿拉伯的女主人，如果希律没有成功，她就可以成为犹地亚的女主人，即通过让其中一个君主推翻另一个君主的手段来实现自己的目的。

　　[2]（366）然而，她的这个计划让希律处在了有利地位。一开始，希律突袭（raids）[2] 了敌人的领土。他征召了大批骑兵，并进击了迪奥波利斯（Diospolis）[3] 附近的敌人，尽管遭遇了顽强的抵抗，但他打败了他们。这次战败引起了阿拉伯人的巨大震动，因而他们在科利－叙利亚的加纳特（Canatha）[4] 集结了大批部队，在那里等待犹太人的到来。（367）当希律率领着军队抵达后，他采取了非常审慎的作战策略，并命令士兵设防筑营。然而，那些普通士兵却没有遵守他的命令，而是英勇地冲向了阿拉伯人。他们的第一次冲锋就击溃了阿拉伯人，并一路追击后者；但是在追击的过程中，希律中了敌人设下的一个圈套——克里奥佩特拉手下的一位将军亚特尼安（Athenion）一直以来就敌视希律，现在他放任加纳特的当地民众（the natives of Canatha）反对希律。（368）受到盟友进攻的激励，阿拉伯人调转回来，重新在多岩石的艰苦山区集结兵力，他们击溃和屠杀了希律的大批军队。从

---

〔1〕参见第 360 节。

〔2〕或者写作“报复”（reprisals）。

〔3〕正如希莱托版的惠斯顿本（Shilleto's Whiston）所说，迪奥波利斯位于科利－叙利亚，而不是位于里达（Lydda），并且它后来才被命名为“迪奥波利斯”；第 132 节就已经提及了它。

〔4〕在《犹太古史》第十五卷第 112 节中，Canatha 亦写作 Canata 或者 Cana。

战场上逃脱出来的士兵们跑到奥尔米扎（Ormiza）[1]避难，阿拉伯人接着又包围了他们的营地，并俘获了这座营地里面的所有人。

[3]（369）这场灾难发生后不久，希律就过来援助他们；但是，他来得太晚而根本没有起到作用。这场灾难完全是因为下面的各部军官们（the divisional officers）不服从命令而导致的，因为如果他们没有突然陷入战端的话，亚特尼安就没有机会给希律设计圈套。然而，希律通过不断袭击阿拉伯人的领地，对他们展开了报复，以至于他们常常为这场单一的胜利而深感沮丧（rue）。[2]（370）但是，就在他报复敌人之时，一场灾难降临到他的身上——在他统治的第七年，[3]当时亚克兴之战打得正酣，早春的一场地震毁灭了不计其数的牛羊和三万名人口；但是，由于驻扎在户外，军队没有遭受损害。（371）就在这时，由于受到谣言的刺激——谣言总是夸大灾难的恐怖性[4]——阿拉伯人也提升了信心。他们认为，整个犹地亚都处于动荡之中，而且他们只是去占领一个被遗弃的国家，因而，在屠杀了犹太人派向他们的使节后，他们疾速入侵了犹地亚。（372）人民对于这次入侵感到非常错愕，而接二连三的严重灾难又使士气低落不堪，以至于希律不得不将他们召集在一起，试图用下面的演讲[5]来激发他们抵抗的信心：

---

〔1〕我们无法确认奥尔米扎这个地方的具体位置，《犹太古史》也没有提到这个地名。

〔2〕或者，诸如"痛惜"（regretfully recall）似乎更符合其真正的含义。

〔3〕希律的有效统治期限从占领耶路撒冷的那一年——亦即公元前37年——开始计算。

〔4〕对比第三卷第433节；约瑟夫斯可能知道维吉尔对谣言（Fama）的描述，参见《埃涅阿斯纪》（Aen.）第四卷第173行及以下。

〔5〕这篇演讲独立于《犹太古史》第十五卷第127节中的演讲。在一些方面，它让人想起了修昔底德第二卷第60章中伯里克利（Pericles）的演讲（正如雅典那里的瘟疫那样，这里的地震也是一种来自"天国的惩罚"［visitation of heaven］）。

[4]（373）在我看来，你们现在的恐惧毫无理性可言。对于天国的惩罚，你们感到沮丧，这是非常正常的；然而，你们对入侵的敌人是如此恐惧，这只能说明你们太缺乏男子汉气概了。对于我自己而言，对地震之后敌人的入侵，一点都不感到恐惧，相反，我觉得这场灾难是上帝给阿拉伯人设下的诱饵，我们最终会报仇雪恨。这不是因为他们所自恃的武器或者他们适宜的行动，而是因为他们指望我们自己的意外灾难。不是自恃自己的强大力量，而是指望别人的不幸，这是极为荒谬的；因为，对于凡人而言，运气（fortune）不可能永远有利，也不可能永远不利。（374）我们可以清楚地看到，运气是非常善变的，它会从一端跳向另一端。对此，你们也可以从自己的经验中发现这方面的事例：在最初的战斗中，你们打败了你们的敌人，但是，随后他们又打败了你们，将来你们也完全可能再打败他们。因为，过度的自信会让他们放松警惕，而担忧则会让人更加谨慎；所以，你们的恐惧反而让我安心。（375）当初你们毫不理会我的建议，太过鲁莽地冲向敌军，以至于中了亚特尼安的诡计；对我来说，你们现在的踌躇和沮丧却是我胜利的保障。（376）然而，在一场迫在眉睫的大战[1]开始前，有这样的情绪是很正常的，可是一旦投入战斗，你们就必须鼓起士气，狠狠地教训这些恶棍，让他们知道，只要你们的身体一息尚存，任何灾难——不管是上帝施与的灾难，还是人为施与的灾难——都不能浇灭犹太人的英勇气概。你们当中没有任何一个人愿意眼睁睁地看着自己的财产交到一位阿拉伯人的手上，更何况，他常常差一点就成为你们的阶下之囚。

　　（377）不要让无生命的自然的扰动影响你们，也不要认为地

---

〔1〕如果这个文本（the text）正确的话，那么其真正的意思似乎是"在等待期间"（During the period of waiting）。

震是一场更大灾难的征兆。因为，受自然力支配的这些事故都有其自然法则上的成因，除了直接的损害，不会给人类带来任何更进一步的后果。瘟疫、饥荒和地震预先会有一些轻微的征兆，[1]但是，这些灾难本身的力量是有限的，它们只会有巨大的即时后果。我问你们，假如我们被打败的话，那么战争（war）[2]不比地震给我们带来更加严重的伤害吗？

（378）另一方面，在最近的一个事件中，我们的敌人却出现了灾难即将发生的一个明显征兆，这既不是自然的原因（natural causes），也不是其他民族行动的结果；而是因为他们背弃了人类的普遍法则（the universal law），那就是，他们残酷地屠杀了我们的使者；他们将这些戴着花冠的死难者看作是自己为赢得胜利而对上帝献上的祭品。但是，他们逃不过上帝全能的眼睛，也逃不过他那不可战胜的正义之手。如果我们仍保持着先辈的非凡勇气，并且现在就报仇雪恨的话，那么，他们一定会为自己犯下的罪行遭到应有的报复。（379）因此，让我们所有人都积极战斗，这不是为了保护我们的妻子、儿女和我们的国家，而是在为我们的使节复仇。相较于我们这些活着的人，那些死去的使节将会对这场战争起到更好的引领作用。如果你们愿意听从我的号令，我自己一定会在战斗中身先士卒；你们非常清楚，你们的勇气是所向无敌的，如果你们不采取一些鲁莽的行动而给自己带来伤害的话。[3]

[5]（380）这篇演讲重新激发了军队的士气，看到军队这样充

---

〔1〕 对比亚里士多德（Aristot.）在《论天象》（*Meteor.*）第二卷第8节中关于地震征兆的内容。

〔2〕 据猜测，这里或者有可能写作"敌人"（the enemy）。

〔3〕 ［中译按］《犹太古史》第十五卷第127—146节也记载了这篇演讲。

满斗志，希律向上帝献祭，然后率领自己的军队越过了约旦河。他将军队驻扎在靠近敌人的费拉德尔菲亚附近，[1]而且非常渴望立即开战。他最初与他们进行小规模的战斗，以争夺位于双方防线之间的一座堡垒。（381）敌军事先已经派了一支分遣队来占领这座堡垒；但是，国王派遣了一些士兵立即击退了他们，并将这座山丘保卫起来。希律每日向外派兵，部署一系列战阵，并挑战阿拉伯军队。然而，没有一个敌人出来应战——因为，不仅普通士兵（the rank and file）[2]惊恐异常，就连他们的将军埃提穆斯（Elthemus）也被吓得瘫痪在地（paralysed）[3]——因而，希律继续向前进军，并摧毁了他们的栅栏。（382）在被逼无奈之下，敌人终于出来战斗了，不过，他们的步兵和骑兵全都混在一起，乱作一团。他们的人数要超过犹太人，但他们缺少斗志，尽管对胜利的绝望已促使他们铤而走险。

[6]（383）因此，当他们坚持抵抗时，他们的伤亡还算轻微；但是，当他们转身后退时，就遭到了犹太人的屠杀，还有很多人被自己人踩踏而死。在溃逃中，有五千人殒命，其他人则成功地挤进壕沟防护的营地。希律团团围住并攻打他们，即使不是因为供水中断，以至于口渴难忍而投降，他们也无疑会因为希律的攻打而投降。（384）国王非常鄙夷地对待他们的使节，尽管阿拉伯人提供了五百塔兰特的赎金，却对他们愈加紧逼不放。干渴难耐的阿拉伯人成群结队地走了出来，主动向犹太人投降，以至于在五天的时间内就有四千人沦为俘虏。等到第六天，余下的人在走投无路的情况下出来作战；希律杀死

---

〔1〕即拉巴亚扪（Rabbath Ammon），亚扪人的古代首都（the ancient capital of the Ammonites）。

〔2〕"普通士兵"（the rank and file）或者可能写作"在他的军队面前"（in presence of his tropps）。

〔3〕"瘫痪/瘫痪在地"（paralysed）一词在这里的字面含义是"[吓得]突然住口/突然说不出话来"（dry）。

了他们大约七千人。（385）通过严惩阿拉伯人以及碾碎阿拉伯人的精神意志，希律在他们那里赢得了声誉——这个民族推选他为自己的"保护者"（Protector）。

第二十章

[1]（386）希律安然地渡过了这次严重的危机，但他很快陷入了对自身地位安全与否的巨大焦虑之中。他是安东尼的朋友，但是在亚克兴之战中，安东尼被凯撒[1]打败了。（事实上，他内心激起的恐惧比他自己感受到的还要多；因为只要希律仍然是安东尼的盟友，凯撒就会把胜利视作不完整的。）[2]（387）然而，国王决心面对危险。他航行到凯撒暂居的罗得岛，没有佩戴王冠，而是以一个普通人的装束和举止，但又不失国王气势地出现在凯撒面前。他的讲话非常直接，毫无保留地在凯撒面前讲述了所有的真相：

> （388）凯撒，我是被安东尼立为国王的，我承认我在所有事情上都全心全意地对他效劳。我也毫不避讳地说，即使阿拉伯人没有妨碍我，你肯定也会发现，我会全副武装地与他站在一起。我尽己所能地向他派遣了一支辅助部队和数千标准量（measures）的谷物；即使他在亚克兴之战中战败，我也没有背弃我的恩主。（389）当我不再是有用的盟友时，我成了他最好的顾问；我告诉他，有一个办法可以挽救他的失败，那就是杀死克里奥佩特拉。此外，我向他允诺，倘若他立即杀死她，我会给他提供金钱，并

---

〔1〕亦即屋大维（Oetavius）。
〔2〕这是夸大其词的叙述；《犹太古史》没有这番相应的叙述。

用城墙保护他的安全，不仅会率领一支军队，我自己也会像他的兄弟一样与你开战。（390）然而，由于他对克里奥佩特拉的迷恋，由于上帝（God）已将统治权授予你，他的耳朵被完全堵住了。我分享了安东尼的失败，他的垮台也祸及我的王冠。我之所以到你这里来，是因为我将自己的安全寄托在了自己的正直上，同时也因为我觉得你首先考虑的是我对朋友的忠诚，而不是我是谁的朋友。

[2]（391）对此，凯撒回答道：

你对你的安全尽管放心，而且你的王位会比以前更加稳固。你对朋友的忠贞不渝完全配得上你对众多臣民的统治。对那些更幸运的人，你要竭力地保持忠诚；因为就我自己而言，我对你的高尚品质抱有厚望。然而，安东尼确实唯克里奥佩特拉马首是瞻，完全视你为无物；因为他的愚蠢，我们赢得了你。（392）但你似乎已经帮了我的忙；因为昆图斯·迪迪乌斯（Quintus Didius）写信给我说，你派遣了一支军队支援他镇压那些角斗士。[1]因此，我现在就以法令的形式向你确保你的王国；我以后也会更进一步地确保你的利益，让你在即使没有安东尼的情况下也不会感到有任何损失。

[3]（393）在对国王说完这番慷慨仁慈的话后，凯撒把王冠戴在他的头上，并通过一项法令（decree）——在这项法令中凯撒对这位备受尊敬之人表示了充分而又慷慨的称赞——公开通报了这个奖赏。在用礼物抚慰了凯撒后，希律希望凯撒宽恕亚历克斯（Alexas）——

---

[1] 在亚克兴之战后，四处寻求援军的克里奥佩特拉派遣了一些安东尼在特拉普诺斯（Trapezus）训练的角斗士；这些角斗士虽然出发了，但中途遭到拦截。

他是安东尼的一位朋友，前来乞求怜悯。然而，凯撒对亚历克斯太过怨恨，抱怨希律的这位委托人（Herod's client）多次严重地冒犯过他。皇帝拒绝了希律的这个请求。（394）随后，当凯撒在前往埃及的途中经过叙利亚时，希律第一次用其王国中的所有物资招待他；当凯撒检阅自己在托勒米亚的军队时，希律一直骑马陪同这位皇帝；他盛情宴请凯撒及其朋友；接着，他又向热烈欢呼的军队分发了充足的物资。（395）随后，当他们穿过干旱的沙漠，进军至贝鲁西亚时，他为这支军队补足淡水，当他们回来时，他同样为其补足淡水；总之，军队不缺乏任何必需的物资。不仅凯撒自己，就连凯撒的士兵们都认为，希律太过狭小的王国与他提供的巨大物资不成比例。（396）因此，当凯撒——在克里奥佩特拉和安东尼死后——抵达埃及时，他不仅授予希律新的荣誉，而且让他兼并了克里奥佩特拉先前攫取的土地，[1] 还有迦达拉、西普和撒玛利亚，以及海滨城镇加沙、安塞顿、约帕和斯特拉托塔台。[2]（397）除此之外，作为礼物，他把先前克里奥佩特拉的一支护卫队——由四百名高卢人组成——赠送给希律。没有什么事情可以让凯撒送出如此慷慨大方的厚礼了。

[4]（398）在亚克兴首次举行竞技运动会[3]后，凯撒把特拉可尼（Trachonitis）的国土及其相邻的巴珊（Batanaea）和奥兰尼（Auranitis）一同授予希律。下面就是这次授予的原因。芝诺多鲁斯（Zenodorus）——此人租用了里萨尼亚的领土（the domain of Lysanias）——不断地从特拉可尼人那里派出强盗，以骚扰大马士革人；大马士革人于是逃到叙利亚总督瓦罗（Varro）那里寻求保护，并恳请他向凯撒报告他们

---

〔1〕参见第 361—362 节。

〔2〕斯特拉托塔台后来叫作凯撒利亚。

〔3〕第一届亚克兴竞技运动会于公元前 28 年举行；后来在公元前 24 年、前 20 年、前 16 年等年份也举行过。领土的扩大发生在第一届亚克兴竞技运动会之后，也即公元前 24 年末或者公元前 23 年初（舒尔）。

的损失。一经获悉这个消息，凯撒立即下令彻底摧毁这伙强盗的老巢。（399）因此，瓦罗派出军队，扫清了这个地区的害群之马，并剥夺了芝诺多鲁斯对这块土地的保有权（tenure）。接着，凯撒把它授予了希律，以防强盗再度把它当作基地来骚扰大马士革。在首次造访[1]的十年后，凯撒再次来到这个行省，他授予了希律整个叙利亚总督（procurator of all Syria）的高位；这就使（罗马）总督们未经希律的同意不得采取任何措施。（400）最后，等到芝诺多鲁斯去世，凯撒再一次将特拉可尼到加利利之间的所有领土全都授予了希律。但是，希律远不止这些特权，因为在凯撒的心目中，希律的重要性仅次于阿格里帕，[2]而在阿格里帕的心中，希律的重要性仅次于凯撒。从此（thenceforth），[3]希律迈向了人生的巅峰；他的崇高精神已经上升到了更高的高度，他的远大抱负主要指向了虔敬的事业。

第二十一章

[1]（401）因而，在其统治的第十五年，[4]希律重建了圣殿，通

---

〔1〕约在公元前 20 年。

〔2〕阿格里帕（M. Vipsanius Agrippa，公元前 63—前 12 年）：奥古斯都的忠实密友、重要助手和推定继承人（presumptive successor），同时也是潘特安（Pantheon）的建造者和罗马海军的组建者。

〔3〕"从此"（thenceforth）或者写作"由于这种有利的地位"（thanks to this favoured position）。

〔4〕按照《犹太古史》第十五卷第 380 节的记载，时间是"在他统治的第十八年"。这个时间似乎才是圣殿开始修建的正确时间（舒尔），而圣殿直到公元 28 年还未修建完成（《约翰福音》[Gospel of S. John]第二章第 20 节）。
　　[中译按]犹太人便说："这殿是四十六年才造成的，你三日内就再建立起来吗？"（《约翰福音》2：20）

过建造新的地基（new foundation-walls），他将周围地区扩建到原来面积的两倍。这个工程的花费是不可计数的，它的壮观也前所未有；作为证据，人们可以看到圣殿的庭院（the Temple courts）周围建造有巨大的柱廊，圣殿的北边则建造有一座居高临下的堡垒。希律从地基上重建了柱廊，不惜重金修复了这座堡垒，其风格与一座宫殿无异，他将这座堡垒命名为安东尼亚（Antonia），以纪念安东尼（Antony）。（402）他在上城建造了一座自己的王宫，这座王宫由两座最宽敞、最美丽的建筑组成，相比之下，甚至圣殿也相形见绌。这两座建筑分别以他朋友的名字命名，其中一座名叫凯撒里乌姆（Caesareum），另一座叫作阿格里帕里乌姆（Agrippeum）。

［2］（403）然而，他不满足于只用宫殿来纪念自己的赞助人（patrons）的名字；他的慷慨扩展到了整个城市的建造。在撒玛利亚地区，他建造了一座由长达二十弗隆的巨大城墙环绕的城镇，并引入了六千名拓殖者定居，给他们分配了大量高产的土地。在这块拓殖地的中央，他建造了一座献给凯撒的巨大神庙，围绕这座神庙，他圈了一块长达 1.5 弗隆[1]的圣地；他把这座城镇命名为"塞巴斯特"（Sebaste）——这个名称来源于"塞巴斯图斯"（Sebastus）或者"奥古斯都"（Augustus）。此外，他授予这座城市的市民以一种享有优待性特权的宪制（a privileged constitution）。

［3］（404）通过凯撒的赏赐，希律后来得到了另一块领土，在那块土地上，希律在约旦河的发源地附近——一个名叫潘尼安（Paneion）[2]的地方——建造了一座白色大理石的神庙。（405）在那里有一座高耸

---

〔1〕［中译按］在惠斯顿本中，英译者将其译作"3.5 弗隆"（three furlongs and a half），而不是"1.5 弗隆"（a furlong and a half）。然而，希腊语原意是"三个半弗隆"，也就是 1.5 弗隆，惠斯顿本明显译错了。

〔2〕［中译按］Paneion 亦写作 Panion。

入云的山峰；[1]山峰下的悬崖底部有一个缺口，这个缺口通向一个杂草丛生的山洞。山洞里面有一个深不可测的巨大深渊；深渊里面含有大量死水，但没有找到足够长的测深绳可以达到它的底部。（406）深谷里面有一股向外流出的泉水，有一些人甚至认为，约旦河就发源于这个泉水；但是，我会在之后的叙述中对它进行更为详细的描述。[2]

[4]（407）在耶利哥，这位国王又在塞浦路斯要塞（the fortress of Cypros）[3]和先前的宫殿之间建造了一些新的建筑，对接待客人而言，这些新建筑更为宽敞和舒适，并仍以那些朋友们的名字来命名。[4]总之，没有一处地方不表示对凯撒的深深敬意。接着，在自己的领土上建满了神庙（temples）之后，希律把表示敬意的纪念物充溢整个行省，并在众多城市竖立了纪念碑来纪念凯撒。

[5]（408）一座名叫斯特拉托塔台的海滨城镇吸引了希律的注意，虽然那座小镇已经破败不堪，但是由于地理位置优越，适合施展他的慷慨大方。他用白色的石头重建了这座城镇，并配建了最宏伟的宫殿，没有任何其他地方可以像这里展示出他内在的伟大品格。（409）从多拉到约帕的整个海滨沿线——这座城镇恰好位于这条线的中间位置——没有一座优良的港口，以至于所有从腓尼基开往埃及的航船必须停泊在一片开放的海域，该海域时时受到西南风的威胁；即使是最温和的海风，也会吹起巨浪猛拍向悬崖，以至于就连海水回流，也会在遥远的海域激起巨大的波动。（410）然而，通过巨额的花费和慷慨的投入，国王最终战胜了自然（nature），并建造了一座比比雷埃夫

---

〔1〕亦即黑门山（Mount Hermon），参见史密斯（G. A. Smith）：《圣地的历史与地理》（*Hist. Geog. of Holy Land*），第 473 页。

〔2〕参见第三卷第 509 节及以下。

〔3〕希律建造塞浦路斯要塞是为了纪念自己的母亲，参见第 417 节。

〔4〕亦即奥古斯都和阿格里帕。

斯港（Piraeus）[1]更为庞大的港口，且在隐蔽处建造了其他的深锚地（other deep roadsteads）。

[6]（411）尽管这个地方的自然环境异常桀骜不驯，但是，希律成功地克服了这些困难，他的那些砖石结构的坚固建筑牢牢地迎向大海，美丽的外观让它看起来根本就不是障碍。在测量了我们先前所说的这座港口的相对大小[2]后，他不断地向这二十法隆的海域（twenty fathoms of water）[3]填埋石料，经测量，其中大部分的石料长五十英尺，深九英尺，宽十英尺，[4]有些甚至更大。（412）海面下的地基甫一铺设完毕，他就在海面上建造了一座宽达两百英尺的防波堤；其中一百英尺是为了阻挡海浪而建造的，因此这部分被称为防波堤，[5]而其余部分则支撑着一道环绕这座港口的石墙。每间隔一段距离，就有一座巨大的塔楼从这道城墙上拔起，其中最高大、最壮观的一座名叫德鲁西安（Drusion）[6]塔楼——是以凯撒的继子德鲁苏斯（Drusus）[7]的名字命名的。

[7]（413）城墙上的众多入口[8]为进港的水手们提供了登陆的地方，而面向这些通道的整个圆形露台，则为上岸的旅客提供了宽阔的

---

〔1〕［中译按］Piraeus 亦写作 Pyrecum，该港口坐落在雅典。

〔2〕"这座港口的相对大小"（the comparative size of the harbour）亦即"比比雷埃夫斯港更为庞大"（larger than the Piraeus）（第 410 节）。

〔3〕［中译按］法隆（fathoms）是测量单位，1 法隆等于 6 英尺或 1.8 米。

〔4〕按照《犹太古史》的记载，宽不少于 8 英尺。

〔5〕［中译按］根据惠斯顿本的英译，这部分防波堤被称作"普洛库马提亚"（Procumatia）或者"第一防波堤"（the first breaker of the waves）。

〔6〕［中译按］"德鲁西安"（Drusion）亦写作"德鲁西乌姆"（Drusium）。

〔7〕《犹太古史》进一步补充说："他在年轻时就死了。"尼禄·克劳狄·德鲁苏斯（Nero Claudius Drusus，公元前 38—前 9 年）是利维娅（Livia）——奥古斯都后来的妻子——的儿子和日耳曼尼库斯（Germanicus）的父亲。

〔8〕"入口"（inlets）或者写作"拱形入口"（vaulted chambers）、"地穴 / 地下入口"（crypts）。

滨海步行大道。港口的入口是朝北的，因为在该纬度地区，北风是最有利的。海港入口处矗立着巨大的雕像，两边各有三尊，它们都立在圆形石柱之上；进港船只左侧的那些立柱是由一座巨大的塔台支撑的，而右侧的那些立柱是由两块垂直的石块夹在一起支撑的，石块的高度超过了对面塔台的高度。（414）毗邻海港的众多房子是用白石砌成的，城里的那些街道——街道彼此间隔的距离相等——都汇集于这座港口。在一块面向港口的高地上矗立了一座纪念凯撒的神庙（Caesar's temple），[1] 相当漂亮和宏伟；神庙里面有一尊巨大的皇帝雕像，其巨大程度不下于作为其范本的奥林匹亚宙斯（the Olympian Zeus）雕像，以及堪比阿尔戈斯（Argos）的赫拉（Hera）塑像的另一座位于罗马的皇帝雕像。希律把这座城市献给了这个行省，把这座港口献给了这些水域的航行者；不过，他把这些宏伟建筑的荣耀统统都归于凯撒，因而，他把该城命名为凯撒利亚（Ceasarea）。

[8]（415）希律也建造了其他的建筑——竞技场、剧场和公共场所，都是按照与这座城市的名称相称的风格建造的。他进一步设立了五年一度的运动会，同样以凯撒的名字命名；他在第 192 届奥林匹亚运动会上亲自举行仪式，并颁发了最高价值的奖品；在这些比赛中，不仅冠军，就连亚军和季军，也都得到了王室提供的慷慨奖品。

（416）对于战争期间被毁的一座海滨城镇安塞顿，希律也把它重建起来，并将它命名为阿格里皮亚（Agrippium）；[2] 他对自己的朋友

---

〔1〕严格地说，它是一座纪念罗马与奥古斯都的神庙（a temple of Rome and Augustus）——正如莱纳赫所说，在《奥古斯都》（Aug.）第 52 节中，苏埃托尼乌斯（Suet.）提及："尽管人们知道，常有通过决议在行省为总督建造神庙的事，但他不接受任何行省为他本人建造神庙，除非是为他和罗马的共同名义而建造。"（templa... in nulla provincia nisi communi suo Romaeque nomine recepit）。约瑟夫斯提到的这两座雕塑（the two statues）就说明了这点。
〔2〕《犹太古史》第十三卷第 357 节亦将它写作 Agrippias；这座城镇靠近加沙。

阿格里帕的感情是如此深厚，以至于将其名字镌刻在他于殿里（in the Temple）所立的那扇门上。[1]

[9]（417）没有人比希律更孝顺的了。作为对其父亲的纪念，他在自己王国内一块最好的平原上——那里河网密布、绿树成荫——建造了一座城市，并将它命名为安提帕特里斯（Antipatris）。[2]在耶利哥上方，他建造了一座非常漂亮而又坚固的城堡，并以自己母亲的名字命名为塞浦路斯，以此来纪念母亲。（418）对于自己的兄弟法塞尔，他在耶路撒冷建造了一座以其名字命名的塔楼；对这座塔楼的结构、宏大和壮美，我将在后面予以记载。[3]此外，在耶利哥北边的山谷里，希律也建造了一座名叫法塞里斯（Phasaelis）的城市。

[10]（419）但是，当他对自己的家人和朋友进行一番永恒性的纪念时，他也没有忽视对自己的纪念。因此，他在阿拉伯边境的山丘上建造了一座城堡，并以自己的名字命名为希律迪安（Herodium）。[4]在距离耶路撒冷六十弗隆的地方，他对一座人造的圆形（rounded）[5]山

---

〔1〕这里的殿指的是耶路撒冷圣殿。不过，我们并不知晓叫这个名字的特别的门（the particular gate）。

〔2〕安提帕特里斯亦即现在的拉斯－埃尔－埃因（*Ras el' Ain*），它位于耶路撒冷通往凯撒利亚的路上，在大约距离约帕十英里的内陆，位于约帕的东北方。

〔3〕参见第五卷第 166—169 节。

〔4〕[中译按] Herodium 亦写作 Herodion。在犹地亚，有两座城市或者城堡叫作希律迪安（Herodium），对此，约瑟夫斯都有所提及。希律迪安不仅在这里有所提及，而且，在《犹太古史》第十四卷第 360 节、第十五卷第 331—341 节，以及《犹太战争》第一卷第 265 节、第三卷第 55 节也提及了。其中一座希律迪安距离耶路撒冷两百弗隆远；另一座则距离耶路撒冷六十弗隆远。正如阿德里奇（Dean Aldrich）所指出，在《自然史》（*Hist. Nat.*）第五卷第 14 节中，普林尼（Pliny）也曾提及其中一座希律迪安。

〔5〕字面含义是"像女人胸脯的形状"（in the form of a breast / the shape of a woman's breast）。

丘赋予同样的名字，并进行了更加精心的装饰。[1]（420）在这座山丘的顶部，他建造了一座圆形的塔楼；在它的周围，他建满了豪华的宫殿，不仅宫殿内部建造得富丽堂皇，连外墙、城垛和房顶也都建造得气势恢宏。他花费巨资从远处引来充沛的淡水，而且用最纯洁的白色大理石砌造了一座两百级的台阶，从而可以轻易地攀登上去；尽管这座山丘完全是人造的，但它相当之高。（421）此外，在山丘的底部，他也另外建造了众多的宫殿，并配有舒适的家具，以供朋友们住宿。因而，这座堡垒应有尽有，看起来就像一座城镇，而它的禁区里只有一座宫殿。

[11]（422）在建造了所有这些地方之后，希律接着向众多的外邦城市展现他的慷慨。因而，他为特里波利斯（Tripolis）、大马士革和托勒米亚建造了运动场，为比布鲁斯（Byblus）建了一座城墙，为贝鲁特（Berytus）[2]和推罗建造了城墙和公共设施，并为西顿和大马士革建造了剧场。他也为海边的劳迪西亚建造了引水渠，为阿斯卡隆[3]建造了澡堂、豪华的喷泉和奢华的柱廊——无论是在艺术风格上还是在建造规模上，它们都令人称羡。此外，他还向其他民族捐献了自己的林地和牧场。（423）许多城市都得到了他赠予的土地，好像这些城市就是他自己的一样。（424）至于其他城市，例如科斯（Cos），

---

〔1〕这是为了纪念他战胜了那些与帕提亚人结盟的犹太人而建造的，参见第265节；即现代的杰贝尔－费雷迪斯（*Jebel Fereidis*，又名天堂山［Hill of Paradise］或者弗兰克山［Frank mountain］)，位于伯利恒（Bethlehem）东南大约四英里。另一座希律迪安的位置，则不得而知。

〔2〕［中译按］贝鲁特（在上古时期被称为Berytus，在现代则被称为Beirut）背靠贝鲁特山，位于凸出在地中海的狭窄滨海平原的支脉上和贝鲁特省海边，是黎巴嫩的首都，也是一个比较重要的港口城市。贝鲁特古名"水井之城"，由腓尼基人建立。在罗马帝国时期大希律王的统治下，贝鲁特开始变得富裕。

〔3〕［中译按］阿斯卡隆（Ascalon）：古代以色列最古老和最大的海港，非利士人的"五城"之一，位于加沙以北和雅法以南。

他则通过捐赠收入来维持体育馆官员（office of gymnasiarch）[1]每一年的报酬，以确保这个光荣的职位永远不会消失。他向所有申请人（to all applicants）[2]提供谷物；也一次次地向罗得岛人的造船业提供捐助，[3]而且，当他们的（their）[4]德尔菲神庙（Pythian temple）惨遭烧毁后，他自掏腰包重建了一座更大的神庙。（425）我还需要提及他对吕西亚人（Lycians）[5]、萨摩斯人（Samnians）[6]或者对整个爱奥尼亚（Ionia）地区的慷慨援助吗？不仅如此，雅典人、斯巴达人、尼科波利斯人（Nicopolitans）[7]和米西亚的帕加马人（Pergamum in Mysia），[8]他们哪一个不是满载希律赠予的礼物而归呢？叙利亚的安提阿的宽阔街道一度淤泥泛滥，难道不是他用那些光亮的大理石铺就的吗？他修建的这条街道长达二十弗隆，并装配有一条相同长度的柱廊，使其免遭雨水的蹂躏。

[12]（426）对于这些例子，有人或许会说，受益者仅仅只是这些特定的地区而已；然而，希律接着慷慨地向埃利斯人（Eleans）赠予礼物，他不仅对全希腊的普罗大众，而且对全世界的人——只要荣获了奥林匹克运动会的荣誉——他都赠予礼物。（427）因为他注意到，由于缺少资金，这些活动正日益减少，古希腊唯一的这一遗俗也正逐步衰败，于是他不仅接受了这项四年一度庆祝活动的主席职位——他

---

〔1〕亦即体育馆的管理员（keeper of the gymnasium），负责对节日期间比赛活动的运行，以及负责对教练员与培训师的维护和酬金。

〔2〕或者写作"向所有需要谷物的人"（to all in need of it.）。

〔3〕对比第 280 节关于"他在罗得岛的造船业处境糟糕"的内容。

〔4〕对比《犹太古史》第十六卷第 147 节。

〔5〕[中译按]吕西亚位于小亚细亚西南部的地中海临岸。

〔6〕[中译按]萨摩斯岛（Samos）位于爱琴海东部。

〔7〕[中译按]Nicopolitans 亦写作 the inhabitants of Nicopolis。

〔8〕[中译按]Pergamus in Mysia 亦写作 the inhabitants of Pergamum in Mysia。

在前往罗马的航行中[1]恰逢活动的举行，而且决定向他们一直捐助收入，以让人们永远记住他的主席身份。（428）如果让我来列举他免除的债务或者税金，那么，这将没有穷尽；例如，他减轻了法塞里斯[2]、巴拉尼亚（Balanea）[3]以及西里西亚地区众多城镇每年的税务负担。然而，他的高贵慷慨常常受到自我抑制，因为他担心自己给予它们的馈赠要比它们从自己的主人那里得到的更多，这会引起嫉妒，或被怀疑有更大的野心。

[13][4]（429）希律的才能与他的体质相匹配。他是一名异常出色的猎手，而且非常擅长骑术，有一次他在仅仅一天之内就捕获了四十头野兽；因为这个国家出产野熊，同时也盛产雄鹿和野驴。（430）他就是这样一个让人无法抵挡的战士；在训练场上，许多人在目睹了他精准的标枪投掷术以及高明的拉弓射箭术后都大感惊奇。然而，除了灵魂和身体的这些卓越禀赋之外，他也受到了好运（good fortune）的眷顾；[5]他在战场上很少失利，即使战败，那也不是由于他自己的过错，而是由于其军队的叛变或者鲁莽。

第二十二章

[1]（431）然而，通过家庭的变故，命运（fortune）对希律的

---

〔1〕这有可能是希律第二次（公元前 12 年）或者第三次（公元前 8 年）访问罗马（舒尔）。

〔2〕法塞里斯是吕西亚（Lycia）的一座海滨城市。

〔3〕巴拉尼亚位于劳迪西亚和阿拉图斯（Aradus）之间的叙利亚海岸线上，在塞浦路斯的对面。

〔4〕《犹太古史》没有相应段落（this paragraph）。

〔5〕参见和对比《犹太古史》第十七卷第 191—192 节的评价。

巨大成功展开了报复；他的多舛生涯源于一个他深爱的女人。（432）
一登上王位，他就赶走了自己仍是一介平民之时所迎娶的妻子多丽
斯——她是耶路撒冷本地人，并迎娶了亚里斯多布鲁斯之子亚历山大
的女儿玛丽安。[1] 正是玛丽安把纷争带进了他的家庭，这种纷争很早
就开始了，当他从罗马回来后，这种纷争愈演愈烈。（433）首先，为
了自己与玛丽安所生的儿子，他驱逐了与多丽斯所生的儿子安提帕特，
只允许安提帕特在节日期间返回耶路撒冷。接着，他处死了玛丽安的
祖父希尔堪——希尔堪是从帕提亚返回希律宫廷的，理由是希尔堪涉
嫌密谋。当巴萨法尼占领叙利亚时，[2] 希尔堪遭其俘虏，却在生活在
幼发拉底河对岸而又富有同情心的同胞的斡旋下获得了释放。（434）
假如他听从同胞们的建议，不要过河与希律见面，他就不会遭到诛杀；
但是他的孙女的婚事将他引向了死亡；他是在对故土的依赖和热切思
念的驱使下来到这里的，他激起了希律的怨恨，不是因为他对王位提
出了任何要求，而是因为根据权利，王位实际上就属于他。[3]

　　[2]（435）希律同玛丽安生育了五个孩子，其中两个是女儿，[4]
三个是儿子。年纪最小的儿子死于在罗马受教育期间；对于另外两个
年长的儿子，[5] 他则给予一种王子式的教育（a princely education），这
一方面是由于他们母亲的高贵出身，一方面则是由于他们出生时他
已登上了王位。（436）然而，对他们更为有利的则是希律对玛丽安
的激情与日俱增而不能自拔，以至于他完全没有意识到，麻烦的源
头正是自己深爱的爱人；因为，玛丽安对他的厌恶不下于他对她的爱
意。（437）希律过去的所作所为确实让玛丽安有理由心生厌恶，而希

---

〔1〕对比第 241 节。

〔2〕参见第 260 节。

〔3〕关于希尔堪放弃王位的内容，参见第一卷第 120 节及以下。

〔4〕即撒兰普西奥（Salampsio）和塞浦路斯（Cypros）。

〔5〕即亚历山大和亚里斯多布鲁斯。

律对她的宠爱让她可以直言不讳，她因其祖父希尔堪和其兄弟约拿单（Jonathan）[1]的命运而公开斥责希律。因为，希律甚至没有宽恕约拿单这位可怜的小伙子；在其十七岁时，希律授予约拿单高级祭司的职位（the office of high-priest），但是在授予这一荣誉后，希律旋即处死了他，因为在一次节日期间，当约拿单身穿祭司圣衣来到祭坛时，庞大的人群不约而同地掉下了眼泪。约拿单被连夜派往耶利哥，按照希律的命令，他在那里被高卢人（the Gauls）[2]投进游泳池中淹死了。

[3]（438）正是基于这些理由，玛丽安斥责了希律，随后，她又开始粗暴地对待希律的母亲和姊妹。希律被自己的痴情遮蔽了双眼；然而，两个女人却对玛丽安怒火中烧，控告玛丽安通奸——在她们看来，这项罪名最容易触怒希律。（439）同时，她们也设法编造了让他信以为真的许多其他事情，指控玛丽安把自己的画像送到了埃及的安东尼那里，画像里的玛丽安是如此放荡，以至于隔着距离，一个男人也会对她产生疯狂的性欲，心甘情愿为她诉诸武力。（440）这个指控像闪电一样击中了希律。他的爱意加剧了他的嫉妒；他想起了克里奥佩特拉的阴险诡计让国王里萨尼亚和阿拉伯的马奇乌斯陷入了毁灭。[3]他现在觉得，不仅自己的婚姻受到了威胁，就连自己的性命也

---

〔1〕在《犹太古史》第十五卷第 51 节等章节的记述中，"约拿单"亦被写作"亚里斯多布鲁斯"（这有可能是他的第二个名字）。

〔2〕《犹太古史》并没有对这一细节的记载，而且正如莱纳赫指出，这是一个时代错置。因为，在公元前 30 年克里奥佩特拉死后，希律才拥有高卢护卫（《犹太古史》第十五卷第 217 节；《犹太战争》第一卷第 397 节）。亚里斯多布鲁斯则早在五年前就被谋杀了。

〔3〕里萨尼亚是迦尔西国王（King of Chalcis）；《犹太古史》第十五卷第 92 节提到，他的被杀源于克里奥佩特拉的唆使；在一般所说的针对叙利亚的高级官员（high officials in Syria）的密谋中，《犹太战争》第一卷第 360 节没有提及他的名字。在该节的最末，马奇乌斯被认为是克里奥佩特拉有意针对的一名受害者（an intended victim），但没有进一步提到他的结局。

受到了威胁。

[4]（441）因此，在离开自己王国的前夕，希律将妻子托付给了约瑟——约瑟是希律的姊妹撒罗米的丈夫，同时也是希律忠诚的朋友，这种姻亲关系也进一步确保了他的忠诚性。希律给约瑟下达了一项密令：假如安东尼杀死了他，那么，约瑟就要把玛丽安给杀死。约瑟没有任何邪恶的意图，只是希望让玛丽安相信国王对她的深情爱意——因为即使死后希律也不能忍受与她分离，因而就向她透露了这个秘密。（442）希律回国后，[1]就与她亲密地性交，向她发下了诸多爱她的毒誓，并保证自己从未爱过其他任何一个女人。对此，她回答道："是吗？你密令约瑟处死我，这也是你爱我的表现吗？"

[5]（443）听到这项密令被泄露出去，他整个人变得魂不守舍起来。他惊叫，约瑟从来不会泄露自己的密令，除非约瑟诱奸了她。激情让他彻底发狂，他从床上一跃而起，心烦意乱地在宫殿周围踱来踱去。就在这时，希律的姊妹撒罗米也抓住机会中伤玛丽安，坐实了希律对约瑟的怀疑。在妒火之中，他下令立即处死他们两人。（444）然而，怒气消散之后，懊悔接踵而来；他的怒气一平息，他的爱意立即死灰复燃。希律是如此深爱着玛丽安，以至于不相信她已经死了，他精神错乱地和玛丽安说话，就好像她仍然活着一样；直到时间教会了他面对这个残酷的事实，在她死后，他的悲伤与他在玛丽安还活着时对她的爱意一样刻骨铭心。[2]

---

〔1〕约在公元前 29 年。

〔2〕关于玛丽安之死，《犹太古史》第十五卷的相关叙述完全不同。这里有两个非常相似的片段（two episodes）。一是在希律远航到安东尼那里期间（公元前 34 年），约瑟的一个轻率举动导致了他被处死，玛丽安也遭监禁。二是希律远航至奥古斯都那里期间（约在公元前 29 年），索穆斯（Soemus）的一个类似的轻率举动导致了玛丽安的受审、定罪和处死。

第二十三章

[1]（445）玛丽安的儿子们继承了母亲的怨恨，想到父亲犯下的滔天罪行，他们甚至在自己于罗马接受教育的人生初期就将他视作仇敌，在他们回到犹地亚后更是如此。（446）这种敌对关系随着他们年岁的增长而增长；到了适婚年龄，其中一个[1]迎娶了撒罗米——他们的姑母，同时也是他们母亲的控告者——的女儿，另一个[2]则迎娶了卡帕多西亚国王阿基劳斯（Archelaus，King of Cappadocia）的女儿。现在，他们在公开讲话中发泄自己心中的仇恨。（447）他们的鲁莽给了诽谤者利用的口实，其中一些人甚至直白地告诉国王，他的两个儿子在密谋反对他，其中一个儿子——阿基劳斯的女婿，依靠岳父的影响力，正准备逃走，目的是在皇帝面前控告自己的父亲。（448）希律的头脑里现在全是这些诽谤话，他把自己与多丽斯所生之子安提帕特叫来，以作为抵御另外两个儿子的屏障，并开始在各个方面尊崇安提帕特。

[2]（449）对于两个年轻人来说，这种反差是难以忍受的。看到出身低微的女人所生的儿子得到了提拔，对自己的高贵出身深感自豪的他们，就禁不住怒火中烧，乃至在每一个恼怒的场合公开表达愤怒。（450）结果，在往后的日子里，他们越来越不受待见，而安提帕特则因为自己的功绩而受到尊敬。安提帕特非常擅长讨好自己的父亲，而且，他对其同父异母的兄弟们捏造了各种各样的污蔑之词——其中有一些是他亲自编造的，另一些则是他的亲信们在他的怂恿下捏造的——直到最终完全摧毁了他的兄弟们登上王位的希望。（451）因为，无论是根据其父的旨意还是根据公开的举动，现在的他都被宣布

---

〔1〕即亚里斯多布鲁斯。
〔2〕即亚历山大。

为王位继承人：[1]当他作为使者出使凯撒之际，他以王子的身份前往，穿着王室礼袍并配合所有的王室仪式，除了没有佩戴王冠。最终，他的影响力强大到足以将自己的母亲带回到玛丽安的睡床（Mariamme's bed）上；对于自己的兄弟们，他使用了奉承和诽谤两种手段来对付，他悄无声息地影响着国王的思想，甚至让国王产生了处死自己两个儿子的想法。

［3］（452）不管怎样，他们两人中的一人——亚历山大——被自己的父亲拽去了罗马，并在凯撒面前被控告企图毒害希律。[2]这个年轻人发现，自己终于有机会自由地发泄不满了；然而，在一位远比安提帕特更有经验，也远比希律更富睿智的法官面前，他审慎地掩盖了自己父亲所犯下的过错，却有力地揭露了针对自己的诽谤之词。（453）他接着证明自己的兄弟——危在旦夕的伙伴——同样是无辜的，随后，他愤怒地控诉了安提帕特的邪恶，以及他和他的兄弟所遭受的耻辱。他的问心无愧和能言善辩帮助了他，他是位出类拔萃的演说家。（454）最后，他说道，倘若他们的父亲真的相信这些控告是确实的，那么，他有权处死他们，这番讲话让所有听众都哭泣流泪，凯撒也深受触动，以至于宣布撤销这些指控，并让希律与他们当场和解。不过，和解的条件是，他们在所有方面都必须顺服他们的父亲，而且，希律可以自由地将自己的王国传给想要传给的人。

［4］（455）接着，国王离开罗马回到了家乡，他撤销了针对两个儿子的控告，不过，他仍然没有丢弃自己的怀疑。陪伴在希律左右的安提帕特，一直是这一切仇恨的根源；然而，出于对调停者的敬畏，

---

〔1〕约在公元前 13 年。

〔2〕按照《犹太古史》第十六卷的记载，希律的两个儿子都被他带到了意大利，而且，审问是在阿奎莱亚（Aquileia）进行的，而不是在罗马城进行的（第十六卷第 91 节）。

安提帕特没有公开表露自己的怨恨。（456）在驶离西里西亚海岸后，希律停泊在埃拉乌萨（Elaeusa），[1] 阿基劳斯盛情款待了他，并为其女婿的无罪判决向他道贺，对这场和解感到由衷地高兴；因为，阿基劳斯先前曾写信给自己在罗马的朋友们，让他们在审判时帮助亚历山大。他陪着客人们一直走到了泽法里安（Zephyrion），而且向希律赠送了价值达三十塔兰特的礼物。

[5]（457）一回到耶路撒冷，希律就召集民众，向他们展示了自己的三个儿子，并对自己的离开表示歉意；同时，他将极大的感谢归给上帝和凯撒，因为凯撒重建了他的纷乱的家庭，给他儿子们的恩惠比一个王国还要大，那就是和睦。他接着说道：

（458）和睦的这根纽带，我要更加牢靠地系在自己身上；因为，凯撒已立我为这国的国王，做王位继任人的裁决者，我也将审视自己的优势，以回报他的厚意。我现在郑重宣布，我的三个儿子都将立为国王，对于这个决定，我首先恳求上帝的应允，然后，我恳求你们的应允。他们都享有继承权，其中一个是根据他的年龄，另外两个则是根据他们高贵的血统。确实，我的王国非常庞大，乃至足以容纳更多的人来充任国王。（459）因此，凯撒所联合的，且由他们父亲现在所任命的，你们都必须予以支持；你们既不要授予他们不应得的（undeserved）荣誉，也不要授予他们不公平的（unequal）[2] 荣誉，而是要按照他们各自相称的等级（the rank）来授予荣誉；因为，授予超出其年龄所需的荣誉，你

---

〔1〕埃拉乌萨（Elaeusa）是一座岛屿，后来被称作塞巴斯特（Sebaste），靠近西里西亚，岛内有这位卡帕多西亚国王阿基劳斯的王宫，斯特拉波（Strabo）对此予以证实，参见斯特拉波第十五卷第 671 节。
〔2〕其希腊语含义是"不对等的"（uneven）。

们对他的这种满足所造成的危害，不会少于你们对他的轻视所造成的痛苦。（460）对于与我的每个儿子进行交往的那些顾问们（advisers）和随从们（attendants），[1] 我将会亲自挑选，我会让他们负责确保王国的和平，也会让他们意识到王子之间的争吵和纷争是由于伙伴的邪恶影响造成的，而品性高洁的伙伴则会促进他们之间的自然感情。

（461）然而，我必须要求这些人，不仅要求他们，也要求我的军官，现在必须将他们的希望寄托在我一个人的身上；因为，我现在只把王室的荣誉，而没有把王国移交给我的儿子们。他们将享受权力带来的乐趣，就好像他们是实际的统治者一样，但是，行政的重负仍将由我承担，不管我自己愿意与否。（462）请你们每一个人考虑一下我的年龄、我的生活方式和我的虔敬。我的年龄尚未衰老到不久就行将就木的程度，我也没有沉溺于奢侈的享乐，即使是年轻人，这种奢侈的享乐也会让他们短命；我是如此虔诚地侍奉上帝，因而，我希望我能活得长久。（463）因此，那些与我的儿子们交好，想要毁灭我的人，不管他们是谁，出于对儿子们着想，也出于对我自己着想，我都必将严惩他们。我不是嫉妒自己的儿女，从而限制别人讨好他们的那种人；而是我知道，这样的讨好会激发他们的鲁莽。（464）凡是接近我的儿子们的人，只要谨记：如果他行事光明磊落，那么，他将会得到我的奖赏；然而，如果他到处挑拨是非，那么，他的恶意举动不会给他带来任何好处，即使是他奉承的对象也不例外；我想，他们都会站在我这一边，而站在我这一边就等于站在我儿子一边；因为，我作王统治会对他们有利，而他们的和睦相处会对我有利。

---

〔1〕正如莱纳赫指出，συγγενεῖς［亲属们］和 φίλοι［亲信们］是希腊化宫廷（a Hellenistic court）中关于等级制度的专门术语。

（465）至于你们，我的好孩子们，首先，你们要想到神圣的自然纽带（the sacred ties of nature），而这种神圣的自然纽带维持了自然情感，要知道，即使野兽中间都有这种情感；其次，你们要想到促成我们和解的凯撒；最后，你们要想到我，是我恳求你们按照我的命令行事而继续保持你们的兄弟之情的。从这一刻起，我会给你们王室长袍和王室随从；如果你们和谐相处，我祈祷上帝支持我的决定。

（466）说完这番话，他亲切地拥抱了自己的每一个儿子，接着解散了民众。其中一些人与他一起进行了祈祷；[1]但是，对于那些渴望改变的人来说，他们假装根本没有听见一样。

第二十四章

[1]（467）然而，兄弟们离去时，心里的不和仍郁积难消。在分开后，他们比以前更加怀疑对方：亚历山大和亚里斯多布鲁斯对安提帕特的长子继承权的确认感到愤愤不平，安提帕特则对其兄弟们的等级特权的授予感到满腹怒气，尽管他们都要逊于他。（468）然而，安提帕特生性诡诈，懂得如何把握说话的分寸，非常巧妙地掩盖了自己对其兄弟们的憎恶；另外两人则依仗自己的高贵血统，直言不讳地说出了真实的想法。此外，许多人在进一步地对他们火上浇油，更多的人则悄然地骗取他们的友谊，以窥伺他们。（469）在亚历山大的圈子

---

〔1〕［中译按〕惠斯顿本将其译作："有些人赞同他说的这番讲话，而且，他们希望能有相应的效果"（some of which gave their assent to what he had said, and wished it might take effect accordingly）。

（Alexander's circle）中间所说的每一句话，都会立即传到安提帕特的耳中，而安提帕特又会将这些话添油加醋地传给希律。年轻人说的一句无足轻重的话也会遭到构陷，因为，出于诽谤的目的，他的话语都会被曲解；如果他说话随意一点，即使是再微不足道的小事，也会被夸大成滔天大罪。（470）安提帕特不断地让自己安插的间谍来激怒亚历山大，以便使自己的谎言有一些真实的根据；如果在诸多的传言中有一项确定是真实的，就足以证明其余的传言也是真实的。至于安提帕特的朋友们，他们要么天生谨慎而守口如瓶，要么就被礼物所笼络而不会透露任何秘密；因而，安提帕特的秘密都没有泄露出来。如果有人将安提帕特的生活称作是一种神秘的邪恶（a mystery of iniquity），[1] 这应该是没错的。另一方面，亚历山大的伙伴们要么被贿赂，要么被诱人的奉承所蒙蔽，通过这两种有效手段，安提帕特使他们变成叛徒和探子，转而报告他兄弟的一切言行。（471）安提帕特仔细地观察着这出正在上演的戏剧的每一个细节，并以高超的技巧计划着将这些诽谤之词传到希律的耳朵里，他自己扮演一个爱护手足的角色，而将告密者的角色留给别人。因而，当有人说亚历山大的坏话时，安提帕特就会挺身而出，假装站在兄弟一边，最初他会嘲笑这些指控，但随后他会悄悄证实这些指控，从而激起国王的愤怒。（472）其目的就是通过设下圈套，让人以为亚历山大正虎视眈眈地寻找机会谋杀自己的父亲——没有什么比安提帕特对自己兄弟的辩护更能证实这些诽谤了。

［2］（473）这些影射激怒了希律，以至于他对两位年轻王子的感情日渐减少，对安提帕特的感情则与日俱增。国王对两位年轻人的疏远也传染给了王宫里的其他人，其中一些人是出于主动，另一些人则

---

〔1〕对照《新约》中的"不法的隐意"（the mystery of lawlessness，μυστήριον τῆς ἀνομίας）这个习语，参见《帖撒罗尼迦后书》（2 Thess.）第二章第 7 节。
　　［中译按］因为那不法的隐意已经发动，只是现在有一个拦阻的，等到那拦阻的被除去。（《帖撒罗尼迦后书》2：7）

是出于国王的命令，比如托勒密，[1]他是国王最敬重的朋友，也是国王的兄弟们及家人们的朋友。安提帕特权势熏天，亚历山大则深受重创，而安提帕特的母亲[2]同样权势熏天，她与安提帕特结盟反对那两位年轻人，也比继母更加冷酷无情，她对王后所生的儿子们的憎恨远远超过对一般的继子的憎恨。（474）由于安提帕特占据了有利地位，因此现在所有人都向他大献殷勤；国王给自己那些最亲密的朋友们下令，禁止他们接近或者关心亚历山大兄弟，这个命令进一步促使人们抛弃安提帕特的两位竞争对手。此外，希律的可怕影响力超越了他自己的国土，扩展到了他在国外的朋友；相较于其他国王，凯撒授予希律的特权前所未有：他可以抓回任何从他那里逃走之人，即使他们逃到了不属于他管辖的国家。（475）与此同时，由于两位年轻人从未被父亲公开地责备过，因此他们完全无视这些诽谤，也毫无防备，甚至比以前更加地敞开心扉；然而，由于他的冷漠，以及任何惹他不满的事情都会引发他对他们的粗暴对待，他们逐渐认清了真相。安提帕特进一步激起了他们的叔叔菲洛拉斯和他们的姑姑撒罗米对他们的敌意，他就像对待自己的妻子一样，一直不停地哄诱撒罗米，成功地激发了她的憎恶之情。（476）此外，亚历山大的妻子基拉菲拉（Glaphyra）[3]加深了撒罗米的敌意，基拉菲拉不断吹嘘自己的高贵出身，并自命为宫廷中所有女士的女主人，因为，她父亲的一支出自特米努斯（Temenus），[4]

---

〔1〕在罗得岛时，托勒密款待过希律（第一卷第 280 节），同时是其遗嘱执行人（第一卷第 667 节），并热情地照顾过阿基劳斯（第二卷第 14 节）。

〔2〕即多丽斯。

〔3〕卡帕多西亚国王阿基劳斯的女儿（第 446 节）。

〔4〕特米努斯（Temenus）是赫拉克勒斯的后裔之一（one of the Heracleidae），赫拉克勒斯将自己的名字送给了马其顿的特米尼德国王（the Temenid kings of Macedonia），参见修昔底德第二卷第 99 章；阿基劳斯以此声称，自己就是特米尼德的后裔。

而她母亲的一支则出自赫斯塔斯佩斯之子大流士（Darius son of Hys-taspes）。（477）另一方面，她不断地嘲笑希律的姊妹及妻子们的低微出身，甚至嘲弄道，她们所有人之所以被他挑中，完全是因为她们的美貌而非她们的家庭。希律的妻子众多，因为犹太人的习俗允许一夫多妻，而国王当然也愿意享受这种特权。基于对基拉菲拉的傲慢和指责，所有这些人都憎恨亚历山大。

［3］（478）亚里斯多布鲁斯也疏远了自己的岳母撒罗米，因为撒罗米已对基拉菲拉的刻薄嘲弄心生怨恨；他不断地责骂自己的妻子出身低微，说自己迎娶的是一位卑贱的平民女子，而自己的兄弟亚历山大迎娶的则是王室出身的公主。（479）于是，撒罗米的女儿就向母亲哭诉；她还补充道，亚历山大和亚里斯多布鲁斯威胁说，等到他们登上王位，他们要让其他兄弟的母亲们与那些女奴一起在织布机上织布，并让那些身为王子的兄弟们成为乡村书记员（village clerks），[1] 以讽刺他们所受到的良好教育。对此，撒罗米怒不可遏，立即全部报告给了希律；由于她控告的是自己的女婿，所以，她的指控显得特别有分量。（480）另一个诽谤同时也流传开来，它点燃了希律的怒火。有人告诉他，两位年轻王子一直不停地在嘴里叨念着他们母亲的名字，一边悲戚自己的母亲，一边诅咒希律；当希律像往常一样把玛丽安的一些衣服分发给他新近娶来的几位妻子时，他们威胁说，过不了多久，她们所穿的就不会是王室的衣服，只会是破旧的麻衣了。

［4］（481）听到这些传言后，尽管希律有些担心这两个精力充沛的年轻人，但他仍没有放弃让他们改邪归正的希望。就在他起航前往罗马之前，他派人将他们叫到自己面前，首先以一名国王的身份发表了一些简短的威胁，接着，他主要以一名父亲的身份发表了

---

〔1〕［中译按］在惠斯顿本中，英译者将"乡村书记员"（village clerks）译作"乡村教师"（country schoolmasters）。

一通长长的训诫，告诫他们兄弟之间要相互友爱，并承诺宽恕他们过去的过错，如果他们将来改过自新的话。（482）然而，他们否认了这些指控，宣称它们都是假的，而且向父亲保证，他们的行动会证明他们的宣称；然而（他们补充说），他应该对这些流言充耳不闻，不要轻易地相信它们；因为只要有人愿意听，就永远不会缺少诽谤他们的人。

[5]（483）他们的这番话很快打消了父亲的疑虑。然而，即使就这样消除了眼前的麻烦，他们依旧对未来忧心忡忡，因为他们知道撒罗米和他们的叔叔菲洛拉斯的敌意。这两人都是非常危险而又让人胆寒的，其中菲洛拉斯尤其可怕，因为，除了希律的王冠，在王国的一切事务上他都是希律的伙伴。他享有一百塔兰特的私人收入，并享有从整个外约旦地区获得的收益——这是他哥哥赠送的一个礼物，在征得凯撒的同意后，他的哥哥还将他立为藩属王（tetrarch）。希律还曾赐予他一位出身王室的妻子，这个人不是别人，正是希律自己妻子的妹妹。[1]当她去世后，希律又郑重地以三百塔兰特的嫁妆，将自己最年长的女儿（the eldest of his own daughters）[2]许配给了他。（484）但是，由于倾心于一位侍女，菲洛拉斯拒绝了这项王室联姻。希律对这种怠慢非常生气，就把女儿嫁给了自己的一位侄子，[3]这个侄子后来被帕提亚人杀死了；不过，希律的愤怒不久就平息了，他也原谅了自己那位害了相思病的弟弟。

---

〔1〕关于她的名字，我们不得而知。

〔2〕即玛丽安一世（Mariamme I）的女儿撒兰普西奥。

〔3〕即希律的兄弟法塞尔之子（《犹太古史》第十六卷第 196 节），他的名字也叫法塞尔（《犹太古史》第十七卷第 22 节）。我们对这位年轻人的命运一无所知；莱纳赫认为，在下面的文字中，文本上有一些混乱或错误的地方，并且认为，约瑟夫斯想要表达的是"之前被帕提亚人杀死的法塞尔之子"（son of Phasael who had been previously killed by the Parthians），参见第一卷第 271 节。

[6]（485）很久之前，当王后[1]仍活着之时，菲洛拉斯就被指控密谋毒害希律；尽管希律对弟弟的感情至为深厚，但是，当时如此之多的告密者跑到他的面前，以至于希律不得不相信他们的报告，并采取了防范措施。在拷打了众多嫌犯后，他最后来到菲洛拉斯的朋友们面前。（486）这些人当中没有一个人直接承认有这样一个阴谋，尽管他们说，菲洛拉斯正准备带着希律的爱人一同逃往帕提亚，他们还说，撒罗米的丈夫科斯托巴鲁斯（Costobarus）是菲洛拉斯这项计划的共犯，也是菲洛拉斯打算一起逃亡的伙伴。在撒罗米的前夫被指控犯有通奸罪而被处死之后，希律将她嫁给了科斯托巴鲁斯。（487）甚至撒罗米自己也没有逃过被污蔑的命运，因为，她的兄弟菲洛拉斯指控她同阿拉伯国王、奥巴达斯总督（the procurator of Obadas），[2]同时也是希律最痛恨的敌人撒拉乌斯（Syllaeus）达成了联姻协议。然而，尽管她在这件事上和菲洛拉斯所指控的其他事上被判有罪，但是她仍旧得到了宽恕；对于菲洛拉斯本人被指控的那些罪行，国王也予以宽恕。

[7]（488）但是，整个希律家族的风暴因而转移到了亚历山大身上，全部落在他的头上。有三个太监最受希律的宠信，从他们被委任的工作上就可以清楚地看出来：其中一个给希律斟酒，一个服侍希律享用晚餐，第三个则睡在希律的卧房里，服侍希律就寝。（489）出于

---

〔1〕亦即玛丽安一世（Mariamme I）。

〔2〕这里的"代管事"（procurator）或者写作"总督"（viceroy）；参见《犹太古史》
第十六卷第 220 节（撒拉乌斯治理着不太活跃的奥巴达斯王国）。
[中译按] proconsular 亦写作 pro-consular，一般译作"代执政官"或者"代
理执政官"，是执政官的替代者，他们代替执政官发挥作用，正如代管事
（procurator）代替管事（curator）发挥作用。参见塞维里的伊西多尔：《塞维里
的伊西多尔对"王政"与"公民"的释义》，张笑宇译，载《罗马古道》（《海
国图志》第五辑，林国华、王恒主编，上海人民出版社 2010 年版），第 119 页。

其罪恶的目的，亚历山大用大量的礼物贿赂了这些人；国王获悉此事，立即对他们进行了严刑拷打。他们立即交代了与亚历山大的关系，并揭发了亚历山大对他们所做的承诺。他们说，亚历山大诱骗他们说："（490）你们不应该把希望寄托在希律身上，他不过是一个把头发染黑而又不知羞耻的糟老头子罢了，除非这种伪装居然真让你们当他是年轻人；而我亚历山大才是你们应该关注的人，因为，不管他愿意不愿意，我都将是继承王位之人，在不久的将来，我就会报复我的敌人，也会报答赐福给我的朋友们，其中首先就是你们。"（491）他们补充说，有一些重要人物已经暗自向亚历山大大献殷勤，军队中的诸多将军和军官也已经与他进行了秘密的会面。

［8］（492）这些揭发让希律深感恐惧，以至于他不敢立即公开它们；但是，他夜以继日地派出密探，仔细地检查一切言行，并立即处死了所有涉嫌的人员。（493）整个王宫都处于一片混乱和惊恐之中。为了满足个人的恩怨或者敌意，所有人都在造谣诽谤；许多人借着国王嗜血的报复欲，打压自己的对手。谎言很容易信以为真，而惩罚甚至比诽谤来得更快：之前仍在控告他人的控告者，很快遭到了其他人的控告，结果，他和先前被判有罪的人一起遭到了处死；由于面临生命威胁，国王大大压缩了调查的时间。（494）他是如此愤懑，以至于对那些没有受到指控的人都怒目而视，甚至对自己的朋友也一脸严肃。因此，他禁止他们当中的许多人进入宫廷，而对那些他没有权力惩罚的人，则用严厉的语言斥责他们。（495）为了使亚历山大的不幸雪上加霜，安提帕特纠集了一帮狐朋狗友，绞尽脑汁对他进行各种污蔑中伤。那些煞有介事的杜撰和捏造实际上已经让国王惊恐万状，以至于他好像看见亚历山大手握利剑向自己奔来。（496）因此，希律突然逮捕和监禁了这个年轻的王子，接着，希律开始拷打他的朋友们。许多人至死都保持缄默，他们没有说出任何违背良心的话；然而，其他一些人因为受不了酷刑而说谎，他们说道，亚历山大和他的兄弟亚里斯

多布鲁斯正在密谋反对希律，当希律外出打猎时，他们会乘机刺杀他，然后逃往罗马。（497）尽管这些供词明显是在酷刑之下被逼编造的，毫不足信，但是国王依然相信它们，他心安理得地监禁了自己的儿子，在他看来，这样做并无任何不妥。

第二十五章

［1］（498）在意识到无法撼动父亲的决定后，亚历山大决定勇敢地面对这场灾难。因此，他撰写了四卷书来对付自己的敌人，在书中他承认了这次阴谋；同时也告发道，他们中的大多数人都是自己的同党，尤其是菲洛拉斯和撒罗米；他声称，在一天晚上，她甚至进入他的房间，不顾他的反对，强行与他发生了不道德的男女关系。（499）这些书最终落到了希律的手中，书中对当权人物进行了大量令人震惊的指控；由于担心自己的女婿和女儿，阿基劳斯现在也急忙赶到了犹地亚，以其非凡的智慧帮助他们，用计谋成功地把国王的威胁转移到了另一个方向上。在他遇到希律的那一刻，他喊道：

（500）我那恶棍女婿在哪里？我去哪里找这个弑父者？我要亲手把他撕成碎片。我的女儿也将和她的好丈夫共享一样的命运；因为即使她没有参与他的阴谋，作为这样一个恶棍的妻子，她就已经受到了玷污。（501）但是，作为这场阴谋的受害者，您的忍耐也让我深感震惊，因为亚历山大到现在仍然活着！我急匆匆地从卡帕多西亚赶来，就是希望见到这个罪犯早日受到罪有应得的正法，同时也希望对我的女儿早日进行审问——出于对您高贵地位的尊重，我将女儿嫁给了那个混蛋。现在我想，我们不得不仔细考虑一下他们这两口子了。假如出于父爱而不忍心对犯上作乱的儿子施加惩罚，那么，就让我们相互帮助，互换位置，以将我们的怒气倾倒在我们的孩子身上。

[2]（502）他用这番咄咄逼人的演讲哄骗了希律，尽管希律摆出一副抗拒的神气。不管怎样，希律把亚历山大撰写的那些书交给了他，和他一起逐章检阅，仔细地推敲。阿基劳斯从中发现一个可以进一步施展自己诡计的机会，于是，他就逐渐地将责任转移到记在书中的那些人身上，尤其是菲洛拉斯。（503）当他发现自己正在赢得国王的信任时，他说道：

> 我们必须审慎地考虑到，所有这些恶棍都在密谋对付这个年轻人，而不是这个年轻人在密谋对付你。因为，在已享有王室的荣誉，并有望继承王位的情况下，我看不出他有什么理由犯下这种可怕的罪行，除非有其他人引诱了他，从而误导了易受驾驭的年轻人的心灵。众所周知，这种人不仅欺骗年轻人，也欺骗老年人；他们有时甚至颠覆最显赫的家族和整个王国。

[3]（504）对他说的这番话，希律深以为然；希律暂时减少了针对亚历山大的怒气，并将不满发泄到了菲洛拉斯的身上，因为，菲洛拉斯是四卷书中牵涉的主要人物。菲洛拉斯注意到国王在态度上的巨大变化，以及作为其朋友的阿基劳斯对他的重大影响，因而对通过体面手段保全自己的性命深感绝望，转而寻求一种厚颜无耻的自我保全方法。他放弃了亚历山大，去乞求阿基劳斯的怜悯。（505）阿基劳斯回答说，对于一个卷入如此严重指控的人而言，他也不知道怎样为其乞求宽恕，这些指控已被证实，菲洛拉斯在密谋反对国王，而且也是使年轻的王子遭遇不幸的罪魁祸首，除非菲洛拉斯停止自己的罪恶行动和抵赖行径，承认被指控的罪行，并乞求仍旧深爱着他的兄弟的原谅。

阿基劳斯说，如果他愿意这样做，自己将竭尽所能向他提供一切帮助。

[4]（506）菲洛拉斯接受了他的建议；为了激起最深切的怜悯，他身穿黑色的衣服，眼里满含泪水跪倒在希律的脚下，像曾经所做的那样恳求希律的宽恕。他承认自己是一个肮脏的恶棍，犯下了所指控的全部罪行，但是，这些都是由于他对妻子过度迷恋，才导致他精神错乱和失常，从而犯下了这些不可饶恕的罪恶。（507）阿基劳斯就这样促使菲洛拉斯表现为一个自我控告者并自证己罪，然后开始为他求情和平复希律的怒气，他以自己的家庭作为例子来说明。他说，他也遭受过自己兄弟的严重伤害，但是，他仍然选择了血缘亲情，而不是复仇欲望；因为，在一个王国之中，就像在一个肥胖的身体中一样，总会有一些部位因其所支撑的重量而红肿发炎，但是，正确的做法不是简单地切除，而是进行小心的治疗。

[5]（508）通过诸多这样的话语，阿基劳斯成功地安抚了希律对菲洛拉斯的不满。然而，阿基劳斯仍在假装生亚历山大的气，他坚持要求亚历山大与自己的女儿离婚，而且，他会将她从亚历山大身边带走；直到阿基劳斯使希律彻底转换了位置，使希律反而变成这位年轻人的求情者，再一次地请求阿基劳斯将其女儿许配给自己的儿子。然而，阿基劳斯以一副真诚无邪的表情说道，他会让女儿嫁给除亚历山大以外的任何人，其实他最大的愿望就是维持自己与希律的姻亲关系。（509）对此，国王回答说，鉴于他们夫妻已经育有小孩，这个年轻人又如此深爱自己的妻子，因此，如果阿基劳斯同意不拆散他们的婚姻，那就是为他挽回了儿子。如果她仍旧是亚历山大的妻子，那么只要她在场，亚历山大就会为自己的错误感到羞愧；然而，如果她离开的话，亚历山大就会陷入绝望而不能自拔；因为，这样的年轻人最需要家庭的温情，以抚慰和转移因鲁莽而遭受的挫折。（510）希律好不容易说服阿基劳斯同意与这个年轻的罪犯重修旧好，而且，这个年轻人也要与自己的父亲重修旧好；他又补充说，绝对有必要派遣这个年轻人出

使罗马面见凯撒，因为，他先前已经把整个事件报告给了皇帝。[1]

[6]（511）这就是阿基劳斯用以挽救自己女婿的计谋的结局。和解之后，时间就在欢乐的庆祝活动和礼仪性的交谈中度过了。在阿基劳斯离开之际，希律向他赠送了一份价值七十塔兰特的礼物、一把嵌有珍贵宝石的黄金御座、一些宦官，以及一位名叫帕尼基斯（Pannychis）的小妾；同时，也向阿基劳斯的每一位朋友授予了符合他们身份的荣誉。（512）按照国王的命令，宫廷里所有的高级官员也为阿基劳斯赠送了贵重的礼物。接着，希律和他的大臣们将他一直护送到安提阿。

第二十六章

[1]（513）然而，不久之后，有一个人来到了犹地亚，这个人的足智多谋远远超过阿基劳斯，他不仅破坏了阿基劳斯为了亚历山大的利益而苦心达成的和解，而且引发了这个年轻王子的毁灭。他名叫埃里克勒斯（Eurycles）[2]，是斯巴达人，当希腊无法再满足他的奢侈之欲时，出于对金钱的渴望，他可耻地到访了这个国家。（514）他给希律带来了众多精美的礼物，以作为捕获猎物的诱饵，并立即发现这些礼物可以连本带利地返回来。然而，如果他的礼物没有染污王国，那么，他只会把一份简单而纯粹的礼物看得一钱不值。（515）因此，为了欺骗国王，他对国王展开大肆的吹捧、狡诈的谈话和肉麻的歌颂。

---

〔1〕按照《犹太古史》第十六卷第270节的记载，前往罗马的人是希律。

〔2〕保萨尼阿斯（Pausanias）提到（第二卷第三章第5节），他是科林斯（Corinth）最好浴场的建造者。

[中译按]科林斯即和合本《圣经》中的哥林多。

他很快就吃透了希律的性格，使自己的言行都以取悦希律为目的，不久就成为希律最亲密的朋友之一；事实上，出于对其母国的尊重，希律和整个宫廷对这位斯巴达人礼遇有加。[1]

［2］（516）当埃里克勒斯这个家伙全面获悉了侵蚀该王室家庭的腐坏、其兄弟之间的争吵，以及他们的父亲对每一个人的安排后，尽管他对安提帕特的款待有一种优先的义务（a prior obligation），他却佯装与亚历山大交好，谎称自己是阿基劳斯的老相识。通过这种推荐，亚历山大很快就将他当作一位可靠的朋友，又立即将他引荐给自己的兄弟亚里斯多布鲁斯。（517）他依次利用起各色要人，[2]用不同的方法来讨好他们；但他主要是安提帕特的受雇者和亚历山大的背叛者。对于安提帕特，他进行了一番谴责，因其作为国王的长子，竟然对那些觊觎他前程的人所施展的阴谋诡计熟视无睹，他说这是多么可耻的事情啊；对于亚历山大，他同样进行了一番谴责，因其作为公主之子，且迎娶了另一位公主，竟然允许一位地位卑贱的女人所生之子来继承王权，尤其是在他拥有阿基劳斯这样的强权人物的支持之时。（518）年轻的王子认为埃里克勒斯的建议再忠诚不过了，因其谎称自己与阿基劳斯有友谊关系，因此亚历山大毫无保留地向他和盘托出了对安提帕特的怨恨，并补充说，希律在谋杀了他们的母亲后，如果再剥夺本就属于他和他兄弟的江山，那也不足为奇。对此，埃里克勒斯虚情假意地表示了怜悯和宽慰。（519）接着，他用类似的语言诱骗了亚里斯多布鲁斯，在哄骗这两兄弟说出对自己父亲的不满后，他就带着这些

---

〔1〕正如莱纳赫指出，这可能是因为斯巴达人和犹太人之间存在一种假定的关系（the pretended relationship），参见《马加比一书》（I Macc）第十二章第21节和《犹太古史》第十二卷第226节。

〔2〕"他依次利用起各色要人"（Exploiting in turn all the various personages），或者写作"他依次试探起这场游戏中的各方人物"（Trying in turn all the parts in the play）。

秘密跑到安提帕特那里去了；除此之外，他还添油加醋地胡编乱造，说他的兄弟们正在密谋对付他，正手握利剑，瞅准机会，随时准备杀掉他。他在这份情报上获得了一大笔赏赐；接着，他开始在安提帕特的父亲面前大力称赞起安提帕特来。最后，他不惜代价地将亚里斯多布鲁斯和亚历山大置于死地，在他们的父亲面前控告他们。

（520）他去见了希律，宣称要救希律一命，以回报他对自己的慷慨仁慈和盛情款待。他说道："很久以前，亚历山大就准备了一把毁灭你的利剑，他的右手现在正挥舞着这把利剑。正是我假装支持他，而延迟了那一击。"（521）他继续说，亚历山大曾说过，希律不满足于统治这个先前属于他人的帝国，[1]而且，在谋杀了他们的母亲后，又不满足于糟蹋她的王国；除此之外，希律现在强立一个不合法的私生子作为他的继承人，准备将他们外祖父的王国交给那个害人虫安提帕特。埃里克勒斯接着向希律报告，亚历山大会向他复仇，以此来抚慰希尔堪和玛丽安的在天之灵；因为对亚历山大而言，没有任何流血就接管他父亲的王位是不合适的。（522）亚历山大每天都会遭到挑衅，乃至他说的每一句话都难逃被诽谤的命运。任何人只要提到贵族血统，他的父亲就会故意羞辱他说："在这里，除了亚历山大，没有人是出身高贵的，亚历山大向来鄙视自己父亲的卑微出身！"他们一起打猎时，如果他不说话，那么就是在故意怠慢；如果他称赞别人，那么就是在故意讽刺。（523）事实上，亚历山大觉得，他父亲的愤恨根本无法消解，并且希律将所有感情都倾注给了安提帕特。因此，如果他的事业失败，那么他甘愿一死。但是，如果他对自己的父亲发起致命一击，那么他就有足够的机会自救：首先，他的岳父阿基劳斯可以轻易地帮他逃走；其次，凯撒直到今天都不了解希律的真实性格。（524）他再

---

[1]"这个先前属于他人的帝国"（an empire which belonged to others），或者写作"希律自己是这个帝国里的外邦人"（an empire in which he was an alien）。

也不会像过去那样，站在凯撒面前时，因其父的存在而吓得胆战心惊；并且再也不会把自己的指控局限在个人的不满上。首先，他会向世人宣告自己国家遭受的苦难，他们因沉重的苛税流尽膏血而亡。其次，他会描述用鲜血换来的财富是如何被奢侈和罪恶挥霍一空；也会描述究竟是哪些人在攫取他和他兄弟的财富，以及那些导致了对特定城市偏袒的动机。（525）他会调查他的外祖父（his grandfather）[1]和他母亲的死因，并向大众公开这个王国（realm）[2]的所有罪恶。在这种情况下，他不可能被认定为弑父者。

[3]（526）埃里克勒斯针对亚历山大发表完这篇可怕的长篇大论之后，接着极力地称赞起安提帕特，因为安提帕特是唯一一个对他父亲满怀孝心的儿子，这种孝心完全能够让他挫败任何针对其父的阴谋。尚未从先前的震惊中恢复镇静的国王此刻怒不可遏，完全无法自已。（527）安提帕特抓住这次机会，秘密地派人去控告自己的两个兄弟暗中会见了尤坎都斯（Jucundus）和泰拉努斯（Tyrannus），他们以前是国王的骑兵长官（commanders of the king's cavalry），后来因为行为不当而遭到解职。这个报告让希律怒火冲天，他立即派人将这两人抓捕起来进行严刑拷打。（528）他们没有承认任何加在他们身上的罪行；然而却冒出了一封亚历山大写给亚历山大里安总督（the governor of Alexandrion）的书信，请求总督在他和自己的兄弟亚里斯多布鲁斯杀死自己的父亲后，允许他们进入城堡，并使用这个地方的武器和其他资源。（529）亚历山大则称，这封书信是国王的秘书迪奥法恩图斯（Diophantus）伪造的，这个家伙胆大妄为，而且非常擅长伪造笔迹；此人在不计其数的伪造之后，最终因为这项罪行而被处死。希律把这

---

〔1〕确切地说，希尔堪是他的外曾祖父（his great-grandfather），希尔堪是亚历山德拉的父亲，而亚历山德拉是玛丽安的母亲。

〔2〕"王国"（realm）或者写作"统治时期"（reign）。

位总督抓捕起来严刑拷打，但是，从他身上没有查出任何与所谓的事实相关的东西。

[4]（530）尽管证据不足，希律仍下令对他的两个儿子进行监视，但让他们保持自由。至于埃里克勒斯——他是希律家族的祸根，同时也是整个罪恶勾当的幕后操纵者，国王则称呼他为自己的救星和恩人，并赐给他五十塔兰特的金钱。在事情的真相尚未传到国外之前，这个恶棍又跑到了卡帕多西亚，厚颜无耻地声称他已经弥合了希律与亚历山大的关系，从阿基劳斯那里骗取了更大一笔钱。（531）接着，他从卡帕多西亚来到希腊，在那里，他把犯罪所得用于同样的犯罪目的。由于在整个亚该亚（Achaia）[1]散布叛乱消息和敲诈这个行省的诸多城市，他两次被凯撒传讯，并最终被判处流放。因而，这也是对他背叛亚历山大和亚里斯多布鲁斯的一种报应。

[5]（532）作为这位斯巴达人罪恶行径的对比，值得一提的是科斯的埃里斯图斯（Euarestus of Cos）。埃里斯图斯是亚历山大最亲密的朋友之一，他与埃里克勒斯同时来到犹地亚；当国王就其他客人提出的指控对他进行询问时，他起誓说，从来没有从两位年轻人那里听到过这样的事情。（533）然而，他的这番证词对两个不幸的年轻人毫无用处；因为希律只想听谗言，凡是相信他们有罪或者对他们表示愤慨的人，他都会青睐有加。

第二十七章

[1]（534）撒罗米进一步刺激希律残忍地对待自己的儿子们。亚

---

[1]［中译按］亚该亚（Achaia）在公元前 146 年成为罗马共和国的一个行省，首府是科林斯；该地区大致相当于今天希腊南部。

里斯多布鲁斯希望将撒罗米——他的岳母和姑母——卷入同样的危险之中；因此，他警告她注意自身安全，因为国王准备根据先前针对她的控告[1]处死她：当她急于嫁给阿拉伯人撒拉乌斯时，她把国王的秘密私下告诉了撒拉乌斯，而此人正是国王的敌人。（535）这是最终吞没两位连遭劫难的年轻人的致命风暴。因为撒罗米跑到国王那里，报告了她所收到的警告。这导致希律失去了最后的耐心，将他们投进了监狱，分开关押起来；接着，他匆忙派遣军事保民官（the military tribune）沃鲁尼乌斯（Volumnius）和自己的一位朋友奥里普斯（Olympus），携带所有的书面材料去往凯撒那里。（536）他们立即乘船到了罗马，把国王的公文信件交给皇帝，而对那两个年轻人深感忧虑的皇帝也认为，剥夺一位父亲惩罚自己儿子的权力是不合适的。（537）因此，他回信授予希律完全的行动自由，不过他也建议希律，让他与其亲属们和行省的总督们成立一个联合议事会（a joint council），[2]以彻查这场阴谋；如果他的儿子们被判有罪，就处死他们，但如果他们只是谋划逃亡，就对他们从轻处罚。

　　[2]（538）希律接受了这个建议，他立即赶赴凯撒所选定的贝鲁特，[3]在那里设立了法庭（the court）。按照凯撒的书面指示，审判由罗马官员萨图尼努斯（Saturninus）[4]及其使节（legates）佩达尼乌斯（Pedanius）等一起主持；坐在他们旁边的是总督沃鲁尼乌斯。[5]挨着就座的是国王的亲属和朋友，包括撒罗米和菲洛拉斯；他们后面则

---

〔1〕对比第 487 节。

〔2〕［中译按］在惠斯顿本中，英译者将其译作"一个公共法庭"（a public court）。

〔3〕Berytus 亦写作 Beirut。

〔4〕盖乌斯·森提乌斯·萨图尼努斯（C. Sentius Saturninus）是叙利亚总督（governor of Syria），在公元前 19 年担任过执政官（previously consul in 19 B.C.）。

〔5〕我们尚不能确定，这位沃鲁尼乌斯（Volumnius）与希律的朋友兼使节沃鲁尼乌斯是不是同一个人（第 535 节）。

是整个叙利亚的权贵人物，不过阿基劳斯国王除外，[1]因为他是亚历山大的岳父，不为希律所信任。（539）然而，希律没有让自己的儿子们出席法庭审判——这是一个明智的预防措施，因为，他知道他们只要一出现，就会引发同情，如果进一步允许他们申辩的话，亚历山大无疑会毫不费力地驳斥所有指控。因此，他们被监禁在普拉塔纳（Platana），[2]这是一座坐落于西顿境内的村庄。

　　[3]（540）然而，国王却站起来痛骂两个儿子，就好像他们在场一样。由于缺少证据，他的指控显得软弱无力；但是，他仍在没完没了地讲述自己所受的侮辱、嘲笑、轻慢和这类不计其数的冒犯，他在法庭上宣称，这些比死亡本身更加残酷。没有人反驳他，他接着哀叹起自己悲惨的命运，他说，即使自己赢得了对儿子们的这场诉讼，也会是一个悲惨的胜利，他自己则是一个失败者。随后，他让所有人各抒己见。（541）萨图尼努斯首先发表了意见，他认为，这两个年轻人有罪，但罪不至死；他又说，鉴于三个孩子的父亲就在法庭现场，由自己投票决定别人孩子的生死是不合适的。他的两位使节与他立场一致，其他一些人也纷纷效仿他们。（542）沃鲁尼乌斯首先投下了无情的一票；跟随其后的人全都投票判处死刑，其中一些人是出于对希律的奉承，另一些人则是出于对希律的憎恨，但没有一人是出于对这两个年轻人的愤懑。（543）从那一刻起，所有叙利亚人和犹太人都在心神不宁地焦急等待这场悲剧的最后一幕；没有一个人料到，希律最终会残忍杀死自己的儿子。然而，希律将两个儿子带到了推罗，从那里坐船到了凯撒利亚，他不断地在脑海里盘算着处决他们的方式。

　　[4]（544）在国王的军队里，这时有一名叫提洛（Tiro）的老兵，

---

〔1〕这个时期的卡帕多西亚看起来处于叙利亚总督的监管之下。

〔2〕普拉塔纳（Platana）亦即现在的拉斯-达穆尔（*Ras Damur*），它坐落在海岸边和贝鲁特以南，大概位于贝鲁特和西顿的中间位置。

他的儿子与亚历山大的关系非常亲密，他自己也深深地爱戴这两个年轻王子。由于太过愤怒，这位老兵失去了理智。最初，他一面四处奔走，一面大声疾呼：正义被践踏在脚下，公理惨遭毁灭，自然的法则一溃千里，这个世界充满罪恶；热烈的情感驱使他已不再吝惜自己的生命。最后，他勇敢地走到国王面前，对国王这样说道：

（545）在我看来，你是被上帝遗弃的人，你听信邪恶之人的蛊惑，又伤害最亲最近的人；你常常想要处死菲洛拉斯和撒罗米，但是，现在你却相信他们对你的儿子们的污蔑之词。他们是在剪除你的合法继承人，让你除了安提帕特不留下其他的继承人，最终，在他们的操纵之下，你只能选择安提帕特为国王。（546）然而，安提帕特兄弟的死亡总有一天会引起军队对安提帕特的憎恶；因为，没有一个人不怜悯这两个年轻人，现在许多军官也在毫不掩饰地表达着不满。

说完这些话，他立即说出了那些不满者；国王立即将这些人，连同提洛及其儿子一起抓捕起来。

[5]（547）就在这时，有一个名叫特里风（Trypho）的宫廷理发师中邪一样地冲了出来，并自我检举道："我也是其中之一。这个提洛试图诱使我在给你理发时，用剃刀割断你的喉咙；他承诺，亚历山大会给我一大笔奖赏。"（548）听到这个消息，希律立即刑讯了提洛、提洛的儿子和这位理发师。提洛父子拒不承认所有指控，其他人也没有提供新的证据，希律却下令更加残酷地拷打提洛。（549）然而，出于对父亲的怜悯，提洛的儿子答应国王，如果他宽恕自己的父亲的话，他将把所有事情都告诉希律。希律应允了他的请求，他便说道，他的父亲因为受到亚历山大的蛊惑而意图谋害希律。一些人说，这个陈述不过是为了结束其父的痛苦而编造出来的，另一些人则说，这个陈述

真实可信。

[6]（550）希律召集了一个公开的集会，正式对相关的军官和提洛提出控告，以谋取民众的帮助来处死他们；这些人和理发师当场被棍棒和石头打死。（551）随后，希律将两个儿子送到距离凯撒利亚不远的塞巴斯特[1]，并下令在那里绞死他们。这个命令立即得到了执行，希律下令将他们的尸体运回至亚历山大里安，与他们的外祖父亚历山大安葬在一起。这就是亚历山大和亚里斯多布鲁斯的最后结局。[2]

第二十八章

[1]（552）安提帕特成为全国人民深恶痛绝的对象，尽管他现在拥有无可争议的王位继承权；因为，人人都知道，正是他策划了所有针对自己兄弟的诽谤。他现在整天提心吊胆，因为他看到两个被害的年轻王子的小孩日益长大成人。亚历山大和基拉菲拉生育了提格拉尼斯（Tigranes）和亚历山大这两个儿子；亚里斯多布鲁斯和撒罗米的女儿贝勒尼斯（Bernice）结婚，生育了希律、阿格里帕和亚里斯多布鲁斯这三个儿子，以及希罗底（Herodias）和玛丽安（Mariamme）这两个女儿。（553）对于基拉菲拉，在处死亚历山大之后，希律立即把她送回了卡帕多西亚娘家；对于亚里斯多布鲁斯的遗孀贝勒尼斯，希律则把她嫁给了安提帕特的舅舅[3]——这场婚姻是由安提帕特安排的，目的是安抚自己的敌人撒罗米。（554）安提帕特进一步用礼物和各种殷勤讨好菲洛拉斯，同时，还派送了大量的礼物到罗马，以讨好凯撒

---

〔1〕位于撒玛利亚。

〔2〕发生于公元前 7—前 6 年。

〔3〕按照《犹太古史》第十七卷第 70 节的记载，这个人名叫特尤迪安（Theudion）。

的朋友们。叙利亚的萨图尼努斯和他的所有官员都被这些礼物给填饱了。然而，安提帕特赠送的礼物越多，人们就越憎恨他，因为人们认为，他送礼物不是出于慷慨，而是源于他内心的恐惧。（555）结果，接受礼物的人对他的态度并不比以前更好，而被他忽略的人则不可挽回地对他更具敌意。然而，他赠送的礼物却日渐增加，因为他注意到，与自己的预期相反，国王希律对孤苦伶仃的孙儿关怀备至，这种怜悯无疑展现了他对儿子们被杀之事的懊悔。

[2]（556）有一天，希律将自己的亲人和朋友召集过来，[1]接着将这些年幼的小孙子带到他们面前，眼泪汪汪地说：

> 悲惨的命运已经让我失去了这些孙儿的父亲，但是，这些可怜的孤儿啊，我现在要好好地照顾他们。即使我是最不幸的父亲，我也要努力证明自己是一位好祖父，即使在我死后，我也要将他们托付给我最亲密的朋友们进行监护。（557）因此，菲洛拉斯，我将你的女儿[2]许配给亚历山大的长子，[3]这样的话，你就有责任保护他的安全了。安提帕特，至于你的儿子，我将把亚里斯多布鲁斯的女儿[4]许配给他；这样的话，你就成为这个孤女的父亲了。她的妹妹[5]则要嫁给我的儿子希律，因为他的外祖父[6]是一位高

---

〔1〕莱纳赫认为，这些词语专门指代法庭上的高级官员（high officials），对比第460节。

〔2〕菲洛拉斯女儿的名字无从知晓。

〔3〕即提格拉尼斯（第552节）或者亚历山大（在《犹太古史》第十八卷第139节，他们名字的顺序是颠倒的）。

〔4〕即玛丽安。

〔5〕《新约》也曾提及这位著名的希罗底（Herodias）。

〔6〕他的母亲玛丽安二世（Mariamme II）是高级祭司西蒙（the high priest Simon）的女儿，而西蒙则是波埃萨斯的儿子（son of Boethus），参见《犹太古史》第十五卷第320节。

级祭司。(558)我希望所有人都接受我的这种安排，也希望任何人都不要破坏这种安排。我祈祷上帝保佑这些联姻，因为，这不仅有利于我的王国，也有利于我的后代；同时，我也祈祷上帝，相较于俯望他们的父亲，会更加安详地俯望这些孩子。

[3]（559）说完这些话，他立即泪如雨下，拉起孩子们的右手，慈祥地一一拥抱了他们，然后解散了集会。见此，安提帕特立即心灰意冷起来，[1]失望之情溢于言表。因为，他认为亚历山大的孩子们本身有阿基劳斯国王的支持，如果再有藩属王菲洛拉斯的支持，那么其父授予这些孤儿的尊重就意味着自己的毁灭，他的王位继承权也将危机四伏。（560）此外，他也忧虑地想到了整个国家对自己持有的深深敌意以及对这些孤儿的怜悯之情，而且，他的两个兄弟生前一直受犹太民众爱戴，即使他们现在因安提帕特的缘故被害，犹太人民也怀念他们。因此，安提帕特决心不惜一切代价破坏这些联姻。

[4]（561）由于担心自己的阴谋诡计被父亲看穿，从而招致他的严厉惩罚——因为其父现在非常容易怀疑别人，因此安提帕特大胆地直接走到父亲面前，恳求不要剥夺之前已经授予他的荣誉，也不要让他空有国王的名头，而让其他人掌握大权；因为，假如亚历山大的儿子有其外祖父阿基劳斯及其岳父菲洛拉斯的支持，那么他就不可能接管王国的事务。（562）因此，他恳切地请求国王更改这些联姻的安排，更何况王室家庭本来就已经很庞大了。事实上，国王有九个[2]妻子，其中七个妻子生有孩子。安提帕特自己是希律和多丽斯的儿子，

----

〔1〕"安提帕特立即心灰意冷起来"（Antipater's blood ran cold）或者写作"安提帕特立即不寒而栗起来"（Antipater instantly shuddered）。

〔2〕这九个妻子当中不包括已去世的玛丽安一世，如果将她包括进去，那么希律的妻子的总数是十个。

希律（二世）是希律和高级祭司的女儿玛丽安（二世）的儿子，安提帕斯（Antipas）和阿基劳斯是希律和撒玛利亚人马尔萨斯（Malthace）的儿子；希律和最后这位妻子所生的女儿奥林皮亚斯（Olympias）则嫁给了他的侄儿约瑟。[1]希律和克里奥佩特拉（Cleopatra）——她是耶路撒冷当地人——生有希律和菲利普（Philip），和帕拉斯（Pallas）则生有法塞尔。（563）此外，希律还另有两个女儿，她们分别名叫洛萨尼（Roxane）和撒罗米（Salome），其中一个由法伊德拉（Phaedra）所生，另一个则由埃尔皮斯（Elpis）所生。希律有两个妻子没有生育小孩，其中一个是他的表妹，另一个则是他的外甥女。此外，希律和玛丽安一世也生有两个女儿，[2]她们是亚历山大和亚里斯多布鲁斯的亲姐妹。鉴于这么庞大的家庭，安提帕特乞求希律更改先前安排的婚约。

[5]（564）一经发现安提帕特对这些可怜的孤儿的真实态度，国王立即大发雷霆，而且他脑海中立即闪现了这样一个念头：难道被自己处死的那两个儿子是安提帕特中伤污蔑所致？（565）希律立即怒气冲天地对安提帕特进行了一番长篇累牍的斥责，并将他从自己面前撵走了。然而，希律后来仍被安提帕特狡猾的逢迎手段所俘获，最终变更了婚约，他将亚里斯多布鲁斯的女儿嫁给了安提帕特，并将菲洛拉斯的女儿嫁给了安提帕特的儿子。

[6]（566）安提帕特逢迎的威力有多强大，我们只能从撒罗米在类似场合中所遭遇的失败予以推测。尽管她是希律的亲姊妹，但当她想要嫁给阿拉伯人撒拉乌斯时[3]，她不得不求助于皇后利维娅（Livia）

---

〔1〕即在耶利哥之战中被杀（第323—324节）的希律的兄弟约瑟的儿子。

〔2〕即撒兰普西奥和塞浦路斯。

〔3〕参见第487节和第534节。按照《犹太古史》第十七卷第10节的记载，皇后（朱莉娅［Julia］）实际上是站在希律一边的，她试图破坏撒罗米与撒拉乌斯之间的联姻。

的调停。因为，希律发誓说，如果她不放弃这段感情的话，他将把她看作自己最痛恨的敌人；最后，希律违背了她的本意，把她嫁给了自己的朋友亚历克斯（Alexas），并把她的一个女儿[1]嫁给了亚历克斯的儿子,[2]把她的另一个女儿[3]嫁给了安提帕特的舅舅。[4]希律把自己和玛丽安所生的一个女儿[5]嫁给了自己姊妹的儿子安提帕特，把另一个和玛丽安所生的女儿[6]嫁给了自己兄弟的儿子法塞尔。

第二十九章

[1]（567）当安提帕特切断了这些孤儿们的希望，并给自己安排了非常有利的婚姻后，他觉得自己的前途非常牢靠，他现在愈加有恃无恐而为非作歹起来，甚至让人完全难以忍受。由于他不可避免地引起了犹太民众的憎恶，他就以恐吓的手段来寻求自身的安全。同时，他得到了菲洛拉斯的支持，因为菲洛拉斯认为，安提帕特继承王位已经板上钉钉。（568）此外，有一群女人在宫廷里制造了新的纷争。菲洛拉斯的妻子和她的母亲、妹妹以及安提帕特的母亲结成联盟，在王宫中表现傲慢，甚至敢于羞辱国王的两个年轻的女儿。[7]结果，希律逐渐对菲洛拉斯的妻子恨之入骨；尽管国王非常厌恶她们，但她们对

---

〔1〕她的名字无从知晓。

〔2〕他的名字无从知晓。

〔3〕即亚里斯多布鲁斯的遗孀贝勒尼斯。

〔4〕即特尤迪安（第553节注释）。

〔5〕即塞浦路斯。

〔6〕即撒兰普西奥。

〔7〕即撒罗米和洛萨纳（Roxana）。关于希律的家谱，参见《犹太古史》第十七卷第13节。

　　［中译按］在第563节中，洛萨纳（Roxana）亦写作洛萨尼（Roxane）。

其他人仍然非常跋扈。（569）与她们这个联盟作对的只有撒罗米，她向国王告发，这是一个不利于其王国利益的秘密联盟。当这些女人得知这次告发和希律的盛怒后，她们立即停止了公开会面和彼此之间的友好表示，还假装在国王面前相互争吵；通过公开与菲洛拉斯作对，安提帕特也参与了她们的这场掩盖行动。（570）然而，他们仍在继续召开秘密会议和举行夜间的痛饮狂欢；知道自己被人监视，只会把他们更加紧密地绑在一起。然而，撒罗米对她们的所作所为一清二楚，并且把所有的事情都告诉给希律。

[2]（571）对此，国王大发雷霆，尤其对菲洛拉斯的妻子——她是撒罗米主要的指控对象——更是怒不可遏。他把朋友和亲属召集起来开会，指责这个歹毒的女人犯下了诸多邪恶的罪行，其中包括对他的两个女儿的冒犯、资助法利赛人（Pharisees）[1]与他作对，[2]以及借助爱情毒药离间他的兄弟。（572）最后，他对菲洛拉斯说，后者必须在两者之中选择其一，要么选择自己的兄弟，要么选择自己的妻子。菲洛拉斯回答，他宁愿放弃自己的生命，也不愿牺牲自己的妻子。希律便茫然地转向安提帕特，命令他不要再与菲洛拉斯的妻子来往，也

〔1〕在《犹太战争》第一卷第 110 节和第 571 节、第二卷第 119 节和第 162 节，《犹太古史》第十三章第 171—173 节、第 288—298 节、第 400—432 节，及第十七章第 41—45 节、第十八章第 11—20 节中，约瑟夫斯都提到过法利赛人。法利赛人相信命运、来生和死后的奖惩，尤其敬重摩西律法传下来的 "先祖传统"（tradition from the fathers）。

[中译按] 法利赛人是第二圣殿时期（公元前 536—公元 70 年）里的一个犹太教派，大约出现于公元前 160 年。法利赛人在马加比王朝以前并未出现，但与撒都该人一样，他们的起源都可以追溯至第一圣殿时期的宗教学院派系。法利赛人是当时犹太教的四大派别之一，另外三大派别为撒都该人（Sadducees）、艾塞尼人（Essenes）和奋锐党（Zealots）。

〔2〕在希律登基时，对于没有向希律宣誓效忠而遭受罚款的那些人，她为他们支付了罚金（《犹太古史》第十七卷第 42 节）。

不要与她的丈夫或者任何一个与她有关的人来往。安提帕特虽然没有公开违反这项禁令，但他仍然在夜间秘密地与他们来往。（573）不过，由于害怕撒罗米的盯防，他在意大利的朋友们的帮助下，谋划访问了罗马。他们来信说，安提帕特应该马上被派往凯撒的宫廷，于是，希律毫不迟疑地让安提帕特去了，并让他带着一批能干的随员、大笔的金钱以及自己的遗嘱，在遗嘱中，安提帕特被指定为王国的继承人，而国王与高级祭司之女玛丽安[1]所生的儿子希律则被指定为安提帕特的继承人。

[3]（574）阿拉伯人撒拉乌斯也航行到了罗马；他不顾凯撒的命令，继续与安提帕特作对——这是在针对撒拉乌斯之前与尼古拉斯（Nicolas）有过的案件纠纷。[2]同时，撒拉乌斯同他自己的国王阿里塔斯之间也爆发了激烈的冲突，因为他处死了阿里塔斯国王的许多朋友，其中包括佩特拉最有权势的人物索亚穆斯（Soaemus）。（575）此外，他还用巨额的金钱贿赂了凯撒的管家（Caesar's treasurer）[3]法巴图斯（Fabatus），以求与希律对抗时，法巴图斯能够帮助自己。希律却通过更大的贿赂拆散了法巴图斯和撒拉乌斯，并且通过法巴图斯，竭力地向撒拉乌斯索要凯撒所判处的那笔罚金。[4]但是，撒拉乌斯拒绝支付任何金额，接着在凯撒面前指控起法巴图斯来，他指责法巴图斯身为皇帝的代理人（the emperor's agent）却不顾皇帝的利益，反为希律的利益行事。（576）对此，法巴图斯异常愤怒，但他对希律非常

---

〔1〕即玛丽安二世，高级祭司西蒙之女。

〔2〕在对希律和奥古斯都之间进行斡旋的过程中（约在公元前7年），大马士革的尼古拉斯（Nicolas of Damascus）指控撒拉乌斯意图谋反（《犹太古史》第十六卷第335节及以下，《犹太战争》没有相对应的描述）。

〔3〕[中译按] 在惠斯顿本中，英译者将"凯撒的管家"（Caesar's treasurer）译作"希律的管家"（Herod's steward），明显存在误译。

〔4〕参见《犹太古史》第十六卷第352—353节。

尊重，于是他泄露了撒拉乌斯的机密，告诉国王，撒拉乌斯贿赂了国王身边一个名叫科林图斯（Corinthus）的侍卫，并善意地提醒国王要提防这个人。国王接受了这个建议，他知道，尽管科林图斯在他的王国里长大，但在血统上却是一个阿拉伯人。（577）他立即将科林图斯及其身边的另外两个阿拉伯人——其中一个是撒拉乌斯的朋友，另一个则是部落首领——一起逮捕了。经过严刑拷打，这些人最终承认，科林图斯贿赂了他们一大笔钱，诱使他们杀死希律。在经过叙利亚总督萨图尼努斯的进一步调查后，他们被送到罗马受审。

[4]（578）然而，希律从未放弃逼迫菲洛拉斯同他的妻子离婚。但是，希律想不出惩罚她的借口，尽管他有一千个憎恶她的理由；最后，在极度的愤怒之下，他把她和自己的兄弟驱逐出了王国。（579）菲洛拉斯非常平静地接受了这个处罚，回到自己的封地（tetrarchy），[1]他发誓说，只有希律去世了，他才会结束自己的流亡，只要他的兄弟仍然活着，他就绝不会回来。他确实再也没有拜访过自己的兄弟，甚至在后者病重之时也没有，尽管他被催促这样做；因为希律以为自己快要死了，希望在死前留一些遗命给他。（580）然而，希律出乎意料地康复了；不久，菲洛拉斯自己却病倒了。对此，希律表现出极大的仁慈，他去到菲洛拉斯那里，小心翼翼地照料他。但希律没有办法对付疾病，几天之后，菲洛拉斯就去世了。（581）尽管希律直到生命的最后都极为爱戴自己的兄弟，却有流言说他毒死了自己的兄弟。不管怎样，他把兄弟的遗体运回了耶路撒冷，并下令举行全国性严肃哀悼并授予最高荣誉的葬礼。这就是害死亚历山大和亚里斯多布鲁斯的其中一个凶手的结局。

---

〔1〕即佩拉亚（Peraea），参见第 483 节。

第三十章

[1]（582）现在报应终于轮到那场犯罪的真正始作俑者——安提帕特身上了；菲洛拉斯的去世拉开了这扇报应之门。菲洛拉斯的一些自由民垂头丧气地跑到国王那里，告诉国王，他的兄弟是被毒药毒死的；他们说，菲洛拉斯在妻子的服侍下服用了一些极不寻常的液体后，就立即病倒了。（583）他们接着说，两天前，他妻子的母亲和妹妹从阿拉伯带回一个精于药剂的女人，为菲洛拉斯配制了一服春药；但实际上，在撒拉乌斯的怂恿下——撒拉乌斯认识菲洛拉斯的妻子——她给他服用的是一服致命毒药。

[2]（584）深受这些猜疑困扰的国王下令逮捕并拷打了一些侍女和身处高位的女人。其中一个受刑的女人在巨大的痛苦中大喊道："愿统治尘世和天国的上帝惩罚那位让我们惨遭巨大痛苦的始作俑者——安提帕特的母亲！[1]" 根据这个线索，国王对事件的真相展开了进一步的调查。（585）这个女人接着揭露了安提帕特的母亲同菲洛拉斯及其女眷的密切关系，以及他们所召开的秘密会议；她又补充说，当菲洛拉斯和安提帕特从国王那里回来后，他们就会与这些女人通宵达旦地喝酒，而且他们不允许任何一个用人——不管是男用人还是女用人——留在那里。这个消息得自一位身处高位的女人。

[3]（586）于是，希律对所有婢女进行严刑拷打。她们提供的所有证据都与先前的陈述相一致；她们补充说，安提帕特去往罗马，而菲洛拉斯去往佩拉亚，是他们串通好的；因为，他们相互之间常常这样说："在杀死亚历山大和亚里斯多布鲁斯后，我们和我们的妻子将会是希律的下一个目标；既然他没有放过玛丽安和她的后代，他也不会放过任何人；因此，最好的办法就是尽可能地逃离这头残忍的野兽。"

---

〔1〕即多丽斯。

（587）她们接着说，安提帕特经常向自己的母亲抱怨说，他自己的头发已经花白了，而他的父亲却活得一天比一天年轻；他很可能尚未登上王位就已经死掉了。即使他的父亲真死了（这要等到什么时候呢），他继承和享有王位的时间也一定极其短暂。（588）等到那时，这些海德拉之头（these Hydra heads）[1]——亚里斯多布鲁斯和亚历山大的儿子们——就已经长大成人了。他的父亲［希律］已经剥夺了他的孩子继承王位的希望，因为希律指定了玛丽安的儿子希律，而不是他的儿子在他［安提帕特］死后继承王位。如果希律以为自己的部分遗嘱将会维持效力的话，那么在这一点上，他至少暴露出自己的极度衰老；因为，安提帕特将谨慎地不让这个家族的任何一个人活着。（589）从来没有父亲如此憎恨自己的儿女，不过，希律更憎恨自己的兄弟；就在几天前，他给了他［安提帕特］一百塔兰特的金钱，让他断绝与菲洛拉斯的一切来往。当菲洛拉斯问道："为什么？我们在哪里伤害到他？"安提帕特回答："我希望他剥夺我们所有的一切，就让我们赤身裸体地活着就好。但是，我们不可能逃脱这头嗜血的野兽，他甚至不允许我们对任何人表达感情。现在我们只能秘密会面；如果哪一天我们拥有了勇气和武装，我们就可以公开会面了。"

［4］（590）在酷刑之下，这些女人进一步补充说，菲洛拉斯曾计划与她们一起逃往佩特拉。希律相信了她们所说的一切，因为她们所提到的一百塔兰特金钱的这个细节，除了安提帕特，希律没有跟任何人讲过。希律首先把自己的怒气撒在了安提帕特的母亲多丽斯身上；他褫夺了先前赐予她的所有华丽服饰，并第二次将她逐出了宫廷。（591）在菲洛拉斯家的女人们遭受酷刑折磨后，希律与她们达成了和

---

〔1〕［中译按］海德拉（Hydra）：一种传说中有九个头的大蛇，是古希腊神话里经常出现的蛇怪。也被称为勒拿九头蛇（Lernaean Hydra），因其所居沼泽在勒拿湖附近而得名。

解，并对她们表现出特别的关照。然而，他仍然感到异常惊恐，任何一丝可疑都会点燃他的无名怒火，由于他担心有漏网之鱼，许多无辜之人都被他投进监狱并严刑拷打。

[5]（592）现在他的注意力转移到撒玛利亚人安提帕特（Antipater the Samaritan）的身上，这个安提帕特是他的儿子安提帕特的管家。在酷刑之下，希律从他那里得知，安提帕特通过一个同伴安提菲鲁斯（Antiphilus）从埃及获得了一种致命毒药，用来对付国王；安提菲鲁斯把毒药交给安提帕特的舅舅特尤迪安（Theudion），特尤迪安则把毒药交给菲洛拉斯，因为安提帕特任命菲洛拉斯毒杀自己的父亲希律，而他自己待在罗马以洗脱自身的一切嫌疑；菲洛拉斯把毒药托付给自己的妻子保管。（593）因此，国王就派人到她那里，命令她立即交出手上的东西。她走出自己的房屋，好像要去取它一样，实际上却为了逃避希律的审问和刑讯，从屋顶上跳了下来。然而，似乎是上帝的旨意，为要报复安提帕特，她不是以头部而是以身体的其他部位触地，因而并没有死。（594）她被带到了国王那里，国王使她苏醒，因为她整个人已经摔晕过去了；随后，国王询问她为什么要从屋顶上跳下来，并发誓说，如果她说出真相，将免于所有的处罚，但如果她闪烁其词，他会用酷刑将她的身体撕个粉碎，而不会留下一片肢体下葬。

[6]（595）听到这里，这个女人犹豫了一下，随后答道：

> 既然菲洛拉斯现在已经死了，我为什么还要保守这些秘密呢？难道只是为了挽救毁灭我们所有人的安提帕特吗？噢，国王，请听我说，愿那无法欺骗的上帝也来见证我所言的真实！（596）当你坐在奄奄一息的菲洛拉斯旁边哭泣的那些日子里，菲洛拉斯将我叫到他身边，对我说："我的爱妻啊，我严重误解了我兄弟对我的感情，我竟然憎恨这样一个深爱我的人，我甚至策划在死去之前杀了这位现在为我悲痛欲绝的人。我现在得到了不敬的报应；

你把安提帕特留给我们的毒药拿过来，你先前保管毒药是为了毁灭他，现在你立即在我眼前销毁它，以免我将一个复仇的邪恶之物带到地下世界。"（597）因此，按照他嘱咐我的，我已经将大部分毒药倒进火中销毁。不过，出于对不确定的未来和对您的深深的恐惧，我留下了一点点毒药，以备将来为我自己所用。

［7］（598）说完这番话，她拿出一个只装有少量毒药的盒子。然而，国王只让她一个人回去了，却继续刑讯安提菲鲁斯的母亲和兄弟，他们两个人都承认安提菲鲁斯从埃及带回一个盒子，他们还说，这份毒药是从亚历山大里亚的一个医生——他是安提菲鲁斯的一个兄弟——那里弄来的。（599）游荡在整个王宫的亚历山大和亚里斯多布鲁斯的冤魂[1]充当了调查者和发现者，否则人们不可能找出那些原本不引人怀疑的证据，也不可能去查问那些原本没有丝毫嫌疑的人；就这样，甚至高级祭司的女儿玛丽安也被发现参与了这场阴谋。刚一刑讯玛丽安的兄弟们，他们就将玛丽安招供了出来。（600）结果，国王对这位胆大妄为的母亲的惩罚落在了她的儿子身上：希律把自己与她所生的儿子希律——先前在遗嘱中被指定为安提帕特的王位继承人——从遗嘱里面剔除了。

第三十一章

［1］（601）安提帕特的自由民巴塞鲁斯（Bathyllus）佐证了安提帕特的图谋，他是这场证据链的最后一环。这个人带来了另一剂毒

---

[1] 亚历山大和亚里斯多布鲁斯的这种形象，存留在希腊悲剧的脉络之中（in the vein of Greek tragedy），对照第 607 节。

药——由毒蛇的毒液和其他爬行动物的毒汁组成，是为了防止菲洛拉斯和他的妻子毒杀国王的第一剂毒药不起作用而预备的。（602）除了谋害父亲的图谋，巴塞鲁斯的这次造访还把安提帕特为打击自己的兄弟阿基劳斯和菲利普而编造的书信带来了，阿基劳斯和菲利普都是希律的儿子，都在罗马接受教育，不但富有青春活力，而且颇具男子汉气概。（603）为了不让自己的希望落空，安提帕特急切地渴望清除这些崛起的王室子弟，因此以自己在罗马的那些朋友的名义伪造了数封诋毁他们的书信；通过贿赂，他让人写到，这两个年轻王子一直都在极力抱怨自己的父亲，公开哀叹亚历山大和亚里斯多布鲁斯的不幸命运，并对他们自己的召回令感到愤怒；他们的父亲正在召他们回国，而这引起了安提帕特的极大不安。

[2]（604）甚至当安提帕特仍在犹地亚，尚未前往罗马之时，他就不计代价地让人从罗马发回诋毁自己兄弟的书信；接着，为了避免引起怀疑，他跑到父亲那里，虚情假意地为自己的兄弟求情，称书信里这样那样的事情完全是捏造的，还有一些事情也不过是年轻人的轻率之举而已。（605）现在，身在罗马的安提帕特不得不向诋毁自己兄弟的那些书信撰写者支付巨资，于是努力通过各种手段掩盖这些花费。他购买了昂贵的精美服饰、刺绣地毯、金银制成的杯子和许多其他贵重的东西，以期通过这些庞大的开支，遮掩在其他事上的巨额花销。他总共花了两百塔兰特的金钱，其主要借口是用于与撒拉乌斯的诉讼。（606）现在，尽管所有这些无耻行径都暴露了他的巨大罪恶，尽管所有的刑讯都无疑表明他是一位弑父者，尽管这些书信也都暴露了他还是一位弑兄者，但是，前来罗马的人没有一个告诉他，他的命运在犹地亚的逆转，哪怕从他被定罪到他回国之间经过了七个月；因为大家都对他恨之入骨。（607）此外，那些被他害死的兄弟的鬼魂也许封住了想要传递消息之人的口。不管怎样，他从罗马写信回国，报告了他要提前回国以及临行前被凯撒授予荣誉的

好消息。

[3]（608）国王迫不及待地要抓获这个密谋者，由于担心有人为他通风报信，从而打草惊蛇，国王向他回复了一封掩饰真实意图的书信，信中措辞非常恳切，说自己急切地盼望他早日回国。因为——希律补充说——如果他赶紧回国，自己就会收回对他母亲的不满。安提帕特并非不知道自己的母亲已经被逐出王宫。（609）安提帕特先前在塔林敦（Tarentum）收到一封通报菲洛拉斯去世的信，并对此表现出最深切的悲痛，因为菲洛拉斯在许多方面都对他予以了支持，而且是他的亲叔父；不过，他的悲痛可能是由于其阴谋无法实现引发的；换言之，他不是为菲洛拉斯的去世流泪，而是为自己损失一个帮凶流泪。此外，他对自己过去的罪恶行径忧心忡忡，担心毒药是否已经被发现了。（610）可是现在，他在西里西亚接到了父亲的这封信，于是立即加快了回国的进程。然而，当他航行到塞伦德里（Celenderis）[1] 海港时，他被母亲遭受不幸的念头所萦绕，他的灵魂好像对未来的不幸已经未卜先知了。（611）他的那些更为审慎的朋友们则建议他，不要急于去往他父亲那里，除非已经明确他的母亲被逐出王宫的原因，因为他们担心他的抵达只会加大对其母亲的指控。[2]（612）然而，那些欠考虑的朋友们——他们不是出于对安提帕特的安全考量，而是急于回到家乡——不断地催促他启程回家，而不要耽搁行程，以免其父对他产生怀疑和让那些对他不利的人有机可乘。他们说道："即使现在对你的不利阴谋真的存在，也是因为你不在那里所致，假如你在那里，就

---

〔1〕塞伦德里海港（the harbour of Celenderis）位于潘菲利亚和西里西亚的交界处。莱纳赫对此心存疑惑，因为塞伦德里港口是安提帕特在西里西亚地区将要抵达的第一座港口。

〔2〕"他们担心他的抵达只会加大对其母亲的指控"（feared that his arrival might only serve to swell the charges），或者写作"他们担心会有一些其他的指控"（feared that there might have been some addition to the charges）。

没有人胆敢这样行事了。让这些含混而缥缈的疑虑剥夺你确定的幸福，使你不回到父亲的身边，不去接管他无助肩头上的摇摇欲坠的王国，这是多么荒谬啊！"（613）在其邪恶天性的驱使下，安提帕特接受了他们的建议，因为上帝催促他迈向毁灭之路；于是他越过海洋，航行到了凯撒利亚的奥古斯都港（the port of Augustus）。

[4]（614）在这里，安提帕特觉察到一种深深的、不祥的而又出乎意料的孤独，所有人都对他避之不及，谁也不敢靠近他。因为，虽然他一向招人憎恨，[1]但现在这种憎恨可以自由地表现出来。此外，出于对国王的畏惧，许多人躲着他；现在每一座城市都在流传安提帕特的丑闻，唯一一个对它们全然无知的人就是安提帕特自己。当他准备乘船前往罗马时，没有人享有比他更耀眼的排场，而当他回来时，没有人遭遇比他更难堪的耻辱。（615）安提帕特开始预感到家中将要发生的灾难，但他仍在狡猾地装糊涂；虽然他内心恐惧得要死，却仍装出一副若无其事的样子。（616）他再也不可能逃离或者挣脱萦绕在他周围的危险了。尽管他再也接收不到王宫里的任何确切消息——因为国王威胁过这些告密者，但他仍心存侥幸：或许根本就没有发现什么，或者即使发现了什么，他也可以利用自己的阴险狡诈和厚颜无耻——这是他自我获救的唯一手段——来脱罪。

[5]（617）带着这些侥幸的希望，他独自一人进入王宫，身边没有任何朋友陪伴，因为他们全都被傲慢地拦在门外了。这时，叙利亚总督瓦鲁斯[2]正好在访问王宫。安提帕特走到自己父亲面前，装出一

---

〔1〕"他一向招人憎恨"（equally hated though he had always been），或者写作"大家都同样憎恨他"（equally hated as he was by all）。

〔2〕公元前6—前4年，普布利乌斯·昆提利乌斯·瓦鲁斯（P. Quintilius Varus）担任了叙利亚总督（*legatus* of Syria），在后来的特尤图堡之战（the battle of Teutoburg）中，他遭到阿米尼乌斯（Arminius）和日耳曼人（the Germans）的杀害。

副无所畏惧的样子，准备要亲吻希律。（618）然而，希律伸出双臂，把头转向一边，高声地喊道："这个心存不忠的弑父者，受到这样令人发指的指控，他仍要来拥抱我。你这个可耻之徒，上帝诅咒你万劫不复，在你没有为自己洗脱这些指控前，我绝不会让你碰我一下。我给你挑选了一个特别法庭，碰巧在这里的瓦鲁斯将会出任法官。现在你去准备明天的申辩；我给你的阴谋诡计留出了时间。"（619）安提帕特太过惊慌失措，以至于对希律的这番话没有进行任何争辩就退下了；不过，他的母亲和妻子[1]来到他的身边，告诉他所有针对他的证据细节。接着，他就去搜集证据和准备申辩了。

第三十二章

[1]（620）第二天，希律召集自己的朋友和亲属组成了一个特别法庭，他也邀请了安提帕特的朋友们前来出席。审判由希律自己和瓦鲁斯一同主持；希律下令将所有的证人都带进法庭。在这些证人当中，有一些是安提帕特母亲的仆人，他们是最近被捕的，因为帮她［安提帕特的母亲］给她的儿子传递了这样一封信件："既然你的父亲发现了所有的事情，那么，你就不要去他那里了，除非你有凯撒的支持。"（621）当这些证人和其他证人一起被带进来时，安提帕特也进来了，他匍匐在自己父亲的脚下，说道："父亲，我恳求您不要预先就定我有罪，而要用一双不偏不倚的耳朵聆听我的辩词；如果您允许，我会证明我是清白无辜的。"

---

〔1〕 按照《犹太古史》第十七卷第 92 节的记载，这个妻子是指希律的前任安提柯的女儿（The daughter of Herod's predecessor Antigonus），而不是另一个妻子——亚里斯多布鲁斯的女儿（第 565 节）。

[2]（622）希律喝令他保持沉默，随后对瓦鲁斯说道：

　　我完全相信，瓦鲁斯，你和每一位正直的法官都会判定，安提帕特是一个十恶不赦的恶棍。我担心的是，我的命运对你来说也可能是可恨的，你们会认为，由于我生有这样的儿子，因此自己遭受各种各样的不幸也完全是罪有应得。不过，对于这样一位慈祥的父亲竟然生有如此邪恶的儿子们，你们还是应该怜悯怜悯我。（623）我那两个已故的儿子，在他们非常年轻之时，我就认为他们注定要继承我的王位，我不仅将他们送到罗马接受昂贵的教育，而且将他们引荐给凯撒，让他们成为凯撒的朋友，从而也让他们成为其他国王嫉妒的对象，然而，我却发现他们在密谋反对我。主要出于维护安提帕特的利益，他们都被处死了；因为他[安提帕特]当时尚且年轻，且被我指定为王位继承人，我必须全心全意地确保他的安全。（624）然而，在饱尝了我的宽容的好处后，现在这头丑恶的怪兽将其粗鄙的傲慢转向了我。在他看来，我活得太长了；我的长寿已让他心烦不已；他迫不及待地渴望立即登上王位，以至于不惜弑父杀君。他应诚心正意地侍奉我，因为，我将他从一个落魄不堪的乡村带回宫廷，让他取代了我与王后所生的那些王子们，宣布立他为我的王位继承人。（625）噢，瓦鲁斯，我承认自己愚蠢至极。激起我的儿子们起来反对我的正是我自己，因为，为了安提帕特的安全和利益，我断绝了他们正当的期望。什么时候我像满足安提帕特这个恶棍那样满足过他们的要求呢？虽然我仍旧活着，但是，从某种意义上来说，我已经将王权移交给他了；在我的遗嘱中，我已经公开指定他为王位继承人；我授予他一笔每年五十塔兰特的私人收入，除此之外，我还从自己的个人收入里慷慨地给他提供了一大笔金钱；最近，也就是在他启程前往罗马之时，我又给他三百塔兰特的金钱，并将他作为他父亲的维护者（his father's preserver）推荐给了凯撒——在我诸多的儿子中，他是唯一一个享此殊荣之人。（626）没有哪一个人会犯下安提帕特这样的罪行！他们带来的证据是如此确凿有力，完全可以证明这个逆子在密谋暗害我！

（627）然而，这个弑父者却妄想信口雌黄，希望再次用诡计掩盖真相。瓦鲁斯，你必须谨慎提防。因为我了解这头畜生，我也可以预料那些似是而非的辩词，以及随之而来的虚伪哀嚎。先前在亚历山大活着之时，他劝说我要提防亚历山大，并劝诫我不要将自己的性命托付给任何人；他会来到我的卧榻前仔细查看，以确保没有一个刺客藏匿其中；他还照看我睡觉，确保我睡着时没有任何危险；当我因为处死了自己的两个儿子而黯然神伤之时，他也对我进行抚慰，并表达了其幸存下来的兄弟们对我的感情。这就是我的保护者，我的保镖啊！（628）瓦鲁斯，每当我回想起他的伪善和欺骗，我都庆幸自己竟然能够逃脱这样一个诡计多端之人的魔爪，也不敢相信自己还能够活下来。然而，既然某种命运[1]注定要毁坏我的家庭，让我的那些最亲近的人一个接一个地起来反对我，那么，我会为自己的悲惨命运悲泣，也会为自己的凄凉景况哀叹，但是，所有对我图谋不轨之人，没有一个能够逃脱我的惩罚，只要证据确凿，甚至我所有的儿子都不例外。

[3]（629）由于感情太过激动，说到这里时，他不得不停了下来；接着，他指示自己的朋友尼古拉斯出示证据。而此时，一直匍匐在父亲脚下的安提帕特抬起了头，大声地哭喊道：

---

〔1〕惠斯顿本英译者将这里的"某种命运"（some fate or other）译作"魔鬼 / 恶魔"（some evil genius）。

（630）噢，父亲，您就让我自己辩解几句吧。正如您所承认的，我一直都在保护您的安全，我怎么可能是一个弑父者呢？您说我的孝顺不过是欺骗和伪善。犯下这么严重的罪行，即使我再狡猾，也不可能长期掩盖自己的罪恶而不让人发现，更不可能躲过全知全能、无处不在的上帝的眼睛！（631）难道我不知道自己兄弟的命运吗？因为他们对您的罪恶意图，上帝对他们进行了无情的惩罚。因此，我有什么动机来反对您呢？难道是为了得到王位吗？然而我现在已经在当政了！难道是我在疑心您憎恶我？然而，难道我不受您的喜爱吗？难道我还有其他恐惧您的理由吗？[1]（632）相反，作为您的安全的保护者，我恰恰燃起的是别人的恐惧。难道我缺少金钱吗？然而，哪个人会比我拥有更多的金钱呢？父亲，即使我是所有人厌弃的人，即使我是最卑鄙的禽兽，我也会被您对我的巨大慈悲所感化！正如您自己所说，是您把我从流放之地带回王宫，是您让我得到了比您的其他儿子都要好的待遇，是您在生前就立我为国王，是您向我赐予了比其他人更多的恩惠，以至于我成为所有人嫉妒的对象。（633）啊，那趟要命的罗马之旅，让那些嫉妒我的人有了攻击我的可乘之机，也让那些密谋反对我的人有了攻击我的充分时间！但是，父亲，请您记住，即使我没在国内，即使我在罗马期间，我也在为您战斗，不让撒拉乌斯藐视您的老迈。罗马见证了我对您的孝道，世界之主（the lord of the universe）凯撒也同样可以见证，凯撒甚至常常称呼我为"斐洛佩托"（Philopator）。[2]父亲，请您拿着他写给您的这些信件。这些信件比那些污蔑更可靠；它们就是我

---

〔1〕可能我们应该把 ἐκ σοῦ［出于您］读作 ἔξω σου［除您以外］，即"我有理由害怕除您以外的其他人吗？"（Had I reason to fear others beside you?）

〔2〕"斐洛佩托"（Philopator）的含义是"爱父者"（lover of his father）。

最好的辩护；现在我就把它们交给您，它们将证明我对您的深深爱戴。（634）一开始我就不愿意去罗马，我知道王国内有一股反对我的潜在敌意。噢，父亲，正是您无意中摧毁了我，因为，正是您让那些嫉妒我的敌人有了一个诽谤我的机会。但是，现在我就要面对控告我的人；我穿过洋海和陆地，没有受到任何伤害，现在却作为"弑父者"站在这里！但是，我不会因为迄今为止所提供的证明我无罪的证据而请求您爱我。（635）然而，这场审判对我极不公平；因为，在上帝和父亲您的面前，我似乎已经是确凿无疑的罪人了。但是，就算我是罪人，我也请求您不要相信那些酷刑之下的口供。让火刑过来吧！让肢解之刑过来吧！不要饶恕这副不洁的身体，就让他的骨头接受这种刑罚吧！因为，如果我是弑父者的话，我宁愿活活被这种刑罚折磨致死。

（636）这些在悲叹和眼泪中发出的叫喊打动了所有人，包括瓦鲁斯，他们都对他表示同情。只有希律的眼睛是干的，相反，他怒不可遏，因为他知道这些证据全都确凿无疑。[1]

[4]（637）于是，尼古拉斯按照国王的命令，对大家发表了讲话。当尼古拉斯开始一一揭露安提帕特的欺骗，立即就驱散了安提帕特那番演讲所激起的怜悯之情。接着，尼古拉斯严厉地控诉起安提帕特，把整个王国所有的罪恶都归咎于他，尤其把他的两个兄弟的死归咎于他，以证明他们完全是被他的阴谋诡计害死的。尼古拉斯又补充说，他对幸存的王位推定继承人有着进一步的打算；并且他反问道："一个连自己父亲都想毒杀的人，怎么可能放过自己的兄弟呢？"（638）在

---

〔1〕按照《犹太古史》第十七卷第106节的记载，甚至希律自己也为之动容了，尽管他试图掩饰自己的情感。

为毒害阴谋提供证据时，尼古拉斯将所有设法得到的信息一一列举了出来；他对菲洛拉斯的事情尤其气愤，因为，安提帕特竟然将菲洛拉斯变成了一位弑兄者，通过贿赂国王最亲的亲人，让整个王宫都侵染了邪恶。尼古拉斯又指控了安提帕特的其他罪行，都有证据支持，然后结束了讲话。

［5］（639）接着，瓦鲁斯要求安提帕特进行自我辩护。然而，他只说了一句"上帝是我的清白的见证人"，就匍匐在地一言不发。于是，总督瓦鲁斯下令把毒药拿来，让一名被判死刑的囚犯喝下，这名囚犯立即就死了。（640）在同希律进行了一番私下会谈之后，瓦鲁斯向凯撒起草了一份这次会议的报告；一天后，瓦鲁斯离开了。国王把安提帕特捆绑起来，并派遣使者到皇帝那里通报这次不幸。

［6］（641）人们后来发现，安提帕特也曾密谋针对撒罗米。因为，安提菲鲁斯的一位用人从罗马带来了利维娅（Livia）[1]的一个名叫阿克米（Acme）的女仆的信件。她曾写信给国王，说她在利维娅的文件中发现了一些撒罗米的来信，出于对国王的善意，她私下将这些信件递送给国王。（642）撒罗米的这些信件——里面有对国王的恶毒攻击，以及对国王所作所为的严厉谴责——都是安提帕特伪造的，安提帕特又贿赂了阿克米，让她将这些信件交给希律。（643）这个女人同时间写给安提帕特的一封信，无疑坐实了安提帕特的罪行，因为信里这样写道："如你所愿，我已经写信给你的父亲了，而且已经寄出，我相信，当他读到这些信件时，他不会饶恕自己的姊妹的。不过，事成之后，请你务必不要忘记你先前允诺过我的东西。"

［7］（644）当这封信连同那些陷害撒罗米的信一起被公之于世，

---

〔1〕利维娅·德鲁西拉（Livia Drusilla）是奥古斯都（Augustus）的妻子；在奥古斯都去世后，她以朱利亚·奥古斯塔（Julia Augusta）之名为人所熟知；她是皇帝提比略（Tiberius）的母亲，提比略是她与前夫所生的儿子。

国王的脑海里闪出这样一个念头：那些给亚历山大定罪的信件可能也是伪造出来的。[1] 此外，一想到自己差一点由于安提帕特的阴谋而杀害自己的姊妹，他就陷入深深的痛苦之中。因此，他决定事不宜迟惩治安提帕特的所有罪行。（645）然而，正当他要处置安提帕特时，却患上了重病。他就阿克米的事以及针对撒罗米的阴谋，向凯撒写了书信。（646）他还要来自己的遗嘱并修改了它。他越过了自己最年长的两个儿子阿基劳斯和菲利普——这两人也是安提帕特诋毁的对象，而指定安提帕斯为国王。除了实物性的（in kind）[2] 礼物之外，希律还向奥古斯都遗赠了一千塔兰特的金钱；同时，他向皇后、皇帝的孩子们、皇帝的朋友们及其自由民遗赠了大约五百塔兰特的金钱；他向自己家族的其他成员遗赠了一大片土地和一大笔金钱，并向他的姊妹遗赠了一份最奢华的礼物，以示自己对她的尊敬。这些就是希律在遗嘱中所修改的地方。

第三十三章

[1]（647）他的病情越来越严重了，年龄的增长和意志的消沉也进一步加重了他的病情。他已是将近七十岁的老人了，而他的孩子们给他带来的灾难早已让他精神崩溃，甚至在他康健之时，他也觉得生活索然无味。一想到安提帕特还活着，他的病情就会加重；希律已经决定，对他的处决不应该是随便的事，而应该在自己恢复健康后严肃执行。

[2]（648）现在，民众起义的爆发进一步增加了他的麻烦。首

---

〔1〕参见第 528 节。
〔2〕字面含义是"非金钱的"（without money）。

都耶路撒冷有两位著名的博学之士（doctors），[1]他们被认为是精通本国律法的专家，在整个国家都享有非常高的威望；分别是塞弗拉乌斯之子犹大（Judas son of Sepphoraeus）和马加鲁斯之子马提亚斯（Matthias son of Margalus）。（649）他们关于律法的讲授吸引了大批年轻的听众，就这样，他们日复一日地聚集起一大群年富力强之人。当这两位拉比听说国王正因为绝望和疾病而日益精疲力竭，就对朋友们暗示说，现在正是为上帝的事业而战，摧毁那些违反先祖律法而建立起来的组织的最佳机会。（650）事实上，在圣殿里放置偶像、雕像或者任何动物塑像都是违反律法的；但是，国王却把一座金制的雄鹰塑像（a golden eagle）[2]设立在圣殿的大门上。现在两位拉比鼓动自己的门徒去砍倒它，他们告诉门徒，尽管这个行动非常危险，但是，为保卫自己国家的律法而死，是死得其所；为这样神圣的目的去死，即使死了，灵魂也会不朽，并且永享幸福；而那些可耻的、无视自己人生信条的人，他们宁愿病死在床，也不愿意去行那高尚的事业。

[3]（651）就在他们对门徒讲这番话之时，传来国王去世的谣言；这个消息更加激发了年轻人的冒险野心。因此，当正午时分许多人正在圣殿里漫步之时，那些年轻人用粗绳子把自己从屋顶上放下来，用斧头砍去了金制的雄鹰塑像。（652）有人将这件事立即报告给了国王

---

〔1〕希腊语的用词是"诡辩者"（sophists）。在希腊语中，这个词指的是享有报酬的修辞学教授等（最初并没有任何贬义色彩），而约瑟夫斯将这个词等同于犹太"拉比"（Rabbi）。

　　[中译按]在后面的译文中，出于对译文顺畅的考虑，将doctors全都译作"拉比"，而非"博学之士"。

〔2〕这种金制的雄鹰塑像可能模仿了希腊神殿的三角楣饰（the pediments of Greek temples）。在早期的宙斯神庙中，三角楣饰的平坦表面是用象征神祇（god）的雄鹰装饰的，整个三角楣饰由此而得名（ἀετός 或者 ἀέτωμα [鹰]）。

的守殿官（The king's captain），[1]他急忙调集了大批军力赶到现场，逮捕了大约四十名年轻人，并将他们押到国王那里。（653）希律先是问他们，雄鹰塑像是不是他们砍倒的，他们承认是自己所为。希律接着问道："谁命令你们这样做的？""我们祖先的律法"，他们这样回答。"你们马上就要被处死了，为什么还如此欣喜若狂？""因为我们死后，将享受更大的幸福。"

[4]（654）这番问话彻底激怒了国王，以至于他不顾自己的疾病，亲自走到公共集会前，[2]严厉地谴责这些人亵渎了神明，他们借口追随律法，实际上却另有企图，他要求严惩这些不虔敬之人。（655）民众担心发生大规模的控告，就恳求国王把惩罚限定在这次事件的挑动者身上，只逮捕那些犯下此罪的人员，不要把怒气扩散到其他人身上。对此，国王勉强表示同意；他下令将那些从屋顶上下来的人以及两位拉比活活烧死；至于其他的被捕人员，他则交给了手下的行刑人。

[5]（656）从这时起，希律的疾病逐步蔓延至全身，他遭受着各种各样的病痛。他一直发低烧，全身的皮肤奇痒无比，肠子阵阵发疼，脚上浮肿，腹部发炎，私处生疮；[3]此外，他还患有严重的哮喘（asthma），[4]呼吸极其困难，四肢也不停地抽搐。占卜者宣称，他的疾病是因为惩治了那两位拉比而引发的。（657）尽管遭受着种种痛苦，但他仍然渴望活下去，希望恢复健康，因此尝试了一个又一个治疗。他穿过约旦河，去卡里尔霍伊（Callirrhoe）洗温泉浴，那里的水最终

---

〔1〕有可能指的是"圣殿的守殿官"（the captain of the Temple），参见《使徒行传》第四章第1节和第五章第24节。

〔2〕按照《犹太古史》第十七卷第160—161节的记载，这是在耶利哥的剧院里举行的一次地方官员会议（a meeting of the magistrates）。

〔3〕参见对希律的孙子希律·阿格里帕一世之死的描述：《使徒行传》第十二章第23节记载他"被虫所咬"（eaten of worms）而死。

〔4〕希腊语单词的含义是：除了直立之外，其他姿势都不能呼吸。

注入亚斯法提提湖（Lake Asphaltitis），[1]由于它们的水质甘甜，也被当作饮用水。那里的医生认为，热油（hot oil）有助于提高整个身体的温度，于是，他被放进一个装满这种液体的巨大浴缸里；然而，他就好像死了一般，眼皮上翻，整个人晕了过去。（658）他的仆人一阵骚动，他们的喊叫声让他恢复了意识。对于恢复健康，他现在已经不抱希望了，他下令给每个士兵分发五十德拉克马的金钱，并给军官们和他的朋友们分发了大量的金钱。

[6]（659）他开始启程返回，在抵达耶利哥时，他的身体极度糟糕，就好像死了一样，但他无视死亡本身，设计了一个恐怖的计划。他将犹地亚从这头到那头的各个村庄的杰出之士集中起来，下令将他们关进赛马场。（660）接着，他把自己的姊妹撒罗米及其丈夫亚历克斯召来，对他们说：

> 我非常清楚地知道，犹太人会像庆祝节日一样庆祝我的死亡；[2]然而，如果你们遵从我的命令行事，我同样可以得到一个间接的哀悼和一个奢华的葬礼。你们都知道，这些人现在已经被关押了

---

〔1〕亚斯法提提湖即死海（The Dead Sea）。卡里尔霍伊（希律的洗浴之地［Baths of Herod］）位于死海东北沿岸附近。

〔2〕《犹太古史》第十七卷第176节记载："他对犹太人对他抱有的态度并不是没有察觉，而且知道他的死亡会让他们有一种解脱感，让他们喜上眉梢。"基斯流月（十二月）第七日的一个节日（A Jewish festival on the seventh of the month Kislev［December］）——《禁食篇》的犹太历法没有记载这个节日（of which the occasion is unrecorded in the Jewish calendar known as *Megillath Taanith*）——被一位已故的注释家（a late Scholiast）解释成对希律之死的纪念；但这个传统是不可靠的（but the tradition is untrustworthy）。从后面的章节（《犹太战争》第二卷第10节）来看，希律死于逾越节前不久（Herod died a little before Passover），参见泽特林（Zeitlin），《禁食篇》（*Megillath Taanith*）第100—101页；舒尔，《犹太民族史》第一卷第416—417节。

起来；一旦我咽气身亡，你们就派士兵将他们包围起来，全部杀掉；这样的话，整个犹地亚和每个家庭都将为我悲泣，不管他们愿意与否。

[7]（661）就在他下达这些命令之时，他收到了自己在罗马的使节发来的信件，信中告诉他，阿克米[1]已经被凯撒执行了死刑，安提帕特也被判处了死刑；不过，这封信件继续写道，如果希律希望放逐安提帕特的话，凯撒会按照希律的要求去做。（662）听到这个消息后，希律暂时恢复了精神，再一次点燃了自己生命的希望；然而，由于他的身体缺少营养并患有痉挛性咳嗽，他很快又被病痛击垮了，就想为结束自己的生命做准备。他拿起一个苹果，叫人拿来一把小刀，像往常吃苹果那样削起皮来；随后他环顾四周，看到没有人会阻止他，就抬起手拿刀刺向自己。然而，他的堂兄阿基亚布（Achiab）冲了上去，抓住他的手，阻止他这样做。（663）整个王宫立即响起了哀号，因为他们以为国王已经撒手人寰了。听到哀号的安提帕特立即振作精神而欢欣鼓舞起来，他动用了一大笔金钱贿赂监狱的看守，恳求他们解开自己的锁链，释放自己出狱。然而，监狱长不仅让他的美梦落空，而且急忙跑到国王那里告发了他的计划。（664）希律大声地喊叫起来，声音是如此洪亮，以至于完全不像一个病入膏肓之人；接着，他立即派遣手下的士兵去执行安提帕特的死刑。他命令将安提帕特的尸体葬在希尔堪尼亚（Hyrcanium）。[2]他再一次修改了自己的遗嘱，重新指定最年长的儿子、安提帕斯的哥哥阿基劳斯继承自己的王位，又任命安提帕斯作藩属王（tetrarch）。[3]

---

〔1〕参见第 641 节。
〔2〕Hyrcanium（希尔堪尼亚）亦写作 Hyrcania。
〔3〕阿基劳斯和安提帕斯都是希律与撒玛利亚人马尔萨斯所生的儿子。

[8]（665）在处死自己的儿子后，希律只活了五天时间。[1] 他在位三十四年后去世，其在位时间从他处死安提柯、从而控制了这个国家时开始计算；[2] 不过，如果从他被罗马人立为国王的那个时间计算，[3] 他则统治了三十七年。如果说有人是幸运的，那么无疑，他的全部人生几乎都是幸运的：他以平民的身份登上王位，牢牢地掌控了王权那么多年，并将王位传给了自己的儿子；但是，在家庭生活中，没有人比他更不幸了。（666）在军队获悉国王去世的消息之前，撒罗米和她的丈夫就离开了王宫，并释放了先前被希律关押在监狱等候处死的那些人，告诉他们希律已经改变主意，现在释放他们所有人回家。直到这些人离开之后，撒罗米和她的丈夫才向军队公布了希律去世的消息，召集他们和其他民众到耶利哥的露天竞技场进行公共集会。（667）托勒密走上前来——希律先前已经将自己的印戒交给托勒密——向死去的希律国王宣布了祝福，并向民众发出了劝诫，同时也向军队宣读了国王留给他们的一封书信，在这封书信里，希律郑重地要求他们效忠自己的继承人。（668）宣读完这封书信，托勒密又打开并宣读了遗嘱修订附录：菲利普[4] 继承特拉可尼及其周围地区，安提帕斯——正如我们在前面所说[5]——被立为藩属王，[6] 而阿基劳斯则被立为国王。（669）按照希律事先的要求，阿基劳斯需要带着希律的印戒以及有关国家管理的密封文件，去到凯撒那里，因为凯撒是希律所

---

〔1〕希律死于公元前 4 年（大概在三月）。

〔2〕于公元前 37 年。

〔3〕于公元前 40 年（年末）。约瑟夫斯将开始统治时不足一年（罗马历法）以一个整年进行计算，结束统治时不足一年也以一个整年进行计算。（舒尔：《犹太民族史》第一卷第 416 节）

〔4〕即克里奥佩特拉的儿子。

〔5〕参见第 664 节。

〔6〕加利利和佩拉亚地区的藩属王（《犹太古史》第十七卷第 188 节）。

留置的所有安排的确认人，也是希律遗嘱的批准人；同时，凯撒还指示，希律先前那份遗嘱的其余安排仍然有效。

[9]（670）阿基劳斯立即得到了大家的热情承认和祝贺；成群结队的士兵和民众走到他的面前，向他保证自己的效忠，并祈求上帝保佑他。接着，他们着手准备国王的葬礼。（671）阿基劳斯没有遗漏任何能增加葬礼壮观性的东西，他将所有的王室装饰品全都带进送葬的队伍，以提升死者的荣耀。棺材是用纯金打造的，并用宝石装饰，覆着一张紫色的遮盖物，其上绣着各样色彩；希律的遗体躺在上面，包裹着一件紫色的长袍，头上戴有一顶金制王冠，右手则握着权杖。（672）围绕在棺材旁边的是希律的儿子们和他的大批亲属；紧跟着他们的是希律的卫队——色雷斯人（Thracian）[1]、日耳曼人和高卢人的小分队，他们一个个全副武装，就像要上战场一样。（673）其余军队则行走在队伍的最前面，也个个全副武装，由他们的指挥官和下级军官带领着；紧随其后的则是希律手下拿着香料的五百名仆人和自由民。根据希律死前的遗命，遗体被运送至两百弗隆远的希律迪安进行安葬。希律的统治就这样结束了。

---

〔1〕［中译按］色雷斯（Thrace）：东濒黑海，北接多瑙河，南临爱琴海，西同伊利里亚和马其顿为邻。公元1世纪为罗马人征服，划为两个行省：巴尔干山以南被称为色雷斯行省（亦即现在的保加利亚南部），以北则被称为默西亚行省。

第二卷

第一章

[1]（1）这时，阿基劳斯必须启程前往罗马，而这引起了新的冲突。他为自己的父亲举行了七天哀悼，并为民众举办了盛大的葬礼宴会——该习俗让许多犹太人陷入了穷困，这是一种约定俗成的强制性规定，如果有人遗漏，将被视为一个不虔敬之人。接着，他换上了一件白衣去到圣殿，那里的民众则向他致以各种欢呼。（2）他从一处高台的金制御座上热情地问候民众，感谢他们在他父亲的葬礼上表现出来的热忱，也感谢他们对他的恭顺——就像对待一位已经得到确认的国王那样。然而，他对他们说，他现在不会接管王权，也不会冠上国王的名号，除非他的王位继承权得到凯撒的正式批准，因为按照遗嘱的规定，凯撒是整个遗嘱事务的主宰者。（3）甚至当耶利哥的军队欲把王冠戴在他的头上时，他拒绝了。不过，一旦最高权力明确宣布他为国王，不管是士兵还是民众，对于他们的热情和善意，他都将无一例外地给予充足的回报；因为，他会比自己的父亲更加诚心实意地善待他们。

[2]（4）民众对他的这番话感到非常满意，他们立即提出了大量

的要求，以检验他的意向：一些人大声疾呼减轻税负，一些人则高喊废除税收，[1]另一些人则吵着要释放囚犯。出于对民众的迎合，他对所有这些要求全都欣然应允。（5）接着，他进行了献祭，并与自己的朋友们一起享用了佳肴。但是，在傍晚时分——公开哀悼国王驾崩的活动这时已经结束——大量倾向革命的民众聚集在一起，并开始哀悼那些因为砍掉圣殿大门上的金制雄鹰而惨遭希律处死的人。[2]（6）这种哀悼活动丝毫没有停歇的迹象，相反，他们刺耳的恸哭之声像是由指挥家指挥的一场挽歌，悲戚的哀号声与捶胸声响彻了全城；他们声称，所有这些都是为了纪念因捍卫犹太律法和犹太圣殿而死去的人们。（7）他们坚称，这些殉道者应该以希律宠臣的鲜血来偿还：其中第一步就是罢黜希律任命的高级祭司，[3]因为他们有权挑选更虔敬和更纯洁的人来担任高级祭司。

[3]（8）对于他们的这些要求，阿基劳斯大为光火，但是，由于急于离开这里，他没有采取报复行动；因为他担心，如果激起了民众的不满，那么他就会被这场骚乱阻留。因此，他试图以劝说而非武力的方式平息暴乱，并且私下派遣自己的将军（general）[4]前去规劝他们。（9）这位将军一踏进圣殿，甚至还没来得及开口，暴乱者就用石头朝他乱扔了一通；跟在这位将军身后的其他许多人——这些人也是阿基劳斯派遣过去进行劝说的——也遭遇了同样的对待。暴乱者对所

---

〔1〕按照《犹太古史》第十七卷第 205 节的记载，这种税收指的是销售税（Duties on sales）。

〔2〕那些人指的是犹大、马提亚斯以及他们的追随者（their followers），参见第一卷第 648—655 节。

〔3〕这位高级祭司名叫约撒（Joazar），参见《犹太古史》第十七卷第 164 节。

〔4〕或者可能是"圣殿的守殿官"（captain of the Temple，或被称为"萨甘"〔Sagan〕），参见《使徒行传》第四章第 1 节。

有的规劝都怒目以对，很明显，假如他们的人数足够多，那么，他们是不打算就此罢休的。（10）现在无酵节（the feast of the unleavened bread）——犹太人称这个节日为逾越节（Passover），并在这个节日里献上大量的祭品——就要到了，大批民众会从乡下涌来庆祝节日；那些倡导向两位［遭到希律处死的］拉比进行哀悼的支持者们正聚集在圣殿里，为自己的派系招募新成员（recruits）。[1]（11）阿基劳斯对此大为惊恐，他希望在暴乱蔓延到整个人群之前就予以扼杀，因此，他派遣一位保民官（a tribune）率领一个步兵大队前去镇压这群作乱的祸首。士兵的出现引发了整个人群的愤怒，以至于他们纷纷向士兵们投掷石块；这个步兵大队的大部分士兵都被杀死了，而他们的指挥官受了伤，勉强逃过一劫。（12）随后，这群叛乱者又重新回去献祭，就好像没发生任何严重的事件一样。然而，阿基劳斯现在感到，不流血是根本不可能制止这群作乱者的，因此就放手让自己的整个军队前去镇压他们，他让步兵以密集队形穿越耶路撒冷城，让骑兵穿越平原（the plain）。[2]（13）士兵们突袭了那些正忙于献祭的人群，屠杀了大约三千人，余下的人则被赶到附近的群山上。阿基劳斯的使者跟在后面，命令所有人回到自己家里；因此，他们全都放弃了过节，四散离开了。

---

〔1〕希腊语的原意是"食物、养料"（sustenance）。在与这一节相对应的《犹太古史》第十七卷第214节里，作者（约瑟夫斯的一位写作助手［an assistant of Josephus］）在处理同样的原始资料时，明显采用了 τροφή（食物）一词的字面含义："对于叛乱者而言，他们并不缺乏食物，也不羞于乞求食物。"（they had no lack of food for the rebels, not being ashamed to beg for it.）

〔2〕显然，骑兵沿着耶路撒冷西北面的城墙外面绕行，而步兵则沿着从位于耶路撒冷城西南的王宫到位于东北的圣殿这条路线直冲过去。

第二章

[1]（14）现在阿基劳斯与自己的母亲[1]和自己的朋友波普拉斯（Poplas）[2]、托勒密[3]、尼古拉斯（Nicolas）[4]一起下到了海滨，他留下菲利普（Philip）负责王宫（the palace）[5]的事务并管理他的个人财产。（15）撒罗米[6]及其儿女，以及已故国王的外甥、女婿也都陪着他，他们表面上支持阿基劳斯的王位继承权，而实际上都指责他最近在圣殿的非法行径。

[2]（16）他们在凯撒利亚遇到了叙利亚总督（the procurator of Syria）[7]萨比努斯（Sabinus），萨比努斯当时正前往犹地亚接管希律的遗产。然而，瓦鲁斯[8]的赶到——是在阿基劳斯的紧急恳求下而来的——阻碍了萨比努斯继续自己的行程。（17）出于对瓦鲁斯的尊崇，萨比努斯暂时放弃了前往城堡（the castles）并阻止阿基劳斯继承自己父亲的财产的企图；此外，他进一步允诺，在凯撒尚未做出决定前，

---

〔1〕即马尔萨斯。

〔2〕在《犹太古史》第十七卷第219节中，波普拉斯（Poplas）亦写作波特拉斯（Ptollas）。

〔3〕托勒密是希律最重要的朋友，也是希律的遗嘱执行人（executor），参见第一卷第473节、第667节和第二卷第21节。

〔4〕大马士革的尼古拉斯（Nicolas）是希律的另一位朋友，同时也是一位历史学家，约瑟夫斯在这里的记载可能依赖于尼古拉斯的著作。

〔5〕或者写作"王国"（the realm）。

〔6〕即希律的姊妹。

〔7〕在《犹太古史》第十七卷第221节中，约瑟夫斯将这个地方的"总督"（procurator）更加准确地描述为 Καίσαρος ἐπίτροπος τῶν ἐν Συρίᾳ πραγμάτων［负责叙利亚事务的凯撒的代理人］，亦即"行省的帝国财政官员"（imperial finance officer for the province）。

〔8〕昆提利乌斯·瓦鲁斯是叙利亚总督（军团长）（governor［legatus］of Syria），参见第一卷第617节。

他会继续留在凯撒利亚，且不会做出任何其他行动。（18）然而，那些阻挠其行程的人一离开——瓦鲁斯去了安提阿，[1]阿基劳斯则去了罗马——萨比努斯立即赶往了耶路撒冷并接管了王宫的财产；接着，萨比努斯召见了城堡的负责人和财产的管理人，试图接管那些财产和城堡。（19）然而，这些官员谨记阿基劳斯的命令，继续严守他们各自的职责，他们声称自己对凯撒负责，而非对阿基劳斯负责。[2]

[3]（20）与此同时，另一位声称有权继承王位的人——即安提帕斯——已经动身前往罗马，安提帕斯坚持认为，他被任命为国王的那份遗嘱比遗嘱附录更具有效力。[3]安提帕斯先前得到了撒罗米的支持，而且得到许多与阿基劳斯同航的亲戚的支持。（21）他也赢得了自己的母亲[4]和尼古拉斯的兄弟托勒密的支持，而托勒密的影响力举足轻重，因为在所有的朋友之中，他最受希律的信赖和尊重。然而，安提帕斯最为信赖的支持者是具有雄辩口才的埃伦纳乌斯（Irenaeus）；正是由于这个原因，他拒绝听从那些建议他让位给阿基劳斯的人的意见，那些人认为，阿基劳斯比他年长，而且遗嘱附录也确认了阿基劳斯对王国的继承权。（22）在罗马，所有憎恨阿基劳斯的亲属全都转而支持安提帕斯；尽管他们无不希望实现在一位罗马总督统治之下的自治，[5]但是，如果这个愿望不能实现，他们就退而求其次，宁愿让安提帕斯做国王。

[4]（23）萨比努斯也支持他们的这个安排，他去信给凯撒，在

---

〔1〕在回到安提阿之前，瓦鲁斯访问了耶路撒冷，而且在耶路撒冷留下了一个军团的兵力来维持秩序（参见第 40 节）。

〔2〕萨比努斯试图夺取希律的资产，参见《犹太古史》第十七卷第 222 节。

〔3〕参见第一卷第 646 节。

〔4〕马尔萨斯与自己的另一个儿子远航去了，参见第 14 节。

〔5〕[中译按] 在惠斯顿本中，英译者将这句话译作"人人都希望生活在他们自己的律法之下 [而非国王的统治之下]"。(every one rather desired to live under their own laws [without a king] .)

信里指责了阿基劳斯，并高度赞扬了安提帕斯。（24）撒罗米和她的朋友们这时也起草了各种指控，把它们交到凯撒手里；作为对她们的回应，阿基劳斯则起草了一份概要性的权利声明，并让托勒密把自己父亲的印戒和文件（papers）[1]转交给皇帝。（25）在私下斟酌了双方的说法、王国的面积、岁入的数额和希律子女的人数，以及阅览了瓦鲁斯和萨比努斯发来的相关信件之后，凯撒召集了一个由显赫的罗马人组成的议事会（council），他还首次让阿格里帕和自己的女儿朱莉娅（Julia）所生的儿子盖乌斯（Gaius）——被凯撒收养为儿子——出席了这个会议；接着，他要求双方进行发言。

[5]（26）于是，撒罗米之子安提帕特（Antipater）——在阿基劳斯的诸多对手之中，他是最为雄辩的一个——开始指责起他来。安提帕特说道，阿基劳斯尽管表面上是现在才开始主张王位，但实际上他早就充任国王了；他现在只是假装听从凯撒，实际上却迫不及待地要继承王位。（27）希律一去世，他便唆使别人给自己戴上王冠，他坐在王座上，以国王的头衔进行接见，并重新调整军队的部署和授予军衔的晋升；（28）此外，他同意了民众向他提出的所有要求，甚至释放了那些因犯有严重罪行而被他的父亲关押在监狱的犯人。现在他表面上跑到自己的主人（his lord）那里寻求王权，实际上却已经盗用了王权，因此，凯撒不是最终的裁断者，而是只有裁断者的空名。（29）安提帕特进一步谴责阿基劳斯，甚至在哀悼其父去世期间，白天装出一副悲痛欲绝的样子，晚上却喝得酩酊大醉，是一个十足的伪君子；关于这一点，他又补充说，阿基劳斯的这种行径甚至引发了民众的愤怒。（30）接着，安提帕特开启了自己的演讲主旨，他强调说，阿基劳斯在圣所（the sanctuary）周围屠杀了大批前来过节的犹太民众，就

---

〔1〕或者写作 λογισμοὺς［（公共的）账目］，即"（public）accounts"。

在他们进行献祭时，将他们连同那些祭品一道残忍地杀害了。[1]他接着控诉，圣殿里的尸体堆积了如此之多，即使一场突如其来的外敌野蛮入侵也不会造成比这更多的死亡。（31）他的父亲已经预见到他的残暴本性，以至于从未想过让他接管王权，除非希律的精神遭到了比肉身更加严重的摧残，以至于完全不能理性思考，甚至都不知道自己写在遗嘱附录里的名字是作为王位继承人之用的；而当希律的身体和心智全都健全无碍而未被疾病折磨之时，他在遗嘱中所确立的那位继承人才是正确人选。（32）然而，他接着说，即使有人认为遭受疾病折磨之人的决定更有分量，阿基劳斯也会因其罪恶和暴行而被罢黜。在尚未得到凯撒确认之前，他就屠杀这么多人，一旦凯撒授予他权力，他会变成什么样子呢！？

[6]（33）在对这些问题进行了一番详述，并提出阿基劳斯大部分亲属都可以作为自己每一项控诉的证人后，安提帕特结束了讲话。（34）接着，尼古拉斯站了起来，为阿基劳斯进行辩护。他说，圣殿里的屠杀是必要的，因为那些人不仅与王国为敌，而且与王国的仲裁者凯撒为敌。（35）至于对阿基劳斯其他方面的指控，他则证明说，阿基劳斯的指控者当时就是这样建议阿基劳斯行事的。他认为，遗嘱附录真实有效，最为重要的理由就是，在遗嘱附录中，凯撒被指定为王位继承者的担保人；（36）在他看来，一个睿智地将自己的权力交给世界之主（the master of the world）的人，他在挑选继承人时是不可能犯错的；他在挑选仲裁者时所展现出的睿智，无疑表明了他在挑选继承人上的明智。

[7]（37）当尼古拉斯充分阐述了自己的看法后，阿基劳斯走上

---

[1] 对照《路加福音》第十三章第 1 节："正当那时，有人将彼拉多使加利利人的血搀杂在他们祭物中的事告诉耶稣（the charge against Pilate of mingling the blood of Galilaeans with their sacrifices）。"

前来，沉默无语地跪倒在凯撒的脚下。皇帝非常和蔼地扶他起来，而且暗示他可以继承其父的王位，但没有宣布最后的决定。（38）在解散了这场议事会后，凯撒对自己所听到的事情独自斟酌了一天，考虑是否应该从遗嘱中指定一个人作为继承人，还是应该将统治权分给希律的所有后代；因为这个家族的许多成员似乎都需要自己的支持。

第三章

[1]（39）然而，在凯撒尚未对这些事情做出任何决定前，阿基劳斯的母亲马尔萨斯因病去世了，接着，凯撒接到了叙利亚的瓦鲁斯送来的关于犹太人叛乱的信件。（40）瓦鲁斯之前就已经预见到这次叛乱的爆发，在阿基劳斯起航后，瓦鲁斯便上到耶路撒冷，以镇压那里的煽动者。很明显，那群暴民并不准备息事宁人，因此瓦鲁斯把自己先前从叙利亚带来的三个军团中的一个留在了城内。（41）随后，瓦鲁斯回到了安提阿。然而，在他走后，萨比努斯[1]就来了，而萨比努斯的到来给犹太人的叛乱制造了口实。因为，这位官员倚仗瓦鲁斯留下的士兵和自己的一大群奴隶（这些奴隶都被他全副武装起来，用作满足其私欲的工具），逼迫城堡的守卫向自己移交这座城堡，并强行到处搜寻王室的财产。（42）因此，随着五旬节[2]的到来——犹太人将逾越节后第七周举行的那个节日称为五旬节，得名于与逾越节间隔的天数——大批的民众聚集到一起，而让他们聚集的原因不是惯常

---

〔1〕参见第 16 节。
〔2〕［中译按］Pentecost 亦写作 Fiftieth，五旬节亦即"第五十天"（the 50th day）之意。

的敬拜，而是他们的愤怒。（43）不计其数的民众从加利利、以土买、耶利哥和约旦河对岸的佩拉亚（Peraea beyond the Jordan）拥来，而犹地亚本地人无论在数量上还是在热情上都更胜一筹。（44）他们分作三部分，分别在三个地方扎营，其中第一部分在圣殿北边，第二部分在紧邻赛马场[1]的圣殿南边，第三部分则在王宫附近的圣殿西边。因此，他们在每一个方向都扎下了营盘，从而对罗马人形成了包围之势。

[2]（45）由于对他们的人数和勇气都深感恐惧，于是，萨比努斯一次又一次地派遣信使到瓦鲁斯那里去，请求后者立即增援，并告诉后者，如果拖延的话，整个军团都会被敌人撕个粉碎。（46）他自己则登上城堡里那座最高的塔楼——这座塔楼以希律的兄弟法塞尔（Phasael）的名字命名，法塞尔之前被帕提亚人所杀[2]——从那里发出指挥军团攻击敌军的信号，因为他已经胆裂魂飞，没有勇气下来指挥作战。（47）遵照这个懦夫的命令，罗马士兵们纷纷涌进圣殿，与犹太人进行了激烈的战斗。只要他们没有受到居高临下的攻击，凭借自己丰富的军事经验，完全可以战胜这些犹太新手。（48）然而，当大批犹太人登上柱廊（the porticoes），并居高临下地向他们的头上投掷飞弹后，罗马人纷纷被击倒地；罗马人发现，无论是防范来自上方的进攻，还是在肉搏战中坚守阵地，对抗其余的对手，都不是一件容易的事情。

[3]（49）由于受到两方面的敌人的骚扰，因此，罗马军团放火烧毁了柱廊，无论是其富丽程度，还是宏伟程度，这些柱廊都是艺术杰作。许多在柱廊上战斗的犹太人，瞬间就被大火包围和吞噬了；许多人从上面跳了下来，但立即被罗马人杀死了；一些人从自己身后陡峭的城墙上跳了下去；还有一些人则被无情的大火逼得绝望，以至于纷纷

---

〔1〕这个赛马场只在此处与相对应的《犹太古史》第十七卷第255节提过；不过，其具体位置无从知晓。它有可能是希律建造的。

〔2〕关于法塞尔被帕提亚人所杀的内容，参见第一卷第271—272节；关于法塞尔塔楼的内容，参见第一卷第418节和第五卷第166节。

用手中的剑进行自我了断。（50）成功爬下城墙并猛烈冲向罗马人的那些人，由于尚处在惊魂未定之下，很容易就成为罗马人的猎物。后来，当其敌手要么被杀，要么惊慌失措地四散逃走，罗马士兵们进攻了已经失去防御的上帝的宝库（God's treasury），劫掠了大约价值四百塔兰特的财宝，凡是没有被士兵们偷走的东西都被萨比努斯一扫而空。[1]

[4]（51）然而，这些建筑和生命的损失只会进一步振奋犹太人反罗马的决心和力量。他们包围了王宫，威胁要杀死里面的人，除非他们立即撤退；如果萨比努斯愿意和他的军团一起撤退，他们可以确保他安全无虞。（52）大部分的王室军队现在已经抛弃了罗马人，而倒向犹太叛乱者一方。然而，这些军队中最具战斗力的部分——即鲁弗斯（Rufus）和格拉图斯（Gratus）指挥的三千名塞巴斯特人（Sebastenians），[2]后者指挥王室步兵，而前者指挥王室骑兵——仍然效忠罗马人；对于这两个人，由于他们的英勇和睿智，其中任何一个即使没有一兵一卒，也相当于一支军队（worth an army）。[3]（53）因此，犹太人一方面加

---

〔1〕 按照《犹太古史》第十七卷第 264 节的记载，除了士兵们偷走的，萨比努斯仍劫掠了四百塔兰特的东西。《犹太古史》的作者（The writer of A.）明显是在效仿修昔底德第七卷第 85 章：τὸ μὲν οὖν ἁθροισθὲν τοῦ στρατεύματος ἐς τὸ κοινὸν οὐ πολὺ ἐγένετο, τὸ δὲ διακλαπὲν πολύ [作为公共财产被集中到一起的敌军俘虏人数并不多，但被私自偷窃的俘虏人数很庞大]，这里可能有一个涉及一些回忆的章节。

〔2〕 亦即从塞巴斯特地区（the region of Sebaste = Samaria [撒玛利亚]）征召而来的军队。在铭文和约瑟夫斯其他地方的著作中，例如《犹太战争》第二卷第 58 节、第 63 节、第 74 节和第 236 节，常常提及这些塞巴斯特人的步兵大队（these cohorts of Sebasteni）。《使徒行传》第二十七章第 1 节提到的驻扎在凯撒利亚的σπεῖρα Σεβαστή [御营]，可能就是其中之一，尽管 Σεβαστή = Augusta，而不是塞巴斯特人；它的全称可能是 cohors Augusta Sebastenorum（舒尔）。
[中译按] 非斯都既然定规了，叫我们坐船往意大利去，便将保罗别的因犯交给御营里的一个百夫长，名叫犹流。（《使徒行传》27：1）

〔3〕 字面含义是"足以扭转战局"（sufficient to turn the scale of war）。

紧了围攻，并向城堡发起了进攻；另一方面，他们大声呼吁萨比努斯及其追随者离开，不要成为他们渴望已久的民族独立的绊脚石。（54）萨比努斯非常乐意溜之大吉，但他不相信他们的承诺，他怀疑，这是对方为自己故意设下的圈套；此外，他也希望从瓦鲁斯那里得到增援，因此他就这样一直让围城僵持着。

第四章

[1]（55）在此期间，乡村的众多地区也爆发了混乱，而这种混乱进一步诱发了许多野心勃勃之人攫取最高权力的邪恶欲望。在以土买地区，希律的两千名老兵拿起武器，与王室军队展开了激烈的火拼。他们遭遇了国王的堂兄阿基亚布[1]的镇压；为避免与他们在平原上开战，阿基亚布撤退到了一个最坚固的地方。（56）在加利利的色弗黎城，埃泽基亚之子犹大（Judas son of Ezechias）——埃泽基亚是土匪头子，先前横行乡村地区，但遭到国王希律的镇压[2]——纠集了大批追随者，公开袭击王室军械库以武装手下，并向其他野心勃勃的强力人物展开进攻。

[2]（57）在佩拉亚，倚仗自己的高大和英俊，一个名叫西蒙（Simon）[3]的王室奴隶戴上了王冠。他带着自己纠集的一群土匪到处

---

〔1〕"国王"指的是希律，而阿基亚布曾阻止过希律自杀（第一卷第 662 节）；参见第二卷第 77 节。

〔2〕参见第一卷第 204 节。

〔3〕在《历史》第五卷第 9 节里，塔西佗提到了西蒙："希律死后，一个名叫西蒙的人没有等凯撒的决定便僭取了国王的称号。但是，叙利亚的长官瓦鲁斯处死了他；犹太人遭到了镇压；王国被分为三部分，分给了希律的儿子们。"（post mortem Herodis……Simo quidam regium nomen inuaserat.）（莱纳赫）

闲逛，为了提升在大火期间的劫掠机会，他烧毁了耶利哥的王宫和许多其他豪华的宅邸。（58）要不是王室步兵指挥官格拉图斯率领特拉可尼的弓箭手（the archers of Trachonitis）和塞巴斯特的精锐部队（the finest troops of the Sebastenians）出击迎战了这个无赖，没有一座豪华宅邸能够逃过大火的洗劫。（59）结果，有大批的佩拉亚人在接下来的战斗中殒命。西蒙则奋力地逃往一座陡峭的山谷，却遭到了格拉图斯的拦截，格拉图斯从侧面击中了他的脖子，随后将他的头颅割了下来。位于靠近约旦河的贝特拉马萨（Betharamatha）[1]的宫殿，同样遭到了佩拉亚的另一群叛匪的烧毁。

[3]（60）就在这时，有一位牧羊人竟然也野心勃勃地觊觎王位。这个人就是阿瑟隆伽乌斯（Athrongaeus）。为他点燃这种希望的优势是，他那充满活力的身体和藐视死亡的灵魂，以及四个像他那样的兄弟。（61）他给自己的每一个兄弟都委任了一队武装士兵，而且将他们任命为负责到处劫掠的将军和总督（satraps），他自己则像国王那样负责处理更重要的事务。（62）他现在已经戴上了王冠，但是在此后很长一段时间里，他和他的兄弟们仍然在乡间四处劫掠。他们的主要目的是杀死罗马人和保王党人，但如果犹太人落到他们手里而又未带任何值钱东西的话，没有哪一个犹太人能够逃脱他们的毒手。（63）在埃马厄斯[2]附近，他们有一次甚至冒险包围了整整一个支队的罗马士兵（an entire Roman company），[3]这些罗马士兵负责运送军团的粮

_____

〔1〕即《旧约》的伯-亚兰（Beth-haram of the Old Test），参见《约书亚记》（Jos.）第十三章第27节；也即《塔木德》的贝特-拉姆萨（Beth-ramtha of the Talmud），由希律·安提帕斯（Herod Antipas）重建，并且被重新命名为朱利亚斯（Julias）（《犹太古史》第十八卷第27节）或者利维亚斯（Livias）；它位于死海以北和约旦河以东大约六英里处。

〔2〕参见第71节注释。

〔3〕company 或写作 centuria。

食和武器。他们用标枪击中了罗马人的百夫长阿里乌斯（Arius）及其四十名精锐士兵；就在其余的人也面临同样的命运之时，格拉图斯率领手下的塞巴斯特人及时营救了他们，保全了他们的性命。（64）在整个战争期间，阿瑟隆伽乌斯及其兄弟对当地人和外邦人犯下了许多这样严重的暴行，不久，他们其中三人被抓获——最年长的那个被阿基劳斯抓获，另外两个则被格拉图斯和托勒密抓获；而第四个则与阿基劳斯达成协议，并向其投降。[1]（65）这就是他们的最终结局；然而在当时，这些人将整个犹地亚变成了一个游击区。

第五章

[1]（66）一接到萨比努斯及其军官的信件，瓦鲁斯就担心起那里的整个军团来，于是决定立即赶去解围。（67）他调动了自己的其余两个军团和隶属于它们的四个骑兵团（regiments of horse），[2]进军托勒米亚；同时，他也命令诸国王和酋长的辅助部队向那个地方集结。当他穿过贝鲁特（Berytus）[3]时，他的军队从那座城市征募了一千五百名全副武装的士兵。（68）当同盟军的其他分遣队以及阿拉伯的阿里塔斯——出于对希律的憎恨，阿里塔斯率领大批骑兵和步兵部队前来——与他在托勒米亚会合，瓦鲁斯立即给自己在加利利（毗

---

〔1〕他们总共有五兄弟（参见第 60 节）；对于第五个兄弟的命运，约瑟夫斯则没有记载。

〔2〕拉丁语写作 *alae*，也即辅助骑兵团（regiments of auxiliary cavalry），通常由五百名骑兵组成，与严格意义上的"军团"骑兵中队（the strictly "legionary" squadrons of cavalry）有所不同，后者仅由一百二十名骑兵组成，参见第三卷第120 节（莱纳赫）。

〔3〕亦写作 Beirut。

邻托勒米亚）的军队送去一封信件；这支军队的指挥官是瓦鲁斯的朋友盖乌斯，这位盖乌斯击溃了所有与他作对的人，在占领色弗黎后，他烧毁了这座城市，并将其居民沦为奴隶。（69）瓦鲁斯则率领自己的整个部队进军到撒玛利亚；他放过了这座城市——因为他发现这里没有任何骚乱，驻扎在了一座名叫亚洛斯（Arous）[1]的村庄附近。这座村庄属于托勒密所有，由于这个原因，它遭到了阿拉伯人的洗劫，因为阿拉伯人迁怒于希律的朋友们。（70）瓦鲁斯从那里向另一座防御严密的村庄沙普霍（Sappho）[2]进军，同样洗劫了这座村庄，而且，对于之后进军途中所遇到的所有村庄，全都进行了洗劫。整个地区都变成一片火海和死亡之地，没有任何东西能够阻挡阿拉伯人的蹂躏。（71）瓦鲁斯下令烧毁人去楼空的埃马厄斯，以报复阿里乌斯及其士兵的屠杀。[3]

[2]（72）接着，他从那里向耶路撒冷进军，他只要站在队伍的最前面，就彻底驱散了那些犹太营地的人。（73）这些营地的使用者逃到了乡下。然而，城里的犹太市民迎接了他，并矢口否认参与叛乱，他们声称自己从未发动叛乱，是节日（the festival）迫使他们不得不接纳这群暴民，他们宁愿被罗马人包围，也不愿与反叛者结盟。（74）在此之前，瓦鲁斯在城外会见了阿基劳斯的堂兄约瑟（Joseph），[4]以

---

〔1〕其具体位置并不知晓。

〔2〕其具体位置并不知晓；《犹太古史》第十七卷第 290 节写作 Sampho。

〔3〕参见第 63 节。这个埃马厄斯（Emmaus）无疑位于犹地亚群山（the Judaean hills）脚下的里达城（Lydda）东南方，即现在的阿姆瓦斯（Amwas），曾经的尼科波利斯（Nicopolis），它与《路加福音》第二十四章第 13 节所提及的耶路撒冷附近的以马忤斯（Emmaus）不是同一座村庄。

〔中译按〕正当那日，门徒中有两个人往一个村子去，这村子名叫以马忤斯，离耶路撒冷约有二十五里。（《路加福音》24：13）

〔4〕这位约瑟是希律的兄弟约瑟的儿子，他被杀于耶利哥（《犹太古史》第十八卷第 134 节，《犹太战争》第一卷第 323—324 节）。

及王室军队和塞巴斯特人的统领鲁弗斯和格拉图斯；此外还会见了以其常规方式武装起来的罗马军团；至于萨比努斯，他先行离城去了海滨，因为他不敢面对瓦鲁斯。（75）瓦鲁斯现在派出自己的一部分军队到村庄四处搜查，以找出这场叛乱的头目；许多人由此而遭到抓捕。那些看起来较少惹是生非的人被他监禁起来，而那些难辞其咎的人——人数大约有两千——则被他钉死在十字架上。

[3]（76）他获悉，在整个以土买地区，仍有一万名被武装起来的人。他发现，这些阿拉伯人的所作所为根本就不像辅军，而是为满足其自身的复仇欲望，他们出于对希律的憎恨，为祸乡里的程度远远超出了他的预想；因此他遣散了他们，接着，他率领自己的军团急速向叛军进军。（77）在尚未交手前，叛军就在阿基亚布[1]的建议下投降了；瓦鲁斯释放了普通士兵，将那些叛乱头目押到凯撒那里受审。（78）然而，凯撒赦免了所有人，但一些有王室血统之人除外，他们当中有些是希律的亲戚；他下令处罚这些人，因为他们同室操戈。（79）通过这种手段，瓦鲁斯恢复了耶路撒冷的秩序，接着，他将先前的那个军团留下作为驻军，随后就回到了安提阿。

第六章

[1]（80）与此同时，在罗马的阿基劳斯现在不得不在犹太使节发起的一起新诉讼中进行自我辩护；在叛乱发生之前，在瓦鲁斯的应允下，这些使节前来请求自己民族的自治。他们总共来了五十名代表，然而，有超过八千名在罗马的犹太人都支持他们的事业。（81）

---

〔1〕参见第55节。

在帕拉丁的阿波罗神殿（the temple of the Palatine Apollo）[1]——这座神殿是凯撒亲自建立的，而且装饰得极其奢华——凯撒召集了一个议事会（a council），由罗马官员和凯撒的朋友们组成。犹太民众和犹太代表站在一方；与其针锋相对的阿基劳斯和他的朋友们则站在另一方。（82）阿基劳斯的亲属们则两方都不支持：出于对阿基劳斯的憎恶和嫉妒，他们都不正眼看待阿基劳斯的支持者，但是，他们又不愿意被凯撒看作是阿基劳斯的控告者。（83）除此之外，阿基劳斯的兄弟菲利普也出席了议事会，菲利普是瓦鲁斯出于两方面的友善考虑而被委派过来的：主要是为了支持阿基劳斯，其次则是为了在凯撒向希律的所有后代分配希律的遗产之时，菲利普也能够分一杯羹。

[2]（84）在获准陈述自己的案情后，原告开始列举希律犯下的严重罪行，他们说道：

> 希律不是一位国王（a king），而是有史以来最残暴的僭主（the most cruel tyrant），他们不得不忍受他的统治。希律杀人无数，而那些侥幸活下来的幸存者因为遭受了太多的痛苦，甚至嫉妒起那些被杀者的命运。（85）因为，他不但折磨自己的臣民，而且折磨他们的城市；他一边在自己的领土上残害那些城镇，一边装饰其他民族的城镇，慷慨地向异族人民挥霍犹地亚的血脉（the lifeblood of Judaea）。（86）他让这个民族充满了贫穷和罪恶，而不是他们古老的繁荣和祖先的律法。总而言之，在这些年里，希律给犹太人造成的苦难，超过了他们祖先在薛西斯（Xerxes）统

---

〔1〕［中译按］帕拉丁（Palatine）：帕拉丁山是罗马七座山丘中位处中央的一座，高四十余米，在山顶上往下望，一侧为古罗马广场，另一侧为大竞技场。根据语源学，英语"宫殿"（Palace）一词乃源自帕拉丁山（Palatium）。

治期间离开巴比伦返回自己的祖国以来所遭受的所有苦难。[1]（87）他们对苦难异常坚忍，他们对噩运也已经习以为常，以至于他们竟然同意将这种痛苦的奴役世袭化，实际上，是他们自己选择了这位继承人。（88）就是这位阿基劳斯，这样一位僭主之子，当他的父亲去世，他们就立即拥立他做国王；他们与他一起哀悼希律的去世，也一起祷告他的统治繁荣昌盛。（89）然而，阿基劳斯显然不想被看成是希律的私生子，因此以屠杀三千市民作开端，开启了自己的统治生涯；阿基劳斯为自己的统治向上帝献祭了数量庞大的祭品，这些祭品与他在一次节日里堆满圣殿的死尸数量一样多。（90）然而，这些在灾难中幸存下来的人，现在不得不转而面对他们的灾难，而且希望根据战争法则迎接打击，这是很自然的。他们恳求罗马人怜悯犹地亚的遗迹（the relics of Judaea），不要让它们暴露在片甲不留的野蛮人手上，（91）而是将他们的国家与叙利亚合并，并通过他们自己的管理者来统治。犹太人那时就会向世人证明，他们是如何恭敬地服从公正的统治者的统治，而不是像现在别人所污蔑的那样好斗和好战。

（92）犹太人就以这种请求结束了自己的控告。尼古拉斯接着站起来驳斥了那些对国王的指控之词，随后，他开始指责犹太民族天生桀骜不驯且不服从他们自己国王的统治。对于倒向控告者一方的所有阿基劳斯的亲属，他也进行了指责。

[3]（93）在双方的听证结束后，凯撒解散了这次议事会。几天后，他宣布了自己的决定。他把王国的一半分给了阿基劳斯，赋予阿基劳

---

[1] 即犹太人在以斯拉（Ezra）的领导下返回耶路撒冷这一事件，约瑟夫斯（《犹太古史》第十一卷第 120 节）把这个事件放在了薛西斯统治期间，而不是像《旧约》那样放在阿尔塔薛西斯（Artaxerxes）统治期间。

斯"统治者"（ethnarch）[1]的头衔，并允诺，假如阿基劳斯能够证明
自己配得这份尊贵，就会立他为王；（94）他把王国的另一半分成两块
封地（two tetrarchies），将它们分给了希律的另外两个儿子，其一是
菲利普，另一个是安提帕斯（他先前与阿基劳斯争夺王位）。（95）安
提帕斯分得了佩拉亚和加利利，外加两百塔兰特的岁入。菲利普则分
得了巴珊、特拉可尼、奥兰尼和帕尼亚（Panias）[2]附近芝诺（Zeno）[3]
的一部分领地，外加一百塔兰特的岁入。（96）阿基劳斯的统治地区
（the ethnarchy of Archelaus）[4]则包括整个以土买和全犹地亚以及撒玛
利亚——撒玛利亚的四分之一税赋得到了豁免，因为撒玛利亚没有
参与叛乱。（97）以下城市隶属于阿基劳斯：斯特拉托塔台[5]、塞巴斯
特[6]、约帕和耶路撒冷；加沙、迦达拉和西普等希腊城镇则从他的王
国中分离出来并入叙利亚。给予阿基劳斯的领地产生了四百塔兰特的
岁入。[7]（98）撒罗米除了得到国王在遗嘱中留给她的东西之外，还
被宣布为迦尼亚、阿佐图斯、法塞里斯的女主人；此外，凯撒还把阿
斯卡隆的王宫授予了她，这些地方的岁入总计达六十塔兰特；不过，
她的土地被置于阿基劳斯的管辖[8]之下。（99）希律的其他后代也得

---

〔1〕这个头衔的含义与"酋长 / 谢赫"（sheikh）或者"部落领袖 / 民族领袖"（tribal/
　　national leader）相似，即：一个民族的统治者（ruler of an *ethnos*）。
〔2〕帕尼亚（Panias）位于凯撒利亚 – 腓立比（Caesarea Philippi）的东南方，在《路
　　加福音》第三章第 1 节中被当作"以土利亚"（Ituraea）：菲利普作以土利亚和
　　特拉可尼地区的藩属王。
〔3〕在与这一节相对应的《犹太古史》第十七卷第 319 节以及其他地方，Zeno（芝
　　诺）亦写作 Zenodorus（芝诺多鲁斯）。
〔4〕the ethnarchy of Archelaus 亦写作 Archelaus' ethnarchy。参见第二卷第 93 节关于
　　"统治者"（ethnarch）的注释。
〔5〕位于凯撒利亚沿海（Caesarea-on-sea）。
〔6〕即撒玛利亚。
〔7〕《犹太古史》第十七卷第 320 节记载的是六百塔兰特。
〔8〕这里的"管辖"（jurisdiction），其希腊语字面含义是"政区"（toparchy）。

到了遗嘱中馈赠给他们的遗产。除此之外，凯撒还把五十万（德拉克马）银币授予了希律两个未成婚的女儿，[1]并将她们分别嫁给菲洛拉斯的两个儿子。（100）在将土地这样分配完之后，凯撒接着向他们分配了希律遗赠给自己的遗产——总计达一千塔兰特。[2]凯撒只保留了一些微不足道的礼物，以作为对逝者的纪念。

第七章

[1]（101）就在这时，有一个年轻人，虽然从血统来说是犹太人，但他是在西顿一户罗马自由民的家里长大的。由于相貌相似，这个年轻人冒充起了亚历山大王子，而亚历山大王子先前已被希律处死。[3]他来到罗马，希望可以蒙骗他人。（102）他有一个同谋者，是他的同胞，此人熟知这个王国的所有事情；现在这位年轻人按照同谋者的指示行事，宣称那些派去杀他和亚里斯多布鲁斯的行刑人出于同情，偷偷放走了他们，而代之以与他们相像的两具尸体。（103）克里特的犹太人（the Jews of Crete）完全被他这个谎言骗到了，在他们的慷慨资助下，他航行到了米洛斯（Melos）；在那里，他用这个以假乱真的故事骗到了更大一笔金钱，甚至说服了自己的东家和他一起乘船去罗马。

---

〔1〕即洛萨尼和撒罗米（参见第一卷第 563 节）。

〔2〕《犹太古史》第十七卷第 323 节记载的是一千五百塔兰特。正如莱纳赫所指出的，《犹太战争》给出的数额可能更准确：《犹太战争》第一卷第 646 节（同《犹太古史》相应的章节一样）告诉我们，希律遗赠给奥古斯都一千塔兰特的遗产，遗赠给自己的妻子、儿女们和朋友们五百塔兰特的遗产。一德拉克马相当于"工人的日常工资"（the ordinary day wage of a labourer），而一塔兰特等于六千德拉克马。

〔3〕参见第一卷第 551 节。

（104）在迪卡基亚（Dicaearchia）[1]一登陆，他就获得了那里的犹太人赠送的大量礼物，而且，他的"父亲的"（father's）朋友们一路护送他，好像他就是国王一样。他和亚历山大的相貌是如此相像，以至于那些见过和认识亚历山大的人纷纷信誓旦旦地说，他就是亚历山大。（105）在罗马，所有犹太人都涌出来看他，汹涌的人群挤向他经过的那条狭窄街道。米洛斯人（Melians）是如此疯狂，以至于他们用轿子抬着他，并自费为他配备了一批王室随员。

[2]（106）然而，凯撒非常熟悉亚历山大的容貌，因为希律曾在凯撒面前控告过亚历山大。[2]凯撒甚至在见到他之前，就猜测这件事是仗着相貌相似而编造的骗局；然而，凯撒又心存侥幸地希望他就是亚历山大，于是，他下令让最熟悉亚历山大的塞拉都斯（Celadus）将这个年轻人带过来。（107）塞拉都斯一看到他，就察觉出他与亚历山大在相貌上的不同之处，并注意到此人的整个外表粗糙不堪而又奴颜婢膝，于是看穿了这场阴谋。（108）这个家伙厚颜无耻的回话严重地激怒了塞拉都斯；因为当问及亚里斯多布鲁斯时，这个家伙回答说，他也还活着，不过为了以防万一，故意留在了塞浦路斯——两人分开有利于减少同时受到攻击。（109）因此，塞拉都斯走到他身边悄悄对他说道："如果你告诉凯撒，谁指使你伪造了这场骗局，他将饶你不死。"他便向塞拉都斯保证将坦白一切，并随之去到凯撒那里，告发说有位犹太人别有用心地利用他与亚历山大的相像骗取金钱，因为他在每一个城镇收到的礼物要比亚历山大在世时收到的礼物更多。（110）对于伪亚历山大的这番话，凯撒忍俊不禁；由于其身体强壮，凯撒就将他打发给了自己的划桨手。但是，凯撒下令处死了教唆他的那位幕后黑手。至于米洛斯人，凯撒觉得，他们已经为自己的愚蠢付出了足够的代价。

---

〔1〕迪卡基亚（Dicaearchia）的希腊名又叫作普特欧（Puteoh）（《生平》第 16 节）。

〔2〕参见第一卷第 452 节。

[3]（111）阿基劳斯一接任王位就立刻报复起自己的仇敌,[1]他不仅残忍地报复犹太人,也残忍地报复撒玛利亚人。这两群人都派代表到凯撒那里去告发他,结果在他统治的第九年,[2]他被放逐到维也纳（Vienna）[3]——高卢的一座城镇,他的财产也被充公到皇帝的国库里去了。（112）据说,在他接到凯撒的这个命令前,他做了这样一个梦:他看见一头公牛在吃一棵长了九株穗的高大丰满的谷物。他派人去占卜者和迦勒底人（Chaldaeans）那里,询问这个梦所代表的寓意。（113）他们提供了各种各样的解释,其中一个名叫西蒙（Simon）的艾塞尼人解释说,他在梦里看见的九株穗谷代表年份,公牛则代表革命,因为,公牛在耕地时会把土给翻过来;因此,他将统治像谷物株穗一样多的年份,并会在经历一场跌宕起伏的革命性巨变后死去。[4]五天后,阿基劳斯接到了被传唤去受审的命令。

[4]（114）我觉得,有必要提及阿基劳斯的妻子基拉菲拉做的那个梦。基拉菲拉是卡帕多西亚国王阿基劳斯的女儿,她的第一任丈夫是阿基劳斯的兄弟亚历山大,[5]对于亚历山大,我们之前就已经提过

---

〔1〕从这里开始到战争爆发,约瑟夫斯所做的叙述变得更加简明扼要。这可能是因为大马士革的尼古拉斯的著作（约瑟夫斯的材料来源）到这里终结了。

〔2〕亦即公元 6 年。《犹太古史》第十七卷第 342 节记载的是第十年;参见迪奥·卡西乌斯（Dio Cass.）第五十五卷第 27 节和《生平》第 5 节中有关阿基劳斯统治第十年的内容（莱纳赫）。

〔3〕维也纳（Vienna）是山北高卢（Gallia Narbonensis）的阿洛布罗基人（Allobroges）的一座城市,位于罗纳河（the Rhone）东岸,亦即现在的维也纳（Vienne）。

〔4〕莱纳赫指出,阿基劳斯的这个梦模仿了《创世记》（Genesis）中法老做的那个梦,它是约瑟夫斯在与隐士班努斯（Bannus）一起居住期间（《生平》第 11 节）,从班努斯那里知晓的有关艾塞尼文献《哈加达》里的一个片段（a piece of Essene Haggadah）。这位历史学家［约瑟夫斯］声称,自己是一位释梦者（《犹太战争》第三卷第 352 节）。

〔5〕参见第一卷第 446 节。在亚历山大死后,希律将基拉菲拉连同她的嫁妆（她的儿女除外）一起送还她的父亲（第一卷第 553 节）。

他，他是国王希律的儿子，但他后来被国王希律处死了，对此，我们在前面已有所叙及。（115）在亚历山大死后，她嫁给了利比亚国王（King of Libya）犹巴（Juba），[1]在犹巴死后，[2]她回到了娘家，与她的父亲过着一种寡居的生活。统治者阿基劳斯（the ethnarch Archelaus）在那里遇见了她，并疯狂地爱上了她，以至于他立即与自己的妻子玛丽安离婚，迎娶了她。[3]（116）因此，她回到了犹地亚，在她回来后不久，她就梦见亚历山大站在她的旁边，对她说："你和利比亚国王的婚姻本应使你满足，但你并不知足，你现在又回到了我的壁炉边，回到我的家里，而且，你的第三任丈夫还是我的亲兄弟，[4]多么不知羞耻的女人啊！但是，对于你的无耻和伤害，我不会视而不见，我还会重新出现在你面前，不管你愿意与否。"讲述完这个梦，基拉菲拉只活了两天就去世了。

---

〔1〕亦即犹巴二世（Juba II），犹巴二世是奥古斯都的朋友兼作家（author）。奥古斯都于公元前29年首次把努米底亚（Numidia）王国授予他，后来作为互换，奥古斯都于公元前25年又把毛里塔尼亚（Mauretania）王国授予他。他的第一任妻子是安东尼（Antony）和克里奥佩特拉的女儿——克里奥佩特拉·塞琳娜（Cleopatra Selene）。

〔2〕这个说法是错误的。犹巴硬币（其中一枚硬币可以追溯到其统治的第48年）和斯特拉波所提到的犹巴的死亡时间（第十七卷，第828页）表明，犹巴一直活到公元23年。据推测，他可能与基拉菲拉（Glaphyra）离婚了。

〔3〕约瑟夫斯只在这里以及在《犹太古史》第十七卷第350节的相应章节提及了这件事。

〔4〕按照《利未记》第十八章第16节和第二十章第21节的规定，与自己兄弟的遗孀结婚是被禁止的，除非她和第一任丈夫没有生育孩子；此外，按照《申命记》第二十五章第5节（以及《马可福音》第十二章第19节）的规定，如果她和第一任丈夫没有生育孩子，那么，她丈夫的兄弟就有义务迎娶她。基拉菲拉与亚历山大生有两个孩子；《犹太古史》第十七卷第341节也强调了这个事实。

第八章

[1]（117）阿基劳斯的领地现在缩减到一个行省的规模，科波尼乌斯（Coponius）——来自罗马的骑士阶层——被委派过来做总督（procurator），奥古斯都赋予了他生杀大权。（118）在科波尼乌斯治理期间，一位名叫犹大（Judas）[1]的加利利人煽动当地人起来造反；犹大斥责他们向罗马交税的懦夫行径，痛斥他们对这个世俗的主人而不是不朽的上帝卑躬屈膝。这人是一个诡辩家，[2]他自己建立了一个教派，与其他教派毫无共同之处。[3]

[2]（119）事实上，犹太人中间存在三个哲学派别，第一个派别的追随者叫作法利赛人（Pharisees），第二个派别的追随者叫作撒都该人（Sadducees），第三个派别的追随者叫作艾塞尼人（Essenes）。[4]

---

[1] 加利利的犹大（Judas of Galilee）（约瑟夫斯在这里这样称呼他，而且，在《使徒行传》第五章第 37 节中，迦玛列［Gamaliel］所作的演讲里也这样称呼他），或者戈兰提斯（Gaulanitis）的迦玛拉的犹大（Judas of Gamala）（《犹太古史》第十八卷第 4 节这样称呼他），是奋锐党（Zealot）的创建者，而在最后一位总督弗洛鲁斯（Florus）治理期间，奋锐党的狂热和暴力加速了（hastened）他们与罗马人的战争。关于这场叛乱的情况，我们只能从《使徒行传》的上述章节中予以获悉：犹大被杀了，而且他的追随者遭到了驱散。正如舒尔所说，我们没有足够的证据将这位狂热的医生（this fanatic doctor）与那位土匪犹大（the brigand Judas）等同起来，而土匪犹大是埃泽基亚的儿子（son of Ezechias），他在希律死后掀起了加利利的叛乱（《犹太战争》第二卷第 56 节）。

[2] 关于加利利人犹大是一位诡辩家（a sophist），参见《犹太古史》第十八卷第 9 节。

[3] 这是一个言之过甚的陈述，对此，《犹太古史》第十八卷第 23 节做了修正："他们对自由有不可抑制的激情，并把上帝视为唯一的主人（lord）和领袖（leader），除此之外，他们与法利赛人并无区别。"

[4]《犹太古史》第十八卷第 11—22 节对这三个派别做了更为简要、全面的概述。由于约瑟夫斯亲自"通过了这三派的考核"（《生平》第 11 节），因此，他对这三个派系拥有第一手的资料。

艾塞尼人在培育独特的圣洁（cultivating peculiar sanctity）[1]方面享有盛名。他们在血统上都是犹太人，但比起其他两个教派，艾塞尼人相互之间更加友爱。（120）然而，艾塞尼人拒斥享乐，他们把享乐视为一种邪恶，并把节制和对激情的控制视为一种特殊的美德。他们蔑视婚姻，但他们收养外人的孩子，前提是这些孩子仍具有足够的可塑性而适合学习；他们把这些孩子视作自己的家人，并按照自己的原则逐步培育和塑造他们。（121）事实上，他们并不完全拒斥婚姻和由此而来的种族繁衍，但他们希望自己免于女人的放荡，因为他们相信，没有一个女人可以一直保持对丈夫的忠贞。

　　[3]（122）艾塞尼人鄙视财富，他们对财产的共有程度让人非常钦佩；在他们中间，找不到任何一个会比另一个拥有更多的财产。在他们中间有一条法则，那就是，如果有新成员加入这个教派，那么他们的财产就要被没收。因此，你在他们中间看不到任何绝望的贫穷，也看不到任何过度的财富；所有的个人财产都变成了集体的共有财产，就像亲兄弟之间共享一份单一的祖产一样。（123）艾塞尼人认为，油（oil）[2]是一种亵渎之物，任何一个意外沾到它的人都要被强制擦净；因为他们注重让皮肤保持干燥，而且总是穿着白色的衣服。他们也选举负责公关事务的官员，不过，这些官员不是各自负责某一具体事务，而是共同为全体成员的利益服务。

---

〔1〕sanctity（圣洁性）或者写作 solemnity（严肃性）。艾塞尼人这个名称的含义可能是"虔敬"（pious）（Aram. *hasa*）；斐洛将它同希腊语词汇 ὅσιος［虔敬的］联系在一起：'Εσσαῖοι…παρώνυμοι ὁσιότητος［艾塞尼人……从虔敬派生的］（《善人皆自由》[*Quod omnis probus liber*]，§12）；καλοῦνται μὲν 'Εσσαῖοι παρὰ τὴν ὁσιότητα μοὶ δοκῶ τῆς προσηγορίας ἀξιωθέντες［他们由于虔敬的性情被叫作艾塞尼人，对于我，我认为他们值得这个称呼］（尤西比乌斯：《福音的准备》[*ap. Eus. Praep. Ev.*] viii.11）。斐洛、普林尼（《自然史》第五卷第 17 节）和约瑟夫斯是我们了解这个教派的三大权威作家。
〔2〕［中译按］在布里尔（Brill）译本中，英译者将其译作"橄榄油"（olive oil）。

［4］（124）艾塞尼人没有占领任何一座城镇，但是，每一座城镇都居住有大量的艾塞尼人。如果一个艾塞尼人去到其他地方的艾塞尼人那里，那么，后者的所有财富都可以任由他用，就好像是他自己的一样；他们一起居住，好像他们之前就是非常亲密的朋友，尽管他们从未见过。（125）因此，除了携带对付强盗的防身武器之外，他们在路途上不会携带任何东西。在其生活的每一座城市，艾塞尼人都会任命一个专门照顾陌生人的官员，以给他们提供衣物和其他必需品。（126）在穿着和举止方面，他们就像小孩子一样处于严格的规训之下。他们不会更换自己的衣服和鞋子，除非已经穿成了碎片或者磨损得不成样子。（127）他们中间不会存在任何买卖行为，但是，每一个人都会给予另一个人所需要的东西，作为互换，他也会收到别人给予自己的一些有用的东西。而且，他们可以随意地从自己的兄弟那里拿走任何东西，不需要给予任何回报。

［5］（128）他们以一种非常特别的方式表达对上帝的虔敬。在日出之前，他们对世俗之事只字不语，单单对他做一些祖传的祷告，仿佛在乞求他升起一样。[1]（129）接着，他们会被他们的上级（their superiors）安排去做各自擅长的手艺，在辛勤工作到第五个小时（the fifth hour）后，再次聚集到一个地方；他们在那里系上缠腰布，在冰冷的水中清洗身体。在这种洁净仪式结束之后，他们会聚集到一处任何外人（the uninitiated）都不得进入的私人寓所（a private apartment）；他们现在已经洁净，像走进神圣的圣所那样走进餐厅。（130）等到他

---

〔1〕 参见第 148 节，"上帝之光"（the rays of God）。艾塞尼人（他们与犹太教关系密切）究竟在多大程度上可以被视为太阳的崇拜者（sun-worshippers），这是值得怀疑的。然而，尽管这种习俗看起来是非犹太的（un-Jewish），但有一段时间，甚至连耶路撒冷的犹太人也"背对圣殿，面向东方，崇拜东方的太阳"，参见《密释纳·住棚》（Mishnah, *Sukkah*）第五章第 2—4 节；《以西结书》第八章第 16 节。

们默默地坐下来后，面包师会给他们依次分发面包，厨师也会在他们每个人的盘子里放上一份菜。（131）但是，在开吃之前，祭司会做一番祷告，只有在祷告之后，他们才能进餐；早餐结束之后，先前的那位祭司会再做一番祷告。因此，在进餐的开始和结束，他们都要大加颂扬那位慷慨给予他们丰富食物的上帝。接着，他们会脱下自己的衣服，就好像它们是神圣的法衣一样，再次劳作直到晚上。（132）劳作一结束，他们会按照先前的那套进餐仪式进食晚餐；如果有客人来访，他们就会和客人们坐在一起。他们居住的房屋内没有任何吵闹与不和；相反，他们一个个地有序发言，彼此谦让。（133）对于那些外人来说，他们进餐时的沉默显得非常神秘；事实上，这只是因为他们始终保持头脑清醒，并且食物和饮料采用定量供应，这些供应对他们来说足够了。

[6]（134）在其他所有事情上，如果没有上级（superiors）的命令，他们什么也不做；只有两种事情留给个人自由支配：帮助和怜悯。他们可以按照自己的意愿帮助那些值得帮助的人，[1] 在他人遭遇匮乏而需要帮助时，他们为其提供食物；但禁止给予亲属东西，除非得到管理员（the managers）事先的同意。（135）他们保存义愤，同时是自己脾气的主人，也是忠诚的捍卫者与和平的使者。他们说的任何话比誓言更有效；然而，他们避免发誓，认为这比做伪证更糟，因为他们声称，一个人如果不在上帝面前发誓就不被信任，这本身就是可耻的。[2]（136）他们对古人的著作表现出巨大的兴趣，挑选出那些最有利于他们灵魂和身体的内容；在此基础上，出于治疗疾病的目的，他们研究

---

〔1〕或者写作：他们帮助那些"要求给予救济的人们"（when they ask an alms）。

〔2〕希律允许他们不做效忠宣誓（《犹太古史》第十五卷第371节）。受命许下的（参见第139节）"那些重大誓言"（the tremendous oaths）构成了一个奇特的例外。

了植物根部和特殊石头的医疗作用。[1]

[7]（137）任何人假如想加入他们的教派，他不会被立即接纳；相反，他被要求在他们的教派之外过一年与他们一样的生活，他们会给他一把短柄小斧头[2]、一块缠腰布（前面已提及[3]）和一件白色衣服。（138）在这个考验期内，他要证明自己的节制；其后，他们可以允许他更接近他们的生活方式并享用更纯净的圣水，但不允许他与他们生活在一起。因为在经过了这番考验之后，他的品性仍要再经受至少两年时间的考验，只有当他通过了考验，他才会被接纳进这个团体。（139）然而，在他被允许接触集体的食物之前，他要向他们发下毒誓：首先，他会敬拜上帝；其次，他会谨守正义；他不会伤害任何人，不管是出于自己的念头，还是出于别人的命令；他会远离恶人，而且会为正义而战；（140）他会对所有人，尤其是那些握有权柄之人保持忠诚，因为，除非出于上帝的意志，否则没有人能够取得权柄；[4]如果他当权，无论何时他都不得滥用职权，也不得在衣着和装束上突出自己；（141）他会永远热爱真理，戳穿谎言；他会让自己的双手远离偷窃，也会让自己的灵魂远离不洁之财；他不会对自己的教友隐瞒任何

---

〔1〕可能指的是护身符（charms）或者祛邪物（amulets）。在莱特福特版的《歌罗西书》（*Colossians*，ed. 8）第89—90页的注释中，莱特福特（Lightfoot）将这个章节与《犹太古史》第八卷第44节及以下（所罗门战胜恶魔的力量）联系在了一起，他认为，这些“著作”（writings）是“所罗门书卷”（Solomonian books），并认为，艾塞尼教派主要是护身符经营者，而非医治者。

〔2〕接下来的第148节解释了这把短柄小斧头。

〔3〕参见第129节。

〔4〕莱纳赫对比了《犹太古史》第十五卷第374节，在那里，艾塞尼人梅纳赫姆（the Essene Menahem）对希律说道：“你将作王，因为神认为你配得上（You will reign，for God has deemed you worthy）。”同时参见《罗马书》（Rom.）第十三章第1节。

[中译按]在上有权柄的，人人当顺服他；因为没有权柄不是出于神的，凡掌权的都是神所命的。（《罗马书》13：1）

事情，也不会向其他人透露他们的秘密，即使是在遭受严刑拷打乃至要被折磨致死的情况下。（142）除此之外，他还要发誓，要严格按照他所接受的那样向别人传授他们的教义规则；他会远离盗匪活动；他也会小心翼翼地保存他们教派的书籍和天使的名字。[1] 他们就用这些誓言保护那些皈依他们教派的教徒。

[8]（143）对于那些犯下严重罪行之人，他们会将之驱逐出自己的教团；而被驱逐出去的那些人，往往会遭遇最悲惨的命运。由于受到誓言和习俗的约束，他不能随意食用其他人的食物，因此只能被迫食青草，最终饥饿而死。（144）出于对他的同情，在他奄奄一息之际，他会再次得到许多食物，因为他们认为，他受到的濒死折磨已经让他的罪行得到足够的惩戒。

[9]（145）他们一丝不苟地公正审理自己的案件，法庭上的审判人员从未少于一百人；因而，审判结果也是不可更改的。他们对他们的立法者[2]的敬畏仅次于对上帝的敬畏，任何胆敢亵渎他的人都要被处死。（146）他们也认为，服从长者和多数人是一种荣幸；例如，十个人坐在一起，假如其中九个人希望安静，剩下的一人就不能说话。（147）他们也小心翼翼地避免在群体中间或者群体右边吐痰。[3]此外，他们比其他所有犹太人都更严格地遵守第七天安息的规定；他们不仅会在前一天预备食物，以免在这一天生火，而且，他们不会移动任何器皿，甚至不会排便。（148）在其他的时日，他们会用铲子——类似于短柄小斧，他们会把它提供给新皈依者（neophytes）[4]——挖一个

---

〔1〕莱纳赫推测，拉比犹太教发达的天使学（the developed angelology of Rabbinic Judaism）就部分起源于艾塞尼教派。莱特福特发现，这种神秘教义与琐罗亚斯德教（Zoroastrianism）存在着某种联系。

〔2〕这位立法者指的是摩西（Moses）。

〔3〕莱纳赫在耶路撒冷《塔木德·祝祷书》（the Jerusalem Talmud, *Berachoth.*）第三章第5节中提到一个类似的禁令，但只适用于祈祷期间。

〔4〕参见第137节。

一英尺深的土坑，然后用衣服把自己严严实实地包裹好（以免冒犯神明之光［the rays of the deity］[1]），就蹲在土坑上便溺。（149）接着，他们会将挖出的泥土填回土坑。即便是这样行事，他们也只挑选那些荒凉的地方。尽管便溺是一种自然本能，但是他们规定在便溺之后要把自己冲洗干净，就好像他们被污染或者亵渎了一样。[2]

　　［10］（150）根据考验期的长短，他们会被分成四个等级（four grades）；[3]新加入者的地位要低于老加入者的地位，如果前者触碰到后者，那么后者就必须清洗自己，就好像被外邦人触碰到一样。（151）他们都活得很长寿，其中大部分人活过了一个世纪的时间，因此我觉得，这可能归功于他们简单而又规律的生活方式。他们蔑视危险，通过自己坚强的意志战胜疼痛；他们把死亡（如果死得其所）看得比永生更美好。（152）与罗马人的战争充分见证了他们的伟大灵魂。在这期间，他们被逼迫亵渎自己的立法者或者食用违禁食物，为此饱受折磨、伤害、火烧和摧毁，但他们并不屈服，不向迫害他们的人卑躬屈膝甚或掉下一滴眼泪。（153）他们微笑着面对自己的痛苦，嘲弄那些

---

〔1〕the deity 亦即 the sun（太阳），参见第 128 节。舒尔对照了《十二先祖遗训》中的《便雅悯》（*Testaments of the XII Patriarchs*, *Benj.*）第八章的内容（太阳不会被粪便玷污，而是会洁净它）。

〔2〕正如莱纳赫所说，除了最后的洗礼，整个步骤和程序遵照《申命记》（*Deut.*）第二十三章第 12—14 节的内容进行。
　　［中译按］你在营外也该定出一个地方作为便所。在你器械之中当预备一把锹，你出营外便溺以后，用以铲土，转身掩盖。因为耶和华你的神常在你营中行走，要救护你，将仇敌交给你，所以你的营理当圣洁，免得他见你那里有污秽，就离开你。（《申命记》23：12—14）

〔3〕莱特福特在《歌罗西书》第 363 页的注释中认为，这个章节必须与准许加入该教派的内容结合起来阅读（参见第 137—138 节）。地位最低的三个等级分别对应第一年、第二年和第三年考验期的新皈依者。"连续三年通过这三个等级的考验后，［艾塞尼人］就进入了第四个等级，也就是最高一个等级的考验，只有通过了第四个等级的考验，他才能成为一个完整意义上的教派成员。"

折磨他们的人，他们欢天喜地地放弃自己的灵魂，相信他们会将灵魂再次接回来。

［11］（154）他们固执地认为，肉身是易逝的，肉身的组成物质不是永久性的，而他们的灵魂是永恒的和不死的。[1]灵魂起源于最美妙的以太（the finest ether），却受困于肉身之中，就好像被一种自然的魔力往下拖拽一样。（155）但是，一旦它们挣脱了肉身的束缚，就会喜乐地向上高高升起，就好像从长时间的奴役中解放出来一样。与希腊人的观念相似，他们认为，有德性的灵魂栖息在大洋的彼岸，那个地方没有雨水、冰雪和高温的困扰，相反，来自海洋深处的西风缓缓吹来，沁人心脾；然而，一些败坏的灵魂会被安置在一座昏暗又动荡的地牢，地牢里面充斥了无尽的惩罚。（156）在我看来，希腊人也持同样的观念：他们最勇敢的武士——希腊人称呼他们为英雄（heroes）和半人半神（demigods）——会被安置在福岛（the isles of the blessed）[2]上无忧无虑地生活，而一些不敬神的败坏灵魂则会被打入哈迪斯（Hades）的冥府，正如希腊神话告诉我们的，西西弗斯（Sisyphus）[3]、坦塔罗斯（Tantalus）[4]、伊克西翁

---

〔1〕参见《犹太古史》第十八卷第 18 节。

〔2〕赫西俄德（Hesiod）首次提及了这座福岛，在《工作与时日》（*Works and Days*）第 170 节及以下中，赫西俄德写道："他们无忧无虑地生活在深涡流海洋旁的小福岛上，他们是幸福的英雄"，等等。

〔3〕［中译按］西西弗斯（Sisyphus）：古希腊神话人物，因其卓尔不凡的智慧惹恼了众神。作为惩罚，他双目失明，被判永久地将一块大石头推上山顶，但最终都不可避免要承受大石头滚下山谷的结局。

〔4〕［中译按］坦塔罗斯（Tantalus），古希腊神话人物，他是宙斯之子。由于藐视众神的权威，他烹杀了自己的儿子珀罗普斯，然后邀请众神赴宴，以考验他们是否真的通晓一切。宙斯震怒，将他打入冥界。他站在没颈的水池里，当他口渴想喝水时，水就退去；他的头上有果树，肚子饥饿而想吃果子时，却摘不到果子，因此，他永远要忍受饥渴的折磨。据说他头上还悬着一块随时可能落下来的巨石，因此他永远处在恐惧之中。

（Ixion）[1]和提提俄斯（Tityus）[2]就在冥府遭受煎熬。他们的首要目的是建立一种灵魂不朽的教义，其次是促进德性和摒弃邪恶。（157）在其有生之年，好人会因为死后得到奖赏的盼望而变得更好，恶人的邪恶冲动则会因为死后遭到惩罚的恐惧而受到阻遏——即使他们生前可能是漏网之鱼，但死后必将受到无尽的惩罚。（158）这就是艾塞尼人关于灵魂的神学教义，对于那些曾经领略过他们教义的人而言，这是一种无法拒绝的诱惑。

[12]（159）他们中间也有人声称自己能够预见未来，他们从早年开始就精通圣书（holy books）、各种各样的洁净仪式和先知们的箴言；而且，一旦他们做出预言，很少会出错。[3]

[13]（160）然而，也有另一种完全不同的艾塞尼人。虽然他们并不反对其他人的生活方式、生活习俗和律法规定，但他们有一套属于自己的特殊婚姻观。他们认为，那些拒绝结婚的人切断了生命的主要功能，即种族的繁衍，此外，如果人人接受同样的观念，那么整个人类将会很快灭亡。（161）他们会给自己的新娘三年考验期，只有当她们经过三个时期的洁净仪式（they have by three[4] periods of

---

〔1〕［中译按］伊克西翁（Ixion）：古希腊神话人物，特萨利君主。他曾求聘于君主狄奥尼修斯，却未付彩礼，并将之杀死。他一度为宙斯所宽恕，后又由于追求赫拉而被逐，并被施以火轮之刑。

〔2〕［中译按］Tityus 亦写作 Tityos，提提俄斯是希腊神话中的巨人，传说他在赫拉的命令下试图强奸勒托（Leto）。作为惩罚，他被拉到塔尔塔洛斯（Tartarus），受两只秃鹫的折磨。秃鹫以他的肝脏为食，而肝脏每晚都会重新长出来。

〔3〕约瑟夫斯引用了艾塞尼人预言的三个实例，这三个预言全都实现了，分别是犹大（《犹太战争》第一卷第 78 节）、西蒙（第二卷第 113 节）和梅纳赫姆（Menahem）（《犹太古史》第十五卷第 373 节）所做的预言。他们教授门徒预言的艺术（《犹太古史》第十三卷第 311 节）。预言之术可能与魔法或者占星术有关。而与启示无关（莱特福特，《歌罗西书》第 89 页注释 1）。

〔4〕这种表达几乎不可能是正确的；拉丁语写作 "constanti purgatione"。

purification），[1]检验她们能够生养众多之后，她们才会被迎娶。一旦新娘怀孕，他们就不再与之性交，以表明他们结婚的动机只是出于后代的繁衍而不是出于肉欲。这些女人会穿着衣服洗浴，就像那些男人穿上缠腰布洗浴一样。[2]这些就是这类艾塞尼人的习俗。

［14］（162）在最初提到的（first-named）[3]另外两个教派的犹太人中，其中一个是法利赛人，他们被认为是最严格解释律法的一个教派，并且是最主要的一个教派，他们把所有一切都归因于命运（Fate）和上帝（God）；[4]（163）他们认为，行动正确抑或错误，的确在很大程度上取决于人，但每一个行动都有命运女神的协助。[5]他们认为，每一个灵魂都是不朽的，但只有好人的灵魂会进入另一个躯体，而恶人的灵魂则会遭受永恒的惩罚。[6]

（164）第二个教派撒都该人则完全清除了命运（Fate），他们将上帝置于邪恶的行为和意图之外。（165）他们认为，人可以自由地选择为善或者行恶，无论他选择哪一个，都完全是他个人意志的体现。

---

〔1〕［中译按］在布里尔译本中，英译者将其译作"她们经过三次洁净仪式"（they have been purified three times）；而在惠斯顿本中，英译者将其译作"她们经过三次天然的洁净仪式"（they have their natural purgations thrice）。

〔2〕参见第二卷第 129 节。

〔3〕莱纳赫认为，这里的"最初提到的"（first-named）亦写作"更为古老的"（more ancient）。

〔4〕［中译按］在洛布本和惠斯顿本中，英译者将其译作"他们把所有一切都归因于命运和上帝"（attribute everything to Fate and to God）；然而，在布里尔译本中，英译者将其译作"他们把所有一切都归因于命运，实际上归因于上帝"（attribute everything to Fate and indeed to God）。

〔5〕在《犹太先祖的箴言》（Sayings of Jewish Fathers）第三章第 22（24）节中，阿克巴（R. Akiba）说道："一切都是可以预见的，而且，自由意志是被给予的。"（Everything is foreseen and freewill is given.）莱纳赫认为，出于对非犹太读者的考虑，约瑟夫斯用"命运女神"（Fate）一词替换了"上帝"（Providence）。

〔6〕关于灵魂转世的学说，第三卷第 374 节也以相似术语进行了表述（对比《驳阿庇安》第二卷第 218 节）。

至于死后灵魂的存在问题和阴间的奖惩问题，他们也完全予以清除。（166）法利赛人彼此之间友爱互助，他们的社区生活也和谐一致。然而，撒都该人与此相反，即使在自己人中间，他们也相当粗鲁，他们对待其同辈人（their peers）[1]的态度，就像对待外邦人那样粗鄙不堪。这些就是我对犹太诸哲学教派所要说的话。

第九章

[1]（167）当统治者阿基劳斯进入行省时，其余的王子——菲利普和安提帕斯·希律——继续统治着他们各自的封国。至于撒罗米，她在快要咽气之际将自己的政区（toparchy）连同迦尼亚和法塞里斯的棕榈树林一起遗赠给奥古斯都的妻子朱莉娅。[2]（168）而奥古斯都一去世——他统治罗马帝国长达五十七年六个月零两天[3]，罗马的皇位就传给了朱莉娅的儿子提比略（Tiberius）。[4]提比略即位后，希律（安提帕斯）和菲利普继续统治着各自的封国，各人还建造了城市：菲利普在帕尼亚（Paneas）地区的约旦河源头附近建造了

〔1〕也即"其他教派的犹太人"（the other sects），或者泛指"他们的犹太同胞"（their compatriots）。

〔2〕发生于安比乌斯（M.Ambivius，约公元9—12年在位）第二次担任总督／代理监护者（the second of the procurators）的任期内（参见《犹太古史》第十八卷第31节）。因为，撒罗米分享了对希律王国的遗产分配（参见第98节）。迦尼亚位于腓力斯提亚（Philistia）的低地地区，法塞里斯位于约旦谷地，此外，阿基莱斯（Archelais）也被列入遗赠朱莉娅的财产清单之中。

〔3〕按照《犹太古史》第十八卷第32节的记载，这个数字多出了一个月。从凯撒被杀（公元前44年3月15日）到奥古斯都去世（公元14年8月19日，参见苏埃托尼乌斯:《奥古斯都》第100节）之间，时间跨度是五十七年五个月零四天。

〔4〕提比略是朱莉娅和她前夫所生的儿子，提比略的全名是提比略·克劳狄·尼禄（Tiberius Claudius Nero）。

凯撒利亚城，[1]在低地戈兰提斯（Lower Gaulanitis）建造了朱利亚斯城（Julias）；[2]希律则在加利利和佩拉亚地区分别建造了提比里亚城（Tiberias）和一座同名的朱利亚斯城。[3]

[2]（169）彼拉多（Pilate）现在被提比略派作犹地亚总督，他在夜里偷偷地把凯撒的肖像（the effigies of Caesar）——它们被称作"旗帜"（standards）[4]——引入了耶路撒冷。（170）天一亮，这个举动就在犹太人中间掀起了巨大的骚乱。在事发现场看到这幕场景的犹太人无不惊恐万状，他们都认为，自己的律法已经被踩在了脚下，因为他们的律法严禁圣城竖立任何偶像（no image to be erected in the city）；而城里人的愤怒则进一步点燃了大批蜂拥而来的乡下人的怒火。（171）他们急忙赶到凯撒利亚的彼拉多那里，极力地恳求他移走耶路撒冷的旗帜，并维护他们祖先的律法（the laws）。当彼拉多予以拒绝后，他们就纷纷跪倒在彼拉多的房子周围，一动不动地跪了五天五夜。

[3]（172）翌日，彼拉多坐在一座巨大运动场的审判台上，并召集民众前来，表面上是想在这里答复他们；接着，他却命令全副武装的士兵包围了这些犹太人。（173）犹太人发现自己被军队层层包围了

---

〔1〕凯撒利亚 – 腓立比（Caesarea Philippi），位于现代的巴尼亚斯（*Banias*）北部。

〔2〕贝特塞达 – 朱利亚斯（Bethsaida Julias）（*el-Tell*）位于约旦东部和加利利海北部。以奥古斯都的女儿朱莉娅（Julia）的名字命名，参见《犹太古史》第十八卷第 28 节；朱莉娅于公元前 2 年被放逐，舒尔认为，菲利普重建该城要早于这个时间。

〔3〕佩拉亚人的朱利亚斯（The Peraean Julias，即之前的贝特拉马萨，参见第二卷第 59 节注释）位于耶利哥的对面，这座城市是以皇后朱莉娅（Julia = Livia）的名字命名的（参见《犹太古史》第十八卷第 27 节）；其他作家也把它称作利维亚斯（Livias），而非朱利亚斯，这个名字可能是由它的建造者命名的。

〔4〕对此，《犹太古史》第十八卷第 55 节做了更为准确的描述："旗帜上面绘有凯撒的半身像（或者"大徽章"）（The busts［or "medallions"］of Caesar）。"塔西佗（《历史》第四卷第 62 节）记载了西维利斯（Civilis）及其获胜的高卢人如何摧毁了这些皇帝画像（*imperatorum imagines*）。

三圈，都因这意想不到的一幕惊愕得说不出话来。彼拉多威胁说，如果他们仍要拒绝承认凯撒的肖像（Caesar's images），那么，他会将他们杀个一干二净，说完这番话，他就点头示意士兵拔出他们的利剑。（174）犹太人这时就好像事先商定好一样，一起趴倒在地，他们伸长了自己的脖子，叫喊道，他们宁死也不违反祖先的律法。彼拉多震惊于他们热忱的宗教精神，于是下令立即移走耶路撒冷的罗马旗帜。

[4]（175）在这次事件之后，彼拉多再一次激起了新的骚乱，因为他把神圣的宝库（the sacred treasure）——被称作"库尔班"（*Corbonas*）[1]——花费在了输水道的建设上；这水是从四百弗隆远的地方运送过来的。犹太人对此愤怒异常；当彼拉多回到耶路撒冷后，他们纷纷围聚到他的审判台前，叫骂之声不绝于耳。（176）然而，彼拉多事先就预见到了这场骚乱，因此，他在人群中间安插了自己的士兵，让这些士兵穿着便服伪装成平民，并命令他们用棍棒而不是利剑镇压作乱者。接着，他从审判台发出镇压犹太人的信号。（177）大批的犹太人殒命，其中一些是被棍棒击打而死，另一些则是在接下来的战斗中被自己的同胞踩踏而亡。民众被受难者的悲惨命运所震慑，只好纷纷归于沉默。

[5]（178）与此同时，亚里斯多布鲁斯（亚里斯多布鲁斯被其父希律处死）[2]之子阿格里帕来到提比略身边，指控起藩属王希律

---

〔1〕 参见《马太福音》第二十七章第 6 节，τὸν κορβανᾶν（异文：κορβωνᾶν）即"神圣宝库"（the sacred treasury），是唯一与这个词的这种用法相似的。库尔班（*Corban*）= 奉献（devoted）、禁忌（taboo），参见《驳阿庇安》第一卷第 167 节。[中译按] 祭司长拾起银钱来说："这是血价，不可放在库里。"（《马太福音》27：6）。因为，他说推罗人的法律禁止使用外邦人的誓言宣誓；其中，他还列举了一些誓言，尤其是名为"库尔班"的誓言，而这种誓言只有在犹太人那里才发现过；"库尔班"译自希伯来语，意思是"上帝的礼物"（God' gift）（《驳阿庇安》1：167）。

〔2〕 参见第一卷第 551 节。

（Herod the tetrarch）来。[1]皇帝拒绝支持这项指控，阿格里帕就留在了罗马，继续求助于各式显赫人物，尤其是日耳曼尼库斯之子盖乌斯（Gaius son of Germanicus），后者当时仍只是一个普通人物。（179）事实上，阿格里帕有一次宴请盖乌斯共进晚餐时，对后者大肆夸赞，最后将自己的双手举向天空，公开地祈祷能在提比略死后，很快见到盖乌斯成为世界的主人。（180）阿格里帕手下的一位仆人[2]把这件事报告给了提比略，因而，皇帝在盛怒之下把阿格里帕投入了大牢；阿格里帕被囚禁和虐待了六个月的时间，直到提比略去世——提比略总共统治了二十二年六个月零三天的时间。[3]

[6]（181）盖乌斯一登基，就释放了阿格里帕，并任命阿格里帕为菲利普的封地（the tetrarchy of Philip）的国王，当时菲利普已去世。[4]阿格里帕前去接管了他的王国，[5]这引发了藩属王希律的嫉妒和野心。（182）希律的妻子希罗底更是怂恿希律攫取王位；她责怪他不思进取，并告诉他，正是因为他没有起航去凯撒那里，才会失去荣升的机会。她说道："现在盖乌斯立阿格里帕为王，但阿格里帕只是平民出身，而

〔1〕《犹太古史》第十八卷把这整个故事记述得更为详尽（或许从罗马人那里获取了更为详尽的材料），但这个地方没有提及阿格里帕来访的目的。这次来访发生在"提比略去世前的一年"。（《犹太古史》第十八卷第126节）

〔2〕按照《犹太古史》第十八卷第168节的记载，这个仆人名叫尤提奇乌斯（Eutychus），他是一位自由民和驭车手；根据那里的描述，这番话是在乘车时而非就餐时讲述的。

〔3〕按照《犹太古史》第十八卷第224节的记载，提比略统治了二十二年五个月零三天（对照第168节对五个月和六个月的混淆）。但是，这两种说法都与我们现在的权威观点不符，权威观点认为：统治时间从公元14年8月19日（奥古斯都去世）持续到3月16日（塔西佗）或者3月26日（迪奥［Dion]），亦即二十二年六个月零二十八天或者二十二年七个月零七天。

〔4〕菲利普死于提比略统治的第二十年（《犹太古史》第十八卷第106节），也即公元33—34年。

〔5〕于公元38—39年。

你则是出身高贵的藩属王，盖乌斯当然也会毫不迟疑地授予你国王的头衔。"（183）她的这番游说说服了希律，因此，希律就动身去了盖乌斯那里；但是，盖乌斯却让他的野心遭受了当头一棒，把他放逐到了西班牙（Spain）。[1] 因为他前脚刚走，阿格里帕后脚就派了自己的手下前去指控他，[2] 最终，盖乌斯让阿格里帕兼并了其对手［希律·安提帕斯］的封地。希律死在了西班牙，他的妻子也陪着他一起流放。

第十章

［1］（184）皇帝盖乌斯滥用自己的好运无疑达到了无以复加的程度，因为，他不仅自认为是神明，并希望别人也这样称呼他，此外他还清除了本国的贵族精英。他甚至将自己的这种不虔敬扩展到了犹地亚地区。（185）事实上，他派遣了佩特罗尼乌斯（Petronius）率领一支军队进驻耶路撒冷，以将自己的塑像矗立在圣殿；倘若犹太人拒绝接受，他就会下令处死那些反抗者，并将整个犹太民族沦为奴隶。（186）然而，上帝显然注意到了他的这些命令。佩特罗尼乌斯率领三个军团[3] 和大量的叙利亚仆从部队离开了安提阿，向犹地亚进军。（187）一些犹太人不相信战争会发生的传闻，另一些犹太人虽然相信战争就要爆发，但他们找不到任何自我防御的手段；恐慌很快就在所有人中间蔓延开来，因为敌军已经进军到了托勒米亚。

---

〔1〕按照《犹太古史》第十八卷第 252 节的记载，希律被放逐到高卢的里昂（Lyons）。

〔2〕按照《犹太古史》第十八卷第 247 节的记载，阿格里帕委派了手下的自由民弗图纳图斯（Fortunatus）前去指控安提帕斯。

〔3〕按照《犹太古史》第十八卷第 262 节的记载——斐洛的《觐见盖乌斯》（*Leg. ad Caium*）第三十一卷第 207 节也记载了"他的一半军队"（half his army）；当时罗马人在叙利亚驻扎有四个军团——佩特罗尼乌斯只率领了两个军团。

[2]（188）托勒米亚是加利利地区的一座海滨城镇，它建在大平原（the Great Plain）的入口处。托勒米亚周围都是群山环绕：它的东边六十弗隆处是加利利的地界；它的南边一百二十弗隆处是迦密山；它的北边一百弗隆处，是当地人所称的"推罗人的阶梯"（Ladder of the Tyrians）里的最高山脉。（189）距离这座城镇大约两弗隆远的地方，有一条名叫贝勒厄斯（Beleus）[1]的小河流过；门农的陵墓（the tomb of Memnon）[2]就坐落在这条小河的岸边，而这座坟茔周围有一片相当大的区域——大约一百肘尺（cubits）的范围。（190）它由一片圆形的港池（a circular basin）组成，并且出产玻璃质的砂石。每当来到这里的众多船只清空了这片港池的砂石，在风力的作用下，它会再次被砂石填满，好像被设计成这样的，更神奇的是，从外面漂移进去的普通砂石立即会变成玻璃质的特殊砂石。（191）在我看来，比这更神奇的是，从那里溢出来的、多余的玻璃质砂石又会重新变成普通砂石。这就是这个地方的神奇之处。

[3]（192）大批犹太人连同他们的妻子儿女一起聚集到托勒米亚平原，并恳求佩特罗尼乌斯首先考虑到他们祖先的律法，其次也为他们着想。佩特罗尼乌斯顺从了广大民众和他们的恳求，因此，他将塑像和自己的军队留在了托勒米亚；（193）接着，他进军到加利利，将那里的民众和所有显贵召集到提比里亚，以向他们证明罗马的强大和皇帝的威力；除此之外，也指出他们的请求是毫无道理的；（194）他

---

〔1〕在塔西佗《历史》第五卷第7节 和普林尼《自然史》第三十六卷第190节中，它亦被写作贝鲁斯（Belus）；即现代的纳尔纳曼（Nahr Na'man）。

〔2〕［中译按］门农（Memnon）：色萨利法萨卢斯的公民，在当时拥有很大的影响力和声誉。他参与反马其顿的拉米亚战争，在战役中率领色萨利骑兵表现出色。普鲁塔克说，门农的军事地位在希腊联盟中相当重要，估计仅次于利奥斯提尼（Leosthenes）。他的女儿弗提雅嫁给了伊庇鲁斯的国王埃亚希德斯（Aeacides），并生下皮洛士。

敦促，所有臣服于罗马的民族，在他们的每一座城市里，都将凯撒的塑像同他们民族的其他神明矗立在一起，只有犹太人反对这种做法，这几乎等同于造反，而且严重侮辱了凯撒。

[4]（195）当犹太人诉诸他们的律法和祖先的习俗，并恳求说，他们被严禁在圣殿甚至是乡村的任何普通地点矗立上帝之像（any image of God），更不要说人类的塑像，佩特罗尼乌斯回答说："但我也不得不执行我主人的法律；如果我违反它而宽宥你们，那么，我也将会按律遭到处死。发生在你们身上的这场战争不是我发动的，我不过是被委派过来的；与你们一样，我也只是奉命行事。"（196）听到他这番讲话，民众立即大声呼叫起来：他们愿意为律法牺牲一切。在平息了喧闹声后，佩特罗尼乌斯问道："难道你们想同凯撒开战吗？"（197）对此，犹太人回答说，他们每天为凯撒和罗马人民献祭两次，[1] 但是，如果要在犹太人中间树立这些塑像的话，那么就必须首先牺牲整个犹太民族；他们自己连同他们的妻子儿女随时做好了引刀就戮的准备。（198）这番话让佩特罗尼乌斯深感震惊和同情，因为，他看到了这个民族对自己宗教的无与伦比的献身精神和视死如归的英勇气概。因此，他当时就解散了他们，没有做出任何决定。

[5]（199）在接下来的几天时间里，他秘密召集了那些重要人物开会，[2] 同时也公开召集了普通民众开会；在这些会议中，他时而劝说他们，时而又忠告他们，但是，他使用最多的手段仍是强力威胁，即炫耀罗马的巨大威力、展示盖乌斯的盛怒以及他自己在处置这些事情上的紧迫性。（200）然而，他的这些努力全部付诸东流，根本没有让他们屈服。而当他看到这个国家处于不能播种的危险之中——那时正值

---

〔1〕参见《驳阿庇安》第二卷第 77 节及注释。我们可以从这个章节中推断，他们每天为皇帝献祭两次，一次是在早上，一次是在晚上。

〔2〕按照《犹太古史》第十八卷第 269 节及以下的记载，这些会议都在提比里亚举行。

播种期，而人们已经花了足足五十天^{〔1〕}的时间徒劳地等待着他——他最后又将他们召集起来，并对他们说："（201）我宁愿自己冒风险。如果我在上帝的帮助下说服了凯撒，那么，我就可以和你们一起脱离风险；如果凯撒继续处于盛怒之中，那么，出于对庞大的民众着想，我将抛下自己的身家性命不顾。"他解散了那些热忱地为他祈祷的民众，并率领自己的军队离开了托勒米亚，回到安提阿。（202）他立即从安提阿向凯撒报告了自己远征犹地亚的情况以及犹太人提出的请求，并补充说，除非凯撒想摧毁这个国家及其全部居民，否则就应该尊敬他们的律法和撤销之前下达的命令。（203）盖乌斯粗暴地回复了佩特罗尼乌斯的这封书信，威胁说，如果他再延迟执行自己的命令，他将被处死。然而，这条消息的信使正好碰到了风暴天气，以至于在海上延误了三个月的时间，而报告盖乌斯去世消息的信使却顺利地出海了。因此，佩特罗尼乌斯接到后一封信的时间，比接到前一封威吓信要早二十七天。^{〔2〕}

第十一章

［1］（204）盖乌斯统治了三年零八个月^{〔3〕}的时间就被暗杀了，^{〔4〕}克劳狄（Claudius）紧接着就被罗马的军队^{〔5〕}推上了皇位。（205）然

---

〔1〕根据《犹太古史》第十八卷第 272 节，是四十天。

〔2〕关于佩特罗尼乌斯这次事件的叙述，《犹太古史》第十八卷比《犹太战争》第二卷要详细得多：突出表现在风暴的及时来临，以及阿格里帕为维护犹太人的利益而在罗马与盖乌斯进行的交涉。

〔3〕《犹太古史》第十九卷第 201 节也做了同样的记载；实际上，盖乌斯统治了三年零十个月（公元 37 年 3 月 16 日至公元 41 年 1 月 24 日）。

〔4〕关于这次暗杀，《犹太古史》第十九卷做了第一手的权威记载，甚至记载的篇幅超过了这卷的一半。在克劳狄的登基过程中，阿格里帕在《犹太战争》中比在《犹太古史》中扮演了更重要的角色。

〔5〕"罗马的军队"（the troops in Rome）即"禁卫军"（The praetorian guard）。

而，在森提乌斯·萨图尼努斯（Sentius Saturninus）和庞培尼乌斯·塞库恩都斯（Pomponius Secundus）的动议下，元老院下令让忠于他们的三个步兵大队[1]的士兵进驻首都维持秩序，准备以武力反对克劳狄；因为，他们先前深受盖乌斯的野蛮对待，决定要么恢复原来的贵族制，要么投票选出适合坐上王位的皇帝。

[2]（206）阿格里帕此时正在罗马，元老院于是派人向他咨询，恰巧克劳狄的兵营也派人过来找他；[2]在这样一个危急时刻，双方都在极力拉拢他，以期得到他的帮助。阿格里帕注意到，克劳狄实际上已拥有皇帝的权力了，因此他倒向了克劳狄。（207）于是，克劳狄把他作为自己的代表，派他去了元老院，以向后者表明自己的真实态度。阿格里帕首先说，克劳狄是被士兵推上皇位的，这其实违背了他的真实意愿；同时克劳狄认为，如果他有负于这些热情支持自己的士兵，那么这是非正义的；此外，他的命运将陷于动荡之中，因为一旦拥有了皇帝的头衔，一生都会陷入一种莫名的危险境地，无处逃遁。（208）阿格里帕进一步说道，克劳狄会做一个贤君而非暴君来统治帝国；他会满足于皇帝的尊荣，而且在所有的公共事务上都会问政于民，绝不会任意妄为；尽管他在本性上确实不够温和，但是，盖乌斯的命运就是前车之鉴，足够时时使他警醒、审慎行事。

[3]（209）对于阿格里帕传递的这些消息，元老院回答，他们拥有军队的支持和最明智的判断，因此，他们再也不甘心忍受奴役的命运了。当克劳狄听到元老院的这番回答后，他再一次派遣阿格里帕去告诉他们，他绝不会背叛那些一致推选他的人，[3]因此，他

---

〔1〕《犹太古史》第十九卷第 188 节记载的是"四个步兵大队"。

〔2〕公元 23 年，禁卫军营地由塞加努斯（Sejanus）创建于罗马古城外的东北方，但后来被涵括在了奥勒良城墙（Aurelian walls）之内；这个地方现在被用作意大利的军营。

〔3〕"那些一致推选他的人"（had unanimously elected him）或者写作"那些发誓效忠他的人"（had sworn fidelity to him）。

一定会与反对自己的敌人战斗到底，尽管他自己并不情愿这样做。（210）然而，他又说，如果非要开战，那么就在城外挑选一处地方，因为同胞的鲜血会玷污城内的神庙，这有违虔敬之道。阿格里帕记下了这番话，接着就把它传递给了元老院。

　　［4］（211）就在他们协商期间，有一位效忠元老院的士兵拔出自己手上的剑，大声喊道："军中的战友们，克劳狄那伙人杀害我们的兄弟，虐待我们的亲属，难道我们承受的不幸还不够吗？我们什么时候拥有过一位没有半点缺陷的国王，并且，我们什么时候像现在这样并肩战斗过？"（212）说完这番话，他就率领自己的全部同伴一起冲出了元老院。对于他们的离开，贵族们深感担忧；在看到自己已经无路可走后，他们就跟着那些士兵倒向了克劳狄。（213）在城墙前，他们遇到了一群手握利剑而又深受命运眷顾的狂热廷臣，如果不是阿格里帕跑上前来，告诉克劳狄这个危险情况，那么，甚至在克劳狄知道士兵们的愤怒之前，这群人的头头们就已性命休矣；而且，如果不是克劳狄制止了军队的冲动（他们当时已经发狂地反对贵族），那么，他将失去那些为其君权增光溢彩之人，成为一位孤家寡人式的君王。

　　［5］（214）一听到这个消息，克劳狄立即制止了士兵们的冲动，并将元老迎进自己的军营。他热情地对待他们，并立即与他们一起向神明献祭，以表达对继任皇位的感恩。（215）此外，克劳狄立即将阿格里帕祖先的整个王国，连同特拉可尼和奥兰尼——这两个地方之前由奥古斯都赠送给希律[1]——的广大地区，以及名为里萨尼亚[2]的王国（known as the kingdom of Lysanias）一起赠给了阿格里帕。（216）

---

〔1〕参见第一卷第 398 节。

〔2〕也即阿比拉（Abila，在大马士革西北方）和黎巴嫩的部分地区（《犹太古史》第十九卷第 275 节）。卡利古拉已经授予阿格里帕"里萨尼亚藩属王"（the tetrarchy of Lysanias）的头衔（《犹太古史》第十八卷第 237 节）；克劳狄只是确认了这项赠予。

他以法令的形式向人民宣告了这次赠予，而且命令官员们将它铭刻在一块铜制的匾额上，精心地保存在卡皮托。（217）此外，克劳狄将迦尔西王国（the kingdom of Chalcis）授予阿格里帕的兄弟希律——不仅是阿格里帕的兄弟，同时也是阿格里帕的女婿，因为他迎娶了贝勒尼斯（Bernice）。[1]

[6]（218）由于阿格里帕统治了一个如此广袤的地区，以至于财富源源不断地流向他，但没过多久，他就挥霍了这些财富。他开始环绕耶路撒冷城建造一道城墙，[2] 这道城墙的规模是如此宏大，以至

---

〔1〕Bernice（贝勒尼斯）亦写作 Julia Berenice，她是阿格里帕一世和塞浦路斯的女儿。贝勒尼斯是希律的第二任妻子，希律的第一任妻子是大希律的孙女玛丽安（《犹太古史》第十八卷第 134 节）。

[中译按]《犹太古史》第十九卷第 354 节记载，当她的父亲在公元 44 年去世之时，尽管当时她只有十六岁，她还是在第二段婚姻期间嫁给了她父亲的兄弟（迦尔西的希律 [Herod of Chalcis]）；她在第一段婚姻嫁给了一位杰出的亚历山大里亚人（a prominent Alexandrian）——亚历山大里亚行政长官阿拉巴赫·亚历山大之子（son of the Alabarch Alexander）尤利乌斯·亚历山大（M. Julius Alexander），这明显发生在公元 41 年。第二段婚姻结束于迦尔西的希律去世时为止，也即公元 48 年；后来，贝勒尼斯又嫁给了迦尔西的波利蒙国王（King Polemon of Chalcis）（《犹太古史》第二十卷第 145—146 节）。接着，她在将近四十岁时，成了比自己小十一岁的皇位继承人提图斯的情人，这在罗马引起丑闻；据说，提图斯一即位，就摆脱了对她的爱欲纠缠（Suetonius, *Tit.* 7; Tacitus, *Hist.* 2.2; Cassius Dio 66.15.4, 18.1; Jones and Milns 2002: 105–107）。在这些婚姻以及其他关系期间，贝勒尼斯与自己的单身汉兄弟阿格里帕二世的关系是如此密切（例如：参见《使徒行传》25：13, 23），以至于有传闻说，他们兄妹俩存在乱伦关系（参见尤文纳尔第六卷第 156—160 行 [Juvenal 6.156-160]）。尽管约瑟夫斯对女性一般持轻视的态度，但是在战争爆发前，《犹太战争》一直将她刻画成一位异常坚定而又精力充沛的犹太女政治家的形象（第二卷第 310—314 节，第 333—334 节，第 405 节，第 426 节，第 595 节）。——布里尔译本注

〔2〕这道围墙位于耶路撒冷城的北部，同时包括贝泽萨（Bezetha）郊区或称作"新城"（new city）（《犹太战争》第五卷第 151 节及以下和《犹太古史》第十九卷第 326 节）。

于如果它得以建成的话，罗马人后来对耶路撒冷的围城战就不会起作用。(219) 但是，在这项工程达到预期的高度之前，阿格里帕就在凯撒利亚城去世了。[1] 阿格里帕作为国王总共统治了三年，先前作为藩属王还统治了三年。[2] (220) 他与其妻子塞浦路斯[3]留下了三个女儿，分别是贝勒尼斯、玛丽安和德鲁西拉（Drusilla），以及一个儿子。这个儿子也叫作阿格里帕，由于他那时还非常年轻，[4] 所以克劳狄再次将这个王国变成了罗马的一个行省，并向那里派去总督，其中第一任总督是库斯比乌斯·法都斯（Cuspius Fadus），[5] 接着则是提比略·亚历山大（Tiberius Alexander），[6] 他们两个人从不干涉犹太人的生活习俗，从而维持了当地的持久和平。(221) 后来，迦尔西国王希律也去世了；他与自己的侄女贝勒尼斯结婚而生有两个儿子——分别名叫贝勒尼西亚努斯（Bernicianus）和希尔堪，他与自己的前妻玛丽安也生

---

〔1〕 这项工程在阿格里帕去世之前，就由克劳狄下令叙利亚总督马尔苏斯（Marsus）停工了（《犹太战争》第五卷第 152 节，《犹太古史》第十九卷第 326—327 节）。

〔2〕《犹太古史》第十九卷第 351 节做了更详细的叙述。阿格里帕在盖乌斯治下统治了四年（公元 37—41 年），在克劳狄治下统治了三年（公元 41—44 年）；在盖乌斯治下的头三年，他担任了菲利普和里萨尼亚的藩属王，在盖乌斯治下的第四年，他担任了希律·安提帕斯的藩属王。在本段中，他的"统治"时间仅限于统治大希律的整个王国这一时期。

〔3〕 塞浦路斯是法塞尔和撒兰普西奥的女儿，而撒兰普西奥是大希律的女儿（《犹太古史》第十八卷第 130—131 节）。

〔4〕 仅有 17 岁（《犹太古史》第十九卷第 354 节）。

〔5〕 约公元 44—45 年在位。

〔6〕 约公元 46—48 年在位。提比略·亚历山大出身于亚历山大里亚一个著名的犹太家庭，他是阿拉巴赫·亚历山大（Alabarch Alexander）的儿子，同时也是斐洛的侄儿（nephew of Philo）；身为犹太总督（procurator of Judaea）和埃及行政长官（prefect of Egypt），他抛弃了犹太教而效力于罗马人（第二卷第 309 节），而且，在围攻耶路撒冷时，他是提图斯的首席参谋长（chief of the general staff of Titus）（第六卷第 237 节）。

有一个儿子，这个儿子名叫亚里斯多布鲁斯。阿格里帕的另一个兄弟亚里斯多布鲁斯也以一个平民的身份去世了，留下一个名叫约塔佩（Jotape）[1]的女儿。（222）正如我之前所说，这三个人[2]都是希律之子亚里斯多布鲁斯的孩子；亚里斯多布鲁斯和亚历山大都是由希律和玛丽安所生，而他们又都是被自己的父亲希律处死的。亚历山大的后代成为大亚美尼亚的国王（kings of Greater Armenia）。[3]

第十二章

[1]（223）现在统治迦尔西的希律去世了，克劳狄任命阿格里帕之子阿格里帕继承其叔叔的迦尔西王位。至于这个行省的其他地区，则由库马努斯（Cumanus）[4]接替了提比略·亚历山大的总督职位（procurator）；在他的治理下，纷争开始不断爆发，结果导致犹太人口再一次遭受巨大折损。[5]（224）在无酵节[6]期间，民众纷纷聚集到耶路撒冷，一个罗马步兵大队占据了圣殿柱廊的顶部这一位置；因为在

----

〔1〕约塔佩（Jotape）这个名字取自于她的妈妈，后者是埃米萨（Emesa）的一位公主（《犹太古史》第十八卷第 135 节）。

〔2〕分别是阿格里帕、迦尔西的希律和亚里斯多布鲁斯。

〔3〕即亚历山大二世（Alexander II）和提格拉尼斯（Tigranes）。提格拉尼斯被奥古斯都立为亚美尼亚国王，但不久就遭到罢黜；另外一个提格拉尼斯——亚历山大二世的儿子——则被尼禄立为亚美尼亚国王（《犹太古史》第十八卷第 139–140 节，对比塔西佗：《编年史》第二卷第 3 节）。

〔4〕也即文提狄乌斯·库马努斯（Ventidius Cumanus）（塔西佗：《编年史》第十二卷第 54 节）。

〔5〕对比第二卷第 51 节。

〔6〕[中译按] 亦即公元 51 年的逾越节。

节日里，总要有一群全副武装的士兵居高警戒（guard）[1]，以防聚集的民众激起任何混乱。其中有一个士兵撩起自己的衣服，无礼地俯下身子，把屁股对准犹太人，他的这个姿势引起了犹太人的骚动。[2]（225）对于这种侮辱，犹太人极为震怒，所有民众都在向库马努斯大声呼叫，要求后者惩罚这个士兵；然而，人群中一些更容易冲动的年轻人以及一些生性好斗之人，开始投入战斗，他们捡起石头，纷纷掷向那些罗马士兵。（226）库马努斯担心自己遭到全面攻击，于是请求增援。当大批的士兵涌入柱廊，一种不能自已的恐惧席卷着犹太人，他们纷纷逃离圣殿，躲进城中。（227）但是，这场暴动的规模是如此巨大，以至于发生了严重的踩踏事故，许多人都被踩踏而死；有超过三万人[3]殒命，全民族的节日变成了全民族的忌日，家家户户都陷入巨大的哀痛之中。

[2]（228）就在这场灾难之后，又有另外一场由强盗引发的骚乱。在通往伯和仑（Bethhoron）[4]的公共道路上，一些强盗袭击了史提芬（Stephen）——史提芬是凯撒的一个奴仆，并抢走了他的所有辎重。（229）因此，库马努斯派出军队包围了附近的所有村庄，他把当地居民[5]押解到自己面前，斥责他们没有追击和逮捕那些强盗。就在这

---

〔1〕我们不能像莱纳赫那样从现在时态中推断出这里使用了早于公元70年以前的材料；参照《驳阿庇安》第二卷第193节注释对类似时态的使用。

〔2〕莱纳赫恰当地引用了贺拉斯（Horace）的《讽刺诗集》（*Sat.*）第一卷第九章第69节：hodie cricesima sabbata：vin tu | curtis Iudaeis oppedere?

〔3〕《犹太古史》第二十卷第112节记载的死亡人数是两万人。

〔4〕有两个伯和仑：上伯和仑（Upper Bethhoron）和下伯和仑（Lower Bethhoron），位于通往约帕的主要道路上，在耶路撒冷西北约十到十二英里处，在历史上非常著名。其中的山中狭道就是塞斯提乌斯战败的地方，后面的章节描述了这个场景（第二卷第546节及以下）。

［中译按］Bethhoron亦写作Bethoron或者Beith Horon。

〔5〕《犹太古史》第二十卷第114节记载的是"贵族"（the notables），而非当地居民。

时，有一个士兵在一座村庄里发现了一部神圣的律法书，他把这部经书撕个粉碎，并扔进火堆里烧毁了。[1]（230）对此，犹太人群情激奋，就好像他们的整个国家都被扔进了火堆一样；他们的宗教热情聚起了无数的人，就好像有某种仪器（some instrument）[2]将他们紧紧地吸附在一起一样，在一声招呼之下，他们急忙跑到凯撒利亚的库马努斯那里，恳求他不要放过这个触怒上帝和他们的律法之人。（231）这位总督看到，除非民众得到满意的答复，否则他们不会罢休，于是就下令把那个士兵带上前来，当众处死了他。犹太人才就此散开了。

[3]（232）接下来，加利利人和撒玛利亚人之间也发生了一场冲突。[3]在一座名叫基马（Gema）[4]的村庄——它坐落于撒玛利亚大平原（the Great Plain of Samaria），有一个加利利人被杀了，他是一群要上耶路撒冷过节的犹太人中的一个。[5]（233）于是，大批民众从加利利赶来，意欲与撒玛利亚人开战；与此同时，他们的头面人物则跑到库马努斯那里，恳求他在无法弥补的灾难发生之前安抚加利利人，惩罚犯下谋杀罪的杀人犯；这是在爆发冲突之前驱散人群的唯一办法。然而，库马努斯并没有把他们恳求的事情看得比手头上的其他事情重

---

〔1〕《犹太古史》没有提及这部被烧毁的经书。

〔2〕或者，像现在我们所说，是"一块磁铁"（a magnet）。

〔3〕关于约瑟夫斯在本章第3—7节所记载的事件，塔西佗在其《编年史》第十二卷第54节做了完全不同的记载（莱纳赫）。按照塔西佗的记载，库马努斯是加利利总督，而菲利克斯（Felix）则是撒玛利亚总督。

〔4〕Gema（基马）亦写作 Ginae（《犹太古史》第二十卷第118节），或者 Ginaea（在《犹太战争》第三卷第48节被看作撒玛利亚的北部边境），即《旧约·约书亚记》第十九章第21节的隐干宁（En-gannim），现在的杰宁（Jenin），位于埃斯德拉隆大平原（Great Plain of Esdraelon）的一端。参见《路加福音》第九章第52—53节的事件。

〔5〕按照《犹太古史》第二十卷第118节的记载，数位朝圣者被杀，而不仅仅是一位。

要，[1]因此没有满足他们的要求，把他们打发走了。

[4]（234）然而，当谋杀案的消息传到耶路撒冷后，民众的怒火立即燃烧起来了，他们纷纷放弃过节，冲向撒玛利亚，完全不听地方官员的劝阻。（235）现在，那群强盗和暴民让德因亚乌斯之子（son of Deinaeus）以利亚撒（Eleazar）和亚历山大（Alexander）[2]当他们的头头，接着，他们进攻了阿卡拉贝特尼王国（the toparchy of Acrabatene），[3]不分年龄地大肆屠杀当地居民并焚毁他们的村庄。

[5]（236）库马努斯从凯撒利亚率领了一支名叫"塞巴斯特人"（Sebastenians）的骑兵部队（a troop of cavalry），[4]准备增援那些深受蹂躏之人；他监禁了以利亚撒手下的许多人，他杀死的人则更多。（237）至于其他那些冲出去与撒玛利亚人开战的人，耶路撒冷的官长们（the magistrates of Jerusalem）赶紧追了过去，他们穿着麻布衣，头上撒着灰（ashes），恳求他们回家，同时劝说他们，不要为了报复撒玛利亚人而激起罗马人对耶路撒冷的怒气，而是应该为自己的国家和圣殿考虑，也应该为自己的妻子和儿女考虑；难道仅仅为了给一个加利利人复仇，就让所有人都受到毁灭的威胁吗？（238）犹太人听从了这些劝告，于是就散开了。然而，他们当中的许多人受到免于惩罚的蛊惑，纷纷转去抢劫、掠夺和暴动，以至于骚乱席卷了整个国家。（239）因此，撒玛利亚的头面人物去到推罗面见叙利亚总督尤米迪乌斯·奎德拉图斯（Ummidius Quadratus），乞求他惩罚这些惹是生非者。（240）而那些犹太贵族，包括高级祭司约拿单（the high-priest

---

〔1〕《犹太古史》写道："撒玛利亚人贿赂了他"（bribed by the Samaritans）。

〔2〕《犹太古史》没有提到亚历山大。

〔3〕示剑（Shechem）的东南方。

〔4〕参见第二卷第52节注释；《犹太古史》补充说："外加四个步兵中队（大队）"（and four companies［cohorts］of infantry）。

Jonathan）[1]——阿南努斯之子（son of Ananus）——也前去面见他，他们说，撒玛利亚人由于谋杀案的问题引发了这场骚乱，然而，对接下来发生的一切，库马努斯则负有全责，因为他拒绝处罚这次谋杀案的凶手。

[6]（241）然而，奎德拉图斯对这两派都没有立即做出答复，而是告诉他们，他会访问这个地区和调查所有细节；随后，他去到凯撒利亚，[2]并把库马努斯监禁在那里的所有人都钉死在十字架上。（242）接着，他从那里去到里达，在里达又一次听审了撒玛利亚人的案件。随后，他派人把之前参加过战役的十八名[3]犹太人——这些人是别人报告给他的——传唤过来，将他们身首异处。（243）他又将两位最具权势的人物——高级祭司约拿单和阿南尼亚（Ananias）——以及后者之子阿南努斯（Ananus）[4]并其他一些犹太显贵，还有一些最杰出的撒玛利亚人，一同送到了凯撒那里。（244）同时，他也下令库马努斯和保民官塞勒尔（Celer）坐船去罗马，将所发生的一切事情报告给皇帝克劳狄。在采取了种种这些举措之后，他离开里达，去到耶路撒冷；当他看到那里的民众都在和平地庆祝无酵节后，[5]就回到了安提阿。

[7]（245）在罗马，凯撒对库马努斯和撒玛利亚人进行了听审

---

〔1〕高级祭司约拿单后来成为匕首党（the *sicarii*）的第一个受害者（第256节）。

〔2〕按照《犹太古史》第二十卷第129节的记载，他去的是撒玛利亚。

〔3〕肯定有多伊图斯（Doetus）和另外四个人（《犹太古史》第二十卷第130节）。

〔4〕按照《犹太古史》第二十卷第131节的记载，"阿南努斯是［圣殿的］卫队长"（Ananus the captain［? of the temple］），而约拿单的名字则被遗漏，没有在这一节中出现。

〔5〕《犹太古史》第二十卷第133节笼统地写作"一个全国性的节日"（A national feast）。按照《犹太战争》在这个章节中的描写，这场骚乱肯定延续了一整年的时间，即从上一个逾越节（第224节）延续到了下一个逾越节。

（阿格里帕也在场），尽管他看到许多权贵支持库马努斯，但他仍然为犹太人做了强有力的辩护。皇帝谴责了撒玛利亚人，判处其中最重要的三个人死刑，并放逐了库马努斯。（246）皇帝命将塞勒尔押解回耶路撒冷，并将他交给犹太人进行处置；他在城内被拖拽巡游一番之后，就被斩首了。

[8]（247）其后，克劳狄派遣帕拉斯的兄弟（the brother of Pallas）菲利克斯担任犹地亚、撒玛利亚、加利利和佩拉亚的总督。[1] 克劳狄把阿格里帕的领地从迦尔西换到一个更大的王国，因为，他把以前属于菲利普的属地——即特拉可尼、巴珊和戈兰提斯等地——分配给了阿格里帕；此外，克劳狄将里萨尼亚的王国以及瓦鲁斯以前的封地（the old tetrarchy of Varus）[2] 也一起分配给了他。（248）在统治罗马帝国十三年八个月零二十天[3]后，克劳狄去世了，尼禄作为他的继承人继任了皇位。（249）由于中了自己妻子阿格里皮娜（Agrippina）的诡计，克劳狄把尼禄收为养子，并把其作为皇位的继承人，尽管克劳狄与自己之前的妻子梅塞琳娜（Messalina）合法地生有一个儿子——名叫布列塔尼库斯（Britannicus）——和一个女儿。这个女儿名叫屋大维娅（Octavia），他把她嫁给了尼禄。此外，他也与佩提娜（Petina）生有一个女儿，这个女儿名叫安东尼娅（Antonia）。

---

〔1〕 就像他的那位有影响力的兄弟帕拉斯一样，安东尼乌斯·菲利克斯（Antonius Felix）可能是克劳狄的母亲安东尼娅的一位自由民（a freedman of Antonia）。根据塔西佗的记载（这个记载可能不太可信），他当时已经是撒玛利亚的总督（第 232 节注释）。

〔2〕 舒尔认为，这位瓦鲁斯与《生平》第 48 节及以下所提到的阿格里帕二世手下的那位大臣是同一人，在那里，他被写成索穆斯的一位后代（a descendant of Soemus），而索穆斯是黎巴嫩地区的藩属王（a tetrarch in the Lebanon district）（《生平》第 52 节）；可以确定的是，瓦鲁斯继承了这个封国的部分地区。

〔3〕 这个数字是正确的，《犹太古史》第二十卷第 148 节也提到了这个数字：克劳狄的统治时间从公元 41 年 1 月 24 日开始，到公元 54 年 10 月 13 日结束。

第十三章

[1]^[1]（250）过度的顺利和幸运让尼禄发了狂，他的骇人行径完全是在背弃命运；他残忍无情地杀害了自己的兄弟、妻子和母亲；接着，他残酷地屠戮了出身最高贵的贵族；（251）他痴迷于剧场表演，一心想当一名演员——对于这些事情，我都将省略不述，因为作家们已经记述得够多了，我会转而将注意力集中在他治下的犹太人的事务上。

[2]（252）尼禄把小亚美尼亚（Lesser Armenia）授予了希律^[2]之子（son of Herod）亚里斯多布鲁斯；他给阿格里帕加添了四座城市及其各自的辖区（districts），^[3]即阿比拉（Abila）、佩拉亚的朱利亚斯（Julias in Peraea）、^[4]塔里基亚和加利利的提比里亚；他任命^[5]菲利克斯担任犹地亚其余地区的总督。（253）菲利克斯把为祸这个国家长达二十年的强盗头子以利亚撒^[6]和他的许多同伙抓了起来，把他们送到罗马审判；其余的强盗分子则被他钉死在十字架上，与这些强盗相互串通的平民也遭到了他的严惩，人数极其庞大。

[3]（254）然而，一波未平一波又起，就在这个国家清除这些害虫之际，一批新的强盗又出没在耶路撒冷，也即所谓的匕首党（Sicarii），^[7]

---

〔1〕关于克劳狄的去世和尼禄的性格，参见《犹太古史》第二十卷第 148 节和第 154 节。

〔2〕这位希律是迦尔西的希律，他是大希律的孙子（grandson of Herod the Great）。

〔3〕希腊语写作"政区 / 小邦 / 小国"（toparchies）。

〔4〕《犹太古史》第二十卷第 159 节没有提到阿比拉；有多个地方都叫作阿比拉，其确切地点不得而知。朱利亚斯 = 利维亚斯（Julias = Livias），参见第 168 节注释。

〔5〕也即确认了先前的任命（第 247 节）。

〔6〕以利亚撒是德因亚乌斯的儿子，参见第 235 节。

〔7〕*Sicarii* 的含义是"暗杀者"（Assassins），源于拉丁语 *sica*——"一把短匕首"。

他们于光天化日之下在这座城市的心脏地带大肆杀人。（255）当节日这一特殊时节，他们混入人群，把短刀藏在衣服里，捅杀他们的敌人。当敌人倒下后，这些杀人犯又会混入群情激奋的人群，假装声讨和谴责。通过这种蒙骗行径，他们从未被人发现。（256）高级祭司约拿单是他们谋杀的第一个人，此后每天都有许多谋杀案发生。他们所造成的恐慌比谋杀本身更折磨人；每一个人都像在战场上一样，无时无刻不在思忧死亡（expecting death）。（257）人们都远远地监视着自己的敌人，甚至连朋友靠近也警惕万分，丝毫不敢信任。然而，阴谋是如此迅速，诡计是如此狡诈，以至于他们的怀疑和防范并没能阻止他们倒下。

[4]（258）此外，这个国家还出现了另一群恶棍，他们手上虽然没有沾染那么多的血债，但是他们的目的更加不虔敬，他们对这座城市的安宁和幸福的摧毁不亚于暗杀者。（259）这些人都是一群骗子和恶棍，他们在人民面前冒充圣灵，煽动革命，诱使民众像疯子一样行事，并且借着上帝会给他们拯救的神迹[1]这样的信念，诱惑他们进入沙漠。（260）菲利克斯把他们视为蠢蠢欲动的叛乱分子，因此派遣了一支骑兵和重装步兵前去镇压他们，杀死了他们许多人。

[5]（261）然而，现在又冒出了一个埃及假先知，他对犹太人造成的伤害要比之前大得多。这个人纯粹是一个江湖骗子，假称自己是先知，聚集了大约三万名[2]受骗者跟随他；（262）他领着他们绕过沙漠，行至一座名为橄榄山（the Mount of Olives）的地方。在那里，

---

〔1〕参见《马太福音》第24章第24节及以下："因为假基督，假先知将要起来，显大神迹、大奇事……若有人对你们说，'看哪，基督在旷野里'，你们不要出去……"丢大（Theudas）就是早期这种类型的骗子和假弥赛亚，且遭遇了类似的命运，参见《犹太古史》第二十卷第97节。

〔2〕《使徒行传》第二十一章第38节记载的人数是四千人；圣徒保罗（S. Paul）被误认为是这个骗子。

他打算组建一支军队，进攻耶路撒冷；他打算利用自己身边的侍卫展开进攻，盘算着在战胜罗马守备部队后，将自己立为人民的僭主。（263）然而，菲利克斯预计到了他的进攻，因此，他派出罗马重装步兵前去迎敌，而所有的民众也一同加入他的进攻行动之中。接下来的战事发展，以埃及假先知带着少量的追随者逃亡而终；其大部分兵力都被屠杀或者俘虏了；余党则四散逃走，或者偷偷逃回他们自己家里。

[6]（264）这场骚乱终于平息了，然而，就像患有炎症的身体一样，即使一个部位痊愈了，另一个部位又会复发。那些骗子和强盗一同联合起来，他们鼓动了大批民众发动叛乱，蛊惑他们坚持和争取民族的独立，并威胁杀死任何听命于罗马统治之人，且强力镇压那些自愿接受罗马奴役之人。（265）他们成群结伙地分散在各个乡村，大肆地掠夺和屠戮那些富裕人家，并且到处焚毁。他们的狂热弥漫了整个犹地亚，这种战争每一天都在激烈地上演。

[7]（266）凯撒利亚又发生了一种完全不同的骚乱：[1]混居在当地的犹太人起来反对当地的叙利亚人。犹太人声称，这座城市是他们的，理由是：这座城市的创建者是希律国王，而希律国王本身是一名犹太人。他们的敌人叙利亚人承认这座城市的创建者是犹太人，但他们认为，这座城市本身是属于希腊人的；因为，如果它是一座为犹太人而建造的城市，那么希律就不会在这里矗立雕像和神庙。[2]（267）这就是敌对双方争吵的焦点，最终，争吵演变为武装冲突。每天都有众多好勇斗狠之人加入战斗；那些年长的犹太人根本抑制不住狂热分子，而希腊人则认为，对犹太人的让步无异于是自己的耻辱。（268）

---

〔1〕圣保罗（S. Paul）那时可能被监禁在凯撒利亚。

〔2〕按照《犹太古史》第二十卷第173节的记载，他们的论据是，在斯特拉托塔台（Strato's Tower）这座更为古老的城市，没有任何一个犹太居民。

犹太人拥有财富上和身体上的优势，但希腊人则有军队的支持；因为，驻扎在那里的军队主要是由罗马人从叙利亚征调过来的，他们自然就会援助自己的同胞。（269）地方长官们都在极力地抑制这些冲突，他们不断地逮捕那些好勇斗狠的闹事者，并用鞭子和镣铐来惩罚他们；然而，那些被捕者所遭受的苦难，非但没有制止或吓住其余的人，反而进一步激发了内乱。（270）犹太人一度打败了叙利亚人，但是，菲利克斯及时赶到了交战的地方，并强令犹太人撤退；然而，犹太人没有听从他的命令，他就派出自己的军队前去攻击他们，结果，许多犹太人惨遭屠杀，他们的财产也因而遭到了洗劫。虽然争吵仍在继续，但是，菲利克斯挑选了两派的显贵人物，并将他们作为各自的使团送到尼禄那里，以在尼禄面前讨论他们各自的权利。

第十四章

［1］（271）菲斯图斯（Festus）继任了菲利克斯的总督职务，他现在的主要工作就是继续平息这个地方的骚乱。因此，他抓捕了大批强盗，并处死了其中不少人。

（272）然而，后来继任菲斯图斯总督职务的阿庇努斯（Albinus）却完全按照另外的方式处理事务；[1]他满怀邪恶，而且坏事做绝。（273）他不仅利用职务之便，窃取和劫掠私人财产，对整个国家征收异常沉重的赋税，而且从之前被当地议事会（the local councils）或者

---

〔1〕波西乌斯·菲斯图斯（Porcius Festus）死在总督任上（《犹太古史》第二十卷第200节）。对于他的继任者卢塞乌斯·阿庇努斯（Lucceius Albinus），《犹太古史》第二十卷比《犹太战争》做了更加正面的评价。一开始他在那里镇压匕首党，尽管一听到自己的更替令（his supersession），他就打开了监狱，让强盗布满了乡村。

前任总督关押起来的那些人的亲属那里收受赎金；只有那些没交赎金的人还继续待在监狱里。（274）同时，耶路撒冷城里的革命派（the revolutionary party in Jerusalem）的胆子越来越大了；通过贿赂，他们当中有权势的人物从阿庇努斯那里获得了豁免权，以至于可以肆无忌惮地继续从事叛乱活动，而那些不满足于平静生活的普通民众则与总督的帮凶一同勾结起来。（275）所有的邪恶之徒都在处心积虑地强化自己一派的势力，就像土匪头子或者僭主强化和利用自己的手下劫掠平民百姓那样。（276）结果，那些劫掠活动的受害者虽然已是满肚子怨气却只有忍气吞声；而没有受到劫掠的人也被迫去逢迎那些恶人，因为他们害怕遭受同样的命运。总之，没有人敢说出自己的真实想法，因为暴君随处都是；从此之后，毁灭的种子就播种在了这座城市里。

[2]（277）这就是阿庇努斯的性格，然而，与他的继任者基希乌斯·弗洛鲁斯（Gessius Florus）相比，他简直是美德的典范了。阿庇努斯的绝大部分罪行都是秘密进行或在极力掩饰下进行的；然而，弗洛鲁斯相反，他毫不隐瞒自己的暴行，他就像被派来行刑的刽子手，完全不管罪犯是抢劫犯，还是被屈打成招的刑讯犯。（278）就对待那些值得同情的案犯的残暴程度而言，他的手段是最凶残的；而就人的无耻程度而言，他又是最厚颜无耻的。没有人比他更蔑视（contempt）[1]真相，没有人比他发明出更狡猾的犯罪手段。他似乎觉得向个人收钱有失身份，因此，他对整个城市进行剥削，对全体民众进行压榨。他在乡村到处公开宣传，每个人都可以从事劫掠活动，条件是要分给他应得的那份战利品。（279）因此，他的贪婪让所有城市都陷入一片萧条之中；大批民众逃离了自己世世代代居住的家乡，纷

---

[1] 字面含义是"不相信/怀疑"（unbelief）或者"善于掩饰真相"（was more successful in smothering the truth）（特雷尔）。

纷进入外邦行省寻求避难。[1]

[3]（280）只要塞斯提乌斯·加鲁斯（Cestius Gallus）留在叙利亚管理行省事务，就没有人敢派遣使团到他面前指控弗洛鲁斯；然而，当塞斯提乌斯在无酵节期间到访耶路撒冷时，民众——不下于三百万人[2]——纷纷来到他身边，恳求他可怜一下这个多灾多难的民族，并大声指责弗洛鲁斯是他们国家的罪魁祸首。（281）站在塞斯提乌斯旁边的弗洛鲁斯，当场就嘲笑了他们对自己的抗议。不过，在平息民众的不满之后，塞斯提乌斯向民众保证，弗洛鲁斯将来会更加温和地对待他们，接着就返回了安提阿。（282）弗洛鲁斯一直护送他至凯撒利亚，他玩弄着塞斯提乌斯的轻信，而且已经在盘算着对这个民族发动战争——只有通过战争这一手段，他才能掩盖自己的罪恶。（283）如果和平无事，犹太人就会跑到凯撒面前指控自己；然而，如果他能挑起他们的反叛，那么，他就可以通过这一更严重的罪行来转移人们对那些较轻罪行的关注。因此，为了制造战端和诱使他们叛乱，他每天都在加重他们的痛苦和灾难。

[4]（284）与此同时，凯撒利亚的希腊人（the Greeks of Caesarea）在凯撒的特别法庭（Caesar's tribunal）上赢得了案件的胜诉，[3]他们从尼禄那里获得了这个城市的统治权；当他们把特别法庭的判决文件带回来时，战争恰好爆发了——这一年是尼禄统治的第十二年和阿格里帕统治的第十七年，月份则是阿尔特米西月（Artemisius）。[4]（285）

---

〔1〕与《犹太战争》相平行的《犹太古史》的记述到这里就结束了。

〔2〕这是一个不可能的数字。

〔3〕参见第 270 节。

〔4〕尼禄肯定在更早的几年之前就做出了判决，因为帕拉斯（Pallas）在这件事情上扮演了决定性的作用（《犹太古史》第二十卷第 182 节），后者死于公元 62 年（塔西佗：《编年史》第十四卷第 65 节）。但是，这个判决加重了凯撒利亚的冲突，并最终导致了战事的发生（《犹太古史》第二十卷第 184 节）。阿尔特米西（Artemisius）是马其顿历法的月份名称，时间大概在春天或者初夏。

把巨大的灾难都归咎于战争，这明显是不公正的指责。凯撒利亚的犹太人（The Jews in Caesarea）有一座犹太会堂，而这座会堂旁边的地方都属于凯撒利亚的希腊人；犹太人多次试图买下这块地方，甚至愿意提供远超其实际价值的价格。（286）然而，业主完全不理会犹太人的交易请求，相反，他们还羞辱性地在这块地方的过路上建造了一些工场，以至于只给犹太人留下一条狭窄而又极为不便的通道。于是，一些性情容易冲动的年轻人前去袭击这些建筑，试图阻挠他们施工。（287）弗洛鲁斯阻止了他们的暴力行动后，深陷窘境的犹太贵族和税吏约翰（John the tax-collector）为了阻止这些工程的建造，向弗洛鲁斯贿赂了八塔兰特的银币。（288）眼里只有钱的弗洛鲁斯答应他们会提供一切必要的帮助，但是接过钱后，他就离开凯撒利亚而前往了塞巴斯特，[1] 只留下一块煽动叛乱的自由地，就好像他向犹太人出售了一份允许开战的许可证一样。

[5]（289）在第二天的安息日，当犹太人聚集在犹太会堂之时，他们发现，有一个惹是生非的凯撒利亚人把一口泥质容器放在了入口处，特意把它弄了个底朝天，还在上面献祭了一只鸟。[2] 这番行径深深地激怒了犹太人，他们觉得，这严重冒犯了他们的律法，并且这块地方也遭到了严重的亵渎。（290）那些审慎和温和的犹太人认为，最好的办法仍是求助于总督；但是，那些不安于现状的蠢蠢欲动之人以

---

〔1〕位于撒玛利亚。

〔2〕正如里兰德（Reland）强烈指出的，这暗示了犹太人是麻风病人（lepers），因为按照律法，为了麻风病人，鸟要被杀死在一个泥质容器里（参见《利未记》第十四章第4—5节）。关于摩西以及摩西从埃及领出的以色列人是麻风病人的指控，也反复出现在《驳阿庇安》中（例如《驳阿庇安》第一卷第279节及以下）。
[中译按] 就要吩咐人为那求洁净的，拿两只洁净的活鸟和香柏木、朱红色线并牛膝草来。祭司要吩咐用瓦器盛活水，把一只鸟宰在上面。（《利未记》14：4-5）

及那些激情燃烧的年轻人却点燃了战斗。凯撒利亚人也做好了行动准备，因为是他们根据事先的一致决定，派人前去戏仿出这个献祭的；因此，双方很快就开打起来了。（291）对此，骑兵长官尤坎都斯（Jucundus）试图进行干预，他走上前去移开那口泥质容器，并努力地平息叛乱；但是，他已经无法阻止凯撒利亚人的暴力行径，于是犹太人拿着他们的律法书，撤退到了纳尔巴塔（Narbata），[1] 纳尔巴塔属于犹太人的地盘，距离凯撒利亚六十弗隆远。（292）不过，他们当中的十二位领导人物和约翰去塞巴斯特面见了弗洛鲁斯，严厉地控诉了那些事件，恳求他的援助，最后，他们还委婉地提醒他，曾给过他八塔兰特的金钱。[2] 弗洛鲁斯竟然将他们逮捕，戴上镣铐，罪名是他们把律法书带出了凯撒利亚。

[6]（293）这个消息引发了耶路撒冷的愤怒，尽管他们仍然在克制自己的情绪。然而，弗洛鲁斯就好像是被特意雇来火上浇油的人，他以凯撒的需要为借口，[3] 派遣自己的手下去圣殿的圣库取走了十七塔兰特的金钱。（294）他的这种暴行立即激怒了民众，他们一起拥进圣殿，大声地呼喊凯撒的名字，恳求他把他们从弗洛鲁斯这个暴虐的统治者手中解放出来。（295）其中一些叛乱分子严厉地指责和辱骂弗洛鲁斯，还带来一个芦苇篮子为他讨钱，就好像他是一个不幸的赤贫之人。然而，这些举动非但没有遏制他对金钱的贪欲，反而进一步刺激了他对金钱的渴望。（296）因此，他原本应该到凯撒利亚，去扑灭已开始熊熊燃烧的战争火焰和根除动乱的肇因——这是他必须面对的危险，然而相反，他率领了一支骑兵和步兵部队（an army of cavalry and infantry）[4] 急速进军耶路撒冷，目的是获取罗马军队的援助，通过

---

〔1〕第 509 节提到了纳尔巴塔这个"政区"（The "toparchy" of Narbata）。
〔2〕参见第 287 节。
〔3〕这可能是因为他们拖欠了所要支付的贡金，参见第 403 节（莱纳赫）。
〔4〕很明显，弗洛鲁斯手上只有一支步兵部队，而没有骑兵部队（参见第 332 节）。

恐吓与威胁的手段敲诈这座城市。

[7]（297）为了使他对自己的意图感到羞愧，民众抢先一步去迎接军队，准备热烈地迎接弗洛鲁斯的到来。（298）然而，这个家伙却先派了一个百夫长卡皮托（Capito）和五十名骑兵前来，传令让犹太人撤回，不要以这种假仁假义的行为来嘲弄他们之前所羞辱过的人。（299）如果他们真是果敢和坦率之人，就应该当面羞辱他，不仅用言语，而且用手中的武器来表明他们对自由的热爱。（300）听到弗洛鲁斯的这番传话，他们都感到极度惊愕和气馁。卡皮托的骑兵冲进他们中间，因此，在他们有机会向弗洛鲁斯致敬或向士兵们表明他们的服从之前，就被驱散了。他们回到家中，胆战心惊地熬过那个晚上。

[8]（301）弗洛鲁斯住进了宫殿里，第二天，他在宫殿前设置了一个特别法庭，并坐在其中；接着，祭司长（the chief priests[1]）、贵族和最杰出的公民坐到特别法庭前。（302）弗洛鲁斯命令他们交出之前羞辱过他的那些人，并声称，如果他们不交出这些罪犯的话，他就要报复他们。然而，这些人却清楚地答道，民众都希望能够和平地解决此事，接着他们为先前说过冒犯话的人向他乞求原谅。（303）他们说，在如此庞大的人群当中，有那么几个鲁莽之人和愚蠢的年轻人，一点都不奇怪；但是，要在这么多人当中把犯下罪过之人找出来，这几乎是不可能的事情，因为现在所有人都已经幡然悔悟，也会因为害怕惩罚而否认之前做过的事。（304）如果弗洛鲁斯关心这个国家的和平，或者，如果弗洛鲁斯希望为罗马人保全这座城市，他就应该为了众多清白之人的缘故，宽恕那些微不足道的冒犯者，而不是因为几个无赖，让那么多的无辜者陷入泥潭之中。

[9]（305）他们的这番话只起到了激怒弗洛鲁斯的效果，他咆哮

---

〔1〕［中译按］在惠斯顿本中，英译者将其译作"高级祭司"（the high priests）。

着命令士兵洗劫那座名为"上市场"（upper market）[1] 的广场，并杀死他们所遇到的任何人。嗜财如命的军队拥有了将军的撑腰，不仅劫掠了命令他们攻击的那个地方，而且冲进所有居民的家里进行屠杀。（306）市民们纷纷拥进小巷逃跑，所有被抓到的民众都遭到屠杀，并且发生了许多劫掠；许多爱好和平的市民都被抓了起来，带到弗洛鲁斯的面前，而后者先是让手下鞭打他们，接着又下令将他们钉死在十字架上。（307）那一天的受害人数——包括妇女和儿童（甚至连刚出生的婴儿都不被放过）——总计达三千六百人。（308）罗马人空前的残忍更是极大地加重了这场灾难。在那天，弗洛鲁斯甚至做了任何人先前完全不敢做的事情：他在特别法庭前鞭打骑士阶层，随后又在十字架上钉死他们。尽管这些骑士阶层在血统上属于犹太人，但他们至少享有罗马人的尊贵。

第十五章

[1]（309）阿格里帕国王当时不在现场，他去了亚历山大里亚，以恭贺亚历山大[2] 刚被尼禄委任为埃及总督。（310）然而，阿格里帕的妹妹贝勒尼斯——当时她正在耶路撒冷——目睹了罗马士兵的残暴行径，她大为触动，于是就不断地派遣自己的骑兵长官（cavalry-

---

〔1〕上城（the upper city）或者上广场（the upper *agora*），即这座城镇的西南部。参见第五卷第137—138节关于这座城市众山丘的描述：（1）上城（在西南部）；（2）下城或者阿克拉（Akra，在东南部）；（3）第三块地方（可能在东北部）则在约瑟夫斯时代消失不见了；同时参见史密斯（G. A. Smith）:《耶路撒冷》（*Jerusalem*）第二卷第448节注释。

〔2〕提比略·亚历山大之前是犹地亚总督（参见第220节注释），他是贝勒尼斯的姐夫（参见《犹太古史》第十九卷第276—277节）。

commanders）和贴身侍卫前去弗洛鲁斯那里求情，乞求他停止这场大屠杀。（311）但是，弗洛鲁斯既不关心屠杀人数的多少，也不关心求情者的身份多么高贵，而只关心劫掠带来的利益，完全对她的乞求充耳不闻。（312）发狂的士兵甚至把怒气发泄到这位王后（the queen）身上。他们当她的面折磨和处死这些俘虏，要不是她急忙避入王宫，在侍卫的保护下挡住了军队的骚乱，熬过那个恐怖的夜晚，恐怕他们连她也一起杀掉了。（313）她此次前来耶路撒冷，是为了完成自己对上帝许下的誓言——对于那些饱受疾病摧残或其他折磨的人来说，他们在献祭前的三十天时间里，按习俗要发誓戒酒和剃头。[1]（314）当时正在履行这些仪式的贝勒尼斯，赤脚站在特别法庭前，不断地乞求弗洛鲁斯宽恕那些犹太人，完全不顾自己的尊贵身份和危险处境。

　　[2]（315）这些事件都发生在阿尔特米西月的第十六日。[2]第二天，处于极度痛苦之中的民众纷纷聚集到上广场（the upper *agora*），[3]沉痛地哀悼那些死难者，巨大的哭诉声明显是在针对弗洛鲁斯。（316）对此，那些领导人物和高级祭司深感惊骇，他们撕碎自己的衣服，纷纷跪倒在民众面前，乞求他们停止这样的哭诉，以免激怒弗洛鲁斯，从而引发另外的不可弥补的暴行，毕竟他们已经惨遭众多不幸了。（317）出于这些恳求以及对弗洛鲁斯宽恕他们的希冀，民众立即遵从了劝告。

　　[3]（318）但是，弗洛鲁斯对骚乱的结束深感恼怒，因此，他再一次极力地点燃民众不满的火焰，他派遣自己的手下到高级祭司和头

---

〔1〕修行者的许愿（a Nazirite vow），参见《使徒行传》第二十一章第23–26节。三十天是沙买派修行者（the school of Shammai for Nazirites）为完成在巴勒斯坦的许愿所规定的洁净天数；希尔派修行者（the school of Hillel）明显更为严格（参见《密释纳·拿细耳》[Mishna, *Nasir*]第三章第6节，转引自舒尔）。

〔2〕根据尼斯本的计算（Niese's calculation），这个日期即公元66年6月3日。

〔3〕the upper *agora* 亦写作 the Upper Market 或 the upper marketplace。

面人物那里，告诉他们：如果民众想证明他们真的不会再引发任何骚乱，那么唯一可行的办法就是，出城迎接从凯撒利亚开来的军队——两个步兵大队当时正在开来的路上。（319）就在这些领导人物召集民众商讨这件事时，弗洛鲁斯给步兵大队的百夫长传话，命其不要给迎接他们的犹太人回礼，如果犹太人对他表现出任何不满，那么就以武力回击。（320）与此同时，祭司长将民众召集到圣殿，恳求他们出去会见正在前来的罗马人和迎接正在开来的两个步兵大队，并劝说他们不要引发任何不可挽回的灾难。对于这个建议，那些叛乱分子拒绝听从，而民众也在深受重创的惨痛记忆下倾向于采取更为冒险的策略。

[4]（321）就在那时，每一位祭司和每一位上帝的仆人都手持圣器、身穿袍服——只有在进行神圣仪式时他们才这样打扮，竖琴师和赞美诗歌者也带着他们的乐器跪下来，真诚地恳请民众保全这些神圣的器物，不要惹怒罗马人去劫掠上帝的圣库。（322）人们甚至看到，高级祭司们将尘土撒在自己头上，他们袒露着胸膛，身上的法衣也撕裂了。他们哀求所有的贵族和全体民众，不要把自己的国家交给那些一心想要毁灭她的人手上。（323）他们问道："毕竟，犹太人欢迎这些士兵，会给这些军队带来什么利益呢？犹太人拒绝出去迎接他们，他们又会有什么损害呢？（324）但是，如果他们热情地出去迎接，那么就可以消除弗洛鲁斯开战的借口，进而也就可以保全自己的国家，使它免受进一步的伤害。如果他们屈服于少数的叛乱者，那么，这本身就是对叛乱分子示弱的表现，相反，他们应该凭着人数众多，迫使那些反叛者加入他们理性的行动之中。"

[5]（325）他们用这些话成功地安抚了民众的情绪，与此同时，他们一方面通过恐吓，另一方面通过诉诸对他们的尊重，来压制那些蠢蠢欲动的叛乱分子。接着，他们带头在安静有序中前进，出去迎接那些士兵，当士兵们接近时向其致敬；但这些士兵根本没有任何回应，于是，叛乱分子就开始大声地反对起弗洛鲁斯来。（326）这无疑给攻

击犹太人提供了现成的口实。因此，士兵们立即包围了他们，并用棍棒击打他们，当他们四处逃跑时，骑兵又紧追着他们不放，以致他们纷纷丧命于马蹄之下。许多人死于罗马人的这次攻击，但有更多的人则是死于同胞的挤踏。（327）门口周围的挤踏更是恐怖；因为人人都在争先恐后地挤过去，蜂拥的人流因此就慢了下来，那些被挤倒的人都惨不忍睹；他们被人群踩到窒息而亡，他们被踩得面目全非，以至于他们的亲属在为其下葬时都辨认不出他们的身份。（328）军队残暴地击打一切落入他们手中之人，他们驱赶着逃亡者，一直赶到一处名为贝泽萨（Bezetha）[1]的地区，为了占领圣殿和安东尼亚城堡，他们试图强行穿过人流。弗洛鲁斯也一心想占领这些地方，于是他把自己驻扎在王宫附近的士兵领出来，奋力地向这座城堡进军。（329）但是，他的这个企图失败了；因为他发现自己面对的民众转过身来阻止他前进，其他人则爬到屋顶，向罗马人投射飞镖。雨点般密集的飞镖纷纷从头上飞来，阻碍了他们穿过人群，最终使他们困在了狭窄的小巷里，士兵们不得不撤退到他们原先驻扎的王宫附近的营地里。

[6]（330）然而，叛乱分子担心，弗洛鲁斯可能会借助安东尼亚城堡的通道返回来进攻和占领圣殿，因此，他们立即登上连接着这两座建筑的柱廊，从而切断了通道。（331）这项行动严重打击了弗洛鲁斯的贪欲；因为，他一直觊觎着上帝的圣库，而这需要进入安东尼亚城堡，现在柱廊遭到了切断，他的努力也就白费了。因此，他派人去请高级祭司和犹太议事会（the council）[2]前来，告诉他们，他其实正欲离开这座城市，不过，他会给他们留下一支符合他们意愿的军队。（332）对此，他们答道，如果他留下一个步兵大队，那么，他们保证

---

〔1〕或者"新城"（New City），属北部郊区，包括未完成的阿格里帕一世城墙（第五卷第 151 节及以下）。

〔2〕[中译按] 在惠斯顿本中，英译者将其译作 the Sanhedrin（犹太公会），而洛布本和布里尔本则将其译作 the council（犹太议事会）。

不再会有任何叛乱，但留下的这支步兵大队不能是先前参与镇压的那支，[1] 因为民众之前遭受过他们的伤害，留下他们肯定会引起民愤。因此，他按照他们的要求替换了步兵大队，对于其余的部队，他则带着他们返回了凯撒利亚。

第十六章

[1]（333）然而，弗洛鲁斯却在密谋另外的开战借口，他给塞斯提乌斯送去一封书信，在信里错误地指责犹太人发起了叛乱，把他们视为近期这些争端的挑衅者，而且指控说，犹太人遭受的苦难实际上是他们自己造成的。然而，耶路撒冷的地方首脑也没有沉默，他们像贝勒尼斯那样，向塞斯提乌斯写信，指控弗洛鲁斯对这城市犯下的罪恶。（334）在阅读了这两方送来的信件后，塞斯提乌斯询问了手下军官们的意见。他们建议塞斯提乌斯率领军队亲自前往耶路撒冷，一方面是为了严惩作乱者——如果他们真发动叛乱的话，另一方面是为了再度确认犹太人的忠诚性——如果他们仍对罗马保持忠诚的话。然而，这位总督决定先派自己的一个同僚前去调查事态的发展，并让他向自己呈送一份关于犹太人意图的完整报告。（335）因此，他委派了保民官尼亚波利塔努斯（Neapolitanus）前去，尼亚波利塔努斯在迦尼亚（Jamnia）[2]遇到了正好从亚历山大里亚回来的阿格里帕国王，于是就告诉他谁委

---

〔1〕这支步兵大队也即弗洛鲁斯自己亲自率领进城（第296节）和洗劫上广场（the Upper Market）的步兵大队。弗洛鲁斯把另一支刚刚从凯撒利亚开来的步兵大队留了下来。

〔2〕迦尼亚（Jamnia, *Yebnah*）位于腓力斯提亚（Philistia），而非从耶路撒冷到凯撒利亚（或者安提阿）的直达路线上，我们推测，尼亚波利塔努斯很可能是特意偏离原来的路线而来面见阿格里帕国王的。

派的这次任务以及这次任务的内容。

[2]（336）犹太人的高级祭司、头面人物和犹太公会成员也赶到迦尼亚来欢迎阿格里帕国王；在对国王表示了一番尊敬之后，他们开始哀叹自己所遭受的灾难，并谴责弗洛鲁斯所施加的暴行。（337）对于弗洛鲁斯的暴行，阿格里帕深感气愤，但随后他就把自己的愤恨微妙地转移到了犹太人身上——虽然他确实同情犹太人，但他希望通过打击他们的高傲，并通过让他们相信其悲惨命运并非出于虐待，打消他们的复仇行动。（338）这些杰出之士作为财产的所有人，确实更渴望和平，也更能理解国王斥责的意图。而耶路撒冷的民众也出城六十弗隆，来欢迎阿格里帕和尼亚波利塔努斯；（339）那些被害者的遗孀们倾巢出动，大声恸哭；民众听见这些遗孀们的哀号，也一起捶胸哀哭，央求阿格里帕帮助他们。同时，他们也对尼亚波利塔努斯大声控诉弗洛鲁斯给他们造成的伤害。当两人入城后，犹太人纷纷向他们展示市场的萧条景象和居民所受到的劫掠惨状。（340）接着，为了让尼亚波利塔努斯充分认识到，犹太人真心服从除了弗洛鲁斯以外（因为弗洛鲁斯残暴地对待他们而遭到他们的痛恨）的所有罗马官员，他们借助于阿格里帕的周旋，促使尼亚波利塔努斯在一位随员的陪护下视察了这座城市，甚至远至西洛安（Siloam）。[1]在漫游这座城市时，尼亚波利塔努斯对当地居民的温和与顺从感到非常满意，随后他上到了圣殿。（341）他召集犹太民众聚集到圣殿前，高度评价了他们对罗马的忠诚，并殷切希望他们继续保持和平；之后，他在可被允许的区域（the permitted area）[2]对圣殿进行了一番献祭，随后就回到了塞斯提乌

---

〔1〕西洛安水池（the pool of Siloam）位于这座城市东南边的尽头。

〔2〕"可被允许的区域"（the permitted area）也即"他没有越过石围栏"（without passing the stone balustrade）或者"胸墙"（parapet [δρύφακτος, soreg]），石围栏和胸墙把圣殿分为内院和外院，即使遭到处死的威胁，他们也不允许非犹太人（Gentiles）进入内院（第五卷第193—194节）。

斯那里。

[3]（342）犹太民众转而围在国王和高级祭司周围，逼迫他们向尼禄派遣一个使团，以指控弗洛鲁斯，而且为了不让犹太人一直处于阴谋作乱的嫌疑之中，他们也不会对这么可怕的屠杀保持沉默；因为，他们会被一直视为这场叛乱的始作俑者，除非立即采取措施，揭露真正的挑衅者。（343）很明显，如果任何人想阻止他们派出使团的话，他们肯定不会就此善罢甘休。尽管阿格里帕深知，挑选一个使团去指控弗洛鲁斯是一件多么可憎的事，但他别无选择，因为不这样做的话，犹太民众胸中积蓄已久的怒火就有引发战争的危险，甚至连他自己都可能遭到牵连。（344）因此，阿格里帕召集民众到埃克斯图斯（Xystus）那里，并将自己的姐姐贝勒尼斯安排在一个居高临下的位置——哈希曼王宫的屋顶（the roof of the palace of the Hasmonaeans），而这座王宫坐落在上城对面的埃克斯图斯的上方；有一座桥连接着埃克斯图斯与圣殿。[1] 接着，阿格里帕发表了如下演讲：[2]

---

〔1〕埃克斯图斯（Xystus）可能是最初由耶孙（Jason）建造的体育场（《马加比二书》[2 Macc.] 第四章第 9 节），它主要是一个户外的运动场所，得名于"磨光的"石板（"polished" flag-stones）。其确切位置不得而知；可能位于推罗波安谷地（Tyropoeon Valley）的西边山丘的斜坡处（上城），把西边山丘和东边山丘分了开来，或者，按照史密斯（G. A. Smith）的说法，它可能就位于这个谷地之中。哈希曼王宫在它的西边，而且王宫要高于西边的山丘；在这座王宫里，阿格里帕一世下令建造了一个可以俯瞰圣殿内部美景的房间（《犹太古史》第二十卷第 189—190 节）。

〔2〕若想进一步获取这篇演讲的准确信息——它们明显来源于一些官方的资料（some official source），请参见以下作者的专题研究：Friedländer, *De fonte quo Josephus*, *B.J.* ii. 16.4, *usus sit*（Königsberg, 1873）; Domaszewski, "Die Dislokation des römischen Heeres im Jahre 66 n. Chr."（*Rheinisches Museum*, 1892, pp. 207–218）。这些参考著作归功于莱纳赫和舒尔的搜集。

[4]（345）我注意到，你们所有人都急于与罗马人开战，但你们没有看到人民当中最纯洁和最诚实的那些人其实一直都希望维持和平，我本不该走到你们面前，也不该冒险向你们提出建议；因为，如果听众非要逆流而为的话，任何劝说做正确之事的讲话都是多余的。（346）但是，鉴于战争的爆发，只是你们当中的一些年轻人对战争所带来的恐怖缺乏深刻的认识而导致的，他们当中的一些人在非理性的驱使下，希冀取得民族的独立，还有一些人则可能在贪婪的驱使下，希冀在即将发生的大乱中从弱者身上浑水摸鱼和发家致富；为了把这些误入歧途之人引上理性的正途，改变他们原来的错误观点，以阻止有德性的公民受到少数人错误思想的污染，我觉得自己有责任把你们召集在一起，告诉你们什么是你们真正的利益所在。（347）如果你们觉得我的讲话不中听，那么，请你们也不要引发骚乱。对于那些一心想要造反的人来说，你们在听完我的劝告后再造反不迟；但是，对于那些想要聆听我的劝告的人来说，就会遗漏我的讲话，除非你们给我一个安静的演讲机会。

（348）我此刻非常明白，你们当中的许多人都对总督们的粗鲁怨言颇深，也对自由深深向往；但是对我来说，在我对你们以及你们所要开战的这个民族进行一番深入的调查研究之前，我首先需要把两种不同但又易混淆的敌对理由予以区别。（349）如果你们的目标是对你们所受到的不公进行复仇，那么颂扬自由有什么好处呢？另一方面，如果是奴役让你们觉得不可忍受，那么对统治者的抱怨就显得多余；奴役都是可耻的，即使他们待你温和有加。

（350）但是，你们看看现在的这些分歧，开战的理由是多么勉强；你们首先针对的是总督们。权力本来就应该以奉承的姿态来抚慰，而不应该以激烈的手段来激怒。（351）你们为了轻微的冒犯就进行大肆谴责，这只会伤害到你们自己。因为之前他们还会有所顾忌，对你们只进行暗地里的迫害；但现在他们变得肆无忌惮，对你们进行公开的劫掠。（352）没有什么比服从更能阻止重击，那些遭到不公正对待的受害者的服从会使作恶者陷入混乱。[1]即使这些罗马官员们残暴无情，但并不意味着所有的罗马人全都如此，你们准备与之开战的凯撒就属于后者。残暴的总督们给你们下达的命令并不是罗马人的命令，因为，在西方的罗马人不了解东方的情况；他们在那边甚至很难及时听到这边的消息。（353）为了一个人与整个民族开战，而且是与一个如此强大的国家开战，其理由只是因为一些微不足道的不满，甚至对方都不知道我们为什么不满，这多么荒唐啊！（354）我们的不满可能很快就会得到解决，因为，一个总督不可能永远都在这个职位上，他的继任者可能会更加温和。但是，如果开战，我们就很难轻易地让它熄灭，也很难不发生严重的灾难。

（355）现在主张自由肯定不合时宜，我的意思是现在为时已晚。如果过去你们奋力地争取自由，那么你们可能从未失去自由。奴役确实令人痛苦不堪，而避免奴役的斗争在任何时候都是正当的。（356）但是，一个人之前甘愿接受束缚，之后却又试图挣脱这种束缚，这是出自奴隶的本能，而非对自由的热爱。毫无疑问，你们拒斥罗马人统治的正确时机无疑是在庞培入侵这个国家的时候。（357）然而，我们的祖先，及其在财富、体力和精神上都要超过你们上级的国王们，却没能抵挡住一小部分的罗马军队；你们一直以来都继承了你们前人对罗马的服从，况且你们在各个方面都比不上前人，连前人都要服从于罗马，难道你们要与整个罗

---

〔1〕 使作恶者陷入混乱（puts the wrongdoer to confusion）或者写作"把作恶者撇在一边"（turns the wrongdoer aside）。

马帝国为敌吗？

（358）看看那些雅典人，他们为了维护希腊的独立，一度把自己的城市付之一炬；薛西斯（Xerxes）航行在陆地（navigated the land），行走在海洋（trod the sea），[1] 狭窄的海洋容纳不了薛西斯的庞大军队，以至于他的军队甚至延伸到了欧洲，但是希腊人追赶他，使薛西斯像一个奴隶那样驾驶孤舰落荒而逃；希腊人在小小的萨拉米斯（Salamis）打败了如此强大的亚洲强权，然而，他们现在也不得不臣服于罗马，并接受意大利委派的希腊官员的统治。（359）看看那些斯巴达人，想当年他们在温泉关（Thermopylae）和普拉提亚（Plataea）威震天下，而阿格西劳斯（Agesilaus）则在整个亚洲纵横驰骋，[2] 但他们现在同样心满意足地臣服于同一个主人。（360）看看那些马其顿人（Macedonians），尽管他们一直都在深深地怀念自己的民族英雄菲利普（Philip）和亚历山大（Alexander），亚历山大甚至给他们播撒了征服整个世界的美好愿望，但是，他们现在也不得不忍受命运的逆转，臣服于受命运女神（Fortune）眷顾的那些人之下。（361）再看看无数比我们更口口声声主张自由的民族，他们现在也不得不屈服。难道只有你们不屑于臣服主宰着整个世界的罗马人吗？

你们所能依靠的军队在哪里？你们作战的铠甲在哪里？你们在罗马人主宰的海洋里作战的舰队又在哪里？你们作战所需要的巨额财富和花费又在哪里？（362）难道你们真的以为自己是在同埃及人或者阿拉伯人作战？难道你们对罗马帝国的强权视

---

〔1〕"航行在陆地"和"行走在海洋"分别指的是：在阿索斯运河（the canal of Athos）和横跨赫勒斯滂的桥梁（the bridge across the Hellespont）之上。

〔2〕公元前396—前394年，阿格西劳斯在亚洲同泰萨菲尼人（Tissaphernes）和法纳巴诸斯人（Pharnabazus）的战争，因其被召回国作战而突然中断了。

而不见? 难道你们就自欺欺人地拒绝正视自己力量的弱小? 甚至面对邻近的民族——更不要提罗马人的力量已经达到主宰整个已知世界的地步了——我们民族不都一直在打败仗吗? (363)然而, 这个已知的世界仍然满足不了罗马人的勃勃野心, 他们的武力扩张仍未停歇。他们并不满足于现有的边界——他们的东部边界是幼发拉底河, 北部边界是埃斯特河(Ister), [1]南部边界是一直深入沙漠地带的利比亚(Libya), 而西部边界则是迦德斯(Gades)[2]——他们试图寻找和征服位于海洋彼岸的新世界, 而且已经将军队深入先前无人所知的不列顿(Britons)。(364)我问你们, 你们比高卢人更富裕吗? 你们比日耳曼人更强壮吗? 你们比希腊人更聪明吗? 你们比世界上的其他民族人数都更庞大吗? 你们这么充满自信地反抗罗马人的统治, 难道你们拥有什么特别的东西吗?

(365)"难以忍受的奴役", 或许有人会这样告诉我。但是, 为什么希腊人就可以忍受呢? 要知道他们是太阳底下最高贵的民族, 占领过那么广大的地方, 但是, 他们现在也不得不臣服于罗马官员的六根束棒(six rods of a Roman magistrate)[3]之下。人数众多的马其顿人[4]——他们比你们更有资格主张自由——不也在

---

〔1〕埃斯特河(Ister)亦即多瑙河(Danube)。

〔2〕希腊语称作"迦德拉"(Gadeira); 迦德茨(Cadiz)。
　　[中译按]Cades 亦写作 Gades。

〔3〕即古罗马扈从或者护卫的束棒(the lictor's *fasces*)。自公元前 27 年以来——除了提比略统治时期(当时亚该亚[Achaea]是皇帝的一个行省[an imperial province])和尼禄统治下的短暂时期(当时希腊被宣布拥有自由)——亚该亚一直是元老院的一个行省(a senatorial province), 它由禁卫军阶层出任总督, 而这位总督有六个护卫。

〔4〕马其顿是元老院的另一个行省(another senatorial province)。

克制自己吗?(366)再来看看亚洲的五百座城市:[1]难道它们就没有军队吗?然而不是也臣服在仅仅一名总督(a single governor)和执政官的束棒(the consular *fasces*)之下吗?我还有必要提及赫尼俄基人(Heniochi)、科尔基人(Colchians)[2]、塔尤里人(Taurians)[3]、博斯普鲁斯人(Bosphorus)以及生活在黑海(Eux-ine)和梅奥蒂斯湖(Lake Maeotis)[4]周边的那些民族吗?(367)这些民族先前不承认任何的主宰者,即使是出自本族的主宰者也不例外,但现在三千名士兵就让他们臣服了,此外,四十艘战船就让这片先前无法航行的蛮荒海域保持了和平。[5](368)还有比比提尼亚人(Bithynia)、卡帕多西亚人(Cappadocia)、潘菲利亚人(Pamphylian)、吕西亚人(Lycians)和西里西亚人(Cilicians)更强烈地主张自由的民族吗?然而,他们宁愿选择上交贡金,也不愿意诉诸武力。[6]色雷斯人的情况又怎么样呢?他们的国家宽达五天的行程、长达七天的行程,比我们拥有更多崎岖不平的地形,也远比我们富强,严寒的气候也更有利于阻挡入侵者,但是,他们最后还不是臣服于区区两千人的罗马军队吗?[7](369)色雷

---

〔1〕这个数字与斐洛斯特拉图斯(Philostratus)所记载的数字相吻合(《智者的生平》[*Lires of Sophists*],ii. 1. 4);地理学家托勒密认为,只有一百四十个城市(莱纳赫)。亚洲属于元老院的行省,由执政官阶层出任总督。

〔2〕科尔基人是属于赫尼俄基人的一个部落,生活在黑海的东部和东南部。

〔3〕塔尤里人生活在塔里克-基森尼(Tauric Chersonese),即现在的克里米亚(Crimea)。

〔4〕梅奥蒂斯湖亦即亚述海(The sea of Azov)。

〔5〕这里所提及的军队数量和舰船数量,我们不可能去核实;对这些地区的军事占领,可以追溯到公元63年的罢黜波利蒙二世(Polemon II)和兼并本都王国(the kingdom of Pontus)。

〔6〕"不愿意诉诸武力"(without resort to arms)或者可能写作"没有固执地使用武力"(without constraint of arms)(莱纳赫)。

〔7〕这些士兵是从驻扎在莫西亚(Moesia)的两个军团中分离出来的;在几次暴动之后,色雷斯最终于公元46年变成了罗马的一个行省。

斯人的邻居伊利里亚人（Illyrians）居住在从达马提亚（Dalmatia）直到埃斯特河边境之间的地区，他们现在也不得不臣服于区区两个罗马军团[1]的统治，要知道他们也曾英勇地击败过达西亚人的入侵（the incursions of the Dacians）。（370）为了赢得自由，达马提亚人一次又一次地聚集军队而发动叛乱，但他们现在不是在一个罗马军团的控制之下就偃旗息鼓了吗？[2]

（371）在所有的民族中，如果要问哪一个民族发动叛乱最为有利，那无疑是高卢人，因为他们四周都有不可逾越的天然屏障——东边是阿尔卑斯山脉（the Alps），北边是莱茵河（the river Rhine），南边是比利牛斯山脉（the chain of the Pyrenees），[3]西边则是海洋。（372）尽管他们四周有如此令人可畏的天然屏障，尽管他们有三百零五个部落[4]以及大批的人口，且可以说，他们的土地泉水充沛，丰富的物产几乎充斥整个世界，然而，高卢人仍然向罗马人进贡，他们把自己生产的大好物资亲手交到罗马人的手里。（373）他们强忍下来，不是因为他们精神软弱，也不是因为他们并非高贵的民族——他们为争取独立战斗了足足八十年[5]

〔1〕原先计划的是莫西亚（而非伊利里亚）的两个军团（The two legions of Moesia [not Illyria] are intended）：奥古斯塔第八军团（VIII Augusta）和克劳狄第七军团（VII Claudia）。（塔西佗：《历史》第二卷第 85 节）

〔2〕显而易见，这个军团就是克劳狄第十一军团（XI Claudia）。（塔西佗：《历史》第三卷第 50 节）

〔3〕亦写作 the Pyrenean Mountains。

〔4〕阿庇安（Appian）在其《凯尔特人》（Celt.）第一卷第 2 节记载的数字是四百个部落；普鲁塔克在其《凯撒》（Caes.）第十五章记载的数字是三百个部落。

〔5〕这八十年的计算以弗拉库斯战役（the campaign of M. Fulvius Flaccus，公元前125 年）作为开始——这次战役导致了纳波尼西斯省（Provincia Narbonensis）的建立，到凯撒之战终结（the end of Caesar's campaigns）作为结束，总共持续了大约七十五年的时间。

的时间，而是因为他们深深地为罗马人的巨大力量和巨大好运——好运带给罗马人的胜利多过其军队所带来的——所慑服。这就是他们为什么甘愿臣服于区区一千两百名[1]士兵的武力，要知道他们的城市数量几乎都要超过这个数字。[2]（374）让我们再来看看伊比利亚人（Iberians），他们的土地既出产黄金，也拥有将他们与罗马人分隔开来的广袤陆地和海洋，更有像卢西塔尼亚人（Lusitanians）和坎塔布里亚人（Cantabrians）这样的好战部落，周围也有潮涨潮落而让当地人都心惊胆战的海洋，他们不缺少一项条件为自己争取独立；（375）罗马人率领军队越过赫拉克勒斯之柱（the Pillars of Hercules），翻过比利牛斯山的云层，将这些人也沦为了奴隶；这个地方是如此偏远、艰险而又固若金汤，但是，它最终仍被区区一个罗马军团[3]给征服了。（376）你们尚未听说过日耳曼人的庞大人口吧？你们肯定常常见到他们个个魁梧强壮的样子，因为罗马人在各地都有日耳曼的俘虏。（377）这个民族占据了一片广大的地区，他们的野心远比其体型更加巨大，他们的灵魂个个都视死如归，而他们的怒气比最凶残的野兽还要凶猛；然而，莱茵河牢牢地把他们的勇猛给卡死了，八个罗

---

〔1〕这一千两百名士兵也即在里昂（Lyons）组建的两个步兵大队的老兵（two cohortes urbanae），塔西佗在其《历史》第一卷第64节中提到了其中一个步兵大队（第十八步兵大队），一处铭文提到了另一个步兵大队（第十七步兵大队），参见蒙森（Mommsen）:《赫尔梅斯》（Hermes）第十六卷第645节（莱纳赫）。

〔2〕"超过八百座城市"（阿庇安:《凯尔特人》第一卷第2节；普鲁塔克:《凯撒》第十五章）。

〔3〕这个军团即维克特里克斯第六军团（VI Victrix），该军团公开宣称加尔巴（Galba）为皇帝（塔西佗:《历史》第五卷第16节；苏埃托尼乌斯:《加尔巴》[Galba]第10节）。

马军团[1]就把他们给征服了，被抓的俘虏都沦为奴隶，其余的人只有四散逃跑才能活命。（378）你们或许对耶路撒冷城墙信心满满，然而你们没有看到不列颠的那道防御墙：大海包围着他们，他们居住的海岛比我们居住的这片世界[2]还要广袤，但是，罗马人最终越过海洋，把他们征服了，罗马人现在在那块巨大的海岛上驻扎了四个军团[3]的兵力。（379）在这件事情上，我有必要说得更多，为什么帕提亚人——他们拥有最优秀的战士和异常庞大的军队，一度征服过许多其他民族——要派人质去罗马，为什么（你们可以看到）这些东方贵族会在意大利以和平之名而卑躬屈膝？[4]

（380）太阳底下几乎所有的民族都臣服于罗马人，只有你们选择与罗马人开战，难道你们就不看看迦太基人的命运？虽然他

---

〔1〕上日耳曼驻扎着四个军团，下日耳曼驻扎着四个军团。公元69年（当时上日耳曼只驻扎有三个军团），日耳曼共驻扎着七个军团——他们分别是第四军团、第二十一军团、第二十二军团；第一军团、第五军团、第十五军团和第十六军团。公元66年的第八军团被认为是格米纳第十军团（X Gemina）。参见蒙森：《行省》（Provinces）第一卷第118—119节，第132节；多玛斯茨威斯基（Domaszewski）：见前揭书（op. cit.）第344节注释。

〔2〕这片世界指的是"巴勒斯坦"（Palestine）。或者可能指"我们居住的整个陆地"（the whole of our inhabited continent）；在公元84年的阿古利可拉战役（Agricola's campaign）之前，罗马人占领不列颠的想法并不是很清晰（梅里瓦莱［Merivale］，《帝国下罗马人的历史》［Romans under Empire］，vii. 90）。

〔3〕即奥古斯塔第二军团（II Augusta）、西斯帕纳第九军团（IX Hispana）、格米纳·马尔提亚·维克特里克斯第十四军团（XIV Gemina Martia Victrix，公元68年被召回）和瓦勒里亚·维克特里克斯第二十军团（XX Valeria Victrix）。参见多玛斯茨威斯基：见前揭书（op. cit.）；蒙森：《行省》第一卷第174节，注释4。

〔4〕莱纳赫举了提里达特斯一世（Tiridates I，他是亚美尼亚国王和帕提亚国王的兄弟）为例：他于公元63年成为尼禄的人质，在将其女儿留在罗马为人质后离开（塔西佗：《编年史》第十五卷第29—30节）。

们一直以汉尼拔（Hannibal）的雄才伟略和他们高贵的腓尼基血统为傲，但最终还不是沦落到西庇阿（Scipio）的股掌之中吗？（381）难道你们就没有看到古利奈人（Cyrenians）——这个民族具有斯巴达人的血统（Spartan breed）、马马里卡人（Marmaridae）——这个民族遍布于所有的干旱地区、叙特斯人（Syrtes）——听到他们的名字都会让人毛骨悚然，以及纳萨莫人（Nasamons）、莫里亚人（Maurians）和不计其数的努米底亚人（Numidians），所有这些民族哪一个不在罗马人的勇猛面前败下阵来呢？（382）至于生活在世界的第三部分[1]的这些人，他们的民族极其众多，以大西洋和赫拉克勒斯之柱为边界，不计其数的埃塞俄比亚人（Ethiopians）密密麻麻地遍布在这片土地上，直至红海，但是，罗马人还不是把他们全部征服了吗？（383）除了将每年的收成大量上交给罗马人之外——他们每年上交的收成足够罗马人吃上八个月，他们还要向罗马帝国交纳各种各样的贡品（tribute）和名目繁多的捐款（contributions）。[2]然而，事情还远不止你们看到的这样，尽管罗马人对他们横征了如此沉重的负担，但是，罗马人只有一个军团[3]驻扎在那里。

　　（384）罗马人在如此遥远的地方都展现出如此巨大的威力，更不要提你们的近邻埃及了。（385）尽管埃及这个国家延伸至埃塞俄比亚和阿拉伯－菲利克斯（Arabia Felix）——去往印度地区的一座港口，而且从对每个人征收的人头税可以清楚地表明，即使不算亚历山大里亚的居民，它还拥有七百五十万的巨量人口，但是，他们也并不觉得臣服于罗马是一种耻辱；然而，考虑到其

---

〔1〕世界的第三部分（third portion of the world）指的是非洲。

〔2〕在阿提卡希腊语中，εἰσφορά 是一种额外税（a sort of super-tax）。

〔3〕奥古斯塔第三军团（III Augusta）驻扎在非洲的元老院行省或者非洲的部分西部行省。

人口众多，财富丰盈，再加上幅员辽阔，亚历山大里亚的反叛欲望会有多么强烈啊！（386）这座城市长达三十弗隆，宽不少于十弗隆；[1]它每月给罗马上交的贡金超过你们一年交纳的金额；除了金钱，它上交的谷物可以供罗马吃上四个月；[2]它的四周被无法逾越的沙漠、无港湾的海洋，以及河流和潟湖严密保护着。（387）但是，这些巨大的优势全部加起来也抵不过罗马的运气，驻扎在这座城市的两个军团[3]一直牢牢地控制着埃及的内陆和高傲的马其顿贵族。

（388）你们在这场战争中会有盟友相助吗？难道你们要在无人居住的旷野寻找盟友吗？因为所有适宜人居的世界都在罗马人的统治之下，除非你们想去幼发拉底河那边寻找盟友，或者从你们的亲属阿迪亚比尼人那里寻求援助。[4]（389）然而，他们肯定不会为这种轻浮的理由而使自己卷入这样重大的战争之中，即使他们真的这样愚蠢，帕提亚人也不会答应；因为帕提亚人如此小心翼翼地维护自己同罗马人的停战协定，任何一个在其治下的民族胆敢向罗马人进军，他们肯定会视其为违反协定的举动。

---

〔1〕斯特拉波在其著作的第十七卷第一章第8节中记载的是"七弗隆或八弗隆"（莱纳赫）；斯特拉波与约瑟夫斯记载的长度是一致的。

〔2〕非洲为首都罗马的居民提供了另外八个月的谷物（第383节）。

〔3〕公元69年的这两个军团指的是第三军团和第二十二军团（塔西佗：《历史》第五卷第1节）；在奥古斯都统治时期，这里还驻扎了另外一个军团，参见蒙森：《行省》第二卷第273节。

〔4〕关于这些期望的内容，请参见《犹太战争》第一卷第5节。"改宗者"（Proselytes）或许比这里的"亲属/同胞"（kinsmen）更准确；阿迪亚比尼王朝（the dynasty of Adiabene）位于帕提亚边境的底格里斯河东部的一个地区（a region east of the Tigris），他们在克劳狄时期改信了犹太教（《犹太古史》第二十卷第17节及以下）。他们当中的一些王室成员站到了犹太人一边（《犹太战争》第二卷第520节，第六卷第356节）。

（390）最后，你们唯一可以求助的对象只剩下神圣的上帝。但是，甚至上帝也站到了罗马人一边；如果没有上帝的青睐（God's aid），他们不可能建立一个如此广袤的帝国。（391）你们好好想一想吧，开战只会把你们不受污染的宗教习俗变得难以保全，甚至只会把你们沦为被征服者；当你们被迫违背律法，却又把获得上帝帮助的希望主要建立在这些律法之上时，你们无疑是在疏远上帝。（392）如果你们谨守安息日的习俗，拒绝在安息日采取任何行动，你们无疑更容易被打败，因为你们的祖先就是这样被庞培打败的——庞培在安息日全力围攻严守安息日而不采取任何行动的犹太人；[1]（393）反之，如果你们以战争为由而违反祖先的律法，那么，我不知道你们反抗的目的是什么，因为你们的目的之一就是不让祖先的律法遭到任何侵犯。（394）在你们存心背弃对上帝的服侍后，你们又怎么能乞求他的恩典呢？所有从事战争之人，要么依靠上帝的青睐，要么依靠人的帮助。但你们两个都不占，只能眼睁睁地看着自己去送死。（395）拿什么拯救你们的妻儿？拿什么拯救你们美丽的家园？你们这样的疯狂举动能够逃脱失败的命运吗？（396）我的朋友们，当船只尚在港口时，最好就预见到即将来临的风暴，而不是在飓风中迎接你们的厄运。[2]对于那些不能预见到灾难的受害者来说，他们的不幸会让人心生怜悯，但是，对于那些明知是火坑却仍要往里跳的人来说，他们的不幸只会徒增羞辱。

（397）或许有人认为，你们可以以战促和，或者认为，胜

---

〔1〕参见《犹太战争》第一卷第 146 节；《犹太古史》第十四卷第 63 节及以下。

〔2〕在飓风中迎接你们的厄运（put out into the midst of the hurricane to meet your doom），或者写作"从港口驶进飓风中心"（put out from harbour into the midst of the hurricane）。

利的罗马人会善待你们；相反，这是大错特错，他们会焚毁你们的圣殿，灭绝你们的种族，其他民族就是先例。即使你们侥幸生还，也找不到一处避难之地，因为世界上的所有民族要么已经承认罗马人的主宰，要么正在承认罗马人的主宰。（398）死亡不仅会威胁到我们这里的犹太人，而且会威胁到生活在其他城市的犹太人；因为世界上哪一座城市没有我们犹太人生活其中呀。[1]（399）如果你们参加战斗，你们的敌人就会把你们赶尽杀绝，每一座城市都会因为一小撮人的蠢行而被鲜血浸透。这样的屠杀也有了借口；但是，如果这样的杀戮不是他们造成的，你们却非要拿起武器与这样仁慈的对手开战，你们想想，这是一件多么邪恶的事情啊！（400）因此，即使你们不怜悯自己的妻儿，至少也要怜悯一下你们的母城（your mother city）和它的圣地（its sacred precincts）吧！你们要爱惜这殿，要为自己保全这圣所和它的圣地（the sanctuary with its holy places）；[2]一旦罗马人战胜了你们，鉴于他们过去对待反复叛乱之人的先例，你们就再也无法阻止他们将手伸向它们了。（401）就我而言，我凭着你们的圣所、上帝的神圣天使和我们共同的祖国做证，我没有隐瞒任何有助于你们保全生命的东西；就你们而言，如果你们决定听从我的劝告，那么，就请你们与我一起祷告和平，但是，如果你们被自己的激情裹挟，面对巨大危险的将会是你们，而不会是我。

[5]（402）阿格里帕满含热泪地说完这些话，阿格里帕的姐姐和他一样，眼泪夺眶而出；阿格里帕的眼泪极大地抑制了听众的激

---

[1] 参见《驳阿庇安》第二卷第 282 节。
[2] 圣所（holy places）或者写作圣库（treasures）。

情。不过，他们仍旧大声地哭诉，他们武装反对的不是罗马人，而是弗洛鲁斯，因为所有的罪恶都是他犯下的。（403）对此，阿格里帕答道：

> 但是，你们的行动事实上已经造成了与罗马人开战的效果。你们没有向凯撒上交贡金，并且摧毁了连接安东尼亚城堡的柱廊。（404）如果你们想洗清自己身上的叛乱嫌疑，你们必须重建这座柱廊并上交贡金；因为，这座堡垒并不是弗洛鲁斯的，你们上交的贡金也不是给弗洛鲁斯的。

第十七章

[1]（405）阿格里帕的这番话打动了民众，他们同国王和贝勒尼斯一起走进圣殿，并开始重建这座柱廊，而地方长官们和犹太议事会成员则分散至各个村庄征收贡金。欠款——总计四十塔兰特——很快就被征集完毕。（406）因此，阿格里帕把战争扼杀在了摇篮里。接着，他又努力地劝说民众，在凯撒委派接替弗洛鲁斯的继任者之前，他们要一直服从弗洛鲁斯的统治。但是这触怒了犹太人，他们开始指责国王，并声称要把国王驱逐出这座城市；一些叛乱分子甚至用石头砸向他。（407）看到叛乱分子的激情已无法控制，并且对自己所受到的侮辱也深感愤怒，于是，国王就把地方长官们和头面人物委派到凯撒利亚的弗洛鲁斯那里，让弗洛鲁斯挑选其中的一些人去乡村征收贡金，[1]他自己则撤回自己的领地去了。

[2]（408）一些叛乱的激进分子聚集到一起，向一座名为马萨达

---

〔1〕不同于在耶路撒冷及其郊区征收的贡金（参见第405节）。

（Masada）的城堡[1]发起了进攻；他们用计占领了它，屠杀了驻守在那里的罗马守卫并部署了他们自己的卫戍部队。（409）与此同时，圣殿里也发生了一起事件。高级祭司阿南尼亚之子以利亚撒（Eleazar）——一位担任守殿官之职[2]的胆大年轻人——说服了那些主持圣殿仪式的祭司，不要接受任何来自外邦人的礼物或者献祭。这项举动直接导致了与罗马人的战争；因为，这意味着他们拒绝了凯撒的献祭。[3]（410）祭司长（The chief priests）和贵族再三地恳求他们，不要废弃他们的统治者的这项传统献祭，但是，这些祭司依然固执己见。由于他们得到了叛乱分子中的中坚分子的支持，就倚仗人多势众而意气风发；不过，他们最为倚仗的是守殿官以利亚撒的支持。

[3]（411）因此，那些头面人物现在召集祭司长和法利赛教派的重要人物，一起商讨和应对这个已经无法补救的灾难。他们决定先用语言安抚那些作乱者，于是，他们将民众召集到了青铜门（the bronze gate）[4]前——这扇青铜门是朝向东方的内殿大门。（412）他们首先表

---

〔1〕 马萨达城堡靠近死海，位于死海西海岸的中上位置，即现在的塞贝（Sebbeh）。

〔2〕 亦即"圣殿的守殿官"（captain of the Temple）（参见《使徒行传》第四章第1节等），或者"萨甘"（Sagan）——在接近于高级祭司的那个阶层担任官职的人员。

〔3〕 这种献祭一天两次（第二卷第197节），它由奥古斯都创立，每次献上两头羊羔和一头公牛（斐洛：《觐见盖乌斯》第157节和第317节，科恩［Cohn］）。按照斐洛的记载，这笔花费由皇帝承担（was borne by the Emperor［ἐκ τῶν ἰδίων τροσόδων］）；按照约瑟夫斯的记载（《驳阿庇安》第二卷第77节），这笔花费则由犹太人承担。

〔4〕 科林斯青铜门（the gate of Corinthian bronze）（第五卷第201节）可能位于妇女庭院的东边（the east of the women's court），它与《使徒行传》第三章第2节中的"美门"（the Beautiful gate）和《密释纳》中的"尼卡诺尔门"（Nicanor's gate）是同一扇门。

[中译按] 有一个人，生来是瘸腿的，天天被人抬来，放在殿的一个门口，那门名叫美门，要求进殿的人周济（《使徒行传》3：2）。

达了对这次叛乱以及他们的国家随之面对的巨大战争威胁的愤怒；接着，他们揭露了作乱者所声称的借口的荒谬性。他们说，他们祖先装饰圣殿的花费主要来自外邦人，并且他们祖先一直接受和欢迎外邦民族的礼物。（413）祖先不仅从未禁止任何人的献祭——因为这是极不虔敬的，而且也没有禁止他们在圣殿周围献祭，这些祭品仍然可以看到，已经在那里存放了很长时间。（414）但是，现在这些人不仅挑衅罗马军队和开启战端，而且引入了一种奇怪的新宗教仪式。如果只允许犹太人而不允许任何外邦人进行献祭或礼拜的话，这不仅会危害这座城市的和平，也会损害犹太人的虔敬。（415）如果有人非要引入这样的律法，那么，他们肯定会为这种充满敌意的排斥行径深感愤怒；在罗马人和凯撒的羽翼保护下的犹太人也肯定会沦为帝国的"范围之外"（outside the pale）。（416）一旦他们拒绝为罗马人献祭，那么，甚至他们为自己献祭都可能会被禁止，这座城市将会沦为帝国的"范围之外"（outside the pale），从而失去她原来的特有地位，除非他们立刻恢复理智，在消息尚未传到那些被他们羞辱的人的耳朵里，就赶紧恢复献祭和弥补他们的过失。

［4］（417）在抗议过程中，他们请来了一位精通［古代］习俗的祭司，这位祭司宣称，他们所有的祖先一直以来都接受外邦人的献祭。但是，没有一个革命分子听进去；甚至连侍奉圣殿的那些人[1]也不支持他们，而是倾向于发动战争。（418）那些头面人物注意到，他们现在已经无力抑制叛乱了，在罗马人未来的报复行动中，他们会成为第一批受难者，因此他们试图自救——他们派出去两个使团，其中一个使团以阿南尼亚之子西蒙（Simon）为团长，被派至弗洛鲁斯那里；

---

〔1〕［中译按］洛布本将其译作 the Temple ministers；布里尔本则译作 the bandit-types。

另一个使团则被派至阿格里帕那里，这个使团的成员全都是王室成员，其中包括扫罗（Saul）、安提帕斯（Antipas）和科斯托巴（Costobar）[1]等重要人物。（419）他们乞求弗洛鲁斯和阿格里帕在事情尚可挽回之时，赶紧领兵进城并镇压叛乱。（420）对于弗洛鲁斯而言，这当然是喜从天降，因为他一直想要挑动战争，但他没有给使团任何答复。（421）但是，对于阿格里帕来说，这无疑是一个噩耗。他本来就一直担心那帮蠢蠢欲动的叛乱分子，忧虑他们会发动叛乱，也一直都在极力地维护犹太人同罗马人的和平，想为犹太人保全他们的圣殿和母城，他深知，这场混乱对他百害而无一益；因此，他从奥兰尼、巴珊和特拉可尼抽调了三千名骑兵前去支援他们，并任命大流士（Darius）为骑兵长官（cavalry commander），加西穆斯之子菲利普（Philip the son of Jacimus）[2]则为将军。

［5］（422）在这些力量的鼓舞下，那些头面人物、高级祭司和所有热爱和平的民众就占领了上城；而下城和圣殿则掌握在叛乱分子手中。（423）因而，他们不断地以投石器和远射手相互攻击；飞弹从各个角落发射出来；有时他们甚至一群群地突击出去，面对面地

---

〔1〕扫罗和科斯托巴是两兄弟，在塞斯提乌斯战败（the defeat of Cestius）后，他们及时地逃出了耶路撒冷；而留在城内的安提帕斯则遭到叛乱分子的杀害（第二卷第 556—557 节和第四卷第 140 节）。

〔2〕阿格里帕二世的"副手"（lieutenant［ἔπαρχος］）菲利普（Philip）后来的冒险经历在《生平》（第 46 节等）中有详尽的记载。菲利普的父亲加西穆斯（Jacimus）在阿格里帕（可能是阿格里帕一世）统治时期身居高位（有文本说是"藩属王"［tetrarch］）；菲利普的祖父扎马里斯（Zamaris）被大希律派去管理位于巴珊地区的一块巴比伦犹太人拓殖地（a colony of Babylonian Jews）的事务（《犹太古史》第十七卷第 23—29 节）。沃丁顿（Waddington）认为，在特拉可尼的一段铭文上发现的大流士这个名字（the name Darius）指的是阿格里帕（Agrippa），但这种观点被证明是错误的（迪滕伯尔格［Dittenberger］,《东方希腊碑文精选》［Orientis Graeci Inscr. Sel.］i. 422，莱纳赫）。

搏杀，叛乱分子在勇气上略胜一筹，而国王的士兵则在军事技术上占据优势。（424）经过一番搏杀，王室军队攻占了圣殿，并将那些玷污圣殿的人全部驱逐了出去；以利亚撒及其手下的叛乱分子除了牢牢控制着自己先前占领的城区，也努力地攻占上城。双方展开了七天的大屠杀，不过，双方都没有任何一个人在对方占领的城区内投降。

[6]（425）第八天是传统的运木节（the feast of wood-carrying）[1]——为了不让祭坛因为缺少燃料而熄灭，在这个节日里，所有人都要带木头到祭坛。[2]圣殿里的犹太人拒绝敌人参加节日仪式，但是，许多匕首党成员——他们是一群在胸口的衣服下藏有短刀的强盗——带着一些较弱的民众强行进入了圣殿；他们利用手上的木头，变得比之前更为勇猛。（426）无论是在数量上还是在勇猛上，王室军队都要逊于对方，因此，他们被迫撤退到上城。胜利的一方气焰高涨，他们放火烧毁了高级祭司阿南尼亚的宅邸和阿格里帕与贝勒尼斯的王宫；[3]（427）接着，他们把柴火放进了公共档案馆（the public archives），[4]急切地烧毁放债人的债券，从而彻底解除了债务，以赢得债务人的欢

---

〔1〕［中译按］在惠斯顿本中，这个节日亦译作 the festival of Xylophory。

〔2〕参见《利未记》第六章第12—13节。按照《密释纳·禁食》（Mishna, *Taanith*）第四章第5节的记载，各个家庭可以在一年中的九天时间里将木头带上，但最主要的一天是阿布月（Ab，相当于七月至八月）的第十五日。然而，约瑟夫斯（参见第430节）则将这个节日向前提前了一天，即阿布月的第十四日。

［中译按］坛上的火要在其上常常烧着，不可熄灭。祭司要每日早晨在上面烧柴，并要把燔祭摆在坛上，在其上烧平安祭牲的脂油（《利未记》6: 12）。

〔3〕这座王宫可能是阿格里帕二世对哈希曼人的那座古老宫殿（the old palace of the Hasmonaeans）的扩建，参见《犹太古史》第二十卷第189—190节。

〔4〕这座档案馆最终被罗马人烧毁了（第六卷第354节）；据说，它与阿克拉（Akra）——或者城堡（or citadel），被认为是大卫老城（the old city of David）——以及（犹太公会的）议事厅毗邻。

心，并煽动穷人去反对富人——因为他们没有了受罚的顾虑。档案的保管员全都逃之夭夭，不见踪影，他们的房子也被焚毁。（428）在放火烧毁了这座城市的经络（the sinews of the city）[1]之后，他们接着向敌人发起了进攻；因此，一些贵族和高级祭司躲进了地下的暗道（underground passages）；[2]（429）另一些则逃到了王室军队那里，躲进位于高地的王宫，[3]并把大门紧闭起来；这其中就包括高级祭司阿南尼亚和他的兄弟埃泽基亚（Ezechias），以及阿格里帕之前派遣出去的使团成员。在胜利和纵火的陶醉中，叛乱分子终于暂时消停了。

[7]（430）第二天——即洛乌月（the month Lous）[4]的第十五日，他们对安东尼亚城堡展开了围攻，两天后，他们打败并屠杀了守卫部队，随后放火烧毁了这座城堡。（431）接着，他们向里面藏着国王追随者的王宫发动了进军；把自己的人马分成四部分，轮番地攻击王宫的护墙。尽管里面的人没有一个敢冲出来——因为围攻的敌人实在太多，然而他们沿着胸墙和塔楼布防，不断地向靠近过来的敌军发射飞弹，因此，大量的敌军倒在了护墙之下。（432）战斗从白天一直持续到了晚上，叛乱分子希望通过切断粮食的供给来困死宫殿里面的人，而被围在宫殿里面的人则希望敌人能知难而退。

[8]（433）与此同时，犹大之子、加利利人梅纳赫姆（Menahem）——他是一位狡猾的诡辩家，在奎里尼乌斯（Quirinius）[5]统治时期就严厉地责备过犹太人不认上帝作父，却认罗马人作父[6]——带

---

〔1〕［中译按］惠斯顿本将其译作这座城市的神经（the nerves of the city）。
〔2〕或者是"下水道"（sewers）。
〔3〕这座大希律王宫（The palace of Herod the Great）在上城最高处，关于这座王宫的具体描述，参见第五卷第176节及以下。
〔4〕这是马其顿历法，洛乌月大致相当于希伯来的阿布月（Ab）和我们现在的八月。
〔5〕亦即普布利乌斯·苏比修斯·奎里尼乌斯（P. Sulpicius Quirinius）。
〔6〕参见第118节。

着自己的密友们一起撤退到马萨达；[1]（434）他在那里打开了希律国王的军械库，把武器分发给了自己的同伴和其他强盗；接着，在这些人的簇拥和保护下，他俨然一位国王回到了耶路撒冷，成为叛乱分子的首领，并下令继续围攻王宫。（435）然而，围攻者发现自己不可能在敌人的眼皮底下摧毁宫墙，因为他们缺乏攻城器械，这使得他们完全暴露于飞弹的攻击之下；于是，他们从远处开挖地道，一直挖到其中一座塔楼的下面，并将其支撑起来；接着，他们放火点燃了支撑的木架，并离开了地道。（436）当支撑物被烧成灰烬，塔楼立即就坍塌了，但是，他们又遇到了另一堵新修建的护墙；被围在宫殿里面的人事先就预见了敌人的这种伎俩，当敌人在地下开挖之时，塔楼摇晃得厉害，于是他们就修建了第二道护墙。（437）这个意想不到的场景严重地打击了进攻者的信心，因为他们之前已经觉得胜利近在咫尺了。然而，守卫部队这时派人去了梅纳赫姆和其他叛乱分子的首领那里，请求后者允许他们休战并离开。这个请求得到了应允——但只限于国王的军队和这个国家的本地人，于是他们就出来了。（438）罗马人被迫孤零零地留了下来，士气极为消沉，因为他们既不能强行通过这么庞大的人群，又拉不下脸来请求和解；此外，即使敌人同意和解，他们也很难相信敌人。（439）因此，他们放弃了自己的营地（这些营地很容易遭到攻占），撤退到王室塔楼（the royal towers）里面——亦即著名的西皮库斯塔楼（Hippicus）、法塞尔塔楼（Phasael）和玛丽安塔楼（Mariamme）。[2]（440）梅纳赫姆的追随者冲进罗马人放弃的营房，杀死了所有还没撤走的掉队者，搜劫了他们的行李，并放火烧毁了营地。这些事都发生在格皮亚乌月（the month Gorpiaeus）[3]的第十六日。

---

〔1〕参见第 408 节。

〔2〕这些塔楼是大希律建造的，关于它们的描述，参见第五卷第 161 节及以下；这些塔楼修建在王宫北边的（第 176 节）老城墙上（第 173 节）。

〔3〕格皮亚乌月即希伯来埃鲁月（Hebrew Elul）（相当于八月至九月）。

［9］（441）第二天，高级祭司阿南尼亚在王宫花园里的引水渠（the canal）[1]附近被抓获。他和他的兄弟埃泽基亚躲藏在那里，随后他们就被强盗们给杀害了；叛乱分子则严密地包围和监视着塔楼，以防罗马士兵逃走。（442）堡垒的被毁和阿南尼亚的被杀使梅纳赫姆越发地自负和冷酷，以至于他认为再也没有对手可以干扰自己的行动，他变成了一个让人无法忍受的暴君。（443）然而，现在以利亚撒这伙人起来反对他；他们彼此议论，既然他们是出于追求自由才反叛罗马，他们就不应该为一名犹太剑子手牺牲自由，也不应该忍受这样一名领袖——即使他放弃了暴力，但他在各方面都比他们卑微；如果非要有一位领袖的话，那么任何人出任领袖都好于梅纳赫姆。因此，他们一起密谋，准备在圣殿袭击他；（444）他会穿着王家长袍来圣殿祷告，而追随他的狂热分子（fanatics）则会全副武装地跟在后面。（445）当以利亚撒和他的同伙冲向梅纳赫姆时，其余的民众出于愤怒（rage）[2]，也纷纷拿起石头砸向这位傲慢又自大的诡辩者，他们以为梅纳赫姆的毁灭可以粉碎整个叛乱。（446）梅纳赫姆和他的追随者立即起来抵抗；但是，当他们看到所有的民众都在攻击他们时，就赶紧四处逃亡了。所有被抓的人全都遭到屠戮，而那些躲藏起来的人则遭到搜捕。（447）有一部分人偷偷地逃到马萨达，其中包括以利亚撒的一个同名者——他是加鲁斯的儿子（son of Jairus），也是梅纳赫姆的亲属（a relative of Menahem），后来成为马萨达的僭主（the tyrant of Masada）。[3]（448）梅纳赫姆则逃到一个名叫奥弗拉斯（Ophlas）[4]

---

〔1〕王宫花园里修建有引水渠，参见第五卷第181节。

〔2〕这段文本及其含义让人生疑。

〔3〕关于马萨达，参见第七卷第275节及以下。马萨达之围（The siege of Masada）结束了巴勒斯坦战争。

〔4〕奥弗尔（The Ophel）: Ophel = protuberance（凸起部分），它是坐落在下城的一个区域，"它要么是圣殿南边的整座东山（the whole of the east hill），要么是圣殿南边的部分东山（some part of it）"（史密斯：《耶路撒冷》第一卷第154节）。

的地方，一直鬼鬼祟祟地躲藏在那里，但是最终仍被抓获了。他被拖出来，遭受了一番严酷的折磨，然后被处死了。他的副手们，以及他最重要的帮手阿布萨隆（Absalom），[1]也遭遇了类似的命运。

［10］（449）正如我之前所说，[2]民众之所以参与这场阴谋，是因为他们希望结束叛乱活动；然而，杀害了梅纳赫姆的阴谋家们却并不想结束战争，相反，他们还想进一步扩大战争。（450）事实上，虽然民众急切地恳求他们解除对罗马士兵的围攻，但是，他们［以利亚撒一派］却围攻得更加猛烈；直到罗马守卫部队的指挥官梅提利乌斯（Metilius）没能坚持住抵抗，他派代表团到以利亚撒那里交涉投降条件：在保证他们性命无虞的前提下，他们会交出所有的武器和财产。（451）围攻者同意了他们的这个请求，于是，派遣尼科梅德之子格里安（Gorion son of Nicomedes）、撒都之子阿南尼亚（Ananias son of Sadok）和约拿单之子犹大（Judas son of Jonathan）到他们那里，去给出保证他们安全的承诺和誓言。在这些工作全都完成之后，梅提利乌斯率领自己的士兵下来了。（452）当士兵们的武器仍在手上，没有任何一个叛乱分子去招惹他们，也没有任何一个叛乱分子表现出蠢蠢欲动的迹象；（453）然而，等到士兵们按照之前达成的协议，放下手上的盾牌和利剑，毫不生疑地开始撤退时，以利亚撒一伙人立即向他们展开了进攻，将他们全都包围了起来，并全部屠杀。罗马人既没有抵抗，也没有乞求怜悯，而只是大声地喊叫着"条约"（the covenant）和"誓言"（the oaths）。（454）他们就这样野蛮地屠杀了所有的罗马人，除了梅提利乌斯之外；因为梅提利乌斯乞求他们饶自己一命，并答应归化为犹太人，甚至接受割礼。对于罗马人而言，这种损失——从无

---

〔1〕［中译按］Absalom 亦写作 Apsalom。

〔2〕参见第 445 节。

穷无尽的军队中失掉一小撮——无疑是微乎其微的；然而，对于犹太人而言，这种损失看起来就像是他们走向自我毁灭的前奏。（455）在看到这场战争已无任何补救的可能，以及这座城市已经被玷污得不成样子之后，他们觉得即使罗马人不报复他们，上帝也会发出雷霆之怒，因此，他们进行了公开的哀悼。整座城市充满了一种忧郁的气息，在温和派人士中，没有一个人不觉得自己要为叛乱分子的罪行付出代价。（456）此外更加不可饶恕的是，屠杀就发生在安息日那天[1]——按照犹太人的宗教禁忌，即使再神圣的行动，都要在这一天停下来休息。

第十八章

[1]（457）在同一天的同一时刻——就好像有上帝的命令一样——凯撒利亚人屠杀了生活在他们这座城市里的犹太人；在短短的一个小时之内，就有两万犹太人惨遭屠杀，弗洛鲁斯还下令逮捕所有逃亡的犹太人，把他们关押在造船厂，凯撒利亚的所有犹太人就这样全都遭到了清除。（458）凯撒利亚灾难的消息彻底激怒了整个犹太民族；因此，他们分成多股人马，洗劫了叙利亚人的村庄及附近的城

---

〔1〕这个安息日可能是埃鲁月（格皮亚乌月）的第十七日，若我们可以将这次屠杀认定为古犹太历法（the old Jewish calendar）提到的事件的话，《禁食篇》记载，"罗马人在埃鲁月第十七日撤离了犹大和耶路撒冷"（vi.［b］in Zeitlin's edition, Philadelphia, 1922）；泽特林认为，这一事件就是第437节提到的那次投降，但其观点会触发两点质疑，即当时没有与罗马人达成任何协议，而且约瑟夫斯认为那次投降发生在这个月的第六日。罗马人似乎坚持了十一天之多。

市[1]——包括费拉德尔菲亚、赫什本（Heshbon）、基拉萨、佩拉和希索波利斯。（459）接着，他们进攻了迦达拉、西普和戈兰提斯，在洗劫和烧毁它们之后，他们继而向凯达萨（Kedasa）——一个推罗人的村庄[2]、托勒米亚、迦巴（Gaba）[3]和凯撒利亚进军。（460）塞巴斯特[4]和阿斯卡隆抵挡不住他们的愤怒；他们把这些地方[5]统统烧为平地，接着，他们洗劫了安塞顿和加沙。这些城市周围的许多村庄都被劫掠，许多当地的居民也遭到了关押和屠杀。

[2]（461）但是，叙利亚人也屠杀了很多犹太人；他们还大肆地屠杀那些在城市里生活的犹太人，这不仅是出于一直以来对犹太人的憎恨，也是出于维护自身安全免遭犹太人威胁的考虑。（462）整个叙利亚都陷入了巨大的动荡之中；每一座城市都分为两个相互敌对的阵营，一方所希望的安全就在于另一方的毁灭。（463）他们以血腥的方式度过白天，然而，晚上比白天更加恐怖。尽管叙利亚人清除了所有的犹太人，但是，他们总是怀疑城市里面还有漏网的犹太分子（Judaizers）潜藏下来；双方都在大肆屠杀各自的可疑分子，他们都担心自己一方混入了外人。（464）甚至连那些一直以来名声甚佳之人，也在贪婪之心的驱使之下谋杀自己的对手；他们劫掠被害人的财产，把这些财物搬进自己的家里而不受任何惩罚，就好像他们是

---

〔1〕约瑟夫斯以下的地点列举从德卡波利斯南部（the south of Decapolis）开始，向北环绕加利利（rounds Galilee），接着再从北向南沿着海岸线推进。各个不同的派系（separate parties）可能是从佩拉亚、加利利和犹地亚开始进军的。

〔2〕Kedasa（凯达萨）亦写作 Kedesh-Naphtali，它位于米洛姆湖（Lake Merom）的西北处，"老是与加利利人开战"（第四卷第 105 节）。

〔3〕迦巴是一座亲罗马的加利利城镇，它是大希律为自己的老兵（骑兵）建造的一座城市（《犹太战争》第三卷第 36 节；《生平》第 115 节）。

〔4〕在撒玛利亚。

〔5〕确切地说，这些地方指的是周围的乡村（莱纳赫）。

在战场上杀死敌人，顺理成章地洗劫敌人的财物一样，不以为耻反以为荣。（465）一个人如果看到城市里到处堆的是未加埋葬的尸体——老人和婴儿的尸体一个挨一个，可怜的妇女被剥夺了最后一点遮体的衣物，整个行省到处充满了难以言状的恐怖——他多半会哽咽；然而，这还不是最糟糕的，恐怖的气息一天比一天紧张，才最让每一个人精神崩溃。

[3]（466）犹太人不仅要面对异族人的敌对问题，在他们突袭希索波利斯人[1]时，他们发现还要面对犹太人的敌对问题；因为这个地区的犹太人已站到希索波利斯人一边了，他们把希索波利斯的安全看得比血脉相连的同胞更重要，以至于宁愿跟希索波利斯人并肩战斗，共同打击自己的血脉同胞。（467）然而，他们巨大的热情反而让希索波利斯人心生疑虑——希索波利斯人担心犹太人会在晚上偷袭他们的城市，给他们造成巨大的灾难，因此要严防自己人投敌叛变。于是，希索波利斯人对他们命令到，如果他们希望确认和证明自己的忠诚，就请带上家人一起迁移到附近的树林。（468）犹太人毫不生疑地遵从了这项命令。为了麻痹他们，希索波利斯人在前两天毫无动静，然而到第三天，他们看准犹太人防备松懈和沉沉入睡的时机，大开杀戒，总共屠杀了一万三千多人，并劫掠了他们的所有财产。[2]

[4]（469）在这里我有必要提及西蒙的悲惨命运，他的父亲扫罗是一位杰出之士。尽管西蒙体力充沛、行动果敢，但他却用这两项天赋来残害自己的同胞。（470）西蒙每天都向进攻希索波利斯人的犹太人开战，并杀死他们当中的许多人；他常常把他们打得溃不成军，单

---

〔1〕他们突袭的是《圣经》中的伯珊（Biblical Bethshan），即现在的贝沙（Beisan），德卡波利斯有十座城镇，这是其中一座，位于约旦河西部，在约旦和基利波山（Mt. Gilboa）之间。
〔2〕《生平》第26节再一次提到了这次事件。

枪匹马地担当了战斗中的决定性力量。(471)然而现在，他对同胞的杀戮受到了应有的惩罚。当希索波利斯人包围树林，并用标枪残酷地击杀他们时，他抽出自己的利剑，但没有攻击任何一个敌人（因为数量实在太多），而是满含感情地大声说道：

（472）噢，希索波利斯人啊，为了证明我对你们的忠诚，我杀死了那么多的犹太同胞，难道这就是我犯下巨大罪恶应得的惩罚吗！啊，我们对自己的同胞犯下了如此邪恶的罪孽，我们遭受异族人的背叛实属罪有应得，我们如同一群被诅咒之人，就让我们被自己害死吧。（473）一方面，这是我的巨大罪行，另一方面，这也是我的勇气的证明，敌人没有一个敢吹嘘我是被他杀掉的，也没有一个敢大言不惭地凌辱我那倒下的尸身。

（474）说完这番话，他对自己的家人——妻子、儿女和年迈的父母——投去了怜悯和愤怒的一瞥。（475）他首先抓住自己父亲灰白的头发，用利剑刺穿了他的身体；接着，他杀死了没做任何抵抗的自己的母亲；他又同样杀死了自己的妻子和儿女，每一个几乎都是自己迎向利剑而慨然赴死的，因为他们不想死在敌人的手里。（476）在杀死所有的家人后，他站在尸体旁最显眼的地方，故意抬高了自己的右手（以吸引所有人的眼睛），用利剑刺穿了自己的喉咙。这位年轻人身体矫健、行动果敢，他的死令人惋惜；但是，他忠于异族人，以至于招致了这样悲惨的命运。

[5]（477）除了希索波利斯人的大屠杀，其他城市也爆发了反犹太人的迫害运动：阿斯卡隆人屠杀了两千五百人，托勒米亚人屠杀了两千人，此外，他们还关押了大批犹太人。（478）推罗人也处死了大批犹太人，遭到关押的犹太人则更多；西普人和迦达拉人也不例外，他们把那些勇猛果敢的犹太人处死，而那些胆小的犹太人则被他们关

押了起来；叙利亚地区的其他城市同样如此，每个城市一直以来都憎恨和惧怕犹太邻居。（479）只有安提阿、西顿和阿帕米亚[1]宽宥了犹太居民，没有屠杀或者囚禁一个犹太人；这可能是因为那里的人口太过庞大，以至于根本不把犹太人的造反放在眼里。不过，在我看来，最为主要的原因是他们怜悯犹太人，而且犹太人也从未表现出任何的不满。（480）基拉萨人[2]不仅严禁迫害他们城市里的犹太人，还护送后者到边境，让他们自由选择迁徙的地方。

[6]（481）甚至在阿格里帕统治的领地也发生了针对犹太人的密谋。国王当时去到安提阿访问塞斯提乌斯·加鲁斯，只留下自己的一个朋友诺亚鲁斯（Noarus）[3]——国王索亚穆斯（King Soaemus）[4]的一名亲戚——照看政务。（482）就在这个关头，一个七十人组成的使团——由出身高贵而又能力出众的人士组成——从巴珊来到此地，他们请求一支军队，以便日后当他们土地上发生叛乱时，可以镇压叛乱分子。（483）诺亚鲁斯连夜调遣了国王的一些重装步兵，把这个使团的所有成员全都屠杀了。他没有事先咨询阿格里帕就擅自采取了严重的暴行；贪欲让他完全迷失了心智，残忍地屠杀自己的同胞，他是在摧毁这个王国。他还不愿就此罢手，而是继续野蛮地残害这个民族，

---

[1] 阿帕米亚位于奥伦特河（Orontes）边，在安提阿以南。

[2] 基拉萨位于德卡波利斯的东南和雅博河（Jabbok）以北。

[3] 在《生平》第48节及以下的对应的记述中（可能也包括《犹太战争》第二卷第247节），诺亚鲁斯（Noarus）亦称作瓦鲁斯（Varus）。

[4] 第二卷第501节提到，埃米萨国王（King of Emesa）（埃米萨即霍姆斯城［Homs］，叙利亚北部城市）向罗马人和其他地方提供了一支分遣队（a contingent）。《生平》第52节记载，瓦鲁斯是另一位索亚穆斯的后裔（或者孙子）（a descendant［? grandson］of another Soemus），这位索亚穆斯是"黎巴嫩地区的藩属王"（a tetrarch in the Lebanon district），可能与塔西佗在《编年史》第十二卷第23节所提到的"埃土里亚国王"（King of Ituraea，死于公元49年）是同一人。
［中译按］索亚穆斯（Soaemus）亦写作索赫穆斯（Sohemus）。

直到阿格里帕发现他的罪恶行径，不过，出于对索亚穆斯的尊重，阿格里帕没有处死他，只是罢免了他的摄政权。[1]（484）现在叛乱分子攻占了塞浦路斯[2]城堡——其地势高于耶利哥，对耶利哥呈居高临下之势——他们屠杀了那里的守备部队，并摧毁了防御设施。（485）大约与此同时，马卡鲁斯[3]的犹太民众成功说服了那里的罗马守卫部队撤离城堡，并将城堡移交到他们手上。（486）因为这些罗马人非常担心遭到他们的进攻，就同意达成协议后撤军；在得到安全保证后，他们把这座城堡移交了出去，马卡鲁斯的民众兵不血刃地占领和控制了城堡。

[7]（487）在亚历山大里亚，自从亚历山大大帝为回报犹太人帮助自己反对埃及人，从而允许犹太人居住在这座城市，并赋予其同希腊人一样的权利，当地土著居民和犹太移民之间就一直冲突不断。（488）亚历山大大帝的继任者们继续确认了犹太人的这项特权，此外，他们给犹太人划拨了一块专属的定居区域，[4]使犹太人更少地与异族人混居，从而可以更严格地遵守其律法。他们还授予犹太人另外一个特权，即允许犹太人使用"马其顿人的头衔"（the title of Macedonians）。[5]自从罗马人占领埃及以来，无论是第一位凯撒（the first Caesar），[6]还是他的任何继任者，都没有缩减自亚历山大时期以

---

〔1〕关于瓦鲁斯（Varus）志在取代阿格里帕以及他屠杀犹太人的具体故事，《生平》第52—61节进行了详细的记述。
〔2〕塞浦路斯城堡为大希律所建，以大希律母亲的名字命名（第一卷第417节）。
〔3〕在死海东岸的上方。
〔4〕关于亚历山大大帝划拨土地给犹太人的事，约瑟夫斯在其他地方也做了记述（《驳阿庇安》第二卷第35节及注释）。关于托勒密和罗马人授予亚历山大里亚的犹太人（the Alexandrian Jews）以特权，《驳阿庇安》第二卷第42—64节做了更为详细的记述。
〔5〕参见《驳阿庇安》第二卷第36节和《犹太古史》第十二卷第8节。
〔6〕［中译按］第一位凯撒指的是尤利乌斯·凯撒。

来的犹太人的任何权利。（489）然而，犹太人同希腊人的冲突仍在上演，尽管当局每天都要惩罚出自双方的众多叛乱分子，但是，局势仍愈演愈烈。（490）现在的局势更加混乱了，亚历山大里亚的暴乱分子掀起了比以前更猛烈的暴乱。有一次，当亚历山大里亚人正在为即将出访尼禄的使团举办公开的送行会时，大批的犹太人涌进了这座露天竞技场。（491）他们的对手一看到，立刻大喊"敌人"（enemies）和"奸细"（spies），接着冲了过去，对他们大打出手起来。大部分犹太人都四散逃走了，其中三人被亚历山大里亚人抓住，拖出去活活烧死了。（492）于是，整个犹太定居地掀起了自卫行动；他们先用石头攻击希腊人，接着冲进竞技场抢夺火炬，威胁要烧死里面所有的人。事实上，假如不是这座城市的总督（the governor of the city）[1]提比略·亚历山大制止了他们的愤怒，他们真的会这样行事。（493）为了试图恢复他们的理智，提比略没有在一开始就使用武力，而是秘密派遣显贵去劝说他们停止暴乱，不要激怒和诱发罗马军队的武力镇压。但是，这群暴乱分子对这种说教极为蔑视，根本就无动于衷，相反，他们高声地痛骂提比略。

[8]（494）当提比略明白那帮暴乱分子不撞南墙不回头时，他就派遣了两个罗马军团以及刚从利比亚大胜犹太人而归的士兵们一起驻扎在这座城市；[2]不仅允许他们屠杀暴乱分子，而且允许他们劫掠其财产和烧毁其家园。（495）军队冲进了这座城市里一处名为"德尔塔"（Delta）[3]的地方——这是犹太人被集中起来并执行命令的地方，而军队并非没有伤亡；因为犹太人紧紧地靠拢列队，并将自己最好的士兵

〔1〕而且是整个埃及行省的总督，参见第二卷第220节及第四卷第616节。
〔2〕参见第387节注释。
〔3〕亚历山大里亚被划分为五个区域，以字母表的前五个字母分别进行命名，犹太人占据了其中两个区域（斐洛，《驳弗拉库斯》[In Flaccum]，第55节[科恩版]；引自莱纳赫）。

安排在最前面以延长抵抗——一旦他们败退，大屠杀也就接踵而至了。（496）他们的死亡方式各种各样，有的人在空地上被抓，有的人则被迫躲进屋里，而罗马人就进屋大肆劫掠一番，随后放火烧毁一切；罗马人甚至连婴儿都不放过，更不要说成年人了：不管什么年龄的人，他们全部予以屠杀。（497）因此，这块地方到处被血水覆盖，足足堆满了五万具尸体；要不是赶紧乞求怜悯，余下的人也不可能幸存。亚历山大动了怜悯之心，于是命令罗马人撤退。（498）一接到亚历山大发出的命令，罗马人立即停止了屠杀；但是，那些亚历山大里亚人出于对犹太人的刻骨仇恨，则不肯停手，无法将他们从尸堆里拉出来。

[9]（499）这就是亚历山大里亚的犹太人遭遇的巨大灾难。现在犹太人已经被全部武装起来了，因此塞斯提乌斯[1]也决定积极行动起来，不再像以前那样消极应对。（500）于是，他率领着整个第十二军团，又从其他各支军团[2]中挑选出两千名士兵，外加六个步兵大队和四个骑兵中队，一起从安提阿出发，向托勒米亚进军；除此之外，其他一些国王提供了辅助部队，包括安条克（Antiochus）[3]提供的两千名骑兵、三千名步兵和大批的弓箭手，阿格里帕国王提供的三千名步兵和不少于两千名的骑兵；（501）索亚穆斯[4]提供的四千名士兵——其中三分之一是骑兵，余下大部分是弓箭手——也紧随其后。（502）从各个城镇也招募了大批的辅助部队，尽管他们缺乏常规的军事经

---

〔1〕塞斯提乌斯是叙利亚总督，参见第二卷第 280 节等。

〔2〕自奥古斯都统治时期以来，叙利亚地区有四个军团（塔西佗：《编年史》第四卷第 5 节，引自莱纳赫），分别是盖里卡第三军团（III Gallica）、菲拉塔第六军团（VI Ferrata）、弗里特恩西斯第十军团（X Fretensis）和弗米纳塔第十二军团（XII Fulminata）；参见蒙森：《行省》第二卷第 63 节注释。

〔3〕这位安条克四世即科马根纳国王（King of Commagene，其地位于叙利亚北部），公元 38—72 年在位；公元 72 年，因其被指控犯有密谋罪而被剥夺了王位（第七卷第 219 节及以下）。

〔4〕即埃米萨国王，参见第 481 节注释。

验，却拥有强烈的参战热情以及对犹太人的刻骨仇恨。阿格里帕则亲自陪同塞斯提乌斯，以适时引导后者的行军路线并给予其他必要的军事帮助。（503）塞斯提乌斯率领这些军队向加利利地区一座名为迦布伦（Chabulon）[1]的城市进军，这座城市是托勒米亚领土和犹太领土的分界，防守严密。（504）他发现，当地居民已经弃城，逃到了山上，但各种物资都还留在原地，他允许士兵们予以洗劫，尽管这座城市建造得非常漂亮——房屋风格与推罗、西顿和贝鲁特相似，他却依然放火烧毁了它。（505）接着，他蹂躏了该地区，洗劫了沿途所有的东西，并烧毁了周边的村庄，随后返回托勒米亚。（506）然而，就在叙利亚人，尤其是贝鲁特人仍在忙于洗劫时，犹太人知晓了塞斯提乌斯班师的消息，于是鼓起勇气，出其不意地袭击了落在后面的军队，杀死了大约两千人。

[10]（507）塞斯提乌斯离开托勒米亚，亲自率军向凯撒利亚进军，不过，他事先派遣了一支部队到约帕，并命令他们，如果能够出其不意，就干脆占领这座城镇，如果当地居民对他们的潜入有所察觉，那么就在那里等待主力部队的到来。（508）这支部队通过海路和陆路急速进军，在两路夹攻下，他们很轻易地占领了这座城镇；当地居民来不及逃走，更来不及抵抗，罗马人就冲了进来，把他们屠杀殆尽，接着洗劫和烧毁了这座城镇。（509）以同样的方式，塞斯提乌斯派遣了另一支强大的骑兵部队进军至毗邻凯撒利亚的纳巴特纳小王国（the toparchy of Narbatene）；[2]这支军队摧毁了这个国家（the country），屠杀了大批的当地居民，并洗劫其财产，烧毁了村庄。

---

〔1〕在《生平》第213节等章节中，迦布伦（Chabulon）亦写作迦波洛（Chabolo），即现在的喀布尔（Kabul）；可能是希兰（Hiram）将所罗门（Solomon）赠送自己的这座城市取名为迦布伦（《列王纪上》第九章第13节）。

〔2〕参见第二卷第291节。

[11]（510）塞斯提乌斯派遣第十二军团的统帅（commander）卡森尼乌斯·加鲁斯（Caesennius Gallus）率领一支以为足够征服对方的军队进军至加利利。（511）色弗黎人——色弗黎是加利利地区最为强大的一座城镇——热情地迎接加鲁斯的到来，其他城镇也在色弗黎人的明智建议下保持平静。这个地方的所有叛乱分子和土匪全都逃到了位于加利利中心地带的高山上——这座山正对着色弗黎，叫作阿萨莫恩（Asamon）;[1]因此，加鲁斯率领自己的军队前去攻打他们。（512）由于占据了有利的高地，他们轻而易举地击溃了罗马人的进攻，并杀死大约两百名士兵，但是，等到罗马人绕到侧翼并占领了更高的地势，他们很快就被击溃了；轻装备的他们根本抵挡不了重装备的罗马军团（the heavy-armed legionaries），更不要提在他们溃败之后追击而来的罗马骑兵部队了；结果，只有少数人成功藏匿（concealing）[2]在崎岖地带，被杀身亡的人则超过了两千。

第十九章

[1]（513）加鲁斯看到加利利没有进一步叛乱的迹象，就率领军队回到了凯撒利亚；而塞斯提乌斯现在则率领自己的整个军队离开了营地，进军到安提帕特里斯。[3]当塞斯提乌斯了解到有一支庞大的犹太军队聚集在一座名为亚菲库（Apheku）[4]的塔楼时，就派遣一支先

---

〔1〕阿萨莫恩的具体位置不得而知。

〔2〕藏匿（concealing）或者可能写作"逃往"（escaping over）。

〔3〕安提帕特里斯（Antipatris）位于沙伦（Sharon）平原，在约帕的东北。

〔4〕或者可能是以"亚弗"命名（call after Aphek）。《旧约》数次提到了这个地名；有人怀疑这可能是因为沙伦平原上的亚弗（《约书亚记》第十二章第18节；一些《七十士译本》的抄本［LXX mss.］）可能就是凯撒利亚东南（south-east of Caesarea）的埃尔－梅杰德尔（el Mejdel）。

头部队前去进攻他们。（514）然而，由于事先得到了警报，犹太人在尚未开战前就分散开了；罗马人冲进犹太人的营地，发现他们早已经撤离，于是就把他们的营地和周围的村庄全都付之一炬。（515）塞斯提乌斯从安提帕特里斯向里达[1]进军，结果发现这座城市已是空城，整座城市的民众全都上到耶路撒冷去过住棚节（the Feast of Taber-nacles）了。（516）他将露面的五十个人处死了，接着烧毁了这座城镇，并继续向前进军；在越过伯和仑（Beth-horon）后，他在一个名叫迦堡（Gabao）[2]的地方（此地距离耶路撒冷五十弗隆）扎下了营盘。

[2]（517）犹太人看到战争已逼近首都，因此他们放弃了过节，并拿起武器武装起来；他们对自身的人数优势非常自信，凌乱无章而又声震云霄地投入了战斗，丝毫没有考虑到第七日的安息（the seventh day of rest）——这一天是他们特别崇敬的安息日（the sabbath）。[3]（518）但是，激情虽然动摇了他们的虔诚，却也让他们赢得了这场战役的胜利；他们如此愤怒地攻击罗马人，打破了罗马人的队列，冲进其队伍的中央，给敌人造成了毁灭性的重创。（519）要不是骑兵及时支援疲于应付的步兵，塞斯提乌斯和他的整个军队都将陷于巨大的危险之中。有五百一十五名罗马人丧命，其中四百名是步兵，其余则是骑兵；犹太人只损失了二十二人。（520）在犹太人一方，最英勇的是阿迪亚比尼国王莫诺巴诸斯（Monobazus）及其亲戚塞尼达乌斯（Cenedaeus）；[4]

---

〔1〕里达（Lydda）亦即鲁德（Ludd），位于安提帕特里斯以南，坐落在从北而来的道路与从约帕经伯和仑到耶路撒冷的道路的交汇点上。

〔2〕迦堡（Gabao）亦即《旧约》中的基遍（Gibeon），即现在的埃尔－基布（el Jib），位于耶路撒冷西北五英里或六英里处；不过，按照《犹太古史》第七卷第283节的记载，这段距离只有四十弗隆。关于伯和仑，请参见第547节注释。

〔3〕在住棚节的那个星期里。

〔4〕可能与他的兄弟伊扎特斯（Izates）一样，莫诺巴诸斯国王和他的母亲海伦娜（Helena）都是新近改信犹太教的；参见第388节注释。

其次是佩拉亚的尼格尔（Niger of Peraea）和巴比伦的西拉斯（Silas the Babylonian）[1]——西拉斯之前在阿格里帕国王的军队里服役，但他后来脱离了阿格里帕，加入犹太人的队伍之中。（521）当犹太人的前线阵地被攻破后，他们撤退到了城里；然而当罗马人在翻越伯和仑时，基奥拉斯之子西蒙（Simon son of Gioras）[2]从后面猛烈攻击了罗马人，不仅重创了罗马人的后卫部队，而且夺取了大批军用物资，将它们运进城里。（522）塞斯提乌斯在其营地逗留了三天，犹太人于此期间占领了高地，他们严密地监视各个进城入口，只要罗马人一行动，他们立即严阵以待。

[3]（523）就在这时，阿格里帕注意到不计其数的敌人已经占领了周围的山丘，乃至会使罗马人陷入极度的危险之中，因此，他决定与犹太人进行和谈；他希望说服双方停止战斗，或者至少将对方中的审慎之人分化出来。（524）因此，他派遣自己最熟悉犹太人的两位朋友波西乌斯（Borcius）和菲奥布斯（Phoebus）前去告诉犹太人，如果他们放下武器，恢复对罗马的忠诚，那么塞斯提乌斯将会同他们签订和平条约，宽恕他们对罗马人犯下的罪行。（525）然而，叛乱分子担心罗马人允诺的大赦会诱使民众都倒向阿格里帕，于是他们就谋杀了阿格里帕派来的使者。（526）菲奥布斯尚未开口说话，就遭到杀害；而波西乌斯则被他们刺伤，最终却侥幸地逃脱了。任何对此提出抗议的民众都会遭到石头和棍棒的攻击，并被驱赶回城。

[4]（527）塞斯提乌斯看到，敌人的内部争执给自己提供了一个非常难得的进攻机会，于是，他率领全部军队攻击敌人，一直把他们

---

〔1〕西拉斯可能来自于生活在巴珊的巴比伦犹太人中的一个犹太殖民地（《生平》第54节注释）。

〔2〕[中译按] Gioras 亦写作 Giora。

追到了耶路撒冷。（528）接着，他在一个名叫斯科普斯（Scopus）[1]的地方——距离耶路撒冷七弗隆——扎下营来，在接下来的三天时间里，他都没有向他们展开进攻，因为他一直以为守军会投降；不过，他也派遣了大批的军队到周围的村庄搜集粮食。等到第四天，即西普比利塔乌斯月（the month Hyperberetaeus）的第三十天，[2]他部署了军队，准备向耶路撒冷进攻。（529）民众现在任由叛乱分子摆布，而叛乱分子则被罗马人的严明纪律所震慑，因此他们放弃了郊区，撤退到内城和圣殿。[3]（530）塞斯提乌斯一进入耶路撒冷，就放火烧毁了著名的贝泽萨——亦被称作"新城"（New City），以及所谓的廷伯市场（Timber Market）；接着，他向上城挺进，驻扎在王宫的对面。（531）要是他在这个关键时刻命令军队冲击城墙，那么他立即就可以占领这座城市，战争也会随之结束；但是，他的军需长官（camp-prefect）[4]提拉尼乌斯·普里斯库斯（Tyrannius Priscus）以及大部分的骑兵指挥官都被弗洛鲁斯贿赂了，他们都劝说他不要这样做。（532）正是由于这个原因，这场战争才拖延了如此长久的时间，犹太人才咽下了如此深重的灾难。

[5]（533）与此同时，约拿单之子阿南努斯（Ananus son of Jonathan）[5]说服了这座城市的许多重要人物，他们允诺会打开城门，

---

〔1〕斯科普斯（Scopus）是西北部的一座山，从山上可以"俯瞰"（view）城市，这座城市的名字就由此而来（在《犹太古史》第十一卷第329节中，它亦被称作Saphein）。

〔2〕按照尼斯本的计算，该日期是公元66年11月17日。

〔3〕他们放弃了未完工的第三道城墙（这道城墙是由阿格里帕一世修建的，参见第218节），因为它抵挡不了罗马人的进攻；塞斯提乌斯向环绕整个上城的第二道城墙发起了进攻，而北部郊区的贝泽萨就位于这两道城墙之间，参见第328节。

〔4〕camp-prefect亦写作quartermaster-general。

〔5〕约拿单可能是一位高级祭司，同时可能是匕首党的第一位受害者（参见第256节）。

邀请塞斯提乌斯入城。（534）然而，一方面是出于愤怒和鄙夷，一方面是因为对他们不信任，塞斯提乌斯在犹豫要不要接受这项友好提议。这时，叛乱分子发现了阿南努斯及其同伙的背叛行径，于是就把他们推下了城墙，并用石头将他们赶回家里；接着，叛乱分子将自己部署在塔楼上，并不断地向那些试图翻越城墙的敌人发射飞弹。（535）罗马人从各个方向发起进攻，但他们在五天的时间里毫无所获；在第六天，塞斯提乌斯挑选了一大批精兵和弓箭手进攻圣殿的北面。（536）犹太人从柱廊的顶部抗击罗马人的进攻，并一次次地击退那些爬上城墙的罗马人，但犹太人在飞弹的密集攻击之下仍然败退下来。（537）第一排罗马士兵把自己的护盾契进城墙，第二排罗马士兵接着把自己的护盾契进第一排护盾，后面的罗马士兵照样依次把自己的护盾契进前排的护盾，就形成了他们所谓的"龟形队形"（the tortoise）[1]——这种阵形可以使他们避免上方投掷下来的飞弹和箭矢，士兵们就可以破坏城墙并准备放火焚烧圣殿的大门。

[6]（538）巨大的恐慌笼罩在叛乱分子身上，甚至许多叛乱分子已经偷偷溜出城，因为他们觉得罗马人很快就会攻占它。民众（the people）[2]再次心生动摇，而那些恶棍也越来越退却，他们试图接近大门，以期打开大门把塞斯提乌斯作为恩主迎接进来。（539）倘若塞斯提乌斯的围攻再坚持一会儿，那么他就可以攻占这座城市；但是我想，由于那群恶徒的缘故，上帝已经离弃了自己的圣所（His sanctuary），所以他没有在那一天结束战争。

[7]（540）不管怎样，既没有意识到被围之人的绝望，也没有意识到民众的真正情绪，塞斯提乌斯突然召回自己的军队，在没有遭受任何重挫的情况下，就放弃了希望，毫无道理地撤离了耶路撒冷。

---

〔1〕the tortoise（龟形队形）亦写作 *testudo*。

〔2〕这里的"民众"（the people）指的是"温和派民众"（the moderates）。

（541）叛乱分子根本没料到塞斯提乌斯会撤退，他们又恢复了勇气，立即进攻起塞斯提乌斯的后卫部队，杀死了大批的罗马骑兵和罗马步兵。
（542）塞斯提乌斯当夜在斯科普斯宿营，第二天他继续撤退时，遭到了敌军的尾随和进攻；他们猛攻罗马人的断后部队，把他们全部摧毁，同时也向行军路线上的罗马纵队侧翼投掷标枪。（543）塞斯提乌斯的断后部队不敢回击那些在后面偷袭自己的犹太叛乱分子，因为他们以为正遭到不计其数的敌军的追杀；其他部队也不敢冒险反击那些进攻自己侧翼的敌军，因为他们看到犹太人装备轻便，非常便于来回冲杀，而他们的装备沉重，所以不敢暴露出队伍。结果，他们几乎毫无还手之力，损失极为惨重。（544）整条路上都是被击倒的罗马士兵，场面一片混乱。最终，在经过大量伤亡之后——其中包括第六军团指挥官普里斯库斯（Priscus）、军事保民官洛恩基努斯（Longinus）和骑兵指挥官埃米利乌斯·尤坎都斯（Aemilius Jucundus）[1]——罗马人被迫放弃了大部分辎重，耗费九牛二虎之力才抵达了先前设在迦堡的营地。
（545）塞斯提乌斯在那里休整了两天，不知道下一步应该怎么行动；到第三天，他看到敌人的力量越来越庞大，周围的村庄也满是犹太人，于是他开始感到自己越是拖延，危险性就会越大，敌人的数量也会越来越多。

　　〔8〕（546）为了加快撤退的进程，塞斯提乌斯下令丢弃所有辎重。因此，骡子、驴等所有用来运载辎重的牲畜都被杀死了，除了那些驮运飞弹和战争器械的牲畜之外；这一方面是因为，他们觉得自己仍会用得上这些武器，另一方面是因为，他们担心这些武器落到犹太人的手里，反被利用来对付他们。接着，塞斯提乌斯率领军队撤往伯和仑。
（547）在开阔地，他们的行动较少受到犹太人的掣肘，但是，一到狭

---

〔1〕这位尤坎都斯与担任凯撒利亚骑兵指挥官的尤坎都斯可能是同一个人，参见第291节。

窄的山道和下坡的地形，[1]一部分敌人就会跑到他们前头，阻止他们的去路，另一部分敌人则把罗马人的后卫部队赶进狭窄的山谷，而犹太人的主力部队则部署在沿线狭窄的路口，用飞如雨下的箭矢、标枪袭击罗马军团。（548）在这种情形下，连步兵都很难有效地进行防御，更不要说骑兵了，骑兵面临更大的危险：在敌人的猛烈攻击下，骑兵再也不可能整齐有序地行进，而陡峭的地形又妨碍了骑兵对敌人的追击。（549）道路两边不是悬崖就是深谷，一旦跌落下去，肯定死无葬身之地；道路极其狭窄，甚至没有战斗的空间，更不要提防御和躲避的地方了；他们只剩下绝望的哀号和恸哭，而犹太人则以战斗的呐喊声、间杂胜利和愤怒的喊叫声回应他们。（550）事实上，塞斯提乌斯和他的整个军队距离被俘只有一步之遥；只因乘着夜色的掩护，才得以逃到了伯和仑。[2]犹太人占领了周围所有的地方，严加防范他们逃跑。

[9]（551）现在塞斯提乌斯对公开撤军已经感到绝望，他正谋划秘密逃跑。他挑选了四百名最勇敢的战士，将他们部署在屋顶，接着，他命令他们在营房的前哨阵地大喊口号，使犹太人误以为整支军队都还在原地；随后，他率领其余的部队偷偷地开到三十弗隆远的另一个地方。（552）天一亮，犹太人发现敌人弃置了营地，于是就猛攻欺骗了他们的四百名罗马战士，用标枪很快地杀死这些人，随后赶紧追击塞斯提乌斯。（553）罗马人已经逃跑了整个晚上，到天亮时，他们逃

---

〔1〕这个下坡地形（the descent）是指从上伯和仑（1730 英尺）到下伯和仑（1240 英尺）之间；这段著名的路见证了众多战败场景（史密斯：《圣地的历史与地理》第 210—211 节）。从位于高原（2300 英尺）的基遍到两个伯和仑再到海边平原，沿着这条道路一直向下，约书亚（Joshua）追击过五位迦南国王（five Canaanite kings）（《约书亚记》第十卷第 10 节及以下）。

〔2〕指下伯和仑。

跑得更快了，在一片惊恐和慌乱之中，他们甚至将攻城槌、石弩和其他绝大部分军事器械全都丢弃；犹太人后来把罗马人弃置的这些东西全都捡回，并利用它们对付罗马人。（554）犹太人将罗马人一直追击到安提帕特里斯；在看到已无法追上罗马人后，他们就调转回头，去抢夺那些军事器械、掠夺死尸，并搜集留在沿路的战利品，他们高唱胜利之歌，循原路返回了首都。（555）他们的损失几乎可以忽略不计，而他们杀死了罗马人及其盟友共五千三百名步兵和四百八十名骑兵。这场战役发生在尼禄统治的第十二年，[1]迪乌月（the month Dius）的第八日。[2]

第二十章

[1]（556）在塞斯提乌斯遭遇这次巨大失利后，许多杰出的犹太人就像逃离即将沉没的船一样，纷纷逃离耶路撒冷。科斯托巴和扫罗[3]兄弟俩与加西穆斯之子菲利普[4]——阿格里帕国王的军队指挥官——一起逃离耶路撒冷，逃到了塞斯提乌斯那里。（557）我将在后面讲述安提帕斯是怎样被叛乱分子杀害的——他被他们包围在王宫，但他不屑于逃跑。[5]（558）应扫罗及其同伴的请求，塞斯提乌斯派遣他们到亚该亚，向尼禄报告他们遭遇的巨大困境，并指责弗洛鲁斯激

---

〔1〕尼禄登基的时间是公元 54 年 10 月 13 日。在这里，约瑟夫斯可能犯了一个轻微的错误，伯和仑之战发生在尼禄统治的第十三年年初。

〔2〕即公元 66 年 11 月 25 日（据尼斯本）。

〔3〕参见第 418 节。

〔4〕菲利普在王宫被围后就逃离了耶路撒冷（《生平》第 46 节及以下），我们未被告知他何时返回耶路撒冷。

〔5〕参见第四卷第 140 节。

发了这场战火；他希望引起尼禄对弗洛鲁斯的憎恨，从而减轻自己的责任与风险。

[2]（559）与此同时，大马士革人一听到罗马人战败的消息，立即决定屠杀生活在他们中间的犹太人。（560）出于怀疑和防范，大马士革人很久之前就已经把犹太人关押在了体育馆，自认为其计划不会遇到什么阻碍；他们唯一担心的是自己的妻子，不相信她们，因为她们几乎全部（很少有例外）改信了犹太教。（561）因此，他们竭尽全力地对自己的妻子们保守秘密。最后，他们向遭到关押而又手无寸铁的犹太人发动了进攻，在短短的一个小时内，就将他们屠杀殆尽，总共杀了一万零五百名犹太人。

[3]（562）那些追杀塞斯提乌斯的犹太人一回到耶路撒冷，就立即通过武力或者说服，使剩下的亲罗马分子归服自己；接着，他们聚集在圣殿里，开始大批任命指挥作战的将军。（563）格里安之子约瑟（Joseph son of Gorion）[1]和高级祭司阿南努斯（Ananus）[2]一起被选为这座城市一切事务的最高负责人，尤其要负责筑高这座城市的城墙。（564）至于西蒙之子以利亚撒（Eleazar son of Simon），尽管他从罗马人手里抢来了战利品，并从塞斯提乌斯手里抢来了金钱和大部分的公共财宝（the public treasures），他们依然不信任他，因而没有给他委任官职，因为他们注意到他本性专横，还有他的追随者像侍卫一样拱卫

---

〔1〕［中译按］Joseph son of Gorion 亦写作 Yosep son of Gorion。

〔2〕即前高级祭司（ex-high priest）。阿南努斯是阿南努斯之子（父亲似乎是《旧约》中的亚那［Annas］），他是一名撒都该人，被阿格里帕二世任命为高级祭司，但三个月后，他因为惩罚"耶稣基督"（Jesus called Christ）的兄弟雅各（James）而遭到罢黜（《犹太古史》第二十卷第 197 节及以下）。这副冷酷无情的形象与《犹太战争》里所刻画的形象形成了一种奇怪的对比。在这里，他是一名温和派领袖，反对奋锐党（Zealots），被暴民谋杀，约瑟夫斯把他当作伯里克利（Pericles）一类人物进行称颂（《犹太战争》第四卷第 319 节及以下）。

在其左右。（565）然而，由于他们需要以利亚撒的金钱支持，加上以利亚撒以阴谋诡计逐渐地迷惑了民众，最终导致他掌握了最高权力。

[4]（566）他们也为以土买人选任了两位将军，即高级祭司萨法斯之子约书亚（Jesus son of Sapphas）[1]和高级祭司纳乌斯[2]之子以利亚撒（Eleazar son of Neus）；同时，他们命令以土买现任总督尼格尔——其祖先来自约旦河对岸的佩拉亚，因此，他亦被称作"佩拉亚人"（the Peraean）[3]——听命于这两位将军。（567）他们也没有遗

---

〔1〕［中译按］这里的"约书亚"（Jesus）与"耶稣"（Jesus）同名，中译者将其译作"约书亚"，以示区别。Jesus 这个英语名字源于拉丁语名字 Iesus，后者是希腊语名字 Ἰησοῦς 的一种音译，希腊语名字则源自希伯来语名字 שׁוע（Yeshua），它是早期名字 יהושע（Yehoshua）——英语写作 Joshua——的一个变体。在《犹太战争》中，约瑟夫斯完全没有提及基督耶稣；但在《犹太古史》中，约瑟夫斯两次提到了基督耶稣，即第十八卷第 63—64 节和第二十卷第 200 节。在《犹太古史》第十八卷第 63—64 节中，约瑟夫斯这样提及耶稣："耶稣大约生活在这个时期，他是一位智者——倘若非要这么称呼他的话。因为他是一个广行奇事之人，而且是许多心悦诚服接受其教导的人的老师。他赢得了许多犹太人和希腊人。他是弥赛亚（the Messiah）。当彼拉多（Pilate）听到我们民族中的显赫之人指控他时，下令把他钉死在十字架上，一开始追随他的人并没有消散。第三天，他向他们显现复活了。这位上帝的预言者早已预言了这些事情，并且还行了许多其他的神迹。因他被命名为基督徒的一派（the tribe of the Christian），至今［约为公元 93 年］仍然没有消失。"在《犹太古史》第二十卷第 200 节，约瑟夫斯这样记载："由于阿南努斯（Ananus）这样的个性，在他得到高级祭司的职位后，就更是认为自己得到了一个大好机会［来使用他的特权］。这时菲斯图斯（Festus）已死，而阿庇努斯（Albinus）又还在路上，阿南努斯就召集了犹太公会的审判官们，他们将耶稣基督的兄弟雅各和其他几个人［就是和雅各在一起的人］带来，在犹太公会前指控雅各等人触犯了律法，然后就定下以石块处死的判决。"

〔2〕我们并不知晓有叫这个名字的高级祭司：如果我们阅读了胡德森（Hudson）撰写的有关阿南尼亚的文字，那么以利亚撒就是前面提到的阿南尼亚的儿子，他是引发这场战争的主要责任人（第 409 节）。

〔3〕参见第 520 节。

漏其他地区；西蒙之子约瑟（Joseph son of Simon）被派去接管耶利哥，曼纳塞（Manasseh）被派去接管佩拉亚，艾塞尼人约翰（John the Essene）则被派去接管萨姆纳地区（the province of Thamna），[1] 里达、约帕和埃马厄斯也置于他的控制之下。[2]（568）阿南尼亚之子约翰（John son of Ananias）被任命为戈弗纳地区[3] 和阿卡拉贝塔地区（the provinces of Gophna and Acrabetta）[4] 的指挥官；马提亚斯之子约瑟夫斯（Josephus son of Matthias）[5] 则被任命为上下加利利的指挥官，那片地区最强大的城市迦马拉[6] 也置于他的控制之下。

[5]（569）所有这些将军都以自己最大的热忱和能力来履行任命。至于约瑟夫斯，他一到加利利，就想方设法去赢取当地人的好感，因为这原本就是他的优势和长处，尽管他在其他许多方面都很失败。（570）他意识到，假如自己和其他权势人物分享权力，那么他将赢得他们的支持；假如自己的命令主要通过作为中介的当地人传达，那么他将赢得绝大部分民众的支持。因此，他从这个地区挑选和任命了七十位最审慎的长者[7] 来管理整个加利利的事务；（571）同时，他还在每座城市挑选出七名法官审理案件，若涉及更大的案件以及死刑案

〔1〕［中译按］the province of Thamna 亦写作 the toparchy of Thamna。

〔2〕他的行省（his province）位于犹地亚的北部和西部，萨姆纳位于以法莲山区（the region of Mt. Ephraim）；关于埃马厄斯的情况，参见第 71 节注释。

〔3〕［中译按］the province of Gophna 亦写作 the toparchy of Gophntica/Gophnite。

〔4〕阿卡拉贝塔地区（Acrabetta）位于犹地亚的东北。

〔5〕这位约瑟夫斯就是本书的作者。在其《生平》第 29 节中，约瑟夫斯告诉我们，他的任务纯粹是和平性质的——解除那些心怀不满者的武装。在转向自己的个人历史时，这位历史学家的叙述特征与叙述风格存在明显的变化，似乎出自约瑟夫斯自己的手笔；到这时，写作助手的痕迹已没有那么明显——这位写作助手是约瑟夫斯一直雇佣来帮助自己写作的，其写作技术非常娴熟（《驳阿庇安》第一卷第 50 节）。

〔6〕迦马拉位于戈兰提斯地区，在加利利海的东部。

〔7〕参见《生平》第 79 节。

件，他则同那七十位长者一起审理。

[6]（572）在处理完每座城镇的法律问题后，约瑟夫斯采取措施，转而处理这些城镇的内部安全问题。（573）约瑟夫斯预见到，罗马人会首先进攻加利利，因此，他立即在最适合的地方加强防卫，它们是约塔帕塔（Jotapata）、贝尔萨比（Bersabe）、塞拉米（Selame）、卡法里克霍（Caphareccho）、迦法（Japha）、西格弗（Sigoph）、埃塔比里安山（Mount Itabyrion）[1]、塔里基亚和提比里亚；此外，他也为位于下加利利地区的热内萨里特湖（Lake of Gennesareth）[2]周边地区的山洞，以及位于上加利利地区的阿克哈巴隆岩石地（the Rock known as Acchabaron）、色弗（Seph）、迦姆尼特（Jamnith）、米洛（Mero）建造了卫墙。（574）在戈兰提斯地区，他强化了塞琉西亚（Seleucia）、索戛纳伊亚（Soganaea）和迦马拉等地的防卫。[3]他只授权色弗黎人独自建造城墙，因为他看到他们生活富裕、资源充足，甚至在事先没有得到命令的情况下，他们也积极备战。[4]（575）基士迦拉（Gischala）的情况同色弗黎类似，列维之子约翰（John son of Levi）在约瑟夫斯的授权之下，由他自己出钱强化防卫。[5]其他的城堡都是在约瑟夫斯亲自监督之下建造的——他不仅下令建造，而且参与建造。（576）此

---

〔1〕亦即他泊山（Mt.Tabor）。

〔2〕[中译按]热内萨里特湖（Lake of Gennesareth）或热内萨湖（Lake of Gennesar），即和合本《圣经》中的革尼撒勒湖。

〔3〕《生平》第 187–188 节也列举了这些地方，不过略有一些差异；这些"山洞"曾被明确为"阿尔贝拉的那些山洞"（those of Arbela），参见《犹太战争》第一卷第 304—305 节。

〔4〕这与《生平》的叙述存在冲突（参见《生平》第 30 节等），据《生平》记载，色弗黎人一贯亲罗马；对照《犹太战争》第二卷第 511 节（色弗黎人热情地迎接罗马人的到来）。

〔5〕《生平》做了完全相反的记载：约翰是约瑟夫斯的敌人，而且在没有咨询约瑟夫斯意见的情况下，就擅自强化了基士迦拉的防卫（《生平》第 45 节和第 189 节）。

外，他在加利利招募了一支超过十万人的军队，一边用搜集起来的旧武器把他们全部武装起来，一边严格地训练他们。

[7]（577）现在还存在着另一项任务。他深知，罗马人之所以战无不胜，首先取决于罗马人的军事纪律和军事训练；而他对为自己的士兵们进行类似的训练感到绝望，因为这些军事纪律和军事训练只有通过长期的操练才能习得。但他注意到，罗马人的军事纪律应归功于他们的军官数量众多，因此，他就将自己的军队以罗马人的方式进行了编制，并大幅增加了连队军官（company commanders）的数量。（578）他将自己的士兵们分成不同的层级，并在他们之上设置了十夫长（decurions）和百夫长（centurions），又在十夫长和百夫长之上设置了保民官（tribunes），保民官之上则设置了负责指挥更为庞大的作战部队的将军。（579）他教授他们怎样传递信号、怎样凭号角声前进和后退、怎样进攻和包抄侧翼，以及得胜的一翼怎样救济仍在苦战的另一翼，并援助任何其他的作战部队。（580）他也不断地教授他们怎样保持精神上的斗志和身体上的坚韧；不过，最为重要的是训练他们怎样与罗马人作战——他不厌其烦地讲述罗马人的井然有序，并告诫他们，他们不得不与之作战的，是一群凭着力量与无畏而几乎成为整个世界之主宰的人。（581）他告诉他们，甚至在他们投入战斗之前，他就将测试他们的军事纪律，以观察他们是否禁绝了偷窃、抢劫和掠夺等惯常的不法行为，是否已停止欺诈同胞以及出于个人利益而伤害自己最亲密的朋友。（582）他接着补充说，战争中最成功的军队，就是每一位战斗人员都问心无愧的军队；而那些内在腐化堕落的军队不仅会受到敌人的攻击，而且上帝也会与他们为敌。

[8]（583）这些就是他不断激励他们的话。他集结了一支军队，以做好开战准备。这支军队拥有六万名[1]步兵和三百五十名骑兵，以

---

〔1〕比较第 576 节中的"超过十万人"；其余的军队大概尚未"做好开战准备"。

及四千五百名雇佣兵，他为之寄予了最大的信心；此外，他还拥有六百名精心挑选的侍卫。（584）城镇可以轻易维持这些部队（雇佣兵除外）的给养：每座城镇要向军队派送一半的粮食，余下则留给自己食用；一部分人被派去服兵役，另一部分人则被派去服劳役，作为运送粮食的回报，他们得到武装部队的安全保障。

第二十一章

[1]（585）就在约瑟夫斯这样处置加利利的事务之际，他遭到了一个人的背叛，此人就是基士迦拉的列维之子约翰，他性格奸诈，做事不择手段，毫无道德原则，恶名昭著。他早年生活非常贫困，而贫困长期以来阻碍了他的邪恶目的的展开。（586）他是一个十足的骗子，非常善于以谎言骗取信任，在这方面天赋异禀，甚至欺骗自己最亲密的朋友。（587）他假装仁慈，实际上残暴嗜血。他野心勃勃，满脑子罪恶勾当。[1] 起初，他只是一个独行侠式的土匪，后来他聚集了一帮胆大的同伙，尽管一开始人数非常之少，但随着他的胜利而越聚越多。（588）他小心翼翼，从不挑选那些容易被抓的人入伙，而是精心挑选身体强健、作战勇敢而又富有军事经验的人入伙。他最终聚集起一支

---

〔1〕约瑟夫斯在这里对约翰的描绘，比在《生平》里对约翰的描绘更为邪恶——让人想起了撒路斯特对卡提林的描绘（Sallust's description of Catiline）："他有钢筋铁骨般的身体，经受得住常人绝对不能忍受的饥饿、寒冷和不眠。他胆大妄为，不讲信义，翻云覆雨，无论什么都装得出、瞒得住。他觊觎别人的财产，挥霍自己的钱财；而且他的情欲十分强烈。他具有相当的口才，但是没有什么见识。他的错乱的精神总是在贪求穷凶极恶、难以置信和稀奇古怪的东西。"（animus audax, subdolus, varius, *cuius rei lubet simulator ac dissimulator…nimis alta semper cupiebat…*agitabatur magis magisque in dies animus ferox *inopia rei familiaris*），参见《卡提林阴谋》（*De Cat. conj.*）第五卷。

四百人的队伍，其中绝大部分是来自于推罗及其周边农村的逃亡者。（589）借助于这些人的力量，他在整个加利利地区进行劫掠，当地人不堪其扰，他们早就被即将到来的战争搅得心神不宁。

[2]（590）约翰对将军一职垂涎欲滴，而且有比这更大的野心，却受到财物匮乏的扼制。然而，他注意到约瑟夫斯非常欣赏他的干劲和活力，就首先设法劝说约瑟夫斯委任他重建自己家乡的城墙；而这项工程让他从当地的富人手里[1]获取了巨大利益。（591）接着，他想出一个非常阴险的诡计：他公开宣称的目标是保护生活在叙利亚的所有犹太人不会用到非本族同胞供应的橄榄油，为此请求约瑟夫斯准许他将橄榄油运到边境，他得到了许可。（592）他用价值相当于四阿提卡德拉克马（four Attic drachmas）的推罗铸币（Tyrian coin）买进四罐（four *amphorae*）橄榄油，然后，每半罐橄榄油以同样的价格卖出。[2]由于加利利是橄榄油的著名产地，同时也是谷物的盛产地，所以，约翰就大量贩卖这些产品到亟需的地方而独享垄断暴利，通过这种方式，他积累了无数的金钱。但他却利用这笔金钱，恩将仇报地反对起先前授予他这项特权的人。（593）他认为，倘若除掉约瑟夫斯，他就会成为加利利的统治者，因此命令他手下的那帮土匪变本加厉地进行劫掠。整个地区都沦为无法无天之地，假如约瑟夫斯前去救援，那么可以乘机伏击并干掉他；假如约瑟夫斯置之不理，那么就可以在

---

〔1〕按照《生平》第71—73节的记载，约翰从约瑟夫斯的同僚（Josephus's colleagues）那里获得了出售储存在上加利利的皇家谷物（the imperial corn）的许可，以及将所得收入用于修建基士迦拉城墙的许可。

〔2〕这段记载与《生平》（第74—75节）的记载略有差异。那些禁止使用国外橄榄油的犹太人并不是"生活在叙利亚的所有犹太人"（all the Jews of Syria），而是限定于那些生活在凯撒利亚－腓立比（Caesarea Philippi）的犹太人。在《生平》中，约翰的利润比是10∶1（他以4德拉克马的价格买进80塞克斯塔[*sextarii*]，而以1德拉克马的价格卖出2塞克斯塔）；这里的利润比是8∶1。

同胞面前中伤他见死不救。（594）此外，约翰还在远近各地造谣说，约瑟夫斯打算将这个国家出卖给罗马人。为了毁灭约瑟夫斯，他耍了不计其数的阴谋诡计。

[3]（595）大约就在这个时间，达巴里特哈村庄（the village of Dabarittha）[1]的一些负责守卫大平原的年轻人伏击了阿格里帕和贝勒尼斯的监护人（the overseer）[2]托勒密，[3]抢走了他的全部行李和财物，包括大量名贵的衣服、大批银质的酒杯和六百[4]片（pieces）[5]金子。（596）由于他们无法秘密处置这些劫掠物，就把这些东西全部送到了塔里基亚的约瑟夫斯那里。（597）约瑟夫斯严厉地责备了他们对王室仆人的劫掠行径，接着，他委任安纳乌斯（Annaeus）[6]——塔里基亚最有权势的人物——负责和保管这些行李和财物，目的是在时机合适的情况下，把这些东西送还给原来的主人。然而，这个举动给约瑟夫斯带来了巨大的危险。（598）因为这些劫掠者没有分到半点东西，他们对此深感愤怒，而他们原本以为约瑟夫斯会把这些劫掠到的王室财物分给他们。他们连夜跑出村庄，到处宣称约瑟夫斯是叛徒；同时，他们煽动和引发了周边城镇的巨大混乱，到黎明时聚集起十万名被武装起来的人反对约瑟夫斯。（599）民众聚集在塔里基亚的竞技场，大声指责，群情激昂；一些人尖叫着要用石刑砸死这位叛徒，另一些人

---

〔1〕《旧约》中的达比拉特（Daberath）即现在的德布里（Deburieh），位于他泊山的西坡上；"大平原"指的是埃斯德拉隆平原（plain of Esdraelon），对照《生平》第 126 节及以下的相应记载。

〔2〕或者写作"财务主管"（finance officer）。

〔3〕按照《生平》第 126 节的记载，他们伏击的是托勒密的妻子，而非托勒密。

〔4〕《生平》第 127 节记载的是五百片金子。

〔5〕约瑟夫斯并没有确切指明这些金子的具体单位，莱纳赫指出，这些金子不是六百片，而是六百斯塔特（staters）。

〔6〕按照《生平》第 131 节记载，约瑟夫斯委任的是阿格里帕的朋友达西安（Dassion）和詹纳乌斯（Jannaeus）来负责和保管这些财物。

则大声嚷嚷着烧死他。在萨菲亚斯之子约书亚（Jesus son of Sapphias）的支持下——约书亚那时是提比里亚的行政长官（chief magistrate of Tiberias），约翰[1]火上浇油，从而煽动起大批民众的不满情绪。（600）约瑟夫斯的朋友和侍卫对民众的暴力攻击深感恐惧，因此，除了有四个人留了下来，[2]其他人全都逃走了；当时约瑟夫斯正好睡着了，当敌人要放火烧毁他的房子的那一刻，他才惊醒过来。（601）他的四个忠诚的同伴催促他赶紧逃走，[3]但他并没有因为手下士兵们弃他而去或者大批攻击者气势汹汹地杀来而感到害怕，相反，他撕碎自己的衣服，将灰烬洒在自己头上，又将双手交叉放在背后，并将利剑悬挂在自己的脖子上，冲了出去。（602）看到这种场景，出于对他的同情，那些熟悉他的朋友们，尤其是塔里基亚人，全都生了恻隐之心。但是，那些来自乡下以及周边地区的人仍然憎恨他。他们严厉地责备约瑟夫斯，严令他立即交出那笔财物，并承认自己的背叛行径。（603）因为他们从约瑟夫斯的举止中看出，他会否认他们对他的所有怀疑，而且他们觉得，他的这一切可怜兮兮的举动不过是为了赢得他们的原谅。（604）其实，这些屈辱姿态不过是一种策略，其目的是在对自己不满的对手中间制造不和；约瑟夫斯答应就引起人们愤怒的事情进行忏悔，（605）因而，在获允讲话之后，他这样对他们说道：

> 关于那笔金钱，我无意把它交给阿格里帕，也无意占为己有；我从未将你们的任何一个敌人视为我的朋友，也从未将你们的损失看作我的所得。（606）然而，正如我所见到的，塔里基亚的市民们，你们的城市亟需强化防御，但你们缺少金钱修缮你们的城墙；

---

〔1〕《生平》里没有提到约翰（John）。
〔2〕其中一个是西蒙（Simon），参见《生平》第137节。
〔3〕西蒙建议约瑟夫斯自杀，参见《生平》第137节。

而且，为了避免提比里亚和其他城镇的民众惦记这批劫掠物，我决定私自扣留它们，以用于修复你们的城墙。（607）如果此举让你们不满意，那么，我就把这批劫掠物拿出来，让你们一起瓜分。但是，如果我是为了你们的利益行事，那么你们就不应该惩罚你们的恩人。

[4]（608）塔里基亚人对这番讲话深表赞同，而那些来自提比里亚和其他地方的人则中伤和威胁约瑟夫斯。双方将约瑟夫斯晾在一边，相互争吵起来。倚仗着支持者——塔里基亚人多达四万名——的约瑟夫斯更加无所顾忌地向全体民众发表讲话。（609）他严厉地谴责了他们的冲动，接着，他答应用这笔金钱加固塔里基亚的防御，同时也会保障其他城镇的安全；他又补充说，钱款很快就会有，只要他们与他联合、共同对敌，而不是反过来愤怒地攻击提供钱款修建城墙的人。

[5]（610）因此，大部分民众都离开了；但仍有一些人怒气未消，有两千人[1]甚至武装攻击约瑟夫斯。他赶紧跑进自己屋里，他们就站在外面大声地威胁他。（611）约瑟夫斯现在只能求助于第二个计谋了。他爬到屋顶，用手势示意和平息他们的喧闹，接着对他们说道："我不知道你们究竟想要什么，你们如此大声嚷嚷，我根本就听不清你们的讲话；但是，如果你们派出一个代表团过来同我和平协商，那么我会满足你们的所有要求。"（612）一听到这番话，他们的头头连同重要人物就一起走进了他的房子。[2]约瑟夫斯将他们拖到房间最里面的地方，并关上了最外面的大门，接着，他狠狠地鞭打他们，直到皮开肉绽。而依然站在屋外的那些暴徒则以为，他们的代表团仍在进行持久的会谈。（613）然而，约瑟夫斯突然打开了大门，把这些浑身是血的

---

〔1〕《生平》第 145 节记载的是六百人，而非两千人。

〔2〕按照《生平》第 147 节的记载，只有一位代表走进了约瑟夫斯的房子；除了受到鞭刑，这位代表还被砍掉一只手，而且这只手被挂在了他的脖子上。

人全部扔出屋外，外面的暴徒们都被眼前的这幅场景吓住了，以至于他们纷纷放下自己的武器，四散逃亡。

[6]（614）这些事情进一步加深了约翰的怨恨（malice），[1]接着，他想出了第二个针对约瑟夫斯的阴谋。约翰谎称有病，并写信给约瑟夫斯，请求他允许自己在提比里亚泡热水澡，以恢复身体健康。（615）于是，未对这位密谋者产生怀疑的约瑟夫斯就写信给自己在提比里亚的属下，让他好生接待约翰，并为约翰提供各种生活所需。在充分享受了两天的舒服日子后，约翰开始实施自己此行的阴谋：他利用欺骗和贿赂的手段腐蚀提比里亚的民众，不断劝说他们背叛约瑟夫斯。（616）一听到这个阴谋，西拉斯（Silas）——约瑟夫斯所任命的提比里亚这座城市的守卫——立即给约瑟夫斯写信，将这个消息告诉了他。一接到西拉斯的信件，[2]约瑟夫斯立即就动身了，经过一晚上的急行军，他在拂晓时分赶到了提比里亚。（617）除了约翰，提比里亚所有的民众都出来迎接约瑟夫斯；尽管约翰怀疑约瑟夫斯此番前来的目的，但他仍委派了自己的一位朋友过来传递消息——谎称他身体有恙，卧病在床，不能亲自过来迎接约瑟夫斯。[3]（618）然而，当约瑟夫斯将提比里亚的民众召集到体育场，与他们讨论他收到的那封信上的消息时，约翰秘密派遣了一些士兵，命令他们杀死约瑟夫斯。（619）一看到这些士兵抽出利剑，民众立即大声尖叫起来；听到他们的尖叫声，约瑟夫斯立即转过身来，他看到利刃就要抵到自己的喉咙，于是赶紧跳到沙滩上——当时他正站在一座六肘尺高的土墩上向民众发表

---

〔1〕或者写作"嫉妒"（envy）。在《生平》（第84—103节）的相应叙述中，发生在提比里亚的这些事情，以及发生在接下来的章节（第614—623节）里的那些事件，都被安排在了塔里基亚事件（第595—613节）之前。

〔2〕约瑟夫斯当时正在坎纳（Cana），参见《生平》第86节。

〔3〕按照《生平》第91节的记载，约翰亲自过来迎接约瑟夫斯，只不过很快就离开了。

讲话，然后和他的两名侍卫[1]一起跳上一艘停在湖岸边的船，划到了湖中央。

[7]（620）然而，他的士兵们迅速拿起了武器，向那些密谋者进攻。约瑟夫斯担心，内战的爆发很可能会毁灭这座城市，而这一切只是由一小撮人的嫉妒和罪恶引发的；于是，他派出传令官去命令自己的士兵，除了保卫自身的生命安全之外，不要借口对方的罪恶而去屠杀或者迫害任何人。[2]（621）按照约瑟夫斯的命令，他们没有采取进一步的行动；然而，在得知了这场密谋及其密谋者后，这个地区的居民成群地聚集起来攻击约翰，约翰匆忙逃到了自己的老巢基士迦拉。（622）加利利人从各个城镇成群结队地蜂拥到约瑟夫斯那里；成千上万手持武器的人气势汹汹地杀来，他们坚称要严惩约翰这个公敌，把他和这座窝藏他的那座城市一起烧为灰烬。（623）约瑟夫斯对他们的善意表示了谢意，但他制止了他们的鲁莽行动，他更愿意通过外交手段而非武力屠杀战胜自己的敌人。（624）他从每一座城镇得到了那些参与约翰叛乱的人员名单——他们的同胞非常乐意提供这份叛乱分子的名单，接着，他发布了一份公开声明，威胁他们如果不在五天内[3]背弃约翰，那么，他们劫掠的财产、他们的房屋以及家人都将被烧作灰烬。（625）这个威胁立即促使三千名[4]追随者离开了约翰，他们跑到约瑟夫斯那里，把武器扔在约瑟夫斯的脚下。约翰放弃了公开的敌对，带着剩下的两千名叙利亚（Syrian）[5]亡命徒再一次被迫耍起各种

---

〔1〕其中一位侍卫是雅各（James），另一位侍卫则是名叫希律的提比里亚人（Herod a citizen of Tiberias），在《生平》第96节中，他们两人是约瑟夫斯的同伴。

〔2〕《生平》里没有与此相对应的句子和事件。

〔3〕《生平》第370节记载的是"二十天"。

〔4〕《生平》第371节记载的是"四千人"。

〔5〕我们应该像《生平》第372节（对照本卷第588节）那样，将这里的Syrian（叙利亚人）读作Tyrian（推罗人）。

阴谋诡计来。[1]

（626）约翰现在秘密派遣使者到耶路撒冷，以控告约瑟夫斯大权独揽，他声称，假如不及时制止约瑟夫斯，那么他很可能变成耶路撒冷的僭主。[2]（627）那些了解事情真相的民众根本不把这些指控当回事；然而，他们的头领们和一些地方长官则出于嫉妒，秘密地向约翰提供金钱，使其能够招募雇佣兵与约瑟夫斯开战。他们没有进行充分考虑，就发出一道收回对约瑟夫斯的将军任命的法令。（628）他们还派出一支两千五百人[3]的军队和四位出身高贵的能言善辩之人——分别是诺米库斯之子约斯德鲁斯（Joesdrus son of Nomicus）[4]、撒都之子阿南尼亚，以及约拿单之子西蒙和犹大[5]——其目标是削弱和转移民众对约瑟夫斯的支持和爱戴。如果约瑟夫斯自愿离开，那么他们就给他一次自我辩护的机会；如果约瑟夫斯坚持不走，那么他们就宣布他为人民的公敌。（629）与此同时，约瑟夫斯的朋友们写信告诉他，一支军队正向加利利开来，但没有透露任何原因，因为他的对手们是在秘密会议上策划他们的计划的。由于猝不及防，当那支军队一出现，就有四座城镇——色弗黎、迦巴拉（Gabara）、基士迦拉和提比里亚——倒向了约瑟夫斯的对手那边。（630）然而，在没有借助武力的情况下，约瑟夫斯很快就夺回了这些城镇，[6]接着，他通过计谋制

---

[1] 这一事件（第 624—625 节）——在更为靠后的其他叙述中可能准确得多——发生在与耶路撒冷的使团发生冲突之后（参见《生平》第 189—332 节）。

[2] 关于他们试图取代约瑟夫斯的故事，《生平》第 189—332 节记载的内容远比这里详尽。

[3] 《生平》第 200 节只记载有六百名士兵和三百名市民。

[4] 在《生平》的记载中，约斯德鲁斯（Joesdrus）亦称作约亚撒（Joazar）或者约撒（Jozar）。

[5] 《生平》第 197 节等记载的是"约拿单"（Jonathan），而非"约拿单之子犹大"（Judas son of Jonathan）。

[6] 基士迦拉除外。

服了四个头领和他们的强大军队，并将他们遣回耶路撒冷。（631）民众对这些人极其愤慨，要不是他们立即逃回去的话，民众早就冲过去把这些士兵及其雇主给杀死了。

[8]（632）由于惧怕约瑟夫斯，此后约翰就一直躲在基士迦拉的城墙里面。几天后，提比里亚人再一次发动叛乱，城里的民众请求阿格里帕国王出兵援助。（633）阿格里帕没有按照约定的日期到达，但一小支罗马骑兵碰巧在那一天出现，提比里亚人宣布把约瑟夫斯拒之门外。（634）他们背叛的消息立即被报告给在塔里基亚的约瑟夫斯。约瑟夫斯此时刚好将所有士兵都派出去寻找粮食；[1] 他既不能独自出去面对叛乱分子，也不能留在原地无所作为，因为他担心，如果继续逗留和拖延，国王的军队很可能会抢在他前面占领这座城镇；此外，第二天就是安息日，他将无法采取任何行动。（635）就在进退两难之际，一个可以绕过叛乱分子的计谋突然闪现在他的心头。首先，他下令关闭塔里基亚的城门，以防止任何人出城泄露自己的计谋；接着，他把湖中所有能找到的船只——总计两百三十艘，每艘最多只需配备四名水手——全都集中起来，随后率领这支舰队全速驶往提比里亚。（636）他将船只远远地停泊在提比里亚城外的水域上，以防提比里亚人看到船上空空无人，而他自己则带着七名全副武装的侍卫驶到前面，以使所有人都能看到他。（637）城墙上的敌人最初看到他时，还会高声地咒骂他，但接着他们就惊恐起来。他们以为所有的船只都载满了军队，于是纷纷放下武器，并挥动着象征和平的橄榄枝，乞求约瑟夫斯宽恕这座城市。

[9]（638）约瑟夫斯严厉地威胁和责备了他们：首先，在武装反抗罗马的统治之后，他们却顺遂敌人的心愿，愚蠢地把自己的力量

---

〔1〕"这个消息让我警觉起来；由于第二天是安息日，我就把士兵们全部解散回家了，我不想让这些士兵烦扰塔里基亚人。"（《生平》第159节）

消耗在国内的派系冲突之中；其次，他们对自己的保护人如此除之而后快，而且毫不羞耻地对他关闭城门，要知道他们的城墙还是他修建的。接着，约瑟夫斯声称，他会接受他们的求情，并帮助他们一起保卫城市。（639）听完这番讲话，提比里亚的十位最有权势的公民立即就下来了；他让这些人乘坐其中的一艘船，将他们载到距陆地有一段距离的水域。接着，约瑟夫斯要求再有五十名最杰出的议事会成员主动站出来，[1] 表面上是为了向他做出保证。（640）约瑟夫斯就这样不断地编造新的借口，以达成协议的名义，一波接一波地将更多人叫上了船。（641）当船只一批批地装满后，他命令船长全速驶往塔里基亚，把他们全部关押进监狱。如此，约瑟夫斯把整个议事会的全部六百名成员，以及另外大约两千名市民全都逮捕起来，用船押至塔里基亚。

[10]（642）留下来的那些民众则不停地喊道，这场叛乱的罪魁祸首是克雷图斯（Cleitus），他们不断地催促这位总督（the governor）[2] 把怒气发泄到克雷图斯的身上。然而，约瑟夫斯无意处死任何人，他命令自己的一个名叫列维（Levi）的侍卫下去岸边，砍掉克雷图斯的双手。（643）然而，这个家伙却拒绝前往，因为他不敢独自一人走到众多的敌人中间。克雷图斯看到约瑟夫斯在船上气得火冒三丈，并准备跳下船亲自严惩他，就在岸边恳求约瑟夫斯给他留下一只手，不要把两只手都砍掉。（644）约瑟夫斯同意了他的请求，条件是让他自己砍掉自己的一只手；克雷图斯于是就用右手拔出利剑，砍掉了自己的左手。他对约瑟夫斯的恐惧就是这样巨大。（645）约瑟夫斯就这样用空船和七名侍卫把整个民众全都俘获了，再一次将提比里亚人拉回到自己一边。但是几天后，他发现这座城市与色弗黎人一起又发动了叛

---

〔1〕［中译按］在惠斯顿本中，英译者将议事会（council）译作元老院（senate）。
〔2〕［中译按］指的是"约瑟夫斯"。

乱，于是他命令自己的士兵彻底洗劫它。（646）然而，他把所有的战利品全都集中了起来，并把它们一一复归原主。他对色弗黎人也同样如此；虽然他征服了这座城镇，但他只是想教训他们一下而已，当他把洗劫的财产全部归还他们后，他重新获得了他们的爱戴。

第二十二章

[1]（647）加利利的动荡就这样平息了；他们之间的内部冲突结束了，终于转而准备全力对付罗马人。（648）在耶路撒冷，高级祭司阿南努斯和所有非亲罗马的领导人全都在忙于修建城墙和制造大批战争器械。（649）这座城市的每一个角落都在锻造飞弹和铠甲；大批年轻人正在训练备战，尽管他们的训练缺少规则；整座城市到处都闹哄哄的。但温和派感到极度悲观，他们公开地抱怨和哀叹，因为他们预见到了即将来临的深重灾难。（650）那时也出现了一些预兆，对于这些预兆，[1]热爱和平的温和派认为是不祥的兆头，而煽动战争的激进派则随意按照自己的意愿进行解释。总之，在罗马人还未到来之际，这座城市就似乎难逃毁灭的命运。（651）然而，阿南努斯怀有这样一个想法，就是逐渐放弃这些备战举措，并试图将那些心怀不满的叛乱分子和狂热的奋锐党人[2]引向一个更为有利的方向；但是，他最终不

---

〔1〕后面的章节（第六卷第288—315节）对这些预兆有进一步的描述。

〔2〕[中译按] 奋锐党又名狂热派，是古代后期犹太教的一个激进派别，由社会底层的普通平民、贫苦民众及小商贩组成；在宗教观点上，他们与法利赛人一样，强烈盼望弥赛亚来临；但在政治上，他们则与法利赛人相反，他们认为，接受罗马统治等同于背叛上帝，因而，他们坚决反对罗马的统治。另一方面，他们又认为自己是犹太律法与犹太民族生活的捍卫者，因此，奋锐党人常常暗杀罗马官员及犹太人中间的那些亲罗马的派系官员（如法利赛人），相当激进。

得不屈服于他们的暴力行径。在后面的章节中，我们对他的最后命运有进一步的叙述。[1]

[2]（652）在阿卡拉贝特尼王国（the toparchy of Acrabatene），基奥拉斯之子西蒙聚集了一大批叛乱分子，到处烧杀劫掠。他们不仅洗劫那些富人的房屋，而且残害他们的身体——即使在很早的时候，他就清晰地暴露出要实行暴政统治的端倪了。[2]（653）当阿南努斯和其他头领派遣军队向西蒙进军时，他带着自己的同党投奔了马萨达的土匪，[3]直到阿南努斯和其他的对手被杀之前，他一直待在那里，并与土匪一起劫掠以土买地区的乡村。（654）由于他们到处劫掠和屠杀，当地的领袖们就招募了一支军队来保卫这些乡村。这些就是以土买地区当时的局势。

---

〔1〕关于阿南努斯最后的命运，参见第四卷第315节及以下；关于阿南努斯其人，参见第563节注释。

〔2〕在罗马人围攻耶路撒冷期间，基奥拉斯之子西蒙成为了一位著名人物。

〔3〕参见第408节、第433节和第447节。

第三卷

第一章

[1](1)当罗马人在犹地亚惨败的消息传到尼禄耳中时，尼禄像往常一样掩饰着自己的惊慌和恐惧，在公开场合装出一副鄙夷和愤怒的样子。（2）他说："这些不幸的事件都是源于将军的玩忽职守而非敌人的英勇。"在他看来，帝国的威严让他理应蔑视这种不幸，也理应拥有一颗超越一切不幸的灵魂。然而，他的关切无疑暴露了内心深处的焦虑。

[2](3)他在仔细考量该委任谁接手和负责当前帝国东部（the East）的这场巨大暴乱，这个人既要能够镇压犹太人的叛乱，又要能够阻止周边民族的骚动，因为这些周边民族也感染了这种传染病。（4）他发现，没有人比韦斯巴西安更适合成为处理这场紧急事件的人选了，此人完全能够肩负起这个战争重任。韦斯巴西安从年轻的时候起就一直从军作战，现在已是军营里面一名头发灰白的老人了；他在早年平息和恢复了罗马在西方（the West）的统治，当时日耳曼人正侵扰着这个地方；（5）由于其卓越的军事才能，他被派到帝国的不列颠（the Empire Britain）——直到那时他几乎仍籍籍无名，对于尼禄的父亲克

劳狄[1]委派的这次任务，他毫不费力地获得了胜利的荣誉。[2]

[3]（6）尼禄将这些记录看作是好兆头，而且，他看到韦斯巴西安征战多年，[3]军事经验和军事能力都极其卓越；韦斯巴西安的儿子们可以作为人质，以确保他对自己忠诚，此外，他的儿子们正值壮年，如果一起参与作战的话，正好可以与韦斯巴西安成熟稳重的性格形成互补。上帝似乎干预了韦斯巴西安的最终命运，让他注定在后来的岁月里接管和统治整个帝国。（7）尼禄派遣韦斯巴西安接管在叙利亚的罗马军队；在这个巨大的危急时刻，可能是出于抚慰或者讨好的需要，尼禄极力地夸赞了他。（8）因此，韦斯巴西安把自己的儿子提图斯（Titus）[4]——当时正在亚该亚随侍在尼禄的左右——从亚该亚派到亚历山大里亚，把第十五军团从那里带回来；韦斯巴西安自己则越过赫勒斯滂（the Hellespont），从陆路进军至叙利亚，在那里集结了罗马军队以及周边地区的国王们提供的大量辅助部队。

第二章

[1]（9）犹太人现在打败了塞斯提乌斯，对于这场意想不到的胜

---

〔1〕克劳狄是尼禄的继父；他把尼禄收为养子（参见第二卷第249节）。

〔2〕他被克劳狄派往日耳曼，后来又被派往不列颠（公元43年），在那里他获得了胜利，其中包括对怀特岛（the Isle of Wight）的攻陷，这是他"好运的起始"（the beginning of his fortune），参见塔西佗：《阿古利可拉》[Agric.]第13节；苏埃托尼乌斯：《韦斯巴西安》[Vesp.]第4节。

〔3〕韦斯巴西安生于公元9年，这时他57岁。

〔4〕[中译按]提图斯：罗马帝国弗拉维王朝的第二任皇帝，公元79—81年在位。提图斯以主将的身份，在公元70年攻破耶路撒冷，大体上终结了犹太战争。在他短暂的两年执政期间里，罗马发生了三件严重灾害：公元79年的维苏威火山爆发、公元80年的罗马大火与瘟疫。在当时，他是一位受到人民普遍爱戴的皇帝。

利，他们无不欢欣鼓舞，以至于根本就抑制不住自己的激情，恨不得携这场胜利之威，把战争扩展到更加遥远的地方。因此，他们一刻也没有耽误，马不停蹄地集结了大批最能征善战的战士，向阿斯卡隆进军。（10）阿斯卡隆是一座古城，距离耶路撒冷五百二十弗隆，[1]总与犹太人为敌；由于两地之间的距离过近，所以它往往成为犹太人首先攻击的目标。[2]（11）这次远征是由三位在才能上和睿智上都十分杰出的人士领导的，他们分别是佩拉亚的尼格尔、巴比伦的西拉斯[3]和艾塞尼人约翰[4]。（12）阿斯卡隆城拥有坚固的城墙，但缺乏足够的守城士兵，它的守备部队只有安东尼乌斯（Antonius）指挥的一个步兵大队和一个骑兵中队（one squadron of cavalry）[5]。

[2]（13）满腔热情的犹太人加速了自己的步伐，就好像他们是从临近的一个基地出发一样，很快到达了这个地方。（14）但是，安东尼乌斯已经做好了迎战的准备；在获悉了他们的进攻意图后，他事先就将自己的骑兵派遣出城，毫不畏惧地面对不论在人数上还是勇气上都占压倒性优势的敌军，坚定地迎接着他们的第一波进攻，在他们冲到城墙下时奋力地击退了他们。（15）犹太人面对的处境非常不利，因为他们是以新兵对抗老兵，以步兵对抗骑兵，以杂乱无章的军队对抗秩序井然的罗马军队，以临时拼凑的部队对抗全副武装的正规部队，

---

〔1〕大约相当于五十九英里（斯塔德［the stade］要远远长于我们的"弗隆"［our "furlong"］）；不过，其直线距离只有四十余英里。

〔2〕在《觐见盖乌斯》（科恩）第 205 节中，斐洛提到了他们之间不可调和的世仇；犹太人不久前摧毁了这座城镇（第二卷第 460 节）。从公元前 104 年以来，这座城镇一直是独立的。

〔3〕在与塞斯提乌斯的第一次战役中，尼格尔和西拉斯这两人都表现突出，参见第二卷第 520 节；尼格尔是以土买总督或者前总督，参见第二卷第 566 节。

〔4〕艾塞尼人约翰最近被任命为犹地亚西北部的将军，参见第二卷第 567 节。

〔5〕这里所说的"一个骑兵中队"指的是"一支辅助骑兵"（a body of auxiliary cavalry）。

他们完全靠自己的激情而不是靠军令行事和作战，而真正训练有素的军队是靠指挥官的信号作战的。（16）面对罗马人的这种优势，犹太人很快就陷入了困境。一旦他们的先头部队被罗马骑兵打败，巨大的溃败就会接踵而至，那些被罗马人打败而四处逃亡的士兵会不断地与从后面向城墙冲去的己方士兵相互冲撞、挤兑和踩踏，以至于他们成为自己的敌人，直到最后，整支部队在骑兵的追击下溃散在整个平原上。（17）这种宽阔的地形非常适合罗马骑兵横冲直撞，因而他们屠杀了大批犹太人；骑兵们先是截住他们，进而逼迫他们调转回头，让他们在逃跑中挤作一团，接着将他们屠杀殆尽；不管他们往哪个方向逃跑，罗马骑兵都可以飞奔过去把他们团团围住，以至于他们成了罗马人标枪下的活靶子。（18）犹太人尽管人数众多，但他们却在危难中感到孤立无援；罗马人尽管人数稀少，但他们战术得当，以至于在人数上看起来比犹太人更加庞大。（19）然而，犹太人仍在逆境中苦苦挣扎，希冀有回天之术，对于这种快速的溃败，他们也深以为耻，而罗马人仍在不知疲倦地追逐胜利；因此，战斗一直拖延到晚上，最终有一万名犹太士兵和两名犹太将军——约翰和西拉斯——弃尸疆场。（20）其余的人大部分受了伤，跟着幸存的将军尼格尔，一起逃到了一座名叫查亚里斯（Chaallis）[1]的以土买小城镇。（21）罗马人一方只有一小部分人在战斗中受伤。

［3］（22）然而，犹太人没有被这种惨痛的失败击倒，挫折加倍地激励了他们的勇气和复仇之心；他们根本就不理会自己脚下的那些死尸，而是被先前胜利的回忆激励着继续奋战，结果却遭受了第二次惨败。（23）他们甚至没有留下治疗伤者的时间，就重新集结了自己所有的兵力，更加气势汹汹地带着更为庞大的人数折返回来进攻阿斯

---

[1] 查亚里斯的具体位置不得而知。

卡隆。（24）但是，仍因为缺乏经验和军事素养，之前遭受的噩运再一次降临到他们头上。（25）安东尼乌斯在他们的必经之路上设下了埋伏，让他们意想不到地掉进这些陷阱，并且，在他们尚未来得及组织有效的抵抗之时，他就派遣骑兵包围并攻击了他们，以至于他们这一次又损失了超过八千名士兵。余下的人全都跟着尼格尔逃走了，后者在撤退中进行了卓有成效的英勇抵抗；罗马人则一直紧追不放，直到他们逃进一个名叫贝尔泽德卡（Belzedek）[1]的村庄的一座坚固塔楼里。（26）安东尼乌斯和他的军队既不愿意消耗力量来围攻这座坚不可摧的塔楼，又不愿意敌军将领及其勇猛的手下逃走，于是就放火焚烧城墙。（27）看到塔楼里冒起了青烟，罗马人就欣喜若狂地撤军了，因为他们相信尼格尔必将死无葬身之地；然而，尼格尔跳下塔楼，在这座城堡的凹陷处发现了一个地下洞穴，躲了进去；三天之后，当他的朋友正寻找他的尸体以入土为安时，他们听到他从地底下发出声音。（28）他的再次出现给所有犹太人带来了意想不到的喜悦；他们觉得，尼格尔靠上帝的恩典得以保全性命，是因为上帝要他在未来的战斗中做他们的将军。[2]

　　[4]（29）韦斯巴西安开始调动自己在安提阿的军队——安提阿是叙利亚的首都，就重要程度和富裕程度而言，它在罗马帝国治下的诸城市中无可争议地排在第三位。[3]在那里，他发现阿格里帕国王正带着其全部军队等待他的到来。接着，韦斯巴西安从安提阿率领军队进军至托勒米亚。（30）加利利的色弗黎人也前来这座城市与他会合，而色弗黎人是加利利行省唯一与罗马人维持和平的居民。（31）色弗

---

〔1〕贝尔泽德卡（Belzedek）的具体位置不得而知。
〔2〕在罗马军队围攻耶路撒冷期间，尼格尔遭到了奋锐党人的谋杀（第四卷第359节）。
〔3〕安提阿排在罗马和亚历山大里亚之后。

黎人一直以来就着眼于自身的安全问题，并深刻意识到罗马的强大力量，以至于在韦斯巴西安到来之前，他们就已经向卡森尼乌斯·加鲁斯宣誓效忠，而且得到了加鲁斯的安全保证，并接纳了一支罗马驻军；[1]（32）他们现在热情地欢迎统帅韦斯巴西安的到来，并允诺给予后者积极的支持，打击他们自己的同胞。（33）按照他们的要求，韦斯巴西安向他们临时指派了一支庞大的骑兵和步兵部队，自认为这支军队足够保卫他们击退犹太人接下来的进攻；（34）事实上，失去色弗黎对即将到来的战争影响长远，因为它毕竟是加利利最大的城市，而且是在敌人领土的险要位置上建造的一座异常坚固的要塞，足以影响整个行省的安全。

第三章

[1]（35）加利利——分为上加利利和下加利利两个部分——被腓尼基和叙利亚包围和环绕。加利利的西部边境是托勒米亚的边缘和迦密山——迦密山一度属于加利利，现在则属于推罗；（36）毗邻迦密山的是"骑兵之城"（city of cavalry）[2]迦巴[3]，它得名于被希律国王解职之后驻扎在这里的骑兵。（37）加利利的南部边境是撒玛利亚和希索波利斯，一直延伸至约旦河；加利利的东部边境是西普、迦达拉、戈兰提斯的领土和阿格里帕王国的边境线；加利利的北部边境则是推

---

〔1〕参见第二卷第 510 节（卡森尼乌斯·加鲁斯是第十二军团的指挥官）和《生平》第 394 节（色弗黎人请求并得到了塞斯提乌斯·加鲁斯提供的一支驻军）。

〔2〕[中译按] city of cavalry 亦写作 City of Horsemen。

〔3〕关于迦巴城，请参见《犹太古史》第十五卷第 294 节；普林尼亦称呼迦巴为"戈巴"（Geba），参见《自然史》第五卷第十九章第 75 节。

罗人的地界。（38）下加利利的长度从提比里亚一直延伸到迦布伦，距离托勒米亚海岸不远；（39）下加利利的宽度则从大平原（the Great Plain）上的一座名叫萨洛特（Xaloth）[1]的村庄一直延伸到贝尔萨比。（40）上加利利的宽度从巴卡村（the village of Baca）一直延伸到推罗人的边境；它的长度则从约旦附近的特赫拉村（the village of Thella）一直延伸到米洛特（Meroth）。

[2]（41）在上下加利利这片有限的地区周围，生活着众多强大的外族，加利利必须时刻抵抗外来侵略；（42）加利利人从幼儿时期就习惯了战争，而且无论在何时，他们的人数都非常庞大。他们既不缺乏勇气，也不缺乏人数。这片土地土壤肥沃、水草丰美、果树繁多且果实诱人，甚至连那些最懒惰之人，也抵挡不住这些有利条件的诱惑而投身到农业生产之中。（43）事实上，这里的每一寸土地都被当地居民耕种了，没有一块荒地。由于土地肥沃，那里的城镇分布密集，甚至有大量的农村密布其间，到处都是密集的居民，即使最小的村庄也生活有一万五千人以上。[2]

[3]（44）总之，尽管加利利的广袤程度比不上佩拉亚，但是，前者物产的丰富程度要远远胜过后者。因为加利利的全部土地都适于耕种，而且各个地方物产丰富；而佩拉亚尽管非常广袤，但它的大

---

〔1〕约瑟夫斯的《生平》第227节提到了作为南部边界的萨洛特村庄："即使没有你们的指示，我也会来见你们，不仅要在萨洛特村，而且还要在更远的地方见你们"（亦即从耶路撒冷前来加利利的代表团）。萨洛特村庄即现在的埃卡萨尔（Iksal），位于他泊山的"侧翼"（flanks），他泊山即《旧约》中的吉斯绿－他泊（Chisloth-tabor），参见《约书亚记》第十九章第12节。约瑟夫斯在这里所说的"长度"（length）指的是从东到西的距离，而"宽度"（breadth）则指从南到北的距离。

〔2〕我们怀疑，约瑟夫斯在这里有些言过其实。加利利地区总共有204座城镇和村庄（《生平》第235节）；其中最大的村庄是约法村（《生平》第230节），最大的城镇是色弗黎（《生平》第232节）。

部分土地都是沙漠和岩石，太过荒凉以至于不能出产果实。（45）然而，佩拉亚也有大片出产各种庄稼的肥沃土地；并且，它的平原上种满了各种各样的果树，其中橄榄树、葡萄树和棕榈树是主要的种植品种。（46）同时，它也被山上流下来的几条激流和从未干涸的泉水浇灌，甚至当激流的水量在盛夏时节变小时，泉水也可以提供充足的水分。（47）佩拉亚的长度从马卡鲁斯一直延伸到佩拉，[1]宽度则从费拉德尔菲亚[2]一直延伸到约旦。它的北部边境就是我们刚刚提到的佩拉，而它的西部边境则是约旦；它的南部边境是摩押人的土地，它的东部边境则是阿拉伯、赫什本尼提斯（Heshbonitis）、费拉德尔菲亚和基拉萨。

[4]（48）撒玛利亚地区则位于加利利和犹地亚之间；它始于大平原的基纳亚村（the village of Ginaea），[3]终于阿卡拉贝特尼王国。[4]其地貌特征与犹地亚并无不同，（49）两个地区都是由山丘和平原组成，也都有少量的肥沃农地；它们的林木茂密、果实丰硕，有野生的也有栽培的；它们不是被许多河流自然浇灌的，而是从雨水获得主要的水分，大部分地区雨量充沛。（50）所有流经的河流，河水都格外甜美；由于水草丰盛，这个地方的奶牛出产的牛奶比其他地方更多。不过，这

---

〔1〕包括马卡鲁斯，但不包括佩拉（即现在的法赫尔［Fahil］），佩拉位于德卡波利斯；佩拉亚即犹太行省（the Jewish province），不包括北部的外约旦地区（德卡波利斯）。

〔2〕费拉德尔菲亚亦即《旧约》中的亚扪人的拉巴（Rabbah of Ammon）。费拉德尔菲亚这个名字取自于托勒密二世·费拉德尔弗斯（Ptolemy II Philadelphus），该地亦即现在的阿曼（Amman）；它位于德卡波利斯，而其居民（its citizens）和佩拉亚的犹太人（the Peraean Jews）之间血腥的边界争端就发生在临近的一座村庄（《犹太古史》第二十卷第2节）。

〔3〕参见第二卷第232节（基马［Gema］）。

〔4〕在示剑（Shechem）的东南。

两个地方兴盛和繁荣的最好证明是都拥有稠密的人口。

[5]（51）撒玛利亚和犹地亚的分界线是一座名叫阿努亚特 – 波尔卡乌（Anuath Borcaeus）[1]的村庄，这座村庄是犹地亚的北部边界；犹地亚的南部边界——如果从纵向上测量这个国家[2]——则与阿拉伯人的一座村庄相邻，生活在当地的犹太人称之为埃旦（Iardan）。[3]然而，犹地亚的宽度则从约旦河一直延伸到约帕。（52）耶路撒冷城位于它的正中央；[4]正是由于这个原因，这座城市有时被名副其实地称作这个国家的"肚脐"（the "navel" of the country）。（53）此外，犹地亚并不缺乏海洋的便利交通，因为它的海岸一直向下延伸到托勒米亚。[5]

---

〔1〕拉丁本亦写作："阿努亚特（Anuath）亦称作波尔卡乌（Borcaeus）"；波尔卡乌（Borcaeus）亦即现在的贝尔克特（Berkit），它位于示剑南部九英里处。

〔2〕"如果从纵向上测量这个国家"（if one measures the country lengthwise）或者写作"它的最大长度"（at its greatest length）。

〔3〕埃旦（Iardan）亦写作埃达（Iarda），它有可能就是现在的特拉拉德（Tell Arad），它位于希伯伦南大约十六英里处。

〔4〕严格地说，耶路撒冷城位于犹地亚中央的偏东北处。然而，拉比传统通常认为，耶路撒冷城是整个世界的肚脐（the navel [tabur] of the whole world）（就像德尔菲［Delphi］对于希腊人一样），一些中世纪的地图也将耶路撒冷城绘制成世界的中心。参见《禧年书》（Book of Jubilees）第八章第19节："锡安山是整个世界中心的中心"（Mount Zion, the centre of the navel of the earth），以及《巴比伦塔木德·公会》（Talm. Bab. Sanhedrin）第37a节和查尔斯（Charles）引用的其他一些章节（在《禧年书》第八章第12节）；这种观念尤其基于《以西结书》第三十八章第12节得出。

〔5〕这是一个难以理解的分句（A difficult clause）。"它的海岸一直向下延伸到托勒米亚"（having a coast extending as far as Ptolemais）是存在问题的，因为这个海滨平原（the maritime plain）并不属于犹太人；此外，腓尼基境内的托勒米亚不仅在犹地亚的遥远北方，也在撒玛利亚的遥远北方。这里指的似乎是中央山脉（the central mountain chain），这座中央山脉向西延伸到地中海，向北延伸到犹地亚高原和以法莲山，最后终于托勒米亚以南一点的迦南山；也许可以由此得到一些看法（perhaps also to the view obtainable therefrom）。

（54）它被分为十一个区域（districts），[1]其中耶路撒冷城作为首都拥有至高无上的地位，统治着所有临近的地方，就像脑袋统治着身体一样；至于地位低于耶路撒冷的其他地区，其划分与政区（the toparchies）相一致。（55）戈弗纳（Gophna）的地位居于第二；其后则是阿卡拉贝塔（Acrabetta）、萨姆纳、里达、埃马厄斯、佩拉[2]、以土买、恩迦迪（Engaddi）、希律迪安和耶利哥；（56）此外，要加上迦尼亚和约帕，[3]它们统治着周边地区；以及迦马拉、戈兰提斯、巴珊和特拉可尼，不过它们有一部分是阿格里帕王国的属地。（57）阿格里帕王国始于黎巴嫩山（Mount Libanus）和约旦河的源头（the sources of the Jordan），它的宽度[4]一直延伸到提比里亚湖，长度[5]则从一座名叫阿尔法（Arpha）[6]的村庄一直延伸到朱利亚斯（Julias）；[7]它的居民是混居型的，既有犹太人，又有叙利亚人。（58）这就是我对犹地亚及其周围地区所做的最简要概述。

---

〔1〕或者写作"份地"（allotments）。从犹太人的观念来看，它们是 κληρουχίαι［土地分配］（对比《犹太战争》第五卷第 160 节的 ἡ Ἑβραίων κληρουχία［希伯来人的土地分配］）；从罗马人的观念来看，出于行政和税收目的，它们是 τοπαρχίαι［地方行政］。普林尼在其《自然史》第五卷第十四章第 70 节中提到犹地亚被分为十个政区/封国（toparchies），他遗漏了以土买和恩迦迪（Engaddi），（不正确地）插入了约帕，（正确地）把贝特勒斯芬尼（Betholethephene = Bethleptepha，《犹太战争》第四卷第 445 节）替换成了佩拉。

〔2〕参见上一条注释。

〔3〕约瑟夫斯在这里增补了犹太领土的四个主要省份（the four main provinces of Jewish territory）：（1）只有两个海滨城镇的主要人口是犹太人；（2）北部的阿格里帕王国也包含了大量的犹太成分。

〔4〕宽度指的是从北到南。

〔5〕长度指的是从东到西。

〔6〕阿尔法（Arpha）在特拉可尼东边，其确切位置无从知晓。

〔7〕贝特塞达 – 朱利亚斯（Bethsaida Julias）在加利利海的上方。

第四章

[1]（59）韦斯巴西安派遣一千名骑兵和六千名步兵支援色弗黎人，[1]这支军队的指挥官是保民官普拉西度斯（the tribune Placidus）；军队一开始驻扎在大平原，接着又分开驻扎，步兵驻扎在城里提供保卫，骑兵则继续驻扎在营地。（60）分开驻扎的这两支军队不断地团结盟友，并蹂躏周边地区，这给约瑟夫斯及其军队造成了巨大的麻烦：假如约瑟夫斯和他的人留在自己的城市按兵不动，那么，罗马人就会把周围地区洗劫殆尽；反之，一旦他们出城作战，罗马人又会把他们击退回去。（61）事实上，约瑟夫斯试图乘加利利尚处于风平浪静之际就进攻和占领色弗黎城，尽管其城防坚固，几乎坚不可摧，甚至连罗马人都无法攻克它；结果，他的希望毫无悬念地落空了，他既无法强力攻占色弗黎城，也无法说服色弗黎人投降。[2]（62）不过，约瑟夫斯此举确实激起了罗马人对这个国家的刻骨敌意；由于罗马人对约瑟夫斯的行动深感愤怒，他们不分昼夜地蹂躏大平原、洗劫乡民的财产和屠杀任何看起来携带武装之人，并将人们沦为奴隶。（63）加利利到处都是火海和鲜血；没有一处地方不见灾难和惨剧；人们只得四处逃亡，但追杀无处不在，最后他们只好逃到约瑟夫斯建造的城堡里。

[2]（64）与此同时，相较于往常的冬季进军，提图斯这次更加快速地从亚该亚进军至亚历山大里亚，[3]接着，他率领自己派去的那

---

〔1〕参见第33—34节的叙述。

〔2〕《生平》第395节及以下记载，约瑟夫斯（在韦斯巴西安到来之前）对色弗黎进行了一次类似的进攻，不过，《生平》的这番记载与此处存在明显的差异。

〔3〕参见第8节。

些军队，疾速地进军到了托勒米亚。（65）在那里他发现，自己的父亲正率领最精锐的第五军团和第十军团等候着自己，于是，他就带着自己的第十五军团与父亲兵合一处。（66）这些军团配有十八个步兵大队（cohorts）;[1]同时，从凯撒利亚调拨了五个步兵大队和一个骑兵中队，从叙利亚调拨了五个骑兵中队。（67）现在总共有二十三个步兵大队，其中十个步兵大队各自都有一千名步兵，余下的十三个步兵大队则各自有六百名步兵和一百二十名骑兵。（68）此外，罗马人也有安条克、阿格里帕和索亚穆斯[2]等国王率领而来的大量辅助部队，每一位国王都提供有两千名弓箭手和一千名骑兵；阿拉伯国王马奇乌斯（the king of Arabia Malchus）也派来了一千名骑兵和五千名步兵（其中大部分都是弓箭手）前来助战。（69）因而，如果加上众国王的辅助部队，那么罗马人总共拥有六万名兵力（骑兵和步兵），[3]这尚不包括大批的随军奴隶——由于他们一起参与军事训练，所以事实上与战斗人员毫无区别，他们在和平时期学习主人的军事技术，在战争时期则分担主人的危险，除了自己的主人，他们的技能和体力绝不让于任何人。

---

〔1〕一个步兵大队占一个军团的十分之一（The cohort was the tenth part of a legion），人数通常大概是六百人。

〔2〕这里的安条克国王指的是科马根纳国王（King of Commagene）安条克四世（Antiochus IV）；而索亚穆斯国王指的是埃米萨国王（King of Emesa），参见第二卷第 500—501 节。

〔3〕精确的兵力人数肯定无法提供，因为每个骑兵中队（the squadrons［alae］of cavalry）的人数不确定。一个军团的人数大约是 6120 人。如果一个骑兵中队的人数是 900 人，那么罗马人的总兵力是 55720 人；如果一个骑兵中队的人数是 1000 人，那么罗马人的总兵力则是 58720 人。

第五章

　　[1]（70）没有人会不艳羡罗马人所展现出来的远见卓识，他们不仅要让他们的奴隶在和平时期派上用场，而且要让这些奴隶在战争时期大显身手，他们会武装自己的奴隶。（71）任何人只要深入研究整个罗马军队的军事组织或者军事纪律，就不得不承认：他们赢得的这个庞大帝国不过是对他们勇气的奖赏，而绝非运气的馈赠（a gift of fortune）。[1]

　　（72）罗马人不会等到战争爆发，才给人们上第一堂武装课；在和平时期，他们也不会十指合掌地去祈祷和坐等和平。相反，他们的双手似乎天生就长有武器，他们从未因为任何停战协定而停止训练，也从未坐等紧急情况的出现。（73）此外，他们平常的军事训练与真正的战争毫无二致；所有的战士每天都在全力以赴地进行操练，就好像是在真正地作战一样。（74）因而，他们能够轻而易举地经受住战争的严酷冲击：任何混乱都不能使他们偏离惯有的队形，任何恐慌都不会使他们惊慌失措，任何劳苦也都不会使他们精疲力竭；他们的敌人都没有这些品质，因而，他们的胜利也就顺理成章，毫无悬念。（75）确实，我们可以明白无误地认为：他们的训练其实就是一种不流血的战斗，而他们的战斗就是一种流血的训练。

　　（76）罗马人从来不会搞突然袭击；因为无论他们入侵哪片敌对领

---

〔1〕这个非比寻常的篇章（this remarkable chapter）是研究公元 1 世纪罗马军队的第一流权威，我们需要将它与那些可能阐明这一观点的章节进行比较——波利比乌斯对三个世纪前的罗马军队（the army of three centuries earlier）进行了更加详尽的描述（波利比乌斯第六卷第十九至四十二章）。

土，在没有扎好自己的营地之前，他们是不会开战的。（77）他们的营地不是任意或者毫无规则地建造的。他们不会立即动手建造，也不会随意选择一处地方来建造。如果地面凹凸不平，他们首先会平整土地；[1]接着，他们会将营地方方正正地度量完毕。（78）正由于这个原因，他们的军队配备有大量的工匠和建筑工具。

　　[2]（79）营地的内部是一排排的帐篷，而营地的外部看起来就像一堵围墙，每间隔一段相等的距离就配有一座塔楼；（80）塔楼与塔楼之间的空隙地带设有随时待命的"速射炮"（quick-firers）、石弩（catapults）、"投石器"（stone-throwers）[2]和其他各式各样的战争器械。（81）他们在这堵围墙上设置有四道门，每一道门都建造得非常宽敞，足够驮畜无障碍出入以及军队紧急出击。（82）营地里的街道纵横交错，布局对称；营地的中心是军官的帐篷（the tents of the officers），最中心则是最高指挥官的司令部，[3]它看起来像一座小神殿（a small temple）。（83）因而，一座临时建造的城市就这样拔地而起了，它有市场、工匠区和审判所——队长（captains）和军官（colonels）[4]

---

〔1〕在波利比乌斯第六卷第四十二章中，对比了希腊人和罗马人在建造营地方面的差异；希腊人会根据地形地貌来建造，他们较少深挖壕沟来保护自己。

〔2〕ὀξυβελεῖς 和 καταπέλται：各种弹射器或弩炮（species of *catapultae*），是通过起锚机（或绞盘）发射弓箭的机械装置（mechanical contrivances for discharging arrows by means of a windlass）；λιθοβόλα：一种石弩或石弩炮（*ballistae*），亦即用高射界发射石块（for discharging stones with high angle fire）。

〔3〕这里的司令部（headquarters）亦写作官邸、帐篷（*praetorium*）。

〔4〕这里的"队长"（captains，即 λόχαγοι）和"军官"（colonels，即 ταξίαρχοι），也许是指"百夫长"（一个军队单位 [λόχος] 相当于一个百人队 [a century]，第二卷第63节）和"保民官"（莱纳赫）。但是在本卷第87节和《犹太古史》第七卷第26节中，ταξίαρχοι [军官] 似乎与 χιλίαρχοι [千夫长] 有所区别。

就在这个地方对可能出现的任何纠纷做出裁决。[1]（84）营地的整个围墙以及围墙里面的所有建筑，其建成速度超乎想象，因为罗马人拥有人数众多而又技术精湛的工匠。出于不时之需，他们会环绕营地挖掘一道深与宽都达四肘尺的壕沟。

---

〔1〕参见波利比乌斯第六卷第三十一章：ὁ μὲν εἰς ἀγορὰν γίνεται τόπος ὁ δ' ἕτερος ᾧ τε ταμιείῳ···πόλει παραπλησίαν ἔχει τὴν διάθεσιν. [（1）对于保民官的帐篷后面的空间，他们会以下列方式使用，执政官行营（praetorium）的右侧是广场，左侧是财务官的办公区域及其所负责的补给。（2）最后一座保民官帐篷后面的两侧，以及同这些帐篷差不多成直角的地方，是从"特选部队"（extraordinarii）中所挑选的精锐骑兵和一些出于个人情谊而自愿为执政官效劳的志愿军的营区。这些人都驻扎在同防御土墙（the agger）的两侧所平行的地方，其中一侧朝向财务官的军需库，另外一侧则朝向广场。（3）因而，在一般情况下，这些军队不仅驻扎在执政官附近，而且，在行军和其他一些场合当中，他们都相伴在财务官的左右。（4）同他们背对背和面向防御土墙的地方，所驻扎的是精锐步兵，这些精锐步兵是用来执行同我刚刚所描述的骑兵一样的任务。（5）在这些区域之外，尚有一块一百英尺宽的空地或者通道，它同保民官的帐篷相平行，而且从广场、法务官行营（praetorium）和财务官行营（quaestorium）的另一侧，沿着整个防御土墙延伸。（6）在这块空地或者通道较远的一侧，其余的特选骑兵（equites extraordinarii）则面对广场（market）、法务官行营和财务官行营进行驻扎。（7）在这个骑兵营区的中间且恰好在执政官行营对面的，是一条五十英尺宽的通道，这条通道通向营区的后面，并同执政官行营后面的那条宽阔大道成直角。（8）背靠这些骑兵且面向防御土墙的，是被置于整个营区后面的其余的特选步兵（pedites extraordinarii）。（9）最后，靠近防御土墙的营区两侧的右边空地和左边空地，则分配给了被允许进入的外邦军队或者盟邦军队。（10）因而，整个营区形成了一个方形，通道的布局和安排使整个营区看起来就像一座城镇。（11）四面的防御土墙都距离帐篷两百英尺，这块空地的作用非常广泛和重要。（12）首先，它可以为进出营地的军队提供合适的设施，因为所有人都可以通过自己的通道进入这块空地，因而不会成批地涌入同一条通道，造成彼此的推操挤撞。（13）除此之外，所有被带入营区的牲畜和从敌人那里掠夺而来的战利品都可以保管在这个地方，在整个夜间，它们都会得到妥善的护卫。（14）最为重要的是，在遭遇夜袭时，它可以有效地确保营区在火攻和投掷物的射程范围之外，即使有一些飞得足够远，却由于帐篷前面事先留下了距离和空间，几乎也不会造成什么损害。]

[3]（85）一旦挖好壕沟，士兵们以分队（companies）为单位一起生活在帐篷里，安然无虞而又井然有序。每一个分队都有自己所需的木材、粮草和水，而且都分配有各自的任务。他们的任务都是以相同的纪律和相同的安全标准来要求的。（86）晚餐和早餐的时间不是由个人决定的，而是所有人一同进餐。睡觉、岗哨和起床等作息时间都以吹号为准；如果没有这样的信号，他们任何事也不能做。（87）破晓时分，士兵们各自向自己的百夫长报告自身情况，百夫长则向保民官行礼问候，[1]保民官及其所有上级军官（all the officers）[2]随后则一起觐见全军的最高指挥官；（88）接着，最高指挥官按照惯例，会向他们下达号令和其他命令，让他们向自己的下级传达。即使在战场上，他们也严格遵守这样的规定：整个军队严密地围绕命令行事，不管是进攻还是撤退，所有人都必须在命令之下以一个整体统一行动。

[4]（89）当号声第一次响起时，这意味着整个营地的开拔；[3]所有人都不能闲着，一听到这个号声，他们就要立即拆除帐篷，并做好离开的准备。（90）接着，当号声第二次响起时，这意味着他们要做好行军的准备，他们要立即把行李和物品放到骡子上或者其他牲畜上，然后赶紧站好，准备出发，就像要在跑道上用胸部触线的赛跑者那样。然后，他们会放火烧毁营地——这一方面是因为他们很容易就能造起另一座，另一方面是为了防止敌人利用他们的营地。（91）当

---

〔1〕参见波利比乌斯第六卷第三十六章第 6 节（破晓的时候，由晚上安排的巡视员向保民官报告相关情况）。

〔2〕这里的 ταξίαρχοι 一词，一般指的是"军官"（officers），包括百夫长和保民官（莱纳赫），或者也有可能指"使节"（legates），即军团的指挥官，第 310 节的 ἔπαρχος 一词就用作这个含义。

〔3〕波利比乌斯在其第六卷第四十章中也有对行军前三次号声的类似描述：（1）拆卸帐篷和收拾行李；（2）把行李装载到驮畜上；（3）行军。

号声第三次响起时，他们要催促行动迟缓者——不管是什么原因导致他行动迟缓——加快行动，以确保没有任何人掉队。（92）接着，传令官站在最高指挥官的右手边，用他们的母语三次大声地询问，他们是否已经做好开战的准备。他们会三次高声地回答："我们已经准备好了。"这些都是预料之中的答案；他们饱含战争激情，甚至一边高喊口号，一边将右手振臂挥向空中。

[5]（93）接着，他们开始行军，在行军途中，他们全都不说话，秩序良好，所有人都保持着自己在队伍中的位置，就好像面对敌人时一样。（94）每一位步兵都穿戴有铠甲和头盔，在身体两边各配有一把利剑；不过，左边的利剑要比右边的利剑长很多，后者的长度不会超过一跨（a span）。[1]（95）保卫将军安全的步兵都是精心挑选出来的，这些步兵全都配有一支长矛（lance）[2]和一支圆盾（round shield）[3]；其他的步兵则配有一把标枪（javelin）[4]和一支长方形护盾[5]（oblong buckler），以及一把锯子、一只篮筐、一把锄镐、一把斧头、一条窄长的皮带、一只弯钩、一条锁链和三天的生活物资，因而步兵几乎像一头负重的骡子。（96）骑兵在身体右侧配有一把长剑，手上配有一支长矛，在他们的战马一侧斜放有一支护盾，在他们的箭筒里放置有三支或以上的和标枪一样长的宽尖飞镖；他们像步兵一样，也有铠甲和头盔。（97）保卫将军安全的骑兵也都是精心挑选出来的，他们的装备和普通骑兵的没有两样；哪一个军团行进在部队的前面，则一直

---

[1] 大约相当于九英寸。碑文记载的位置与约瑟夫斯所描述的完全相反，短剑（pugio）是被配置在左边；波利比乌斯也说过，刀剑被配置在右边，不过他没有提到短剑的位置（参见波利比乌斯第六卷第二十三章第6节）。

[2] lance（长矛）亦写作 hasta。

[3] round shield（圆盾）亦写作 parma。

[4] javelin（标枪）亦写作 pilum。

[5] oblong buckler（长方形护盾）亦写作 scutum。

都是由抽签决定的。[1]

[6]（98）这些就是罗马军队行军和扎营的例行程序，而上述提到的那些武器就是罗马人使用的常规武器。在战斗中，他们没有一件事情是草率做出或扔给运气的：他们一直都是深思先于行动，而行动又与做出的决定相一致。[2]（99）结果就是，罗马人几乎不会犯错，即使他们犯下错误，也能很快地予以纠正。（100）此外，罗马人认为，一个完善的计划若最终以失败收场，它更会受到命运（fortune）的青睐；因为偶然的成功会加剧他们的短视，而深思熟虑尽管有时也会遭到失败，却能让他们得到有益的教训并避免错误再次发生。（101）他们进一步认为，一个人偶然的成功并不是其真正的成功，相反，灾难很可能会意想不到地降临，因为他可能会得意忘形，从而忽视了阻止灾难发生的正确预防措施。

[7]（102）罗马人不仅在体力上，而且在精神上不断地锻炼和培养士兵们的军事能力；恐惧也在他们的训练中扮演重要的作用。（103）因为，他们的法律规定，不仅士兵们开小差要被处死，甚至连犯下偷懒和消极等这样的轻微过失也要被处死；而他们的将军则会更严格地遵守和敬畏他们的法律。因为通过授予勇敢者高贵的荣誉，可以防止违法者以为自己所遭受的处罚是一种严酷的虐待。

（104）在和平时期，这种完善的训练方式会给军队增添光彩，而在战争时期则会使整个军队像一个人一样战斗，完全凝结成一个紧密的整体；（105）他们的队列是如此紧凑，他们的左右转身是如此迅速，

---

〔1〕根据波利比乌斯第六卷第四十章第9节的记载，军团的行军顺序是按照日常的轮换来安排的。

〔2〕[中译按]在惠斯顿本中，这句话被译作"在开始任何行动之前，他们要先进行协商，而且，决定好了的事情要立即执行"（but counsel is ever first taken before any work is begun, and what hath been there resolved upon is put in execution presently）。

他们的耳朵听从命令是如此敏捷，他们的眼睛看到信号是如此快速，他们的双手在行动时又是如此矫健。（106）结果就是，他们不仅行动果决迅速，而且能够最大限度地忍受不幸；不管敌人拥有多么庞大的军队，想出多么绝妙的诡计，也不管敌人身处多么有利的地形，甚至拥有多么美好的运气，他们从不会因处于劣势而被打败；因为，他们的胜利比依靠运气（fortune）而来的胜利更加牢靠。（107）因而，当谋略先于行动，同时当领导层的征战计划立即化为军队的高效运行，我们就不会对罗马帝国的广袤感到不可思议了：罗马帝国向东一直扩张到幼发拉底河，向西一直扩张到海洋，向南一直扩张到最肥沃的利比亚地带，向北则一直扩张到埃斯特河和莱茵河。因此，人们可以毫不夸张地发出由衷的感叹：罗马人占有的土地如此广大，但赢得这些土地的这个民族更加伟大。

[8]（108）倘若我在这个主题上谈得有些冗长，那么，我的目的与其说是赞美罗马人，不如说是安慰那些惨遭其征服的人，并震慑那些可能想要起来反叛的人。[1]（109）事实上，任何一位有教养的读者，[2]即使他对这个论题一无所知，也能够通过对罗马人的军事组织所做的这番描述中有所裨益。言归正传，我现在将在离题的地方继续我原来的叙述。

---

〔1〕这里的意图和动机非常明显。正如《犹太战争》的其他地方（约瑟夫斯第一卷导言第 xi 页［编按：本书使用的翻译底本即这套九卷本约瑟夫斯文集的第二卷和第三卷］）所表明的那样："约瑟夫斯之前作为因犯被关押在韦斯巴西安的宅邸，《犹太战争》可能是为讨好自己的帝国庇护人所做的一个声明，同时也是为了警告帝国东部反抗的无效性。"帕提亚人或者巴比伦犹太人的叛乱危险（第二卷第 388–389 节）就是一个持续不断的潜在威胁。

〔2〕τῶν φιλοκαλούντων［有教养的人］：比较波利比乌斯第六卷第二十六章第 12 节的 τίς γὰρ οὕτως τὶν ἀπεοικὼς πρὸς τὰ καλὰ κτλ［因为谁会这样在任何方面对美好事物格格不入，等等］。

第六章

[1]（110）为整顿军力和重整军队，韦斯巴西安和他的儿子提图斯在托勒米亚停留了一段时间。与此同时，普拉西度斯正蹂躏着加利利，并屠杀大批落到他手上的犹太人（都是因为战争而精疲力竭的虚弱平民）；（111）后来，他看到犹太战士纷纷逃往约瑟夫斯修建的城堡避难，就向其中一座最坚固的城堡——约塔帕塔——进攻。普拉西度斯料想通过奇袭，就可以轻易地攻占它；也希望通过强占它，进而在高级指挥官中赢得声誉。假如他的计划得逞，罗马人将会在未来的战争中赢得极大的优势；如果这座最坚固的城堡都惨遭攻克，那么，蔓延的恐惧将会促使其余的犹太人缴械投降。（112）然而，他的这个希望彻底落空了。由于事先知道罗马人的进攻，约塔帕塔人就坐等他在城外出现，并出其不意地向罗马人发动了进攻。他们人数众多，以逸待劳，而且在保卫自己的家乡、保卫自己的妻子和儿女的信念驱使下，他们作战极其勇敢，以至于很快就击溃了罗马军队，并击伤了大批罗马人。（113）他们只杀死了不到七名罗马人，因为后者撤退极其有序，而且罗马人的身体都被铠甲保护得严严实实，这使得他们只遭受了一些皮外伤。作为攻击者的犹太人则装备简陋，面对罗马人的重甲保护，他们不敢冒险近战，只能远远地投掷武器攻击敌人。（114）犹太人一方有三人被杀，少量人员受伤。在发现难以攻克这座城堡后，普拉西度斯就仓皇撤退了。

[2]（115）然而，现在韦斯巴西安已经迫不及待地要亲自进攻加利利了，在将自己的军队按照罗马人惯常的行军顺序进行整装部署后，他从托勒米亚出发了。（116）他命令那些辅助性的轻装军队和弓箭手先行一步进发，以抵挡敌人的突然袭击，并探查林地里可能存在的埋伏。紧随其后的是精锐的罗马重装士兵，包括骑兵和步兵。（117）再之后是每一百人抽出十人而组成的一支分遣队（a detachment），携带

着他们自己的成套装备和度量营地所需的必备工具；（118）跟随在其后的则是开路者（the pioneers）——他们主要负责修直弯路、平整坑洼和砍伐挡路的树木，以确保军队免受艰苦行军的疲劳。（119）这之后，韦斯巴西安让一支强大的骑兵来保障他自己和其他将官的个人装备的安全，（120）他自己则骑在马上，与精心挑选的骑兵、步兵，以及他自己的枪兵卫队（his guard of lancers）走在后面。接着行进的则是军团的骑兵部队；每个军团都配有一百二十名骑兵。（121）接下来行进的是骡子，这些骡子用于搬运围城用的塔楼（the siege towers）[1]和其他围城器械。（122）接着行进的是使节（the legates）、步兵大队长（the prefects of the cohorts）、保民官（the tribunes）和一支护送他们的精锐部队。（123）接着行进的是环绕着鹰徽的军旗（the ensigns surrounding the eagle），鹰旗在每一个军团的最前面，因为雄鹰是飞鸟之王，而且是所有飞禽中最凶猛的；在他们看来，雄鹰是帝国的象征和他们所向披靡的预兆。（124）行进在这些神圣象征后面的是号兵，而行进在号兵后面的则是六人一排的大部队。按照习惯，百夫长会一直在旁监视队列的秩序。[2]（125）至于每个军团的仆役，则跟在步兵后面，牵引着载有军队辎重的骡子和其他驮畜。（126）行进在所有军团后面的是那帮雇佣兵，行进在最后面的是一支后卫部队，这支后卫部队负责保卫全军的安全，他们是由轻装步兵、重装步兵和大批骑兵组成的。

　　［3］（127）韦斯巴西安就按照这样的次序率领着军队，进军到了加利利边境。他在那里建造起营地，并抑制了手下士兵的开战欲望；他只满足于在敌人面前展示自己的军力，借此来恐吓他们，并给予他们重新思考的时间，从而看看他们会不会在开战之前抛下自己的同胞

---

〔1〕用于支撑攻城槌（For carrying battering-rams）：在第 230 节中，ἑλέπολις 一词的
　　含义似乎是指的就是"攻城槌本身"（the battering-ram itself）。

〔2〕莱纳赫认为，必须为每一个军团安排一位百夫长，以维持队列的秩序。

（to desert their friends）。[1]与此同时，他也做好了围攻这座城堡的各项准备。（128）事实上，一看到罗马最高指挥官出现，犹太人全都惊恐不已，甚至当中的许多人对自己的叛乱行径深感后悔。（129）在约瑟夫斯的指挥下，犹太军队在一座名叫迦里斯（Garis）的城镇（距离色弗黎不远[2]）扎营；当他们发现战争近在咫尺，罗马军队随时可能会对他们发动进攻后，立即就四散逃亡了，甚至都没来得及看清敌人。（130）约瑟夫斯和一些同伴则留了下来；他看到自己根本就没有足够的兵力来对付敌人，犹太人的士气低落，假如他们能够赢得敌人的信任，他们大部分人会欣然接受投降。（131）他已经对整个战争的前途绝望了；因此，他决定撤退，以尽可能地远离这场危险。于是，他率领自己余下的军队撤退到了提比里亚。

第七章

［1］（132）韦斯巴西安的首要目标就是攻占迦巴拉城，他第一次进攻就把它给攻占了，他发现这座城市缺乏足够的守军。（133）一进城，他就不分年龄地残忍屠杀城里的所有男性，这完全是出于他们对犹太人的刻骨仇恨，以及对犹太人蓄意侮辱塞斯提乌斯的复仇。（134）韦斯巴西安放火烧毁了这座城市，但他并不满足，接着，他放火烧毁了周边所有的村庄和乡镇；其中一些地方完全无人居住，而对于有人居住的地方，他则把那里的居民沦为奴隶。

［2］（135）至于约瑟夫斯，他撤退到了提比里亚（他选择提比里

---

〔1〕或者可能写作"会不会在开战之前改变自己的想法"（come to a better frame of mind）。

〔2〕迦里斯城距离色弗黎城二十弗隆（按照约瑟夫斯的《生平》第395节的记载，迦里斯不是城镇，而是一座村庄）。

亚作为自己的避难地），而这让提比里亚城惊恐不已，因为在提比里亚人看来，要不是对整个战争的前途彻底绝望，约瑟夫斯就不会选择逃亡。（136）在这一点上，他们完全没有误解他的意图；因为，约瑟夫斯预见到犹太人的命运最终必将以灾难收场，他也认识到他们得救的唯一希望在于臣服。（137）至于他自己，虽然他可以得到罗马人的宽恕，但他宁愿死一千次，也不会背叛自己的祖国，更不会出于私利从与自己作战的敌人那里寻求好处，以至于玷污委任给自己的军事指挥权。（138）因此，他决定向耶路撒冷当局写一封准确陈述当前局势的信——他既不夸大敌人的力量，以免他们心生怯懦，也不贬抑敌人的力量，以免他们收回悔意，坚持抵抗。（139）他向耶路撒冷当局写下了这样的话：如果他们想要和谈，那么，他们必须立即写信答复他；如果他们决定继续战斗，那么，他们必须立即派兵增援他。（140）信写好后，他立即派遣信使把它送去耶路撒冷。

［3］（141）韦斯巴西安现在已迫不及待地想攻占约塔帕塔，因为他听说绝大部分敌人已经撤退到了那里，而且约塔帕塔本身是一座坚固的据点。因此，他先派遣一队骑兵和步兵前去开路，不过那里都是多石的山路，步兵都要费很大力气才能翻越，骑兵则几乎寸步难行。[1]（142）这些工兵花费四天时间完成了这项开路的任务，他们为军队打造了一条宽阔的行军道路。在第五天，也即阿尔特米西月的第二十一天[2]，约瑟夫斯匆忙地离开提比里亚，进入了约塔帕塔，他的到来立即提振了犹太守军低落的士气。（143）一个叛逃者立即把约瑟夫斯转

---

[1]《生平》第234节所记载的迦巴拉到约塔帕塔之间的距离大约为四十斯塔德——似乎被稍稍低估了；约塔帕塔位于迦巴拉以南六英里处。

[2] 约瑟夫斯在这里所提供的天数不免让人产生一丝怀疑，因为这与约塔帕塔沦陷的时间——被围攻四十七天后（第316节）于帕尼穆斯月的第一天（the first of Panemus）沦陷（第339节）——存在冲突。按照尼斯本的计算，阿尔特米西月的第二十一天是公元67年6月8日。

移到那里的消息报告给了韦斯巴西安，并催促韦斯巴西安赶紧进攻这座城市，因为一旦攻占了这座城市，韦斯巴西安就可以把约瑟夫斯置于自己的控制之下，这几乎等于控制了整个犹地亚。（144）韦斯巴西安将这条消息视作天赐良机，他相信这是上帝的旨意，因为作为自己最精明审慎的敌人，约瑟夫斯就这样自投罗网了。他立即派遣普拉西度斯和十夫长亚布提乌斯（the decurion Aebutius）[1]——一位精力充沛而又能力出众之人——率领一千名骑兵前去包围这座城镇，以防约瑟夫斯秘密逃走。

[4]（145）第二天，韦斯巴西安就率领着自己的全部军队紧随其后，马不停蹄地一直行军到晚上，抵达了约塔帕塔城外。（146）他把军队带到这座城市的北面，在距城七弗隆的一座山丘上扎下营来，这个位置可以让敌人最大限度地看到其强大军力，从而达到威慑敌人的目的。（147）事实上，这番架势确实立即对犹太人产生了威慑效果，以至于他们没有一个人胆敢冒险出城。（148）经过一整天的行军，罗马人也无意立即展开进攻，不过，他们用步兵把这座城市包围了两圈，又在外面用骑兵包围了第三圈，以牢牢地锁住所有的出口。（149）这种军事部署切断了犹太人的逃生希望，反而激发了他们的勇气；因为在战争中，没有什么比置之死地更能唤醒斗志了。

[5]（150）第二天，罗马人就展开了进攻。一开始，那些在城墙外（outside the walls）[2]与罗马人对峙的犹太人只是在自己的阵地坚守

---

〔1〕在战争早期，亚布提乌斯（Aebutius）为阿格里帕效力时被委以照看大平原的重任，并遭遇了约瑟夫斯（《生平》第114节及以下）；韦斯巴西安之所以挑中他，无疑是因为他先前就认识约瑟夫斯。

〔2〕在围城的初期，犹太人很可能驻营在城外（extra muros）。这件事必定迅速向前推进，因为我们再也没有听到关于它的进一步的消息。拉丁语说："犹太人只是坚守阵地，与在城外扎营的罗马人进行对峙（the Jews merely held their ground opposite the Romans who were encamped outside the walls）"。

和抵抗敌人；（151）然而，当韦斯巴西安派出全副武装的弓箭手、投石手和其他所有的神射手，下令他们射杀敌人，而韦斯巴西安自己则与步兵一起向一个斜坡发起进攻时——假如这个斜坡遭到攻占，整座城市就会危如累卵——对这座城镇的命运深感担忧的约瑟夫斯就率领全体犹太人进行了主动出击。（152）他们成群结队地一起杀向罗马人，勇猛异常，从而迫使罗马人撤离了城墙。然而，他们自己也遭受了与敌人同样规模的损失；（153）因为，绝境激发出犹太人的巨大勇气，而羞耻心也同样激发出罗马人的英勇斗志。罗马人一方既有丰富的军事经验，又有强大的军事力量；而犹太人一方则有视死如归的勇气（recklessness for its armour）[1]和对自己领袖的激情（passion for its leader）。（154）战斗持续了一整天，双方的战士直到夜幕降临才被迫分开。罗马人一方有十三人被杀和许多人受伤；犹太人一方则有十七人被杀和六百人受伤。

[6]（155）第二天，当罗马人再次发起进攻时，犹太人也继续出击迎战。由于前一天出乎意料地抵抗成功，激发起犹太人的信心，他们这一次的抵抗更加顽强。（156）但是，罗马人一方表现出更加坚决的战争意志，耻辱感燃起了他们熊熊的怒火，在他们看来，如果战争没有立即取胜，就等同于战败。（157）因此，在五天的时间里，他们不断地发起猛烈的进攻，而约塔帕塔的守军也不断地出击，依靠城墙顽强地抵抗罗马人的进攻，毫不畏惧敌人强大的军事力量，而罗马人也没有因占领这座城市时遭遇挫折而心灰意冷。

---

[1] θράσος ὁπλίζειν［武装勇气］这个短语来自索福克勒斯的《厄勒克特拉》第995—996行，这幕剧会让人想起约瑟夫斯著作中其他的类似短语：对照本卷第212节和索福克勒斯的《厄勒克特拉》第980行的 ψυχῆς ἀφειδεῖν［毫不吝惜生命］。

[7]（158）约塔帕塔城[1]几乎完全建造在陡峭的悬崖之上，它的三面都被深不见底的深谷包围。只有从其北面——这座城镇就建造在这一面的山坡上——才能进入城镇。（159）但是，就连这个区域，约瑟夫斯在加固这座城镇时也用围墙将它包围了起来，以防敌人沿着山脊来攻占它。（160）约塔帕塔城就隐藏在这群山环绕之中，一个人如果不从正面走近的话，根本就看不到它。这就是约塔帕塔城的险要地形。

　　[8]（161）为了攻克这一险要地形和粉碎犹太人的反抗决心，韦斯巴西安决定更加猛烈地围攻这座城镇；因此，他召集手下的主要将领与他一起商讨进攻计划。（162）他们决定建造可以接近敌人城墙的高垒，于是，整个军队都被他派遣了出去，以寻找建造高垒的材料。这座城镇周围山脉的树木都被砍光了，除了这些树木之外，他们也收集了大量的石头。（163）接着，一队士兵在木栅栏上铺设遮蔽物，以阻挡城墙上面扔下来的投掷物，从而保护建造中的高垒不会遭到攻击者的伤害；（164）而其他人则不停地挖掘附近的土丘，以源源不断地向自己的战友提供泥土。所有人都在热火朝天地忙碌，没有任何人闲着。（165）与此同时，犹太人一方也没有闲着，他们从城墙上不断地向敌人的掩蔽工事投掷巨石和其他各种各样的投掷物，尽管没有伤到他们，但是，撞击声是如此震耳欲聋（loud）[2]和毛骨悚然（terrific），以至于工匠们无疑受到了妨碍。

---

〔1〕约塔帕塔城即现在的杰法特（*Jefat*）和《塔木德》中的约达法特（Jodaphath），按照《密释纳》的记载，约塔帕塔是一座古老的城镇，自从约书亚时代以来就有了城墙的保卫；约塔帕塔城位于阿索基斯平原（the plain of Asochis）北部的山丘之上，阿索基斯平原则位于迦巴拉（以北）和色弗黎（以南）之间的位置上。

〔2〕或者写作"频繁不断"（continuous）。

［9］（166）现在韦斯巴西安把投石器——总计一百六十架[1]——带到前线，并下令向城墙上的犹太守军全力开火。（167）石弩以巨大的嗖嗖声向空中齐发石弹，这种投石器可以向特定目标发射重达一塔兰特[2]的石块，也可以发射火球，还可以万箭齐发，这不仅使犹太人不敢靠近城墙，而且连城内的一些地方他们都不敢停留，因为飞弹可以打到这些地方。（168）投石器发射飞弹的同时，大批的阿拉伯弓箭手、标枪手和投石手也一起射击。（169）尽管犹太人这时被困在城墙内不能动弹，但他们并不是毫无作为；其中部分犹太守军以游击战的方式袭击罗马人，他们清除了敌军的掩蔽，攻杀暴露在外的工匠；当后者撤退时，他们就摧毁高垒，放火烧毁栅栏和栏架。（170）最终，韦斯巴西安发现，遭袭的原因在于这些高垒过于分散，其中的间隔或者漏洞给犹太人提供了进攻的空间，于是他将各个栅栏连接了起来，同时收紧了自己的军队，这有效地抑制了犹太人的攻击。

［10］（171）高垒的土坎现在越筑越高，也越来越靠近犹太城墙的城垛了，这使双方几乎在同一水平线上作战了；约瑟夫斯知道，如果这时自己仍然想不出一些反制措施来拯救这座城镇的话，那么，这将是自己终身的错误和遗憾，因此，他召集了泥瓦匠，并命令他们砌高城墙。（172）然而，泥瓦匠提出异议，在这种弹如雨下的情况下，他们不可能砌墙，于是约瑟夫斯给他们发明了以下的防护设施。（173）按照他的命令，城墙上加装了栅栏，栅栏则被铺上刚刚剥下来的牛皮，用它们的褶皱接住敌军器械投掷过来的石块，而其他的投掷物也会从

---

〔1〕维吉提乌斯（Vegetius）第二卷第 25 节认为，在他那个时代（公元 4 世纪晚期），每个军团的投石器数量是五十五架；据此，韦斯巴西安应该拥有一百六十五架投石器，因为他拥有三个军团（莱纳赫）。

〔2〕如果按照阿提卡商业标准（the Attic commercial standard）计量，一塔兰特重量大约相当于四分之三英担（hundredweight）。
　　［中译按］一英担等于一吨的二十分之一。

牛皮表面滑落，就连发射过来的火焰都会因牛皮的湿气熄灭。[1]（174）在这样的防护屏障之下，安全无虞的泥瓦匠们夜以继日地加紧砌墙，使城墙增高了二十肘尺。同时，他们还在城墙上建造了大量的塔楼，并给塔楼修建了结实的护墙。（175）一看到这番场景，原以为这座城镇唾手可得的罗马人顿时泄了气；约瑟夫斯的智谋以及守军的坚韧让他们深感震惊。

[11]（176）对这项花招的刁滑狡诈和约塔帕塔人的英勇坚韧，韦斯巴西安显然深感恼怒；（177）因为，在全新加固的防御工事的激励之下，他们重新主动出击罗马人。每天都有成群结队的犹太人与围城的罗马人展开鏖战，他们运用游击战的种种诡计战法，洗劫落入其手的所有东西，而且放火烧毁了罗马人其他的高垒。[2]（178）这种情况一直持续到韦斯巴西安命令自己的军队停止战斗，并转而采取封锁的办法，让这个城市处在一种忍饥挨饿的状态，逼迫他们投降。（179）他盘算着，他们要么因物资的缺乏而乞求宽恕，要么因顽抗到底而死于饥饿。（180）而且他想，即使在封锁期间发生战斗，他也会轻而易举地取得胜利；如果间隔一段时间后再进攻这些疲饿不堪的守军，无疑会更加稳操胜券。因此，韦斯巴西安命令军队严守这座城镇的各个出口。

[12]（181）守军拥有充足的粮食和其他必需品，然而，他们缺少食盐，也缺少淡水，由于城内没有泉水，当地居民完全依靠自然降水；但是，这个地方夏季的降水非常稀少，而罗马人围攻他们恰好又在这个季节。（182）围城期间，缺水的想法就一直笼罩着他们，这个

---

〔1〕莱纳赫对维吉提乌斯第四卷第15节的引用表明，这种防御方法已经被罗马人知晓。

〔2〕"罗马人其他的高垒"明显不同于以第170节所述的方法保护起来的高垒（莱纳赫）。

时候的他们更加悲观失望，就好像已经完全断水了一样。（183）由于约瑟夫斯看到这座城市拥有充足的物资，守军也拥有必死的勇气，因而他希望拉长围困的时间，让它超出罗马人的想象，于是他从一开始就按人头进行定量配给用水。（184）这种配给体系比实际的缺少更糟糕；这种限制只会徒增他们对水的渴望，使他们变得心灰意冷，就好像已经滴水未剩一样。（185）罗马人并不知道约塔帕塔人所处的这种困境。罗马人可以从高处的缓坡上俯瞰城墙内的整座城镇，当他们看到犹太人聚集到一个地方后——犹太人实际上是在这个地方分发淡水，就用投石器（catapults）[1]攻击了这个地方，杀死了大批犹太人。

　　［13］（186）韦斯巴西安原本希望蓄水池里的水不久就会用尽，这样的话，他们就不得不向他拱手投降。（187）为了粉碎他的企图，约瑟夫斯把大量衣服弄湿，并把它们悬挂在了护墙上，使整座城墙瞬间看起来就像流动的小溪一样。（188）一看到这番场景，罗马人顿时感到泄气和惊愕，他们原本以为犹太人连饮用水都不够，谁知犹太人现在竟把这些水当作玩笑一样浪费掉了。罗马将军对封锁围城的饥渴战彻底绝望了，转而恢复了先前的武力攻击；（189）这正是犹太人所希望的，他们对自己和这座城镇已经不抱有任何希望了，比起活活地因饥渴而死，他们宁愿战死。

　　［14］（190）在这个计谋之后，约瑟夫斯又想出了另一个可以获取充足供应的计谋。（191）有一条一直通向西边峡谷的深沟，由于难以越过而未被罗马人的前沿哨兵发现；沿着这条路线，约瑟夫斯成功地派出了信使，从而联系上了他一直渴望联系的城外的犹太人，并收到了他们的回应。当城内的必需品就要断绝之际，约瑟夫斯用同样的方法给这座城镇储存了一切必需品。（192）他命令被派出去的信使四

---

〔1〕 这里的"投石器"（catapults）亦即希腊人的"速射炮"（quick-firers），参见第80节。

肢匍匐前进，以偷偷绕过罗马人的岗哨，并让他们在背上披上黑色的羊毛，以在夜间被发现时可以被误认作狗。然而，罗马人最终发现了这个计谋，随后严密封锁了这条深沟。

[15]（193）约瑟夫斯现在认识到：这座城市已经坚持不了多久了，如果他继续留在这里的话，他将会非常危险，因而，他就召集起城里的主要人物一起商讨逃跑的办法。民众发现了他的意图，于是就聚集到他的周围，恳求他不要抛弃他们，因为他们现在只能依靠他。（194）他们敦促道，如果他继续留下来，那么，这座城市仍有获救的希望，因为所有人都会在他的带领下奋勇杀敌；他甚至是他们的一个安慰，尽管他们可能难逃被俘的命运。（195）约瑟夫斯现在既不能逃出敌人的魔爪，又不能抛下自己的朋友，这正如一个人不能跳出一艘在风暴中摇摇欲坠的沉船、待风暴停歇后再若无其事地登上去一样。（196）他的离开会让这座城市万劫不复，因为一旦他离开，他们的勇气也会随之离去，就再也没有人会去抵抗罗马人了。

[16]（197）约瑟夫斯根本没有提及自身的安全，相反，他向他们保证，他先前打算离开，完全是出于对他们利益的考虑。（198）如果他们想要获得拯救，那么，他继续留在这座城市对他们毫无帮助；一旦这座城市遭到攻占，他只有和他们一起徒劳地毁灭。然而，如果他能够逃出这座围城，那么他就可以从城外给他们解围。（199）他可以从加利利的各地乡村招募一支庞大的军队，这样的话，他就可以迫使罗马人从这场围城之战中撤退。（200）在当前的局势下，他看不到自己继续留在这座城市对他们有任何益处，相反，甚至会起反作用，因为这会更加刺激罗马人加紧围城——罗马人已经把他看作是一位非常重要的人物。但是，假如罗马人听说他逃走了，那么就会立即大大减缓进攻的猛烈程度。（201）然而，他的这番话根本没有说动民众，反而促使民众更加热切地围住他：儿童、老人和手臂上怀抱婴儿的妇女，所有人无不在他面前落泪；他们拥抱着他，死死地抓住他的双脚

不放，抽泣着哀求他留下来，[1]与他们一同承受最后的命运。（202）在我看来，他们所做的这一切并不是妒忌他可以安然无恙地离开，而是希望他们自己可以安然无恙；因为他们深信，只要约瑟夫斯留在这里，就不会有任何灾难降临到他们身上。

[17]（203）约瑟夫斯认为，假如他决定留下来，那么，这无疑是在顺应他们的哀求，假如他强行离开，那么，他很可能会遭到关押。而且，这个离开的决定，无疑在表明自己对民众的巨大不幸无动于衷。（204）因此，他决定留下来，并把这座城市的普遍绝望变成自己的武器，[2]他对他们喊道：

> 是时候开始战斗了，我们已经没有任何获救的希望。为赢得荣誉而献身，这是无比荣耀的事情，我们的后代也必将永远铭记我们的英勇事迹。

（205）一说完这番话，他立即行动起来，率领自己最勇敢的战士主动向敌人出击；他们驱逐了敌人的岗哨，并一直杀进罗马军营，同时，他们也摧毁了覆盖在高垒上的帐篷皮张，烧毁了他们的工事。（206）第二天、第三天，一连几天，他们都像第一天那样不知疲倦地夜以继日进行作战。

[18]（207）罗马人深受这些突袭的困扰，因为他们耻于在犹太人面前逃跑，而且，当他们击败并迫使犹太人逃跑时，他们自身的厚重铠甲又妨碍了他们的追击。而犹太人在袭扰敌人后，他们在敌人尚

---

[1] εἴχοντο καὶ μετὰ κωκυτῶν［伴随着哀号］：这句使人联想起荷马的《伊利亚特》第二十二卷第 408 行（对赫克托尔的哀哭）ἀμφὶ δὲ λαοὶ κωκυτῷ τ' εἴχοντο καὶ οἰμωγῇ κατὰ ἄστυ［而周围的人们在哀号，甚至哀哭声遍及城中各处］。

[2] 参见第 153 节注释。

未来得及报复之前，就撤入城内避难了。（208）鉴于此，韦斯巴西安命令自己的士兵避开这种攻击，以免自己的军团与那些绝望的亡命之徒鏖战。他说道：

（209）没有什么东西会比绝望更可怕了，他们这种漫无目的的冲动和暴烈，迟早会像缺少燃料的火堆那样熄灭。（210）此外，对于罗马人来说，以尽可能低廉的代价来赢得胜利，这是最好的方式，因为罗马人不是被迫作战，而是为了扩张自己的帝国而战。

（211）因此，他从那时起主要依靠阿拉伯弓箭手和发射石炮的叙利亚投石手击退犹太人的进攻；他将绝大部分"大炮"（artillery）不断地投入了作战。（212）在这些战争机器的密集攻击下，犹太人只好撤退，而一旦他们越过这些"炮弹"（projectiles）的最远射程，会再次转身猛烈进攻罗马人，丝毫不吝惜自己的生命（prodigal of life and limb），[1] 他们前赴后继，杀声震天。

[19]（213）围困时间的不断拉长与敌人的反复攻击，使韦斯巴西安感觉自己反而处在被围困的位置，既然现在高垒已经快要齐平约塔帕塔的城墙，于是他决定起用"攻城槌"（ram）。（214）攻城槌是一根巨大的梁木，它的样子就像舰船上的长杆，其末端则用一块类似公羊头的铸铁进行加固，而它的名称来源于此。（215）攻城槌的中间系有绳索，像天平一样悬挂在另一根横梁上，那根横梁的两端由固定在地面上的支架进行支撑。（216）首先，一大群士兵一起把攻城槌往后拉，然后用尽全身的力气一起把攻城槌往前推，从而使凸出的铁质尖头猛烈撞击城墙。（217）无论多么坚固的塔楼，无论多么厚实的墙

---

〔1〕参见索福克勒斯的《厄勒克特拉》第 980 行的 ψυχῆς ἀφειδήσαντε［毫不吝惜生命］和第 153 节注释。

壁，即便能够抵挡住它的第一次猛烈撞击，却抵挡不住来来回回的反复撞击。（218）这就是这位罗马将军转而采取的措施，他已经迫不及待地想要一举攻占这座城市，因为长期的封锁以及犹太人的骚扰行动已经被证明是非常有害的。（219）罗马人现在把石弩放在了使城墙上的犹太守军进入射程的位置上，这些犹太守军正竭力地击退罗马人；与此同时，罗马人的弓箭手和投石手也一起进发。（220）在这番攻击之下，没有一个犹太人胆敢守在城墙上，接着，另一批罗马人将攻城槌抬了上来——攻城槌上面有一长排栏架保护着，栏架之上覆盖有厚厚的皮革，以保护士兵和器械的安全。（221）它的第一次撞击就让城墙摇晃起来，城内民众刺耳的尖叫声也跟着响了起来，就好像整座城镇已经被攻占了一样。

　　[20]（222）约瑟夫斯看到攻城槌一直在同一个地方反复撞击，深知要不了多久城墙就会坍塌，就在这时他想出了一个使这种器械瘫痪的办法。（223）他下令用干草装满袋子，[1]接着用绳子把干草袋吊到攻城槌不时（from time to time）[2]撞击的地方，这样一来，攻城槌的槌头就会偏离方向，或者由于软垫的防护作用而减弱了撞击的力度。（224）这项计谋严重地干扰了罗马人，当他们把攻城槌移到另一个地方时，干草袋也会紧跟过去，如法炮制地放置在攻城槌所要撞击的地方，依靠这个方法，犹太人的城墙没有受到很大的破坏；（225）直到罗马人后来发明出了一个反制措施：他们在长杆的末端绑上镰刀，用镰刀把干草袋的吊绳切断。（226）攻城槌[3]恢复了它的功效和威力，

---

〔1〕麻布袋（*centones*）已被当时的罗马人所使用，参见维吉提乌斯第四卷第23节，转引自莱纳赫。

〔2〕或者写作"反复不断地"（continually）。

〔3〕这里的 ελέπολις 一词指的是"攻城槌"（ram），但它最初的含义是指可移动的塔楼，这种塔楼由德米特里（Demetrius）发明，高达数层，里面装配有大炮和军队（参见第121节）。

这座刚刚新建的城墙眼看着就要垮掉了，此时约瑟夫斯和他的同伴只能孤注一掷地转用火攻。（227）他们把所有能够找到的干木材全部抓过来，[1] 接着，他们迅速地从这座城市的三个方向上冲出来，并点燃敌人的战争器械、掩蔽所和高垒的支架。（228）对此，罗马人束手无策，他们都被对手的勇敢惊得目瞪口呆，他们也根本无法控制火势；因为这些干木材上全都添加了沥青、柏油和硫黄，它们燃烧的速度比想象的还要快，火苗在各个方向上飞溅，罗马人辛辛苦苦建造的工事经过短短一个小时就被烧得灰飞烟灭。

[21]（229）在此期间，有一名犹太人的英勇事迹值得一番特别的记述和称赞；此人名叫以利亚撒（Eleazar），是萨米亚斯的儿子（son of Sameas），出生于加利利的萨巴（Saba）。（230）他举起一块巨大的石头，用力地从城墙上砸向攻城槌，他的力量如此之大，以至于攻城槌的槌头都被砸断了；接着，他一跃而下，从众多的敌人中间夺走了槌头，并镇定自若地将它携至城墙脚下。（231）在此期间，他成为所有敌人的目标，后者纷纷袭击他那毫无防护的身体，他被射中了五箭。（232）但他毫不在意，在爬上城墙后，他显眼地站着，毫不畏惧；接着，在伤口的巨大创痛之下，他和手上拿着的槌头一起栽倒在地。（233）英勇程度仅次于他的，是名叫尼提拉斯（Netiras）和菲利普（Philip）的一对兄弟，他们来自加利利的一座名叫鲁马（Ruma）[2] 的村庄。他们冲向罗马人的第十军团，疯狂地进攻，以至于罗马人的队列都被他们打乱了，所有遭遇他们的罗马人都被打跑了。

---

〔1〕 ἁψάμενοι［抓取、点燃］: 对比 ἁράμενοι πῦρ πάλιν［再次点燃］，第 234 节。"点燃"（kindle）一词的含义——莱纳赫也这么认为——通常用主动态动词 ἅπτειν 来表达，尽管动词的中动态被用来表示"放火"（set fire to），第五卷第 287 节 τῶν ἔργων ἥπτετο τὸ πῦρ［火势已经蔓延到工事］。

〔2〕 也即现在的鲁马（Rumah），距离约塔帕塔数英里，位于阿索基斯平原（the Plain of Asochis）的南部。

[22]（234）在这些人的激励之下，约瑟夫斯和其他民众手持火把再次出击，点燃了罗马人的器械、掩蔽所以及被击溃的第五军团与第十军团的高垒；[1]其他的罗马军团则赶紧把他们的军事器械和所有易燃的东西全都埋藏起来。（235）傍晚时分，罗马人又把槌头重新安装上去了，而且把攻城槌运到了城墙先前受损的地方。（236）就在这时，城墙上的一名守军用箭射中了韦斯巴西安的一只脚。由于两者相距甚远，箭的力度因而大为减弱，韦斯巴西安只受了轻伤，但是，这个事件却在罗马人中间引发了巨大的骚动。（237）看到韦斯巴西安在流血，周围的士兵立即受到惊吓，消息马上传遍了全军，绝大部分士兵放弃了围城，惊恐地跑向他们的将军。（238）由于担心自己父亲的安危，提图斯第一个冲了过来；然而，这进一步加剧了军队的纷乱——一方面是因为他们关心统帅，另一方面是因为他们看到了统帅之子的悲痛。（239）韦斯巴西安发现自己根本无法阻止和缓和儿子的惊惧以及整个军队的纷乱。于是，他克服疼痛，努力地让所有惊惧不已的士兵全都看见自己，以此来激励他们对犹太人更加猛烈地进攻。为给统帅复仇，现在罗马人群情激昂，个个奋勇当先，他们杀声震天，一下子就冲到了城墙边上。

[23]（240）约瑟夫斯手下的那些士兵，尽管接连在敌人的枪林弹雨中倒下，但是他们没有放弃战斗，而是坚持用火球、铁器（iron）[2]和石头不断地袭击在掩体后面操纵攻城槌的敌人。（241）然而，他们的努力几乎不起作用，炮弹一个接一个地落下，因为敌人能够看见他们，而他们看不见敌人；（242）他们被自己的火光照耀着，就像在白昼里一样成为敌人的活靶子，而他们又很难躲避敌人发射过来的炮弹，

---

〔1〕参见第 233 节。
〔2〕"铁器"（iron）通常是指"刀刃"（sword-blade）；这里很可能是指铁箭头（参见荷马：《伊利亚特》第四卷第 123 行）

因为距离远，以至于他们看不见炮弹，也躲不及。（243）因而，"速射炮"[1]和石弩的每次发射会击伤整整一排人，嗖嗖作响的石弹（the whizzing stones hurled by the engine），[2]其威力是如此巨大，以至于城垛都被削平了，而塔楼的犄角也被摧毁了。（244）确实，没有哪一支军队——不管它有多么强大——能够抵挡得住这一排排巨大石炮的轰击。（245）每一个经历了那天晚上的人，无一不对这些军事机器的巨大威力留下难以磨灭的印象。其中城墙边有一个站在约瑟夫斯旁边的人，他的头颅被一块石头给削掉了，头骨飞到三弗隆远的地方。（246）拂晓时分，一名身怀六甲的妇女在走出家门时被击中腹部，她子宫里的婴儿竟被抛掷到半弗隆远的地方。[3]因而，你可以想象这种投石器的威力是多么巨大。（247）没有什么东西会比这些机器所发出的嗡嗡声更让人恐怖了，也没有什么东西会比这些石炮的坠落更让人害怕了。[4]（248）接着，就是死人一个接一个从墙上坠地的声音。在城内，妇女们可怕的尖叫声与垂死者的哀号声此起彼伏。（249）前线周围的地面到处都是流淌的鲜血，一具具的死尸如果堆积起来的话，无疑会比城墙还要高。（250）山那边传来的回声进一步增加了恐怖的气氛；总之，在这个惊悚的夜晚，没有任何东西更能惊吓到眼睛或耳朵了。（251）但是，大部分约塔帕塔守军一直在英勇地坚持战斗，其中许多人受了伤；（252）到了清晨时分，约塔帕塔城墙仍没有被这些机械征服，尽管它们在不停地轰击。守城的犹太士兵用自

---

〔1〕参见第 80 节。

〔2〕也即 λιθοβόλον，拉丁语写作 *ballista*（投石器），参见第 80 节；莱纳赫认为，这种军事器械就是弩炮（*onager*）——另一种投石器，但它明显是后来发明的。

〔3〕约瑟夫斯在这里似乎做了言过其实的描述。

〔4〕我们似乎没有必要像莱纳赫那样，把 φοβερώτερος［更可怕的、更令人恐惧的］纠正为 φοβερὸς［可怕的、令人恐惧的］或者 φοβερώτατος［最可怕的、最令人恐惧的］，他将其翻译为：Terrible aussi était le sifflement des machines et le fracas de leur ravage.

己的身体和武器堵住了缺口，他们在罗马人铺设的活动人行道的跳板上匆匆建造了一个临时的防御屏障。

[24]（253）韦斯巴西安让经过一晚上鏖战的士兵暂作休息，等到天一亮，他重新集结军队发动最后的进攻。（254）他的目标是迫使缺口处的犹太守军撤退。因此，他命令自己最勇敢的骑兵下马作战，让他们在城墙缺口处的对面集结成三个分队（three divisions）；[1]这些骑兵从头到脚全被铠甲保护起来，手上都握有长杆，一旦进入城内，他们就用长杆铺设通道或者跳板；（255）在他们身后，韦斯巴西安安排了大批步兵精锐。（其他的骑兵则被安排沿着城墙对面的山脉巡视，以防城市被攻陷后有任何犹太守军逃亡。[2]）（256）在队伍的最后面，韦斯巴西安把弓箭手部署成半圆形队列，并命令他们做好随时射击的准备。同时，他也命令投石器和其他各种军事器械做好射击的准备。（257）接着，他命令另一部分士兵带上梯子，时刻准备着把梯子放靠在尚未损坏的城墙上，这样就可以吸引一些守军过来作战，从而减轻缺口处的进攻压力，余下的守军则在炮火的压制下会被迫退让。

[25]（258）约瑟夫斯看穿了韦斯巴西安的整个意图，因此，他把老年人和疲惫之人安排在未损毁的城墙沿线上，希望他们能够完好无损地守住这些城墙；而把那些最勇敢的士兵部署在缺口处，每一队士兵由六个抽签选出的人领头，[3]而他自己抽到的则是一个首当其冲

---

〔1〕或者写成"三个纵列"（three deep）。

〔2〕正如莱纳赫所表明的，第 255 节是一个插入句。按照战斗的顺序，第 256 节紧随在第 254 节之后。

〔3〕这个分句的含义并不十分确定。这些头领（these leaders）就是第 270 节所提到的 πρόμαχοι［战士们］。

［中译按］在惠斯顿本中，英译者则将其译作：在他们所有人前面，有六个人（and before them all，six men by themselves）。

面对敌人攻击的危险位置。[1]（259）约瑟夫斯命令士兵们堵起耳朵，以防因罗马军团震天的杀喊声而心生恐惧；当罗马人的炮弹齐射过来时，他让他们蹲下来，并让他们盖上护盾以作保护，接着，他让他们后退一段距离，直到敌人的弓箭手全都射空了箭筒；（260）而当罗马人铺设攀登城墙的器械时，犹太人突然冲杀出去，并用敌人自己的工具对抗他们。[2]约瑟夫斯说道："每一个人都要英勇战斗，这不是为了拯救自己的家乡，而是为了向敌人复仇，因为这座城市差不多已经沦陷了。（261）请你们每一个人都在自己脑海里想象一下，这里的老人、妻子和儿女即将遭到敌人残酷屠杀的悲惨画面，面对这些灾难，你们要做的就是，把你们自己的全部愤怒和仇恨都发泄到那些作恶者身上。"

[26]（262）这就是约瑟夫斯对自己的两部分人马所做的部署。然而，当一群平民（女人和小孩）看到自己的城市被敌人包围了三层——罗马人并没有改变一开始的防御部署[3]，看到倒塌的城墙脚下满是手握利剑的敌人，看到山坡上敌人们的闪闪发光的武器，看到阿拉伯弓箭手正瞄准他们，便大声尖叫起来，仿佛灭顶之灾不再遥远，而已经发生一样。（263）约瑟夫斯担心，女人们的哭号会动摇战士们的斗志，因此，他就把她们关在家里，以威胁的方式命令她们保持安静。（264）随后他站到自己先前被分配到的位置——缺口处，毫不在意敌人从各个地方伸来的登城云梯，屏住呼吸等待着敌人的枪林弹雨。

[27]（265）所有罗马军团的号角声同时响了起来，罗马军队发

---

〔1〕参见第 263 节。

　　[中译按] 参见第 264 节，而非第 263 节。

〔2〕"机械手自己反受其害（The engineer hoist with his own petard）"（《哈姆雷特》第三卷第 4 节）。

〔3〕参见第 148 节。

出了可怕的叫喊声，从各个方向飞来的箭矢把阳光都给遮住了。（266）然而，士兵们牢记约瑟夫斯的命令——他们将自己的耳朵堵住，并用护盾保护好自己的身体，以躲避飞箭；（267）当木板铺设完毕之后，犹太人乘罗马人尚未踏上它们之前，就赶紧冲杀过去。（268）他们冲向敌军，与敌人进行面对面的激烈厮杀，在战斗中展现出英勇无畏和视死如归的伟大气概，他们如此英勇，只不过是为了在巨大的灾难面前努力证明，自己的勇气并不低于那些在不危险境地里的勇敢之士。（269）他们没有一人放弃对罗马人的英勇战斗，直到杀死敌人或者被敌人杀死。（270）然而，犹太人现在已经被连续的战斗折腾得精疲力竭，他们已经没有足够的兵力进行轮换或者增援，[1]而罗马人则有不断的新生力量来补充和替代疲惫之师，一队士兵撤下来，另一队士兵立即就会补位；他们相互激励，并肩战斗，每个人都向上手举盾牌，形成一支无懈可击而又紧密团结的纵队，[2]他们就像一个整体，一步步地逼退犹太人，甚至开始登上城墙。

［28］（271）在这关键时刻——在绝望的刺激之下，发明应运而生——约瑟夫斯急中生智，下令将滚烫的热油浇在那些相互紧锁的护盾上面。（272）他手下的人准备好后，立即从四面八方向罗马人猛掷装满大量滚烫热油的瓶子。（273）他们就用这种方法破解了罗马人的龟形队形；被烧着的罗马人剧痛万分，纷纷在城墙边打滚。（274）热油瞬间从头到脚渗进他们的铠甲，遍布全身，猛烈的火焰将他们全部吞噬。由于这种液体富含脂肪和膏油，它非常容易吸热，冷却速度却非常缓慢。（275）由于受笨重的铠甲和头盔所累，罗马人全都没能逃脱这种滚烫的液体；他们痛苦地翻滚跳窜，甚至纷纷跳下吊桥。此外，转身逃跑的那些人则被正在进攻的战友们堵住去路，这样一来，他们

---

〔1〕参见第 258 节。

〔2〕龟形队形（the *testudo* formation），参见第二卷第 537 节。

很容易成为背后的犹太人的打击目标。

[29]（276）然而，在这些不幸面前，罗马人并没有丧失勇气，不管犹太人表现得多么聪明和机智。罗马人虽然看到自己的战友们在滚烫的热油里受着煎熬，仍然纷纷向那些倾倒热油的犹太人冲去，而且每一个人都在咒骂自己前边的那个人，因为他挡住了前进和冲锋的道路。（277）犹太人又想出第二条打击敌人的诡计，他们把炒烫的胡芦巴（fenugreek）[1]倾倒在木制的通道上，使罗马人在上面跌倒或趔趄。（278）不管前进还是后退，他们没有一个人能够站稳脚跟：一些人在通道上仰倒从而发生踩踏，许多人则从高垒上直接跌落下去，然后被犹太人用箭射杀。（279）由于罗马人陷入狼狈，犹太人得以从肉搏战中脱身，开始发挥高超的射击术。（280）罗马军队在这种进攻中遭遇了严重的损失，以至于罗马统帅韦斯巴西安不得不在傍晚时分下令撤军。（281）罗马军队有很多人被杀，受伤的人则更多。约塔帕塔守军只有六名士兵被杀，不过有超过三百名士兵受伤。（282）这场战斗发生在达西乌斯月（the Month Daesius [Sivan]）的第二十日。[2]

[30]（283）一开始，韦斯巴西安试图就最近一系列的遭遇安慰自己的军队。（284）然而，他发现情绪低落的士兵需要的不是激励而是行动，因此命令他们提升高垒的高度并建造了三座塔楼，每一座塔楼高达五十尺，全部用铁皮包裹，以确保其稳固性和防火性。（285）接着，他在这些塔楼上建造土木工事，并将轻型炮兵（the lighter artillery）、标枪兵、弓箭手和最强健的投石兵一起部署在上面。（286）这些士兵可以对着城墙上清晰可见的守军开火，而塔楼和胸墙可以有效地为他

---

〔1〕fenugreek（胡芦巴）亦写作 *Foenum Graecum*；莱纳赫认为，这种植物在这个季节（六月至七月）正处于开花期。

　　[中译按]胡芦巴是一种豆科植物，同时是一年生草本植物，全株有香气，花期为每年四月至六月，果期为每年七月至八月。

〔2〕按照尼斯本的计算，这个日期是公元 67 年 7 月 8 日。

们提供遮挡。（287）犹太人发现，自己既没有办法躲避敌人发射过来的炮弹，也没有办法对看不见的敌人进行报复，因为塔楼是如此之高，犹太人抛掷过去的飞镖根本伤不到他们，而火攻对塔楼外面包裹的铁皮无效。于是，犹太守军纷纷撤离城墙，转而攻击那些试图架设云梯的罗马士兵。（288）约塔帕塔就是这样抵抗罗马人的；每一天都有许多守军倒下，但他们却无法对罗马人进行报复，只能在绝境中冒死坚守下去。

[31]（289）在这些天里，韦斯巴西安派遣第十军团指挥官图拉真（Trajan）[1]率领着一千名骑兵和两千名步兵前去进攻约塔帕塔附近的一座名叫迦法（Japha）[2]的城镇，因为这座城镇在邻居约塔帕塔的抵抗精神的激励之下，发动了反罗马叛乱。（290）图拉真一抵达迦法就发现，它非常难以攻克，因为不仅其地理位置险要，而且有两道城墙保护。然而，这座城镇的居民没有选择原地固守，而是主动出击。图拉真迎战他们，后者经过一番短暂的抵抗之后就落荒而逃了，罗马人在后面追击他们。（291）当犹太人逃入第一道城墙的时候，紧追不放的罗马人也紧随其后进入；（292）而当逃亡者冲向第二道城墙的时候，城里的市民却把他们关在了外面，因为担心罗马人会一同入城。（293）让罗马人来惩罚可怜的加利利人，这无疑是上帝的旨意；正是他使这座城镇的居民遭到自己同胞的抛弃，也正是他使他们落入残暴的敌人之手，惨遭灭绝。（294）他们成群结队地聚集在城门前，徒劳

---

〔1〕即后来的罗马皇帝图拉真的父亲。

〔2〕在《旧约·约书亚记》第十九章第12节中，Japha（迦法）亦写作Japhia（雅非亚），即现代的雅法（Yafa），它位于约塔帕塔以南十英里处、纳萨里特（Nazareth）西南两英里处。在这里，约瑟夫斯称之为"一座城市"（a city），但在其他地方，约瑟夫斯又将它描述为"加利利地区最大的一座村庄"（the largest village in Galilee），参见《生平》第230节；它一度是约瑟夫斯的司令部所在地（《生平》第270节）。

地猛击城门，大声呼喊着卫兵的名字，恳求放他们入城；就在他们哀号之时，罗马人把他们的喉咙给割断了。（295）第一道城墙的城门被敌人关闭，而第二道城墙的城门则被同胞关闭。（296）他们就这样被困挤在两道城墙之间，一个接一个地倒下；许多人是被战友的利剑刺穿，许多人是被自己的利剑刺穿，更多的人则是被罗马人所屠戮，他们甚至没有抵抗的勇气——敌人的残暴，加上同胞的背叛，已经让他们心灰意冷了。（297）在临死的那一刻，他们诅咒的不是罗马人，而是自己的同胞——诅咒他们最后全都命丧于这两千名罗马士兵手里。（298）图拉真断定，这个城镇已经没有了战斗人员，即使还有，他们也已经吓瘫了，他决定将攻占这座城市的功劳留给自己的统帅。他派遣一名信使到韦斯巴西安那里，恳请他派遣其子提图斯前来赢取最后的胜利。[1]（299）韦斯巴西安推测，那里尚有一些扫尾工作需要完成，于是他派遣提图斯率领五百名骑兵和一千名步兵前去增援。（300）提图斯疾速地向这座城市进军，并整顿好军队，做好开战的准备；他把图拉真及其军队部署在左翼，而他自己则在右翼领导并指挥围城。（301）罗马人使用云梯从各个方向攻城，经过一番短暂的抵抗之后，加利利人就弃守城墙了。（302）因而，提图斯的军队很快就攻入了城内，并立即控制了这座城镇。不过，城内仍有部分犹太人殊死抵抗：（303）一些强壮的犹太男人在狭窄的街道上攻击罗马人，而一些犹太妇女则在屋里向罗马人投掷她们手上的任何东西。（304）战斗一直持续了六个小时；然而，那些善战的犹太战士还是被屠杀殆尽了，其余

---

〔1〕参见《撒母耳记下》第十二章第 26 节及以下，在围攻亚扪人的首都拉巴（Rabbah of Ammon）期间，约押（Joab）派遣了使者到大卫那里。对于犹太人和罗马人而言，这种礼节非常常见。

［中译按］约押攻取亚扪人的京城拉巴。约押打发使者去见大卫，说："我攻打拉巴，取其水城。现在你要聚集其余的军兵来，安营围攻这城。恐怕我取了这城，人就以我的名叫这城。"（《撒母耳记下》12：26—28）

的民众——无论老幼——则被屠杀在空地上或者自己家中。除了婴儿，城里没有留下一个男性；那些婴儿连同犹太妇女一起被罗马人卖作了奴隶。（305）在城内的这场屠杀以及之前的战斗中，罗马人总计杀死了一万五千人，俘虏了两千一百三十人。（306）降临在加利利的这场灾难发生在达西乌斯月的第二十五日。[1]

[32]（307）撒玛利亚人也没能逃脱灾难。他们聚集到自己的一座名叫加利辛（Garizim）的圣山上，虽然一直待在原地，没有动作，但这种聚集以及他们所表现出的坚决态度本身就含有战争威胁。（308）他们没有从临近城市的灾难中汲取任何教训；罗马人取得了巨大的成功，却使他们对自身的羸弱生出可笑的自负，满心欢喜地做着反叛大梦。[2]（309）因此，韦斯巴西安决定抢先行动，以浇灭他们的气焰；因为尽管整个撒玛利亚地区已经被罗马军队占领，但是这一大群人和同盟者的聚集足以让罗马人心生警觉。（310）韦斯巴西安派遣第五军团指挥官塞里里乌斯（Cerealius）[3]率领一支包含六百名骑兵和三千名步兵的部队，前去那里镇压。（311）塞里里乌斯认为，攀爬这座圣山发动进攻是非常危险的，因为敌人不仅人数众多，而且可以居高临下地攻击他们；因而，他用军队包围了圣山周围的低地，并整日严密地监视敌人的一举一动。（312）缺水的撒玛利亚人恰好遇到了可怕的高温季节，那时正值盛夏，而他们没有做好相关的准备工作。（313）结果在这一天，一些人就因为口渴而死，余下的很多人宁愿为奴也不愿被活活渴死，因而纷纷向罗马人投降。（314）塞里里乌斯由此判断，山上仍有很多人在负隅顽抗，不过已经被折磨得不成样子了，于是他

────────────────

〔1〕亦即公元 67 年 7 月 13 日（按照尼斯本的计算）。

〔2〕在其他地方，尤其是在《犹太古史》第九卷第 290—291 节，约瑟夫斯对撒玛利亚人的敌意表现得非常明显。

〔3〕塞里里乌斯（Cerealius）的全名是塞克斯图斯·塞里里乌斯·维图里努斯（Sextus Cerealius Vettulenus）。

登上了这座圣山，并将军队部署在敌人周围；接着，他开始诱使对方投降，劝说他们珍惜自己的生命，并向他们允诺，假如他们放下武器，那么他会保证他们的安全。（315）但是，这些劝说丝毫不起作用，于是他发起了进攻，把他们一个不剩地全部杀灭，总共有一万一千六百名犹太人遭到屠杀；这次事件发生在达西乌斯月的第二十七日。[1]这就是撒玛利亚人所遭遇的灾难。

[33]（316）与此同时，约塔帕塔的守军仍旧在英勇地坚守，他们出乎意料地承受住了所有的不幸，当第四十七天的时候，罗马人所建造的高垒已经高于犹太人的城墙了。（317）就在这一天，一名犹太叛逃者向韦斯巴西安报告说，犹太守军的数量和力量都已经大为下降，（318）因为持续的监视和战斗已经让他们精疲力竭了，如果罗马人积极行动，那么他们再也承受不住一次有效的进攻，甚至通过计谋就可以攻占城池。（319）他接着说，大约到晚上最后一次巡逻时——在这一个小时里，他们都想从一天的劳苦之中稍得喘息，疲惫不堪的守军很难抵挡住清晨的瞌睡[2]——哨兵们通常都会陷入熟睡；在这个时间进攻再好不过了。（320）然而，韦斯巴西安对这名叛逃者的话将信将疑，因为犹太人之间非常忠诚，他们鄙视告密行径。（321）之前就有一名被俘的约塔帕塔人，在各种酷刑折磨之下，甚至在火刑之下，硬是没有向敌人泄露有关这座城镇的任何情报，他最终被钉死在十字架上，笑着迎接死亡。（322）然而，这番话又不能不让人相信；考虑到此人所言可能是事实，即使是陷阱，也要冒险一试，因此韦斯

---

〔1〕亦即公元 67 年 7 月 15 日（按照尼斯本的计算）。

〔2〕作者可能想到了更为著名的特洛伊（Troy）之围；参见维吉尔的《埃涅阿斯纪》第二卷第 268 行：tempus erat quo prima quies mortalibus aegris incipit，第 265 行：inuadunt urbem somno uinoque sepultam; caeduntur uigiles，以及本卷第 325 节（ἀποσφάξαντες δὲ τοὺς φύλακας εἰσίασιν εἰς τὴν πόλιν [割断了哨兵们的喉咙，他们潜入了城内]）和第 327 节（ὕπνῳ διαλέλυντο [睡得沉]）。

巴西安下令把他关押起来，并让军队做好攻城的准备。

[34]（323）按照之前确认的时间，他们悄悄地向城墙进军。（324）第一个爬上城墙的人是提图斯，紧接着是一位名叫多米提乌斯·萨比努斯（Domitius Sabinus）的保民官，跟随在他们后面的则是第十五军团的一些士兵。（325）他们割断了哨兵的喉咙，悄悄地潜入了城内。接着，保民官塞克斯图斯·加瓦里乌斯（Sextus Calvarius）和普拉西度斯也率领军队进入了城内。（326）现在这座城堡实际上已经被夺取了，罗马人就在城镇中心来回走动，这时天亮了，居民们尚未明白过来，这座城镇就已经被占领了。（327）绝大部分人在睡眠中疲惫不堪，即使有人醒过来，浓浓的雾气（当时约塔帕塔正好被浓雾包围）也挡住了他们的视线。（328）最后，当罗马人把整个军队开进来，他们才意识到自己的灾难，却已经回天无力；当利刃砍在他们脖子上时，他们才知道约塔帕塔已经被敌人攻占了。

（329）罗马人丝毫没有忘记围城时所遭遇的各种不幸，因此对这座城市没有表现出任何怜悯，他们边将犹太人从城堡里赶下陡坡，边实行了一场大屠杀。（330）在这样糟糕的环境下，甚至连那些仍能战斗的人也发现，已经没有任何抵抗的机会了：他们要么被挤在小巷里，要么在陡坡上被逼向悬崖，已经被杀进城堡的罗马人包围了，只能接受被宰割的命运。（331）糟糕的局势甚至迫使约瑟夫斯手下的许多精兵自杀；他们看到自己无力杀死一个罗马人，于是决心抢在被罗马人杀死之前自杀，他们一起撤退到了郊外，在那里结束了自己的性命。

[35]（332）然而，在获悉这座城镇被攻占后，那些担任警戒的士兵却成功地逃走了，他们躲进城北的一座塔楼里，[1] 在那里抵抗了一段时间。但是，由于被大批的敌人包围，他们最终选择了投降，甘心向攻击者伸出了脖子。（333）假如不是百夫长安东尼乌斯（the

---

〔1〕罗马人是从这座城镇的北边攻进来的（第158节，第162节）。

centurion Antonius）被杀，罗马人很可能会夸耀说，在这个围城的最后阶段他们没有任何生命损失。（334）安东尼乌斯纯粹死于背叛：洞穴里躲藏了许多逃亡者，其中一个逃亡者恳求安东尼乌斯——他发誓保证安东尼乌斯的安全——向自己伸出右手，让他可以从洞穴中出来；（335）这位百夫长轻率地照做了，结果洞穴里的这个犹太人立即从下面用长矛刺穿了他的腹股沟，当场将他杀死。

[36]（336）在那一天，罗马人屠杀了所有能看到的犹太人；在接下来的日子里，他们又到处搜查犹太人的藏身之处，疯狂地报复那些躲藏在地窖和地洞里面的人，不分年龄地将其屠杀，除了婴儿和妇女。（337）被俘的总计有一千二百人；死亡的——不论是死于最后一次进攻还是之前的战斗——总计有四万人。（338）韦斯巴西安下令彻底摧毁这座城镇，并将其所有的堡垒全都烧成灰烬。（339）在尼禄统治第十三年的帕尼穆斯月（the Month Panemus［Tamuz］）的第一天，[1]罗马人攻占了约塔帕塔。

第八章

[1]（340）罗马人接下来开始搜捕约瑟夫斯，这一方面是出于他们对约瑟夫斯的怨恨，另一方面是为了满足他们将军的渴望。他们的将军认为，如果约瑟夫斯被抓，这场战争很大程度上也就结束了。因此，他们在众多的尸体中间以及所有隐秘的藏身之处搜寻约瑟夫斯。（341）然而，冥冥之中自有神助，在约塔帕塔被攻占的关键时刻，约瑟夫斯成功地从敌人中间溜走了，他跳进了一个深坑，而深坑的一端紧连着一个从地面上根本看不到的宽阔的洞穴。（342）在这个洞穴里

---

〔1〕亦即公元 67 年 7 月 20 日（按照尼斯本的计算）。

面，他发现还有四十个人藏身其中，里面充足的补给完全可以支撑很长时间。（343）白天他就藏在洞中，这时候城镇的每一个角落都有罗马人；等到晚上他就出来观察岗哨，以寻找是否存在可以逃跑的漏洞。然而，他发现每一处地方都有警戒，没有办法躲避，因而不得不再次下到洞穴。（344）他就这样躲藏了两天。到第三天，他们当中的一名妇女将约瑟夫斯的藏身机密泄露了；于是，韦斯巴西安立即命令帕乌利努斯（Paulinus）[1]和加里卡努斯（Gallicanus）这两位保民官，前去向约瑟夫斯担保其人身安全，并劝说他出来会面。

[2]（345）一到那里，他们就按照上述命令催促约瑟夫斯，并保证他的人身安全，但是，他们的说服没有成功。（346）约瑟夫斯并不怀疑这两位使者的仁慈，而是怀疑自己对罗马人造成的巨大创伤必将招致罗马人的相应惩罚。他担心，如果自己主动现身，无异于自投罗网；直到韦斯巴西安派出了第三个使者——保民官尼卡诺尔（the tribune Nicanor），[2]他是约瑟夫斯的一位老相识和老朋友——约瑟夫斯才决定出来。（347）尼卡诺尔一到，就详述了罗马人对被征服者的宽宏大量，[3]并向他保证说，他的英勇行动使他成为罗马统帅羡慕而非嫉妒的对象；（348）统帅非常渴望面见他，这不是出于惩罚——但假如他不主动现身的话，统帅就要对他施加惩罚——而是出于拯救和保全一位勇士的考虑。（349）尼卡诺尔进一步补充，如果韦斯巴西安真

---

〔1〕正如莱纳赫所指出的，这位帕乌利努斯（Paulinus）可能是马尔库斯·瓦里里乌斯·帕乌利努斯（M. Valerius Paulinus）的一位亲戚，而后者则是韦斯巴西安的朋友，于公元 69 年出任加尔哈 – 纳波尼西斯地区的总督（governor of Galha Narbonensis），参见塔西佗：《历史》第三卷第 43 节。

〔2〕尼卡诺尔是提图斯的一位朋友，他后来在陪同约瑟夫斯与耶路撒冷的犹太人谈判时受伤，参见第五卷第 261 节。有人指出，他先前可能效力于阿格里帕，因此与约瑟夫斯相识（科霍特［Kohout］）。

〔3〕参见维吉尔的《埃涅阿斯纪》第六卷第 851 节及以下：Romane, memento … parcere subiectis.

想诱捕约瑟夫斯，就不会派他的朋友来劝降了，更不会用最美好的友谊和品德来粉饰最污秽的罪行和背叛，而尼卡诺尔自己也不会跑来干出欺骗自己朋友的事情。

［3］（350）然而，即使在尼卡诺尔做出保证之后，约瑟夫斯仍在犹豫，以至于愤怒的罗马士兵想放火烧毁这个洞穴，他们的指挥官抑制了他们的情绪，因为他一直希望活捉这位犹太将军。（351）就在尼卡诺尔不断地催促约瑟夫斯接受其建议时，约瑟夫斯无意中听到敌军口中发出的威胁，这使他的脑海里忽然浮现起连日来晚上做的那些梦，在梦里，上帝向他预示了犹太人即将面临的种种灾难以及罗马皇帝的命运。（352）约瑟夫斯是一名释梦者，他擅长正确领悟上帝（the Deity）的那些模棱两可的话语的真实含义；[1] 身为一名祭司和祭司的后代，他对圣书（the sacred books）中的预言并不是一无所知。（353）在那一刻，他突然灵光闪现地理解了它们的真实含义，同时回忆起自己最近梦中的可怕画面，于是，他向上帝做了一番无声的祷告：

（354）既然您——犹太民族的缔造者——打断了我的工作，而这让您喜悦，既然现在所有的好运（fortune）全都已经转向罗马人，既然您拣选了我的灵魂来预报未来的事情，那么，我乐意向罗马人投降，也会心甘情愿地存活下去；然而，我请您见证，我之所以倒向罗马人，并不是因为我要背弃犹太人，而是因为我要做您的使节（thy minister）。

［4］（355）做完这番祷告，他就准备向尼卡诺尔投降。然而，当

---

〔1〕约瑟夫斯是在声称自己和同名族长约瑟（Joseph）具有亲缘关系吗？约瑟夫斯对梦境充满好奇，对此请参见第二卷第112—116节；在其人生的关键时刻，约瑟夫斯也告诉过我们他所做的另一个梦境，参见《生平》第208节及以下。

那些一起避难的犹太人明白了约瑟夫斯的意图，立即全都围到他的身边，并大声说道：

（356）我们祖先的律法——这是上帝自己定下的——自有其目的，而且上帝给每一个犹太人的胸膛里都植入了视死如归的不屈灵魂。（357）噢，约瑟夫斯，难道生命对你就那么宝贵吗，以至于可以让你忍受无尽的奴役？你是多么迅速地忘记自己所说的话啊！你劝说过多少人要为了自由而不惜牺牲生命啊！（358）如果你指望那些你曾与之鏖战过的人的原谅，或者，假设他们可以原谅你，而你屈尊把自己的性命交到他们手中，那么，你的勇敢和睿智不过是沽名钓誉而已。（359）即使罗马人的好运让你忘记了自我，我们也不应该玷污我们祖先的荣誉。我们将借给你一只右手和一把利剑。如果你欣然赴死，你将会作为一名犹太将军而死得其所；（360）如果你不愿意，你将会作为一名犹太叛徒而死得毫无荣誉。

一说完这番话，他们就把利剑指向约瑟夫斯，并威胁他，如果他向罗马人投降的话，他们将会毫不犹豫地杀死他。

［5］（361）约瑟夫斯担心他们攻击自己，同时也担心如果自己没有把上帝的信息传达出去就死掉，这完全是对上帝的不忠。因此在这紧急的时刻，他就像一名哲人那样，同他们进行理性探讨：

（362）战友们，为什么我们非要自杀呢？为什么非要把合为一体的灵魂和肉体分开呢？（363）有人也许会说我彻底变了，对此，罗马人无疑更有发言权。还有人可能会说，战死是无上荣耀的，对此，我绝不否认，但是按照战争法则，我们现在已经在征服者手上了。（364）如果我对罗马人的利剑畏缩的话，我就会用自己的利剑了结自己；但是，如果他们愿意宽恕他们的敌人，为什么我们不能宽恕自己呢？他们要宽恕我们，我们却不领情，非要自己折磨自己，这不是一件非常愚蠢的事情吗？（365）或许还有人会说，为自由而死是无上光荣的，对此，我不是不赞同，但是，那时我们之所以要奋战到底，是因为敌人要抢走我们的自由，而现在他们既没有找我们开战，又没有要取走我们的性命。如果一个人因为不想死而走出洞穴是一种怯懦的话，那么，一个人因为一心想死而绝不走出洞穴，这就不是怯懦吗？（366）你们不向罗马人投降究竟是在担心什么呢？不就是死亡吗？（367）不就是因为害怕落入敌手，从而使自己面对一种不确定的死亡，于是宁愿选择自杀这种确定的死亡方式吗？"不，我们只是不想为奴"，有人这样告诉我；（368）对此，我的答复则是："我们现在困在这里，难道就是在享受自由吗？""自杀是高贵的"，又有人对我这样说；对此，我会反驳说："不，自杀毫无高贵可言；在我看来，自杀是一种十足的懦夫行径，比水手在暴风雨尚未来临就担心船只沉没还要怯懦。"

（369）自杀是一种违背所有生物本性的罪恶行径，也是对创造我们的上帝的不虔敬。（370）在动物世界，我们看不到任何主动寻求死亡或者自杀的例子；渴望活下去，这是一个多么根深蒂固的自然法则。这就是为什么我们会将公开谋害我们性命的人视为敌人，又将那些企图秘密这样行事的人当作暗杀者进行严惩。（371）你们如此轻视上帝的造物，难道就没有想过上帝的愤怒吗？我们是从他那里接受生命的，也只有他才能决定我们的死亡。（372）我们所有人的肉身都不是不朽的——它们都是由易腐的物质组成的；但是，我们的灵魂却是不朽的——它们是住在我们肉身里的一部分神性。如果一个人滥用或者毁坏别人委托他保管的寄存物，那么，这个人就会被认为是不忠的恶棍；如果一个人把自己肉身上的神性寄存物驱逐出去的话，那么，这个人根本就在欺骗神明，他的罪孽无从饶恕。（373）此外，我们的律法明确规定，逃离主人的奴隶应受惩罚，即使他所要逃离的主人本身是一名恶棍；而我们从最好的主人上帝那里逃离，你们难道不觉得这极不虔敬吗？（374）难道你们不知道，那些离开人世（根据自然法则）并偿还了他们对上帝的借贷（当上帝要收回它时）的人，他们将会赢得永恒的名声吗？他们的房子和家人都会安全无虞；他们那纯洁的和顺从的灵魂将赢得天堂中最圣洁的地方，并且在时代的轮回之中，当他们从那里返回时，将在一个纯洁的肉身里寻得新的栖息之地。[1]（375）但是，那些自杀的人，他们的灵魂却只能进入最黑暗的地狱，而上帝（God）——他们的天父（their father）——也会因其犯下的罪而惩罚他们的后代。（376）这就是上帝为什么如此痛恨自杀的原因，同时也是最贤明的立法者要惩罚这项罪行的原因。（377）我们民族的律法规定，自杀者的肉身在日落之前要一直被暴露在外，不得安葬，可是连在战争中被杀死的敌人，我们都认为尽快地安葬他们是正确的。[2]（378）其他民族的法律则规定，自杀者的右手（因为他是用右手与自己开战）要被砍下来，因为他们认为，既然肉身是不自然地同灵魂分离的，那么这只

---

〔1〕 参见《驳阿庇安》第二卷第 218 节："因为有立法者的预言和上帝所做的保证，每一个人都相信，对于严格遵守律法之人而言，如果他们有必要牺牲自己，他们都会欣然赴死，因为上帝已经许诺在时代的轮回之时，使他们复活并获得更好的生活。"

〔2〕 约瑟夫斯在这里明显涉及一些拉比传统（some Rabbinical tradition）：《摩西五经》（the Pentateuch）对自杀的问题只字未提。关于日落时分安葬被绞死的罪犯，参见《申命记》第二十一章第 22—23 节；关于安葬被杀死的敌人，参见《约书亚记》第八章第 29 节和第十章第 27 节。

手要同肉体分离。[1]

（379）因此，战友们，我们应该听从理性和做正确的事情，而不应该给我们的民族徒增新的罪孽，更不应该犯下自杀这种对上帝极不虔敬的罪恶。（380）如果我们决定保存自己的生命，那么，就让我们继续生存下去吧！我们向敌人投降并不是一件丢人的事情，因为，我们之前已经无数次地证明了自己的勇敢；然而，即使我们决定赴死，那么，死于征服者之手也要好过死于自己之手。（381）但是，就我而言，我不会跑到敌人的阵营，证明自己是犹太叛徒；相较于那些为了自身安全而投奔敌人的逃兵，我确实不够明智，因为我这样做无异于自取灭亡。[2]（382）然而，我真心希望罗马人会不守信诺；尽管他们发誓保证我的人身安全，但我宁愿他们言而无信处死我，我会心满意足地迎接死亡——虽然他们胜利了，但是，他们的胜利受到了虚假誓言的玷污，这种安慰比胜利本身更重要。

[6]（383）约瑟夫斯试图通过这番话劝阻自己的同伴自杀。（384）但是，绝望堵住了他们的耳朵，他们一直以来都只想着赴死；因而，他们对他大为光火，手握利剑冲到他身边，严厉地谴责他是一名懦夫，似乎所有人都恨不得对他除之而后快。（385）然而，他直呼一个人的

---

〔1〕雅典人的风俗（Athenian custom）就是这样，参见埃斯基涅斯（Aeschines）的《驳克忒西丰》（*Cont. Ctesiph.*）第 244 节：ἐάν τις αὐτὸν διαχρήσηται, τὴν χεῖρα τὴν τοῦτο πράξασαν χωρὶς τοῦ σώματος θάπτομεν［要是有人自杀了，我们就要把做出这种事的手和身体其他部分分开埋葬］（转引自莱纳赫）。关于这部分学问，请对比约瑟夫斯在《驳阿庇安》中的其他相应例子，对此，约瑟夫斯很可能要感激他的希腊语助手（《驳阿庇安》第一卷第 50 节）。

〔2〕"这种背叛意识将会毁了我"（The consciousness of such treachery would be my ruin）似乎更符合文中的含义。

名字，同时用将军般命令的眼神凝视着另一个人，并紧握着第三个人的手，用恳求而使第四个人羞愧不安，在这关键时刻，他被各种各样的情绪撕扯着，他就像一头被猎人们团团包围的野兽那样，必须不停地转身以面对接连不断的攻击者，最终成功地避开了刺向他喉咙的所有利刃。（386）即使他处于这样的不利处境，他们仍然对将军怀有尊敬；因而，他们的双手变得虚弱无力，手上的利剑也闪到一边，有不少人在向他猛刺时，不由自主地放下了他们的武器。

[7]（387）即使在这种极端不利的困境中，约瑟夫斯也不缺少睿智。他相信上帝对自己的保佑，因而不惜把自己置于危险的境地，他说道：

（388）既然我们决定赴死，就让我们用抽签的方式来决定死亡的顺序吧！第一个抽到签的人，将由下一个抽到签的人给杀死；（389）在这个过程中，机会公平地降临到我们所有人，这样我们就可以避开自杀了。因为当一些人已死，这时如果有人后悔或者逃脱的话，肯定就不公正了。

（390）这项建议吸引了他们的兴趣；他们采纳了他的建议，于是他就进行抽签。所有人都将自己的脖子对下一个人袒露出来，并相信他们的将军马上就会同他们一样死去；他们觉得，死亡（如果是同约瑟夫斯一起死去的话）要比活着更美好。（391）然而，不知道是神意（the providence of God）还是运气（fortune）使然，约瑟夫斯和另一个人留到了最后；他既不想被抽中，也不想被留到最后，使自己手上沾满同胞的鲜血，于是，通过起誓，他说服了这个人一起活下来。[1]

---

[1] 约瑟夫斯这个叙述的真实性并不是无可置疑的；在其他自传性的章节中，他的前后矛盾之处倍增，进一步削弱了人们对其真实性的信任。他的同伴会容忍他的这番关于自杀的修辞性演讲（the rhetorical speech），这是难以置信的。

［8］（392）约瑟夫斯就这样不仅在与罗马人的战斗中，也在与自己的朋友们的斗争中幸存下来，接着，他被尼卡诺尔带到了韦斯巴西安的面前。（393）所有的罗马人蜂拥出来看他，围绕着这位统帅的密集人群里发出了各种各样的骚动：一些人对他的被俘欣喜若狂，一些人对他进行咄咄相逼，还有一些人挤上前去对他认真端详。（394）那些距离较远的观看者大声地要求惩罚他们的敌人，而那些在他旁边的观看者则回想起他的事迹并感叹起命运的无常。（395）不管是军官还是普通士兵，之前都对他恨之入骨，但看到他本人后，没有一个不心软的。（396）提图斯尤其感动于约瑟夫斯在逆境之下的坚韧，同时怜悯他还年轻。[1] 当提图斯回想起约瑟夫斯昨日的战斗，看到他现在成为敌人的阶下囚时，不由得沉思起命运的力量、战争局势的瞬息万变和人类事务的普遍不稳定性。（397）因此，他促使许多罗马人一起同情约瑟夫斯，并且他恳求自己的父亲，鉴于约瑟夫斯的巨大影响力，赦免这名阶下囚。（398）然而，韦斯巴西安则命令提图斯严密地看守约瑟夫斯，打算不久就把他押送到尼禄那里。[2]

［9］（399）一听到这个消息，约瑟夫斯立即向韦斯巴西安表达了单独面见他的强烈愿望。除了他的儿子提图斯和他的两个朋友之外，韦斯巴西安命令所有人全都离开，于是约瑟夫斯对他这样说道：

（400）噢，韦斯巴西安，难道您以为约瑟夫斯仅仅是一名俘虏吗？但我是作为伟大天命的使者来到您这儿的。若不是上帝差遣我来执行这使命，我当然知道犹太人的律法是怎样的，以及一个犹太将军该如何死亡。（401）您不是要把我送到尼禄那里吗？

---

〔1〕约瑟夫斯出生于公元37年（《生平》第5节），此时他三十岁。

〔2〕重要的俘虏全都要送到皇帝那里，由皇帝亲自进行审判，参见《犹太战争》第二卷第243—244节、《生平》第408—409节（菲利普·本·加西穆斯［Philip ben Jacimus］）以及《新约》中关于圣保罗（在他自己的上诉中）的事例。

您为什么要这么做呢？尼禄及其继承人都将先于您死于非命。韦斯巴西安，您会成为凯撒，您会成为皇帝，而您的儿子提图斯也会。（402）您现在把我捆绑得这么紧，到时您会把我留在身边；因为，您是凯撒，您不仅是我的主人，而且是陆地、海洋和全人类的主人。如果我胆敢冒充上帝的话语，那么作为惩罚，到时我请您更加严格地看管我。

（403）对于约瑟夫斯所说的这番话，韦斯巴西安一开始根本就不相信，他认为这不过是约瑟夫斯为了活命而使出的一个诡计。（404）但是，过了一段时间后，他就开始相信了，因为上帝唤醒了他对帝国的渴望，其他一些迹象也预兆了他要荣登皇帝大位。[1]（405）此外，他发现约瑟夫斯在一些事情上所做的预言都被证明是真实的。因为，当初参加秘密会议的韦斯巴西安的两位朋友中，其中一位对约瑟夫斯这样问道："假如这些话不是你这个阶下囚杜撰出来为规避罗马人对你的怨恨的，那么我不得不深感好奇的是，你为什么既没有向居民预言约塔帕塔的沦陷，也没有预言自己的被俘呢？"（406）对此，约瑟夫斯回答，他向约塔帕塔的民众预言过这座城镇将在四十七天后沦陷，他自己也将被罗马人活捉。（407）韦斯巴西安私下询问了一些囚犯关于这些预言的真实性，发现它们都是真的，从那时起，他开始相信关于自己的那些预言。（408）然而，韦斯巴西安并没有释放约瑟夫斯，而是向他赐予了一些衣物和其他珍贵的礼物，并友善地对待他，提图

---

[1] 在《历史》的第一卷第 10 节（"ostentis ac responsis destinatum Vespasiano liberisque eius imperium"）和第二卷第 1 节（"praesaga responsa"），塔西佗提到了这些预兆和神谕。"从犹地亚出发的人将统治整个世界"（persons proceeding from Judaea were to become masters of the world），这个流传甚广的信念几乎以完全相同的措辞被塔西佗（《历史》第五卷第 13 节）和苏埃托尼乌斯（《韦斯巴西安》第 4 节）记录。

斯也继续对他关心和尊崇不已。[1]

第九章

[1]（409）在帕尼穆斯月的第四天，[2]韦斯巴西安率领自己的军队回到托勒米亚，接着，他从托勒米亚去到了海滨城市凯撒利亚——凯撒利亚是犹地亚地区最大的一座城市，其人口主要由希腊人构成。[3]（410）当地居民热情地欢呼，并款待了罗马军队及其将军，这部分是因为他们对罗马人心存好感，但主要是因为他们憎恨原先的征服者——他们大声地表达对约瑟夫斯的不满，并一致希望罗马人处死约瑟夫斯。（411）然而，韦斯巴西安以沉默平息了那群浅薄之人的请求。（412）他把自己三个军团中的两个军团[4]安置在凯撒利亚的冬季营地之中，因为他发现这座城市非常适合部队过冬；第十五军团则被他派往希索波利斯，[5]以减轻凯撒利亚的重负。（413）凯撒利亚位于平原，

---

〔1〕约瑟夫斯对韦斯巴西安所做的预言，可以在苏埃托尼乌斯著的《韦斯巴西安》第5节得到印证，苏埃托尼乌斯这样写道："韦斯巴西安有一个出身贵族的俘虏，名字叫作约瑟夫斯，他在被戴上镣铐时斩钉截铁地说，自己将会被他日后成为皇帝的这同一个人释放（unus ex nobilibus captiuis Iosepus, cum coiceretur in uincula, constantissime asseuerauit fore ut ab eodem breui solueretur, uerum iam imperatore）。"同时，迪奥·卡西乌斯（摘要，第六十六卷第一章）不是扼要地（breui [shortly]）而是详细地记述了"在一年后"（μετ' ἐνιαυτόν）。莱纳赫——他引用了这些章节——也提到，这个预言具有一种奇特的拉比化色彩（the curious Rabbinic），它是由约哈南·本·撒该（Johanan ben Zakkai）做出的，此人在耶路撒冷被围期间逃出了耶路撒冷。

〔2〕亦即公元67年7月23日（按照尼斯本的计算）。

〔3〕尽管凯撒利亚的人口主要是希腊人，但是，这座城市自大希律时代开始重建时就"常与犹地亚和睦相处。"（舒尔）

〔4〕第五军团和第十军团（第65节）。

〔5〕亦即派往伯册，它距离凯撒利亚东侧35英里。

且濒临海岸，它的气候特征与希索波利斯非常相像，冬季温暖舒适，夏季则沉闷酷热。

[2]（414）与此同时，大批被煽动起来的犹太人和无家可归的逃亡者聚集起来，数量极其庞大，他们重建了约帕——约帕不久前刚遭到塞斯提乌斯的摧毁[1]——以作为自己的基地；（415）当他们发现，临近地区不是被切断，就是落入敌手后，他们决定逃往海外。（416）因此，他们征用了大批的海盗船来给自己建造一支舰队，接着，他们突袭了叙利亚、腓尼基和埃及的沿岸交通线，从而使这些海域全都成为不可通航的地方。（417）韦斯巴西安听说了这伙人后，就往约帕派遣了一支步兵和骑兵部队，这支部队乘夜色开进这座城市，发现那里根本就没有防备。（418）当地居民听到罗马人进攻的消息后，根本无意抵抗罗马人，反而逃到船上去避难，在弓箭射程之外的船只上躲了整个晚上。

[3]（419）大自然（Nature）没有为约帕提供一个港口。它的尽头是一条崎岖不平的海岸，整个长度几乎呈一条直线，但两端呈新月形而略有弯曲；（420）那里有陡峭的悬崖和伸向大海的礁石；而仍然遗留在那里的安德洛米达之链的印迹（the impressions of Andromeda's chains）见证了古代英雄的传奇故事。[2]（421）北风吹打着海岸，掀起的浪花迎面撞击着礁石，以至于对水手而言，这个停泊处比一块荒

---

〔1〕参见第二卷第 507—508 节。

〔2〕约帕的这种地方性传奇得到了广泛的见证。莱纳赫引用过普林尼《自然史》第五卷第 69 节（伸出的石头上显有链条的印迹）、斯特拉波第十六卷第二章第 28 节（ἐνταῦθα μυθεύουσί τινες τὴν Ἀνδρομέδαν ἐκτεθῆναι τῷ κήτει [在这里，一些人传说安德洛米达被交付给了海怪]）、保萨尼阿斯（Pausanias）第四卷第三十五章第 9 节（在珀尔修斯 [Perseus] 杀死怪兽后清洗自己的地方有一个血红色的泉水）、哲罗姆（Jerome）《约拿书评注》（In Jon.）第一卷（可以通过链环 [the rings of the chains] 的洞在他那个时代仍然可见）。参见史密斯的《圣地的历史与地理》第 163—164 页。

芜的水域（the watery waste）[1]还要危险。（422）在海上一直不断颠簸的约帕人，到早上时，又会被猛烈的风浪——这里的水手称之为"黑色的北风"（Black Norther）——吹打。（423）在这个地方，一些船只会相互撞得粉碎，另一些船只则会被岩礁撞得粉碎。散落在海岸边的岩石以及布满在海岸边的敌人让许多船只望而生畏，迫使它们不得不向风暴肆虐的深海里航行，以至于淹没在强风巨浪之中。（424）如果船员继续留在那里的话，他们既找不到安全航行的方法，也找不到安全的栖身之所；海上吹打过来的风浪肆虐着他们，而陆上倾压过来的罗马人也无情地打压着他们。当船只相互撞击的时候，刺耳的尖叫声响彻云霄；而船只被撞解体的时候，破裂声大得震耳欲聋。（425）船员们全都被吞没，要么殒命于巨浪，要么丧生于撞击；不过，有一些人觉得死于大海要比死于剑下更痛苦，他们宁愿选择在溺毙之前自杀。（426）然而，大部分人都会被巨浪卷走，撞向岩礁和悬崖。整片巨大的海域都被他们的鲜血染红了，海岸上到处是尸体；布满海岸的罗马人也会随时屠杀那些被冲上岸的幸存者。（427）冲到岸上的尸体总计达四千两百具。罗马人兵不血刃地占领了这座城镇，并将它夷为平地。

[4]（428）就这样，在经过这番短暂的插曲之后，罗马人重新[2]占领了约帕。（429）为了阻止海盗再一次在那里聚集，韦斯巴西安在其卫城建立了一座营地，并留下一支步兵队伍和少量的骑兵进行驻守。（430）骑兵留在原地守卫防营，步兵则去报复和蹂躏邻近的地区，他们将约帕周围的乡村和小城镇全都摧毁了。（431）按照上级的命令，为了完全摧毁这个地方，他们每天都进行严密的搜索和劫掠，直至将整个地区彻底沦为一块荒无人烟之地。

---

〔1〕字面含义是"比一块荒原"（than a desert）；此处采用了已故的特雷尔博士（Dr. R. Traill）的恰当释义，也看不出有什么理由去怀疑这个文本。

〔2〕参见第二卷第 507—508 节。

［5］（432）当约塔帕塔沦陷的消息传到耶路撒冷之时，许多人一开始都不相信这个消息是真的，一方面是因为这场灾难太过巨大，另一方面是因为没有目击者证实这个消息。（433）事实上，传递这个消息的人没有一个是从约塔帕塔逃出来的；这座城镇沦陷的传言自发地传播开来，因为不利的传言往往传播得更为迅速。[1]（434）然而，真相逐渐从约塔帕塔周围地区传来，大家也都慢慢地知晓了整个事情，不久所有人都对这个消息的真实性不再怀疑。但是，真相本身也被添油加醋地附加了许多虚构的成分，比如，有人传言约瑟夫斯在约塔帕塔沦陷时就被杀了。（435）这个传言让整座耶路撒冷城都陷入了巨大的悲痛之中；所有死难者的家庭和家属都在悼念那些被杀的亲人，不过，对他们指挥官的悼念则是全国性的。（436）一些人悼念主人[2]，一些人悼念亲人，一些人悼念朋友，另一些人悼念兄弟，而所有人都在为约瑟夫斯哭泣。（437）耶路撒冷的哀悼整整持续了三十天[3]，许多哀悼者甚至聘了吹手[4]为他们的葬礼哀歌伴奏。

［6］（438）但是，当全部真相以及约塔帕塔所发生的全部事情被揭示出来的时候，当约瑟夫斯的死亡被发现是谣传的时候，当他们知道约瑟夫斯仍然活着且被罗马人俘虏、在众多的俘虏当中罗马统帅偏偏对他礼遇有加的时候，他们之前对他的好感（那时他们认为他已经死了）瞬间变成了极度的愤怒。（439）一些人谩骂他是懦夫，另一些

----

〔1〕参见维吉尔的《埃涅阿斯纪》第四卷第 173 节及以下，尤其是第 190 节中关于 Fama 的描述，我们可以将 facta atque infecta canebat 这句话，与约瑟夫斯笔下的"真相本身也被添油加醋地附加了许多虚构的成分"（facts embroidered by fiction）进行一番对比。

〔2〕这里的"主人"（host）或者写作"客人"（guest-friend）。

〔3〕正如莱纳赫所说，三十天的哀悼期是对重要人物而言的，例如对摩西的哀悼（《申命记》第三十四章第 8 节）和对亚伦的哀悼（《民数记》第二十章第 29 节）。一般的哀悼期是七天（《德训篇》[Ecclus.] 第二十二章第 12 节）。

〔4〕《马太福音》第九章第 23 节也提到了葬礼上的这种吹手（flute-players）。

人则指责他是叛徒，整座城市都对他怒气冲天，无人不对他高声咒骂。而且，民众遭受的挫折和不幸更是给他们的愤怒火上浇油。（440）一场不幸往往会诱发更大的灾难，而一场灾难的结束往往又会成为另一场灾难的开端，只有智者才能采纳前车之鉴，做到防患于未然。（441）因此，他们现在决心猛烈地进攻罗马人，他们认为，报复罗马人就是在报复约瑟夫斯。（442）这些就是当时耶路撒冷普遍存在的躁动状态。

〔7〕（443）然而，韦斯巴西安前去访问了阿格里帕的王国。阿格里帕国王邀请他来，而且动用了整个王室的财富来盛情款待这位罗马统帅和他的军队——[1]阿格里帕希望借助他们的帮助，平定自己王国内的叛乱。接着，韦斯巴西安离开了海滨城市凯撒利亚，去到另一座名叫凯撒利亚——凯撒利亚－腓立比（Caesarea Philippi）[2]——的城市。（444）他在那里停留二十天休整军队，在此期间，他受到盛情款待，并为自己取得的胜利向上帝献上了祭品。（445）而当他听到提比里亚的蠢蠢欲动以及塔里基亚已经发生的叛乱时——这两座城市之前一直属于阿格里帕王国，他觉得是时候率军镇压这些叛乱分子了，这一方面当然是出于镇压叛乱的需要，另一方面也是为了帮助阿格里帕夺回这两座城市，以回报阿格里帕国王对自己的盛情款待。（446）因此，他派遣自己的儿子提图斯前去凯撒利亚，以调遣驻扎在那里的军队，并让提图斯率领军队向希索波利斯（希索波利斯是德卡波利斯地区最大的一座城市，并且临近提比里亚[3]）进发。（447）他也向那里进发，并在那里等候提图斯的到来。接着，他率领着三个军团进发，

---

〔1〕更确切地说，应该是部分军队（参见第 446 节）。

〔2〕参见第二卷第 168 节。

［中译按］对于凯撒利亚－腓立比（Caesarea Philippi）这座城市，《新约》提到了两次，参见《马太福音》第十六章第 13 节和《马可福音》第八章第 27 节。——惠斯顿本注

〔3〕希索波利斯位于提比里亚以南大约二十英里处。

驻扎在距离提比里亚三十弗隆的一处地方，而这处地方就在塞纳布里斯（Sennabris）[1]叛乱分子的视线范围之内。（448）同时，他委派十夫长瓦里里努斯（the decurion Valerianus）率领五十名骑兵，与城里的居民进行和谈，敦促他们确保对罗马的忠诚；因为他听说城里的大部分民众其实都渴望和平，只不过他们遭到了一些叛乱分子的绑架。瓦里里努斯骑马走到城墙边，接着，他命令自己的手下和他一起下马，以打消犹太人以为他们要进攻的疑虑。（449）但是，在他们进行和谈之前，叛乱分子当中力量最大的一支叛军全副武装地冲出来迎击他；（450）这伙叛军的首领是萨法特之子约书亚（Jesus son of Saphat）。[2]（451）瓦里里努斯认为，尽管自己对获胜胸有成竹，但是，违背（统帅所下达的）不要与他们开战的命令是不明智的，此外，以一支人数稀少而又准备不足的部队去对付一支装备精良的大军是非常危险的。（452）总之，犹太人出人意料的勇敢着实让他大为震惊，以至于他徒步逃跑起来，其他五个同伴也像他一样抛下战马徒步逃跑。约书亚的士兵们带着这些战马凯旋，他们非常高兴，就好像这些战利品是他们通过战斗而不是通过出其不意的袭击取得的。

[8]（453）出于对这个意外事件的担心和恐惧，城内的老者和那些德高望重的市民都逃到了罗马人的营地里；（454）在取得了国王的支持后，他们跪倒在韦斯巴西安的脚下，恳求他不要降罪于他们，也不要把少数人的疯狂归罪到整座城镇的民众身上；（455）他们恳求他，宽恕那些对罗马人保持忠诚的民众并惩罚领头的叛乱分子；直到今天，他们自己都一直在他的权力之下，长久以来一直都渴望达成协定。（456）统帅尽管因被夺走战马而对整座城镇非常生气，但是，他

---

〔1〕塞纳布里斯（Sennabris）即现在的西恩 – 纳布拉（*Sinn en-Nabrah*），位于热内萨里特湖的西南，靠近塔里基亚。

〔2〕约书亚是提比里亚最高首脑，参见第二卷第 599 节。

仍然答应了他们的请求，因为他看到阿格里帕对这座城镇非常关心。（457）因此，代表团为了自己同胞的利益而与罗马人达成了和平条约，约书亚一伙觉得自己在提比里亚已经没有安全保障了，于是他们逃到了塔里基亚。（458）第二天，韦斯巴西安派遣图拉真率领一些骑兵去到山脊，[1]查看是否全体民众都愿意接受这种和平安排。（459）当韦斯巴西安确定了城里的民众跟那些恳求者持同样的想法，他立即率领军队进城了。城里的民众为他打开城门，并热情地出城欢呼他的到来，将他当作救星和恩人一样看待。（460）狭窄的城门明显妨碍了大批军队的入城，因此韦斯巴西安下令将部分南墙拆除，以拓宽进城通道。（461）然而，出于对国王的敬意，他严禁任何抢劫和暴力；基于同样的原因整座城墙也得到了保全，因为阿格里帕保证从此以后这座城镇一直会忠于罗马人。虽然这座城市经过了一番严重的叛乱，但韦斯巴西安就这样使它重新恢复了平静。

第十章

[1]（462）接着，韦斯巴西安继续进军，他在提比里亚和塔里基亚之间扎了营，[2]把这个营地构筑得比平常的营地更为坚固，因为他

---

〔1〕"去到山脊"（to the ridge of the hill）的含义无疑是"沿着山脊前进"（to proceed along the ridge）——对此地形，请参见史密斯和巴托罗缪绘制的西加利利湖地图——并进入城镇。

〔2〕一般认为，这个地方就是现在的卡拉克（Kerak），它位于这座湖的西南角，参见普林尼：《自然史》第五卷第 71 节关于 a meridie Tarichea 的记载。然而，莱纳赫和其他人则认为，προελθών［向前走］一词以及先前从南到北的进军路线表明，塔里基亚位于提比里亚的北边。韦斯巴西安位于阿马萨斯（Ammathus）——即"温泉浴"（warm baths），参看《犹太战争》第四卷第 11 节——的营地也支持了这个看法，毫无疑问，现在的哈曼（Hammam）位于提比里亚的南边。

怀疑自己要被迫留在这里持久作战。（463）所有的叛乱分子全都蜂拥到了塔里基亚，自恃可以倚仗这里的险要地形和临湖的地势——当地人管这湖叫热内萨湖（Lake of Gennesar）。（464）塔里基亚像提比里亚一样建在山脚下，除了临湖的那一面，另外三面先前被约瑟夫斯用坚固的城墙完全包了起来，尽管这些城墙修得不像提比里亚城墙那样坚固；（465）提比里亚城墙是在叛乱初期修建的，那时约瑟夫斯手上拥有充足的资源和金钱，而等到修建塔里基亚城墙之时，他只有剩余的金钱可用。[1]（466）此外，塔里基亚的民众准备在湖里建造一支庞大的舰队，以便陆上战败时可以躲到舰船上避难，为了实现这一目的，他们还在舰船上装备了大量用于水上作战的武器。（467）就在罗马人为他们的营地修建壕沟之时，约书亚和他的同伴却没有被罗马人的强大和纪律给吓住，他们主动对罗马人发起了进攻。（468）一开始，那些建造壕沟的工兵被打散，他们建造的壕沟也被摧毁了。可是当约书亚他们看到罗马士兵开始集结后，他们在没有遭遇任何损失的情况下，就赶紧往自己人那边回撤；罗马人跟在后面紧追不放，直到把他们赶到舰船上。（469）约书亚他们把舰船开到罗马人的弓箭射程之外，就抛下船锚，让舰船紧靠在一起，排成一字形的作战阵容，仿佛在同岸上的敌人打海战。（470）然而，当获悉犹太人的主力部队聚集在了这座城镇外的平原后，韦斯巴西安就派遣自己的儿子率领六千名精选的骑兵去了那里。

［2］（471）提图斯发现敌人异常庞大，于是派人去他父亲那里请求增援。当他看到大部分的骑兵在援兵赶到之前就跃跃欲战，而仍有

---

〔1〕这段描述直接与《生平》第156节相冲突，《生平》第156节说，当提比里亚人听说塔里基亚建好了城墙，就逼迫约瑟夫斯为他们修建城墙。

［中译按］《生平》第156节的原文是："他们［提比里亚人］听说塔里基亚人的城墙已经修好，就乘我去他们那里的时候，要求我履行之前为他们修建城墙的承诺。我同意了，准备好了所有的建造材料，命令工头开工。"

一部分骑兵面对海量的犹太人不免心惊胆战时，他就站到一个所有人都能看见他的地方，对他们这样说道：

（472）英勇的罗马人啊！在讲话的最开始，我就要提醒你们属于何种民族，让你们牢记自己是罗马人，以及你们要与谁作战。（473）直到今天，世界上还没有哪个民族能够逃得过我们罗马人的手心；至于犹太人，尽管犹太人已经被打败了，但是，他们依然顽固地拒绝接受失败。他们即使在这种极度的困境之下仍旧顽强抵抗，而我们在所向无敌的胜利之下畏首畏尾，这难道不可耻吗？（474）我很高兴地看到你们这一张张英勇不屈的脸庞；不过我担心，敌人的过于庞大会引发你们当中一些人产生潜在的惧怕。（475）现在请这样的人再好好想一想，他属于何种民族，以及他要与谁作战。让他牢牢记住，不管犹太人多么英勇无畏和视死如归，他们始终没有受过正规的军事训练，也没有充足的军事经验，他们终究只是一群乌合之众，而非一支军队。然而，对于我们的军事训练和军事经验，我还需要再费唇舌吗？只有我们罗马人才会把平时当作战时进行训练，也正因为如此，我们在投入战斗的时候才会毫不在乎敌人的数量。（476）在面对敌人时，如果我们的军队人数与那些没有受过训练的敌人相同，那么，我们这种无间断的军事训练还有什么意义呢？（477）你们再仔细想一想，你们全副武装，而你们的敌人几乎没有任何武装；你们是骑兵，而你们的敌人却只是步兵；你们有将军领导，而你们的敌人连一个将军都没有；这些优势成倍地增加了你们的力量，而敌人的劣势则成倍地减损了他们的力量。（478）战争不是靠人数取胜的，无论士兵多么富有效率；而是靠士兵的勇敢来取胜的，无论人数多么稀少可怜。兵力稀少却更容易机动，也更容易相互支援；而兵力众多却不易机动，造成的自我损失比敌人带来的更大。

（479）犹太人鲁莽、冲动、疯狂，这些激情在顺境中可以锦上添花和赢得巨大的成就，然而在最小的逆境中也会偃旗息鼓；而我们的勇敢、纪律和英雄气概在顺境中无疑会使我们如虎添翼，在逆境中却又可以让我们顽强地坚持到最后。（480）你们比犹太人拥有更强的作战理由；因为尽管犹太人要为自己的自由和国家的存亡而战，我们却拥有比他们更高的目标——为了荣誉和决心，作为整个世界的主人，难道我们会被区区犹太人挡住前进的步伐吗？（481）我们必须牢记，我们无须担心遭遇不可挽回的挫败。我们的援兵众多且即刻就可到达；而我们自己就能够赢得战争的胜利，我们在援兵到来之前就可以结束这场战斗。如果我们独享胜利的荣誉，这份荣誉必将更加伟大。（482）就我而言，我相信这是考验我父亲、我自己以及你们所有人的时刻；这个时刻将会见证他是否配得上过去的胜利，也将见证我是否配得上作为他的儿子，同时也将见证你们是否是我的英勇士兵。对我父而言，胜利是一种习惯；如果战败，[1]我将有何面目去见他呢？（483）你们的指挥官将会身先士卒，勇闯敌军，如果你们落在后面，难道你们不觉得羞愧吗？（484）你们不应该抛下我，你们要相信上帝（God）是站在我这边的。你们要明白，我们的战况从开局就良好，在接下来的战斗中，我们也必将取得更大的胜利。

[3]（485）就在提图斯对自己的士兵做这番慷慨激昂的演讲之时，一股奇异的狂热席卷了所有人：在战斗开始之前，图拉真就带着四百名骑兵加入了他们的队伍，他们对此甚是恼火，仿佛这些友军的到来

---

〔1〕"如果战败"（if defeated）或者写作"如果你们抛弃我"（if you abandoned me）。

贬低了他们自己的胜利荣誉。[1]（486）与此同时，韦斯巴西安派遣安东尼乌斯·西罗（Antonius Silo）率领两千名弓箭手占领了这座城镇对面的山丘，以打击城墙上的敌军；（487）按照命令，这些军队的任务是阻止任何来自城外的犹太援军。提图斯现在骑着自己的战马开始向敌人发起进攻，骑兵们则大声咆哮着跟随其后，他们在平原上展开队形，迎向敌人的先头部队，通过这种方法使他们的人数看起来比实际人数更多。（488）犹太人一开始对罗马人的士气和有序感到惊慌失措，接着有一阵子，他们成功地抵挡住了罗马人的进攻；然而，当他们被长矛刺穿、被骑兵冲垮后，他们就自相踩踏起来。（489）当平原上各个地方都布满了尸体，他们四散开来，逃进城里。（490）提图斯猛烈地追击他们，砍杀那些落在后面的犹太人，他的长矛刺穿了一长串敌人；接着，他冲到敌人的前面，再拨马回来砍杀他们，导致他们挤作一团，因相互冲撞和踩踏而死。（491）总之，他试图拦截那些撤往城内的犹太人，迫使他们调头往平原方向跑，但是，犹太人最后仍然借助于人数优势而杀出一条血路，成功逃进了城内。[2]

[4]（492）然而，城内有一场新的争执正等待着他们。本地人口出于保全财产和这座城镇的考虑，一开始就不同意发动战争，而现在

---

〔1〕［中译按］惠斯顿本将其译作："他们对此甚是不安，因为胜利的荣誉会因为人数的庞大而受到减损"（they were uneasy at it, because the reputation of the victory would be diminished by being common to so many）。

〔2〕正如莱纳赫所指出的，苏埃托尼乌斯在《提图斯》（*Tit.*）第4节中这样记录了此次事件的经过："他以一个军团指挥官的身份征服了犹地亚的两座设防坚固的城市塔里基亚和迦马拉（迦马拉后来被韦斯巴西安占领，参见《犹太战争》第四卷第4节及以下）。在一次交战中，当胯下的战马被杀后，他跃上另一匹战马，那匹战马的骑手在他身边作战时阵亡了。"（Taricheas et Gamalam［the latter was really taken by Vespasian］...in potestatem redegit, equo quadam acie sub feminibus amisso alteroque inscenso，cuius rector circa se dimicans occubuerat.）

又一败涂地，以至于他们愈加反对这场战争了。（493）相反，外来人口却人数众多，而他们一心渴望奋战到底。双方之间相互指责抱怨，全都怒气冲天，以至于两派人马处在要爆发冲突的临界点上。（494）提图斯在距离城墙不远的地方看到了这场骚乱，于是他大声说道：

> 亲爱的战友们，现在是时候了；上帝自己（God himself）要把犹太人交到我们手上，我们为什么还要继续耽搁呢？胜利已经在向你们招手了，难道你们没有听到他们的骚乱声吗？（495）他们刚刚才从我们手上溜走，现在却在相互争吵。如果我们行动迅速，这座城镇就是我们的了。但是，除了需要迅速的行动，我们还需要勇敢和奋战；因为从来没有无冒险的伟大成功。[1]（496）时机往往转瞬即逝，所以，我们必须乘他们混乱不堪之际就赶紧行动，因为他们很快就会团结起来一致对外。如果现在赶紧行动，我们虽然不会有援军的增援，但如果在没有增援的情况下，我们就以微弱兵力打败占据极大人数优势的犹太人，并最终占领这座城镇，那么这将是多么伟大的荣耀啊！

[5]（497）提图斯说完这番话，就立即跳上了战马，率领自己的军队来到湖边；他们骑马蹚过了湖水，[2] 而提图斯是第一个冲进城的人，其他人则跟随在他后面。（498）城墙上的犹太守军都被他的英勇

---

〔1〕这个句子会让人想起索福克勒斯的《厄勒克特拉》第 945 行（ὅρα πόνου τοι χωρὶς οὐδὲν εὐτυχεῖ［你要明白，不努力，就没有什么会成功]）；也会让人想起约瑟夫斯在其他地方的类似表达——《犹太战争》第五卷第 501 节（δίχα πόνου κατορθοῦν τι τῶν μεγάλων οὐδενὶ ῥάδιον［不努力，没有大事能轻而易举地做成]）和《犹太古史》第三卷第 58 节（τῷ πονεῖν…πάντα ληπτά［通过努力……一切都值得拥有]）。我们在其他地方也可以找到类似的表达（《犹太战争》第三卷第 153 节和第 212 节）。

〔2〕这座城镇临湖的那面没有被围墙包围起来（第 464 节）。

无畏震慑住了，以至于竟然没有一个守军敢同他战斗或者去抵挡他；所有人都放弃了自己本应坚守的阵地而逃跑了，约书亚一伙有一部分人穿过乡村逃走了，（499）另一部分人则跳进湖水之中，却迎面遇到了全副武装的罗马人，其中一些人在登船之时被杀，其他人则努力地游向先前已抵达开阔水域的同伴那里。[1]（500）罗马人在城里发动了大屠杀，不管对方是没来得及逃走而在积极抵抗的外来人，还是本来就反对开战而没有作任何抵抗的本地人；（501）最终，出于对当地居民的怜悯，提图斯在处决了真正的作乱者之后就停止了大屠杀。（502）一看到这座城镇遭到攻占，那些逃到湖里避难的犹太人立即就开足马力，逃之夭夭了。

[6]（503）提图斯派遣了一个信使，把这个好消息报告给自己的父亲。（504）正如预期所料，韦斯巴西安对自己儿子的英勇和成功感到由衷地高兴，而且，他觉得战争的大半部分进程已经结束了。接着，他立即赶往现场，命令手下的士兵严格防守，以阻止任何人逃离出城，并杀死任何试图逃出城的人。（505）第二天，他下到湖边并命令手下的士兵建造舰船，以追击那些逃亡者。在庞大的木材和工人作业之下，一支小型舰队很快就建造完成了。

[7]（506）热内萨湖这个名字取自其毗连的地区。这个湖泊宽达四十弗隆，长达一百四十弗隆。[2]它的面积宽大，湖水品尝起来非常甘甜，也非常适合饮用：（507）它比沼泽水干净，没有沼泽水那种

---

[1] 参见第 469 节。

[2] 也即大约 16 英里长和 4.5 英里宽；古希腊语的 *stade*（斯塔德）译作 furlong（弗隆），而一弗隆 = 606.75 英尺。按照现代地图的精确计算，热内萨湖的长度大约为 12.5 英里，宽度大约为 7 英里（其最宽处）。约瑟夫斯在这里可能给出的是平均宽度值（在提比里亚，宽度大约是 5 英里)；但是，它的长度无论如何都被过高地估计了，有一种不太权威的说法（莱纳赫）是，πρὸς τούτοις ἑτέρων [加之其他的] 这几个希腊语单词是后来被人为插入的，因此，它的长度要缩小到100 斯塔德（大约 11.5 英里）。

浑浊的沉积物，湖水清澈见底，四周的湖岸也到处是卵石和砂子。此外，从湖里抽打出来的水，其水温非常适宜，比起河水和泉水更加舒适；不过，这样一个浩渺的湖面总是比人们想象的要清凉。（508）当湖水暴露在空气中时，它会变得像冰雪那样冰凉，因此，当地人在夏天的时候习惯将它放置整个晚上。这个湖泊里面有各种各样的鱼，无论是其味道还是外观，都有别于其他地方的鱼类。（509）约旦河将这个湖泊一分为二。显然，这条河的源头在潘尼安（Panion）；[1]事实上，它上面有一座名叫菲亚勒（Phiale）的水塘，这座水塘通过一条看不见的地下运河而将水输送到潘尼安。（510）菲亚勒水塘距离凯撒利亚（腓立比）一百二十弗隆，位于去往特拉可尼的路上不远的右边位置。（511）菲亚勒[2]这个名称来源于其圆形的形状；水总是会溢到它的边缘地带，却从不会回落或者溢出去。（512）在被特拉可尼藩属王菲利普（Philip tetrarch of Trachonitis）发现之前，大家一直以来都不知道它是约旦河的真正源头。（513）菲利普是被人戏弄而被抛到菲亚勒水塘的，不过，他却发现这座水塘里面的水流向了潘尼安，而古人一直认为潘尼安泉水另有源头。（514）潘尼安的风景本身就秀美，而阿格里帕国王又花费了巨资对它进行美化和装饰，以至于进一步增添了它的美。（515）约旦河水就是从这个洞穴流出来的，它贯穿了塞米克霍尼提斯湖的沼泽和乌湖（the marshes and lagoons of Lake

---

〔1〕 Panion 的含义是 Pan's grotto（潘的洞穴），参见第一卷第 404 节及以下；它位于藩属王菲利普建造的帕尼亚（Paneas）附近，（即后来的凯撒利亚－腓立比，巴尼亚斯［*Banias*]），参见第二卷第 168 节。

〔2〕 "菲亚勒"（Phiale）的含义是 "碟状物"（saucer）。这座水塘可能就是现在的比科特－拉姆（*Birket Ram*），它位于凯撒利亚－腓立比东南大约四英里处；不过，这座水塘与潘尼安之间的所有关联都一一遭到了现代地理学家们的否定（莱纳赫）。

Semechonitis），[1]其流经路线清晰可见；它长达一百二十弗隆，流经的第一座城市是朱利亚斯（Julias），[2]接着穿过了热内萨湖，随后在一个长长的荒漠地带缓流，最后注入亚斯法提提湖。[3]

[8]（516）热内萨地区位于热内萨湖的边缘，它的名字就来源于这个湖泊，此地自然资源丰富，风景也十分秀丽。[4]其土壤肥沃，植被茂密，当地居民种植了各种各样的树木，由于这里混合了多种气候，乃至完全适合各种树木的生长。（517）热爱寒冷气候的胡桃树在这里生长得郁郁葱葱，而喜好酷热天气的棕榈树也可以在这里茁壮成长，需要温暖气候的无花果树和油橄榄树亦可以在这里生长得枝繁叶茂。（518）在这个地方可以生长出气候条件完全相反的植物，每一种气候都可以在这里占据一席之地，也许有人不由得感叹，这就是大自然的一件杰作（a *tour de force*）。（519）这个地方不仅能够出产各种各样的水果，而且可以长久地保存这些水果：它可以十个月无间断地出产葡萄和无花果等水果之王；而其他水果则可以全年出产。除了宜人的空气，它还有一座水源充沛的泉水——当地居民称之为卡法纳乌姆（Capharnaum）；[5]（520）有一些人甚至认为，这座泉水是尼罗河（the Nile）的支流，因

---

〔1〕塞米克霍尼提斯湖（Lake Semechonitis）亦即现在的巴黑利特－埃尔－胡勒（*Baheiret el Huleh*）——它有可能就是《约书亚记》第十一章第 5 节所记载的"米伦之水"（waters of Merom）。

　　　　［中译按］这诸王会合，来到米伦水边，一同安营，要与以色列人争战。（《约书亚记》11：5）

〔2〕参见第二卷第 168 节。

〔3〕亦即死海。

〔4〕热内萨平原（The plain of Gennesaret, *el Ghuweir*）位于卡法纳乌姆（Capernaum）与马戈达拉（Magdala）之间的这个湖泊的西北部。

〔5〕卡法纳乌姆（Capharnaum）——科法尔－纳胡姆（Kephar–Nahum），纳胡姆村（village of Nahum）——往往同科汗－米尼赫（*Khan Minyeh*）或者更偏北的特尔－胡姆（*Tell Hum*）混同（前者更容易发生混同）。后者缺水（史密斯），而前者有一座水量充沛的泉水，这座泉水通过一条运河连接到了平原上。

为这里出产的科拉钦鱼（the *Coracin*）在亚历山大里亚湖（the Lake of Alexandria）[1]里也发现过。（521）热内萨地区一直沿着热内萨湖的湖岸延伸，长达三十弗隆，宽达二十弗隆。这些就是热内萨地区的自然特征。

[9]（522）当舰队建造完成后，韦斯巴西安就将自认为足够对付逃亡者的罗马军队装载上船，让他们出发了。聚拢在船上的犹太人既不能逃亡陆地（因为陆地到处都是全副武装的罗马士兵），也不能同罗马人进行海战。（523）因为他们的船只都是小船，这种轻型船主要用于海盗活动，根本无法同罗马人的舰队相抗衡；而且船只上的水手过少，他们担心受到罗马人的攻击，甚至都不敢靠近罗马人的战船。（524）然而，他们盘旋在罗马人的舰队旁边，有时甚至靠近它们；他们远远地向罗马人飞掷石头，或者就近过去战斗。（525）但是，这种作战方法对犹太人造成的伤亡比给敌人造成的还要严重：由于罗马人的战船有铁甲保护，以至于除了接连不断地发出咔嗒咔嗒的响声之外，犹太人飞掷过去的石头对它们毫发无损，而犹太人自己却暴露在罗马人的弓箭射程之内；另一方面，当犹太人冒险接近却还来不及行动的时候，他们及其船只就已经遭受重创并沉溺了。（526）当他们准备冲破罗马人的战线的时候，罗马人就用长矛对付和刺杀他们，有时甚至干脆跳上犹太人的小船，用利剑大肆砍杀他们；如果犹太人的小船碰撞到了罗马人的战船，罗马人就从他们中间杀将过去，从而俘虏敌人和敌船。（527）对于那些沉没之后又浮出水面的犹太人，罗马人就用弓箭射击他们或者用舰船追杀过去；如果犹太人在绝望之中胡乱地攀爬上罗马人的战船，罗马人就会砍下他们的双手或者头颅。（528）

---

〔1〕亚历山大里亚湖（the Lake of Alexandria）亦即马里奥提斯湖（the Lake Mareotis）。科拉钦鱼（the *Coracin*）得名于它的乌亮颜色，这种鱼比较像鳗鱼或者鳝鱼；《论军事》第十三卷第 85 节（*Martial*，xiii. 85）将它称作 princeps Niliaci macelli。

这群可怜的人不计其数地死于非命，死法多种多样；其他溃败的船只则被逼到岸边，陷于敌人的重重包围之中。（529）当他们准备登陆上岸时，罗马人就用标枪将他们刺杀；而他们一旦登陆上岸，等候在陆上的罗马人更加大肆地屠杀他们。整座湖泊都被鲜血染红了，湖面上到处都是尸体，最终没有一个人幸存。（530）第二天，这个地区充满可怕的恶臭，场面极其恐怖。沙滩上到处是残骸和膨胀的尸体：烧焦腐败的尸体把那里的空气都给污染了，这种巨大的不幸不仅让犹太人深感哀痛，就连厌恶犹太人的那些人也大为怜悯。（531）这就是这场海战的整个经过。死亡的人数——包括之前保卫城镇的那些守军在内——总计达六千七百人。[1]

[10]（532）战斗结束之后，韦斯巴西安在塔里基亚组建特别法庭，以区分本地人和外来人，因为塔里基亚的外来人是这场战斗的始作俑者。韦斯巴西安和自己的副手们商议是否饶恕后者的性命。（533）所有人一致认为，如果释放他们，会对自己造成不利；因为他们一旦被释放，就不再会风平浪静，他们会逼迫本地人加入叛乱的队伍之中。（534）韦斯巴西安认识到，他们并不值得宽恕，如果释放了他们，他们只会滥用自由来对付自己的解放者，他自问该以何种方式处决他们。（535）如果就在这里屠杀他们，他怀疑自己会与这个地方的居民产生严重的隔阂，进而可能成为后者的敌人，因为后者无法容忍这种屠杀，尤其是在这么多人都在恳求他的宽恕的情况下；另一方面，韦斯巴西安之前已经声言要保全他们的性命，现在如果以武力绞杀他们的话，他自己也下不了手。（536）然而，他的朋友们最终帮他打消了这个顾忌，他们告诉他说，反对犹太人就不可能存在不虔敬的问题，当两者

---

〔1〕在罗马城，罗马人似乎以"众多船只"（numerous ships）的胜利游行队伍来纪念这场海战（第七卷第147节）。莱纳赫指出，韦斯巴西安和提图斯的青铜像体现了这场传奇的海上胜战（the legend VICTORIA NAVALIS）。

不相容时，他应该选择权宜之计而非礼仪。[1]（537）因此，韦斯巴西安以一种模棱两可的条件对这些侨居的外来犹太人予以了大赦，他只允许他们沿着一条通向提比里亚的路撤离这座城镇。（538）他们立即就相信了，这群可怜的人带上自己的所有物品沿着规定的路线进发。与此同时，罗马人在通往提比里亚的整条路上布满了士兵，以确保所有人不偏离既定的路线，等他们一到达提比里亚，就把他们关进了城内。（539）韦斯巴西安紧跟着也进入城内，下令把所有人全都召集到体育场。随后，他下令把那些毫无用处的老人全都杀掉，其人数达一千两百；（540）接着，他挑选出六千名年轻力壮的人，将他们送到尼禄那里开挖地峡。[2]除了那些被当作礼物送给阿格里帕的人（这些人先前也是阿格里帕王国的臣民），余下的三万零四百人被卖作奴隶。（541）而韦斯巴西安允许阿格里帕自由处置的那些人，却也被阿格里帕卖作了奴隶。（542）剩下的暴民——这些人是特拉可尼人、戈兰提斯人、西普人和迦达拉人，大部分都是叛乱分子和逃亡分子——先前就声名狼藉，宁愿要战争也不要和平。这些人被俘的时间是格皮亚乌月的第八日。[3]

---

〔1〕［中译按］惠斯顿本将其译作："任何反对犹太人的事都不可能是不虔诚的，他应该把有益的事看得比合宜的事更重要，因为两者是无法保持一致的"（nothing against Jews could be any impiety, and that he ought to prefer what was profitable before what was fit to be done, where both could not be made consistent）。

〔2〕即科林斯地峡（isthmus of Corinth），当时尼禄正在那里开挖第一块草地（the first sod），参见苏埃托尼乌斯：《尼禄》第 19 节。

〔3〕亦即公元 67 年 9 月 26 日（按照尼斯本的计算）。

第四卷

第一章

[1](1)在约塔帕塔沦陷后，加利利人仍继续反叛罗马，然而，现在塔里基亚陷落了，他们就投降了。除了在基士迦拉（Gischala）和攻占了他泊山的那些守军之外，罗马人接受了所有城堡和所有城镇的投降。（2）迦马拉[1]——位于热内萨湖的另一侧，正对着塔里基亚——也与这些叛乱分子进行了结盟。与索戛纳（Sogane）和塞琉西亚（Seleucia）一样，[2]迦马拉与阿格里帕的领土接壤；迦马拉和索戛

---

[1] 人们一般认为，迦马拉（Gamala）就是库尔－阿特－埃尔－霍森（Kul 'at el Hosn），它位于热内萨湖的东侧，恰好在提比里亚的对面；也有一些人认为，迦马拉是达斯查姆勒（Dschamle），它距离热内萨湖东岸有一天的行程，参见舒尔：《犹太民族史》第一卷第 615 节。在战争的初期，在阿格里帕的副手（Agrippa's officer）菲利普（Philip）的运作下，迦马拉忠于罗马，参见《生平》第 46—61 节；后来，它倒向了叛乱分子一边。

[2] 《生平》第 187 节和《犹太战争》第二卷第 574 节都提到了索戛纳（它位于戈兰［Gaulan］，但其具体位置不明；它与加利利的索戛纳不同）和塞琉西亚（即现在的塞琉基亚［Selukiyeh］，位于贝特塞达－朱利亚斯［Bethsaida Julias］的东北部），约瑟夫斯强化了这两处地方的防御。

纳都位于戈兰提斯，后者位于上戈兰提斯，而前者位于下戈兰提斯；塞琉西亚则位于塞米克霍尼提斯湖[1]的附近。（3）塞米克霍尼提斯湖宽达三十弗隆，长达六十弗隆；但是，它的湿地范围则延伸到达菲纳（Daphne），[2]达菲纳是一个风景秀丽之地，拥有众多充沛的泉水，以至于它甚至有着"小约旦河"（Little Jordan）的雅号。这些泉水都位于金牛犊神庙下面，[3]并最终注入约旦河。[4]（4）在这场犹太战争的初期，索夏纳和塞琉西亚就在阿格里帕的劝说下屈从了；但是，迦马拉却倚仗有比约塔帕塔更为险要的地势而拒绝投降。（5）沿着一座高耸的山峰往下，有一条崎岖不平的支脉，它在中部隆起，形成一个山脊，这座山脊的坡度前后一样长，以至于其形状就像一只骆驼，迦马拉的名字就由此而来，尽管当地人对这个词的尖音（the sharp sound）发音不甚准确。（6）它的侧面和正面都被深不见底的山谷给隔开了，然而，它的后面则与高山相连，相对而言比其他三面要更好爬越，不过，当地居民也在它的后面挖掘了一条巨大的壕沟。（7）他们的房屋

---

〔1〕塞米克霍尼提斯湖亦即现在的巴黑利特－埃尔－胡勒（*Baheiret el Huleh*），它是热内萨湖北部的小湖泊，参见第三卷第515节。约瑟夫斯在这里给出的长度（六十斯塔德，大约相当于七英里）无疑包括了北部的沼泽地带；在现代地图上，它的面积是四乘以三英里（最宽处）。

〔2〕达菲纳（Daphne）有可能是现在的科胡贝特－杜弗纳（*Khurbet Dufna*），它位于但（Dan，又名拉亿［Laish］）的南部附近，而且是约旦河其中一条支流的发源地。

〔3〕耶罗波安（Jeroboam）把两座金牛犊中的一座矗立在了但，另一座则矗立在了伯特利（Bethel），参见《列王纪上》第十二章第29节，约瑟夫斯：《犹太古史》第八卷第226节。

［中译按］耶罗波安王就筹划定妥，铸造了两个金牛犊，对众民说："以色列人哪，你们上耶路撒冷去实在是难，这就是领你们出埃及地的神。"他就把牛犊一只安在伯特利，一只安在但。（《列王纪上》12：28—29）

〔4〕东部的溪水是从凯撒利亚－腓利比——亦即现在的巴尼亚斯（*Banias*）——那里流过来的。

建造在紧靠陡峭山脉的缓坡上，以至于看起来就像蜷缩在一起一样，这种垂直的地形使这座城市看起来就像悬挂在天空中，并且随时要向前倾倒。（8）它朝向南方，其南面的高大山峰形成一座天然的堡垒；下面就是悬崖峭壁，根本就不用设防。这座城镇边缘的城墙内有一处泉水。

[2]（9）这座城市地势险要而坚不可破，而且约瑟夫斯为它建造了防御性的城墙，[1]也为它筑造了壕沟与地道。（10）这座城市的守军对其险固地势比约塔帕塔人要自信许多，尽管这些守军的数量比攻城的敌军要少许多：他们对地势的自信简直无以复加。大批逃亡者的涌入也加强了这座城市的防御力量，正因为如此，他们之前才有效地挡住了阿格里帕派遣来的军队[2]对它长达七个月的围攻。

[3]（11）现在，韦斯巴西安从提比里亚前面的亚马萨斯（Ammathus）[3]拔营（亚马萨斯这个名字可以解释为"温暖的沐浴"[warm baths]，得名于城内的一股可以治病的温泉），向着迦马拉进军。（12）然而，对于迦马拉这样的地形，罗马人根本无法完全包围和封锁它，韦斯巴西安就在所有可通行的地方均设置了哨兵和警卫，并派兵占领了悬垂在它上面的山脉。（13）就在军团按照往常的习惯在山上加固自己的营地时，韦斯巴西安开始在这座城市的背面修筑高垒；山脊的东边矗立有一座全城最高的塔楼，第十五军团就扎营在那里；第五军团的任务是进攻城中央，而第十军团则负责填埋壕沟[4]和山谷。（14）与此同时，阿格里帕国王走到城墙边，试图劝说守军投降，却被投石器发

---

〔1〕参见第二卷第 574 节。

〔2〕这支军队由亚奇斯·莫迪乌斯（Aequus Modius）指挥，参见《生平》第 114 节。

〔3〕亚马萨斯即现在的哈姆曼（*Hammam*），它位于提比里亚（北部）和塔里基亚（南部）之间；参见《犹太战争》第三卷第 462 节。关于"温暖的沐浴"的内容，参见《犹太古史》第十八卷第 36 节。

〔4〕这些壕沟是由约瑟夫斯在之前挖掘的，参见第 9 节。

射过来的一块石头击中了右肘。（15）他一受伤，就立即被自己的军队护卫起来。出于对国王受伤的报复，及其自身的愤怒，罗马人被刺激起来对这座城市进行围攻。（16）罗马人觉得，在阿格里帕好心建议和劝说他的同胞之时，却惨遭同胞的残忍攻击——他们像对待异族人和敌人一样残忍地对待他，这无疑十分可恶。

［4］（17）在大批人手的协作之下，高垒很快就建造完成了，各种军事器械也被投进了战场。（18）卡雷斯（Chares）和约瑟（Joseph）——他们两人是这座城里最杰出的领袖——组织起军队进行迎战，尽管人们士气低落（他们觉得很难长久坚守，因为他们没有足够的淡水和物资），（19）然而，他们的领袖却不断地激励他们，并率领他们出城作战，他们也确实击退了那些正在搬运军事器械的罗马人。但是，石弩和投石器喷射过来的炮火又将他们击退回城。（20）接着，罗马人从三个不同的方向用攻城槌猛攻犹太人的城墙，致使城墙坍塌；随后，他们在号角声里从缺口处蜂拥而入，武器的撞击声和战士的杀喊声此起彼伏，他们与城里的守军厮杀得难分难解。（21）当罗马人刚刚攻入城内时，犹太守军立即猛烈地回击，阻止他们进一步进军，最终顽强地将他们击退了回去；（22）接着，大批的罗马人——他们的人数远远超过犹太守军——从各个方向成群结队地拥进了城内，迫使犹太守军不得不逃往上城；而后，犹太守军在那里突然向追击自己的罗马人调头发起攻击，把他们逼退到下城，乘罗马人被狭窄而又崎岖的地形困住之际，对他们展开了大肆的屠杀。（23）罗马人既不能抵挡位于自己上方的敌军的攻击，又不能向后撤退（因为他们的战友正不断地往前挤压），以至于他们只能到敌人的低矮房顶上避难。[1]（24）然而，由于士兵过多，以至于房顶承受不了那么巨大的重量，很快就

---

［1］关于这里的“垂直”（perpendicular）地形（例如克洛韦利［Clovelly］和罗科 – 迪 – 帕帕［Rocca di Papa］这两个地方的地形），参见第 7 节的内容。

坍塌了；其中一座坍塌的房顶把下方的大批房子也压倒了，而下方的房子又把那些更下方的房子压倒了。（25）这场灾难导致了大批罗马人的死亡；他们无路可走，尽管眼睁睁地看着房子倒塌，他们也只能继续往屋顶上躲避。许多人被埋在了废墟里，许多人被压住了四肢而动弹不得，更多的人则是被尘土窒息而死。（26）迦马拉人认为，这是上帝对自己的相助，以至于他们愈加奋不顾身地展开了进攻，而全然不顾自身的伤亡；他们迫使在陡峭的巷道里跌跌撞撞的罗马人爬上屋顶，并且不断地发射石弹或者飞镖来射杀罗马人。（27）散落的碎片给他们提供了充足的攻击性石块，而死去的敌人则给他们提供了充足的刀剑——他们从死去的敌人那里抢过刀剑，再用这些刀剑攻击那些垂死挣扎的罗马人。（28）从倒塌的屋顶上摔下来的大批罗马人就这样被犹太人杀死了。（29）即使那些后撤的罗马人也发现，顺利逃亡并不是一件易事；他们不认识道路，而且，浓密的灰尘使他们甚至认不清自己的同伴，以至于在混乱之中自相残杀。

[5]（30）就这样，这些逃亡者好不容易找到出路，就仓皇撤出了这座城镇。（31）与此同时，韦斯巴西安密切地关注着受挫的罗马军队，当他看到坍塌的城市吞没自己的军队时，他深受触动，以至于全然忘记了自身的安危，无意识地向这座城镇的最高处缓慢进发。（32）他发现自己处于极度的危险之中，因为身边只有少数几个人跟随。甚至连自己的儿子提图斯也没有跟在身边——提图斯那时刚刚被派去了叙利亚的穆西亚努斯（Mucianus）[1]那里。（33）然而，他觉得逃跑既不安全也不光荣，相反，这种危急时刻唤起了他年轻时代的英勇和果敢。就好像被激发了神圣的斗志一样，他把身边的战士全都召集起来，并用他们的盾牌组成了一个龟形队形，以包裹他们的身体与盔甲，

---

〔1〕穆西亚努斯（Mucianus）是叙利亚总督（军团长［legatus］），他后来成为韦斯巴西安登上皇位的强有力支持者。

阻挡敌人从上往下潮水般的进攻。（34）面对敌人和飞弹的疯狂攻击，他毫不畏惧，一直奋力地抵抗他们的进攻，直到逐渐耗尽敌人的战斗激情，他就用这种神圣般的无畏减缓了他们的进攻。（35）现在他的压力减轻了，他一步一步地往后撤退，直到走出城墙外，方才转过身来。（36）在这场战斗中，大批罗马人殒命疆场，包括十夫长亚布提乌斯——他不仅在这次战斗中，而且在之前的战斗中都重创过犹太人，表现出了令人钦佩的英勇气概。[1]（37）其中一位名叫加鲁斯（Gallus）的百夫长，他在混战中和自己手下十名战士被切断了退路，于是他们爬进了一间私人住宅，（38）在那里，他（他和他的同伴都是叙利亚人）无意中听到这间住宅里的居住者一边在进食晚餐，一边在讨论着民众对罗马人的进攻计划以及他们自己的自卫举措；到深夜时，加鲁斯起来袭击他们，在将他们全部杀死后，他和自己的手下又安全地撤回到了罗马军营。

[6]（39）韦斯巴西安看到自己的军队士气低落——因为他们接连遭到前所未有的败绩，让他们更加羞愧难当的是，他们让自己的统帅独自面对危险——于是，他开始安慰他们。（40）他只字不提自己，唯恐给他们留下自己对他们心怀哪怕最轻微的抱怨的印象，他说道，他们应该像真正的男人那样承受这些司空见惯的战败，他们应该去思考战争的本质——世上没有一场不流血的胜利，也没有一直被眷顾的幸运。他接着说：

（41）虽然你们已经杀死了不计其数的犹太人，但是，你们

---

〔1〕在战争初期，亚布提乌斯（Aebutius）同约瑟夫斯在加利利发生了一些小规模冲突，参见《生平》第115—120节。作为"一位精力充沛而又能力出众之人"（a man of marked energy and ability），在约塔帕塔被围之初，他就被选中承担一项特别任务——率领一千名骑兵包围这座城镇，以防止约瑟夫斯秘密逃走，参见《犹太战争》第三卷第144节。

自己对神明[1]的贡献仍旧微不足道。（42）只有那些软弱之人才会被胜利冲昏头脑，同样，只有那些懦夫才会被不幸和厄运吓倒；因为从一端转化到另一端是非常迅速的，最好的战士是那种遇到好运却能够保持清醒的头脑、遭遇厄运却依然保持乐观精神的人。（43）可以确定的是，现在所遭遇的挫败既不归因于我们的软弱，也不归因于犹太人的英勇；他们之所以获胜以及我们之所以失败，其中一个重要原因是由于困难的地形。（44）有鉴于此，你们要好好反省一下你们过度的勇敢；当敌人向地势更高的地方逃窜时，你们应该克制自己，而不应该继续追击他们，从而将自己暴露于重重危险之中。相反，当你们牢牢地控制下城后，就应该逐步地诱使逃亡的犹太人到较为平坦而又安全的地面上作战；但你们求胜心切，以至于忽视了自身的安全。（45）然而，在战争中，这种草率和冲动不是我们罗马人的常态，我们胜利的法宝依赖于我们的军事技能和军事纪律；它们恰恰是野蛮人所缺乏的，这就是我们战胜犹太人的力量所在。（46）因此，我们应该回到我们与生俱来的英勇上，宁愿愤怒地对待敌人，也不要沉浸在深深的挫败和沮丧之中。（47）最好的安慰就是，你们每一个人都举起自己的战刀，向那些杀死你们战友的敌人复仇。（48）就我而言，在今后的所有战役中，我都将身先士卒并做到最后一个撤退。

[7]（49）韦斯巴西安通过这番话重新鼓舞了自己的军队。至于迦马拉人，他们短暂地沉浸在自己所赢得的巨大胜利之中；（50）但当他们想到自己根本没有和解与逃走的希望，而他们的供给也开始出现短缺时，就变得极度地沮丧和灰心起来。（51）然而，他们也没有

---

[1] 这里的"神明"（the deity）指的是嗜血的战争之神（the god of war）或者命运女神（Fortune）。

坐以待毙，而是尽可能地积极备战和防御：最勇敢的士兵防守城墙的缺口，其他人则防御余下的城墙。（52）但是，当罗马人继续加固他们的高垒并展开新一轮的进攻时，迦马拉人就开始从城镇逃向无路的山谷或者地下巷道，[1]以至于整座城市竟没有一个哨兵把守；（53）那些害怕被抓而躲藏在城内的人则由于缺乏食物而饿得奄奄一息，因为，从各地搜抢过来的食物只供应给那些最能征善战的士兵享用。

[8]（54）然而，即使在这样极端的不利条件之下，迦马拉人依然在坚守自己的城池；不过，为了稍稍转移围城的压力，韦斯巴西安现在着手制服他泊山的守军。（55）他泊山位于大平原和希索波利斯的中间，[2]它高达三十弗隆，而它的北面几乎不可爬越；它的顶部是一块像台桌一样的平地，长达二十六弗隆，[3]四周都被一道围墙包围着。（56）这道长长的围墙是约瑟夫斯花费四十天的时间建造的，[4]所有的材料——包括淡水——都是从下面供应上来的，居民只能依靠大自然的降水。（57）这个地方聚集了大批的犹太人，韦斯巴西安派遣了普拉西度斯[5]率领六百名骑兵，前去进攻那里。（58）这位罗马军官发现，

---

〔1〕参见第 9 节。

〔2〕假如"这个大平原"（the Great Plaim）像往常那样是指埃斯德拉隆平原，那么上述的描述就极不准确，因为他泊山正好位于这个平原的北部及其希索波利斯的延伸线（亦即耶茨里尔山谷 [the valley of Jezreel]）上。假如"这个大平原"指的是阿索基斯平原（the plain of Asochis）——约瑟夫斯在《生平》第 207 节记载说，"他们成群结队地向我居住的大平原上的阿索基斯城聚集"——那么上述描述则大致正确。

〔3〕这里的数字非常不准确：这座山峰只高于埃斯德拉隆平原 1843 英尺（山脚高于平原 1312 英尺），山顶的平台长达 3000 英尺，最宽处达 1300 英尺（参见《圣经百科全书》）。

〔4〕在《生平》第 188 节，约瑟夫斯在一份强化城防工事的地名名单中提到了他泊山。

〔5〕在韦斯巴西安到来之前（《生平》第 213 节）以及在韦斯巴西安到来之后（《生平》第 411 节和《犹太战争》第三卷第 59 节、第 110 节，等等），保民官普拉西度斯一直都在加利利服役，他后来征服了佩拉亚（《犹太战争》第四卷第 419 节及以下）。

爬越这座山脉几乎是不可能的，于是向他们伸出橄榄枝，希望与他们达成和平条件并劝说他们投降。（59）他们下来了，不过是带着骗人的阴谋下来的；普拉西度斯的目标是乘着好言相劝之际把他们俘虏于平原，而他们表面上声称遵从他的建议，实际上真正的意图是想趁其不备袭击他。（60）然而，狡猾的普拉西度斯依旧赢得了那天的胜利；因为在犹太人表现出敌意之时，他就假装逃跑，把他们引入平原，随后他突然让自己的骑兵杀回和包抄了他们。他们被打败了，其中的大部分人遭到屠杀，余下的犹太人则被切断了归路。（61）因此，这些人就离开了他泊山，逃亡到了耶路撒冷；由于缺乏淡水，余下的留守人员则被迫将这座山拱手相让，在得到普拉西度斯的安全保证后，他们向他投降了。

[9]（62）在迦马拉，那些更具有冒险精神的民众在偷偷地逃亡，而那些较为软弱的民众则不断地死于饥荒；[1]（63）但是，那些具有战斗力的战士们仍在苦苦地抵御敌人的围城。西普比利塔乌斯月的第二十二天，当时第十五军团的三名士兵在早上放哨时，偷偷爬到了他们对面的一座高高的塔楼的基座上，并且悄无声息地破坏了这个基座；（64）在黑暗中，上面的哨兵既没有发现他们的逼近，也没有发现他们的破坏。（65）这些士兵在尽可能不发出任何响动的情况下成功地松动了五块大石头，接着，他们赶紧跳开；在巨大的撞击声之下，塔楼突然倒塌了，塔楼上的哨兵也随之殒命。其他地方的警卫惊慌逃窜；（66）罗马人杀死了许多企图抵抗之人，其中就包括约瑟，他当时试图从缺口处逃跑而中箭身亡。（67）这撞击声使整座城的民众都惊慌失措，他们惊恐地到处乱跑，觉得敌人已经从四面八方突然杀将进来了。（68）与此同时，卧床不起的卡雷斯虽然有医生照看，却仍断气而亡了，这场惊恐在很大程度上加速了他的死亡。（69）然而，罗马

---

〔1〕约瑟夫斯在这里接续并部分重复了第52—53节的叙述。

人在之前的恐怖记忆之下迟迟不敢进城，直到这个月的二十三日，他们方才进城。

[10]（70）就在那一天，提图斯回来了，[1] 对自己离开期间罗马军队所遭受的失败，他深感震怒，因而，他挑选了两百名骑兵和一支步兵队伍，悄无声息地开进了这座城镇。（71）当犹太哨兵看到罗马人进城后，他们立即发出了警报，让人们赶紧武装起来。罗马人入侵的消息很快就传到了这座城镇的各个角落，一些人赶紧抱上孩子，拉上妻子，带着哀哭的家人逃进了城堡；而那些迎面遇到提图斯的犹太人则遭到了杀害。（72）不过，仍有许多人被阻挡在城堡之外，他们不知道该如何行事，以至于在一片混乱之中落到了罗马卫兵的手上。惨遭杀戮的呻吟声从各个地方不停地传来，血水从上城流往下城，整座城市陷入了一片血海之中。（73）现在，韦斯巴西安也率领了自己的全部军队，前去攻击那些城堡里的逃亡者。（74）上城遍布着石头，几乎难以爬越，而且它高耸入云，四周全都是悬崖峭壁，到处有深渊在下面打着呵欠。[2]（75）犹太人切断了所有上来的通道，他们用各种飞弹袭击罗马人，又将一块块巨石滚向敌人，而他们所处的地势很高，以至于罗马人的弓箭很难射中他们。（76）然而，一场奇怪的风暴突然迎面向他们袭来，对他们的毁灭起了推波助澜的作用，因为它将罗马人射出的箭矢顺风吹向他们，同时阻碍了他们自己射出的箭矢，以至于偏离了攻击轨道。（77）在强大的风力作用下，他们既不能稳稳地站在悬崖边上，也不能看到正在逼近的敌人；（78）因此，罗马人乘机登上坡顶，并很快地将他们全部包围起来，一些起来抵抗的犹太人遭到了罗马人无情的杀戮，而另一些犹太人则向罗马人缴枪投

---

〔1〕 提图斯从叙利亚的穆西亚努斯那里回来了，参见第 32 节。

〔2〕 其字面含义是"到处都是深渊"（was full of depth）：参见评注性注释（critical note）。

降；在第一次进攻中遭受重创的罗马人想起了之前的惨痛记忆，这种记忆现在激起了他们对所有犹太人的仇恨和愤怒。（79）因而，大批的犹太人被罗马人团团包围起来，出于对生命的绝望，他们与自己的妻子和儿女一起从悬崖上纵身跳进他们先前在城堡下面挖掘的巨大壕沟。[1]（80）罗马人的愤怒对犹太人造成的伤亡，甚至比犹太人疯狂的自杀要更显温和，罗马人屠杀了四千名犹太人，而跳崖的犹太人超过了五千。（81）除了两名幸存的妇女之外，其他所有人都没有活下来；这两名妇女是加西穆斯之子菲利普的侄女（加西穆斯是一位杰出之士，他先前担任过阿格里帕国王的将军）。[2]（82）她们之所以能够幸存下来，是因为她们在罗马人攻占这座城镇期间躲藏了起来；盛怒之下的罗马人连婴儿也不放过，他们把抓获的犹太人从城堡上一个一个地扔下去。（83）西普比利塔乌斯月的第二十三天，提图斯占领了迦马拉城堡，而迦马拉首次爆发叛乱的时间是格皮亚乌月的第二十四天。

第二章

[1]（84）现在只有基士迦拉[3]——加利利地区的一座小镇——尚未被征服。基士迦拉的居民倾向于和平，他们主要从事农业生产，将所有注意力都放在了庄稼的收成上；但是，他们深受成群的土匪的侵扰，甚至他们当中的一些人也染上了土匪习气。（85）这些人的反叛是由列维之子约翰煽动并组织起来的，约翰生性狡猾，而且非常善于通过许下空头支票来操纵他们；所有人都知道，他之所以热衷于发动

---

〔1〕参见第 9 节。
〔2〕参见《生平》第 46 节等，以及《犹太战争》第二卷第 421 节和第 556 节；同时参见本卷第 2 节注释。
〔3〕基士迦拉亦即现在的埃尔－基什（*El-Jish*），位于加利利北部。

战争，其目的不过是为了攫取最高权力。[1]（86）在他的领导下，基士迦拉的反叛者运用各种手段来影响民众——虽然基士迦拉的民众之前准备派遣使者到罗马人那里协商投降事宜，但他们现在却以一种反抗的姿态坐等罗马人的进攻。（87）为了对付这些叛乱分子，韦斯巴西安派遣提图斯率领一千名骑兵前去征讨；第十军团则被撤到了希索波利斯。（88）他自己则率领余下的两个军团回到了凯撒利亚，让他们从长期的艰苦作战中稍作休整，他盘算着富足的城市生活有助于他们恢复身心活力，从而更好地应对未来的战争。（89）他预见到未来在耶路撒冷将会有一场恶战，因为耶路撒冷不仅是一座王家城市和全犹太人的首都，也是所有逃亡者的最后聚集地。（90）耶路撒冷不仅地势险要，而且城墙坚固异常，对此，他不得不深感担心；此外，他推测城内的守军是如此勇敢和坚决，以至于即使没有这些坚固的城墙，也很难攻克这座城市。（91）因此，为了迎接这场恶战的到来，他像训练运动员一样训练自己手下的士兵。

[2]（92）提图斯骑马到达了基士迦拉，他发现这座城镇通过一场袭击就可以轻易攻占。不过他深知，假如以武力攻占它，那么这座城市的民众就免不了被自己的军队屠杀。他对屠杀已经深恶痛绝，对惨遭滥杀的民众也深为怜悯，并伴有一种罪恶感。因此，他宁愿促使这座城市向自己投降。（93）他发现，城墙上挤满了邪恶败坏之徒，于是对他们说道，让他深感好奇的是，他们凭什么和他作对呢？其他

---

〔1〕参见第二卷第585节及以下对约翰性格的描述，并比照其注释中所引用的撒路斯特对卡提林的描述；这里的 ποικιλώτατος［最反复无常／最生性无常／最翻云覆雨］一词会让人想起撒路斯特的"胆大妄为／不讲信义／翻云覆雨"（varius），请将最后一个从句，与"自从苏拉确立了他的统治地位时起，卡提林便很想夺取最高权力，而决不考虑用什么手段能达到这一目的，只要他能身居众人之上就行"（hunc…lubido maxuma invaserat rei publicae capiundae，参见《卡提林阴谋》第5节）进行对比。

城市一个接着一个地沦陷，难道他们能够独自抵挡罗马人的大军？（94）他们全都已经看到，比他们更强大的城市无不在罗马人的第一轮攻击下尽都沦陷，而他们也全都看到，所有那些相信罗马人的双手所提供的保证的人，都安全地享用着自己的财产——现在他则向基士迦拉人伸出自己的双手，而完全没有想对他们的顽抗进行报复。（95）如果他们想要恢复自由，那么，他们是可以被原谅的；如果他们继续负隅顽抗，那么，他们绝不会被宽恕。（96）如果他们拒绝他仁慈的建议和对安全的承诺，那么，他们必将遭遇罗马人的无情战火，而且很快就会知道，他们的城墙只不过是罗马军事装备的玩物而已——那些城墙终将见证他们的冥顽不化。

[3]（97）对于他的这番讲话，没有任何一个居民进行回应，他们甚至不被允许登上城墙，因为那帮土匪已经把城墙给占据了，而且在进出的各个大门上也安排了警卫，以防任何人出城与罗马人达成和平条约，或有任何骑兵进入城镇。（98）约翰答复提图斯，他真心同意提图斯的建议，也愿意劝说和逼迫那些桀骜不驯的反对派。（99）然而，他接着说道，提图斯必须尊重犹太律法并允许他们遵守安息日——安息日是一周的第七日，在这一日他们禁止诉诸武力，甚至禁止达成和平协议。（100）即使是罗马人也必须认识到，第七日是犹太人停止一切劳作的日子；强迫他们违背律法的那些人与被迫违背律法的那些人，同样都是不虔敬的。（101）对于提图斯而言，这种拖延并不会造成任何损害；除了逃跑之外，单单一个晚上的时间可以搞出什么阴谋来呢？而且，他在城外扎营完全能够防止万一。（102）对于犹太人而言，如果可以不违背律法，那么，这本身就是一个巨大的胜利。假如他们能够保全和平而又不违背自己的律法和生活方式，那么，这都将是他慷慨施惠的结果。（103）约翰就用这番话来欺骗提图斯；他对安息日的关心程度远远比不上对其自身安全的考量，他担心，一旦这座城镇被罗马人攻占，他立即就会被抓，因此他把所有的希望

全都寄托在那个晚上——他准备趁着夜色逃之夭夭。（104）然而，这毕竟是上帝的旨意，因为正是上帝保全了这位将去摧毁耶路撒冷的约翰；提图斯不仅被他的这番拖延的借口所欺骗，甚至还把自己的军队驻扎在了远离这座城镇的希达萨（Cydasa）。[1]（105）希达萨是推罗人的一座内陆村庄，这座村庄非常坚固，并一直与加利利人（the Galilaeans）[2] 纷争不断；它拥有庞大的人口，防守果决严密，这样一块地方正好适合充当反犹太人的军事基地。

[4]（106）等到晚上，约翰看到这座城镇周围没有一个罗马士兵，于是抓住机会，带着自己手下的士兵以及大批非战斗人员及其家属逃往耶路撒冷。（107）在最初的二十弗隆里，他成功地拖着这群妇孺逃亡，尽管他自己都担心被俘和被杀；但在那之后，随着他继续前进，他们却被落在了后面，面对这种遗弃，他们哀恸不已，甚是可怖。（108）他们现在距离自己的朋友越来越远，而距离自己的敌人越来越近了；他们觉得自己正羊入虎口，一有风吹草动，他们就心惊肉跳，飞奔狂逃，好像追杀他们的罗马军队已经近在眼前了一样。（109）许多人掉队了，许多人则挤在路上，艰难地向前挪动。（110）最可怜的是那些妇女和儿童，一些妇女鼓起勇气，以唤回自己的丈夫或者亲属，她们尖叫着恳求他们等等自己。（111）但是，约翰却大声地敦促他们说："你们要先自救，赶紧逃跑；如果罗马人抓住了落在后面的那些人，你们之后再向罗马人报仇。"因此，这群逃亡者继续艰难地往前奔逃，每一个人都使出了全力全速。

[5]（112）第二天早些时候，提图斯来到城墙前，准备与他们达成合约。（113）民众带着自己的妻子和儿女，打开城门并出城迎接他，

---

〔1〕希达萨（Cydasa）可能是科德什 - 纳弗塔里（Kedesh Naphtali），在第二卷第459节中，它亦写作凯达萨（Kedasa）或者卡达萨（Kadasa）。

〔2〕[中译按] 在惠斯顿本中，英译者将其译作"犹太人"（the Jews）。

将他当作拯救者和解放者来欢迎；（114）他们告诉他约翰逃亡的消息，恳求他宽恕他们并进城惩罚那些残存的叛乱分子。（115）但是，提图斯并没有重视他们的请求，相反，他立即派出一支骑兵中队去追击约翰。这些骑兵没有追上约翰，因为那位逃亡者已经成功地逃到了耶路撒冷；但是，他们屠杀了六千名尚在路上逃亡的人，并带回来三千名妇女和儿童。（116）对于欺骗自己又未被抓回予以严惩的约翰，提图斯深感愤怒和不快；虽然错漏了约翰，但是这些俘虏足够安慰他的失望情绪。（117）因此，他在一片欢呼声中进入了这座城镇；在命令军队拆毁了一小段城墙以示占领后，他就开始用威胁而非惩罚的方式来镇压那些破坏和平的扰乱分子。（118）他担心，如果将那些需要惩罚的罪恶之徒全都找出来的话，许多人可能会基于个人恩怨和公报私仇而指控无辜之人；因此，他认为把那些罪恶之徒先警告一番并搁置一边，总比枉杀无辜更好。（119）罪人可能担心受到惩罚，而在今后痛改前非，学会小心行事，然而若将他们处死，逝去的生命就不可能复原了。（120）不过，他派遣了一支部队来保卫这座城镇的安全和压制那些叛乱分子，以确保自己离开之后，爱好和平的市民可以安心。罗马人就这样占领了加利利全境，但是，对于接下来的耶路撒冷之战，罗马人仍需要付出巨大的努力和牺牲。

第三章

［1］（121）当约翰进入首都时，所有的民众倾巢而出，把这些逃亡者一个个围得水泄不通，他们急切地想问清楚那些发生在外面的事情。（122）尽管逃亡者们急促而猛烈的呼吸暴露出他们刚刚遭受了巨大痛苦，但是，他们在不幸之中却夸口说，他们不是从罗马人那里逃出来的，而是要到这个安全地带与罗马人战斗到底的。（123）他们说

道："不计后果地将自己的生命暴露在基士迦拉这样一个危机重重而又缺乏有效防御的小镇，是极其愚蠢和无用的做法，我们应该将我们的武器和力量保存起来，用到我们首都的防御上。"（124）接着，他们提到了基士迦拉的陷落和他们所谓的"撤退"（retreat），尽管绝大部分听众都知道这其实就是逃跑；（125）然而，当他们说到落在身后而被俘的同胞之时，民众的巨大恐慌立即就蔓延开来，因为他们觉得自己的城市也会遭到罗马人的包围和攻占。（126）但是，约翰对自己所遗弃的同胞没有感到一丝尴尬和不安，相反，他走到人群中间，鼓动他们燃起希望，积极备战。他声称，罗马人正处于颓势之中，而他们现在却拥有巨大的力量。（127）同时，他还嘲笑了他们的无知；他说道，即使罗马人长了翅膀，也无法逾越耶路撒冷的城墙，更何况罗马人在加利利各村镇已遭遇了诸多困境，他们的军事器械也在攻击犹太人的城墙时耗损严重。

［2］（128）约翰这番慷慨激昂的演讲煽动和迷惑了大批年轻人跃跃欲战；然而，那些审慎的老者则不为所动，他们之中没有一人不预见到未来，以至于纷纷对这座城市悲叹起来，就好像它已经惨遭毁灭一样。（129）这样的混乱和困惑在民众中间流行，不过，甚至在耶路撒冷爆发叛乱之前，党派冲突就已经弥漫全国了。（130）当提图斯从基士迦拉移师凯撒利亚后，韦斯巴西安从凯撒利亚进军迦尼亚和阿佐图斯；他占领了这两座城镇，并在那里部署了驻军，在其返回时，他带回来一大批在达成和平协议后投降的民众。[1]（131）现在每一座城镇都爆发了混乱和内战，[2]一旦从罗马人那里获得喘息之机，人们就

----

〔1〕约瑟夫斯记述提图斯和韦斯巴西安转移军队的这一节（第130节），显得非常生硬和别扭，因为它破坏了第129节和第131节之间的紧密联系。

〔2〕与其他地方一样，在描绘这幅叛乱后果的图画时，约瑟夫斯可能想到了修昔底德（第三卷第八十一至八十四章）对革命运动的著名沉思（the famous reflections of Thucydides on revolution）。

转而彼此大打出手。战争的狂热者与和平的爱好者之间的冲突日益严重。(132)党派对抗首先在家里爆发,接着蔓延到最亲密的朋友之间;随后,那些最亲密的亲属之间也都断绝了关系,而纷纷加入属于自己阵营的派系,从此以后,他们彼此敌对起来。(133)派系无处不在,那些好战激进的年轻人占据了压倒性优势,而那些审慎的老者的处境则日益艰难。(134)各个派系开始洗劫自己的邻居,接着,他们成群结队地聚集在一起,以便在乡村到处抢劫;他们是如此极端的残暴和野蛮,以至于在那些受害者看来,他们与罗马人毫无区别,受害者甚至觉得,如果是罗马人来了,或许造成的损害会轻微许多。

[3](135)一方面由于害怕冒险,另一方面出于对犹太民族的憎恨,各城镇的罗马驻军几乎没有或者根本没有向受害者提供保护;最后,在对自己国家的劫掠感到心满意足后,这些分散在各地的土匪首领们聚集起来,组成了一支罪恶匪军,偷偷溜进了可怜的耶路撒冷。(136)耶路撒冷是一座没有长官(no commanding officer)[1]统治的城市,按照世代相传的习俗,它对所有拥有犹太血统的人完全敞开怀抱——在那个时刻,人们更容易认为,所有马不停蹄地进城的人都是出于善意而来帮助自己的。(137)然而,正是这种情况最终导致了耶路撒冷的毁灭,而无关乎叛乱与否;因为正是这样一群无用而又愚蠢的暴徒,将原本供应给战斗人员的充足物资消耗掉了;除了带来战争,他们还带来了叛乱和饥荒。

[4](138)除了这伙土匪之外,另一群来自乡村的土匪也进城了,这群土匪更加邪恶,自从他们进城后,整座城市就再也没有停止过罪恶。(139)他们不仅没有限制自己胆大妄为的抢劫行径,而且开始谋杀——不是在夜色的掩护下秘密地谋杀,而是在光天化日之下公开地

---

〔1〕[中译按]在惠斯顿本中,英译者将"没有长官"(no commanding officer)译作"没有总督"(without a governor)。

谋杀——那些最杰出的名士，而非普通的泛泛之辈。（140）其中第一个受害者是安提帕斯，[1]他是王室成员，同时也是这座城市最有权势之人——国库都由他负责管理。（141）安提帕斯遭到了他们的逮捕和关押；接着则是一名贵族列维阿斯（Levias）和阿里格特之子西法斯（Syphas son of Aregetes）——二人都拥有王室血统，以及其他在整个国家都享有重大名声之人。（142）现在，民众被巨大的恐慌笼罩，就好像整座城市已经被敌人占领，除了自保别无他求。

[5]（143）然而，这些土匪们并不满足于将这些人监禁起来，他们认为，长时间地关押这些有影响力的人物并不安全，（144）这些人全都是有权有势的人物，而且家属众多。土匪们担心自己遭到他们的报复，此外也担心对这些人物的非法手段会激起民众的义愤，进而遭到民众的反对。（145）因此，他们决定屠杀这些人。他们派遣了最嗜血成性的一个人——这个人名叫约翰，在当地语言中亦被叫作"多尔卡斯之子"（the son of Dorcas）[2]——前去处死他们；约翰和另外十个人手握出鞘的利剑，一起去到监狱，杀死了因禁在监狱里的那些人。（146）为掩饰自己的罪行，这些人编造了一个弥天大谎，他们声称，这些人与罗马人商议了关于耶路撒冷的投降问题，因而是作为国家自由的叛徒被处死的。总而言之，他们对自己厚颜无耻的罪恶行径进行大肆粉饰和美化，就好像他们是这座城市的恩主和救星一样。

---

〔1〕安提帕斯与阿格里帕二世的另外两个亲戚——扫罗和科斯托巴——一度试图通过国王的影响力，将叛乱扼杀在摇篮之中（参见第二卷第 418 节）；后来，当其他人逃亡时，安提帕斯仍然留在耶路撒冷（参见第二卷第 557 节）。

〔2〕"多尔卡斯之子"即"羚羊"（Gazelle）之意，在阿拉米语中写作巴尔·大比大（Bar Tabitha），参见《使徒行传》第九章第 36 节；多尔卡斯也被希腊人用作女性的名字（维特斯坦因［Wetstein］）。

［中译按］在约帕有一个女徒，名叫大比大，翻译为希腊话就是多加（就是羚羊的意思）。她广行善事，多施周济。（《使徒行传》9：36）

［6］（147）最后，民众就这样沦陷在卑鄙和恐惧之下，而土匪们则日益丧心病狂，他们甚至攫取了高级祭司的任命权。（148）他们废除了特定家庭对高级祭司的继承权——高级祭司一直都是轮流出自这些家庭[1]；接着，他们任命了那些出身卑微和地位低下的人员担任高级祭司，与他们一起狼狈为奸、同流合污；（149）因为这些不配获得高位之人无疑会屈从授予其高位的人。（150）此外，他们通过各种欺骗和诽谤之辞，让官方权威陷入彼此的冲突之中，这些冲突进而会阻碍原有措施的实施，这样一来，他们就有了浑水摸鱼的机会；最终，当他们对这些不法行径感到心满意足时，他们就把自己的傲慢无礼转向了上帝（the Deity），甚至将污秽的双脚侵入圣殿。

［7］（151）在最年长的高级祭司阿南努斯的鼓动下，一场民众起义终于要爆发了；阿南努斯是一位明智审慎之士，要是他能够逃脱阴谋家的毒手，[2]他也许可以拯救这座城市。那些恶棍把上帝的圣殿（the temple of God）变成了他们的堡垒和避难所，以躲避一切民众暴力的爆发，而且把这块圣地（the Holy Place）变成了他们暴行的大本营。（152）然而，比起他们的罪恶行径，他们对这些恐怖暴行的挪揄嘲讽更加令人难以容忍。（153）为了检验民众的顺从程度和他们自身力量的强大程度，他们试图通过抽签的方法来任命高级祭司，尽管我们之前就已经说过，这项继承权是世袭的（the succession was hereditary）。[3]（154）为了这项计划的实施，他们甚至引证古代习俗为借口，声称古代的高级祭司职位是由抽签决定的；而事实上，这不

---

〔1〕高级祭司的产生只限定于少数特权家庭（a few privileged families），对此，请参见舒尔：《犹太民族史》第一卷第222节。本节内容在下文中存在部分重复；这种重复有可能是因为不完善的编辑修改而导致的。

〔2〕关于他的被杀以及对他性格的称颂，参见第316—325节。

〔3〕或者写作"这项继承权由诸家族继承"（the succession was by families），参见第148节。

过是他们为消解无可置疑的律法，并通过把持任命权以攫取统治权而采取的无耻伎俩。

[8]（155）因此，他们叫来了其中一个高级祭司家族（the high-priestly clan）[1]——恩尼亚基家族（Eniachin）[2]，并抽签选任一位高级祭司。这种抽签恰好将他们的罪孽显露无遗；阄签落到了一个名叫法恩尼（Phanni）的人身上，此人是阿弗特亚村（the village of Aphthia）[3]的撒母耳的儿子（son of Samuel）。这个人不但不配做高级祭司，甚至滑稽到竟然不知道高级祭司的职位为何物。（156）然而，他们未经他本人同意就将他拖出村庄；就像在舞台上演戏那样，将他装扮成所要扮演的角色，让他穿上圣衣，并教授他在每一种场合的行事方式。（157）对于他们而言，这种可怕的亵渎只不过是消遣之资；但是，对于其他祭司来说，远远地看到对律法的这种嘲弄行径，他们不禁潜然泪下，悲恸地哀叹起对这种神圣仪式的亵渎与破坏。

[9]（158）现在民众再也忍受不了他们这种亵渎行径了，全都奔走相告，希望推翻他们的暴政。（159）通过对全体民众的公开演讲和对个人的私下访问，约瑟之子格里安（Gorion son of Joseph）[4]和伽玛列之子西米安（Symeon son of Gamaliel）[5]——他们都是享有

---

〔1〕 φυλή（clan［氏族］）一词是 πατρία 或 ἐφημερίς（course［阶层］）的细分。约瑟夫斯自己就属二十四级祭司中的第一级，这一级的祭司都来自于最显赫的家族，参见《生平》第 2 节。恩尼亚基家族只在这里有所提及。

〔2〕 ［中译按］Eniachin 亦写作 Eniachim。

〔3〕 阿弗特亚村的具体位置无从知晓。

〔4〕 在战争爆发之际，格里安之子约瑟可能与阿南努斯一起被授予了耶路撒冷的最高统治权（supreme control in Jerusalem），参见第二卷第 563 节；这里提到的这位年轻的格里安（the younger Gorion），他的名字来自于其祖父。

〔5〕 伽玛列之子西米安可能与西蒙（Simon）是同一人，西蒙是伽玛列的儿子，尽管他反对历史学家约瑟夫斯，但约瑟夫斯在《生平》第 190—192 节仍然对他做出了很高的评价。

高度声誉的杰出领袖——催促民众不要再耽搁时间，而是赶紧去严惩这些破坏他们自由的害虫并清洗被血污染的圣殿。（160）他们的行动得到了最受尊敬的高级祭司伽马拉斯之子约书亚（Jesus son of Gamalas）[1]和阿南努斯之子阿南努斯（Ananus son of Ananus）的支持，二人在民众集会上严厉地斥责了人们的无动于衷，并热情地鼓动他们起来对抗奋锐党人；（161）因为那些恶棍如此粉饰自己，仿佛他们是在热心（zealous）追求道德，而不是追求最卑鄙和最放纵的邪恶。

[10]（162）民众现在召集了一场全体大会，对于抢劫、谋杀以及占领圣殿的行径表达了一致的愤怒，不过，他们没有做出攻击奋锐党人的决定，因为他们觉得自己难以将这些奋锐党人镇压下去。阿南努斯从人群中间站了起来，他的眼睛不时地仰望圣殿，眼里噙满了泪水，对他们这样说道：

> （163）上帝的居所（the house of God）堆满了这么多可憎之物，这些神圣的地方本该禁止人们随意践踏，而现在却挤满了这些恶棍的脚，假如我在没有看到这番景象之前就溘然长逝，这对我来说将是多么美好的一件事情啊！（164）然而我身着高级祭司的圣衣，也享有令人尊敬的高级祭司之名，仍然活着，而且活得坚韧。不过，即使我现在已是一大把年纪，我仍然不愿意毫无价值地死去，除非死得其所。如果非要牺牲自己的生命，我只会为上帝的事业赴死。（165）为什么我还活在一个对灾难仍然浑浑噩噩的民族中间呢？难道他们已经丧失了用双手

---

[1] 约书亚是约瑟夫斯的朋友，参见《生平》第193和第204节。关于他的死亡以及约瑟夫斯对他的称颂，参见《犹太战争》第316节及以下。

克服和搏击灾难的勇气吗？当你们遭到劫掠时，你们逆来顺受；当你们遭到鞭打时，你们沉默不语；当你们惨遭谋杀时，你们没有人胆敢大声呻吟。（166）这是多么邪恶的暴政啊！为什么我要站出来反对这些残暴的僭主？难道不是因为你们的逆来顺受而助长了他们的暴虐吗？（167）难道不是你们对他们最初的联合熟视无睹、无所作为，以至于他们从寥寥数人急剧膨胀，乃至最终拿起武器对付起你们了吗？（168）当他们在袭击那些贵族之时，你们就应该立即站出来反对；而你们的过失和沉默进一步刺激了这帮恶棍的劫掠。接着，当他们洗劫房屋之时，你们又一言不发，结果他们对屋主痛下毒手；当这些屋主被拖拽到市中心之时，你们也没有一个人起来抗议。（169）接下来，他们将那些反叛他们的人捆绑起来，并对其大肆折磨和侮辱。我不知道这些人究竟有多少，也不知道这些人究竟是什么情况，尽管他们既未受到指控，也未被定罪，但你们没有一个人对身陷囹圄的他们施与援手。（170）事情发展的结果就是，你们眼睁睁地看着这些人惨遭杀害。我们都见过这样的场景——他们就像一群精心挑选的、不会说话而又待人宰割的牲口，一个一个地被拉出去宰杀；但是，你们没有说一句话，也没有伸出手来抗议。（171）假如你们继续忍气吞声下去，下一步你们将看到你们的圣所遭到践踏；难道你们要让这些渎神的恶棍再得寸进尺吗？难道你们非要让他们恶贯满盈，也不抱怨只言片语吗？他们现在无疑向更加严重的罪行迈进，因为没有比践踏圣所更加严重的罪行了。

（172）他们现在已经占领了这座城市最为坚固的一个地方，就是圣殿，尽管它看起来像一座堡垒或者城堡；现在暴君们加固了你们中间的这座堡垒，你们可以看到你们的敌人就在你们的头上，当你们看到这些，就没有任何计划和想法吗？（173）难道你们就坐等罗马人来保护我们的圣地？我们的这座圣城沦落到这般田地，恐怕连我们的敌人都会对我们心生怜悯吧？（174）如果你们再不奋起反抗，这帮恶棍无疑就会转而攻击你们。难道你们没有看到，在野蛮的动物世界里，那些野兽相互袭击和报复的场景吗？难道你们忘记了你们自己所经受的苦难吗？难道你们还想忍受你们所看到的折磨吗？难道你们的灵魂就没有任何触动，或者没有被激起任何复仇的欲望吗？（175）难道你们已经丢失了所有的荣誉、所有的本能和所有的激情吗？难道你们失去了对自由的渴望吗？难道你们已经爱上了奴役的生活吗？难道你们已经爱上了高高在上的主子吗？——仿佛服从是我们祖先留下的遗产。（176）不，为了赢得自由，祖先们经历了多少苦难——他们既要冲破埃及人的奴役和米底人的支配（Median domination），又要拒绝服从征服者的命令。（177）然而，我为什么要提及我们祖先的光辉事迹呢？我们现在同罗马人开战；我禁不住要问的是，这种战争是有益且有利的，还是仅仅相反？我们进行这场战争的理由究竟是什么呢？（178）难道不是为了自由吗？如果我们拒绝臣服于世界的主人，那么，我们为什么又要忍受本国的僭主呢？（179）何况，臣服于强大的异族人，这明显对我们有利；而臣服于我们本民族的恶棍，我们就只能过那种下贱的奴役生活。

（180）既然现在提到了罗马人，那么，我将毫无保留地把我脑海中的想法和情感向你们和盘托出。我的意思是，即使我们落到了罗马人的手上（上帝应该不会让这样的事情发生），我们所受的痛苦也会比这些恶棍施加给我们的折磨轻微许多。（181）当我们看到罗马人向我们的圣殿献祭，而我们的同胞却在糟蹋我们的圣殿、抢劫我们伟大的圣城、屠杀我们的同胞，我们怎么会不流泪呢？假如罗马人赢得了胜利，我们还可以避免上述灾难。

（182）罗马人从未逾越事先规定的区域而犯下渎神的罪行，[1] 也从未违背我们神圣的习俗，相反，罗马人远远地、敬畏地看着环绕我们圣殿的城墙；（183）然而，那些出生于这个国家，并在我们的习俗下被滋养长大、被称为犹太人的那些人，却随意地漫步在我们的圣地，他们的手上甚至还沾染着自己同胞的鲜血。（184）人人都害怕对外战争，但是，通过比较我们就会发现，与异族人的战争要比与本国人的战争温和得多。事实上，如果有人非要用一个措辞来描述这个事实的话，那么这个人可能就会发现，罗马人恰好是我们律法的支持者，而墙内的敌人却是我们律法的颠覆者。

（185）他们摧毁了我们的自由，而且这帮人都是寡廉鲜耻的恶棍，对待这帮人，即使我们使出再充分的惩治手段也不为过；我可以确定地说，他们的邪恶行径以及所作所为，无疑早已将你们彻底激怒了。（186）然而，可能你们当中的绝大部分人都被他们的人数、狂热以及占据的有利地势给吓住了。（187）但是，他们之所以这么猖獗，完全是因为你们的消极不为所致，因而，你们消极和拖延得越久，他们就会越壮大。因为所有的恶棍全都向这里拥来，确实，他们人数每天都在增加。（188）到目前为止，由于他们没有遇到什么阻碍，所以他们的狂热和勇气燃烧得越

---

[1] 或者，如果 τῶν βεβήλων［世俗的］是中性词，那么就意味着"非圣洁（允许）之地的界限"（the limit of the unhallowed［permitted］ground）。石制栏杆（δρύφακτος）将内殿和外面的庭院分开了，并且上面刻有禁止外邦人通行的警告语，这些警告语是用希腊语和拉丁语写成的，参见第五卷第193—194节。普通的罗马人严格地遵守着这些规定（参见第二卷第341节，尼亚波利塔努斯在"所允许的区域里"进行了献祭），但是，那些强大的征服者——例如庞培，甚至提图斯自己——却进入了圣地（Holy Place）参见《驳阿庇安》第二卷第82节，《犹太战争》第一卷第152节和第六卷第260节。

来越旺盛；他们同时还拥有有利的地势，如果我们继续给他们时间准备的话，他们就可以装备或者利用更多其他的东西来对付我们。（189）但是，请你们相信我，如果我们爬越上去进攻他们，我们肯定可以打败他们，他们的优越地势也会因为我们的突袭而被抵消。（190）或许，遭到他们羞辱的上帝也会把那些掷向我们的武器调转过去对准他们自己，[1] 而我们飞掷过去的武器则会无情地射杀这些渎神的恶棍。如果我们勇敢地面对他们，他们无疑在劫难逃。（191）危险是不可避免的，但即使战死在神圣的大门前，那也将是无比高贵的死亡方式——这既是为了我们自己的妻子和儿女，也是为了我们的上帝和圣殿。（192）我也将竭尽自己所有的智慧和技能来帮助你们：我将源源不断地给你们提供所亟需的计谋，而且，（你们将看到）我会毫不吝惜自己的肉身。

[11]（193）阿南努斯就这样激起了民众反抗奋锐党人的情绪。他非常清楚地知道，要彻底消灭奋锐党是一件非常困难的事情，因为他们具有人数、体力和勇气上的优势，最重要的是他们目标明确——他们不仅绝不妥协，而且也彻底断绝了被宽恕的念想。（194）然而，阿南努斯宁愿承受任何痛苦，也不允许事情再这样拖延下去。（195）民众现在也在大声地呼喊他，让他率领他们向敌人进攻，所有人都做好了以身犯险的准备。

[12]（196）然而，正当阿南努斯招募和集结新兵的时候，奋锐党人听说了这项进攻计划——有人把民众大会的所有进程都告诉了他们。他们怒不可遏，一群群地冲出圣殿，然后分成了更小的作战单元，大肆地屠杀起他们所遇到的任何人。（197）阿南努斯立即召集起自己的军队，尽管他们在人数上占有优势，但是在武器和训练上都要逊于

---

〔1〕正如迦马拉的情形，参见第 76 节。

奋锐党人。（198）然而，激情弥补了双方各自的缺陷，来自城市的那些人，他们的愤怒比对方的武器更加强大，而来自圣殿的那些人，他们的狂热压过了对方的人数优势；（199）前者认为，除非把奋锐党人全部铲除，否则这座城市将永不得安宁；奋锐党人则认为，除非自己获胜，否则前者肯定不会饶恕他们。因此，他们被自己的激情所支配，在冲突中互相遭遇。（200）他们互相从城里和圣殿里发射石弹和投掷标枪；但是，当一方处于下风之后，处于上风的一方就动用利剑去砍杀，双方都有大量的士兵被杀，也有许多士兵受伤。（201）受伤的平民被他们的亲属带回自己的房屋，而受伤的奋锐党人则爬进圣殿，他们流出的鲜血把神圣的台阶都弄脏了；可以这样说，除了他们的鲜血以外，没有任何其他鲜血玷污过圣所。（202）在这些战斗中，这帮土匪总是从圣殿主动出击，往往都能取得意想不到的成功；但是，民众被激怒了，他们的人数在不断地增加，他们痛斥后撤的人，从后面往前进攻的人则拒绝给逃亡者让出道路，逃亡者只能被迫掉头，全力以赴地杀向敌人。（203）那帮土匪再也抵御不住他们的进攻，只能被迫退回圣殿，阿南努斯和他的人马也紧随其后冲进了圣殿。（204）外殿（the outer court）的失守让奋锐党人惊恐万状，以至于他们纷纷逃进内殿（the inner court），并立即关闭了内殿的大门。（205）阿南努斯认为，向这道神圣的大门（the sacred portals）发起攻击，尤其是在敌人居高临下密集发射炮火的情况下发起攻击并不合适；此外他也认为，即使自己赢得了胜利，在预先没有进行洁净的情况下就将人群引入圣殿是不合法的（unlawful）。（206）因此，他用抽签的方式从他们当中挑选了六千名武装人员，派遣他们看守回廊。（207）这些人会由其他人进行接替，他们每一个人都必须轮流站岗放哨；不过，在他们的上级官员的应允下，许多上层人都雇佣了一些下层阶级来代替自己轮防。

[13]（208）所有这些人后来的毁灭主要是由于约翰——关于约

翰从基士迦拉逃亡而来的事情，我们先前就已经讲述过了。[1]这个人极其狡猾，他的灵魂深处一直怀有对专制权力（despotic power）的可怕追求，而且一直以来，他都在密谋推翻这个国家。[2]（209）在这关键时刻，他假装站在民众一边，无论阿南努斯是在与其他领袖一同商讨白天的防御问题，还是在夜间视察警戒，他无不伴随在阿南努斯的左右；接着，他立即就将这些军事机密泄露给奋锐党人。因此，民众商讨的所有计划，甚至连那些没有彻底考虑好的计划，全都通过他而被奋锐党人知晓。（210）为了避免被人怀疑，约翰对阿南努斯和民众派（the popular party）的其他领袖极尽献媚；（211）然而，他的这种卑躬屈膝起到了相反的作用；他的那些过分夸张的奉承话只是增加了其他人对他的怀疑，他无处不在和不请自来的身影更是给人造成一种泄密者的印象。（212）因为他们已经注意到，敌人事先知悉了他们的所有计划，于是自然就将怀疑的目光对准了约翰，——没有人比约翰更可疑了。（213）然而，他们要彻底摆脱他并不是一件容易的事情，因为他通过自身的邪恶行径已经攫取了庞大的影响力，不管怎样，他都是一位显要人物，而且赢得了许多重要人物的支持，这些重要人物在所有重大的事项上都会咨询他的意见；因此，他们决定让他为自己的忠诚宣誓。（214）约翰于是立即发誓说，他会一直站在民众一边，绝不向敌人泄露他们的任何计划或者行动，他也会竭尽自己的力量和智慧来帮助他们打败那些进攻者。（215）阿南努斯和他的同伴相信了约翰的誓言，毫不怀疑地和他一起商讨事务，甚至让他作为他们的代表到奋锐党人那里进行和谈；因为他们尽可能地想要保持圣殿的清洁，不让圣殿受到玷污，他们希望不会有任何同胞在圣殿被杀。

―――――――――――

〔1〕参见第106节以下。

〔2〕参见第85节及其注释。这段话再一次让人想起了撒路斯特对卡提林的那段描述。

［14］（216）然而，仿佛约翰是对奋锐党人宣誓效忠，而不是对他们宣誓效忠，他走进圣殿，站到奋锐党人的中间，对他们这样说道：

> 我常常冒着生命危险，来告诉你们阿南努斯及其同伙的所有秘密作战计划；（217）但是，除非有及时的援助和干预，否则我和你们所有人都将陷入最危险的境地。（218）因为阿南努斯已经急不可耐了，他已经说服民众派遣代表到韦斯巴西安那里，邀请后者立即前来占领这座城市；为了进一步重创你们，他已经宣布明天举行洁净仪式，[1]以便他的追随者可以获准进入圣殿，而他们进入圣殿，要么是为了进行宗教仪式，要么是为了与你们交战并武力夺取圣殿。（219）我既看不出你们对他们的围攻可以维持多久，也不知道你们到底能不能战胜如此庞大的敌人。

他进一步补充说，现在他被派到这里来与他们进行和谈，这完全是上帝的旨意，因为阿南努斯向他们开出的条件是：只有当他们解除了武装，他才会去面见他们。他接着说道：

> （220）如果你们关心自己的性命，那么，你们就只有两个选择，要么向你们的围攻者乞求怜悯，要么争取外部的援助。（221）任何心存幻想之人（以为倘若战败，也会得到敌人的宽恕），要么已经忘记了自己的英勇事迹，要么觉得加害者的忏悔会立即取得受害者的原谅。（222）恰恰相反，加害者的悔改之心往往令人憎恶，而受害者一旦权力在握，通常都会更加严厉地对待加害者。（223）那些被害者的朋友和亲属会抓住机会进行血腥报复，而且

---

〔1〕 这是一种似是而非的说法，因为他不愿意让他的追随者未经净化就进入圣殿（第 205 节）。

许多人对他们的法律和法庭（their laws and law-courts）[1]的解体怒不可遏。对于这样的民众，即使有少数人被触发起同情心，他们也会被愤怒的大多数人压倒。

第四章

[1]（224）这就是他编造出来的恐慌故事；虽然他不敢直截了当地说出"外部的援助"（external aid）指代什么，但是，他无疑是在暗指以土买人。然而，为了达到激怒奋锐党人的头领们的目的，他大肆地控诉起阿南努斯的残暴来，他说阿南努斯正以一种特殊的方式威胁他们。（225）这些头领是基安之子以利亚撒（Eleazar son of Gion）[2]——以利亚撒是该派系里最有影响力的人物，不仅出谋划策，而且将它们付诸实施——以及安菲卡里乌斯之子撒迦利亚（Zacharias son of Amphicalleus），[3]他们二人都拥有祭司血统。（226）这两个人首先听到的是整个派系共同面对的威胁，接着听到的是那些特别针对他们的威胁，以及阿南努斯及其同伙为确保自身的最高权力，正在召集罗马人——这也是约翰污蔑杜撰出来的。当他们听到这些消息后犹豫了很久，不知该采取什么行动，他们的时间也非常紧迫；（227）因为民众不久就要攻打他们，而该计划的突然性掐断了他们争取外援的机会——在这种情况下，他们来不及通知他们的盟友。（228）然

---

〔1〕在"法律和法庭"（laws and law-courts）这样的搭配中，我们似乎听到了约瑟夫斯的希腊语助手在说话；参见第258节和约瑟夫斯第二卷导言第xiii页（编按：该页码对应于本书"英译本导言"的边码）。

〔2〕"基安之子以利亚撒"（Eleazar son of Gion）亦写作"西蒙之子以利亚撒"（Eleazar son of Simon），他在其他地方也扮演着重要作用，参见第二卷第564—565节和第五卷第5节及以下。

〔3〕约瑟夫斯后来再也没有提到撒迦利亚。

而，他们还是决定召唤以土买人前来，他们对以土买人简要地草拟了一封书信，告诉以土买人，阿南努斯已经绑架了民众的意志，并准备把首都拱手让给罗马人；为了维护自由，他们已经奋起反抗，却被困在了圣殿里；（229）接下来的数小时将决定他们的命运，除非以土买人立即前来支援，否则他们将沦陷在阿南努斯的强权之下，这座城市也将惨遭罗马人的攻占。他们也指示信使们，让信使们以口头的方式进一步将细节告诉给以土买的头领们。（230）他们挑选了两位敏捷之人来完成这项差事，这二人全都能说会道，巧舌如簧；更为重要的是，他们俩健步如飞。（231）奋锐党人非常清楚，以土买人会毫不犹豫地遵从他们的请求——以土买人是一个混乱而无序的民族，对动乱非常警觉，也非常喜欢那种动荡性的剧变——求援者只要对其献上一些恭维话，以土买人立即就会拿起武器，好像奔赴一场宴会一样，急忙地投入战斗。（232）速度是这项差事的关键，而这两位信使——他们的名字都叫作阿南尼亚（Ananias）——最不缺的就是速度；没过多久，他们就出现在了以土买的头领们面前。

［2］（233）对这封书信的内容和两位信使的陈述，以土买的头领们深感震惊；他们像疯子一样在全国跑来跑去，并宣告了这场战争。（234）他们征召了大批士兵，甚至超过了先前公告的人数，所有人都拿起武器要捍卫首都的自由。（235）加入这支队伍的人数不少于两万，他们在四位将军的率领下向耶路撒冷进军，这四位将军分别是约翰（John）、索萨斯之子雅各（James son of Sosas）、萨西亚斯之子西蒙（Simon son of Thaceas）和克鲁索特之子菲尼亚斯（Phineas son of Clusoth）。[1]

---

〔1〕约翰和雅各有可能都是索萨斯的儿子（John and James, sons of S.），约翰后来遭到罗马军队的一名阿拉伯弓箭手的射杀，参见第五卷第 290 节；雅各在后来的叙述中经常出现，例如第四卷第 521 节、第五卷第 249 节以及第六卷第 92 节、第 148 节、第 380 节。西蒙是这支队伍里的演说家，参见第四卷第 271 节；此外，他在竞赛中赢得了特别的荣誉，参见第五卷第 249 节和第六卷第 148 节。对于菲尼亚斯，约瑟夫斯后来没再提过。

[3]（236）在以土买的军队逼近前，阿南努斯和哨兵一直都不知道奋锐党人的信使出了城。在获悉他们到来后，阿南努斯关闭了城门，并将士兵部署在城墙上。（237）然而，由于他不愿意与他们为敌，所以他决定在开战之前试着进行一番劝说。（238）因此，阿南努斯身边最年长的高级祭司约书亚登上了以土买人对面的塔楼，对他们这样说道：

> 这座城市遭受过各种各样的苦难和混乱，然而，最让我深感震惊的，乃是你们这样出乎意料地来援助那帮邪恶之徒。（239）你们是如此热忱地来到这里，协助这群最卑鄙无耻的人对付我们，即使首都要征召你们前来迎战野蛮的入侵者，恐怕你们也不会如此迅速吧？（240）如果我看到你们的队伍是由那些类似邀请你们的人组成的，我不会认为这种热情是不合理的；因为没有什么会比志趣相投的性格更让人紧密地团结在一起了。但是，你们看看邀请你们过来的那些人，如果你们一个个地检查你们的那些朋友，就会发现他们所有人都罪该万死。（241）他们是整个国家的垃圾和废物，当他们挥霍完自己的财富，又疯狂洗劫了周边的乡村与城镇后，这帮害群之马最后潜入了这座圣城。（242）他们是一群亵渎圣地的抢劫犯，现在他们在圣所里喝得烂醉如泥，并大肆挥霍从受害者那里得来的战利品，以满足他们那贪得无厌的胃口。（243）另一方面，你们率领了一帮人，个个身披金光闪闪的坚甲，一副已经得到首都公共议事会（public council）的召唤，要协助抗击外敌的样子。当一个人看到整个民族都过来保护这帮邪恶之徒时，除了将你们的这种保护行动称之为命运的怪胎之外，还能将它称作什么呢？
>
> （244）我一直深感好奇的是，究竟是什么样的动力让你们如此迅速地赶过来；你们全副武装地过来当然不是为了这帮强盗，

也当然不是为了对抗一个与你们存在亲缘关系的民族（a kindred people），你们这样行事，完全缺乏严肃的动机。（245）然而，"罗马人"（Romans）和"叛变"（treason）这两个词——你们到这里来吵嚷着捍卫首都的自由，也正是因为这两个词——不过是这群恶棍为了对付我们而精心编造的谎言。（246）确实，人天生就渴望自由，[1] 这也是与异族之敌开战的最好理由，除了编造我们背叛的谎言，他们已经找不到其他方法来激怒你们了。（247）但是，你们自己应该好好反省，究竟是什么人捏造了这种谎言，以及究竟是什么居心捏造了这种谎言，真相不是从编造的故事而是从双方的行动那里获得的。（248）我们有什么理由要将自己卖给罗马人呢？我们要么一开始就不要反叛，要么在反叛之后，在周围的国家尚未遭到摧毁之时，就立即恢复我们的忠诚。（249）然而，即使我们现在想要这样行事，与罗马人进行和谈也并不是一件容易的事情，罗马人已经征服了加利利，他们更加傲慢和跋扈了；罗马人现在已经打到了家门口，向他们献媚无异于自取其辱。（250）至于我自己，尽管我宁要和平而非死亡，然而一旦开战，我宁愿高贵地战死疆场，也不愿意被俘而苟且偷生。

（251）然而，他们却污蔑我们这些民众的头领和那些普通的民众在秘密地与罗马人暗通款曲。（252）假如我们真的这样行事，那么，就请他们把我们派遣过去商讨叛变事宜的人员名单列出来吧！他们有没有侦察到去执行这种任务的人，或在其返回时将他捉拿？抑或有任何这样的信件落到他们的手上吗？（253）我们怎么能够在如此众多且时时要打交道的同胞面前做到悄无声息呢？而那些被限制了自由的人（他们不能随意走出圣殿和进入市区），尽管他们人数较少，却对这些秘密行动了如指掌？（254）

---

〔1〕换言之，你们像其他人一样天生就渴望自由。

当他们必须为自己的罪行受到惩罚时，他们才第一次听说有通敌者吗？只要他们觉得自己是安全的，我们谁会有通敌的嫌疑呢？（255）另一方面，如果他们归罪于民众，那么，这件事很可能就要进行公开讨论，没有人会缺席这场大会；在这种情况下，传言会比你们的秘密线人带来更迅速而又更广泛的情报。（256）再者，在投票赞成这些投降协议后，难道不是接着就要派遣使节前去确认吗？谁会去担任这个使节职务呢？就请他们来告诉我们吧！（257）这不过是这些死硬派逃避接下来的惩罚的借口罢了。假如这座城市真的命中注定（fated）要落入敌手，厚颜无耻地犯下叛变罪行的恐怕就是这些指控我们的恶棍。

（258）现在你们以土买人全副武装地来到这里，要知道，你们的首要职责是捍卫首都的安全，以及帮助我们铲除那些废除我们的法庭、践踏我们的律法和只知道用利剑判定是非的僭主们。（259）他们抓住那些显赫人物，把他们拖拽到市场中间，羞辱地给他们戴上锁链，又拒绝听从任何申辩或者求情，就将他们处死了。（260）如果你们愿意的话，你们可以进入这座城市，当然不是去打仗，而是去见证一下我这番话的真伪：房屋被他们洗劫一空，身穿黑衣的可怜寡妇和孤儿正在为惨遭杀害的亲人恸哭，整座城市都可以听到他们的哀悼声；城中没有任何人不受到这帮亵渎神明的恶棍的侵扰。（261）他们是如此疯狂，以至于不仅把他们的抢劫行为从乡村和偏远城镇蔓延到了全民族的面前和首府之中，而且从城内蔓延到了圣殿之中。（262）圣殿现在不仅成了他们的根据地和避难所，而且成了他们对付我们的武器库；这个被全世界尊敬的地方，以及被各地的外邦人（只要听说过其威名）敬仰的地方，现在却被这帮生养于这里的邪恶之徒践踏在脚下。（263）他们不顾死活地在民众与民众和城市与城市之间邪恶地挑起争端，还招募你们前来，这不是从自己内部相互残杀吗？（264）

因此，[1]正如我之前所说，对你们而言，最荣耀和最适宜的事情就是帮助我们铲除这帮恶棍，并严厉地惩治这群对你们使奸耍滑之徒；他们厚颜无耻地邀请你们前来支援，这本身就说明他们害怕复仇者的报复。

（265）但是，如果你们仍然尊重这些人向你们所提出的求助，那么，你们可以放下武器，假托亲属的名义进城，并以中立的裁判者的角色来评判这些是是非非。（266）请再想一想，他们这种无可否认而又骇人听闻的罪行若被你们审判会有什么好处，而他们也不会有清白之人可以为他们辩护；然而，就让他们从你们的到来中获得这种好处吧。（267）但是，如果你们既不想分担我们的义愤，也不想充当我们之间的仲裁人，那么，还剩下第三条道路供你们选择，就是让这两派人员自己去处理他们之间的问题，既不要对我们遭受的灾祸进行侮慢，也不要倒向那些阴谋者来反对我们的圣城。（268）你们一直强烈怀疑我们与罗马人暗通款曲，那么，就请你们派人监视进城的各个路口；假如你们真的发现这些中伤我们的污蔑之辞是确凿无疑的，那么，你们可以进城来保卫这座首都并惩治犯下此种罪行的人。你们驻扎的地方距离这座城市是如此之近，敌人完全无法突袭你们。（269）然而，假如你们觉得这些提议全都不可接受或者全都不公平，那么，只要你们仍然手握武器，就不要怪我们将城门关闭了。

[4]（270）以上就是约书亚所做的演讲。但是，以土买人的军队并没有听从他的这番讲话，相反，他们全都怒气冲天，因为他们没有得到立即进城的许可。他们的将军们也对放下武器的建议深感不

---

〔1〕这里的"因此"（Wherefore）也可能写作"相反"（On the contrary）或者"而不是帮助这样一个事业"（Instead of aiding such a cause）（特雷尔）。

满，在他们看来，这无异于听从他人的命令而把自己置于俘虏的地位。（271）于是，卡萨斯之子西蒙（Simon son of Caathas）——他们之中的一位指挥官——好不容易平息了己方人员的喧哗，接着，他站到了这位高级祭司能够听到自己声音的地方，这样回答道：

> （272）我现在没有兴趣知道，被围在圣殿里的那些人到底是不是自由的捍卫者，我现在只知道，你们关闭了我们所有人所共有的这座城市的大门；（273）当罗马人准备进城时，你们可能还会将花冠装饰在这至高无上的城门上进行迎接；但是，当我们以土买人前来时，你们却在自己的塔楼上对我们进行讲话，并命令我们放下防身和捍卫自由的武器。（274）你们不相信前来保护圣城的你们的同族亲人，却妄称让我们做你们的仲裁人，并指责别人没有经过正当的法律审判就处死了他人，而这些人自己却是整个民族的耻辱。（275）不管怎样，原先大门敞开，以让所有的外邦人来朝拜的城市，现在却被你们设置了重重障碍，不让同胞进城。（276）这到底是为什么呢？我们如此急匆匆地杀到这里，与我们的同胞开战，其原因正是为了捍卫你们的自由！（277）你们对被围之人的不满是确定无疑的，而且在我看来，你们列举和影射他们的那些似是而非的借口，也可以如法炮制来针对我们。（278）被你们包围在圣殿里的那些人，都是关心公众福祉之人。而被你们关在城外的这些人，都是你们最亲近的同族人，你们却给他们下达了这样侮辱性的命令；你们抱怨暴君横行，并给自己贴上了专制暴政下的受害者的标签。（279）谁能忍受这种看起来与事实完全相反的荒诞语言？除非是以土买人现在把你们排斥在首都之外，而不是你们把他们排斥在这个民族的神圣仪式之外。（280）有人可能会公正地抱怨说，被围困在圣殿里的那些人，当他们鼓起勇气惩治那些叛徒时——与他们相反，你们却将这些叛

徒看作最杰出和最可靠之人——他们不过是比你们先行一步，以期预先铲除那些最具威胁的叛国者而已。（281）然而，如果他们表现得过于仁慈的话，那么我们以土买人自己会来保护上帝之家（God's house），为我们共同的国家战斗到底，并无情地攻击任何来自国外的入侵者和来自国内的叛变分子。（282）我们将全副武装地继续留在这些城墙前，直到罗马人对你们厌倦不堪，或者，直到你们自己真正地变成自由之友。

[5]（283）卡萨斯之子西蒙的这番回答赢得了以土买人的大声喝彩。约书亚发现，他们拒绝所有温和的建议，这座城市现在已经处于两派人马的夹击之中，因而他沮丧地退了回来。（284）以土买人的军心也确实骚动不安：由于被拒斥在城市之外，他们对这种羞辱深感愤怒，而他们原以为那些奋锐党人实力强大，现在却丝毫看不到奋锐党人的援助，以至于感到十分困惑，许多人甚至后悔来到这里。（285）然而，就这样一无所获地撤军，他们又觉得耻辱，于是他们克服了懊悔，连夜在靠近城墙的地方宿营，尽管当时的宿营状况非常糟糕。（286）可怕的暴风雨肆虐了整个晚上：强风呼啸、大雨倾盆、闪电不止，同时伴随着可怕的雷鸣声和奇特的地震轰隆声。（287）大自然的这番狂乱明显预示了人类的毁灭，人人都在猜测，这些异象的背后肯定隐藏着某种即将到来的巨大灾难。

[6]（288）对于这些异象，以土买人和城里的民众看法一致：前者认为，他们对耶路撒冷的远征和用兵触怒了上帝，他们终将难逃报应；而阿南努斯及其同伴则认为，他们将不战而胜，而且上帝已经给他们指引了胜利之路。（289）然而，事实证明，他们对未来的预测全都是错误的，他们为敌人预测的命运恰恰降临到了他们自己身上。（290）以土买人挤在一起相互取暖，他们用圆盾制成遮蓬，以减轻倾盆大雨的袭打；（291）与此同时，奋锐党人更关心他们盟友的处境，

而不是自己的安危，他们聚在一起商量，是否有办法减轻以土买人的困境。（292）他们当中那些更为激烈之人主张用利剑强行杀出一条血路，接着再冲到城市中心，并为他们的盟友打开城门。（293）他们认为，守军会因为这样一场突袭而乱作一团，从而溃败下来，尤其是在他们[1]大多数人既没有武器，也没有实战经验的情况之下；（294）此外，民众们也不容易武装聚集起来，暴风雨把他们都限制在自己家里；即使此番行动会遭遇重重危险，他们也应承受，而不是让一大群人因为他们的原因悲惨地死于非命。（295）然而，他们当中那些更为谨慎之人则反对这种暴力计划，他们看到，不仅周围充满强大的敌军，而且由于以土买人的原因，城墙本身也受到了严密监控；（296）此外，他们认为阿南努斯随时随地会巡视其军队的防守情况。（297）阿南努斯确实每天都会这样做，但偏偏就在那一天，他由于疏忽而没去巡视；这不能怪阿南努斯懈怠，只能说不可抗拒的命运注定了他和他的大批士兵都将灭亡。（298）那天夜色已深，但可怕的风暴却丝毫没有停歇，部署在柱廊的士兵没能够抵挡住沉沉睡意的袭来；奋锐党人想到了圣殿里的锯子，他们用锯子锯断了大门的门闩。（299）呼啸的狂风和轰鸣不断的雷声帮了他们的忙，盖住了锯子的声音，以至于守军们都没有听到响动。[2]

[7]（300）在偷偷溜出圣殿后，他们[3]来到了城墙边，再一次使用锯子为以土买人打开了城门。（301）一开始，惊醒过来的以土买人还以为是阿南努斯的军队正在偷袭自己，因此都惊惧不已；所有人都紧握手上的利剑以备应敌，却很快就认出了这些到访者，于是与他们

---

〔1〕［中译按］这里的"他们"指的是民众。
〔2〕让人想起修昔底德对逃离普拉提亚（Plataea）的叙述：ψόφῳ δὲ...ἀντιπαταγ-οῦντος τοῦ ἀνέμου οὐ κατακουσάντων［而嘈杂声……由于风声呼啸，听不到］（第三卷第22章）。
〔3〕正如下文所表明的，这里的"他们"即"一小部分奋锐党人"。

一起进了城。（302）以土买人从各个方向对这座城市展开进攻，他们是如此怨怒，以至于没有任何东西能够将这里的居民从这场大毁灭中拯救出来；不过，以土买人所做的第一件事是赶紧释放那些遭到关押的奋锐党人，因为放他们进城的奋锐党人恳求他们这样做。（303）这些人催促道："不要不管那些身处险境之人，不要让我们暴露在更加严峻的危险当中。一旦制服了那些警卫，你们就可以轻易地控制这座城市，而一旦这座城市警醒过来，你们就很难制服那些警卫了。（304）因为一旦有所意识，市民们就会加入战斗，阻止任何人登上圣殿。"

第五章

[1]（305）以土买人遵从了这些人的建议，他们穿过城市登上了圣殿。奋锐党人也正急切地等待他们的到来，当以土买人一进入圣殿，他们便大着胆子从内殿出来，加入以土买人的队伍之中，一起进攻警卫。（306）他们杀死了那些沉睡的外围哨兵，不过，一些清醒过来的哨兵的呼叫声唤醒了全部守军，他们惊慌失措地拿起自己的武器，向防线挺进。（307）他们一开始以为攻击者只有奋锐党人，如果是这样的话，他们仍有信心凭借人数优势战胜敌人；然而，他们看到了从外面鱼贯而入的以土买人。（308）于是，他们当中的大部分人把手中的武器连同信心一起丢弃了，开始哀叹起自己的命运。一些年轻的士兵用自己的身体围起一堵人墙，勇敢地迎击以土买人，并在一段时间内保护了虚弱的人群。（309）后者的呼叫声向他们在城里的朋友表明了他们身处的险境，但当人们意识到以土买人已经闯入，没有一个人胆敢救援；他们只有徒劳地呼喊和哀号，妇女们也大声地哭号起来，因为她们每一个人都有亲属在那些危在旦夕的守军之中。（310）奋锐党人也加入了以土买人的战斗行列，而可怕的风暴让各个方向回响的哀

号声显得更加恐怖。[1]以土买人没有宽恕一个人，这一方面是因为他们生性野蛮、残暴，而且刚刚惨遭暴风雨的肆虐，另一方面是因为对那些将他们拒于城外的人心存巨大的怨恨；（311）他们对哀求者和参战者一视同仁，格杀勿论，许多人过来提醒以土买人在他们之间存在的亲缘关系，并恳求以土买人尊重他们共同的圣殿，却被以土买人的利剑刺杀。（312）守军无处可躲，也没有任何逃生的希望；许多人被成堆地砍倒在地，大部分人则被武力驱赶到一处乃至无路可退，残酷的杀戮就这样降临到了他们的头上；他们绝望地纵身跳入城市，不过在我看来，这种命运比他们要逃避的命运更加悲惨。（313）圣殿的整个外殿全都淹没在血泊之中，到破晓时分，那里总共躺着八千五百具尸体。[2]

[2]（314）但是，这样残酷的屠杀之后，以土买人仍然余怒未消，他们现在转而对准了这座城市，抢劫了所有的房屋，屠杀了所有遇到的人员。（315）当他们觉得把时间精力浪费在普通民众身上并不值得时，他们就开始全力地搜寻起大祭司（the chief priests）[3]来；（316）以土买人对这些大祭司普遍非常不满，他们迫切地搜寻后者，很快就将这些大祭司抓获并处死了；接着，他们踩在这些尸体上，大肆地嘲笑阿南努斯对民众的庇护和约书亚在城墙上对他们所做的那番演讲。[4]（317）事实上，他们的不虔敬不止于此，他们还将这些尸体抛弃，没有安葬——尽管犹太人极其重视丧葬仪式，甚至连那些被钉死在十字架

---

〔1〕参见第三卷第247节及以下（约塔帕塔：从山那边传来的回声加剧了恐怖的战争气氛）和第六卷第272节及以下（耶路撒冷：类似的情况）。

〔2〕一开始执行防守职责的士兵人数不会超过六千人（第206节）；这个数字明显是后来增加的。我们知道，那个晚上他们"全体动员"（in full strength）了起来或者"超常动员"（above strength）了起来（πληθύουσαν［充满］，第295节）。

〔3〕［中译按］the chief priests 亦写作 the high priests。

〔4〕参见第238节及以下。

上的罪犯，也要将他们取下来，在日落之前安葬。[1]（318）我这样说应该不会有错，那就是，阿南努斯之死开启了耶路撒冷城的毁灭之路；城墙的坍塌和犹太国家的沦陷，都可以追溯到犹太人目睹他们的大祭司和拯救者在市中心惨遭屠杀的这一天。（319）在所有方面都高度受人尊敬和爱戴的阿南努斯[2]不仅出身高贵，而且正直坦荡、品行高洁，甚至连出身最卑微的人也一样爱戴他。（320）他是自由的极端拥护者和民主的积极践行者，在任何时候，他都将公共利益置于自己的私人利益之上。维护和平是他的最高目的。他非常清晰地认识到，罗马人的强权是不可抗拒的，同时又预见到，当战争不可避免地来临之时，除非犹太人巧妙应对和周旋，否则必将万劫不复。（321）总之，假如阿南努斯幸存下来，毫无疑问，他们会达成和解——因为他是一位能言善辩的演说家，其话语对民众的影响巨大，他甚至也掌控了那些阻挠他的人——或者，即便双方继续敌对下去，有阿南努斯这样一位将军的领导，无疑也将大大推迟罗马人的胜利。（322）约书亚也会从旁辅助他，尽管其地位不能与阿南努斯相提并论，但比其他人都要高。（323）而在我看来，由于耶路撒冷的不洁，正是上帝要毁灭这座城市，并决意用火来洁净这座圣所，他就这样阻隔了那些深深依恋着它们的人。（324）不久前仍身着神圣法衣，主持着具有世界意义的（world-wide）[3]

---

〔1〕参见《申命记》第二十一章第 22—23 节和《约翰福音》第十九章第 31 节。

〔2〕阿南努斯在这里几乎是与伯里克利对应的人物（the counterpart of Pericles）；修昔底德在其第二卷第六十五章对伯里克利的称颂无疑萦绕在约瑟夫斯的脑海里。

〔3〕字面含义是"宇宙的"（cosmical），要么意味着"对整个世界开放"（open to the whole world），或者可能意味着"宇宙体系的象征"（emblematic of the mundane system）（特雷尔）；参见《犹太古史》第三卷第 123 节和第 180 节及以下（圣幕是宇宙的象征），以及威斯特科特（Westcott）对《希伯来书》第九章第 1 节的注释（τὸ ἅγιον κοσμικόν［属世界的圣幕］）。

仪式，并受到从世界各地抵达这座城市的来访者之敬重的这些人，现在却遭到赤裸裸的抛弃，被野狗和野兽吞噬。（325）我认为，美德本身都在为他们的命运呻吟，也为他们遭遇这样的毒手而叹息。以上这些就是阿南努斯和约书亚的最终命运。

[3]（326）对上述这些人屠杀殆尽后，大批奋锐党人和以土买人转而进攻和屠杀起民众，好像后者是一群不洁的牲畜一样。（327）普通民众一经抓获就被立即杀掉，而年轻贵族[1]被抓之后，则被关进监狱，延缓处决，奋锐党人和以土买人希望这样能使他们转而投靠自己。（328）但是，没有一个年轻贵族顺从劝降，他们宁愿牺牲生命，也不愿意站到罪犯的一边反对自己的国家。（329）尽管他们都为这种拒绝付出了极大的代价：他们全都受到了严酷的鞭打和折磨，以至于身体实在承受不住，而宁愿被杀。（330）那些白天被抓的人，到了晚上就被杀了，他们的尸体被抛弃，以便为新的犯人腾出空间。（331）民众陷入巨大的恐慌之中，以至于没有一个人胆敢为死去的亲人进行公开哀悼和下葬；因此，他们只好关上自家的房门，偷偷地流泪，小心翼翼地哀叹，以防敌人听到这些声音。（332）因为哀悼者立即就会遭遇与被哀悼之人同样的命运。只有等到晚上，他们才敢用自己的双手捧起一抔尘土，撒到那些尸体上；不过，也有一些胆大之人在白天就这样行事。（333）一万两千名年轻贵族就这样殒命了。

[4]（334）奋锐党人和以土买人现在已经厌倦了这种滥杀无辜，因而设立了虚假的特别法庭和司法制度。（335）他们决意处死巴里斯

---

[1] τοὺς εὐγενεῖς καὶ νέους［贵族青年］与下面（第333节）的 τῶν εὐγενῶν νέων（年轻贵族的）相似。

之子撒迦利亚（Zacharias son of Baris），[1]此人是最杰出的一位公民。撒迦利亚大肆地宣扬自己对罪恶的憎恶以及对自由的热爱，因而极大地激怒了他们；此外，撒迦利亚非常富裕，假如处死了他，就可以既达到洗劫其财产的目的，又清除掉一个危险而又强大的敌人。（336）因此，七十名重要的市民被强行召集到圣殿前，并被指派出任法官的角色，但实际上，他们就像戏中的法官那样并没有真正的权力；接着，他们指控撒迦利亚向罗马人出卖了自己的祖国，又给韦斯巴西安秘密传递了消息。（337）他们没有对这些指控举证出任何证据，却断定他

---

〔1〕这一事件引起了《新约》学者的兴趣，因为威尔豪森（Wellhausen）在《前三部福音书导论》（*Einleitung in die drei ersten Evangelien*, ed. 2, 1911）的第 118 页及以下重新复活了一个古老的提议，认为巴里斯之子撒迦利亚（Baris［巴里斯］或者写作 Bariscaeus［巴里斯卡乌斯］，而其写作 Baruch［巴录书］的概率几乎可以忽略不计）与巴拉加之子撒迦利亚（Zachariah son of Barachiah）乃是同一个人。在《马太福音》第二十三章第 35 节，基督提到后者死于圣殿之中——从亚伯开始的一系列犹太人迫害的最后一起。这个理论在许多方面仍是站不住脚的，因为它依据的只是名字上的微小相似。第一福音书的作者（The author of the first Gospel）提到了耶何耶大的儿子撒迦利亚（Z. ben Jehoiada）的被杀（《历代志下》第二十四章第 19 节及以下），像一些犹太拉比那样，他将耶何耶大的儿子撒迦利亚与恢复时期的那位先知（the prophet of the Restoration）比利家的儿子撒迦利亚（Z. ben Berechiah）（《撒迦利亚书》第一章第 1 节）混淆了。

［中译按］叫世上所流义人的血，都归到你们身上，从义人亚伯的血起，直到你们在殿和坛中间所杀的巴拉加的儿子撒迦利亚的血为止。（《马太福音》23：35）

但神仍遣先知到他们那里，引导他们归向耶和华。这先知警戒他们，他们却不肯听。那时，神的灵感动祭司耶何耶大的儿子撒迦利亚，他就站在上面对民说："神如此说：你们为何干犯耶和华的诫命，以致不得亨通呢。因为你们离弃耶和华，所以他也离弃你们。"众民同心谋害撒迦利亚，就照王的吩咐，在耶和华殿的院内，用石头打死他。（《历代志下》24：19-21）

大流士王第二年八月，耶和华的话临到易多的孙子、比利家的儿子先知撒迦利亚，说。（《撒迦利亚书》1：1）

犯有这样的罪行，并声称有充分的事实依据。（338）撒迦利亚清醒地意识到，自己根本没有任何逃脱的希望和机会，因为他不是在正义的法庭里接受审判，而是被非法地押解到这里的牢笼之中。但是，他不允许生的绝望剥夺他的表达自由，因此他站了起来，大肆地嘲笑他们虚伪的指控，并用寥寥数语就粉碎了这些对他的指控。（339）接着，他把矛头指向了自己的指控者，并一一历数了他们所犯下的严重罪恶，沉痛哀叹了他们对公众生活所造成的巨大混乱。（340）奋锐党人这时陷入了骚动，他们几乎忍不住要拔出自己的利剑来，尽管他们希望维持表面上的体面和结束这场审判闹剧，同时他们也希望检验一下，这些法官是否真的会将正义置于他们的个人安危之上。（341）然而，这七十名法官一致裁定被告无罪，他们宁愿与他一起赴死，也不愿意让自己背上使被告枉死的责任。（342）对于他的无罪裁判，奋锐党人表示强烈抗议，他们所有人无一不对这些法官怒气冲天，这些法官不明白，他们之所以被授权审判，只不过是为了遮人眼目而已。（343）紧接着，其中两个最胆大妄为的人攻击了撒迦利亚，将他杀死在圣殿中央（the midst of the Temple），并对倒在地上的尸体大声地嘲笑说："现在你也拥有了我们的判决，而且拥有了一个更加确定的无罪判决。"[1]他们随即将他拖出圣殿，扔进圣殿下面的山谷。（344）接着，他们用手中的剑背傲慢地袭击这些法官，将其赶出了圣殿；他们之所以饶恕这些法官，原因仅仅在于后者广泛分布在民众中间，因此可以有效地给民众传达这样一个信息：继续苟活是民众最好的选择。

　　[5]（345）以土买人对这些行为深感不快，他们现在开始后悔来到耶路撒冷。（346）在这样的心境下，他们被一位奋锐党人召集了起来，这位奋锐党人是秘密来到他们身边的，向他们展示了那些召唤他

---

〔1〕ἀπόλυσις 这个希腊语单词既有"无罪判决／宣告无罪"（acquittal）之意，也有"殒命身亡"（decease）之意。

们前来的奋锐党人所犯下的巨大罪行及其对首都所造成的巨大伤害。（347）他提醒以土买人，他们之所以从军，是因为他们相信祭司长们正在把这座大都市出卖给罗马人；但他们没有发现任何叛国的证据，而他们自己才是这场战争的始作俑者和专制暴君。（348）他说道，以土买人一开始就应该核实这些事情；虽然他们一度是奋锐党人的伙伴，也一起加入了内战，但是，他们现在至少应该限制后者的罪孽，也不应再继续支持那帮颠覆祖先律法的人了。（349）即便还有人对关闭城门、拒绝让他们携带武器进城的行为余怒未消，但那些排斥他们的人全都已经受到了严厉的惩罚：阿南努斯被杀，而民众也几乎在一夜之间被摧毁殆尽。（350）他注意到，这样的行径已经让许多人产生了后悔之意，但他看到，邀请他们前来的那些人却没有任何宽恕的迹象，相反，他们只有无尽的野蛮和残暴。（351）在自己盟友的眼皮底下，他们胆敢犯下最邪恶的罪行，假如没有人阻止他们的恶行或者与之分道扬镳，那么他们的罪恶将归到以土买人身上（their iniquities would be ascribed to the Idumaeans）。[1]（352）既然叛变的指控被证明是子虚乌有之事，也没有看到任何入侵的罗马人，而且，被如此坚固的城墙保卫的城市也并不容易遭到攻占，那么他们的职责（他说）就是返回家乡，通过切断与这些恶棍之间的所有关联，弥补自己由于被骗而一起参与犯下的所有罪行。

第六章

[1]（353）以土买人遵从了这项建议，他们首先释放了关押在

---

〔1〕［中译按］在惠斯顿本中，英译者将其译作：他们的恶行将由以土买人负责（their wicked actions would be laid to the charge of the Idumeans）。

监狱里的那些市民，其人数大约为两千——这些人立即就逃到了西蒙（我们接下来马上会谈到他[1]）那里；接着，以土买人离开了耶路撒冷，回到了自己的家乡。（354）以土买人的离开使其他两派人马都产生了出乎意料的反应：那些心有不甘的民众立即恢复了信心，就好像自己解除了一支重要的敌军一样；（355）另一方面，奋锐党人变得越来越傲慢，并不觉得自己损失了一位盟友，相反，他们觉得持异议的批评者和妨碍自己无法无天的反对者终于离去了。（356）因此，他们现在对作恶不再迟疑或者瞻前顾后；他们以闪电般的速度制订计划，而他们将计划付诸实施的速度要更加迅速。（357）他们最嫉恨的是那些勇士和贵族，他们屠杀贵族是出于嫉妒，而屠杀勇士则是出于惧怕；在他们看来，不留下任何一个强人是对自身安全的最好保障。（358）正是出于这个原因，他们屠杀了出身高贵和备受尊敬的古里安（Gurion）[2]；古里安同时也是一位民主派（a democrat），而且浑身充满了（filled with）[3]任何一个犹太人所与生俱来的勇敢和对自由的热爱；加上他本人直言不讳的性格，让他更加锋芒毕露，而这也是为他招致毁灭的最主要原因。（359）甚至连佩拉亚的尼格尔[4]——他在同罗马人的战斗中表现极为英勇——也没有逃过他们的毒手：当这位老兵被拖到市中心时，他愤怒地进行了抗议，并露出自己的伤疤。（360）当

---

〔1〕参见第 503 节及以下。

〔2〕这位古里安可能与约瑟之子格里安（Gorion ben Joseph）是同一人，参见第 159 节。

〔3〕亦写作"充满"（Teeming）；参见柏拉图《理想国》，563D：μεστὰ ἐλευθερίας（充满了自由精神［ready to burst with liberty］）（乔维特［Jowett］）。

〔4〕尼格尔（Niger）在与塞斯提乌斯的战斗中表现突出，参见第二卷第 520 节；尼格尔一度是以土买总督（governor of Idumaea），参见第二卷第 566 节；此外，他领导了对阿斯卡隆的罗马驻军两次不成功的进攻，在这些战役中也都表现突出，在遭遇战败后，他竟然奇迹般地逃生，参见第三卷第 11—28 节。

被拖出大门时，对求生已不抱任何希望的尼格尔恳求他们安葬自己，他们却粗暴地宣称，不会满足他提出的一块坟地的请求。（361）就在他们正准备杀死他时，尼格尔诅咒他们终将遭受饥荒和瘟疫，也终将遭受罗马人的报复、恐怖的战争灾难以及更加糟糕的自相残杀。（362）所有对这些恶棍的诅咒都得到了上帝——包括最正义的命运——的允许，不久之后他们注定要在党派冲突中品尝到自己同伴的疯狂所带来的恶果。（363）尼格尔的被杀减轻了他们担心惨遭别人推翻的恐惧；然而，他们根本找不出任何想推翻他们的民众，这些不过是他们自己臆想出来的借口而已。（364）先前与他们存在冲突和过节的那些人全都被他们处死了，对那些在和平时期没有引起他们不快的人，他们也乘机编造了控告的借口：假如有人回避他们，他们就怀疑对方桀骜不驯；假如有人大着胆子接近他们，他们就怀疑对方蔑视他们；（365）假如有人过来讨好他们，他们又怀疑对方在搞阴谋活动。[1] 不管是最严重的指控，还是最轻微的指控，他们的处罚方式都是死刑；没有人能够逃脱他们的毒手，除非他是一位出身卑微而又微不足道之人，或者他的运气着实爆棚。

[2]（366）罗马的将军们（The Roman generals）把敌人的内部冲突视作天赐良机，全都想乘机进军首都耶路撒冷，他们催促总司令韦斯巴西安抓住这个千载难逢的机会。他们说道："神意（divine providence）已经站到了我们这边，并让敌人自相残杀起来；（367）然而，时机转瞬即逝，犹太人很快就会一致对外，因为他们迟早会厌倦这种内部冲突或者从中清醒过来。"（368）对此，韦斯巴西安回答道，他们严重误解了什么是最佳之策，这不是戏剧表演，一旦真正行动起来，肯定就会有危险，他不可能不计算利害关系和安全性就贸然行事。

---

[1] 约瑟夫斯对国内冲突（στάσεις［内讧］）的这段记录让人想起修昔底德的相关描述，参见修昔底德第三卷第八十二章。

（369）假如他现在立即进攻耶路撒冷城，敌对的双方就会立即搁置争议而团结起来，全力地对付他；而等到双方自相残杀和自我消耗得差不多时，他要面对的敌人就会少很多。（370）相比他自己而言，上帝（God）无疑是一位更加优秀的将军，现在不用他们自己费力，上帝就正在将犹太人交到罗马人的手上，也正在将胜利毫无风险地授予罗马将领。（371）因此，最好的方法就是，让敌人去自相残杀和陷入自我毁灭的内战，而他们自己则最好远远观望，坐山观虎斗，不与那帮亡命之徒和疯子缠斗。他继续说道：

（372）但是，如果有人觉得这种不经过战斗就取得的胜利和荣誉缺乏味道的话，那么，就应该让他懂得，这种平静的取胜之道比冒着巨大危险的获胜之道更为可取；（373）通过克制和睿智而获胜的那些人，并不比通过实际的战斗而获胜的那些人更缺少光彩。而且，当敌人的数量减少时，我们自己的军队则从之前的连续作战中恢复了力量，以投入军务之中。（374）最为重要的是，现在不是争取这种辉煌胜利的最好时机；（375）如果犹太人现在正在厉兵秣马，忙于制造铠甲、加强防御与召集援军的话，那么推迟进攻无疑有百害而无一利；但是，犹太人现在正陷于内战和内斗，他们造成的自我损失比我们去进攻他们所造成的损失还要更加严重。（376）因此，不管是为了我们的安全着想还是为了我们赢得胜利的荣誉考虑，我们都不应该干涉他们的内战，而是应该让他们继续自相残杀下去；此外，即使我们现在征服了他们，可能有人也会说，我们对他们的征服不是因为我们的英勇，而是因为他们的内乱。

[3]（377）对于韦斯巴西安的这番讲话，罗马军官们都表示赞同，并且不久就亲眼见证了这位统帅的英明判断：每天都有大量的犹太人

从奋锐党人那里逃亡。（378）不过，他们的逃亡也并不容易，所有的入口都有卫兵把守，任何经过那里的人一旦被抓，不管出于什么事由，都会遭到处死，因为他们都被认为是要投靠罗马人。（379）不过，如果他们支付金钱的话，就会被放行，只有那些没有支付金钱的人，才会被视为叛徒。最后的结果就是，富人用金钱换得自己的逃亡，而穷人只有惨遭屠戮的命运。（380）路边到处都是一堆堆的死尸；许多一心渴望逃亡的人[1]甚至改变了想法，选择死在城内，因为对他们而言，死后可以埋葬在自己的城市显得更易于接受。（381）然而，不管是在城内被杀的，还是在路上被杀的，奋锐党人竟然全都残忍地不允许下葬；（382）他们好像已经发誓要废除自然的法则（the laws of nature）和他们国家的律法（the laws of their country），其邪恶行径无疑玷污了人类，也玷污了上帝（Heaven）[2]，他们任凭尸体在太阳底下腐烂。（383）埋葬亲属和遗弃亲属都会被处以死刑，而给予他人这种［下葬］恩惠的人，自己也会立即需要这种恩惠。（384）总之，在那些不幸的日子中，最高贵的感情莫过于怜悯：本应激起怜悯之情的事，反而只会激怒这些歹徒，以至于他们将怒火从生者转到死者身上，又从死者转到生者身上。（385）恐怖无处不在，以至于那些幸存者认为，更早的遇难者是幸运的，而在监狱里大受折磨的人甚至认为，那些未被安葬之人相比他们而言是幸福的。（386）所有的人间法令无不被踩在了脚下，所有的宗教戒律无不被这群恶棍大加讥讽，他们嘲笑先知的神谕不过是骗子的谎话。（387）虽然先知们的预言包含了大量关于［奖励］德行与［惩治］邪恶的内容，但是，通过违反这些预言，奋锐党

---

〔1〕"许多一心渴望逃亡的人"（many who had been eager to desert）或者写作"许多正在开始逃亡的人"（many starting to desert）。

〔2〕字面含义是"神明"（the deity）；参见第二卷第 148 节关于艾塞尼人用衣服把自己严严实实地包裹好"以免冒犯神明之光"，神明之光（the rays of the deity）亦即太阳之光（the rays of the sun）。

人使他们的国家到处充满了与之针锋相对的预言。（388）有一则古老的启示是说：当叛乱分子光顾圣殿，当当地人以自己的双手亵渎上帝的圣殿，[1] 耶路撒冷城必会因战争而被攻陷，圣殿也必会因战争而被烧毁。奋锐党人并不相信这个古老的神谕；但他们使自己沦为实现这个古老神谕的工具。

第七章

［1］（389）一心渴望攫取专权的约翰，现在开始对与自己地位相当的同侪颐指气使起来，当一群更加败坏的恶棍逐渐围绕在他的周围，他打破了派系之间的平衡。（390）他总是不顾其他人的意见，并总是下达一些傲慢的命令，他明显是在主张绝对权力。（391）一些人出于恐惧而听命于他，另一些人出于爱戴（他非常擅长通过欺骗和诡辩而赢得支持）而听从于他；大部分人则认为，假如他们过去的罪恶从现在起可以归到一个人的头上而不是许多人的头上，那么这有助于他们自身的安全。（392）旺盛充沛的精力和脑力让约翰获得了不少侍从。（393）另一方面，大批的反对者部分是出于嫉妒（他们拒绝服从之前与他们同一地位之人），但主要是出于对君主制统治的恐惧（dread of monarchical rule）而离开了他；（394）因为一旦他攫取了最高权

---

〔1〕 我不能引用"古代"（ancient）权威的说法。下面的"事后诸葛亮 / 马后炮 / 事情发生后再做的预言"（vaticinium post eventum）这个拉丁语词组出现在一部写于公元 80 年的著作中：ἡνίκα δ' ἀφροσύνῃσι πεποιθότες εὐσεβίην τε | ῥίψουσιν στυγερούς τε τελοῦσι φόνους περὶ νηόν, | καὶ τότ'...［在用愚昧战胜了虔诚的那一刻 | 他们将在圣殿周围投掷和实施可憎的杀戮，| 那时……］［以下提到尼禄的逃亡和罗马内战］ἐκ Συρίης δ' ἥξει Ῥώμης πρόμος ὃς πυρὶ νηὸν | συμφλέξας Σολύμων κτλ［一个罗马的将军将从叙利亚而来，他用火烧毁了 | 索吕摩人的圣殿，等等］，参见《西比拉神谕》（Orac. Sibyll.）第四章第 117 节及以下。

力，就不能指望再轻易罢黜他了；而且他们认为，假如一开始就反对他，那么他们就有名正言顺的借口了。[1] 不管怎样，每个人宁愿战争（不管需要付出多大的代价），也不甘愿被奴役或者像奴隶一样被杀。（395）派系就这样分裂了，而约翰在攫取最高权力的路上不得不面对敌对的那方人马。（396）然而，他们之间的斗争纯粹是防御性的，除了小规模的冲突之外，几乎没有发生任何剧烈的武装冲突；但他们是压迫民众的竞争对手，相互争夺更多的战利品。（397）当这艘国家之船（the ship of state）苦苦地陷入三场巨大的灾难——战争、暴政和派系冲突——而不能自拔时，战争对民众所造成的伤害相对是最轻的；事实上，他们纷纷从同胞的治下逃到外邦人那里避难，从罗马人那里获得了很难从自己同胞那里获得的安全保障。

　　[2]（398）然而，第四场灾难促使这个民族最终走向了毁灭。（399）距离耶路撒冷不远的地方有一座异常坚固的堡垒，这座堡垒是由我们古代的国王们建造的，用作他们自己的财产储藏地和在战争恶化时的避难所；这座堡垒名叫马萨达。[2]（400）那些所谓的匕首党先前就占领了这座堡垒，到目前为止，他们只是在附近地区进行劫掠，其目的只是为了获取一些给养，因为恐惧使他们不敢进一步地蹂躏；（401）然而，当他们了解到罗马军队正按兵不动，而犹太人又被叛乱运动和内部的暴虐统治所困，他们的野心就变得越来越大。（402）因

---

〔1〕其含义存在可疑之处。τὴν ἀρχὴν［就权力而言］（这当然是副词性的［宾格］，而不像惠斯顿所翻译的那样［as in Whiston's rendering］是一个名词，"他们反对他拥有权力"［that they had opposed *his having power*]）通常是否定的；也许我们应该将其解读作 τὸ<μὴ> τὴν ἀρχὴν ἀντιπρᾶξαι，亦即 "如果他们一开始不反对他，他就会有借口对付他们"（that he would have a pretext against them if they did not oppose him at the outset）。

〔2〕马萨达（*Masada*）即现在的塞比赫（*Sebbeh*），它位于死海西岸，靠近死海的下端。第二卷第 408 节提到了叛乱分子对它的占领；第七卷第 280 节及以下详细记述了这座城堡和罗马人对它的最后占领。

而，在无酵节期间——一直以来，这个节日都被犹太人用来庆祝从埃及的奴役之中获救并回到自己的故土[1]——他们在夜色的掩护下行动，以避开可能阻碍他们的那些人，袭击了一座名叫恩迦迪[2]的小镇。（403）那些具有抵抗能力的居民在尚未来得及拿起武器组织起来之前，就被赶散并驱逐出城了；而无法逃跑的那些人——都是妇女和小孩，总计达七百人，则全部被屠杀。（404）接着，他们抢占了成熟的庄稼，又洗劫了所有的人家，把所有这些战利品运到了马萨达。（405）他们对这座城堡周围的所有乡村进行了类似的劫掠，并且每天从各地征募大批行为放荡之人，而后者对整个地区造成了严重的破坏。（406）一直以来，犹地亚的其他地区都风平浪静，而现在这帮强盗把它搅得天翻地覆。正如一个人的身体，假如被炎症袭击了重要部位，那么所有肢体全都会被感染，[3]（407）首都的叛乱和无序同样给这帮来自乡村的恶棍提供了自由抢劫的机会；每个团伙在抢劫完自己的村庄后，都向旷野进发。（408）他们以连队（companies）为单位——比军队规模小，但比单纯的强盗团伙大——继续进攻神庙（temples）[4]和城市。（409）那些不幸的人们不仅遭受到这样的暴力袭击和战争摧残，而且被剥夺了报仇雪恨的机会，因为敌人在撤退之时把所有东西全都洗劫一空。事实上，犹地亚无一处地方没有遭受首都那样的毁灭。

---

〔1〕因此，大部分人那时都不在耶路撒冷。

〔2〕恩迦迪（Engaddi）亦写作恩戈迪（Engedi），即现在的阿因–基迪（*Ain Jidy*），它位于死海西岸，在马萨达以北大约 10 英里处。

〔3〕参见《哥林多前书》（1 Cor.）第十二章第 26 节："若一个肢体受苦，所有的肢体就一同受苦"（εἴτε πάσχει ἐν μέλος, συνπάσχει πάντα τὰ μέλη）；同时参见《犹太战争》第一卷第 507 节所做的比喻。

〔4〕这里明显指的是"犹太会堂"（synagogues）或者"祈祷房"（prayer-houses）；它们通常建造在城镇外的河岸边或者海岸边，以作洁净的目的。犹地亚只在耶路撒冷有一座"神庙"（temple）。

[3]（410）逃亡者将这些事情全都告诉了韦斯巴西安。尽管叛乱分子把持了所有路口，屠杀了不管任何原因而靠近路口之人，[1]仍然有一些人偷偷地离开，逃到了罗马人那里，催促这位罗马统帅前去保护他们的城市，拯救余下的居民。（411）他们告诉他，由于他们对罗马人保持忠诚，以至于许多人惨遭杀害，而其他人的处境也岌岌可危。（412）对他们的不幸深表怜悯的韦斯巴西安拔营了，这表面上是为了围攻耶路撒冷，实际上是要把它从围困之中解救出来。（413）然而，他认为，第一要务是扫除外围尚未投降之地，以防止这些地方在背后干扰自己的行动。因此，他向佩拉亚的首府迦达拉[2]（这座城市较为坚固）进军，他进入这座城市的时间是迪斯特鲁斯月（the Month Dystrus）[3]的第四日。（414）因为在叛乱分子不知情的情况下，城里的主要人物就派遣了一个使团到他那里乞降——迦达拉有许多富人，他们渴望和平和保护自己的财产。（415）他们的对手完全不知道这个使团，只是在韦斯巴西安靠近这座城市时才有所察觉。然而，他们无力守住这座城市，因为他们的人数要远远少于城内的对手，而且罗马人已经逼近；因此他们决定逃亡，但他们又鄙视在既没有流血也没有报复投降派的情况下就进行撤退。（416）于是，他们抓获了多利苏斯（Dolesus），此人不仅位列这座城镇的头面人物和头号家族，而且被视为派遣使团的始作俑者；他们杀死了他，并愤怒地肢解了他的尸体，然后他们逃离了这座城市。

---

〔1〕参见第 378 节。

〔2〕所有的注释家（all commentators）都认为，这里的迦达拉（Gadara）是位于加利利海东南部的重要地方，也即现在的尤姆 – 凯斯（Umm Keis）或者姆克斯（Mukes），它是德卡波利斯的一座重要城市和希腊文化的重镇，是讽刺诗人米勒格尔（Meleager the epigrammatist）和伊壁鸠鲁派哲学家斐洛德穆（Philodemus the Epicurean）等作家的故乡。

〔3〕[中译按] 亦称作亚达月（the Month Adar）。

（417）罗马军队现在出现在他们面前，迦达拉人热烈地欢呼和迎接韦斯巴西安入城，得到了他的安全保证，韦斯巴西安在当地驻防了一支由骑兵和步兵组成的卫戍部队，以保卫迦达拉人免受逃亡者的侵扰；（418）为了证明自己无力发动战争，也为了证明自己爱好和平的诚意，迦达拉人主动摧毁了城墙，虽然罗马人并没有要求他们这样做。

[4]（419）韦斯巴西安派遣普拉西度斯[1]率领五百名骑兵和三千名步兵前去追击那些从迦达拉逃亡的犹太人，而他自己则率领余下的部队返回凯撒利亚。（420）逃亡者一看到背后有追击的骑兵，他们在尚未与罗马人接战之前，就逃入了一座名叫贝特恩纳比利斯（Bethennabris）[2]的村庄；（421）他们在这座村庄发现了大批的年轻人，于是把这些人武装起来（有些是自愿的，有些是被迫的），冲向普拉西度斯的军队。（422）罗马骑兵一开始后撤了一些距离，以诱使犹太人冲出城，当把后者吸引到一处合适的地点时，罗马人就用骑兵把他们团团包围，用标枪将他们一一射杀；（423）骑兵切断了他们的退路，而步兵则英勇地向他们展开进攻。（424）事实上，犹太人虽然表现非常英勇，但仍被摧毁了；他们被密集的罗马人死死围住，以至于根本无法躲避罗马人飞掷过来的武器，也无法突破罗马人的防线，一个个地只能坐等敌人的标枪刺穿自己的身体，或者像最凶猛的野兽一样冲向敌人的刀口。（425）他们许多人就这样殒命了，其中一些人被敌人的利剑砍中，而另一些人则在骑兵面前狼狈逃窜。

[5]（426）普拉西度斯急于切断犹太人逃回村庄的后路，因而赶

---

〔1〕参见第 57 节注释。

〔2〕毫无疑问，贝特恩纳比利斯就是贝特－尼姆拉赫（Beth-Nimrah），也即现在的特尔－尼姆林（*Tell Nimrin*），位于佩拉亚的迦达拉西南方向大约 12 英里处。

紧率领自己的骑兵从那个方向越过他们，（427）接着调转头，用标枪齐射任何靠近自己的敌人，后者深感恐惧，纷纷后撤；而那些最英勇的战士杀开一条血路，得以逃向村庄的围墙。（428）哨兵们疑虑重重：他们不能把迦达拉人关在外面，因为迦达拉人[1]是自己人；但是，假如他们不把迦达拉人排除在外，他们又担心与之同归于尽。（429）事实上，事情就这样发生了；在这些逃亡者拥向城墙时，罗马骑兵几乎要一起冲了进来，但守军成功地挡住了罗马人，并关上了城门。然而，普拉西度斯一直在进攻他们，并一直英勇地战斗，到了晚上，他最终成为这道城墙的主人和这座村庄的占领者。（430）大批的犹太人遭到了罗马人的屠杀，而那些体格更为健壮的犹太人则逃走了，罗马士兵们洗劫了这里的房屋，并放火烧毁了村庄。（431）逃出村庄的那些犹太人在乡村激起了巨大的波澜，他们极力地夸大自身所遭受的灾难，并对人们说，整个罗马军队正往这个地方气势汹汹地杀过来，使得大家陷入了巨大的恐慌，以至于纷纷向耶利哥逃亡；（432）耶利哥拥有高大而坚固的城墙，也拥有大批的居民，在人们看来，除了耶利哥之外，已经没有任何地方可以给他们提供庇护了。（433）倚仗骑兵优势和胜利余威，普拉西度斯大肆屠戮那些被自己追上的犹太人，一直追到约旦河；暴涨的河水阻断了前进的道路，他把自己的军队在被驱赶到河边的犹太人面前一字排开。（434）因此，除了向罗马人挑衅和开战，无路可逃的犹太人已别无选择。他们沿着河岸（the banks）[2]部署军队，却遭遇了罗马人的标枪和骑兵的攻击，后者对他们造成了重创，并把他们赶进湍急的河水里面。（435）在这场战役中，总共有

---

〔1〕这里的"迦达拉人"指的是"从这座村庄征募的新兵"（The recruits obtained from the village），参见第 421 节。

〔2〕这个词的复数形式在这里只指一条河岸（左岸），或者更确切地说，指的是河岸上的层层高起的梯地。

一万五千名犹太人死于敌人之手，被逼跳入约旦河的犹太人更是不计其数；（436）此外，大约有两千两百名犹太人被俘，以及驴、羊、牛和骆驼等大批战利品被劫。

[6]（437）这次对犹太人的重创最为惨痛，似乎比实际情况更为严重；这不仅是因为逃亡者所经过的村庄全被屠杀殆尽，而且整条约旦河都被尸体塞满了，河水带着尸体顺流而下，甚至塞满了整个亚斯法提提湖[1]。（438）普拉西度斯携着胜利的余威继续进攻周围的小镇和村庄，他占领了阿比拉[2]、朱利亚斯[3]、贝西茅斯（Besimoth）[4]和亚斯法提提湖周边所有的地区，并且把那些逃亡者安置在他认为合适的地方；（439）接着，他让自己的士兵登上舰船，俘虏了那些在湖上避难的人。从佩拉亚到马卡鲁斯[5]的所有地方，要么投降于罗马人，要么被罗马人征服。

第八章

[1]（440）与此同时，传来高卢爆发叛乱的消息，温德克斯

---

〔1〕亚斯法提提湖亦即比图米诺湖（the Bituminous Lake），也即死海。

〔2〕阿比拉（Abila）可能指的是阿贝尔－西提姆（Abel-Shittim [*Khurbet el-Keffrein*]），位于贝特－尼姆拉赫（Beth-Nimrah）以南大约五英里处，第二卷第252节在提及朱利亚斯的同时提到了它。

〔3〕朱利亚斯（Julias）或者利维亚斯（Livias），是先前的贝特－哈拉姆（formerly Beth-Haram [Betharamatha]），亦即现在的特尔－拉米赫（*Tell Rameh*），位于阿贝尔－西提姆以南两英里处，与耶利哥相对，参见第二卷第59节注释和第168节注释。

〔4〕Besimoth（贝西茅斯）亦写作 Beth-Jeshimoth，亦即现在的苏埃米赫（*Sueimeh*），位于朱利亚斯以南。

〔5〕马卡鲁斯（Machaerus）位于死海上方的东部地区。

（Vindex）[1]和该地区其他权势人物一起发动了反尼禄的叛乱；对于这个事件，我在其他地方进行了更加详尽的描述。（441）受到这个消息刺激的韦斯巴西安加快了战事的进程，因为他已经预见到了即将发生的内战，及其对整个帝国的巨大威胁，他认为，在这种情况下，假如自己能够保持帝国东部地区的稳定与和平，就可以减轻意大利的担忧。（442）因此，尽管处在冬季，他仍把自己的军队投入保卫那些已占领的乡村和小镇的安全之中，又在村庄派驻十夫长，在城镇派驻百夫长；此外，他也重建了许多之前遭到摧毁的城市。（443）随后，一到开春，他立即率领自己的主力部队从凯撒利亚向安提帕特里斯[2]进军。他花费了两天时间来恢复这个城镇的秩序，第三天他继续向前进军，摧毁和焚烧了周边的村庄。（444）当他摧毁了萨姆纳[3]行省[4]周边的所有地方后，他接着向里达和迦尼亚进军；这两个地方已被占领，[5]他在那里安置了大批已经投降的居民，接着去了埃马厄斯（Ammaus）。[6]

---

〔1〕盖乌斯·尤利乌斯·温德克斯（C. Julius Vindex）是高卢－塞尔提卡（Gallia Celtica）地区的总督，他在高卢领导了一场反尼禄的叛乱；维基尼乌斯·鲁弗斯（Virginius Rufus）被委派到下日耳曼地区（the legions of Lower Germany），以镇压这场叛乱。双方军队在维索恩提诺（Vesontio）相遇，虽然温德克斯和鲁弗斯私下同意共谋，但双方军队没有达成类似的谅解，温德克斯的军队被撕成了碎片，而温德克斯也自杀身亡了。参见迪奥·卡西乌斯第六十三卷第22节及以下和普鲁塔克的《加尔巴》（Galba）第4节及以下，等等。

〔2〕安提帕特里斯（Antipatris）亦即现在的拉斯·埃尔－阿因（Ras el-Ain），位于沙伦平原（the plain of Sharon）的南部和约帕的东北。

〔3〕萨姆纳行省位于安提帕特里斯的东南。在这里，韦斯巴西安转向西南方，朝着鲁德海岸（Ludd）和耶布纳海岸（Yebnah）进发。

〔4〕[中译按] 萨姆纳行省（the province of Thamna）亦写作萨姆纳王国（the toparchy of Thamna）。

〔5〕参见第130节（迦尼亚）。

〔6〕埃马厄斯（Ammaus）亦写作埃马厄斯（Emmaus）。这个政区（参见第三卷第55节）的名字取自Ammaus（或者Emmaus），亦即现在的阿姆瓦斯（Amwas），它位于耶路撒冷的西北。

（445）当他占领了这个行省的首府道路后，他建造了营地，并留下第五军团驻守，接着，他率领其余的军队向贝特勒布腾法行省（the province of Bethleptenpha）[1]进军。（446）他用火烧毁了这个地方及其周围地区，以及以土买的郊区，在合适的位置建造了防御工事；（447）当他占领了位于以土买中心的两个村庄——贝塔布里斯（Betabris）和卡法托巴（Caphartoba）[2]，他屠杀了逾一万名当地居民，（448）此外，他把逾一千名当地居民关押起来，对余下的居民进行了驱逐，并把自己的大批军队驻扎在这个地区，以攻占和摧毁整个山区的村庄。（449）接着，他率领余下的军队回到了埃马厄斯；随后，他从埃马厄斯途经撒玛利亚和尼亚波利斯（Neapolis）[3]——当地人将尼亚波利斯称作马巴尔萨（Mabartha），下到科里亚（Corea），[4]并在科里亚安营扎寨，时间是达西乌斯月的第二日。（450）第二天，他抵达了耶利哥，而他手下的一位将军图拉真[5]则率领从佩拉亚而来的军队与他会师，现在

〔1〕Bethleptenpha（贝特勒布腾法）的正确拼法可能是 Bethleptepha（或者 Bethletepha），参见舒尔：《犹太民族史》第二卷第 184 节注释；贝特勒布腾法亦即现在的贝特－尼提夫（*Beit Nettif*），位于耶路撒冷的西南，参见《犹太战争》第三卷第 54 节注释。

〔2〕贝塔布里斯和卡法托巴的具体位置无从知晓。

〔3〕弗拉维亚－尼亚波利斯（Flavia Neapolis）亦即现在的纳布鲁斯（*Nablus*），公元 72 年，这座新城由韦斯巴西安在示剑附近的老马巴尔萨（the older Mabartha，普林尼在《自然史》第五卷第十三章第 69 节把马巴尔萨亦写作马莫尔萨 [Mamortha]）的位置上建造。马巴尔萨最有可能的含义是"关口"（pass）或"通道"（passage，*ma 'abartā*），参见舒尔：《犹太民族史》第一卷第 650 节，《圣经百科全书》，以及 Hastings，*D.B.*。

〔4〕从示剑的通道（the pass of Shechem）——一条罗马道路——行进，接着沿约旦河的一条支流的航线（the course of a tributary of the Jordan）向东南方向进发，就下到了科里亚（Corea or Coreae），科里亚亦即现在的特尔－埃尔－马扎尔（*Tell el-Mazar*），位于犹地亚的北部边境，参见《犹太战争》第一卷第 134 节和《犹太古史》第十四卷第 49 节。

〔5〕这位图拉真（Trajan）是第十军团的指挥官，也是未来罗马皇帝图拉真的父亲，参见第三卷第 289 节及以下。

约旦河外（beyond Jordan）的所有地区全都臣服了。

[2]（451）在他们到来之前，大批民众就从耶利哥[1]逃到了山区（这片山区一直延伸到耶路撒冷），不过，仍有相当数量留下来的民众遭到了屠杀；罗马人发现，这座城市已经被遗弃了。（452）耶利哥位于一处平原之中，但其上矗立有一座裸露的、贫瘠的绵延山脉，（453）山脉的北面一直延伸到希索波利斯[2]的边界，而南面则一直延伸到索多玛（Sodom）和亚斯法提提湖的地界。这条山脉崎岖不平，由于贫瘠不堪而无人居住。（454）在它的对面和约旦河的侧翼是另一座山脉，其北部[3]发源于朱利亚斯[4]，与前一条山脉平行向南延伸到索莫拉（Somora），[5]与阿拉伯人的属地佩特拉接壤；这座山脉也包括一直延伸[6]到摩押（Moab）的所谓"铁山"（the so-called Iron Mountain）。[7]

---

〔1〕这里的耶利哥明显指的是这个政区的广大区域（参见第三卷第 55 节），因为与下文提到的"这座城市本身"（the city itself）刚好相对。

〔2〕伯珊（Bethshan）即现代的贝沙（Beisan），它是德卡波利斯地区的一座城市，位于约旦河的西部。希索波利斯这个地名可能起源于公元前 7 世纪斯基泰人（the great Scythian）对巴勒斯坦的入侵，希罗多德第一卷第 105 节对此有所提及；西恩塞鲁斯（Syncellus）（被舒尔引用过）写道：Σκύθαι τὴν Παλαιστίνην κατέδραμον καὶ τὴν Βασὰν κατέσχον τὴν ἐξ αὐτῶν κληθεῖσαν Σκυθόπολιν［斯基泰人入侵了巴勒斯坦，并占领了伯珊地区，其地被他们称作斯基泰城（Scythopolis）］。

〔3〕这里的"北部"（in the north），其字面含义是"及其北部区域"（and the northern regions），不过也有可能是"或者更远的北部区域"（or regions farther north）。

〔4〕贝特塞达－朱利亚斯（Bethsaida Julias）亦即现在的埃特－特尔（et-Tell），位于加利利海的顶部，这座城镇是由藩属王菲利普建造的，参见第二卷第 168 节。

〔5〕索莫拉（Somora）可能就是肯尼迪的佩特拉（Kennedy's Petra）地图上（镶边第 1 页［facing p.1］，1925 年版）所标示出来的科赫哈特－埃尔－萨姆拉（Khirhat al Samra）。

〔6〕这里的"延伸"（stretching [μηκυνόμενον]）可能指的是从西到东的横向延伸（如同第三卷第 40 节）。

〔7〕铁山的具体位置不得而知。

（455）这两座山脉之间的地区就是所谓的大平原（the Great Plain）。[1]
（456）这个大平原从基纳布里斯村（the village of Ginnabris）[2]一直延伸到亚斯法提提湖，长达一千二百弗隆，宽达一百二十弗隆；[3]它被约旦河贯穿，还有两个湖泊，分别是亚斯法提提湖和提比里亚湖，这两个湖的自然属性完全相反，前者是咸水湖，贫瘠而荒凉，后者则是淡水湖，丰茂而多产。（457）夏季的时候，这个平原会被烧着，过度的干旱使周围的空气让人极度生厌；（458）除了约旦河，这里没有任何其他的水源，这也是为什么河岸边的棕榈树林要比远离河岸的棕榈树林更加茂盛和多产。

[3]（459）然而，耶利哥附近有一口丰沛的泉水，[4]极具灌溉价值；这口泉水从老城（the old town）附近涌出，而这座老城是纳尤之子约书亚（Jesus the son of Naue）[5]——希伯来人的将军——通过武力在迦南全地占领的第一块地方。（460）据说，这口泉水起初会损害地上的果木，让孕妇流产；它会给所有的事物带来疾病和厄运，直到先知以利沙（Elisha）——以利亚（Elijah）的追随者和继任者——将它

---

〔1〕大平原指的是"裂谷"（*Ghōr* = Rift）或者"约旦谷地"（Jordan valley）。其他地方的"大平原"（例如《犹太古史》第四卷第 100 节）指的是埃斯德拉隆平原（the plain of Esdraelon）。

〔2〕基纳布里斯村亦被称作塞纳布里斯村（参见第三卷第 447 节），位于提比里亚和塔里基亚之间。

〔3〕也即大约 137 英里乘以 13 英里。约旦谷地的实际长度——从加利利海到死海——是 65 英里，宽度是 3 到 14 英里（参见史密斯：《圣地的历史与地理》，第 482 页）。约瑟夫斯明显将两个湖泊的长度与宽度都计算在内了；这就把长度增加到大约 124 英里。

〔4〕一般认为，这口泉水指的是苏丹泉水（the Sultan's Spring），它在耶路撒冷公路以北 1.5 英里处。

〔5〕《七十士译本》则写作嫩之子约书亚（Joshua son of Nun）。

变成一口有益而又丰产的泉水。[1]（461）耶利哥人将以利沙当作客人一样热情款待，以利沙也不断地用恩惠和友善回报他们和他们的国家。（462）以利沙走到这口泉水旁边，随后将一个装满盐的陶瓶扔进水里；接着，他一边将正义的右手伸向天空，一边将温润的祭酒洒向地面，并祈求大地（the earth）安抚这口泉水并开辟出甜水来；（463）他也祈求上天（heaven）[2]用和煦的空气调和它的水流，并将丰裕的水果和众多的小孩赐予当地居民；只要他们仍是正义之民，这口哺育他们生产的泉水就一直奔涌不息。（464）通过这些祈祷，辅之以各种仪式，[3]以利沙改变了这口泉水的特性，他将这口原本会引起饥荒和流产的泉水变成了多产和富足的源泉。（465）事实上，这都是它灌溉的力量所致，一旦它浇灌到土地上，就会比其他水源迸发出更强劲的生命力。（466）因而，相较于其他的水源，它拥有极大的优势，其他水源被使用得更多，却收效甚微，而这口泉水的涓涓细流却产生了巨大的收获。（467）因此，这口泉水比其他泉水灌溉的面积都广大，可以覆盖这块长达七十弗隆、宽达二十弗隆的平原，把这块地方的树木哺育得异常繁茂。（468）它浇灌了各种各样含有不同特性和药性的棕榈树种；[4]

---

〔1〕参见《列王纪下》第二章第 19—22 节。

　　［中译按］耶利哥城的人对以利沙说："这城的地势美好，我主看见了；只是水恶劣，土产不熟而落。"以利沙说："你们拿一个新瓶来装盐给我。"他们就拿来给他。他出到水源，将盐倒在水中，说："耶和华如此说：'我治好了这水，从此必不再使人死，也不再使地土不生产。'"于是那水治好了，直到今日，正如以利沙所说的。（《列王纪下》2：19-22）

〔2〕［中译按］在惠斯顿本中，英译者将这里的"上天"（heaven）译作"上帝"（God）。

〔3〕这里的"辅之以各种仪式"（supplemented by various ritual ceremonies），其字面含义是"除了用自己的双手，他还用（专业技能）做了许多事情"（working many things besides with his hands from［professional］skill）。

〔4〕耶利哥是"棕榈树之城"（the city of palm-trees），参见《申命记》第三十四章第 3 节和《士师记》第一章第 16 节。

它们当中更好的树种出产的水果，假如用力挤压，会喷射出丰富的"蜂蜜"（honey），其甜度并不亚于蜜蜂所产。（469）这个地方也盛产真正的蜂蜜，此外还出产多汁的香脂树[1]（当地最贵重的出产）、柏树和干果树；[2]这个地方出产如此众多的稀有树种和珍贵树种，[3]以至于找不到合适的词语来形容它的"神奇"（divine）。（470）至于此地其他的水果，我们也很难在世界其他地方找到与之相匹敌的果实；只要栽种下去，就会硕果累累。（471）我把这种结果归因于这个地方温暖的气候和适宜的水源，[4]温暖的气候可以催生和散播各种植被的萌芽，而夏天潮湿的水分使它们茁壮成长和生机盎然；然而，周围的地区却被晒得极其干热，几乎没有人敢冒险出门。（472）假如在日出之前把水抽上来，然后暴露在空气之中，水就会变得非常冰冷，[5]与周围的空气完全不同；（473）冬季的时候却完全相反，水会变得非常温暖，非常适合人们洗澡。此外，这里的气候也很温和，当犹地亚其他地方都下起雪来时，当地居民只需身穿亚麻布就可以御寒。（474）这个地

---

〔1〕传说认为，第一棵香脂树的树根是由示巴女王（the Queen of Sheba）从阿拉伯引进，并移植在巴勒斯坦的，参见《犹太古史》第八卷第174节；收集香脂树脂的方法，参见《犹太战争》第一卷第138节和《犹太古史》第十四卷第54节；克里奥佩特拉从希律的领地侵吞了"耶利哥出产香脂的棕榈树林"，参见《犹太战争》第一卷第361节和《犹太古史》第十五卷第96节；在最后一个章节中（in the last passage），约瑟夫斯提到了香脂树对于耶利哥的独特性，而在《犹太古史》第九卷第7节中，他提到了香脂树的另一个生长地——死海边上的恩戈迪（Engedi on the Dead Sea）。斯特拉波（第十六卷第763节）和其他一些作家也提到过耶利哥的香脂树。

〔2〕干果树（the myrobalanus）可能指的是一种坚果树（the ben-nut）（里德尔［Liddell］和斯科特［Scott］）。

〔3〕参见约瑟夫斯关于肥沃的热内萨平原的描述（第三卷第516节及以下）。

〔4〕关于"适宜的水源"（the bracing effects of the water），这里的bracing或者可以读作 εΰγονον（有"丰产/肥沃"［fertilizing］之意）。

〔5〕约瑟夫斯对加利利海的水进行了类似描述，参见第三卷第508节。

方距离耶路撒冷一百五十弗隆，距离约旦河六十弗隆。[1] 从耶利哥到耶路撒冷之间的地区全都是荒漠和岩石；从耶利哥到约旦河和亚斯法提提湖之间的地区，地势都非常低平，不过也非常荒凉和贫瘠。（475）然而，对于耶利哥的美景，我们再怎么说都不够。

[4]（476）亚斯法提提湖的自然特性和巨大价值也值得大加描述一番。正如我之前所说，[2] 亚斯法提提湖的湖水咸苦而贫瘠，但是，即使把一块重物扔进湖中，它也会漂浮到湖面上，要想把它沉入湖底是一件非常困难的事情。[3]（477）因此，当韦斯巴西安看到这个湖泊，下令把那些不会游泳的犹太人反绑着双手扔进深水区时；他们却全部漂浮在水面上，就好像被一股水流推到湖面上一样。（478）亚斯法提提湖的另一大特征是它的颜色变化：一天之内会三改其色，而且会把射入的太阳光线朝不同的方向反射回来。（479）亚斯法提提湖的许多地方覆盖着一层厚厚的黑色沥青，这些沥青漂浮在湖面上，其形状和大小就像无头的公牛。（480）湖面上的工人们将船只划向这些沥青，将一团团的沥青拖进他们的船只；当他们的船只装满沥青后，将这些货物卸下来就不是一件容易的事情了，由于沥青的黏性过强，它们会紧紧地黏附在船上，除非用妇女的经血来松动它们。[4]（481）沥青不

---

〔1〕 这两个距离相当于11.5英里和近7英里。实际的距离则大约是16英里和5英里。

〔2〕 参见第456节。

〔3〕 参见塔西佗《历史》第五卷第6节和斯特拉波第763—764节的描述——斯特拉波混淆了亚斯法提提湖与埃及的塞尔波尼斯湖（the Lake Sirbonis），语境和细节全都显示他指的是死海。

〔4〕 塔西佗，同上："不过你却不能用青铜或铁的东西来切断流到船里的沥青；它一遇到血或是被妇女的月经所玷污的布就会缩回去。这是古代作家的说法。"（fugit cruorem vestemque infectam sanguine, quo feminae per menses exsolvuntur. Sic veteres auctores.）从斯特拉波第764节可以了解到，在这些"古代作家"中，有一位就是波塞多尼乌斯（Poseidonius，公元前2—前1世纪）。同时参见《犹太战争》第七卷第181节，在这一节，约瑟夫斯同样提到了经血在提取某种具有药用价值的根茎时被用作辅助物。

仅可以用来防止船只漏水，而且可以用来治疗人的身体，它是许多药剂必不可少的一种成分。（482）这个湖泊长达五百八十弗隆[1]——达至阿拉伯的佐亚拉（Zoara in Arabia）;[2]宽达一百五十弗隆。[3]（483）与它相邻的是索多玛地，[4]索多玛曾经非常富饶、繁荣，现在却只剩下灰烬。（484）据说，因为当地居民不虔敬，所以它遭到了雷电的吞噬和烧毁；事实上，这次圣火的遗迹以及五座城市的模糊痕迹仍旧可见。你们可以看到灰末状的果实，从外观上看，它们好像可以吃，但若是用手去采摘，它们立即就会化为灰烬和青烟。[5]（485）这些就是

---

〔1〕这个数字（大约等于 66.5 英里）太过夸大；实际长度大约是 47 英里。

〔2〕佐亚拉（Zoara）就是《圣经》中的琐珥（The Biblical Zoar），作为罗得的避难之城（Lot's city of refuge）而为大家所熟知，参见《创世记》第十九章第 22 节；从史密斯和巴托罗缪撰写的《圣地的历史地图集》来看，佐亚拉有可能就是埃尔－科尔亚（el-Keryeh），它位于这个湖泊以南数英里处。

〔3〕也即大约 11.5 英里；实际上，最大宽度大约是 10 英里。

〔4〕索多玛可能是现在的基布尔－尤斯顿（Jebel Usdum），它位于这个湖泊的西南角。许多年长的权威人士都将这个平原上的诸城市（the cities of the plain）定位在死海以北。

〔5〕参见塔西佗《历史》第五卷第 7 节："那里所有的植物，无论是野生的还是人工培植的都变成了黑色，都不结果实，它们在长了叶或长了花之后，或是在达到它们通常的成熟形式之后，就枯萎成为尘土了。"（et manere vestigia, terramque ipsam, specie torridam, vim frugiferam perdidisse. Nam cuncta…atra et inania velut in cinerem vanescunt）；一千年后，记述十字军第一次东征的历史学家沙特尔的弗切尔（Fulcher of Chartres）在《耶路撒冷史》（Hist. Hierosol.）第二卷第 4 节（Migne［米格恩］）这样写道：illic inter arbores caeteras vidi quasdam poma ferentes, de quibus cum collegissem, scire volens cujus naturae essent, inveni rupto cortice interius quasi pulverem atrum, et inde inanem prodire fumum. 盖基博士（Dr. C. Geikie）在《圣地与圣经》（The Holy Land and the Bible）第二卷第 117 节这样写道："阿拉伯的'奥舍尔'（the 'osher' of the Arab）是索多玛真正的苹果……它的果实就像一个光滑的大苹果或者大橘子……当它成熟的时候，会变成黄色，看上去非常美丽而又吸引人，如果触碰它的话，感觉会非常柔软，如果挤压它的话，它就会破裂开，手里只留下破裂的壳和一个半开的豆荚里的一排小种子，还有一些干燥的丝状物。"

索多玛这片土地的传说，而有关这些传说的证据现在仍旧可见。

第九章

[1]（486）韦斯巴西安强化了耶路撒冷所有周边地区的防务，而且在耶利哥和阿迪达（Adida）[1]两地建造了军事营地，两地的卫戍部队则是由罗马军队和辅助部队共同组成的。（487）同时，他也派遣卢西乌斯·安尼乌斯（Lucius Annius）率领一支骑兵中队和大批步兵部队进军基拉萨。[2]（488）在攻占这座城市后，安尼乌斯处死了一千名尚未逃出来的年轻人，并将城里的妇女和儿童投进了监狱，他还允许自己的士兵洗劫财产；接着，他放火烧毁了这里的房屋，并向周围的村庄进军。（489）身强力壮的人逃走了，软弱无力的人死去了，剩下的一切则全都被付之一炬。（490）现在战事已经在整个地区——不管是山区还是平原——弥漫开来，耶路撒冷的所有路口也被切断了；那些想要弃城逃跑的犹太人遭到奋锐党人的严密监视，而那些非亲罗马的犹太人则遭到罗马军队的围困而在城内动弹不得。

[2]（491）当尼禄——他总共统治了十三年（八个月）零八天[3]——被杀的消息传来时，韦斯巴西安已经回到了凯撒利亚，当时他正准备全力进军耶路撒冷。（492）这位皇帝毫无节制地滥用权力，而且

---

〔1〕阿迪达（Adida）即现在的哈迪特赫（*Haditheh*），位于里达以东三英里处和耶路撒冷西北大约二十英里处。

〔2〕基拉萨（Gerasa）即现在的基拉什（*Jerash*），坐落在佩拉亚东北部边境的基里亚德（Gilead），参见第三卷第 47 节。

〔3〕实际上，尼禄统治的时间是十三年七个月零二十八天（从公元 54 年 10 月 13 日到公元 68 年 6 月 9 日）。迪奥·卡西乌斯（第六十三卷第 29 节）取了十三年零八个月的整数。

把权力委任给最邪恶的无赖——尼姆菲迪乌斯（Nymphidius）[1]和提格里努斯（Tigellinus），[2]他们两人都是最卑鄙无耻的自由民；[3]（493）当他们密谋反对尼禄时，这位皇帝遭到了自己所有士兵的抛弃，于是不得不带着四位忠诚的自由民[4]一起逃亡，最终在罗马城的郊区自杀身亡；[5]造成这位皇帝死亡的那些人，不久也遭到了惩罚，不过这超出了我的目的之外。（494）对于以下这些事件——高卢的战事、加尔巴（Galba）的称帝、加尔巴从西班牙回到罗马、加尔巴如何被士兵们控告为一个卑劣无耻之人[6]、加尔巴如何在罗马广场（the Roman forum）[7]遭遇背信弃义的杀害，以及奥托（Otho）的称帝、（495）奥托远征维特里乌斯将军（the generals of Vitellius）并因此而遭遇的毁灭；维特里乌斯统治下的一系列混乱，卡皮托（the Capitol）附近的战

---

〔1〕尼姆菲迪乌斯·萨比努斯（Nymphidius Sabinus）是一位自由妇女的儿子（son of a freedwoman），在尼禄统治后期，他和提格里努斯一同担任禁卫军统领（prefect of the praetorian guards）。尼禄一死，他就想攫取帝国的最高权力，但遭到了加尔巴的朋友们的屠戮。

〔2〕索弗尼乌斯·提格里努斯（Sophonius Tigellinus）出身低微，公元63年被委任为禁卫军统领，他是尼禄后期残暴和放荡统治的主要工具；他在奥托（Otho）登基时自杀身亡。参见尤文纳尔的《讽刺诗集》（Sat.）第一卷第155行，"提格里努斯肿块"（pone Tigellinum）等，"胆敢描绘提格里努斯，你将会被活活烧死"（dare to portray T. and you will be burnt alive）。

〔3〕或者写成"他把权力委任给最邪恶的无赖——尼姆菲迪乌斯、提格里努斯，以及其他卑鄙无耻的自由民"。

〔4〕这四位自由民分别是法安（Phaon）——法安将自己的别墅（这座别墅距离罗马四英里）提供给尼禄避难，以及埃帕弗洛迪图斯（Epaphroditus）、斯波鲁斯（Sporus）和另一个人。苏埃托尼乌斯的《尼禄》第47节、迪奥·卡西乌斯第六十三卷第27节中记载了这个戏剧性的故事。

〔5〕由埃帕弗洛迪图斯协助尼禄自杀。

〔6〕加尔巴拒绝向禁卫军赠送财物，而尼姆菲迪乌斯先前以加尔巴的名义向禁卫军允诺赠送财物，这使得加尔巴遭到了禁卫军的疏远。

〔7〕这座罗马广场靠近库尔提乌斯水池（the pool of Curtius）。

役，安东尼乌斯·普利穆斯（Antonius Primus）与穆西亚努斯如何摧毁维特里乌斯及其日耳曼军团，以及由此而结束的内战——[1]（496）我都不做详细的叙述，因为它们都为大家所熟知，众多的希腊史学家与罗马史学家也对它们进行了详细的叙述；不过，为了保持事件的连贯性和避免叙述的突然断裂，我简要地概述了上述事件。

（497）因此，这个消息刚一传来，韦斯巴西安立即就停止了对耶路撒冷的远征，他焦急地等待着谁将在尼禄死后接管这个帝国。（498）当他后来听到加尔巴称帝的消息时，他一直没有采取任何行动，直到接到了加尔巴关于战事的进一步指示；然而，他派遣了自己的儿子提图斯去向这位新皇帝行礼并接受有关犹太战事的命令；阿格里帕国王和提图斯一同乘船去往加尔巴那里办理这趟差事。（499）然而在他们抵达目的地之前——当时他们乘着战船正准备航行穿过亚该亚[2]（因为正值冬季），加尔巴就被杀了，他总共统治了七个多月。[3] 加尔巴被杀后，奥托继任了皇位，接管了政权。（500）尽管如此，阿格里帕仍然决定前往罗马，丝毫没有因为形势的变化而有所迟疑；（501）但是，提图斯在神明的驱使下从希腊航行，回到了叙利亚，急匆匆地与父亲会师在凯撒利亚。（502）因此，他们两人都置身于这些重大事件

---

〔1〕这些事件在下面的第 545—548 节和第 585 节及以下里有记述。

〔2〕约瑟夫斯在这里所说的"穿过亚该亚"（through Achaea），其含义有些晦涩。正如其他人所建议的（as has been suggested），我们可以料想（we might expect），"当时［他们正通过陆路］穿过亚该亚（因为正值冬季），［其他人］则乘船环绕伯罗奔尼撒航行"；原文抄本可能在这里出现了脱漏。正如正文（the text）所示，括号内说明了航行的时间。由尼禄开凿的贯穿科林斯地峡的那条运河（第三卷第 540 节）从未完工。

　　［中译按］在惠斯顿本中，英译者将其译作：当时他们乘着长船正准备航行穿过亚该亚海岸（as they were sailing in their long ships by the coast of Achaia）。

〔3〕加尔巴的统治时间为：从尼禄去世（公元 68 年 6 月 9 日）到加尔巴去世（公元 69 年 1 月 15 日）。约瑟夫斯的计算是错误的。

之外；当罗马帝国本身处于风雨飘摇之际，他们认为此时向异族人发起进攻并不明智，并且当时他们把所有的注意力都放在了本国的问题上面，因而就搁置了对犹地亚的战事。

[3]（503）然而，另一场战争在耶路撒冷爆发了。基奥拉斯之子西蒙[1]——一位年轻的基拉萨人[2]——虽然远没有约翰狡猾（当时约翰已经占领了这座城市），但他拥有力量和勇气上的优势；（504）正是由于这个原因，他被高级祭司阿南努斯下令驱逐出了阿卡拉贝特尼行省（the province of Acrabetene）[3]——该行省一度在西蒙的控制之下。于是，他加入据守马萨达的那群土匪当中。[4]（505）起初，他们对他心存怀疑，只允许他和追随他的那些妇女进入这座堡垒的下半区域（the lower part of the fortress），而他们则占据这座堡垒的上半区域（the upper quarters）。（506）然而，由于西蒙与他们性情相投，而且显然值得信任，于是他们很快就允许西蒙一起参与劫掠行动，以及他们对马萨达周边地区的突袭。（507）然而，当西蒙劝说他们进行更大的冒险时，却没能说动他们；因为他们习惯于居住在这座堡垒，担心更远的冒险会远离自己的老巢。（508）西蒙内心深处怀着对专制权力的极度渴望，而且拥有勃勃野心；因此，当他听说阿南努斯被杀[5]的消息，就离开了他们，撤向了山区；通过宣扬奴隶的自由和对自由民的奖赏，他从四周聚集起一支邪恶大军。

[4]（509）在聚集起一支强大的军队后，西蒙首先攻占了位于山

---

〔1〕在对塞斯提乌斯的首次进攻中，西蒙表现活跃，参见第二卷第 521 节；他后来成为一名劫掠者，参见第二卷第 652 节。
〔2〕基拉萨亦即现在的基拉什，参见第 487 节。
〔3〕阿卡拉贝特尼行省（the province of Acrabetene）位于犹地亚北部。
　　［中译按］the province of Acrabetene 亦写作 Acrabattene toparchy。
〔4〕参见第二卷第 652—653 节；关于马萨达的描述，参见第四卷第 399 节。
〔5〕参见第 316 节。

区的那些村庄，随着部队越来越壮大，他越来越大胆地下到了低地地区（the lowlands）。（510）他现在成了这些城镇的可怕敌人，他的巨大力量和源源不断的胜利诱惑了许多权势人物；他的军队不再是一支只由奴隶和劫匪组成的军队，而是变成了一支由大批民众参加，并将他当作国王那样马首是瞻的军队。（511）他现在不仅占领了阿卡拉贝特尼行省，而且占领了直至大以土买（greater Idumaea）[1]的整个地区。他在一座名叫纳因（Nain）[2]的村庄建造了城墙，并把这个地方作为保卫自己安全的后方城堡和根据地；（512）在一个名叫菲利塔（Pheretae）[3]的山谷，他拓宽了里面的山洞，挑选了一些山洞作为洗劫而来的财物的存储之地。（513）他把劫掠来的粮食也存储在这里，并将他的大部分军队驻扎在这里。他的目的非常明显，他正在训练自己的部队和做好进攻耶路撒冷的各项准备。

[5]（514）奋锐党人警觉地发现了他的进攻意图，他们希望抑制这个力量不断壮大、将对他们不利的人，于是率领全副武装的主力部队前去镇压他。西蒙遭遇了他们，在接下来的战斗中，他杀死了他们许多人，并迫使余下的人逃回了城内。（515）然而，由于对自己的军队心存疑虑，使得他没有向城墙发动进攻；相反，他决定先征服以土买，于是率领了两万名士兵向这个地方的边境进军。（516）以土买人的首领迅速召集了一支最有战斗力的部队，其人数大约有两万五千，同时，他们也留下了大量人员保卫家园，以防马萨达的匕首党人前来袭击；他们在边境上遭遇了西蒙。（517）双方展开了战斗，战斗持续了一整天，但没有分出胜负；随后，西蒙撤回到纳因村，而以土买人

---

〔1〕[中译按] greater Idumaea 亦写作 the Great Idumea。

〔2〕纳因村的具体位置不得而知；可以确定的是，它距离以土买北部边境不远，参见第 517 节。（加利利人的村庄不是这样进行命名的。）

〔3〕菲利塔（Pheretae）可能是现在的克胡贝特－法拉赫（Khurbet Farah），它是耶路撒冷东北大约六英里处的一个峡谷。

也解散部队回家了。（518）不久，西蒙再次率领了一支更为庞大的军队，前去进攻以土买人的领土，他把自己的军队驻扎在一座名叫特科尤埃（Thekoue）[1]的村庄，然后派遣一位名叫以利亚撒（Eleazar）的战友前往希律迪安[2]（两地相距不远），以劝说那里的守军投降和交出城堡。（519）由于守军一开始并不知道其来意，于是立即迎接他入城，而当以利亚撒提到"投降"（surrender）一词后，守军立即抽出利剑追杀他，直到以利亚撒发现再无路可逃，就从城墙纵身跳下了山谷，当场就摔死了。（520）以土买人现在对西蒙的军事力量非常警惕，决定在与他开战之前先对敌军进行一番严密的侦查。

[6]（521）其中一位名叫雅各（James）的军官立即自愿承担了这项重任，但他内心却盘算着背叛。（522）他从阿鲁鲁斯村（the village Alurus）[3]——以土买人的军队集结在这个村庄——出发，前往西蒙那里。（523）一开始，他就表示会将自己的国家出卖给西蒙，并发誓一直效忠于西蒙；接着又向西蒙允诺说，他会帮助西蒙征服以土买全境。（524）西蒙热情地宴请和款待了他，同时也因他的美妙承诺而欢欣鼓舞；当雅各回到自己人的身边，首先向他们大肆夸张了西蒙的兵力。（525）接着，通过会见军官和分批会见全体士兵，他鼓动他们把整个大权毫无波折地全部移交给西蒙。（526）就在他这样行动之时，他派遣了一名信使到西蒙那里，邀请西蒙前来，并向西蒙允诺他会驱散以土买人——他会按时履行自己的这个允诺。（527）他会在西蒙的军队即将接近之际，第一个跃上马鞍，并带着被自己说服的

---

〔1〕特科尤埃（Thekoue）亦写作特科亚（Tekoa），位于伯利恒以南五英里处。

〔2〕希律迪安（Herodion）位于特科亚东北大约三英里处；这座城堡由大希律所建，参见第一卷第 265 节和第 419 节及以下；大希律死后也埋葬在这里，参见第一卷第 673 节。

〔3〕阿鲁鲁斯（Alurus）亦即现在的胡尔胡尔（Hulhul），位于希伯伦（Hebron）以北大约四英里处，在西蒙的营地特科亚西南七英里处。

那帮同伙一起逃亡。（528）因而，整个人群都将陷入巨大的惊恐之中；在激战尚未开始之前，他们就会自乱阵脚，纷纷溃散，退回到自己的家中。

[7]（529）因而，西蒙就这样出其不意地进军到以土买，并兵不血刃地突袭和占领了希伯伦；他在那里攫取了大量战利品和大批的谷物。（530）按照当地人的说法，希伯伦不仅比这个地区的其他任何城市都要古老，甚至比埃及的孟菲斯[1]还要古老，它的年龄估计有两千三百年。[2]（531）他们进一步说道，犹太人的祖先亚伯拉罕从美索不达米亚（Mesopotamia）迁徙过来后，就在这里安了家；[3]并且，亚伯拉罕的后代也是从这里去往埃及的。[4]（532）直到现在，他们的坟墓还依然保存在这座小镇上，都是由上好的大理石建造的，工艺精巧绝伦。[5]（533）距离这座城镇六弗隆的地方，有一棵巨大的

---

〔1〕参见《民数记》第十三章第 22（23）节："原来希伯仑城被建造比埃及的锁安城早七年。"根据《七十士译本》和约瑟夫斯《犹太古史》第一卷第 170 节的记载，锁安城（Zoan）就是塔尼斯（Tanis）。塔尼斯"建造于公元前 2000 年前"（参见 G. B. Gray, *Internat. Crit. Comm. in loc.*）；孟菲斯的建造时间可以追溯到埃及史的开端。希伯伦的历史并不能确定下来，"但它的历史肯定比前以色列人的起源（pre-Israelitish origin）还要早"（同上）。

〔2〕希伯伦的古史（Antiquities of Hebron）。

〔3〕参见《创世记》第十三章第 18 节。

〔4〕《创世记》第三十五章第 27 节和第三十七章第 14 节提到了雅各在希伯伦的住地（Jacob's residence）。然而，约瑟夫斯依赖当地的习俗，忽视了《圣经》的叙述。

〔5〕麦比拉洞穴（The cave of Machpelah）是撒拉（《创世记》第二十三章）、亚伯拉罕（《创世记》第二十五章第 9 节）、以撒（《创世记》第三十五章第 27 节及以下）和雅各（《创世记》第五十章第 13 节）的埋葬之地，据说就在当今那座清真寺的下面；对于这个位置，犹太传统、基督教传统和穆斯林传统已经达成了协议。环绕这座清真寺的城墙被认为建造于希律迪安时期（the Herodian period），参见科恩德尔（Conder）:《巴勒斯坦的帐篷工艺》（*Tent Work in Palestine*）第 239 页。

橡树，据说这棵橡树在创世之初就矗立在那里了。[1]（534）西蒙从希伯伦向全以土买地区进军，他不仅劫掠村庄和城镇，而且摧毁了整个地区，因为除了他自己的军队，还有四万追随者跟着他，而其供给根本满足不了这样庞大的一群人。（535）除了供给需要之外，西蒙的残暴本性以及对这个国家的刻苦仇恨更是加剧了以土买人的不幸。（536）正如被蝗虫洗劫过的光秃秃的树林一样，西蒙的军队所到之处除了一片荒漠，什么也没有留下。（537）一些地方被他们烧为平地，其他一些地方则被他们破坏殆尽；整个地区的植被全都消失不见了，要么被踩踏干净，要么被大火吞噬；他们行军过的土地比那些贫瘠的土地更难耕作。总之，这里没有一处地方没被他们洗劫和蹂躏过。

[8]（538）西蒙的成功重新激怒了奋锐党人；但他们不敢与他公开交战，就在隘口设下了埋伏，抓获了西蒙的妻子和她的大批侍从。（539）他们得意扬扬地回城了，就好像抓获了西蒙本人一样，他们以为西蒙会立即放下武器，请求他们释放自己的妻子。（540）然而，对于妻子的被抓，西蒙根本没有任何怜悯之情，相反，他怒发冲冠，像一只受伤的野兽走向耶路撒冷的城墙，当他发现根本无法抓到任何一个折磨他的人时，就把怒气撒到他遇到的所有人身上。（541）任何冒险走出城门搜集燃料或者干草之人，不管他们有没有携带武器，也不

---

〔1〕《创世记》第十三章第 18 节、第十四章第 13 节和第十八章第 1 节都提到了亚伯拉罕的"橡树"（the "oak" of Abraham）（在《七十士译本》写作"橡树"或者"笃耨香树"["oaks" or "terebinths"]）。在公元 5 世纪，它被称作 Τερέβινθος（产生松节油的树木），而且是一年一度的盛宴和嘉会的举办地，参见索佐门（Sozomen）的《基督教会史》（H.E.）第二卷第 4 节（罗伯特森·史密斯[Robertson Smith]）。

[中译按] H. E. 是 Historia Ecclesiastica（《基督教会史》）的缩写，Sozomen 的全名是 Salminius Hermias Sozomenus（约公元 400—450 年），他是一名基督教会历史学家。

管他们是不是上了年纪，只要被西蒙抓住，都会遭到残酷折磨，然后被杀。他是如此怒气冲天，恨不得啖食人肉。[1]（542）此外，他也砍掉了许多人的双手，并将他们再送进城内，以此达到威胁敌人和引发他们内讧的双重目的。（543）他让这些人向城内带话：西蒙向万物的主宰者上帝（God the overseer of all）起誓说，除非他们归还他的妻子，否则他将摧毁他们的城墙，并对城内的每一个人（不管年老还是年轻，也不管有罪还是无罪）施与同样的惩罚。（544）这番威胁产生了巨大的震慑效果——不仅普通民众，甚至连奋锐党人都心生恐惧，于是他们把西蒙的妻子送回到他的身边。西蒙的怒气顷刻就平息下来，而他无休止的屠杀也告一段落。

[9]（545）然而，叛乱和内战并不限于犹地亚，现在在意大利也蔓延开来。（546）加尔巴在罗马广场被杀，[2]而称帝后的奥托接着又与同样觊觎皇帝宝座的维特里乌斯进行了交战，维特里乌斯是被日耳曼军团推举出来的。（547）在高卢的比德里亚库姆（Bedriacum in Gaul），[3]奥托与维特里乌斯的两位将军瓦伦斯（Valens）和卡西纳（Caecina）[4]鏖战；在第一天，奥托占据了上风，而第二天，维特里乌斯的军队占据了上风。（548）奥托的军队遭遇了对方的大屠杀，奥托自己则在布里克斯鲁姆（Brixellum）[5]听说了战败的消息，便在那里

---

〔1〕类似的"夸张手法"（hyperbole）——这个词（the word）由历史学家约瑟夫斯提供（supplies）——也出现在第六卷第 373 节。

〔2〕参见第 494 节和第 499 节。

〔3〕比德里亚库姆（Bedriacum）是山南高卢（Cisalpine Gaul）的一座小镇，坐落在维罗纳（Verona）和克雷莫纳（Cremona）之间，参见第 634 节及以下。在《历史》第二卷第 41—49 节中，塔西佗描述了这场战役和奥托的死亡。

〔4〕他们的全名分别是法比乌斯·瓦伦斯（Fabius Valens）和 A. 卡西纳·阿利努斯（A. Caecina Alienus）。

〔5〕布里克斯鲁姆（Brixellum）亦即现在的布里斯西罗（Brescello），位于帕尔马（Parma）东北大约十二英里处。

自杀身亡了，[1]他只统治了三个月零两天。[2]（549）奥托的军队倒向了维特里乌斯的将军们一边，维特里乌斯亲自率领所有的军队下到了罗马城。

（550）与此同时，在达西乌斯月的第五日，韦斯巴西安从凯撒利亚挥师进军那些尚未被征服的犹地亚地区。[3]（551）他向山区进军，并征服了两个行省（provinces）[4]——戈弗纳[5]和阿卡拉贝塔[6]；接下来，他占领了贝特拉（Bethela）[7]和以法莲（Ephraim）[8]这两座小镇；在这些地方留下一支守备部队后，他率领自己的骑兵一路来到耶路撒冷城墙前，路上杀死和俘虏了所遇到的众多犹太人。（552）此外，塞里里乌斯[9]——韦斯巴西安的一位军官——率领一支骑兵和步兵队伍，摧毁了著名的上以土买地区（the Upper Idumaea）；在这里，他第一次进攻就占领了名叫卡菲塞拉（Caphethra）[10]的小城镇（the petty town）——这本身是一种误称——并烧毁了这座城镇；接着，他进攻和包围了另一座名叫卡法拉比斯（Capharabis）[11]的城镇。（553）这个

---

〔1〕奥托自杀身亡的时间是公元69年4月17日。

〔2〕从公元69年1月15日到公元69年4月17日。

〔3〕公元68年6月（可能是6月23日），韦斯巴西安再一次入侵犹地亚。

〔4〕［中译按］provinces亦写作toparchies。

〔5〕戈弗纳（Gophna）位于耶路撒冷以北大约十二英里处。

〔6〕阿卡拉贝塔（Acrabetta）位于犹地亚东北角（N.E. corner of Judaea）。
　　［中译按］Acrabetta亦写作Acrabattene。

〔7〕贝特拉（Bethela），亦即现在的贝提恩（*Beitin*），位于戈弗纳东南数英里处。

〔8〕以法莲（Ephraim）亦即现在的埃特－泰伊比赫（*et-Taiyibeh*），位于伯特利的东北。

〔9〕塞克斯图斯·塞里里乌斯·维提里亚努斯（Sextus Cerealius Vetilianus）是第五军团的使节（legate of the 5th legion），他先前打败过撒玛利亚人，参见第三卷第310节及以下。

〔10〕具体位置不明。

〔11〕具体位置不明。

地方的城墙特别坚固，以至于他以为要围攻很长时间；这时城内的居民突然打开了城门，手持橄榄枝谦恭地走到他的面前，恳请他饶恕他们，并将他们自己交到了他的手上。（554）这些人投降之后，塞里里乌斯开始向另一座城市希伯伦进军，希伯伦是一座非常古老的城市，正如我之前所说，[1]它坐落在距离耶路撒冷不远[2]的山上；塞里里乌斯用武力强攻入城，屠杀了所有在那里发现的人员——无论老少，并且烧毁了这座城。（555）除了那帮土匪所占领的希律迪安、马萨达和马卡鲁斯之外，现在所有的城堡都被罗马人征服了，因此，耶路撒冷现在成为罗马人的眼中钉肉中刺。

[10]（556）西蒙把妻子从奋锐党人的手上解救回来后，[3]就重新回到以土买的断壁残垣当中，没完没了地骚扰该国的各个角落，导致大批民众逃向耶路撒冷。（557）西蒙追赶他们也到达了耶路撒冷，再一次包围了城墙；杀死所有被抓获的出城去乡下务工的人。（558）民众发现，假如没有城墙保护，西蒙无疑会比罗马人更加恐怖，而城内的奋锐党人比这两者[4]都要更沉重地压迫他们；（559）在这期间，就诡计多端和胆大妄为而言，没有人能超过这支加利利的分遣队（the Galilaean contingent），正是这些加利利人把约翰推上权力宝座的，而约翰为了赢得他们的支持和保全自己的权力，允许他们为所欲为。（560）对战利品的欲壑难填驱使他们洗劫富人的家园；谋杀男人和强奸妇女则是他们的消遣方式；（561）他们将战利品带着鲜血吞食进去，[5]他们肆无忌惮地纵情于女性化的享受和放荡，把自己的头发编成辫子、穿上女人的衣服、洒上女人的香水并画上女人的眼睑，以显

---

〔1〕参见第530节。
〔2〕直线距离大约为十八英里。
〔3〕在这里，约瑟夫斯重新接续了第544节的叙述。
〔4〕［中译按］这两者指的是西蒙和罗马人。
〔5〕参见第六卷第372节。

得更加美丽动人。（562）他们不仅效仿女人的衣着，而且模仿女人的情欲（passion），[1] 他们发明了各种过度淫乱的非法享乐，就如同沉浸在城中的妓院里，他们的邪恶行径将这座城市弄得到处污秽不堪。（563）然而，虽然他们的面庞看起来像女人，他们的双手却凶残无比；当他们迈着扭捏作态的碎步靠近时，他们会突然变成武士，从染色的披风下面抽出利剑，将人砍杀。（564）从约翰那里逃离出来的那些人，又遭到西蒙更为血腥的残暴对待，换言之，逃离了城内的僭主（the tyrant）的那些人，却在城门外遭到另一位僭主的屠杀。（565）因而，所有渴望投奔罗马人的人，他们的逃亡通道统统被切断了。

　　[11]（566）然而，约翰的军队现在叛变了；出于对约翰所攫取的权力的嫉妒，同时出于对其残暴本性的憎恶，城内所有的以土买人[2]挣脱了这位僭主的控制，并对他进行攻击。（567）在接下来的战斗中，他们杀死了许多奋锐党人，余下的奋锐党人则被迫躲进格拉皮特（Grapte）建造的宫殿——格拉皮特是阿迪亚比尼国王伊扎斯（Izas）[3]的亲属。（568）一直在后面追杀他们的以土买人也跟着进入了宫殿，

---

〔1〕或者写作"感受"（experience）和"肉欲"（lust）。

〔2〕从这里我们可以知道，虽然大部分以土买人撤离了耶路撒冷，但仍有一些留在了耶路撒冷（参见第 353 节）。

〔3〕在其他地方（《犹太战争》第五卷第 147 节和第六卷第 356 节，《犹太古史》第二十卷第 17 节，等等），伊扎斯（Izas）亦被称作伊扎特斯（Izates）。《犹太古史》第二十卷第 17 节及以下详细记载了阿迪亚比尼女王海伦娜（Helena）和她的儿子伊扎特斯改信犹太教的故事。这个王室家庭用建筑装饰了耶路撒冷。我们听说，城内有她的宫殿（第五卷第 253 节），城外三弗隆远的地方有她的金字塔陵寝——她和伊扎特斯都被埋葬在这个地方（《犹太古史》第二十卷第 95 节；《犹太战争》第五卷第 55 节、第 119 节和第 147 节）；城内也有她的另一个儿子莫诺巴诸斯（Monobazus）的宫殿（《犹太战争》第五卷第 252 节）。对于格拉皮特（Grapte），我们没有听说更多关于他的信息。与保罗（Paul）和巴拿巴（Barnabas）一样，在克劳狄统治时期的大饥荒期间，海伦娜女王接济了耶路撒冷（《犹太古史》第二十卷第 51 节及以下）。

并迫使奋锐党人从宫殿退守圣殿，接着，以土买人开始洗劫约翰的财宝；（569）因为约翰把这座宫殿用作自己的宅邸和战利品的存放地。（570）与此同时，大批散居在这座城市的奋锐党人聚集到圣殿，与在圣殿避难的奋锐党人会合，约翰准备率领他们与民众一起，和以土买人开战。（571）以土买人的战士更加优良，所以并不惧怕奋锐党人的进攻，却惧怕他们的狂热。以土买人害怕奋锐党人半夜潜出圣殿，来将他们杀害并烧毁城市。（572）因此，他们与高级祭司进行了会谈，仔细商讨如何防范敌人的进攻。（573）事实证明，上帝误导了他们的判断，使他们设计了一种比毁灭更糟糕的拯救办法，换言之，为了推翻约翰，他们决定接纳西蒙，热切地希望在他们的头上引进第二个僭主（a second tyrant）。（574）他们开始实施这项拯救办法了，派遣高级祭司马提亚斯（Matthias）[1]作为代表前去西蒙那里，恳求令他们深深惧怕的西蒙进城；想躲避奋锐党人的耶路撒冷本地人也支持这个请求，因为他们渴望保全自己的家园和财产安全。（575）西蒙趾高气扬地同意做他们的主人，他是以城内奋锐党人的清除者的身份进城的，城内的民众则高呼他为拯救者和保护人。（576）然而，一旦他的军队被接纳进城，他唯一关心的就是怎样确保自己的权力地位；在他看来，无论是邀请他的那些人，还是他被邀请来镇压的那些人，一概是他的敌人。

［12］（577）在战争第三年的撒西库斯月（the Month Xanthicus），[2]西蒙成了耶路撒冷的主人；[3]而约翰和奋锐党人开始对获救感到绝望，

---

〔1〕马提亚斯是波埃萨斯的儿子（son of Boethus），他出自一个大祭司家族（one of the highpriestly families［ἐκ τῶν ἀρχιερέων］，第五卷第 527 节；参见第四卷第 148 节）；后来，马提亚斯及其三个儿子都被西蒙谋杀了（第五卷第 527 节及以下）。

〔2〕［中译按］又称为尼散月（Nisan）。

〔3〕公元 69 年 4—5 月，西蒙成为耶路撒冷的主人。

因为他们被严禁离开圣殿，而且已经丧失了在这座城市的财产（因为西蒙一党对他们进行了洗劫）。（578）西蒙在民众的支持下开始进攻圣殿；他们的敌人则把兵力部署在柱廊和城垛，以抵挡西蒙的进攻。（579）然而，西蒙一方伤亡严重，有大批兵员死亡和受伤；因为处于更高地势的奋锐党人可以轻易地击中他们。（580）此外，通过建造四座巨大的塔楼，奋锐党人进一步强化了自身的位置优势，并提高了发射飞弹的命中率。（581）第一座塔楼建造在东北角，第二座塔楼建造在埃克斯图斯的上方（above the Xystus），[1] 第三座塔楼建造在下城（the lower town）的另一个对角；[2]（582）最后一座塔楼则矗立在祭司议事厅（the priests' chambers）[3] 的屋顶——按照习俗，一位祭司会站在这个地方，在临近第七天的傍晚和第七天白天结束之际，以吹号的方式提醒人们，在这两个时间点先是停止他们的劳作，然后再继续他们的劳作。[4]（583）奋锐党人在这些塔楼上架起了石弩（catapults）和弩炮（ballistae），同时也部署了弓箭手（archers）和投石手（slingers）。（584）随着手下的大部分士兵丧失了信心，西蒙的进攻变得愈来愈弱；但由于人数上的优势，他仍然坚持住了阵脚——尽管那些军事机械上发射来的炮弹射程相当远，杀死了大批战士。

---

〔1〕亦即位于圣殿的西边；埃克斯图斯正好处在推罗波安谷地（the Tyropoeon Valley）的上方，参见第二卷第 344 节注释。

〔2〕圣殿的西南角。

〔3〕这是一种小议事厅（small chambers），供祭司使用和储藏器皿，它们围绕着内殿的三面层层排列（ranged in stories round three sides of the inner court）。

〔中译按〕在惠斯顿本中，英译者将 small chambers 写作 the pastophoria。

〔4〕参见《巴比伦塔木德·住棚节》（Talmud Bab. *Sukkah*, trans. Greenup, S.P.C.K., 1925）第五章第 5 节："在安息日前夕，除了每天的二十一次号角声，他们还会吹响六次号角——其中三次是让民众停止工作，另外三次则是区分圣日（the sacred day）和俗日（the secular day）。"《巴比伦塔木德·安息日》（T.B. *Shabbath*）第 35b 和《耶路撒冷塔木德·安息日》（Talm. Jer. *Shabbath*）第十七章第 16a 都提到了这个习俗。

第十章

[1]（585）大约就在这个时间，[1]罗马人也陷入重重的严重灾难之中。（586）维特里乌斯率领自己的军队从日耳曼浩浩荡荡而来，军队后面还拖着其他一大群形形色色的人；由于军队找不到足够宿营的地方，他把整个罗马变成了一座军营，以至于每一座房屋里都塞满了士兵。（587）当他们在罗马看到从未见过的巨大财富，发现四周全都是闪闪发光的金银时，他们再也抑制不住贪婪的欲望和蠢蠢欲动的抢劫念头，屠杀了任何阻碍了他们的人。[2]这就是当时意大利的局势。

[2]（588）在摧毁了耶路撒冷周围所有的地方后，韦斯巴西安就回到了凯撒利亚，[3]在那里听说了罗马发生的骚乱以及维特里乌斯称帝的消息。（589）这个消息让他深感愤怒，尽管他知道如何服从统治，也知道如何进行指挥；让一个行事疯癫之人成为整个帝国的主人，就好像整个帝国找不到统治者一样，他深以为耻。（590）这场灾难使他痛苦不堪（such was his agony at this calamity），[4]以至于他根本忍受不了这种折磨，当自己的母国遭到这般冲击之时，他无法把精力全神贯注地放在发生在异域的另一场战争上。（591）虽然巨大的愤怒激起他要替母国复仇的欲望，但是，一想到距离遥远，他就打消了这个念头；因为命运女神也许在他跨海航行到意大利之前，就已经用捉摸不透的

---

〔1〕在这里，约瑟夫斯重新接续了第 549 节的叙述。

〔2〕在《历史》第二卷第 89 节，塔西佗描述了维特里乌斯进入罗马时的情景（维特里乌斯骑着一匹骏马，穿着统帅的外袍，带着武器，从穆尔维乌斯桥出发了，元老和人民走在他的前面。而他的廷臣却劝说他，进入罗马时不要使这座城市看起来仿佛是一座被攻占的城市）；在《维特里乌斯》（*Vitell.*）第 11 节，苏埃托尼乌斯记载说，他是带着军队进城的。

〔3〕在这里，约瑟夫斯重新接续了第 555 节的叙述。

〔4〕περιαλγήσας τῷ πάθει［对这场灾难感到极度痛苦］这个短语出自修昔底德第四卷第十四章。

花招预先阻止了他，尤其是在他必须在冬季航行的情况下。这种反思抑制了他当时突然发作的怒气。

[3]（592）然而，他的军官们和士兵们自发地聚集在一起，直率地讨论着这场巨变的局势。他们愤怒地大声说道：

> 那些在罗马的士兵生活奢侈无度，他们甚至连战争的传闻都不想听，但他们现在却通过推选他们喜欢的那些人来统治这个国家，甚至希冀通过拥戴皇帝，为自己攫取利益；（593）然而，我们忍受了如此之多的艰辛，头盔下的头发正在变得苍白，我们中间有一人更配享有统治的大权，而我们现在却不得不将这样的权力拱手让人。（594）一旦我们将现在的机会白白浪费，我们还会有更好的机会来回报他对我们的慈爱吗？（595）韦斯巴西安称帝的权力和理由要远远超过维特里乌斯，我们也更有资格推举出真正的皇帝人选；因为我们进行的庞大征战绝不会比日耳曼军团更轻松，我们也绝不会比那些将暴君带进罗马的军队更差劲。（596）此外，假如将他与韦斯巴西安的巨大魅力进行比较，他们无疑会发现，这根本就没有什么可比性，元老院和罗马民众肯定忍受不了维特里乌斯的放荡；他们肯定愿意选择一位有德行的统治者，而不愿选择一位残忍的暴君，更不愿选择一位没有儿女的人[1]来统治他们；因为帝国和平的最佳保障在于皇位的合法继承。[2]（597）如果说最高统治权需要有丰富经验的话，那么我们

---

〔1〕罗马史学家说，维特里乌斯育有儿女，但是约瑟夫斯在这里借犹地亚的罗马士兵之口说，维特里乌斯没有儿女。

〔2〕在一些抄本中，"帝国和平的最佳保障在于皇位的合法继承"（the very best security for peace lies in a legitimate succession to the throne）亦写作"帝国和平的最佳保障在于皇子们的卓越品质"（the very best security for peace is afforded by the sterling excellences of princes）。

的韦斯巴西安绝对当仁不让，如果说它需要有年轻人的英勇和果敢的话，那么我们的提图斯绝对万里挑一；他们两个人合在一起无疑拥有无可比拟的优势。（598）没有人比他们更具有称帝的优势，他们拥有三个军团[1]以及众多由国王们提供的辅助部队；他们还拥有帝国的整个东部地区和全欧洲（由于相隔太远，他们根本就不惧怕维特里乌斯）的支持，同时在意大利拥有我们的盟友，那就是韦斯巴西安的兄弟[2]和韦斯巴西安的另一个儿子。[3]（599）在这两个人中，一个可以从那些地位举足轻重的年轻人那里征募到许多新兵，而另一个则已被委以管理这座城市的重任——事实上，这个职位对韦斯巴西安登上帝位意义重大。（600）总之，如果我们再拖延行动的话，元老院很可能就会推举其他人做皇帝，而那位兵强马壮、经验丰富而又名副其实的帝国拯救者则会遭到可耻的忽视。

[4]（601）这就是军中流传的对话；接着，他们大批地聚集在一起，相互鼓舞激励，他们宣布韦斯巴西安为皇帝，并催促他拯救这个危机四伏的帝国。（602）他们的统帅韦斯巴西安长期以来一直关心公众的福祉，但他自己从未有过晋升的想法，虽然他的职业生涯和所作所为明显表明他受之无愧，他宁愿选择安安全全的私人生活，也不愿染指险象环生的高位。（603）然而，他越是拒绝，他的军官们越是催促他，而那些聚集起来的士兵甚至拔出了利剑，威胁要杀死他，除非他立即接受皇位。（604）他富有说服力地向他们解释了拒受帝国皇位

---

〔1〕分别是第五军团、第十军团和第十五军团（第三卷第65节）。

〔2〕即弗拉维乌斯·萨比努斯（Flavius Sabinus），他曾与韦斯巴西安一起在不列颠服役，他担任过七年的莫西亚总督（governor of Moesia），此时，他正在罗马担任市长这一重要职务（the important post of *praefectus urbis*）。

〔3〕即图密善（Domitian）。

的种种理由，但是，自始至终他都没能说服他们，最后只得屈从于他们的召唤。

[5]（605）穆西亚努斯[1]和其他的将军们催促他登上皇位，而军队里其余的人则呼求在他的带领下向所有敌人进击。然而，他的首要目的是牢牢控制住亚历山大里亚。（606）他意识到埃及作为帝国粮仓的极端重要性：[2]他希望通过持久地（by persistence）[3]控制埃及的谷物，达到迫使维特里乌斯投降的目的，因为罗马民众绝不会向饥饿低头。（607）同时，他也希望兼并驻扎在亚历山大里亚的两个军团[4]；此外，他还进一步思考将这个国家作为抵御无常命运（the uncertain freaks of fortune）的堡垒，因为埃及的陆地交通不便，海上也没有良港。[5]（608）埃及的西面是干旱的利比亚沙漠，南面是塞伊尼（Syene）[6]——塞伊尼把埃及和埃塞俄比亚（Ethiopia）分割开来——以及不可通航的尼罗河瀑布，东面是红海（the Red Sea），红海一直向北延伸到科普托斯（Coptus）；[7]（609）北面是叙利亚和所谓的埃及海（the so-called Egyptian Sea），而埃及海根本没有供船只停泊

---

[1] 李锡努斯·穆西亚努斯（Licinus Mucianus）是叙利亚的军团长（legatus of Syria）（第32节和第621节），他不久就被派到意大利，以保卫韦斯巴西安的帝国（632节和654节）。塔西佗简略地描绘了他的复杂性格，参见《历史》第一卷第10节。

[2] 亚历山大里亚供应的谷物足够罗马食用四个月，参见第二卷第386节。

[3] 或者可能写作"假如（战争）拖延"（if [the war] dragged on）；对照《犹太古史》第十五卷第148节：εἰ παρέλκειν δέοι [如果必须拖延]。

[4] 这两个军团分别是第三军团和第二十二军团，参见第二卷第387节注释。

[5] 参见第二卷第385—386节。

[6] 塞伊尼（Syene）亦即现在的阿斯旺（Assuan）。

[7] 科普托斯（Coptus）亦即现在的科弗特（Koft），位于尼罗河右岸和卡尔纳克（Karnak）以北；之所以这么命名，可能因为它是尼罗河最靠近海洋的地方。事实上，红海——不包括苏伊士海湾（the Gulf of Suez）——一直远远地延伸到北方。

的港口。（610）因而，埃及的四面都拥有城墙般的严密保护。它的长度从贝鲁西亚（Pelusium）[1]开始到塞伊尼结束，总计达两千弗隆；[2]而从普林斯因（Plinthine）[3]到贝鲁西亚的路程则长达三千六百弗隆。[4]（611）尼罗河可以一直通航到埃勒法恩提尼城（Elephantine），[5]过了这座城，前面提到的那条大瀑布便阻碍了船只的进一步航行。（612）即使在和平时期，船只也很难靠近亚历山大里亚港，[6]因为它的入口非常狭窄，水下的岩石[7]也会迫使原本可以直行的船只绕道转向。（613）航道的左侧有人造防波堤的保护；航道的右侧则有一座伸出来的岛屿，名叫法罗斯（Pharos），岛上有大量的塔楼，而塔楼可以向三百弗隆开外、准备进港的海员发射可见光，以警告他们由于航行困难，夜间务必在远离港口的地方抛锚。（614）这座岛屿的周围建有巨大的人工码头；海水冲刷着它们，通航非常困难，通航的入口也太过狭窄而显得非常危险。（615）然而，港口内部却非常安全，其长度达三十弗隆。[8]

---

〔1〕贝鲁西亚（Pelusium）亦即现在的特尔·法拉马（*Tell Farama*），亦名提尼赫（*Tineh*），位于尼罗河最东端的河口或附近。

〔2〕约合二百三十英里，这个距离远非实际距离；实际距离是六百五十英里。

〔3〕普林斯因（Plinthine）是埃及与利比亚的边界，位于亚历山大里亚的西部海岸；但其具体位置不得而知。

〔4〕约合四百一十四英里；这个数字几乎是实际距离的两倍，实际距离是二百二十英里。

〔5〕这座岛屿位于第一瀑布（the First Cataract）的下面，正好在阿斯旺的对面。

〔6〕亚历山大里亚港即大港口（the Great Harbour）。斯特拉波第十七卷第 791 节及以下对这三座港口（the three harbours）做了详细的描述。

〔7〕对照斯特拉波第 791 节：πρὸς δὲ τῇ στενότητι τοῦ μέταξυ πόρου καὶ πέτραι εἰσὶν αἱ μὲν ὕφαλοι αἱ δὲ καὶ ἐξέχουσαι［而在通道之间的狭窄处附近是一些水下的石头和一些凸起的石头］。

〔8〕这座大港口的长度似乎只有这个数字的一半。即便加上伊尤诺斯图斯港口（the Eunostus Harbour），也几乎达不到文中提到的长度（约合 3.5 英里）；这两座港口最初由一座名叫赫布塔斯塔迪安（Heptastadion）的堤道分开，但现在这个堤道可能已经消失了（斯特拉波第 792 节）。

出于公众福祉的需要，这个国家所缺少的全部物资都被运到这个港口，而当地富余的产品也从这里运往世界的每一个角落。[1]

[6]（616）韦斯巴西安希望完全控制这个地方，以达到保持帝国稳定的目的。因而，他立即去信给埃及与亚历山大里亚的总督提比略·亚历山大，[2]告诉对方军队对他的支持是何等狂热、他自己又是如何被迫肩负起帝国的重担，并渴望得到提比略·亚历山大的支持和帮助。（617）当众宣读完这封信后，提比略·亚历山大便立即要求军团和民众发誓效忠韦斯巴西安；军团和民众都予以了积极的响应，因为他们从周边地区的行动中获悉了这个人的卓越品质。（618）提比略·亚历山大现在把帝国的利益托付给了韦斯巴西安，也对韦斯巴西安的到来做好了一切准备。新皇帝在东方登基的消息疾速传播开来。（619）每一座城市都将这个好消息当作节日来庆祝，甚至为新皇帝进行献祭；最近被维特里乌斯的辱慢激怒的莫西亚军团和潘诺尼亚（Pannonia）军团[3]也无比乐意宣誓效忠韦斯巴西安。[4]（620）韦斯巴西安率领军队离开了凯撒利亚，向贝鲁特[5]进军。在贝鲁特，那些来自叙利亚和其他省份的众多使节，正带着各个城市的皇冠和贺令翘首等待他的到来。（621）该行省的总督穆西亚努斯也来到这里，向韦斯巴西安报告了民

---

〔1〕斯特拉波第 798 节把亚历山大里亚称为"世界最大的贸易市场"（μέγιστον ἐμπόριον τῆς οἰκουμένης），并且提到了其中宝贵的商品，καὶ ὑποδοχεῖόν ἐστι καὶ χορηγεῖ τοῖς ἐκτός［也是对外供给的来源］。

〔2〕参见第二卷第 220 节注释（总结了他丰富多彩的职业生涯）。

〔3〕潘诺尼亚（Pannonia）行省位于多瑙河南岸（the south bank of the Danube）；莫西亚（Moesia）涵盖了东部地区（塞尔维亚［Serbia］和保加利亚［Bulgaria］），潘诺尼亚则涵盖了西部地区（奥地利［Austrian］及其附近地区）。

〔4〕参见塔西佗：《历史》第二卷第 85—86 节。驻扎在莫西亚的军团是盖里卡第三军团（III Gallica）（参见第 633 节）、克劳狄第七军团（VII Claudia）和奥古斯塔第八军团（VIII Augusta），而驻扎在潘诺尼亚的军团则是加尔比纳第七军团（VII Galbiana）和格米纳第十三军团（XIII Gemina）。

〔5〕贝鲁特（Berytus）亦即现在的贝鲁特（Beirut）。

众对他的热情，以及每一座城市对他宣誓效忠的情况。

[7]（622）韦斯巴西安的好运现在从各个地方迎面袭来，局势都在往有利于他的方向发展；韦斯巴西安认为，神意（Divine Providence）在帮助他获取帝国，某种正义的命运（some just destiny）[1]也已经把帝国的最高权力置于他的手上。（623）他回想了各地出现的、预示其将赢得帝国荣誉的种种征兆（omens），[2]也回想起约瑟夫斯甚至在尼禄在世时，就冒险预言他将来会成为皇帝的那番话。[3]（624）想到这个人现在仍被关押在自己的监牢里，他就感到震惊；因而，他把穆西亚努斯和其他军官们，以及朋友们召集过来，首先向他们讲述了约瑟夫斯的英勇事迹，及其在约塔帕塔对他们造成的重创，（625）接着提到了约瑟夫斯的预言，而当时连他自己都怀疑约瑟夫斯的这番预言不过是出于恐惧胡乱编造出来的，现在却被证明确实是神意的体现。（626）他说：“一个预言了我荣登大位的人，一个传递了神意的人，却仍被当作俘虏，忍受囚徒的命运，这是非常耻辱的。”因此，他把约瑟夫斯叫来，下令释放了他。（627）然而，军官们只是想着，如此对待一名外邦人无疑预示着他们自己将来要更加飞黄腾达。（628）提图斯——当时就站在他父亲的旁边——说道：“噢，父亲，正义要求我们除去约瑟夫斯的囚犯之辱和他身上的镣铐，假如我们不是松开而是斩断他的枷锁，那么他就从未被捆绑过。”一个人万一无辜被囚，这种方法是常用的补救之法。（629）韦斯巴西安同意了提图斯的这个建议，

---

〔1〕［中译按］亦写作“一种正义的命运”（a righteous kind of fate）。

〔2〕塔西佗（《历史》第二卷第 78 节）、苏埃托尼乌斯（《韦斯巴西安》第 5 节）和迪奥·卡西乌斯（第六十六卷第 1 节）都提到各种各样的预言（omina imperii）。后两位权威史学家记载的预言包括了约瑟夫斯所做的预言，在《约瑟夫斯与韦斯巴西安》（*Josephus and Vespasian*）第 45 页中，韦伯认为，他们使用了一些共同的文献。参见《犹太战争》第三卷第 404 节注释。

〔3〕参见第三卷第 401 节。

于是一位侍从走上前去，用斧头斩断了锁链。因而，作为自己预言的回报，约瑟夫斯赢得了自由，他洞察未来的能力再也没有受到任何怀疑。

第十一章

［1］（630）韦斯巴西安回复了使节，并按公正原则和个人功绩对各个总督职位做了安排，接着，他来到了安提阿。（631）他在这里仔细考虑了该何去何从，他认为，罗马的事务要比亚历山大里亚的事务重要得多，因为亚历山大里亚已经固若金汤，而维特里乌斯却把罗马引向了巨大的混乱。（632）因此，他派遣穆西亚努斯率领一支庞大的骑兵和步兵队伍前往意大利；[1]穆西亚努斯因为担心深冬时节海上航行的安全，于是率领军队从陆路穿越卡帕多西亚和弗里基亚（Phrygia）。[2]

［2］（633）与此同时，安东尼乌斯·普利穆斯与他当时所指挥的莫西亚第三军团[3]也急速去和维特里乌斯开战；（634）而维特里乌斯则派遣卡西纳·阿利努斯率领一支强大的军队前去应战，他对卡西纳

---

〔1〕穆西亚努斯率领了一些轻装部队（some light-armed troops）先行进军，随后是第六军团（菲拉塔军团）和一万三千名老兵（*vexillarii*），参见塔西佗：《历史》第二卷第 83 节。

〔2〕穆西亚努斯下令把本都（Pontus）的舰队航行到拜占庭（Byzantium）集结，参见塔西佗：《历史》第二卷第 83 节。

〔3〕马尔库斯·安东尼乌斯·普利穆斯（M. Antonius Primus）后来成为穆西亚努斯的一位竞争对手，现在则是在潘诺尼亚（而不是约瑟夫斯所说的莫西亚）的加尔比纳第七军团的指挥官（塔西佗：《历史》第二卷第 86 节）；不过，他加入了莫西亚军团，而盖里卡第三军团带头作乱："第三军团给莫西亚的其他军团提供了一个先例"（tertia legio exemplum ceteris Moesiae legionibus praebuit）（塔西佗：《历史》第二卷第 85 节）。

抱有极大的信心，因为卡西纳打败过奥托。[1]卡西纳迅速从罗马率军出发，在克雷莫纳——意大利边境上的一座高卢小镇[2]——附近遭遇了安东尼乌斯；（635）然而，看到敌军的庞大数量与严明纪律，卡西纳没敢与他们开战，再考虑到后撤的风险，他开始有了叛降的想法。[3]（636）因此，他召集起自己的百夫长和保民官，通过贬低维特里乌斯的才智和赞颂韦斯巴西安的强大，[4]劝说他们投降于安东尼乌斯。卡西纳向他们说道：

> （637）在他们二人中，其中一个只是徒有统治之名，而另一个则真正享有统治之实；对你们而言，最好的办法是抢先示忠，以化险为夷，因为如果你们投入战斗的话，肯定会被打败。（638）没有你们的支持，韦斯巴西安也能够赢得胜利；而维特里乌斯即使有你们的支持，他也不能维持现有的一切。

[3]（639）卡西纳以这样的语调讲了很久，他的话起到了作用，他和他的军队都投奔了安东尼乌斯。（640）然而，就在当天晚上，士兵们又懊悔起来，他们担心，那位将他们派到战场的维特里乌斯会赢得战争；于是他们抽出利剑，准备杀死卡西纳；如果不是保民官们跪在他们面前，恳求他们不要这样行事的话，卡西纳肯定被他们杀死了。[5]

---

〔1〕参见第 547 节。

〔2〕亦即坐落在山南高卢（Gallia Cisalpina），位于意大利的波河（the Po）之北。

〔3〕对此，塔西佗在《历史》第二卷第 99 节和第三卷第 13 节及以下做了更加详细的描述。

〔4〕"他在那里竭力称赞韦斯巴西安的勇气和他那一派的力量……他提到的有关维特里乌斯的一切，都是对其事业的贬损"（Vespasiani virtutem viresque partium extollit... atque omnia de Vitellio in deterius），参见塔西佗：《历史》第三卷第 13 节。

〔5〕塔西佗没有做细节上的描述，只是提到士兵捆绑了卡西纳，并选举出其他人作为他们的领袖，参见《历史》第三卷第 14 节。

（641）军队虽然饶恕了卡西纳一命，但仍然把他作为叛徒捆绑起来，准备把他送到维特里乌斯那里。一听到这个消息，普利穆斯立即召集自己的士兵，让他们穿上铠甲，向叛军进攻。（642）士兵们立即组织起来进行了短暂的抵抗，随后被击溃，逃往克雷莫纳。然而，普利穆斯却率领自己的骑兵切断了他们的进城通道，在城墙前围歼了其中大部分的敌军士兵；又率领其余的士兵强行进城，并放纵自己的士兵洗劫了这座城镇。（643）在接下来的大屠杀中，众多的外邦商人[1]和大批的当地居民以及维特里乌斯的整支军队（总计达三万零两百人）全部殒命；而安东尼乌斯的莫西亚军团则损失了四千五百人。（644）接着，安东尼乌斯释放了卡西纳，并将他派往韦斯巴西安那里，去报告这些好消息。皇帝热情地迎接他的到来，并出乎意料地赐予其荣誉，以掩盖其不忠的耻辱。

[4]（645）在听说安东尼乌斯即将到来的消息后，罗马的萨比努斯[2]受到了鼓舞，他集结了一支夜间巡逻的骑兵队，[3]并在当天夜里[4]占领了卡皮托。（646）第二天一早，[5]许多显贵加入他的一边，包括他的侄子图密善，而他们成功的希望主要就寄托在图密善身上。（647）

---

〔1〕"集市的季节（*tempus mercatus*）使这个一向富有的移民地区显得更加富庶"；对这座城镇的洗劫持续了四天的时间，参见塔西佗：《历史》第三卷第32—33节。

〔2〕参见第598节注释。在《历史》第三卷第64节及以下，塔西佗详细地讲述了这个故事。萨比努斯试图与准备退位的维特里乌斯进行谈判；但是，维特里乌斯的党羽（Vitellianists）阻止了他的退位，并和萨比努斯的追随者爆发了冲突，将萨比努斯的追随着逼退到卡皮托山的朱庇特神殿避难。

〔3〕即 vigilum cohortes（警备队），参见塔西佗：《历史》第三卷第64节。奥古斯都的"消防队"（adversus incendia）组建了由七队人马组成的夜间巡逻队，参见苏埃托尼乌斯：《奥古斯都》第30节，迪奥·卡西乌斯第五十五卷第26节。

〔4〕公元69年12月18日。

〔5〕由于维特里乌斯的党羽在看守上的疏忽，再加上暴雨的缘故，"在夜深人静时"（concubia nocte），萨比努斯得以把自己的孩子和图密善带来，并得以与自己的追随者取得了联系，参见塔西佗：《历史》第三卷第69节。

维特里乌斯不太关心普利穆斯，却对萨比努斯发动的叛乱非常愤怒；由于其天生残忍，他渴望嗜饮高贵的鲜血，因而，他把一部分先前一直跟随自己的军队（日耳曼军团）派遣过去进攻卡皮托。[1]（648）维特里乌斯一方英勇地战斗，而图密善一方也英勇地从神殿那里回击他们；不过，借助自己人数上的优势，日耳曼军团最终攻占了这座山丘。（649）图密善和其他许多杰出的罗马人奇迹般地逃生了；[2]不过，普通士兵却都被撕成了碎片，而萨比努斯作为俘虏被带到维特里乌斯那里，并被折磨致死；士兵们洗劫了神殿的祭品，并放火烧毁了神殿。（650）一天之后，安东尼乌斯率领自己的军队进发了；他遭遇了维特里乌斯的军队，从三个方向[3]向这座城市发起了进攻，并摧毁了敌人。[4]（651）随后，维特里乌斯醉醺醺地走出了皇宫，他知道自己的末日就要来临，于是大肆享用了一番比以往任何时候都更奢华的饕餮盛宴；（652）在遭到民众的猛烈拖拽和受尽各种侮辱后，他最终在罗马的市中心被处死。[5]他总共统治了八个月零五天；[6]如果命运（fate）能延长他的生命，我想，即使帝国本身可能也无法满足他的

---

〔1〕按照塔西佗在《历史》第三卷第70—71节的详细描述，维特里乌斯无法控制士兵的行动，现在"他已经没有力量发布命令或是禁止别人做什么了"（neque jubendi neque vetandi potens）。

〔2〕图密善是伪装成一名僧侣而逃脱的，参见塔西佗：《历史》第三卷第74节。

〔3〕安东尼乌斯的军队一分为三地向前进军：一部分军队沿着弗拉米尼亚大道（the Via Flaminia）进军，另一部分军队沿着萨拉里亚大道（the Via Salaria）抵达科里尼大门（the Colline Gate），第三部分军队则沿着台伯河河岸进军，参见塔西佗：《历史》第三卷第82节。

〔4〕参见塔西佗《历史》第三卷第84节：他们在肉搏战中全都阵亡了，他们是面对着敌人死去的（cecidere omnes contrariis vulneribus，versi in hostem）。

〔5〕他从藏身的王宫被拖拽到基莫尼亚楼梯（the Gemonian stairs），并在那里被处死，随后尸体被拖到台伯河，参见塔西佗：《历史》第三卷第84—85节；苏埃托尼乌斯：《维特里乌斯》第17节。

〔6〕亦即从4月17日到12月20（或21）日。

欲望。（653）这场事变总计超过五万人被杀。（654）这些事件都发生在阿皮拉乌斯月（the Month Apellaeus）的第三天。次日，穆西亚努斯率领自己的军队进入了罗马城，他制止了安东尼乌斯军队的杀戮；当时后者仍在搜查房屋，不停屠杀维特里乌斯的士兵与那些普通民众（民众也被当成维特里乌斯的党羽）——他们太过愤怒，以至于不仔细区分这两者。[1]接着，穆西亚努斯把图密善引上前来，并推荐图密善作为民众的统治者，直到他的父亲到来。（655）民众现在终于从恐惧中解脱出来了，他们热情地欢呼韦斯巴西安成为他们的皇帝，像过节一样热烈地庆祝韦斯巴西安的掌权和维特里乌斯的倒台。

[5]（656）一到亚历山大里亚，韦斯巴西安就收到从罗马传来的好消息和来自世界各地使节[2]的祝贺。亚历山大里亚在规模上仅次于罗马，但是，由于大批民众的到来，这座城市却显得过于狭小了。（657）整个帝国现在都变得安全了，罗马帝国就这样出乎意料地得到了拯救，因而，韦斯巴西安接着就把注意力转移到了未被征服的犹地亚上面。（658）然而，他本人急于在冬天一结束就乘船去罗马，[3]而他现在正迅速处理亚历山大里亚的事务，于是，他就派遣自己的儿子提图斯率领一支精兵前去镇压耶路撒冷。（659）提图斯从陆路进军到尼科波利斯[4]——尼科波利斯距离亚历山大里亚二十弗隆[5]，他把自己的

---

〔1〕参见塔西佗:《历史》第四卷第 1 节和第 11 节。
〔2〕包括沃洛基斯乌斯国王（King Vologesus）派来的使节，给他献上了四万名帕提亚骑兵（Parthian cavalry），参见塔西佗:《历史》第四卷第 51 节。
〔3〕他接到了关于图密善行动的不利报告，参见塔西佗:《历史》第四卷第 51 节。
〔4〕尼科波利斯（Nicopolis）是奥古斯都为公元前 24 年最终打败马克·安东尼乌斯（M. Antonius）和纪念亚历山大里亚的投降而建造的；其位置距离海岸线大约 2.5 英里（约瑟夫斯），在亚历山大里亚以东 3.5 英里（斯特拉波第十七卷第 795 节，迪奥·卡西乌斯第五十一卷第 18 节）。
〔5〕斯特拉波记载的里程是"三十弗隆"。

军队从这里装运上船，开往（sail up）[1]尼罗河，直至进入门德斯人的地界（the Mendesian canton）[2]，来到萨姆斯城（the city of Thmuis）。[3]（660）他在这里下船，并在一座名叫塔尼斯（Tanis）[4]的小镇休息了一个晚上，然后继续行军。第二天，他进军到了赫拉克利奥波利斯（Heracleopolis）；[5]第三天，他进军到了贝鲁西亚。[6]（661）他在贝鲁西亚休整了两天，以恢复士兵的体力，在第三天，他穿过贝鲁西克河口（the Pelusiac river-mouths），在沙漠中行进了一天，在卡西人的宙斯神殿（the Temple of the Casian Zeus）[7]附近驻营，次日，他又抵达和驻营在奥斯特拉西尼（Ostracine）；[8]这个地方缺水，当地人用水都

〔1〕"开往"（sail up）亦写作"开往和穿过"（sail up and across）（διὰ τοῦ Νεῖλου［穿过尼罗河］，而不是 ἀνὰ τὸν Νεῖλον［沿着尼罗河］）；他正穿过德尔塔（Delta），部分路程是通过运河走的。

〔2〕门德斯人的地界（the Mendesian canton）亦即首都门德斯（Mendes）的"诺姆"（the "nome" of which Mendes was the capital），门德斯（Mendes）亦即现在的特尔－埃尔－鲁布（Tell er-Rub'），它位于门扎勒赫湖（Lake Menzaleh）的西南部。

〔3〕萨姆斯城（the city of Thmuis）亦即现在的特迈（Tmai）或者特尔－埃布－伊斯－萨拉姆（Tell Ibu es-Salam），参见史密斯和巴托罗缪：《圣地的历史地图集》，图7；它位于门德斯的西南部。

〔4〕塔尼斯（Tanis）亦即现在的萨恩（San）和《旧约》里的琐安（Zoan），位于萨姆斯城以东大约 20 英里处。

〔5〕亦即赫拉克利奥波利斯－帕尔瓦（Heracleopolis Parva），这个地方现在已被门扎勒赫湖淹没。

〔6〕贝鲁西亚（Pelusium）亦即现在的特尔－法拉马（Tell Farama），别名提尼赫（Tineh）（也即《圣经》中的训［Sin］，参见《以西结书》第三十章第 15 节），参见第610 节。

〔7〕卡西人的宙斯神庙亦即莫恩斯－卡西乌斯山顶（the summit of Mons Casius）附近的一座宙斯－阿蒙神庙（a temple of Zeus-Ammon），莫恩斯－卡西乌斯亦即现在的拉斯－埃尔－卡斯鲁恩（Ras el-Kasrun），它是西尔波尼斯湖（Lake Sirbonis）和地中海附近的一座沙岩山脉；庞培的坟墓（Pompey's tomb）就在这里的山坡上（斯特拉波第十七卷第 760 节）。

〔8〕该地的具体位置不得而知。

要从其他地方运来。（662）他接着在里诺科鲁拉（Rhinocorura）[1]休整，从这里他进军到了第四个地方——位于叙利亚起点的拉菲亚。[2]他的第五个营地选择在了加沙；（663）接下来，他进军到阿斯卡隆，从阿斯卡隆又进军到迦尼亚，接着又来到约帕，从约帕最终抵达了其军队的集中地——凯撒利亚。

---

[1] Rhinocorura（里诺科鲁拉）亦写作 Rhinocolura，亦即现在的埃尔 - 阿里什（*el-Arish*），位于埃及和巴勒斯坦的边界；"埃及河"（the river of Egypt）亦即现在的瓦迪 - 埃尔 - 阿里什（*Wady el-Arish*），在旧约时代标志着分界线。

[2] 拉菲亚（Raphia）亦即现在的里法赫（*Refah*）；波利比乌斯（Polybius）同样认为，它是叙利亚的第一座城市（the first city of Syria），ʽΡαφίας ἣ κεῖται μετὰ ʽΡινοκόλουρα πρώτη τῶν κατὰ Κοίλην Συρίαν πόλεων ὡς πρὸς τὴν Αἴγυπτον［拉菲亚，它位于里诺科鲁拉之后，是整个叙利亚河谷中朝向埃及的第一座城市］（第五卷第 80 节）。

第五卷

第一章

[1]（1）如上所述，提图斯就这样完成了从埃及到叙利亚的沙漠行军，并抵达了凯撒利亚，他决定在开战之前在这个地方集结自己的部队。（2）然而，当他仍在亚历山大里亚协助其父创建帝国之时——上帝近来已经把这个帝国交到他们手上，耶路撒冷的叛乱正步入一个新的高潮，变成三派之争，因为其中一派开始自相残杀；这种像罪犯之间一样的不和，也许可以被称为一种幸事和一种正义的结果。（3）关于奋锐党人对民众的进攻（我视之为这座城市毁灭的开端）和他们进攻民众的起因以及随之而来的灾难，我之前就已经做了详细的叙述。[1]（4）这种新的局面可以不失准确地被描述为派系内部滋生的派系，就像一些因为缺乏其他食物而发狂的野兽一样，最终以自己的肉为食。

[2]（5）西蒙之子以利亚撒[2]——最初正是他引发了奋锐党人与

---

〔1〕参见第四卷第 128 节及以下。
〔2〕参见第四卷第 225 节。

民众的分裂，导致奋锐党人撤入圣殿——表面上对约翰所犯下的罪恶
（约翰的谋杀行径从未有丝毫的减弱）极为不满，实际上则是因为他
不甘屈从于一个比自己地位更低的僭主。（6）因而，为了攫取绝对权
力，他拉上了基尔西亚之子犹大（Judes son of Chelcias）和埃斯伦之
子西蒙（Simon son of Esron）等权势人物，以及科霍巴利之子埃泽基
亚（Ezechias son of Chobari）这位颇具声望的人物，一起脱离了约翰。
（7）对于这些脱离者，他们每一个人都有大批的奋锐党追随者；这些
人占领了圣殿的内殿，并将自己的武器安放在了圣殿正面的圣门上方。
（8）由于有充足的生活必需品，他们在这方面没有丝毫的担心，因为
这里有大量的祭品，而他们毫无顾忌地使用这些祭品；不过，他们因
自己人数上的巨大劣势而畏惧，通常只能按兵不动，坚守阵地。（9）
另一方面，约翰一派在人数上的优势被他们在地势上的劣势冲抵了：
由于敌人就在自己的头顶上，他既不能无所顾忌地进攻，也不能让自
己毫无作为。（10）尽管他遭受了比以利亚撒及其军队更加重大的损
失，但是，他并没有停止进攻；因而，他们相互不断出击，弹如雨下，
以至于杀戮把圣殿的每一处地方都玷污了。

[3]（11）深陷困境的民众现在邀请基奥拉斯之子西蒙来帮助他
们渡过难关，结果却只是增加了另一位僭主。[1]西蒙占领了上城和大
部分下城，现在他对约翰一伙发动了更加猛烈的进攻，因为后者同时
遭到从上方而来的进攻；但正如约翰的敌人位置更高，西蒙也只能从
下方攻击约翰他们。（12）在两军交战中，约翰发现自己给敌军造成
的损失和他所遭受的一样多，因为他两面作战；以利亚撒及其军队所
处的地势更高，而他所处的地势又比西蒙更高。（13）当他英勇地抗
击下方发射来的飞弹时，同时要用自己的战争器械抵御上方圣殿那里
的敌人投掷来的阵阵标枪。（14）他拥有足够的速射炮（quick-firers）、

---

〔1〕参见第四卷第 573 节。

石弩（catapults）和投石器（stone-throwers），[1]这些战争器械不仅击退了进攻者，而且杀死了许多朝拜者。（15）因为，尽管这些人行事疯狂、极不虔敬，但他们仍然接纳了那些愿意献祭的人，虽然出于怀疑和监视的需要，他们也会对其进行仔细的搜查；然而，朝拜者虽然成功地进入圣殿——这是他们谴责残暴行径所换来的，但也往往成为叛乱活动的潜在受害者。（16）这些战争器械所发射的飞弹的力量是如此之大，以至于可以穿过建筑物，射入祭坛与圣殿，落到祭司和献祭者身上；（17）众多天南海北的朝拜者聚集到这块盛名之地——同时也是备受全人类尊敬之地——来进行献祭，却倒在了自己的祭品面前，[2]他们的鲜血和他们的祭酒一起洒在了所有希腊人和所有野蛮人一同敬仰的这座祭坛前。（18）当地人与外邦人的尸体，以及祭司与普通信徒的尸体堆在一起，这些尸体流出来的血水在上帝的殿里甚至汇集成了一个个水池。（19）最可悲的城市啊，你在罗马人手里所受的苦难有什么能与之比拟呢？那些罗马人闯进来，用大火焚涤你里面的污秽。当你变成自己子民的坟冢，当你的圣殿变成内战的停尸房，你就不再是上帝的栖息之所了，你也不能再继续存活。然而，假如你能够抚慰掌控你生死的上帝的怒气，那么，你的命运或许仍有峰回路转的希望。[3]（20）然而，历史的法则迫使一个人甚至要抑制自己的

---

〔1〕投石器（stone-throwers）即弩炮（*ballistae*）。胡德森（Hudson）认为，速射炮（quick-firers）即一种发射箭矢的石弩（a species of catapult for discharging arrows），它有可能是蝎弩（*scorpiones*）；参见第三卷第 80 节注释。

〔2〕或者写作"他们却在献祭前（before offering）就倒下了"。

〔3〕对照《巴录书》（Baruch）第四章第 18—21 节："只有给你们招来这些灾祸的那位，才能救你们脱离敌人的掌握。去吧！孩子们，去吧！该独自一个留下；我要脱去升平时的衣饰，穿上我哀祷的苦衣，一生不断向永生者呼号。孩子们！奋勇起来向天主呼号吧！他必拯救你们脱离强权和敌人的掌握。"约瑟夫斯会支持那本书前半部分的忏悔请求，但不会支持后半部分出现的复仇精神（写于公元 70 年之后），而这种复仇精神最终在图拉真和哈德良统治时期激烈爆发了。

情感，因为这不是抒发个人哀悼的地方，而是叙述事件的地方。[1]因而，我将继续讲述叛乱之后的历史。

[4]（21）这座城市的反叛者现在分裂成了三股势力，以利亚撒和他的同伙保住了神圣的初熟果实（the sacred first-fruits），他们的矛头直指约翰；约翰和他的同伙则劫掠民众，愤怒地报复西蒙；而拥有城内充足供给的西蒙也在反对敌对派系。（22）因此，约翰发现自己遭到了另外两股势力的夹击：一方面，他要从柱廊那里向涌过来的民众不断投掷炮弹；另一方面，他又要抵御来自圣殿上方的敌人投来的标枪。（23）如果来自上方的攻击压力有所减轻——由于醉酒和疲惫，他们的攻击常常中止——他就会更加猛烈地向西蒙进行出击。（24）只要是他能够到达的地方，他都会把那里储存谷物和各种物资的建筑物全部烧毁，但是，一旦他后撤，西蒙就向前进军，并像他那样如法炮制；他们不断地摧毁城内原本可以应对围城的物资，斩断他们自身的力量来源，好像他们的目的就是为了服务于罗马人一样。（25）结果，圣殿周围的所有地区全都化作废墟，沦为一块荒芜之地。双方的你来我往几乎把所有的谷物全都烧毁了，而这些谷物原本足够他们应对好几年的围城。（26）因此，饥荒不可避免地降临到了这座城市，如果他们自己早做准备的话，他们几乎不可能遭遇这样的悲惨命运。

[5]（27）现在这座城市的各个地方全都暴露在这帮恶棍和暴民的征伐之中，夹在他们中间的民众则像一具惨遭撕碎的巨尸。（28）深陷这样巨大痛苦中的老人们和妇女们无助地祈祷罗马人的到来，他们急切地希望外部战争能够把他们从内部灾难中解放出来。（29）至于市民们，他们处于极度恐惧和担心之中，既没有扭转时局的机会，也没有同敌人达成和解或者逃跑的机会，尽管他们都渴望这样行事；（30）各处都有守卫，尽管那些土匪头子分裂成了不同的势力，但是，

---

[1] 参见第一卷第11—12节（前言）。

在对待任何想要与罗马讲和或者疑似有逃亡企图之人方面却没有丝毫差别，他们将这些人当作共同的敌人来处死。（31）在屠杀无辜之人这件事上，他们没有任何不同的意见。战斗的喧嚣声日夜不停地传来，而那些哀号者的声音让前者相形见绌。（32）深重的灾难给人们带来了无尽的悲痛，然而，恐惧把他们的哀恸紧紧地封锁在胸口，恐惧压倒了所有的情绪流露，使他们不敢开口呻吟。（33）他们的亲属不再关心生者，也不再考虑埋葬死者——个人的绝望造成这种疏忽；那些不属任何派系的人万念俱灰，觉得自己命不久矣。（34）然而，那些相互敌对的势力却仍然踩在成堆的尸体上面大打出手，脚下的死尸反而强化了他们的残暴和疯狂本性；（35）他们甚至争相发明一些能够相互毁灭的新方法，毫不保留地把这些新发明付诸实施，残忍至极。（36）事实上，约翰确实盗用了那些神圣的木料[1]以建造战争器械；而民众和高级祭司之前打算用这些木料加固圣殿，并将圣殿升高二十肘尺——为了这个目的，阿格里帕国王[2]大费周章地斥巨资将这些笔直又巨大的木料从黎巴嫩山运了下来。（37）但是，战争中断了这项工作，约翰发现，这些木料的长度可以够着位于上方圣殿的攻击者，于是用它们做成塔楼。（38）接着，他们将塔楼搬到内殿的后部，正对着西侧回廊[3]，因为只有这个方向是唯一可通行内殿的，其他方向则被层层台阶阻隔。

[6]（39）约翰以不虔敬的方式制造了这些战争器械，希望借助它们来制伏自己的敌人，然而，上帝却让他的努力徒劳无功，因为在他升起塔楼之前，上帝就把罗马人带到了这里。（40）提图斯在指挥部前

---

〔1〕参见《犹太古史》第十五卷第十一章第 3 节。

〔2〕亦即阿格里帕二世。

〔3〕西侧回廊（the western hall）亦写作"西侧凹室"（the western recess）或者"西侧走廊"（the western cloisters），在内殿西墙的中间，是环绕圣殿（ναός）的柱廊的开口；译作"门厅"（gate-room）是不合适的，因为这个地方没有门（第五卷第 200 节）。

召集了自己的部分军队，他们将从凯撒利亚出征，同时命令余下的军队在耶路撒冷与他会合。（41）他拥有重创犹地亚（在他父亲的指挥下）的那三个军团，[1]和曾遭遇败绩（在塞斯提乌斯的统率下）的第二十军团；[2]第二十军团之前以英勇善战著称，在复仇之心的驱使下，对先前的失败耿耿于怀的他们现在更是跃跃欲战，士气高涨。（42）提图斯命令第五军团沿着埃马厄斯路线（the Emmaus route）前进，并与自己会合，同时命令第十军团沿着耶利哥路线向上进发；而他自己则率领其余的军队和其他国王所提供的分遣部队（规模比之前更为庞大）以及大批的叙利亚辅助部队一起进军。（43）韦斯巴西安先前抽调穆西亚努斯率领四个军团到意大利，[3]其空缺则由提图斯选调一支新的军队来填补。（44）提图斯从亚历山大里亚的军队中挑选出两千名精兵，又从幼发拉底河的守军那里挑选出三千名士兵随行。（45）提比略·亚历山大也抵达了，无论在忠诚上还是睿智上，他都是提图斯最久经考验的朋友；为了提图斯和提图斯父亲的利益，他先前一直掌管着埃及，而现在他被认为是指挥这些军队的合适人选。（46）因为在提图斯及其父亲的地位立足未稳之时，提比略就成为第一位接受和迎接这个新生朝代的人，将自己的命运与其紧紧地联系在一起，热情地忠诚于它。

第二章

[1]（47）当提图斯向敌人的国土进军时，[4]他的先头部队由国王

---

[1] 亦即第五军团、第十军团和第十五军团，参见第三卷第 65 节。

[2] 参见第二卷第 500—555 节。

[3] 参见第四卷第 632 节。

[4] 以下的描述与韦斯巴西安领兵进军加利利时形成对照，参见第三卷第 115—126 节。

们提供的先遣部队及其他辅助部队组成。跟在后面的是工兵和营地测量员（the camp-measurers），接着是军官的行李；紧随其后的则是提供保护的军队；然后是最高统帅提图斯本人，他由枪骑兵和其他精兵进行护送；再之后是军团骑兵。（48）上述这些人全都行进在军事器械的前面，而保民官们（the tribunes）和骑兵长官们（prefects of cohorts）则率领一支精兵行进在军事器械的后面；在他们之后的是手持雄鹰军旗[1]的掌旗官，在号手的引领下前进；其后则是每排六列的主力军团。（49）每个军团都配有大批服务于军团的仆人，他们紧跟在大部队的后面，而又行进在最后的辎重部队的前面。雇佣兵则行进在最后面，以作断后之用。（50）按照罗马人的惯常做法，提图斯行进在前面，以有序地领导军队；在穿越撒玛利亚后，他抵达了戈弗纳[2]——提图斯的父亲之前就占领了此地，罗马士兵现在正驻守在那里。（51）在戈弗纳休息一晚之后，他在黎明时分动身出发了，经过一整天的行军，他来到一个被当地犹太人称作"荆棘谷地"（Valley of Thorns）的地方驻营——这个谷地靠近一座名叫加巴特－扫罗（Gabath Saul）[3]的村庄，其含义是"扫罗的山冈"（Saul's hill），大约距离耶路撒冷三十弗隆。（52）他率领了六百名精心挑选的骑兵从这里向前进发，旨在观察这座城市的坚固程度并试探犹太人的英勇程度，他想看

---

〔1〕参见第三卷第 123 节。

〔2〕戈弗纳（Gophna）亦即现在的朱弗纳（*Jufna*），位于耶路撒冷以北大约十三英里处；韦斯巴西安之前占领了这个戈弗纳"王国"（the "toparchy" of Gophna），参见第四卷第 551 节。

〔3〕扫罗的加比亚赫（Gibeah of Saul）——加比亚赫（Gibeah）即"出生地"（birthplace of）之意——亦即现在的特尔－埃尔－弗尔（*Tell el-Ful*），位于耶路撒冷以北大约四英里处，参见《撒母耳记上》第十一章第 4 节。"荆棘谷地"可能是瓦迪－苏塞尼特谷地（*Wady Suweinit* = valley of the little acacias［小金合欢谷地］）的一个分支（a branch）；这座主干谷地延伸到了扫罗的加比亚赫（Gibeah of Saul）的东部和北部。

看当那些犹太人看到他时，会不会因为恐惧选择不战而降；（53）因为他了解到（事实也确实是这样），民众其实非常渴望和平，只是对叛乱分子和土匪的极度恐惧使他们身不由己，他们也没有抵抗的能力。

[2]（54）提图斯沿着大路一直骑行到城墙前，[1]而城门外面一个人都没有出现；（55）但是，当他率领自己的骑兵部队偏离了这条线路，沿着一条斜线往普塞菲努斯塔楼（the Tower Psephinus）[2]行进时，大批犹太人突然从一座名叫"妇女塔楼"（the Women's towers）的地方冲了出来，越过海伦娜纪念碑（Helena's monuments）[3]对面的大门，截住了他的骑兵。（56）此外，他们挡住从路上驰骋而来的骑兵，使其不能与偏离队伍的骑兵会合。他们就这样把提图斯及其一小部分士兵包围了。（57）提图斯现在已经不可能再前进了，因为城墙外的地面全都被用于园林的壕沟挖断了，并阻挡着纵横交错的隔墙和栅栏；（58）他发现，自己根本不可能回到大部队；因为太多的敌人横贯在他们中间，而在大路上撤退的大部分士兵完全不知道这位皇子的危险处境，他们以为他已经同他们一起全身而退了。（59）当他意识到自己的安全要完全依赖于他的个人勇气后，他调转马头，并大声地向自己的同伴呼喊，让他们跟随自己冲向敌人，奋力杀出一条血路。（60）因此，我们比以往任何时候都更加深刻地意识到，战争的胜利和君主的安危无不在上帝的旨意之下。（61）因为，箭矢不断地射向既没有戴头盔、也没有穿铠甲的提图斯——正如我之前所说，他不是去战斗而是去侦查——却都没有碰到他的身体，就好像他的攻击者故意射偏了一样，箭矢只是呼啸而过，丝毫没有伤及他。（62）与此同时，他

---

〔1〕可能是在"现在的大马士革门"（the present Damascus gate）。

〔2〕在第三道城墙的西北角，参见第五卷第 159 节。

〔3〕这位海伦娜亦即阿迪亚比尼女王（Queen of Adiabene），她改信了犹太教，参见《犹太古史》第二十卷第 17 节及以下。《犹太战争》第五卷第 119 节和第 147 节提到了她的地标性的坟墓，第五卷第 253 节则提到了她的宫殿。

不断地挥舞利剑驱散自己两侧的敌人，并击杀迎面而来的敌人，骑着马从倒下的敌人身上越过。（63）面对凯撒的英勇无畏，犹太人大声呼喊，彼此鼓舞着去攻打他，然而，一旦他调转方向，他们立即四散逃跑，溃不成军。（64）他的同伴们冒着风险紧随着他，其后和两侧都受到敌人的猛攻；他们所有人都希望在提图斯被切断退路之前，可以帮助他杀出一条逃生的血路。（65）有两名同伴跟随在他的身后，与他相距一段距离：其中一名骑兵遭到敌人的包围，和他的坐骑一同被刺死；另一名骑兵则在坠马后遭到射杀，而他的坐骑被敌人抢进了城内；其余的人则与提图斯一起安全地回到营地。（66）犹太人一开始的这场胜利，让他们得意扬扬地患上了一种不切实际的幻想病，让他们所有人都对未来的战事信心满溢。[1]

［3］（67）凯撒连夜与来自埃马厄斯的那个军团[2]进行了会合，第二天，他们拔营进军斯科普斯（Scopus），从这个地方可以看到耶路撒冷城，也可以清楚地看到伟大的圣殿；因此，这个地方——亦即与耶路撒冷的北区相毗邻的一个低矮的凸地（a low prominence）[3]——被恰如其分地命名为"斯科普斯"。[4]（68）它距离耶路撒冷七弗隆。提图斯命令其中两个军团[5]合在一起驻营，第五军团则在后面三弗隆

---

〔1〕θάρσος προυξένει（信心满溢）这个短语出自索福克勒斯的《特拉基》（Trach.）第726行。

〔2〕亦即第五军团，参见第42节。

〔3〕［中译按］在惠斯顿本中，英译者将其译作"一个平地"（a plain）。

〔4〕"斯科普斯"（Scopus）亦即"岗哨或者瞭望员"（look-out man［look-out place = Scopia］）之意；其闪米特名字（the Semitic name）是 Saphein（参见 Mizpah，"look-out place"），参见《犹太古史》第十一卷第329节。四年前，塞斯提乌斯和第十二军团曾驻扎在这里，参见《犹太战争》第二卷第528节和第542节；亚历山大大帝在进入耶路撒冷城时，耶路撒冷的高级祭司和民众也是在这个地方欢迎他的，参见《犹太古史》第十一卷第329节。

〔5〕亦即第十二军团和第十五军团，参见第41—42节。

远的地方驻营；他认为，这些人经过了一夜的行军，身体疲乏，而他们匆匆建造的壕沟可以保护他们免遭敌人伤害。（69）就在他们刚刚开始动工建造［这些壕沟］时，第十军团就已经途经耶利哥[1]（韦斯巴西安之前曾派遣一部分士兵驻扎在耶利哥，以保护那里的通道[2]）抵达这里。（70）这些军团驻扎在距离耶路撒冷城六弗隆远的橄榄山（the Mount of Olives）——橄榄山位于耶路撒冷城的东部，一座名叫克德隆（Kedron）的深谷贯穿其间，将橄榄山和这座城市分隔开来。

　　［4］（71）突如其来的大兵压境，让城内相互残杀的各派势力第一次停止了彼此之间的敌对和冲突。（72）叛乱分子惊愕地看着罗马人所建造的数座营地，他们开始商讨尴尬的结盟问题，他们相互问道："（73）我们现在被敌人三面包围，难道只能在其中坐以待毙，抑或自我窒息？丝毫没有安全之虞的敌人正在给我们建造一座敌对之城，而我们的双手和武器却毫无用武之地，难道我们只能干坐在城内，眼巴巴地看着敌人的所作所为？"（74）他们大声地呼叫道："难道我们的勇气只能用于自相残杀？难道罗马人兵不血刃就可以占领这座城市？"（75）这番话语深深地激励和感染了他们，因而他们团结起来，拿起自己的武器，突然冲向第十军团，攻击正在建造堡垒的敌人，以至于整个山谷都回荡着恐怖的喊杀声。（76）原本为了便于完成他们的工程，罗马人分散成一个个的团队，并将武器搁置在一边，因为他们认为，犹太人不可能冒险来进攻自己，就算他们主动出击，他们的精力却早已被内部的自相残杀消耗殆尽了。（77）因此，犹太人的突然进攻让罗马人大吃一惊，也让他们陷入了一片混乱。罗马人纷纷放下自己手上的工作，其中一些人赶紧向后撤退，也有许多人赶紧跑去

---

〔1〕参见第 42 节。

〔2〕韦斯巴西安在耶利哥建造了一座营地，并派驻了一支永久性的守卫部队，参见第四卷 486 节（对照第 450 节）。

拿自己的武器，不过，就在他们转身回击敌人时，他们就被击倒了。（78）与此同时，由于受到第一波胜利的鼓舞，许多犹太人源源不断地加入进攻的队伍之中；他们交上了如此好运，以至于他们自己和敌人都认为，他们的人数远远超过了实际人数。（79）面对这种突然而又无序的进攻，那些习惯于一声令下、纪律严明而又井然有序地作战的罗马人无疑容易陷入混乱。面对犹太人的反复突袭，措手不及的罗马人溃败下来。（80）那些被追上的罗马人索性转身面对敌人，他们抵挡住了犹太人的冲击，在疯狂的追击中，许多犹太人由于失去警惕而被罗马人击伤；但是，由于越来越多的犹太人从这座城市中冲了出来，以至于罗马人的无序也越来越严重，最终只好逃回了自己的营地。（81）要不是提图斯看到了他们的处境，并及时过来援助的话，那么整个军团都将陷入危险的境地。（82）在严厉地斥责了他们的怯懦后，提图斯重新集结了逃亡的士兵；此外，他率领着一支精兵进攻犹太人的侧翼，杀死了他们许多人，并将其他人包抄和追赶到了山谷里。（83）当犹太人急速地下坡进入到山谷后，他们遇到了一条小溪，于是被夹在罗马人和这条小溪之间骑虎难下，只好与罗马人血战到底。（84）这场激烈的战斗一直持续到中午；之后不久，提图斯就亲自领兵（包括骑兵）进行了增援，堵住了犹太人的进一步出击；接着，他派遣余下的军团上到山脊，以保卫营地安全。

[5]（85）然而，犹太人却误认为罗马人的这番军事行动是在逃跑，他们还看到，驻守在城墙上的犹太守军也挥动长袍向自己示意，而另一群犹太人则像凶猛的野兽一样急匆匆地冲向城外。（86）事实上，他们没有一人能够抑制自己的进攻激情，像从军事器械中弹射出去那样，他们冲破了敌人的队伍，迫使敌人纷纷掉头逃到山上，只把提图斯和一些随从留在了斜坡中间。（87）提图斯的随从都是他的朋友，他们都将生死置之度外，非常鄙视那些不管统帅安危而自顾逃命的人；（88）他们诚挚地恳求他，在这些亡命的犹太人面前暂作退守，

不要让自己和在他身边保护他安全的人暴露于危险之中；他要考虑到这只不过是暂时运气欠佳，[1] 而不要像普通战士那样进行战斗，因为他是整个世界的主人和整个战争的统帅；整个公共事务都仰赖于他个人的安危，他绝不能以身犯险。（89）提图斯似乎对这些劝说充耳不闻，他抵挡住了上山向他冲杀过来的犹太人，与他们对峙，击杀了那些逼向自己的犹太人，又扑向他们，将他们推下斜坡。（90）然而，尽管这些犹太人对提图斯的英勇和力量感到惊惧，但他们甚至没有退到城里，而是从两侧绕过，继续追击那些正在逃上山的罗马人；提图斯依旧攻击他们的侧翼，努力阻止他们冲锋。（91）与此同时，那些驻守在山上营地的军队看到下面四散逃跑的同胞，也混乱和恐惧起来，甚至整个军团都四散开来；（92）他们觉得犹太人的进攻势不可挡，似乎提图斯本人都在逃跑——他们想当然地认为，如果提图斯坚守阵地，其他的人就不会逃跑了。（93）被恐惧包围的他们都想逃亡，直到他们当中的一些人看到统帅仍在敌人的包围中奋战，并深深地为他的安全担忧，于是向整个军团大声报告统帅所遭遇的险境。（94）羞耻心让他们重新聚集起来，他们相互责骂，深感遗弃凯撒比自顾逃命更加罪孽深重。因此，他们使出最大力量来攻击犹太人，迫使犹太人退后，将他们从斜坡上向山谷里挤压。（95）犹太人一步步地且战且退，不过，罗马人利用地势之便最终把他们全部赶进了山谷。（96）仍在与身边的敌人奋力鏖战的提图斯，现在再次派遣军团去强化营地的防御，而他自己则与先前的那群士兵[2]一起抗击和抵挡敌人的进攻。（97）我既不会出于奉承而有意添加谄媚之辞，也不会出于妒忌而故意有所保留，我只会实事求是地说，凯撒两次亲自挽救了岌岌可危的整个军团，使他们能够安然无恙地固守营地。

---

〔1〕或者写作"考虑到他的独特运气"（consider his peculiar fortune）；因为提图斯是命运女神的宠儿（the favourite of Fortune），参见第六卷第 57 节。

〔2〕参见第 82 节。

第三章

[1]（98）在城外的战争短暂的间歇期间，城内的派系冲突再一次死灰复燃。（99）在撒西库斯月[1]的第十四日，也即无酵节（犹太人首次从埃及获得解放的纪念日）到来的那一天，以利亚撒和他的同党打开了圣殿的大门，[2]让那些渴望朝拜的民众进入。（100）然而，约翰却在节日的掩护下图谋作乱，他让自己那些不显眼的手下（他们当中的大部分人都没有经过洁净仪式）把武器藏在衣服下面，偷偷混入圣殿，以期抢占它。一进入圣殿，他们就脱掉了衣服，暴露出全副武装的样子。（101）圣所的周边地区立即陷入巨大的混乱和无序；与派系冲突无关的民众认为这是无差别地针对所有人的冒犯和进攻，而奋锐党人则认为这只是针对他们自己的进攻。（102）然而，奋锐党人再也不去守卫大门了，也不愿与入侵者交战，他们跳下城垛，躲藏到圣殿的地下洞穴（the subterranean caverns of the temple）[3]之中；而那些从城内来的访客则蜷缩在祭坛旁边和圣殿周围，被踩踏在脚下，任由棍棒和利剑无情地击打。（103）出于个人的敌意和仇恨，许多热爱和平的民众都被当作敌对派系的游击队员遭到杀害，任何之前冒犯过这些密谋者的人，现在都被视为奋锐党人，并被带走和处死。（104）然而，就在大批无辜者受到如此残酷的对待之时，入侵者却与罪犯们达成了停战协定，当后者从地下洞穴里出来时，就让他们走了。约翰的追随者现在占领了圣殿的内殿，以及其中所有的储备物，以至于他们可以毫无顾忌地挑战西蒙了。（105）先前分成三个派系的叛乱分子，

---

〔1〕撒西库斯月（the Month Xanthicus）是马其顿人的月份，对应于希伯来的尼散月（the Hebrew Nisan），亦即三月至四月（March–April）之间。

〔2〕［中译按］亦即打开了内殿的大门。

〔3〕［中译按］这里采用的是惠斯顿本译法；而在洛布本中，英译者将其译作"圣殿的地下金库 / 地下墓穴"（the temple vaults）。

现在因而也变成了两派。

[2]（106）提图斯现在决定放弃斯科普斯的营地，将营地移驻到距离耶路撒冷城更近的地方，他部署了一支自认为足够抵挡犹太人突袭的精锐骑兵和步兵，并命令主力部队将其间的地面整平，直到耶路撒冷城墙。（107）因此，居民用来围住花园和农场的所有栅栏和围墙全被他们清除，所有果树全被砍倒在地，所有的沟渠和坑洼之处全被填平，凸起的石块也都被铁质工具一一铲除；（108）从斯科普斯到希律纪念碑（Herod's monuments）的所有地方，包括那座塞尔朋特水池（the Serpents' pool），[1] 全都被整成了一块平地。

[3]（109）在此期间，犹太人实施了下述策略来欺骗和对付罗马人。（110）更加胆大的一些叛乱分子走出了那座所谓的妇女塔楼，[2] 不过，他们看起来好像是被求和派（the partisans of peace）驱赶出来的，又害怕遭到罗马人的攻击，以至于紧挨在一起缩成一团。（111）与此同时，那些成排地站在城墙上的犹太战友们——他们似乎站在民众一边——大声地高呼"和平"（Peace），恳求罗马人的保护并邀请罗马人进城，允诺向罗马人打开城门；他们一边高喊，一边用乱石砸向下面的自己人，就好像要将那些人赶出城一样。（112）那些人也假装自己遭到武力驱逐，并向城里的人发出恳求，他们不断地冲向罗

---

〔1〕塞尔朋特水池的具体位置不得而知；参见第 507 节。尼斯本认为，这块希律纪念碑所纪念的是迦尔西国王（the king of Chalcis）希律——大希律的孙子（grandson of Herod the Great）；大希律葬于希律迪安，希律迪安位于耶路撒冷以南六十斯塔德，参见《犹太战争》第一卷第 673 节。塞尔朋特水池被不太确定地等同于现在的比尔科特－马米拉（*Birket Mamilla*），位于耶路撒冷以西，参见史密斯：《耶路撒冷》第一卷第 114 节。

[中译按] the Serpents' pool 亦写作 the Serpent's pool。

〔2〕这座塔楼的具体位置不得而知；第 55 节则记载说，它位于女王海伦娜坟墓（Queen Helena's tomb）的对面，下面第 119 节提到了女王海伦娜的坟墓。

马人，又不断地撤回，看起来就像陷入到巨大的混乱之中。（113）普通的罗马士兵对这种欺骗之术信以为真，他们想象着其中一方可以任由自己摆布，随意惩罚，同时希望另一方能打开城门，他们就要采取行动。（114）但是，提图斯却非常怀疑犹太人的这番行动；因为就在前一天，他还通过约瑟夫斯邀请他们前来达成和平协议，但他们无动于衷；因而，他命令自己的士兵继续按兵不动。（115）然而，驻扎在前线的一些士兵没有听从提图斯的命令，他们操起武器冲向了大门。（116）起先，假装遭到驱逐的那些人开始往后撤退，而当罗马人抵达塔楼之间的入口处时，他们就从罗马人的后面包围和冲杀过来；（117）而城墙上的那些犹太人也纷纷向罗马人投掷大量的石块和标枪，杀死了他们许多人，击伤的人数则更多。（118）腹背受敌的罗马人即使想要逃跑，也不是一件容易的事情；而且，他们羞愧于自己所犯下的错误，同时害怕被长官施加惩罚，于是硬着头皮坚持战斗到底。（119）结果，他们同标枪缠斗了很长的时间，在遭受重大伤亡后（不过犹太人也损失惨重），才得以冲出敌人的包围圈。在他们撤退之时，犹太人仍紧追不放，一直向他们投掷标枪，直至海伦娜墓（the tomb of Helena）。[1]

[4]（120）接着，犹太人粗鄙地滥用了他们的好运，他们大肆嘲笑罗马人惨遭诡计的欺骗，得意扬扬地挥动着圆盾，手舞足蹈地庆祝胜利。（121）而那些罗马士兵则受到了他们的上级军官和怒不可遏的凯撒的威胁，凯撒愤怒地对他们训斥道：

> 这些丧心病狂的犹太人做起事来都深谋远虑、谨小慎微；他们精心设计诡计和伏击，加上好运的青睐（favoured by fortune），

---

〔1〕参见第 55 节注释。

使他们赢得了胜利，更何况他们还拥有良好的服从性，以及彼此之间的忠诚和信任；（122）而训练有素又奉命唯谨的罗马人——甚至命运（fortune）都是他们的奴隶——现在却由于背道而驰的行动而惨遭厄运，你们的失败完全是因为无节制的好战导致的，最为糟糕的是，你们在没有凯撒命令的情况下就自行战斗。（123）战争必然会有死亡，[1]我的父亲也会致以深深的哀悼，如果他听说了这次挫败的话；（124）尽管他经历了无数的战争，但是，他也从未经历这样的灾难，战争法则总是告诉我们，即使最轻微地违反纪律，其后果也将是以死亡为代价。而这次你们自己看到了整个军团所陷入的巨大混乱。（125）这些轻率的冒险者现在务必要牢记，在罗马人中间，在没有战斗命令的情况下即使赢得了胜利，也没有任何荣誉可言。

（126）提图斯在军官面前所做的这番斩钉截铁的演讲明显表明，他将对所有人执行法律。因而，那些违反命令的人个个失魂落魄，因为他们觉得自己不久就会被判处死刑；（127）但是，聚集在提图斯周围的其他军团站出来为这些士兵求情，恳求他看在他们大部分人纪律严明的份上，原谅少数人的鲁莽，他们向他保证，这些人在未来的战斗中肯定会以优异的表现将功补过。

[5]（128）经过一番深思熟虑，凯撒同意了他们的请求；他觉得，对个人的惩罚应该执行，但如果涉及的人员众多，那惩罚就不应超出责备。（129）因此，在对他们未来的表现做了一番严厉的警告之后，他原谅了这些士兵；与此同时，他自己也在思考怎样报复犹太人的奸诈诡计。（130）经过四天的时间，罗马人与城墙之间所有的土地都得

---

〔1〕在约塔帕塔的洞穴中，约瑟夫斯对自己的同伴们也使用了一个类似的表达，参见第三卷第 356 节。

到了平整；提图斯现在想为军队的辎重和大批随军人员提供一条安全的通道，于是，他在城墙的北面和西面位置部署了一支精兵，其纵深长达七列（seven deep）：（131）前面是步兵，后面是骑兵，分别部署了三列（three ranks），弓箭手则部署在这七列（seven ranks）的最中间。（132）这种让人望而生畏的部署和阵势挡住了犹太人的突袭，隶属于三个军团的驮畜以及大批随军人员一起安全通过了。（133）提图斯自己则驻扎[1]在（距离城墙大约两弗隆远的）普塞菲努斯塔楼对面的犄角处，[2]也就是这座环形的城墙从北向西弯曲的地方。（134）其余的军队则驻扎在有壕沟保护的西皮库斯塔楼的对面，这座塔楼距离耶路撒冷城也是两弗隆远。（135）不过，第十军团则继续驻守在橄榄山上。

第四章

[1]（136）耶路撒冷城的三面都由城墙保卫，另一面则被不可逾越的山谷保护，那里只有一座防护土墙。耶路撒冷城建造在相向而立的两座山上，中间是一座山谷[3]，山谷里的房子层层叠叠，一直延伸到山的尽头。

（137）上城就坐落在这些山上，它所在的山脊比其他山脊要更高更直；由于它的坚固宏伟，大卫王（King David）——圣殿的第一位

---

〔1〕 按照第 567 节的记载，驻扎时间是在撒西库斯月的第十四日（5 月 1 日）。
〔2〕 按照胡德森博士的说法，这个地方可能就是《历代志下》第二十六章第 9 节所说的那扇名叫"角门"（Gate of the Corner）的城门。
〔3〕 亦即推罗波安（Tyropoeon）山谷，也即现在这座城市里的埃尔－瓦德（El-Wad）山谷，它是一座浅浅的山谷（a shallow glen）。

建造者所罗门的父亲——称呼它为"要塞"（the Stronghold），[1]不过，我们则称呼它为"上广场"（the upper agora）。[2]另一座山名叫"阿克拉"（Acra），它支撑着下城，其外观看起来像猪背。[3]（138）与其相对的第三座山，地势比阿克拉更低，曾被一条宽阔的山谷分割开来。（139）但是，为了连接城市和圣殿，哈希曼人（the Hasmonaeans）在其统治时期把这条山谷给填平了，他们还夷平了阿克拉山的山顶，使其高度降低，以免妨碍圣殿的视线。[4]（140）"奶酪商的山谷"（the Valley of the Cheesemakers）[5]——正如我们前面所说——把上城的那

---

〔1〕参见《撒母耳记下》第五章第 7 节。

〔2〕现在绝大部分的考古学证据表明，约瑟夫斯在这里以及他关于大卫攻占耶布斯的记载（《犹太古史》第七章第 65 节中）对古代地形的描述都是错误的；"大卫之城"（City of David）或者锡安（Sion）不是位于西边的山冈，而是位于东边的山冈——在弗吉泉水（the Virgin's spring）上面叫作奥弗尔（Ophel）的地方，参见史密斯：《耶路撒冷》，第一卷第 134—135 节和第 161 节及以下。历史学家的错误在现代命名法中一直存在；在现在的城堡中，所谓的"大卫塔"（David's Tower）位于迦法门（Jaffa Gate）附近，它是在希律的法塞尔塔（Herod's Tower of Phasael）的基础上建造的。

［中译按］the upper agora 亦写作 the Upper Marketplace。

〔3〕字面含义是"凸起的"（gibbous），形状像下玄月。

〔4〕参见《犹太战争》第一卷第 50 节和《犹太古史》第十三卷第 215—217 节更为详尽的记载；这两处记载都将填平阿克拉的功劳归在西蒙身上。但是，这种记载与《马加比一书》第十四章第 37 节并不一致，后者记载道，西蒙强化了它的防御工事。约瑟夫斯记载的是在他所处时代的两个世纪前就已经消失的东西，而且他的描述在某些方面可能存在错误。也有人认为，这项工程是由希尔堪一世完成的，他在圣殿西北角还建造了一座巴里斯（a Baris）或者城堡（a castle），这导致了叙利亚的阿克拉（the Syrian Acra）到阿克拉南部（the S. of it）的拆除。参见史密斯：《耶路撒冷》第一卷第 159—160 节；舒尔：《犹太民族史》第一卷第 247 节。

〔5〕亦即推罗波安山谷。

［中译按］the Valley of the Cheesemakers 亦写作 the Valley of the Cheesemongers。

座山与下城的那座山分隔开来，并一直延伸到了西洛安；而西洛安这座泉水既甘甜又充沛。（141）从外部看，耶路撒冷城所坐落的这两座山被高深的峡谷所包围，两侧陡峭的悬崖使得这座城市难以入侵。

　　[2]（142）在这座城市的三道城墙中，最古老的那道城墙几乎坚不可摧，因为它前面不仅有山谷环绕，而且建造在地势高耸的山冈之上。（143）除了地理上的优势，它本身也被造得极其坚固，因为大卫和所罗门以及他们的王权继任者们都积极热心地开展这项建造工作。（144）这座城墙的北边[1]起于西皮库斯塔楼[2]，一直延伸到[3]埃克斯图斯，[4]然后连接了议事厅，[5]终于圣殿的西侧柱廊。（145）从西皮库斯塔楼往另一个方向——西边方向，城墙则一直向下越过贝特索（Bethso），[6]直到艾塞尼人大门（the gate of the Essenes），[7]接着再向南建造到西洛安泉水上方；从西洛安泉水那里再朝着所罗门水池

---

〔1〕西北角。

〔2〕关于西皮库斯塔楼的描述，参见第 163 节及以下。

〔3〕向东延伸。

〔4〕埃克斯图斯（the Xystus）亦即体育馆（the gymnasium），这座体育馆用作公共演讲，有一座桥把它与圣殿连接了起来，参见第二卷第 344 节注释。
　　[中译按] the Xystus 亦写作 the Xistus。

〔5〕议事厅（the council–chamber）亦即一座位于或者毗连于圣殿南部区域的前厅（a hall），犹太公会常常在这里举行；参见《密释纳·解经方法》（Mishna, *Middoth*）第五章第 4c 节，舒尔：《犹太民族史》第二卷第 211 节。《犹太战争》第六卷第 354 节提到说，罗马人烧毁了它。在《密释纳》中所称呼的这个名字 *Lishkath hag-Gazith*，其含义可能不像通常翻译的那样是"石凿的议事厅"（Chamber of Hewn Stone），而是"埃克斯图斯旁边的议事厅"（Chamber beside the Xystus）；在《七十士译本》中，Gazith = ξυστός（柱廊）（舒尔）

〔6〕贝特索（Bethso）的具体位置不得而知。

〔7〕艾塞尼人大门（the gate of the Essenes）的具体位置不得而知。

（Solomon's pool）向东倾斜，在越过一个名叫奥弗拉斯（Ophlas）[1]的地方后，最后连接到圣殿的东侧柱廊。

（146）第二道城墙始于一座名叫基纳特（Gennath）[2]的城门（这座城门在第一道城墙上），只把这座城市的北部地区涵括在内，并一直延伸到安东尼亚。

（147）第三道城墙始于西皮库斯塔楼，并向北一直延伸到普塞菲努斯塔楼，接着向下延伸到海伦娜纪念碑[3]（海伦娜是国王伊扎特斯[Izates]的女儿和阿迪亚比尼人的女王）的对面；接着，它延伸了一段很长的距离，经过了那座王室洞穴（the royal caverns），再绕过正对着所谓的富勒之墓（the so-called Fuller's tomb）的一座转角塔，最后连接到克德隆山谷（the Valley of Kedron）的古城墙。[4]（148）阿格里帕把这座城市后来新建的、缺乏保护的城区涵括在了这道城墙之内；因为这座城市的人口越来越稠密，以至于逐渐越出了旧有的范围。（149）事实上，人口的膨胀使得圣殿北面的区域和旁边的山连成一片，乃至这第四座山都布满了房子。这座山名叫贝泽萨，位于安东尼亚的对面，但它被一条非常深的壕沟分隔开来；（150）而挖掘这条壕沟的目的就是将安东尼亚塔楼的地基（the foundations）与这座山隔

---

〔1〕亦即《圣经》上的奥弗尔（the Biblical Ophel，Ophel = hump［驼峰］），参见《尼希米记》（Neh.）第三章第26节，等等；史密斯爵士认为，它可能是锡安（Sion）的同义词，参见《耶路撒冷》第一卷第153节。

〔2〕基纳特（Gennath）可能是指花园门（Garden Gate）。与第二道城墙的路线一样，它的具体位置并不能确定；一些人认为，它位于西皮库斯塔楼与法塞尔塔楼之间，另一些人则认为，它位于法塞尔塔楼附近，参见第一卷第243节。

〔3〕参见第55节。

〔4〕关于普塞菲努斯塔楼后面的第三道城墙的路线，我们并不能确定；有些人认为，它就是现在的北城墙，也有一些人认为，它包含了更北的一些区域。最近的考古发掘（1926年）明显支持了后一种说法。

开，从而使它们不容易接近，又更加高耸——这条壕沟的深度可以大幅增加塔楼的高度。（151）这座城市新建的部分在当地语言中名叫贝泽萨，翻译成希腊语就是新城之意。[1]（152）鉴于这块地方的居民需要防卫，阿格里帕——现任国王的父亲，他与自己的儿子同名——开始建造上述那道城墙；但是，由于担心克劳狄·凯撒会怀疑这庞大的工程将用于叛乱和革命的目的，因此，在铺设好地基之后，他就停止了这项工程。（153）要是这道城墙能够继续建造和完工的话，这座城市几乎就坚不可摧了；因为修建这道城墙的石块长达二十肘尺、宽达十肘尺，这些石块之间是如此严丝合缝，以至于任何铁器都无法破坏它，任何军事器械也无法撼动它。（154）这道城墙本身的宽度达十肘尺，要是其创建者的雄心和热情没有受到抑制的话，它无疑会比现在更高。（155）后来，犹太人匆匆忙忙地把它建成，其高度仍达到二十肘尺，此外，它还有两肘尺高的城垛和三肘尺高的炮塔，总高度达到了二十五肘尺。

［3］（156）然而，这道城墙上的塔楼宽达二十肘尺，高也达二十肘尺；它们呈正方形，像城墙那样坚固异常，用来建造它们的石块，其漂亮度和严密性一点也不亚于建造圣殿的石块。（157）这些坚固的砖石结构的塔楼上面有高达二十肘尺的华丽房间，其上有上层客房（upper chambers）[2]和收集雨水的蓄水池，每一座塔楼里都有宽敞的螺旋式阶梯。（158）在第三道城墙上，像这样的塔楼总共有九十座，每间隔两百肘尺就有一座；中间的城墙上有十四座塔楼，而老城墙上则

---

〔1〕 第二卷第530节记述得更加准确："这个地区被称作贝泽萨，也被称作新城（New Town［Caenopolis］）。" 按照史密斯的《耶路撒冷》第一卷第244节注释的记载，贝泽萨（Bezetha）可能就是贝特－萨特（Beth-zaith），其含义是"橄榄之家"（house of olives），而不是"新城"（New Town）。《犹太古史》也有这种类似而含混的词源学表达。

〔2〕 ［中译按］upper chambers 亦写作 upper rooms。

有六十座塔楼。（159）这座城市的完整周长是三十三弗隆。[1]尽管第三道城墙整体非常秀丽，而普塞菲努斯塔楼——它坐落在西北角和提图斯营地的对面——则更加美不胜收；（160）因为它有七十肘尺高，可以饱览东边阿拉伯的日出美景，也可以欣赏希伯来西部尽头的海上风光；它的外形是八角形结构。

（161）它的对面是西皮库斯塔楼，其旁还有另外两座塔楼，都是由希律王建造在老城墙上的，它们的宏伟、美丽和坚固在整个世界上都无出其右。（162）因为，希律王除了有着天生的慷慨和对这座城市的自豪感之外，他还试图在这些卓越的工程中满足自己的个人感情；他把这些塔楼献给了自己最深爱的三个人——他的兄弟、朋友和妻子[2]，用这三个人的名字来为塔楼命名。正如我们在前面所说，出于对自己妻子无法自拔的爱意，他把妻子给杀死了；[3]其他两位则在后来的战争中英勇阵亡。[4]

（163）以他朋友的名字命名的西皮库斯塔楼[5]是一座四边形塔楼，它的长度和宽度都是二十五肘尺，高度则是三十肘尺，而且是一座实心塔楼。（164）在这座坚固密实的砖石建筑上面建造有一个蓄水

〔1〕三十三斯塔德（stades）大约相当于 3.75 英里。公元 2 世纪，"叙利亚的土地测量员"（参见 *ap. Euseb. Praep. Ev.* ix. 36）估计的周长是二十七斯塔德；有些人则把它的周长过高地估计为四十或者五十斯塔德，参见《驳阿庇安》第一卷第197 节注释。

〔2〕分别是法塞尔、西皮库斯（奇怪的是，在叙述希律的统治时，约瑟夫斯遗漏了西皮库斯）和玛丽安。

〔3〕参见第一卷第 443 节。

〔4〕法塞尔遭到帕提亚人的俘虏，后来自杀身亡，参见第一卷第 271 节；另外一个人的最终命运，约瑟夫斯则没有记载。

〔5〕按照史密斯的《耶路撒冷》第一卷第 240 节的记载，西皮库斯塔楼可能是当前这座城堡的西北塔楼（the N.W. tower of the present citadel）。这三座希律迪安塔楼（the three Herodian towers）被提图斯保存了下来，以供后世敬仰，参见第七卷第 1—2 节。

池，深二十肘尺，用于接收雨水；（165）在蓄水池的上面，有一间两层的房子，高二十五肘尺，带有颜色不同的屋顶；在这上面还建造有两肘尺高的炮塔和三肘尺高的城垛，因此总高度达到八十肘尺。

（166）以他的兄弟法塞尔的名字命名的第二座塔楼，[1]其长度和宽度都是四十肘尺；它的高度也是四十肘尺，而且是一座实心塔楼。（167）这座塔楼周围有回廊，回廊十肘尺高，而且有胸墙和壁垒的保护。（168）回廊的正中央上面建造有另一座塔楼，这座塔楼被分隔成数个豪华的房间，甚至还有浴池，这些房间什么都不缺，看起来就像一座王宫一样。（169）它的顶部建造有城垛和炮塔，总高度大约是九十肘尺。它的外观看起来像法罗斯塔楼（the tower of Pharos）[2]，法罗斯塔楼会向驶入亚历山大里亚港的航船发出指路灯光，而法塞尔塔楼的灯光覆盖范围还要大很多。这座塔楼现在变成了僭主西蒙的宅邸。

（170）第三座塔楼[3]则以王后玛丽安的名字命名，这也是一座实心塔楼，高度是二十肘尺，宽度和长度也都是二十肘尺。（171）它上面的居住区域远比其他塔楼更加奢侈和华丽；因为国王认为，以女性名字命名的塔楼，其装饰程度就应该远高于以男性名字命名的塔楼，不过，后者要比这座妇女塔楼（the woman's tower）更加坚固。第三座塔楼的高度总计达五十五肘尺。

[4]（172）虽然这三座塔楼的建筑比例如此，但由于所处的位置，它们看起来要大得多。（173）因为它们所矗立的那道古城墙本身就建

---

〔1〕法塞尔（Phasael）塔楼可能是当前这座城堡的东北塔楼（the N.E. tower of the present citadel），它被错误地称为"大卫的塔楼"（David's tower）。按照约瑟夫斯的说法，它的大小实际上约为 65.6 英尺高 × 55.78 英尺宽 × 70.21 英尺长（40 立方肘尺 ＝ 60 立方英尺）；参见史密斯：《耶路撒冷》第 191 节。

〔2〕参见第四卷第 613 节。

〔3〕亦即玛丽安塔楼，它明显位于法塞尔塔楼的东边（E. of Phasael），不过，其确切位置无从知晓。

造在一座高耸的山冈上，以至于山冈上的这道古城墙仿佛是一座高达三十肘尺的山峰。（174）巨大的石块也漂亮异常；这些不是普通的圆石或者石板，而是白色的大理石。（175）每一块石块的长度都是二十肘尺，宽度是十肘尺，高度则是五肘尺。它们彼此之间连接得如此完美，以至于每座塔楼看起来就像一块自然的石头，进而在能工巧匠的手里雕刻成现在的形态和角度；它们的连接处是如此天衣无缝，以至于我们根本觉察不出。

（176）这些塔楼位于城墙的北边，国王有一座与这些塔楼毗连的王宫，[1] 它难以描述：就奢华程度和装饰程度而言，任何一座建筑都比不上它。（177）这座王宫被一道三十肘尺高的围墙紧紧包围，围墙每隔一段相等的距离就配有一座起装饰性作用的塔楼，王宫里面建造有巨大的宴会厅以及一百名客人的卧房。（178）王宫内部的布置更是难以用语言形容，有着数不胜数的石头（从各地收集的大量稀有石头）、金碧辉煌的天花板（包括长长的横梁和华丽的装饰），（179）以及众多各种类型的房间（全都家具配套，室内大部分物品都是金制的或者银制的）。（180）四周有很多环形回廊，一个连着一个，廊柱互不相同；此外，露天庭院里全都是绿油油的草地；（181）那里还有众多的树丛和纵横交错的步道，边上是宽深的运河和水池，而每个水池里都有铜像，水从铜像里面涌出来；运河两旁则有许多驯鸽的小窝。（182）然而，根本不可能完整地描述这座王宫，对它进行一番回忆都是令人心碎的，因为那帮土匪的大火严重烧毁了它。（183）不是罗马人烧毁了它——正如我之前所说[2]——而是在叛乱初期由城墙里面的共谋者烧毁了它。那场始于安东尼亚的大火蔓延到了这座王宫，并烧毁了三座塔楼的顶部。

---

〔1〕亦即希律的王宫（Herod's palace）。

〔2〕参见第二卷第 430—440 节；叛乱分子首先烧毁了安东尼亚城堡，接着围攻了希律王宫里的罗马卫戍部队，并烧毁了他们的营地（公元 66 年 9 月）。

第五章

〔1〕（184）正如我之前所说，^{〔1〕}圣殿建造在一座险固的山上，起初山顶的平地仅够建造圣所和祭坛，因为周围都是陡峭的凹凸之地；（185）但是，圣殿的实际建造者所罗门国王在东侧建造了一堵墙，接着在这块人工整理的地面上又兴建了一座回廊；圣所的另一边仍然裸露在外。随着时间的推移，民众不断地新建堤坎，山顶上的平地也就越来越大了。（186）接着，他们拆除了北面的城墙，圈占出一个面积相当于后来整个圣殿的用地。^{〔2〕}（187）后来，他们从山脚开始用三面围墙将这座山（the hill）^{〔3〕}围了起来，^{〔4〕}而且完成了一项他们自己从未期望完成的工程——这项工程花费了漫长的时间和所有的神圣财富，虽然世界各地献给上帝的贡奉仍在源源不断地补充进来——用回廊将上殿（the upper courts）围绕起来，后来又用回廊将下殿（the lower temple）也围绕起来。（188）他们在下殿地基的最低处建造了一座三百肘尺深的地基；其中有一些地方的深度甚至超过了这个数字。然而，地基的整个深度并不明显；因为他们填平了大部分的山谷，为了与城内狭窄的街道取平。（189）他们在建造时所用石块的大小都是四十肘尺；因着充裕的金钱和民众的热情不断地加给这项难以置信的事业，通过他们的坚持不懈和不屈不挠，这项看似无穷无尽的工程最终得以完成。

---

〔1〕参见第 138—139 节。

〔2〕按照《解经方法》（*Middoth*）第二章第 1 节的记载，这座圣殿山（the temple hill）的面积是五百平方肘尺（这个数字可能源自于《以西结书》第四十二章第 16—20 节）。

〔3〕［中译按］在惠斯顿本中，英译者将其译作"这座圣殿"（the temple），而非"这座山"（the hill）。

〔4〕正如前面第 185 节的记述，所罗门之前已经在东边建造了一堵墙。

[2]（190）上层建筑也配得上这些地基。所有的柱廊都是双列的，由二十五肘尺高的柱子支撑，而这些柱子全都是由纯白的大理石建造的，（191）上面则用雪松木做天花板。这些柱廊壮丽、高雅、和谐，看起来美不胜收；而柱廊的表面并未配有任何的图画或者雕刻。（192）柱廊宽达三十肘尺，其整个周长（包括安东尼亚塔楼在内）则有六弗隆。露天庭院（the open court）[1]的地面铺设的全是色彩斑驳的石块。

（193）当你穿过这些柱廊，走到圣殿的第二庭院（the second court of the temple），你会看到它被一道三肘尺高[2]、工艺精湛的石栏（a stone balustrade）[3]围了起来；（194）在石栏上面，每隔一段距离都矗立着一块石板，石板上面用希腊语或者拉丁语写有"任何外邦人不得进入圣地"（no foreigner was permitted to enter the holy place），[4]因为圣殿的第二庭院被称作"圣所"（the Sanctuary）。（195）从第一庭院越

---

〔1〕［中译按］在惠斯顿本中，英译者将其译作"露天的那些庭院"（those entire courts that were exposed to the air）。

〔2〕三肘尺约合 4.5 英尺：按照《解经方法》的记载，十掌尺（ten handbreadths）约合 2.5 英尺。

〔3〕在希伯来语中，balustrade（栏杆）亦写作 soreg，参见《解经方法》第二章第 3a 节。

〔4〕1871 年，克莱蒙 – 加诺（Clermont-Ganneau）发现了其中一块这样的石板，该石板现存放在君士坦丁堡，上面的铭文是：μηθένα ἀλλογενῆ εἰσπορεύεσθαι ἐντὸς τοῦ περὶ τὸ ἱερὸν τρυφάκτου καὶ περιβόλου. ὃς δ᾽ ἂν λήφθη ἑαυτῷ αἴτιος ἔσται διὰ τὸ ἐξακολουθεῖν θάνατον［任何一个外邦人都不得进入圣殿周围的围栏和围墙以内。而倘若有人被捉住，将因随之而来的死亡自行负责］。约瑟夫斯在《犹太古史》第十五卷第 417 节再次提及说：ἐρκίον λιθίνου δρυφάκτου γραφῇ κωλῦον εἰσιέναι τὸν ἀλλοεθνῆ θανατικῆς ἀπειλουμένης τῆς ζημίας［刻有铭文的石质围栏的障壁阻止着外邦人进入，威胁以死刑］；参见斐洛：《觐见盖乌斯》第 31 卷的间接描述。圣保罗（St. Paul）之所以被捕，是因为他们以为保罗带领以弗所人特罗非摩（Trophimus the Ephesian）进到了圣殿里面，参见《使徒行传》第二十一章第 26 节及以下。

过十四级台阶，就可以进入第二庭院；第二庭院是四边形的，有一道围墙保护着。（196）第二庭院的外部高度有四十肘尺，除去台阶所遮盖的部分，它的内部高度是二十五肘尺；由于地板建在较高的地方，[1]从内部是看不到整体的，有一部分被山丘遮挡住了。（197）在这十四级台阶之外，在台阶与城墙之间有一个十肘尺的空间，从而形成了一个平坦的阳台（a level terrace）。[2]（198）从这里再上五级台阶就可以通往各处的门。北面和南面有八道门，每一面各有四道门；而东面则必然有两道门，[3]因为在这个区域里有一块用隔墙隔开的地方，专供女性礼拜之用，所以就必须为她们建一道门，这道门在第一道门的正对面。（199）南北两侧也各有一道门可以进入妇女庭院（the women's court）；因为妇女不被允许从其他的门进入这座庭院，也不被允许从她们自己那边的门穿过隔墙。妇女庭院向所有的犹太女性开放，不管她是本国人，还是异邦客。（200）这座庭院的西侧没有门，西侧的墙体是完整的。门与门之间的柱廊是从国库室（the treasury chambers）[4]

---

〔1〕（其他抄本）或者写作："台阶建造在较高的地势上"。

〔2〕这座建筑的三面都有台阶；西边没有台阶（第 38 节）。《解经方法》第二章第 3b 节提到说，台阶（*Chel*）有十肘尺宽，不过又说只有 12 级台阶，而不是约瑟夫斯所说的 14+5 级台阶。对于这两种不一致的说法，约瑟夫斯的记载似乎更可靠。

〔3〕分别属于圣殿（ναός）和紧挨着它的庭院；这两道门在妇女庭院（the women's court）东墙和西墙的中央位置，它是进入内殿的主要通道。

〔4〕国库室（the treasury chambers）设置在环绕整个内殿的围墙上，用于储存圣殿的财产，参见史密斯：《耶路撒冷》第二卷第 510 节注释；黑斯廷斯：*D.B.*，第四卷第 714a；可能也有用于为安全起见而存放在这里的私人财富的房间，参见《犹太战争》第六卷第 282 节和《犹太古史》第十九卷第 294 节关于"财宝"（the treasury）的内容。另一方面，在《新约》中（《马可福音》第十二章第 41 节等），"财宝"（the treasury）的含义是盛放施舍物和供奉物的"十三种喇叭状的容器"（the 13 trumpet-shaped receptacles），这些容器放置在妇女庭院。

对面的围墙内侧[1]延伸出来的，都用极其漂亮和高大的柱子进行支撑；这些柱廊是单排的，但是除了规模，其他方面都不次于下殿的那些柱廊。

[3]（201）其中有九道门[2]全部贴上了金银，连门框和门楣也都贴上了金银；而位于圣殿外的那一道门则贴上了科林斯青铜（Corinthian bronze），其价值远远超过那些贴金银的门。[3]（202）每一道门都是双扇门，每一个门扇都是三肘尺高和十五肘尺宽。（203）大门内外都有一间像塔楼一样的房间，[4]其宽度和长度都是三十肘尺，高度则超过四十肘尺，皆由两根周长是十二肘尺的柱子支撑。（204）九道门的大小全都相同，但科林斯门（the Corinthian gate）是一个例外，它比那九道门要大很多，它从东边的妇女庭院打开，[5]正对着圣所的大门；（205）它有五十肘尺高，门扇则有四十肘尺高，装饰得更加奢华，上面贴有大量的金银板。那九道门的金银都是由提比略的父亲亚历山大[6]贴上去的。（206）妇女庭院与这道更大的门（the greater gate）之

---

〔1〕"围墙内侧"（the inner side of the wall）亦写作"面朝围墙里面"（facing inwards from the wall）。

〔2〕第 198 节提到了这十道门。

〔3〕"科林斯门"（the Corinthian gate）即《解经方法》中的"尼卡诺尔门"（the gate of Nicanor），《解经方法》第二章第 3g 节：除了尼卡诺尔门之外，所有的门都涂上了金箔。或者，科林斯也有可能指的是《使徒行传》第三章第 2 节和第 10 节所说的"那扇美丽的门"。尽管我们从约瑟夫斯的语言中很难确定，但他似乎明显认为科林斯门位于妇女庭院的东墙，而不是妇女庭院的西墙（尽管有一些人认为位于西墙）。科林斯的青铜非常著名。

〔4〕这里的"房间"（chamber）亦写作"门房"（gate-rooms）。

〔5〕亦即"形成了从妇女庭院西端到圣所的东侧通道"。

〔6〕提比略的父亲亚历山大是亚历山大里亚的最高行政长官（Alabarch of Alexandria），同时也是哲学家斐洛的兄弟（brother of the philosopher Philo），参见《犹太古史》第十八卷第 259 节；他的儿子提比略·亚历山大此时是罗马军队里的一名军官，参见《犹太战争》第二卷第 220 节和第五卷第 45 节。

间有十五级台阶，这些台阶比其他各门前的五级台阶要低缓。[1]

[4]（207）至于最神圣的房屋——至圣所，它位于正中央，走十二级台阶就可以到达。它的正面[2]的高度和宽度一样，都是一百肘尺；[3]不过，它的背面（的高度和宽度）却小了四十肘尺，因为正面两边各有二十肘尺的肩顶。[4]（208）第一道门有七十肘尺高和二十五肘尺宽，没有门板，这代表所有人都可以看到天空，它的整个表面都贴有金子。通过这道门，人们就可以看到第一座房屋的外观是多么宏伟壮丽，而里面那道门周围的一切都是金光闪闪的，映照在眼帘之下。（209）整个圣所由两座独立的房屋组成，[5]第一座房屋从上到下都是露在外面的；它的高度是九十肘尺，长度是五十肘尺，宽度则是二十肘尺。（210）[6]这道门通向建筑里面，正如我在前面所说，门以及周围的全部墙面都贴上了金子。此外，在它上面还装饰有金制藤蔓，[7]其长度相当于一个人的身长；（211）金制门扇有五十五肘尺高、十六肘尺宽。（212）门扇上挂有相同大小的巴比伦挂毯，都是用蓝色、红色和紫色的细亚麻刺绣而成，做工极其精湛。诸种颜色的混合有其特

---

〔1〕参见第 198 节。

〔2〕人们必须想象一个巨大的门廊或者门厅（a great propylaeon or porch）。

〔3〕这与《解经方法》第四章第 6 节所记载的一样。在尼禄统治时期，阿格里帕国王准备把它的高度升高到一百二十肘尺，但是这项工程被突然爆发的战争打断了，参见《犹太战争》第五卷第 36—37 节和《犹太古史》第十五卷第 391 节。

〔4〕《解经方法》第四章第 7c 节记载："圣殿后面窄，前面宽，就像一头狮子。"

〔5〕从上下文来看，δίστεγος 一词在这里的含义肯定是"在同一层的两间房"（with two chambers on the same floor），也即圣所（the Holy Place）和至圣所（the Holy of Holies）；而不是"在两层里"（in two stories）。

〔6〕参见第 208 节末尾。

〔7〕参见《犹太古史》第十五卷第 395 节。塔西佗在《历史》第五卷第 5 节提到了"在圣殿里发现了金制的葡萄蔓"（vitis aurea templo reperta），一些人据此推断说，犹太人是巴克斯（Father Liber［Bacchus］）的崇拜者。

殊的神秘意义，象征宇宙的形象。（213）朱红色象征火，亚麻色象征土地，蓝色象征空气，紫色象征海洋；其中两种的对比是依据颜色，而上等亚麻色和紫色的对比则依据的是产地，它们其中一个出自大地，另一个出自海洋。（214）挂毯上绣有除黄道十二宫（the Zodiac）之外的天体全景。

［5］（215）当人们走进圣所，他们会发现自己走进的是圣所底层（the ground-floor of the sanctuary）。这个地方有六十肘尺高、六十肘尺长和二十肘尺宽。（216）而长度这六十肘尺被进一步分成了几部分。第一部分有四十肘尺长，其中包含有三件精美绝伦而又赫赫有名的艺术品：一座烛台、一张桌子和一个香坛。（217）七盏灯（从烛台分出七个枝子）代表了行星；桌子上的十二块面饼代表黄道十二宫和一年的周期；（218）香坛上盛满海洋上和陆地上（包括荒漠和人类定居地）的十三种[1]馨香的香料，这些香料表明万物都是出于上帝，也是为上帝而来。[2]

（219）圣所最里面的部分有二十肘尺，一张帷幔把外面与里面分

---

〔1〕《塔木德》也做了同样的记载（与《圣经百科全书》第二卷第2167节所引相同）。《出埃及记》第三十章第34节规定了四种成分——拿他弗（stacte）、施喜列（onycha）、喜利比拿（galbanum）和净乳香（frankincense）。而在拉比时代，成分增加了九种，亦即没药（myrrh）、肉桂（cassia）、甘松（spikenard）、藏红花（saffron）、木香（costus）、豆蔻（mace）、桂皮（cinnamon）、盐（salt）和香草（herb，香草这种成分可以使烟气垂直上升）。《禧年书》第十六章第24节提到了馨香的七种成分，对照《德训篇》第二十四章第15节。

〔2〕按照斐洛的解释，摩西的四种馨香成分象征了四种元素（Quis、rer.、div.、heres）。约瑟夫斯在其他地方（《犹太古史》第三卷第180节及以下：ἕκαστα γὰρ τούτων εἰς ἀπομίμησιν καὶ διατύπωσιν τῶν ὅλων［因为这些里的每一个都为了一切事物的模仿和表达，对比《犹太战争》第四卷第324节的 ἡ κοσμικὴ θρησκεία［世界／宇宙的宗教崇拜］）以及斐洛在《摩西的生平》（Vita Mosis）第二卷第117节（科恩版第三卷第12节：ἀπεικόνισμα καὶ μίμημα τοῦ κόσμου［世界的表征和模仿］），记述了会幕和祭司法衣的一种类似的"宇宙论式"（cosmical）解释。

隔开来。它是不可接近的，也是不可侵犯的，不能被任何人见到，它被称作至圣所（the Holy of Holy）。[1]

（220）圣所下区（the lower part of the sanctuary）的四周有众多房间，这些房间有三层，相互连通；从大门两侧的通道可以进入。（221）而在圣所的上区（the upper part of the building）则没有任何一间这样的房间，因为上区相对较窄，[2]但它高出下区四十肘尺。这四十肘尺，再加上下层的六十肘尺，高度总计是一百肘尺。

[6]（222）圣所的外观不需要其他任何东西，就足以震撼人的心灵和眼睛。因为它四面都贴满了大量的金片，太阳一出来就金光闪闪地反射光线，其光芒就像太阳一样刺眼，迫使人们不得不挪开自己的视线。（223）对于走近它的陌生人而言，这座圣所从远处看就像一座冰雪覆盖的大山；因为它铺设的不是黄金，而是最纯的白金。（224）圣所的顶部有金制的尖刺，以防鸟类在此驻足而玷污屋顶。[3]建造这座圣所的一些石块，其长度达四十五肘尺，高达五肘尺，宽达六肘尺。[4]

（225）矗立在圣所前的祭坛，其高度达十五肘尺，宽度和长度则都是五十肘尺。它的形状是正方形，[5]方形的四角则呈现出角状的凸

---

〔1〕其希伯来名称的含义是德比尔（debir，最里面的房间［hindmost chamber］之意），或者"至圣所"（Holy of Holies）。

〔2〕［中译按］在惠斯顿本中，英译者将其译作"因为圣殿在那里更为狭窄"（because the temple was there narrower）。

〔3〕《解经方法》第四章第 6 节提及了一个"乌鸦驱"（raven-scarer［scare-crow］），这种"乌鸦驱"有一肘尺高。

〔4〕这些石块长得令人难以想象，其本身就非常罕见；《犹太古史》第十五卷第 392 节描述了这种石块的大小——长约二十五肘尺、高约八肘尺、宽约十二肘尺。参见《马可福音》第十三章第 1 节："耶稣从殿里出来的时候，有一个门徒对他说：'夫子，请看，这是何等的石头，何等的殿宇！'"

〔5〕《解经方法》第三章第 1a 节对祭坛做了同样的描述，但其记载的体积较小，其底座是三十二平方肘尺，最高的部分是二十四平方肘尺，高是八肘尺；《解经方法》提到了一座更为古老、同时也更为小型的祭坛。

起；通往祭坛的道路是一段缓缓的斜坡。[1]祭坛的建造中没有使用过铁，也没有触碰过铁。[2]

（226）在圣所和祭坛的四周是一道低矮的石栏，[3]这道护栏建造得异常精美和典雅，大概有一肘尺高，用来区隔普通信众和祭司。

（227）患有淋病和麻风病的人被完全排斥在耶路撒冷城之外；行经期的妇女不被允许进入圣殿，甚至不在行经期里，她们也不得越过我们前面所说的[4]那个特定范围。假如不经过彻底的洁净，男人也不被允许进入内殿（the inner court）；甚至祭司也不行。[5]

［7］（228）所有具有祭司血统，却因身体缺陷而不能执行职务的人，可以和那些没有缺陷的祭司一起进入这道护栏之内，享受他们的一份俸禄，但必须身穿普通的衣服；除了履行职责的祭司，任何人都不能穿圣衣。（229）没有身体缺陷的祭司则身穿细亚麻衣服，上到祭坛和圣所；出于对敬拜仪式的尊敬，他们严格禁酒，以免在侍奉上出现过犯。

（230）高级祭司会陪同他们前往祭坛，但不是任何时间都会陪同，而是在第七日、月朔以及全国性节日或者全民族的周年大会之时，才会陪同他们前往祭坛。（231）在高级祭司履行宗教仪式时，他会身穿[6]

---

〔1〕《解经方法》第三章第 3b 节也这样记载（增加了坡度）。

〔2〕《解经方法》第三章第 4a、4b 节（清洁它的时候不用任何铁器）增加了一个新奇的解释："因为铁器创造出来是要缩短人的生命，而祭坛的建造则是为了延长人的生命。"

〔3〕《解经方法》第二章第 7b 节提到了这种石栏。

〔4〕参见第 199 节。

〔5〕参见《驳阿庇安》第二卷第 103—104 节。

〔6〕《犹太古史》第三卷第 151—178 节（基于《出埃及记》第二十八章等）对普通祭司的法衣和高级祭司的法衣做了一番更详尽的描述；参见《德训篇》第四十五章第 7—12 节。

一条盖住胯部和大腿的短裤[1]、一件亚麻背心，外面再穿一件直抵脚踝的缀满流苏的蓝色长袍；[2]流苏上交替悬挂有金铃和金石榴，金铃象征着雷鸣，金石榴则象征着闪电。（232）系在胸前的腰带绣有五种颜色的线带，[3]分别是金色线、紫色线、朱红色线、亚麻色线和蓝色线，[4]正如我们前面所说，[5]圣殿的帷幕也是这样绣成的。（233）高级祭司所穿的以弗得（ephod）[6]也是这样绣成的，不过金线略多一些而已，它的形状看起来就像一件普通的胸甲，由两枚金胸针扣着（fastened），[7]胸针上镶有又大又漂亮的红宝石，[8]红宝石上则刻有以色列各支派的

---

〔1〕 亦即"亚麻短裤"（linen breeches [*miknesei bad*]），参见《出埃及记》第二十八章第 42 节；τòν μαναχάσην λεγόμενον［被称为以弗得］，参见《犹太古史》第三卷第 152 节。

〔2〕 "所有的以弗得长袍都是蓝色的"，参见《出埃及记》第二十八章第 31—35 节和《犹太古史》第三卷第 159—161 节（μεεìρ καλεῖται κατà τὴν ἡμετέραν γλῶσσαν［根据我们的语言，其被称为 Meeir］= 希伯来语 *m'yil*）。

〔3〕 "用绣花的手工做腰带"（A girdle the work of the embroiderer），参见《出埃及记》第二十八章第 39 节和《犹太古史》第三卷第 159 节。

〔4〕 ［中译按］你要给你哥哥亚伦作圣衣为荣耀，为华美。又要吩咐一切心中有智慧的，就是我用智慧的灵所充满的，给亚伦作衣服，使他分别为圣，可以给我供祭司的职分。所要作的就是胸牌、以弗得、外袍、杂色的内袍、冠冕、腰带，使你哥哥亚伦和他儿子穿这圣服，可以给我供祭司的职分。要用金线和蓝色、紫色、朱红色线，并细麻去作。他们要拿金线和蓝色、紫色、朱红色线，并捻的细麻，用巧匠的手工作以弗得。（《出埃及记》28：2—6）

〔5〕 参见第 212-213 节（不包括与面纱相连而未提到的黄金）。

〔6〕 参见《出埃及记》第二十八章第 6 节及以下和《犹太古史》第三卷第 162 节及以下，在古希腊语中，ephod（以弗得）译作 *Epomis*，在《希伯来圣经》的《七十士译本》中，以弗得的含义是由肩带系着的女性束腰上衣的上半部分，也即一种"披肩"（cape）。

〔7〕 扣在肩胛上（at the shoulders）。

〔8〕《犹太古史》第三卷第 165 节亦如此记载；《出埃及记》第二十八章第 9 节中的宝石（the gem）的作用是不确定的，在 R.V. 抄本中（R.V. text），"红玛瑙"（onyx）的页边上写有"绿宝石"（beryl），《七十士译本》则写作 σμάραγδος（？"emerald"［祖母绿 / 绿宝石］）。

名称。（234）另一边（the other side）[1]镶有十二颗宝石，[2]总共四行，每行有三颗宝石：红宝石[3]、红璧玺、红玉；绿宝石、蓝宝石、金刚石；白玛瑙、紫晶、紫玛瑙；水苍玉、红玛瑙、碧玉；[4]每一颗宝石刻有一个以色列支派的名称。（235）高级祭司的头上戴了一顶用细亚麻做的冠冕（tiara），[5]这顶冠冕上覆盖着蓝色，并且环绕有一顶金冠，在金冠上面刻有神圣的字母，也即四个元音字母（four vowels）。[6]（236）但是，高级祭司一般都不会穿这些长袍，只是在进入最里面的圣所时才会穿上它们，平常则穿更为普通的衣服；而他们每年只在一天里独自进入最里面的圣所，在那一天，我们民族所有人都要对上帝奉行斋戒的习俗。[7]（237）关于圣城、圣殿、习俗和律法方面的内容，我们在今后会进行更加详细的叙述；[8]因为这些内容仍需要详加叙述。

[8]（238）安东尼亚塔楼位于圣殿第一庭院的西边柱廊和北边柱廊的交汇处；它建造在一块高达五十肘尺而又四面全是悬崖峭壁的石

---

〔1〕亦即"在前边 / 前面"（in front）。

〔2〕参见《出埃及记》第二十八章第 17—20 节和《犹太古史》第三卷第 168 节。

〔3〕在《犹太古史》第三卷第 168 节中，"红宝石"（sardius）被写作"红玛瑙"（sardonyx）。

〔4〕在《犹太古史》第三卷第 168 节中，最后两行宝石的顺序不一样："第三行宝石，最开始是红宝石，其次是紫晶，第三个是玛瑙；第四行宝石，最开始是橄榄石，其次是玛瑙，最后是绿宝石。"

〔5〕这种冠冕是一种"细亚麻布做的冠冕"或者（R.V. 抄本的页边所言）"丝绸做的头巾"，参见《出埃及记》第二十八章第 37 节和第 39 节；《犹太古史》第三卷第 172—178 节对这种冠冕做了一番更全面的描述，它的形状看起来就像一朵杯形的花。

〔6〕亦即 YHVH 这个四字神名（the tetragrammaton YHVH）。

〔7〕这一天亦即赎罪日；参见《利未记》第十六章。

〔8〕毫无疑问，约瑟夫斯计划撰写的著作《论习俗和原因》（On Customs and Causes），常常在《犹太古史》中予以提及，但明显从未完成。

头上。希律国王建造的这座塔楼[1]充分展示了他的天赋。[2]（239）首先，这块石头从其底部起覆盖了一层光滑的石子，这一方面是为了装饰之用，另一方面是为了让人无法在上面站立和攀爬。（240）其次，在这座塔楼前面有一道三肘尺高的城墙；宏伟的安东尼亚塔楼就矗立在这道城墙的后面，其高度达四十肘尺。（241）塔楼内部宽敞和奢华的程度就像一座王宫，且被分成各种类型和不同用途的房间，诸如回廊、浴室和士兵宿营的宽敞庭院等；因此，就其便利程度来说，它是一座城镇，而就其宏伟程度来说，它是一座宫殿。[3]（242）它的整体外观看起来是一座塔楼，但四个角还建有另外四座塔楼；其中三座有五十肘尺高，而位于东南角的那座则有七十肘尺高，因此从那里可以看到圣殿全景。（243）在圣殿的两座柱廊交汇的地方，各有一座守兵们可以通向它们的楼梯（台阶）；[4]（244）有一支罗马步兵大队永久性地驻扎这里，每当犹太节日期间，这些罗马士兵都要全副武装地守卫在柱廊里面，以监视犹太民众和压制任何潜在的叛乱活动。（245）因为，如果说作为堡垒的圣殿控制着这座城市，那么安东尼亚塔楼则控制着

---

〔1〕 这座塔楼建在约翰·希尔堪（John Hyrcanus）建造的一座古老城堡（castle[βᾶρις]）的旧址上，参见《犹太古史》第十八卷第 91 节、第十五卷第 403 节和《犹太战争》第一卷第 75 节，它是以马克·安东尼（Mark Antony）的名字进行命名的，参见《犹太战争》第一卷第 401 节；它是《使徒行传》第二十一章第34 节所记载的"城堡"。

　[中译按] 众人有喊叫这个的，有喊叫那个的。千夫长因为这样乱嚷，得不着实情，就吩咐人将保罗带进营楼（the castle）去。（《使徒行传》21：34）

〔2〕 相同的表达也出现在第一卷第 408 节（关于凯撒利亚）。

〔3〕 比较第一卷第 421 节（关于希律迪安）。

〔4〕 当圣保罗被逮捕时，他站在这里向犹太人发表了演讲，参见《使徒行传》第二十一章第 40 节。

　[中译按] 千夫长准了。保罗就站在台阶上，向百姓摆手，他们都静默无声，保罗便用希伯来话对他们说。（《使徒行传》21：40）

圣殿，因而，安东尼亚塔楼里面的守卫控制着所有这三处地方；上城有其自己的坚固堡垒——希律王宫（Herod's palace）。[1]（246）正如我在前面所说，[2]贝泽萨山（the hill Bezetha）与安东尼亚塔楼被分隔开来；它是此地所有山丘中最高的一座，一部分新城建于其上，它在北面构成圣殿景观的唯一障碍。（247）由于我打算以后对圣殿和城墙做更加全面和详细的描述，[3]因此，以上这番描述其实已经绰绰有余了。

第六章

[1]（248）城内战斗人员和叛乱分子的人数如下。西蒙拥有一支一万人（不包括以土买人）的军队；其中有五十名军官，西蒙则是他们的最高首脑。（249）西蒙的以土买军队的人数是五千，其中有十名军官，包括名声最为显赫的索萨斯之子雅各和卡斯拉斯之子西蒙（Simon son of Cathlas）。[4]（250）当时占据着圣殿的约翰拥有一支六千人的军队，这支军队的指挥官有二十名；现在奋锐党人放下了分歧，也加入约翰的队伍之中，他们的人数是两千四百，由他们自己之前的领袖以利亚撒和阿利努斯之子西蒙（Simon son of Arinus）领导。（251）正如我们在前面所说，[5]这两派势力相互开战，民众成为他们共同的

---

〔1〕参见前面的描述（第 176 节及以下）。

〔2〕参见第 149 节。

〔3〕参见第 237 节注释。

〔4〕参见第四卷第 235 节，以土买最初的两万军队有四位将军，包括所提到的雅各和西蒙。从这个章节来看，不超过一半的军队撤退到了耶路撒冷；第四卷第 353 节则暗示整支军队全都主动撤退了。

〔5〕参见第 27 节。

猎物；由于许多民众不愿意加入他们的罪恶行径之中，就这样成为两派势力共同劫掠的对象。（252）西蒙占领了上城、直至克德隆山谷的那道大城墙（the great wall as far as the Kedron）[1]以及老城墙（the old wall）的一部分——[2]从西洛安向东蜿蜒，直到幼发拉底河那边的阿迪亚比尼国王莫诺巴诸斯的宫殿（the court-house of Monobazus）；（253）同时，他也占领了那口泉水（the fountain）[3]和阿克拉的一部分，也就是说，他占领了从下城直至海伦娜（莫诺巴诸斯的母亲）王宫[4]这块地方。（254）约翰则占领了圣殿、圣殿周边的大片郊区、奥弗拉斯和克德隆山谷。两人将他们之间的那些地区沦为了灰烬和相互厮杀的战场。（255）甚至当罗马人在城墙下扎营之际，他们之间的内战也丝毫没有松懈；直到罗马人大兵压境，他们才稍稍恢复理智，并第一次团结起来对外出击。[5]然而，接下来内斗变得更加严重，他们双方再一次相互厮杀起来，以至于把围城者想要做的事全都给做了。（256）他们彼此之间所造成的重创，比罗马人对他们的打击更加严重，在经历了这些劫难之后，这座城市没有遭遇新的灾难；相反，在沦陷之前，它就已经遭遇了更为残酷的灾难，而罗马占领者带来的解

---

〔1〕"那道大城墙"（the great wall）亦即"第三道（或者阿格里帕）城墙"（The third［or Agrippa's］wall）。

〔2〕西蒙把守的两处地方的城墙全都暴露在罗马人的攻击之下：一处是在西北（直接暴露在提图斯的主力部队的攻击之下），一处是在东南（直接暴露于驻扎于橄榄山的第十军团的攻击之下），参见第 70 节。

〔3〕指的是西洛安泉水。约瑟夫斯稍后的告诫（第 410 节）似乎暗示，西洛安泉水坐落在城外（*extra muros*），并处于罗马人的控制之下；这个明显的矛盾之处（史密斯：《耶路撒冷》第一卷第 224 节）可以这样得到解释：罗马人占领了基霍恩泉水（Gihon）——位于城墙外的一口泉水，这口泉水流向了西洛安水池——因而也是（尽管事实上不是）西洛安泉水的控制者（masters of Siloam）。

〔4〕莫诺巴诸斯王宫和海伦娜王宫的具体位置不得而知。

〔5〕参见第 71 节及以下。

救可以说要多过损毁。（257）因为——我敢肯定地说——叛乱分子摧毁了这座城市，而罗马人摧毁了叛乱分子，摧毁叛乱分子要比摧毁城墙困难得多；所有的悲剧要归咎到她自己人身上，所有的正义则要归到罗马人的身上。然而，让所有人都明白这个事实，并不是一件容易的事情。[1]

[2]（258）这就是城内所面临的局势；提图斯率领了一些精兵（骑兵）在城外巡视，以挑选出一个合适的进攻位置。（259）然而，在他看来，所有的位置都不适合进攻，因为耶路撒冷不仅拥有难以逾越的巨大山谷，而且它的第一道城墙太过高大坚固，罗马人的攻城武器可能会不起作用。因此，他决定先进攻高级祭司约翰的陵墓（the tomb of John the high priest）；[2]（260）因为这个地方的第一道城墙比较低矮，第二道城墙则没有与它相连，建造者们忽视了在新城没有多少人居住的地方建造坚固的城墙；同时，这个地方也比较容易接近第三道城墙，提图斯的意图是从这个地方占领上城，并从安东尼亚塔楼占领圣殿。（261）与此同时，就在提图斯巡视这座城市之时，他的一位名叫尼卡诺尔[3]的朋友则带着约瑟夫斯靠近了城墙（因为大家都认识约瑟夫斯），并试图与城墙上的犹太守军进行和谈，由于靠得太近，

---

〔1〕《犹太古史》也有类似的表达，例如第一卷第 108 节：περὶ μὲν τούτων, ὡς ἂν ἑκάστοις ἦ φίλον, οὕτω σκοπείτωσαν［关于这些，就好像每个人都是朋友一样，所以他们打算］，第二卷第 348 节和第三卷第 81 节，等等。它们可能源于哈利卡纳苏斯的狄奥尼索斯（Dionysius of Halicarnassus），他在表达自己的观点时添加了一种类似的套语（例如：κρινέτω δ' ἕκαστος ὡς βούλεται［而让每个人按照其意愿来判断］，第三卷第三十五章第 6 节；ἐχέτω δ' ὅτη τις αὐτὸν πείθει［某人能说服自己时，就让其持有（该观点）］，第一卷第四十八章第 1 节）。

〔2〕这里的约翰指的是约翰·希尔堪（公元前 135—前 105 年），参见第一卷第 54 节，等等。约翰的陵墓常常作为地标性建筑而被提及（第五卷第 304 节、第 356 节和第六卷第 169 节），它似乎坐落在迦法门的西北（the N.W. of the Jaffa gate）。

〔3〕尼卡诺尔是一位保民官，同时也是约瑟夫斯的老友，参见第三卷第 346 节。

以至于尼卡诺尔被箭射中了左肩。（262）凯撒一听到这个消息，就明白了他们的刻骨敌意——他们连前来和谈的人都不能忍受，因而加紧了对他们的围攻。他立即命令自己的军团摧毁郊区、收集木料和建造高垒。（263）为了完成这些任务，他将军队分成了三部分，把标枪兵和弓箭手部署在高垒之间；在他们前面则部署了速射炮、[1]石弩和投石器，[2]以压制敌人对工事的进攻，并阻止城墙上的敌人的袭击。（264）很快，树木都被砍掉了，郊区也被摧毁了；但是，就在罗马人努力收集建造高垒的木料、整个军队都干得热火朝天之时，犹太人一方也不是毫无作为。（265）那些惨遭劫掠和屠杀的受害民众现在开始振作起来，他们希望在他们的压迫者忙于对付外敌之时，自己能得到一些喘息的机会，同时也希望自己可以向那些罪犯们进行报复，如果罗马人取得胜利的话。

[3]（266）尽管约翰的追随者迫不及待渴望与敌人在外面开战，但是，约翰选择按兵不动。（267）然而，西蒙却没有按兵不动，因为他距离围城者非常之近；他将大炮——包括他之前从塞斯提乌斯那里缴获过来的战争器械[3]——部署在了城墙上，将先前所俘虏的[4]安东尼亚塔楼上的守卫部队也部署过来。（268）虽然他们拥有这些战争器械，但是由于缺少操作它们的经验，使得大部分战争器械都无用武之地；不过，在一些罗马逃兵[5]的指点下，一些犹太士兵开始胡乱地操作它们。结果，他们从城墙上向那些建造工事的罗马人猛烈地发射石弹和弓箭，同时也成群结队地冲奔出去贴身近战。（269）那些修筑工事的罗马士兵有护栏的保护，也有大炮来对付犹太人的突击。所有军

---

〔1〕这里的 quick-firers（速射炮）或者写作 scorpions（蝎弩）。

〔2〕这里的 stone-projectors（投石器）或者写作 *ballistae*（弩炮）。

〔3〕发生在公元 66 年 11 月，参见第二卷第 554 节。

〔4〕发生在公元 66 年 8 月，参见第二卷第 430 节。

〔5〕这些罗马逃兵可能是罗马军队里的（叙利亚）辅助部队。

团的战争器械都设计精良，第十军团[1]的战争器械则更加非凡和奇特。他们的速射炮[2]威力更加巨大，他们的投石器[3]也更加庞大，不仅可以击退敌人的进攻，而且可以对付城墙上的犹太人。（270）它们可以投掷出重达一塔兰特[4]的石块，射程长达两弗隆甚至更远；它们的冲击力非常巨大，不仅前面的那些人，就连后面的人也难以抵挡。（271）然而，犹太人从一开始就很警惕地防卫这些石块，因为它们是白色的，呼啸声巨大，而且用眼睛可以看到它们的光亮。（272）当这种战争器械刚刚发射、石弹正在飞来之时，部署在塔楼的警卫就会发出警告，他们会用自己的母语大喊"那家伙来了"（Sonny's coming）；[5]这时，那些正在做事的人就会立即卧倒，石弹就会毫无伤害地飞过或者落空。（273）但是，罗马人想出了一个解决办法，那就是把石弹涂黑；这样，当石弹飞来时，犹太人就分辨不清了，他们就这样击中和摧毁了大量目标。（274）然而，即使在这种心烦意乱的炮火下，犹太人也没有让罗马人顺顺利利地筑起工事，相反，他们运用自己的智慧和勇气日日夜夜地展开战斗，来阻止罗马人。

[4]（275）等到罗马人完成工事，工程人员就从他们的高垒那里发射铅线，以测量与城墙之间的距离；这是唯一的测量方法，因为假如他们靠近测量，犹太人无疑会射杀他们；当他们发现攻城槌能够攻

---

〔1〕第十军团驻扎在耶路撒冷城以东的橄榄山，参见第 70 节；除非他们被移师到其他地方，否则他们的攻击无疑是为了转移犹太人的火力，使他们不去攻击罗马人在西侧所筑的高垒。

〔2〕这里的 quick-firers（速射炮）或者写作 scorpions（蝎弩）。

〔3〕这里的 stone-projectors（投石器）或者写作 *ballistae*（弩炮）。

〔4〕一塔兰特大约相当于 0.75 英担（阿提卡标准）；参见第三卷第 167 节。

〔5〕正如里兰德指出，*ha-eben*（石头）被讹用为 *habben*（那家伙［the son］）；对比类似的诙谐词组：例如在大战（the Great War）中使用的 Black Maria 和 Jack Johnson 等。

［中译按］Sonny's coming 亦写作 the son cometh。

击到城墙，就把攻城槌运了过来。（276）提图斯将大炮部署在靠近城墙的地方（以阻止守军破坏攻城槌的进攻），然后立即下令进攻。（277）巨大的嘈杂声从这座城市的三面突然回响起来，与此同时，城内的民众也爆发出巨大的呼喊声，以至于连叛乱分子也被吓住了。鉴于面临共同的危险，敌对双方的人马现在开始寻求共同的防御措施。（278）敌对的派系开始相互呼应和支援，以共同应敌，尽管上帝拒绝给予他们永远的和睦，但现在他们至少也应该推迟争斗，团结起来对付罗马人；因而，西蒙声称所有人都可以从圣殿自由穿行到城墙，尽管约翰不信任西蒙，但他还是同意了。（279）双方搁置了仇恨和争吵，形成了一个整体；他们从城墙上向罗马人的器械大量投掷火把，并且不停地往向前推进的攻城器械上开火。（280）那些更为大胆的犹太人则分组而出，以摧毁保卫战争器械的护栏，并袭击护栏里面的罗马人，他们的军事技能虽然稍逊一筹，但他们的勇气却无出其右。（281）然而，提图斯则亲自支援那些深陷困境的罗马人，他将骑兵和弓箭手部署在器械的两侧，以牵制犹太人的燃烧弹，击退塔楼上的攻击者，并继续让攻城槌发挥效力。（282）然而，城墙上的犹太人并没有向这些攻击屈服，除了第十五军团的攻城槌猛烈地撞落了塔楼的一角，整个城墙并没有受到什么损坏；（283）城墙之所以没有和塔楼一起遭遇直接的危险，因为塔楼伸出去很远，不容易把主城墙拖垮。

［5］（284）犹太人现在暂停了出击，不过，他们一直在密切地注意罗马人的一举一动，罗马人散布在那些工事周围和几座营地上，他们以为敌人已经因为精疲力竭和惊恐不安而后撤了；然而，犹太人突然从西皮库斯塔楼附近的一道隐蔽的门里冲杀出来，他们携带有火把，以期烧毁罗马人的工事，并决心直捣罗马人的战壕。（285）听到他们的喊叫，附近的罗马军团立即集结，而那些稍远的罗马军团也立即冲杀过来。但是，犹太人的勇气胜过了罗马人的纪律，他们打败了最先遇到的罗马人，并继续向集结的军团逼近。（286）战争器械周围爆发

了激烈的战斗，一方努力地点燃这些器械，另一方则努力地进行阻止；两方的人马全都杀声震天，战斗在最前面的那些人有不少被杀死了。（287）然而，犹太人的奋力拼杀最终还是占了上风；火势已经蔓延到工事，如果不是来自亚历山大里亚的那些精兵英勇地上前阻止的话——他们在这次战斗中所展现出来的勇气超过了他们先前的名声，那么整个工事和器械都将陷入火海；最终，凯撒率领了自己最坚毅的骑兵疾驰而来，迎击敌军。（288）凯撒亲手杀死了最前面的十二个犹太人；这些人的被杀吓坏了其他犹太人，于是他们撤退了；凯撒一直把他们追杀到城里，并从火海中拯救了那些工事。（289）在这次战斗中，罗马人抓获了一名犹太俘虏，为了达到震慑敌人和逼迫敌人投降的目的，提图斯下令将他钉死在城墙前。（290）此外，在犹太人撤退后，当以土买人的头领约翰[1]在城墙前与自己熟识的一名士兵谈话时，他被一名阿拉伯人射出的一支飞箭击中了胸膛，当场就死亡了。约翰的死亡让以土买人悲痛欲绝，也让犹太叛乱分子撕心裂肺，因为他以勇气上的无畏和判断上的准确远近闻名。

第七章

［1］（291）在第二天晚上，罗马人自己却陷入了一场意想不到的[2]混乱。（292）提图斯下令在高垒上建造三座高达五十肘尺的塔楼，以击退城墙上的犹太守军；但是，让人深感惊奇的是，这三座塔楼竟然意外地在午夜时分倒塌了。（293）倒塌的声音是如此巨大，以至于整个罗马军队都感到非常惊恐，他们以为敌人正在进攻自己，于是纷

---

〔1〕约翰是以土买人一开始任命的四位头领之一，参见第四卷第 235 节；他后来似乎被他的兄弟雅各比下去了，参见第五卷第 249 节（这一节没有提及约翰）。

〔2〕"意想不到的"（unexpected）或者写作"无缘无故的／毫无缘由的"（baseless）。

纷起来拿武器。（294）恐惧和混乱弥漫了整个军团。没有人能说清楚到底发生了什么，所有人都在茫然中四散奔逃，因为看不到敌人而彼此害怕，急切地向身旁的人询问口令，就好像已经有犹太人冲进了他们的军营一样。（295）事实上，他们现在就像一群惊慌失措的人，直到提图斯了解到事情的来龙去脉，并下令把事情的原委告诉了全军，这场惊慌方才得以消除，尽管期间也耗费了好大的力气。

[2]（296）尽管犹太人作战顽强，但这些塔楼却给他们造成了重创，使他们成为轻炮、标枪兵、弓箭手和投石兵的活靶子。（297）这些塔楼非常高大，超出了犹太人的射程范围；它们也无法被控制，因为它们太重，很难被推倒；塔楼外部还包裹了一层铁皮，无法点燃和烧毁。（298）另一方面，如果犹太人撤退到射程之外，就再也无法抵挡攻城槌的冲击，而攻城槌的连续撞击正逐渐显出效果。（299）最终，这些城墙开始屈服于维克多（Victor）[1]——犹太人之所以给罗马人这件最大的器械取名维克多，是因为它能征服任何障碍物；由于在远离城市的地方值守，长时间的战斗和监视已让他们精疲力竭；（300）懈怠和误判让他们觉得，防守这道城墙是多余的，因为后面尚有另外两道城墙。于是，绝大部分人都松懈起来；（301）当罗马人登上城墙缺口之时——这个缺口是由维克多打开的，所有犹太人都离开了自己本应坚守的岗位，纷纷逃进第二道城墙里面。因此，那些登上城墙的罗马人打开了城门，让整支军队开进城去。（302）就这样，罗马人在围城的第十五日——亦即阿尔特米西月的第七日[2]——占领了第一道[3]城墙，[4]他们摧毁了第一道城墙的大部分以及这座城市的北部区域（塞

---

〔1〕"维克多"（Victor）的希腊语名称是"尼康"（Nicon）。

〔2〕约在公元 70 年 5 月 25 日。

〔3〕从罗马人的观念来看，它是第一道城墙；从犹太人的观念和时间顺序来看，它先前被称作第三道城墙，参见第 147 节。

〔4〕亦即阿格里帕城墙。

斯提乌斯先前也对这个区域进行过破坏[1]）。

[3]（303）提图斯现在把他的营地从第一道城墙内移换到所谓的亚述营地（the so-called Camp of the Assyrian）[2]，并且把这座营地到克德隆山谷之间的所有地方全都给占领了，不过，他也在第二道城墙以外小心翼翼地留有足够的距离，以防犹太人射箭过来。（304）犹太人准备坚决地捍卫城墙，他们把自己的军队分成了四部分：约翰的军队防守安东尼亚塔楼、圣殿的北部柱廊和国王亚历山大的陵墓[3]正面；而西蒙的军队则防守高级祭司约翰的陵墓[4]周围[5]，并守卫着城墙，直至输送水源到西皮库斯塔楼要经过的那扇大门[6]。（305）犹太人常常冲出城门，与罗马人近战，但他们每次都被罗马人打败，逃回城内，因为他们缺少罗马人那样的军事技能。不过，假如他们在城墙上战斗，他们又会占据上风。（306）罗马人的勇气和军事技能是他们力量的中

---

〔1〕参见第二卷第 530 节。

〔2〕西拿基立军队营地（the camp of Sennacherib's army）的传统位置并不确定；参见《列王纪下》第十八章第 17 节和第十九章第 35 节。尽管犹太传统上一直认为（《诗篇》第七十六章第 2—3 节记载的地方是"在撒冷"［in Salem］），这个地方在耶路撒冷城内或者耶路撒冷郊区，但摧毁西拿基立军队的那场灾难也可能发生在他参与埃及战役期间的某个地方（《列王纪下》第十九章第 9 节）；但是，按照希罗多德《历史》第二卷第 141 节的记载，这个地方是在贝鲁西亚（Pelusium）。

〔3〕亚历山大·詹纳乌斯（Alexander Jannaeus，公元前 104—前 78 年），参见《犹太战争》第一卷第 85 节及以下。其陵墓的具体位置并不知晓，但它毫无疑问是一个非常明显的目标，因为尽管在其遗孀亚历山大拉王后（Queen Alexandra）的影响下，亚历山大国王非常不得人心，但他的葬礼的隆重程度仍远远超过任何继任者，参见《犹太古史》第十三卷第 406 节。

〔4〕约翰·希尔堪（John Hyrcanus，公元前 135—前 105 年）是亚历山大的父亲；关于他的陵墓，对比第 259 节。

〔5〕或者写作"挡住突袭"（intercepted the assault），首当其冲的地方就是这里，参见第 259—260 节。

〔6〕位于现在的迦法门附近。

流砥柱，而支撑犹太人的则是在恐惧之下激发出来的勇气，以及他们在面对灾难时与生俱来的坚韧；此外，他们仍然抱有得救的希望，就像罗马人抱有迅速赢得胜利的希望一样。（307）双方都没有感到任何疲乏。双方军队在白天你来我往，战况激烈，而且把所有的战术都用上了。（308）夜幕降临后，双方的军队也很少休息，黑夜甚至比白天更加可怕，一方担心自己的城墙被罗马人攻占，另一方则担心自己的营地被犹太人偷袭。两支军队就这样身穿戎装度过整个晚上，等到天一亮，他们又开始准备战斗。

（309）犹太人之间在相互较量，把赢得军官的青睐视为最为重要的事情；西蒙尤其赢得了大家的尊崇与敬畏，他们愿意听从他的所有命令，甚至情愿牺牲性命完成他下达的命令。（310）另一方面，对于罗马人而言，是什么在激励着他们的勇敢？是他们的胜利习惯和未尝败绩的经历，[1] 是他们不停的征战和不断的训练，是他们的帝国伟业，以及最为重要的，是提图斯——他现在无时无刻不与他们同在。[2]（311）每当他们精疲力竭之际，只要凯撒在他们身边并肩战斗，他们立即就会变得英勇无敌，而凯撒也会以自己的勇武来回报他们；凯撒的勇武众所周知。因此，许多人竭尽全力地展现出超过自身实力的勇气。（312）因而，在这些日子里，当犹太军力部署在城墙外，双方只是用标枪进行远距离攻击时，一位名叫朗基努斯（Longinus）的骑兵却跳出了罗马人的防线，冲进犹太人的方阵。（313）他冲破了犹太人的队伍，杀死了其中两位最勇敢的士兵——一位是被他在前进时迎面

---

〔1〕对比修昔底德第四卷第五十五章：τῆς πρὶν ἀηθείας τοῦ κακοπραγεῖν［之前没有遭受过磨难］。

〔2〕ἀεὶ πᾶσιν πανταχοῦ［永远、所有、到处］，一个作为来源的拉丁语是可追溯的（an underlying Latin is traceable）；"quod semper，quod ubique，quod ab omnibus"（sc. creditur）是一个古老的相似用法，它是勒林斯的圣文森特（St. Vincent of Lerins，公元 5 世纪）对天主教信仰的定义。

刺穿的,另一位则是从侧面被刺穿的;接着,他从敌人中间毫发无损地回到了自己的队伍。(314)他的勇敢让他声名卓著,并且有许多人争相效仿起他的勇武。(315)犹太人不关心自己所遭受的损失,而是担心自己所要面临的灾难;假如能够杀死一名敌人,死亡对他们而言似乎只是一件小事。(316)但是,提图斯像关心胜利一样关心着自己士兵的安全;他说,轻率的莽撞之举无异于发疯,只有在深思熟虑和注重自身安全的情况下,勇气才配得上勇气这个称号。他训诫自己的军队,不要靠个人的以身犯险来证明自己的英雄气概。

[4](317)提图斯现在把其中一架攻城槌运到了北墙的那座中央塔楼前,有一位名叫卡斯托尔(Castor)的犹太骗子带着十个同谋在那里设下埋伏,而其余的人都被罗马弓箭手逼走了。(318)他们蹲伏在胸墙下面一动不动地待了一段时间,而当塔楼开始摇晃时,卡斯托尔便摇尾乞怜地伸出自己的双手示意凯撒,并用哀声恳求凯撒放过他们这些人。(319)由于提图斯性格率直,他相信了卡斯托尔;他希望犹太人最终能够幡然悔悟,于是下令让攻城槌停止撞击,并严禁弓箭手射杀这些人,还允许卡斯托尔畅所欲言。(320)卡斯托尔回答说,如果提图斯能够保证他的安全,他愿意下来。提图斯则回答说,对于卡斯托尔的明智举动,他感到非常高兴,假如所有犹太人都一样明智,那么他无疑会更加高兴,他非常乐意保证他们的安全。(321)然而,卡斯托尔手下的十个人当中,看似只有五个加入了这场假意的乞怜,其余的人则声称,他们绝不会成为罗马人的奴隶,宁愿以一个自由民的身份死去。(322)在这场旷日持久的争论期间,罗马人的进攻暂时停止了,而卡斯托尔则捎信给西蒙,让后者仔细考虑将来的防范措施,因为他可以愚弄和拖延罗马指挥官很长一段时间。(323)在捎信的同时,他表面上又在催促那些倔强的同伴们接受罗马人提议的保护;但是,他们却似乎非常生气,在胸墙上方明晃晃地挥动着刀剑,并敲击着自己的胸甲,然后一个个地倒在地上,就好像他们被杀了一

样。（324）提图斯及其手下都对这些人的英勇无畏深感震惊，他们钦佩这些人的勇气并怜悯这些人的不幸，却不知道上面究竟发生了什么。（325）与此同时，卡斯托尔被一支箭射伤了鼻子，他立即拔出这支箭，并把它展示给提图斯，向提图斯抱怨自己所遭受的不公平对待。凯撒严厉地责备了这名弓箭手，并委托身边的约瑟夫斯把自己的保证带给卡斯托尔。（326）然而，由于约瑟夫斯认为这些乞求者不怀好意，他不仅自己拒绝前往，也不允许自己那些想要过去的朋友前往。（327）不过，一位名叫埃涅阿斯（Aeneas）的逃兵自告奋勇地说，他愿意前往；卡斯托尔大声地喊人来取走他带来的金钱，埃涅阿斯便更加急切地向他奔去，伸出长袍去接。（328）卡斯托尔却捡起了一块大石头，向他投掷过去；埃涅阿斯避开了石头，另一位走过来的士兵却被砸伤了。（329）凯撒现在目睹了他们的阴谋诡计，他意识到，自己在战争中的这种同情根本就是错误的——幸好这个阴谋诡计的破坏程度尚不太严重。他对这种拙劣伎俩感到异常愤怒，因而命令自己的士兵用攻城槌进行更为猛烈的攻击。（330）当这座塔楼开始坍塌之际，卡斯托尔和他的同伴们将其点燃，随即跃过火焰，跳进了一个地下洞穴里面。[1] 这再一次地震惊了罗马人，因为罗马人觉得他们跳进火海需要极大的勇气。

第八章

[1]（331）在占领第一道城墙后的第十五天，凯撒从这个地方[2]攻占了第二道城墙；[3] 当这些犹太人逃走后，凯撒率领着一千名军团

---

〔1〕对比犹太将军尼格尔（the Jewish general Niger）的类似逃生方法，参见第三卷第 27 节。

〔2〕亦即"北墙的那座中央塔楼"，参见第 317 节。

〔3〕时间大约在 5 月 30 日。

士兵和自己的精锐部队进入了新城的羊毛店、铁匠铺和布料店所在的区域，这个地方有一条通向城墙的狭窄而又蜿蜒的小巷。（332）假如提图斯立即拆毁更多的城墙，或者借战争之机，一进来就进行大肆洗劫，我想，他的胜利不会有任何损失。（333）但是事实上，他不愿意过多地伤害和折磨他们，因为提图斯希望犹太人为自身的顽固而感到羞愧；他也没有扩大城墙的缺口，以方便撤退，他从未想过他们会因自己的仁慈而设下圈套。（334）因此，一进入城市，他就禁止自己的军队进行任何杀戮或者烧毁任何房屋；同时，他允许各个派系的叛乱分子在不伤害民众的情况下，可以自由出城作战，如果他们想要这样做的话；[1]此外，他还答应归还民众的财产。他的最重要的目标是，为自己保全这座城市，为这座城市保全圣殿。（335）民众长久以来都积极响应他的善意，但是，激进分子却把他的仁慈误解为软弱，他们认为，这些善意不过是因为他攻占不了余下的城区而释放出来的烟幕弹而已。（336）他们威胁民众，无论谁提及投降，都将被格杀勿论；他们割断了那些讲和者的喉咙，并不断地攻击那些进入城墙的罗马人。（337）一些人在街上迎面进攻罗马人，一些人从房子里攻击他们，而其他人则从上门（the upper gates）突然冲到城墙外，从而引起城墙上罗马哨兵的骚乱，以至于他们纷纷跳下塔楼撤回军营。（338）城墙里面的那些罗马人在大声疾呼，因为他们遭到敌人的层层包围，而城墙外的罗马人也一样大声疾呼，因为他们担心城墙里面的同伴们的人身安全。由于犹太人的人数不断增加，加上他们对街道非常熟悉，使得他们占据了巨大的优势。他们打伤了大批的罗马人，并最终把罗马人驱赶到了城墙外。（339）罗马人则竭尽全力地进行抵抗，因为他们不可能一下子全都从那个狭窄的豁口里撤退出来。假如不是提图斯前来救援，恐怕城墙里面的所有罗马人都要覆没。（340）提图斯把弓箭

---

〔1〕对比约瑟夫斯后来的类似提议，参见第六卷第 95 节。

手部署在街道的尽头，他自己则站在敌人最多的地方，在勇士多米提乌斯·萨比努斯[1]——此人在本次及其他战役中均表现出无畏的勇气——的协助下，用弓箭逼退了敌人。（341）凯撒就这样不断地向犹太人射箭，阻止犹太人的进攻，直到自己的士兵全部安全地撤退回营。

[2]（342）因而，罗马人在占领第二道城墙后就这样被驱赶出来了。对于这次胜利，城墙内的犹太战士们都非常高兴；他们认为罗马人再也不会冒险入城了，或者即使罗马人真的入城，他们也可以战胜罗马人。（343）由于他们的罪孽，上帝遮蔽了他们的理智；他们既没有看到被驱赶出来的罗马士兵只占整个罗马军队的极小部分，也没有看到饥荒正在悄无声息地逼近他们。（344）虽然现在仍有可能靠着食用公众的艰难困苦和饮用城市的鲜血命脉而存活，但老实人早就感到匮乏了，许多人因为食物的短缺而丧命。（345）但是，叛乱分子却把民众的灾难视作一种解脱；因为他们认为，只有不赞同和平的那些人，以及与罗马人不断斗争的那些人，才配幸存下去，他们把其余大批的民众看作必须予以清除的累赘。（346）这些就是城内那些犹太人的态度；他们用自己的身体堵住了城墙的这道缺口，并修补了这个缺口，接着，他们努力阻止罗马人再次破城而入。他们顽强地坚守了三天，但是在第四天，他们没能抵挡住提图斯的英勇进攻，被迫退回到了之前的地方。（347）在重新占领了这道城墙后，提图斯立即摧毁了整个北部区域；此外，他在耶路撒冷城南部区域的塔楼里面部署了一支卫戍部队；他现在的计划是攻打第三道城墙。[2]

---

[1] 多米提乌斯·萨比努斯（Domitius Sabinus）是第十五军团的保民官，也是陪同提图斯进入约塔帕塔的第一批罗马人里的一个，参见第三卷第324节。提图斯在这里表现出非凡的英雄气概，约瑟夫斯在其他地方也多次强调了这一点。
[2] 从犹太人的视角来看，则是第一道城墙或者"老城墙"，参见第142节。

第九章

[1]（348）提图斯现在决定暂缓围攻，给叛乱分子留出反省的时间，他也想看看，拆除第二道城墙会不会让他们感到害怕，或者饥荒的威胁会不会让他们主动投降，因为他们所劫掠的战利品根本无法支撑太久；他在静待其变。（349）等到发放军饷的那一天，他命令自己的军官检阅军队，并在敌人的众目睽睽下向自己的士兵们发放军饷。（350）士兵们像往常一样从套子里抽出武器（之前一直没有打开），并身穿铠甲，向前进发；骑兵则驾驭着身披盛装的战马，向前进发。（351）城前一带闪耀着大片的金银之光，没有什么景象比这更让罗马人兴奋的了，也没有什么景象比这更让敌人敬畏的了。（352）整个老城墙和圣殿北面挤满了观看者，城墙沿线的房子里到处都是伸长的脖子；整座城市所有能够观看的地方，全都挤满了人。（353）当他们看到聚集在此的整个罗马军队及其漂亮的铠甲和优良的秩序后，他们都感到深深的恐惧；（354）我禁不住想，如果这些叛乱分子不是因为罪行过重，而无望取得罗马人的宽恕的话，他们看到这番场景应该会在思想上有所转变吧！（355）然而，他们认为，与其坐以待毙，还不如战斗至最后一刻而慷慨赴死。况且，命运女神（Fate）已经把无辜之人与有罪之徒、耶路撒冷城与叛乱分子，全都卷入了一场共同的毁灭当中。

[2]（356）罗马人花费了四天时间向几个军团发放军饷。但是，等到第五天时，犹太人一方仍没有任何提议和平的迹象，因此，提图斯把军团分成了两部分，并开始分别加高安东尼亚塔楼对面和约翰陵墓[1]对面的高垒；他现在的计划是，从约翰陵墓那里占领上城，从安东尼亚塔楼那里占领圣殿；因为，假如不攻占圣殿，那么即使占领了

---

〔1〕参见第 259 节。

耶路撒冷城也会立足不稳。（357）因而，他开始加高这两个地方的高垒，把这项任务分别委以一个军团进行修筑。（358）在陵墓旁边开展修筑任务的那些人，被以土买人和西蒙军队的突袭所妨碍；在安东尼亚塔楼前开展修筑任务的那些人，则遭遇了约翰的军队和奋锐党人的阻挠。（359）此外，他们不仅遭到了犹太人的手掷飞弹的直接攻击（因为犹太人有着居高临下的位置优势），也遭到了犹太人的战争器械的蹂躏（犹太人每天都在练习，从而学会了如何有效地操作这些战争器械[1]）；犹太人拥有三百台速射炮（quick-firers）[2] 和四十台投石器（stone-projectors），[3] 通过这种战术，他们严重地拖延了罗马人修筑高垒的进展。（360）提图斯意识到，这座城市的保全或者毁灭完全取决于他自己，而急迫的围攻会让犹太人没有自省的时间。（361）因此，他在积极行动的同时配合着建议，并认识到劝说通常比武力更加有效。他不仅亲自劝说他们交出这座城市以保全性命——况且这座城市几乎（practically）[4] 已被罗马人占领，还派遣约瑟夫斯用他们的母语去和他们谈判，他认为犹太人有可能听从这位同胞的劝告。

［3］（362）于是，约瑟夫斯走到城墙边，努力使自己保持在飞弹的射程之外，同时又要让他们听到自己的声音，他反复地（repeatedly）[5] 恳求叛乱分子放过他们自己和民众，也放过他们的国家和圣殿，而不要摆出一副比陌生人还冷漠的态度。（363）他敦促道：罗马人虽然与其敌人的圣地[6] 无份，但仍然对圣地保持尊敬，并克制他们的手去沾

---

〔1〕参见第 267—268 节。

〔2〕quick-firers（速射炮）或者写作 scorpions（蝎弩）。

〔3〕stone-projectors（投石器）或者写作 *ballistae*（弩炮）。

〔4〕在这里，παρειλημμένην 的前置词［即 παρ-］可能有 παρ' ὀλίγον［差不多］的力量，表示"几乎"（almost）。

〔5〕πολλά 可能指在不同的地方发表的大量演讲，而不是"长篇大论"（at great length）。

〔6〕字面含义是"神圣之物"（the holy things），包括神圣的仪式等。

染圣地；而在圣地长大的人，本将独享圣地——假如圣地得到保全的话，但他们却一心想要毁掉它。（364）确实，他们亲眼看到自己最为坚固的城墙最终是如何被摧毁的，而剩下的那道城墙比已经倒塌的城墙更加脆弱；他们肯定知道，罗马人的威力是不可阻挡的，他们也肯定知道，他们自己过去就效力于罗马人。（365）为自由而战固然崇高，但他们一开始就应该这样做；但是，在屈服和顺从了如此漫长的时间后，寻求摆脱枷锁的做法无异于自寻死路的疯狂之举，而绝不是对自由的热爱。[1]（366）人们可以鄙视那些卑鄙的统治者，却不应该鄙视那些高贵的统治者。那些尚未被罗马人征服的地方，若不是一无所有的严寒之地，就是毫无用处的酷热之地。（367）确实，命运女神（Fortune）已经从四面八方转移到了罗马人的身上，而巡视各个民族、将帝国之杖轮流赐予诸多民族的上帝（God），现在一动不动地停留在了意大利的上空。事实上，确定无疑的法则就是"服从强者"（yield to the stronger）以及"统治者必定是那些在战斗中出类拔萃之人"（the mastery is for those pre-eminent in arms），即使对野兽而言也不例外。（368）这就是为什么他们的祖先，那些在灵魂上以及体力上，甚至在资源上都要远远胜于他们的人，也不得不臣服于罗马人的原因；假如他们没有认识到上帝已经站在罗马人一边，那么臣服于罗马将是一件无法忍受的事情。（369）对于他们自己而言，在这座城市的大半部分已经遭到攻占的情况下，他们还能依靠什么呢？现在他们虽然在城内坚守，但是所承受的这种困境，难道真比遭到攻占要好？（370）可以确定的是，罗马人并非不知道城内遭遇的严重饥荒，民众的粮食现在已经颗粒无存，不久之后，战斗人员的粮食也将消耗殆尽。（371）即使罗马人停止围城，不用手上的利剑进攻这座城市，城内遭遇的这

---

〔1〕在这里和后面的章节，约瑟夫斯重复了他先前借阿格里帕之口在战争之初所说的那番话，参见第二卷第355节及以下。

种危机也不可能克服，更何况这种危机每时每刻都在扩大，除非他们能够战胜饥荒或者他们所有人都能够克服饥饿。（372）约瑟夫斯接着说道，在不可挽回的灾难降临到他们身上之前，在尚有机会抓住这些有益的劝告之时，一切都还来得及；罗马人不会对过去之事耿耿于怀，除非犹太人一直到最后都还冥顽不灵；因为罗马人在胜利时天然就宽宏大量，[1]会把权宜之计置于报复之上；[2]一座空城或者一座荒城并不是罗马人的利益所在。（373）这就是凯撒在这最后的时刻仍然愿意和谈的原因所在；然而，假如他最后用武力强行攻占这座城市，那么他将不会宽恕任何人，尤其不会宽恕在极端困境下仍拒绝其提议的那些人。（374）可以肯定的是，第三道城墙很快就会被攻破；即使这座城市的防御坚不可摧，饥荒也会把他们打败。

[4]（375）在苦口婆心的规劝期间，约瑟夫斯受到了城墙上许多犹太人的嘲笑、憎恨，甚至攻击。由于这种直接的建议无法打动他们，约瑟夫斯便转而诉诸他们民族历史的古老记忆；约瑟夫斯大声地说道：

（376）噢，可怜的人啊，难道你们就没有注意到你们真正的盟友吗？难道你们就用你们的武器和双手来同罗马人作战吗？我们像这样征服过其他的民族吗？（377）在他们遭受伤害时，上帝——我们犹太民族的造物主——什么时候没有为他们复仇呢？难道你们不睁开眼睛好好看看，到底是什么原因导致了如此激烈

---

[1] 对比尼卡诺尔在约塔帕塔对约瑟夫斯所说的那番话，参见《犹太战争》第三卷第 347 节；维吉尔的"宽大臣服者"（parcere devictis），《埃涅阿斯纪》第六卷第 853 行。

[2] ［中译按］在惠斯顿本中，英译者将其译作"因为，罗马人在征服时天性温和，他们更喜欢有利可图的东西，而不是被自己的激情所支配的东西"（Because they were naturally mild in their conquests, and preferred what was profitable, before what their passions dictated to them）。

的冲突？难道你们不仔细想一想，到底是什么原因让一位同盟者（an Ally）[1]如此愤怒？难道你们忘记了你们祖先的非凡事迹和这块圣地在以前的时代为我们平息了多少重大的战争（mighty wars）？[2]（378）我甚至在对你们耳边讲述上帝的作为时都禁不住浑身颤抖；[3]听着，你们不只是对罗马人开战，而是与上帝为敌。

（379）统治埃及的国王——亦被称作法老（Pharaoh）[4]——尼查奥斯（Nechaos）率领一支庞大的军队夺走了我们民族的母亲和公主——撒拉（Sarah，a princess and the mother of our race）。[5]（380）当时她的丈夫亚伯拉罕——我们的祖先——采取什么行动了吗？他发动战争去为自己复仇了吗？要知道当时他拥有三百一十八名军官，[6]而每一名军官又都掌握大批的军队。他认为，假如没有上帝的援助，庞大的人数也终将一无是处，因而，

---

〔1〕［中译按］这里的"一位同盟者"指的是"上帝"。在惠斯顿本中，英译者将其译作 a Supporter。

〔2〕"重大的战争"（mighty wars）或者写作"伟大的敌人"（great enemies）（胡德森的文本［with Hudson's text］）。

〔3〕这让人再一次回想起维吉尔的"瑟瑟发抖"（horresco referens）。

〔4〕在这个地方，约瑟夫斯使用了《创世记》第十二章第10—20节（对比第二十章第1节及以下的故事的变异版本）的那个故事的一些奇怪版本——毋庸置疑，这些奇怪的版本都源自于犹太传奇（Jewish legend）《哈加达》（Haggadah）。在《圣经》的叙述中，亚伯拉罕下到埃及；在这里，法老入侵巴勒斯坦。此外，尼哥（Necho）是法老统治后期的一个名字，亦即征服者约西亚（the conqueror of Josiah）时期的一个名字，参见《历代志下》第三十五章第20节；在族长制时期，君主的名字都是不知道的。

〔5〕撒拉（Sarah）这个名字本身的含义就是"公主"（princess）。
　　［中译按］在惠斯顿本中，英译者将其译作"我们民族的母亲撒拉王后"（queen Sarah，the mother of our nation）。

〔6〕为解救罗得，亚伯拉罕率领"他家里生养的精练壮士"三百一十八人，直追到但，参见《创世记》第十四章第14节。

他向圣地——但这块地方却遭到了你们的玷污——举起纯净的双手祈祷，求助于这位战无不胜的同盟者（the invincible Ally），而不是求助于自己的军队。（381）第二天晚上，我们的王后（our queen）不就一尘不染地回到她丈夫的身边了吗？埃及法老因敬畏你们用自己同胞的鲜血亵渎的这个地方，也因他看到夜间的恐怖异象而战战兢兢，于是把金银赠送给上帝所爱的希伯来人，[1]就逃走了。

（382）还需要我述及我们的祖先移居埃及的事情吗？外邦君主压迫我们长达四百年，[2]然而，虽然他们原本可以用武力和暴力来保护自己，但是，除了将自己交付给上帝，他们不是什么也没有做吗？（383）谁不知道埃及有着五花八门的野兽、各种各样的疾病、不结果实的土地、断流的尼罗河、十次连续的瘟疫？结果，我们的祖先却没有遭遇流血和危险，在上帝的保护之下[3]被送出埃及，因为上帝要带领他们成为其圣地未来的保卫者。

（384）非利士人（Philistia）和偶像大衮神（the image Dagon）[4]不是懊恼叙利亚人（the Syrians）[5]抢走了我们神圣的约柜吗？[6]

---

〔1〕亚比米勒（Abimelech）也在类似的情形下给亚伯拉罕赠送礼物，参见《创世记》第二十章第14—16节；第十二章第20节则记载，法老没有赠送任何礼物。

〔2〕四百年这个整数是《创世记》第十五章第13节里提供的数字，约瑟夫斯的《犹太古史》第二卷第204节和《使徒行传》第七章第6节的圣司提反的演讲（St. Stephen's speech）也遵从了这个年数；《出埃及记》第十二章第40节做了更加精确的记载，所记载的年数是"430年"。

〔3〕对比《智慧篇》（Wisdom）第十九章第2节：μετὰ σπουδῆς προπέμψαντες αὐτούς［匆忙地护送他们］，该节记载埃及人加速了以色列人的进程。

〔4〕［中译按］在惠斯顿本中，英译者将其译作：他们的偶像大衮神（their idol Dagon）。

〔5〕［中译按］在惠斯顿本中，英译者将其译作：亚述人（the Assyrians）。惠斯顿本明显存在误译。

〔6〕参见《撒母耳记上》第五至第六章。

（385）作为抢劫者的这整个民族不是都对这件事感到非常懊悔吗？他们的私处溃烂，[1]他们的肠子和他们吃下的食物一同排泄出来，[2]直到那些偷走约柜的人不得不把约柜送回来，并且在铜钹和铃鼓的声音之下，[3]献上各种祭品进行赎罪，以平息上帝对他们侵犯神圣约柜的愤怒。（386）上帝让我们的祖先赢得了这次胜利，因为他们没有诉诸任何战斗和武力，而是将事情全部委托给上帝决定。

（387）当亚述国王西拿基立（Sennacherib）率领自己所有的亚洲大军驻扎在这座城市周围之时，[4]他是死于人手吗？（388）当上帝的天使（God's angel）在一夜之间将这支无以计数的庞大敌军全部摧毁时，那些手不是在手臂上保持安静，单单举起向上帝祈祷吗？这位亚述国王第二天早上起床时，难道不正是他自己发现了那十八万五千具尸体，并率领着自己的残余部队从希伯来人（尽管希伯来人既没有带武器，也没有进行追击）那里逃跑的吗？[5]

（389）你们无疑都知道，在被囚巴比伦期间，我们民族在那里被流放长达七十年的时间，但他们从未扬起头颅[6]来追求自由，而是一直等到居鲁士（Cyrus）因感激上帝而给予他们自由；是的，正是通过居鲁士，他们才得以回归，并进而恢复了对上帝的圣殿敬拜（the temple-worship）。（390）总之，当我们的祖先把自己的事业交托给上帝时，我们找不到任何一个我们祖先凭借武力就

---

〔1〕［中译按］在《撒母耳记上》第五至第六章中，他们患上的不是溃烂（ulcerated），而是痔疮（tumor）。
〔2〕约瑟夫斯给《撒母耳记上》第五章第6节增强了修辞成分。
〔3〕"并且在铜钹和铃鼓的声音之下"是约瑟夫斯自己添加的内容，《圣经》原文中没有这样的描述。
〔4〕参见第303节注释。
〔5〕参见《列王纪下》第十九章第35节。
〔6〕这里的"头颅"（heads）的字面含义是"灵魂"（manes）；相同的隐喻手法也出现在阿格里帕的演讲之中，参见第二卷第370节。

赢得胜利的事例，也找不到任何一个我们祖先因没有凭借武力就遭遇失败的事例；当他们坐在家里一动不动的时候，他们却赢得了胜利，因为这是他们的裁判者（their Judge）所喜悦的，但是，当他们出去战斗的时候，他们却总是遭遇失败。

（391）因而，当巴比伦国王围攻耶路撒冷时，我们的国王西底家（Zedekiah）[1]完全违背了耶利米（Jeremiah）所发出的预言的警告，投入战斗之中，结果，国王自己却成了阶下之囚，并眼睁睁地看着这座城市和这座圣殿被夷为平地。[2]然而，我们这位国王却比现在的犹太领导者温和许多，他治下的民众也要比你们温和许多。（392）因为，尽管耶利米大声说，由于他们的僭越，上帝对他们非常愤怒；除非他们投降，否则他们全都会沦为阶下之囚，但国王和民众都没有将他处死。[3]（393）但是，你们在城内的无恶不作已经超出了我的描述能力，而且你们残酷地对待我，甚至对我投掷飞镖，完全不顾我是过来劝诫和拯救你们的人，你们这样行事，不过是因为我让你们想起了你们犯下的罪孽而惹恼到了你们，以及不能容忍我提及那些罪孽（尽管事实上你们每天都在犯下它们）罢了。

（394）这里还有另一个事例，那就是，当安条克·俄皮法尼斯[4]

---

〔1〕［中译按］西底家（Zedekiah）的含义是"耶和华是力量"（Jehovah is might）。

〔2〕参见《列王纪下》第二十五章第1—10节。西底家没有"看见"（see）圣城和圣殿的被毁，在《圣经》的叙述中，它们的被毁发生在西底家被押送到巴比伦之后十年，当时他是一名盲眼的囚犯。

〔3〕对比《耶利米书》第二十七章第12节及以下。

〔4〕对比《马加比一书》第一章第20节及以下，然而，约瑟夫斯的《犹太古史》第十二卷第246节及以下却没有记载任何争夺（no contest）；按照《犹太古史》的记载，耶路撒冷被安条克占领了两次，其中一次没有经过任何一场战斗（without a battle [ἀμαχητί]，第246节）就被占领了；另一次则是利用阴谋（by treachery [ἀπάτη]，第248节）而占领。

封锁耶路撒冷城并粗暴地亵渎我们的上帝时，我们的祖先对他进行了武装抗击，然而，他们却在战斗中被大肆屠戮，耶路撒冷城也被敌人洗劫一空，我们的圣殿被荒废了三年零六个月的时间。[1]

（395）还需要我列举更多的事例吗？是什么原因引发罗马人反对我们的国家？难道不是因为其居民们的不虔敬吗？（396）是什么原因让我们开始受到奴役？难道不是因为我们祖先中间的党派纷争吗？难道不是因为亚里斯多布鲁斯和希尔堪的疯狂以及他们彼此之间的争执，而最终把庞培引入了耶路撒冷城吗？[2]难道不是上帝使那些不配享有自由的人臣服于罗马人的吗？（397）在经过三个月的围攻后，[3]他们被迫投降了，尽管罗马人对我们的圣殿和我们的律法犯下了诸多罪行，但是，这也仍然要比战争好很多。

（398）难道我们不知道亚里斯多布鲁斯之子安提柯的最后命运吗？在他统治期间，上帝再一次因民众的罪行而让这座城市惨遭沦陷；安提帕特之子希律给我们引来了索西乌斯，[4]而索西乌斯则给我们引来了罗马军队，他们当时被罗马人围攻了六个月，[5]直到作为对他们罪恶的惩罚，他们遭到了敌人的俘获，而且，这座城市也遭到敌人的洗劫。

（399）因而，对我们民族而言，武力往往对我们不合时宜，

---

〔1〕公元前 168 年 12 月至公元前 164 年 6 月，也即《但以理书》第十二章第 11 节所说的一千两百九十日。《马加比一书》第一章第 54 节和第四章第 52 节认为，这个时期是三年（到公元前 165 年 12 月）。

〔2〕参见第一卷第 131 节及以下。

〔3〕参见《犹太战争》第一卷第 149 节和《犹太古史》第十四卷第 66 节。

〔4〕参见《犹太战争》第一卷第 345 节和《犹太古史》第十四卷第 468 节。

〔5〕按照《犹太战争》第一卷第 351 节的记载，围攻的时间是五个月；按照《犹太古史》第十四卷第 476 节的记载，围攻的时间则是两个月，而占领这两道城墙所花费的时间则分别是四十天和十五天。

开战往往意味着战败。（400）因为在我看来，这块圣地的居民最好把一切事情都留给上帝裁决，而鄙夷一切人类之手的帮助；他们只能与上面的仲裁者（the Arbiter above）和解。（401）但是，至于你们，你们所做的那些事情，难道是我们的立法者[1]所称许的吗？你们所做的那些事情，难道不是我们的立法者所谴责的吗？相较于以前被打败的那些人，你们的不虔敬不知严重多少倍啊！[2]（402）对于那些私密的罪恶——我指的是偷窃、背叛和通奸——你们并不掩饰对它们的鄙视，[3]但你们彼此之间却为争相竞逐的抢劫和谋杀开辟了一条全新的罪恶通道。圣殿变成了所有人的容器，[4]这块神圣之地即使连罗马人都会远远地保持距离，以示敬重，[5]他们宁愿放弃自己的习俗，也要尊敬我们的律法，但是，它现在却被我们自己同胞的双手给玷污了。（403）你们是如此不虔敬，难道还能指望上帝来支持你们吗？你们有权成为求助者，你们求助于你们的保护者（protector）[6]的双手须是纯洁的！（404）

---

〔1〕指摩西。

〔2〕τάχιον（更快的）＝πρότερον（以前的），例如第一卷第284节。假如将先前提到的对耶路撒冷的围困时间与目前只持续了大约两个月的围困时间进行比较，那么，"更加迅速地战败"（more speedily defeated）这个翻译（the rendering）可能是不正确的；尽管它可能适用于整个战争的时间长度（though it might apply to the length of the war as a whole.）。

〔3〕"你们不是鄙视……那些私密性的罪恶吗？……"（Have not secret sins … been disdained by you …?），亦即"变得太琐碎而不能满足你"（i.e. become too trivial to satisfy you.），这也许存在疑问。

〔4〕这里的"容器"（receptacle）或者写作"水池"（sink）；对比撒路斯特：《卡提林阴谋》（Cat.）第三十七卷，"omnes … Romam sicut in sentinam confiuxerant."

〔5〕也即罗马人没有穿过石栏，石栏是非犹太人的庭院（the court of the Gentiles）的分界，参见第193—194节。对比第二卷第341节：尼亚波利塔努斯在"所允许的区域里"进行了献祭。

〔6〕[中译按]这里的"保护者"指的是"上帝"。

当上帝在一个夜晚击杀了强大的敌军之时，我猜想，我们的国王正是这样举起自己纯洁的手，来恳求他抵御那位亚述人（the Assyrian）[1]的。如果罗马人像亚述人那样作恶的话，那么，你们有理由去报复他们。（405）亚述国王接受了我们国王的金钱，[2]按道理，他不应该洗劫我们的圣城，但是，他却违背誓言并最终烧毁了我们的圣殿；然而，罗马人只要求按照惯例进贡，就像我们的祖先往常进贡给他们的祖先那样。（406）如果罗马人得到贡金，那么他们既不会洗劫圣城，也不会触碰圣殿；并且还会保证你们家人的自由、你们财产的安全和你们律法的存续。（407）希望上帝把正义与非正义同等对待，这无异于疯狂之举。上帝知道在紧急之时进行惩戒，正如他在亚述人筑营的第一个晚上就重创了亚述人；[3]（408）因此，假如他判断我们民族配享自由或者罗马人应该接受惩罚的话，他就会像惩罚亚述人那样立即惩罚罗马人——比如，当庞培开始干涉我们的民族事务之时，当庞培之后索西乌斯起来反对我们之时，当韦斯巴西安劫掠加利利之时，以及当提图斯进军这座圣城之时。（409）但是，在没有遭受任何损失的情况下，马格努斯（Magnus）[4]和索西乌斯就用武力占领了耶路撒冷城；在与我们征战期间，韦斯巴西安甚至还登上了皇位；[5]至于提图斯，昔日在你们的统治时期干枯的泉水，现在却因为他的到来而充沛。（410）你们都知道，西洛安泉水以及城外的其他泉水都外流不了多远，这些泉水是以双耳瓶（*amphora*）[6]来装盛并计量和出售

---

〔1〕指西拿基立，参见第 387 节。

〔2〕参见《列王纪下》第十八章第 14—15 节。

〔3〕《列王纪下》第十九章第 35 节，"当夜"（that night），参见第 303 节注释。

〔4〕马格努斯（Magnus）亦即伟人庞培。

〔5〕参见第四卷第 604 节。

〔6〕一双耳瓶大约相当于九加仑（9 gallons）。

的；然而，现在这些泉水却自由又充沛地流到了你们的敌人那里，不仅可以向他们提供充足的饮用水源，而且尚有多余的水来喂养他们的牲畜和灌溉他们的花园。（411）此外，这种奇迹在这座城市沦陷之前就已经发生过了——我在前面已经提到过，[1]当时巴比伦人进军这座圣城，并占领和烧毁了圣城和圣殿——尽管在我看来，那时候的犹太人并没有像你们这样不虔敬。（412）因此，我不得不认为，上帝已经离开了他的圣所，而驻足在你们现在与之作战的那一方了。

（413）即使是一个普通而正直的凡人，他也会从一间不纯洁的房子逃离，厌弃居住在它里面的那些人，难道你们还自欺欺人地相信，上帝仍居住在他那充满罪恶的家里吗？要知道，上帝可以看到所有隐秘的秘密，洞穿所有藏在最深处的事情。（414）在你们中间，有什么是缄默不言或秘而不宣的呢？你们的罪恶甚至向你们的敌人暴露无遗！因为，你们在大肆地炫耀自己的罪恶，拼命地争夺和表演谁更邪恶，仿佛这些罪恶本身是美德一样。

（415）然而，只要你们愿意，你们仍有一条拯救之路；而对于那些真心忏悔和改过自新之人，上帝一定会宽恕他们。（416）噢，铁石心肠的人啊，赶紧扔掉你们的武器吧，赶紧怜悯你们摇摇欲坠的国家吧；赶紧从你们背叛的道路上回头是岸吧，请你们再好好看看如此伟大的城市、如此宏伟的圣殿和如此无尽的江山吧！（417）谁会放火烧毁圣殿？谁愿意让这些事物毁于一旦？还有比这些更值得保存的东西吗？——噢，无情无义的人啊，你们比石头还无动于衷。（418）然而，假如你们没有以真挚的爱看到这些，至少请你们怜悯一下你们的家人，请你们每一个人好好地凝视一下你们的孩子、妻子和你们的父母，要知道，过不了多

---

〔1〕参见第391节。经书（Scripture）没有记载他那个时代的"奇迹"（miracle）。

久，他们就会成为饥荒和战争的受难者。（419）我非常清楚，这种危险很快就会祸及我的母亲[1]、我的妻子和我的那个古老而又高贵的家族。或许，你们只有考虑到他们的存在，才有可能接受我向你们提供的提议。难道他们的殉难以及我的薄命，才是你们自我拯救的代价吗？如果我的死亡能够让你们清醒，那么，我随时准备赴死。

第十章

[1]（420）尽管约瑟夫斯眼含热泪地大声恳求他们，叛乱分子却丝毫没有动心，也不觉得改弦更张就会安全。然而，普通民众却非常希望投奔罗马人；（421）一些民众卖掉他们的全部财产，另一些民众则卖掉他们最宝贵的财产，然后他们吞下金币，[2]以防止强盗的搜刮，再逃到罗马人那里，将金币从肠胃里排泄出来，换取足够的生活物资。（422）提图斯把他们大部分人都打发到了乡村，随他们愿意前往任何地方；这导致更多的犹太人逃亡，因为他们不仅可以摆脱城内的灾难，也不会被罗马人奴役。（423）然而，约翰和西蒙的党羽对这些难民的出逃比对罗马人的入侵要更加警惕；任何被疑有出逃企图的犹太人都会被立即处死。

[2]（424）然而，留在城内的富人也同样危险重重，叛乱分子盯上了他们的财富，于是以意欲逃跑的理由将他们处死。叛乱分子的疯狂和饥荒并驾齐驱，这两种灾难每天都在愈加肆虐。（425）没有一个

---

[1] 尽管约瑟夫斯的父亲马提亚斯（Matthias）当时仍然活着，但约瑟夫斯却没有在这里提到他，不过，第533节提到了他被监禁。

[2] 关于降临在他们身上的这种可怕惩罚，参见第550节及以下。

地方可以找到粮食，于是，他们就冲进私宅到处搜刮，假如找到任何粮食，他们就会痛殴住在房子里的人，因为这些人否认自己拥有粮食；假如他们没有找到任何粮食，他们会更加严厉地折磨这些人，怀疑这些人更为处心积虑地藏匿了粮食。（426）那群可怜之人的个人仪表则是判断他们有没有粮食的重要指标；如果他们红光满面，就被认为拥有粮食；如果他们憔悴不堪，叛乱分子就会径自离开，因为这时即使杀死他们也毫无意义，他们很快就会因为缺少食物而饿死。（427）许多人秘密地进行以物易物的交易以换回一点粮食——如果是富人，他们就换回小麦，如果是穷人，他们就换回大麦；接着，他们会将自己关在自家最里面的房间，一些极度饥饿的人甚至饥不择食地吞吃未磨过壳的谷物，其他人则根据需要，胆战心惊地对它们进行烘焙。（428）来不及等到把食物放到桌子上，他们就急忙从火中抓起半生不熟的食物吃起来。

[3]（429）多么可怜的人和多么可悲的景象啊，强者夺走他们的食物，而弱者却只有绝望地哭泣。饥荒压倒了所有的情感，它可以摧毁一切，包括羞耻心——在其他时候，羞耻心都是人们所看重的，现在却被人们弃之如敝屣。（430）因而，妻子从丈夫手中抢夺食物，孩子从父亲手中争抢食物，最惨不忍睹的场景则是，母亲从她们自己的婴儿口中抢夺食物；当她们最亲爱的人在自己怀里苦苦挣扎时，她们却毫无顾忌地从他们手中夺走最后一粒维持生命的粮食。（431）尽管他们以这样的方式进食，却仍然逃脱不了被发现的命运：叛乱分子无处不在，甚至在这些可怜之人进食之时，他们也要将食物从后者口中抢夺过来。（432）每当他们看到房屋大门紧闭，他们就认为里面的住户在吃东西，他们会突然撞开房门冲进去，抢走人们几乎正要下咽的那一小块食物。（433）牢牢抓住食物不放的老人会遭到毒打，而将食物藏在手里的妇女则会被揪住头发来回拖拽。不管是对头发灰白的老人还是对新生的婴儿，他们都毫不怜悯，甚至将在地上捡食吃的小孩

举起，重重地摔在地上。（434）对于阻拦他们进屋或者已经吞下食物的那些人，他们会进行更加残暴的虐待，就好像这些勾当是天经地义的一样。（435）为了搜刮食物，他们发明了各种各样非常残忍的虐待方法：他们用豆子堵住那些可怜的受害者的隐私部位的通道，用木桩刺透他们的肉体；为了让民众招供一块面包或者一点大麦粉的隐藏之地而对其施加的种种痛苦，让人听了不寒而栗。（436）然而，对民众施加折磨的这些虐待者，他们并不是真的饥饿，他们的残暴完全超过了实际需要的程度；不过，这样行事可以让他们一直保持疯狂，也可以为将来的日子提前预备食物。（437）他们会遇到在夜色的掩护下偷偷爬过罗马人的前哨、去采集野生药草和野生植物的人，如果他们觉得自己周围没有敌人，就会从那些人手中抢夺东西；（438）尽管这些受害者一直哀求他们，甚至借着上帝之名，让他们向自己退还一部分东西（这些东西都是冒着生命危险而获得的），却连一点碎屑也得不到。在他们被抢之时，如果他们没有被杀，那么着实应该庆幸。

［4］（439）底层民众就是这样惨遭这些僭主手下的恶棍欺压的；而那些富人和上层人士则被带到了僭主面前。其中一些人被诬告密谋叛变而遭到处决，其他一些人则被指控为向罗马人出卖耶路撒冷城；而最简单的方法是通过收买告密者，指控他们有逃跑的企图。（440）一个人在被西蒙敲诈一番后，他会被转到约翰那里再敲诈一遍，而一个人在被约翰洗劫一番后，他也会被转到西蒙那里再洗劫一遍。僭主们轮流吸吮市民的鲜血，并共享（shared）那些不幸的受害者的尸体，（441）尽管他们之间存在着权力争夺，但是在作恶上却出奇的一致；假如一个人没有向自己的同伴分享猎物，那么他将会被视作一个卑鄙无耻之徒，而对于他的独享行径，没有分享到猎物的那个人也会异常愤怒，就好像损失了一件非常有价值的东西一样。

［5］（442）他们的罪恶罄竹难书；不过，我仍然可以在这里做出简要的叙述——从创世以来，没有哪一座城市遭受过这样的不幸，也

没有哪一代人犯下这样繁多的罪恶。（443）他们使我们希伯来民族蒙羞，他们甚至比异族人更加不虔敬，他们就是一群奴隶、一帮社会渣滓和一个民族的败类。（444）正是他们掀翻了这座圣城，通过与罗马人为敌，他们迫使本不情愿的罗马人取得了一个让人感伤的胜利，并几乎将大火引到了圣殿。（445）当他们在上城看到熊熊燃烧的圣殿时，他们既没有感到任何悲痛，也没有流下一滴眼泪；[1]然而，在罗马人身上却反而弥漫着悲伤的情绪。不过，对于这一点，我们以后将会在合适的地方以充分的事实进行描述。

第十一章

[1]（446）与此同时，提图斯的高垒也在加紧修建，尽管他的士兵时刻暴露在城墙上持续不断的炮火之下。此外，提图斯派遣了一支骑兵部队，让他们埋伏在犹太人出城进入山谷寻找食物的必经之路上。（447）这些犹太人中间有一些是战士，不再满足于他们的劫掠；但是，他们当中大部分都是贫苦的市民阶层，由于担心自己家人的安全而没有选择逃亡。（448）假如他们带上妻子和儿女一起逃亡，他们根本就无法躲避那些叛乱分子，他们也不忍心因为自己出逃的自私行为，而把亲人留给那些强盗恣意宰杀。（449）然而，饥荒促使他们铤而走险；假如他们能够逃出城不被发现，却仍有可能被敌人俘虏。被俘后，他们会拼死反抗，[2]而经过一场搏斗之后，想求饶似乎已为时太晚。因此，他们被杀之前，先要遭到一顿鞭打和各种酷刑，接着

---

〔1〕对比第六卷第 364 节。

〔2〕一些权威版本（some authorities）补充了这样一个短句："出于对惩罚的恐惧"（from fear of punishment）。

被钉死在城墙对面的十字架上。（450）提图斯非常同情他们的命运，有时一天就会抓到五百人，甚至更多；另一方面，他又认识到遣散这些战俘的危险性，而关押这么庞大数量的战俘需要同等数量的看管人员；但是，他没有停止这种钉刑，其最主要的目的是让犹太人在看到这种恐怖的场景后担心自己也会遭受同样的命运，因而向他投降。（451）出于对犹太人的愤怒和仇恨，那些罗马士兵将被俘的犹太人以各种各样的姿势钉在十字架上；被钉在十字架上的犹太人人数是如此庞大，以至于都找不到摆放十字架的地方了，也找不到足够数量的十字架。

［2］（452）然而，面对这种悲惨的景象，叛乱分子根本没有缓和下来，反而以各种方式不断地哄骗和激励其余的民众。（453）叛乱分子把那些逃亡者的亲属以及渴望接受和平协议的民众都拖拽到城墙上，目的是要向他们展示向罗马人寻求庇护将会招致怎样的命运，并告诉他们这些不幸的受害者不是罗马人所抓获的俘虏，而是向罗马人乞怜的人。（454）在真相大白之前，这个景象让许多想逃亡之人都留在了城内；不过，即使面对确凿无疑的惩罚，一些人依然赶紧逃走了，因为他们认为，死于敌人之手也比饿死更好。（455）但是，提图斯现在下令砍掉了几名俘虏的双手，以免他们被误认为逃亡者，并通过这种刑罚为他们的陈述增加可信度，然后将他们派到西蒙和约翰那里，（456）以劝说他们至少暂停疯狂举动，不要逼他摧毁这座城市，让他们在最后时刻通过忏悔而保全自己的性命，保全宏伟的圣城和独特的圣殿。（457）与此同时，提图斯绕过高垒，亲自督促工匠们加快工程的建造，仿佛他打算立即以行动实施他的威胁。（458）对此，犹太叛乱分子的回应是在城墙上大骂凯撒及其父亲，他们大声地说道，他们不惧死亡，宁愿光荣战死，也不愿意当罗马人的奴隶；只要一息尚存，他们就会用自己的力量去重创罗马人；至于他们的圣城，正如提图斯所说，很快就会毁灭，但他们并不顾念，因为这个世界对上帝而言

是一个更好的居所。[1]（459）但是，他们进一步补充，居住在圣殿里的上帝会保佑圣殿，而且他们有上帝为盟友，他们将嘲笑一切威胁，视之为无物；因为一切都仰赖于上帝。他们就这样夹杂着咒骂叫嚷着。

[3]（460）与此同时，安条克·俄皮法尼斯[2]率领了另一支人数庞大的军队和一支自称是"马其顿人"（Macedonians）[3]的精锐卫队也来到耶路撒冷城，这支精锐卫队的士兵有着相同的年龄（全都刚过青春期）、相同的身高、相同的武装，并一同按照马其顿人的方式接受训练，所以这个头衔名副其实，不过，当中的绝大部分人并不配得上这个伟大的名号。（461）在遭遇变故前，在所有拥戴罗马的国王中间，科马根纳[4]国王[5]（King of Commagene）最为富有；虽然他的年纪非常老，但他在年老时也证明，人在死前是不能被断言为幸福的。[6]

---

〔1〕对比《巴录书》第三章第24节："以色列之神的住所多么广大，他的领域多么宽阔！"等等。在公元70年的这场悲剧之后，那部作品的作者写道："神的殿不是那座被毁坏的圣殿，而是广阔的宇宙。"

〔2〕安条克·俄皮法尼斯（Antiochus Epiphanes）是科马根纳国王（King of Commagene）安条克四世的儿子（Son of Antiochus IV），他还将出现在第七卷第232节，在那一节里，他和他的兄弟埃菲亚特斯（Ephialtes）为保卫父亲的王国而奋勇战斗。

〔3〕[中译按]在惠斯顿本中，英译者将其译作：马其顿卫队（the Macedonian Band）。

〔4〕科马根纳王国是幼发拉底河上游的一个小王国，位于西里西亚和亚美尼亚之间，它的首都是萨摩萨塔（Samosata）。在提比略统治时期，罗马兼并了这个王国；在盖乌斯统治时期，这个王国又得以复国。但是，当安条克被指控为意图反叛罗马时，韦斯巴西安最终把它合并到了叙利亚行省，参见第七卷第219节及以下。

〔5〕这位科马根纳国王就是安条克四世。他之前向塞斯提乌斯派遣过增援部队，参见第二卷第500节；同时，他也向加利利的韦斯巴西安派遣过增援部队，参见第三卷第68节。

〔6〕在这里，约瑟夫斯引用了梭伦的格言警句（Solon's saying），参见希罗多德第一卷第32节。

（462）然而，当他的儿子到达时，却对罗马军队迟迟不向犹太人的城墙发动进攻表示惊讶，此时其父的好运正处于顶峰；这个儿子本身也是一位战士，非常富有冒险精神，他是如此强健，以至于他的勇敢几乎没有不成功的。（463）提图斯微笑地答道："战场都是开放的。"（The field is open）一听到这个回答，安条克立即率领自己的马其顿军队冲向城墙。（464）当犹太人的弓箭如雨水般地飞射过来时，安条克凭借自己强健的体力和高超的技能躲避开了，但是，他周围的年轻士兵却几乎无一例外地受伤了。（465）出于自尊，他们英勇地坚持战斗，直到他们大部分人最后都受了伤，才退出战斗。这表明，即使是真正的马其顿人，要想成为胜利者的话，也必须拥有亚历山大的运气（Alexander's fortune）。

[4]（466）尽管罗马人从阿尔特米西月的第十二日[1]开始修筑高垒，却直到这个月的第二十九日[2]——经过了十七天的艰苦劳作——才勉强完成这些工事。（467）因为这四座高垒非常巨大。第一座高垒建造在了安东尼亚塔楼的位置，位于斯特拉斯安水池（Struthion）[3]中央的正对面，它是由第五军团匆匆建造完成的；距离第一座高垒大约二十肘尺远的地方，第十二军团建造了另一座高垒。（468）第十军团则在距离前两座高垒非常远的地方——即北部地区的一座名叫阿米格达隆（Amygdalon）[4]的水池的正对面——建造了第三座高垒；与之相距三十肘尺的第十五军团，则在那座高级祭司的陵墓[5]的对面艰苦劳

---

〔1〕约在公元 70 年 5 月 30 日。

〔2〕约在公元 70 年 6 月 16 日。

〔3〕克勒蒙特 - 加诺（M. Clermont-Ganneau）认为，斯特拉斯安水池（Struthion）就是那座所谓的双胎水池（the so-called Twin Pools），它毗邻安东尼亚塔楼西北角，参见史密斯：《耶路撒冷》第一卷第 116 节。

〔4〕阿米格达隆水池（Amygdalon）可能就是迦法门附近的"族长的浴室的那座水池"（the Pool of the Patriarch's Bath），参见史密斯：《耶路撒冷》第一卷第 115 节。

〔5〕参见第 259 节。

作。（469）但是，当战争器械被抬起来的时候，城内的约翰已经从安东尼亚塔楼下面开挖了一条地道，直至高垒，地道内用支撑物撑起，罗马人的高垒就悬空了；接着，约翰把起支撑作用的木材涂上沥青和柏油，放火把它们全部点燃。（470）木材一燃烧殆尽，地道就塌陷了，而高垒也随着一声巨响坍塌了。（471）一开始掀起了一阵浓浓的烟雾和灰尘，大火也被坍塌物给熄灭了，然而，随着压在下面的材料持续燃烧，耀眼的火焰再次喷发出来。（472）对于这场突发的灾难，罗马人顿时惊慌失措起来，敌人的足智多谋使他们意志消沉。而且，这场事故正好发生在罗马人觉得胜利近在咫尺之时，由此可想而知，他们有多么沮丧，因为他们最后胜利的希望被完全浇灭了。扑火似乎徒劳无益，因为他们的土木工事全被吞没在火海之中，即使扑灭了大火也毫无意义。

[5]（473）两天后，西蒙和他的党羽对另一座高垒发动了进攻，因为罗马人把攻城槌拉了过来，开始猛烈地撞击城墙。（474）一位名叫格弗萨乌斯（Gephthaeus）的迦里斯人（迦里斯是加利利地区的一座城镇），一位名叫马加萨鲁斯（Magassarus）的人（他是国王的一名士兵，也是王后玛丽安的一名心腹[1]），以及一位名叫塞亚基拉斯（Ceagiras）的人（这个名字取自于身体缺陷，其含义是"瘸子"，[2]他是阿迪亚比尼人纳巴塔乌斯［Nabataeus］之子），他们三人手持火炬冲向了那些战争器械。（475）在这场战争期间，没有人比这三个冲出城的人更加勇敢或者更能引起敌人的恐惧了；（476）他们毫不畏惧地疾速冲向罗马人，好像他们冲向的不是敌营而是友军，他们穿过了层层的敌军，点燃了那些战争器械。（477）尽管他们从四面八方遭受到

---

〔1〕或者写作"玛丽安的一位王室心腹"（one of the royal henchmen of Mariamme）。玛丽安是阿格里帕一世的女儿和"国王"阿格里帕二世的妹妹，参见第二卷第220节；这名心腹肯定是一位逃亡者。

〔2〕阿拉米语写作 *haggera*，其含义就是"瘸子"（lame man）。

标枪的射击以及敌人利剑的攻击，但是，他们面对危险毫不退缩，直到大火最终在罗马人的战争器械之中熊熊燃烧起来。（478）罗马人赶紧从他们的军营里冲出来救火；而犹太人则从城墙上阻止救火，他们不顾危险，奋力地与那些救火的罗马人进行战斗。（479）一方面，罗马人正努力地把那些攻城槌拉出火海，但是起牵拉作用的柳条也全都着火了；另一方面，犹太人在火焰中紧紧地抓住攻城槌不放，尽管攻城槌已烧成通红的烙铁。现在大火从这些战争器械蔓延到了整座高垒，罗马人根本来不及救援了，（480）他们只能眼巴巴地看着这些火焰，放弃了对这些工事的抢救，撤回到军营。（481）而城内的犹太人越来越多地涌出来援助那些追击敌人的同胞，他们一起猛烈地追击罗马人，势不可挡地一直追到罗马人修筑的壕沟那里，并与那里的罗马守兵厮杀起来。（482）每一座军营前都驻扎有一支罗马部队，这些部队是可以随时进行调遣的，而且受到罗马法律的严格管辖，以任何借口擅离职守之人都要被处死。（483）因此，他们宁愿坚定地站在那里光荣地战死，也不愿意像懦夫一样被处死；而在看到身陷困境的战友后，许多先前逃跑的罗马士兵也由于羞愧而转身回来战斗了。（484）在沿着营地的围墙（the camp-wall）部署了"速射炮"（the quick-firers）[1]后，他们把那些从城里拥出来而完全不顾个人安全或个人防卫的一批批犹太人挡在了外面；犹太人在与自己遇到的任何敌人厮杀时，会毫无顾忌地扑到敌人的刀尖上，以自己的血肉之躯抗击敌人。（485）然而，他们的优势与其说是在行动上，不如说是在勇敢上，罗马人忌惮他们的勇敢，而不是自己所遭受的损失。

[6]（486）提图斯现在来到安东尼亚塔楼，想在那里寻找一个合适的地方建造一座新的高垒。对于自己的军队在占领敌军城墙以及重重围困敌军的情况下，却仍然遭到犹太人的出城反击，提图斯予以了

---

〔1〕或者写作 the scorpions（蝎弩）。

严厉的训斥。（487）接着，他亲自率领了一支精兵前去进攻敌军的侧翼；尽管犹太人同时在正面遭受罗马人的进攻，但他们仍旧转身回来继续抗击提图斯。在这场混战中，灰尘遮住了他们的眼睛，嘈杂声淹没了他们的耳朵，以至于双方都区分不出敌友来了。（488）然而，犹太人没有退缩，尽管他们在绝望之下体力已渐渐不支，而罗马人在荣誉、名声和保护凯撒安全的想法的支撑下也越战越勇；（489）要不是犹太人主动撤回城内，先行结束战斗，我甚至觉得，暴怒之下的罗马人会将所有犹太人全部铲除。（490）然而，在看到自己的高垒全部被毁后，罗马人陷入了深深的沮丧之中，这些高垒是他们长期艰苦劳作的结果，却在不到一个小时之内就全部化为了灰烬；许多罗马人现在已经绝望于用常规器械来夺取这座城市了。

第十二章

[1]（491）提图斯现在转而与自己的军官们商讨对策。[1]他们当中那种更加乐观的看法是，提图斯应该把他的全部军队投入战斗，一举拿下这座城市；（492）因为，他们一直以来都是以分散的兵力与犹太人作战，一旦他们集中全部兵力作战，犹太人肯定在一开始就无力抵抗，而且必将被罗马人密集的飞弹压垮。（493）他们当中更加谨慎的看法是，应该重建这些高垒；另一些人则建议把部队分散开来，进行严密的封锁，只要封死被围者的对外出口和他们的物资供应，就可以让这座城市陷于饥荒之中，罗马人应该避免与敌人进行正面战斗；（494）没有人能征服绝望之人，他们祈祷自己能倒在刀剑之下，对他们来说，如果不是这样，更加悲惨的命运将等着他们。（495）然而，

---

〔1〕提图斯召开了一个军事会议。

提图斯则认为，如果这么一支庞大的军队毫无作为的话，将有失尊严，而渴望短时间摧毁犹太人的想法却是徒劳无益的。（496）与此同时，他也向他们指出重建高垒的极端困难性，因为他们缺少相应的材料，防范犹太人的袭击也极为困难；用军队包围这座城市也不是一件容易的事情，因为这座城市太过巨大，加上其地形障碍，很容易把自己暴露在敌人的攻击范围之中。（497）罗马人可以严格把守各个主要的出口，但是，犹太人可以通过他们熟悉的秘密路线来解决给养问题；假如犹太人可以悄悄地解决运输物资的问题，那么，罗马人的围攻将会进一步拖延下去。（498）此外，他也担心，胜利的荣耀会因这漫长的拖延而黯淡无光；尽管时间可以解决所有问题，但是，对于获取巨大的声誉而言，解决问题的速度也是相当重要的。（499）然而，如果他们要想解决速度和安全的问题，他们就必须围绕这座城市建造一道巨大的围墙，只有这样才能堵住所有的出口，到那时，犹太人要么会因为彻底的绝望而向罗马人投降，要么会因为饥荒的折磨而被轻易俘获。（500）他自己也不会完全无所作为，而是在敌人变得虚弱时，可以把精力更多地转到高垒的建造上。（501）假如有人觉得这项工程太过庞大艰巨，那么他反而觉得，罗马人并不适合从事那些渺小的事业，对于任何一个人来说，任何事情都不会随随便便成功的。[1]

[2]（502）提图斯的这番言论说服了他手下的那些军官，接着，提图斯命令他们将这项任务分配给军队。整个军队都以一种超乎寻

---

[1] 参见索福克勒斯《厄勒克特拉》第 945 行的类似表达：ὅρα πόνου τοι χωρὶς οὐδὲν εὐτυχεῖ [你要明白，不努力，就没有什么会成功]，约瑟夫斯在其他地方也借提图斯之口做了类似的表达，参见第三卷第 495 节。提图斯熟悉希腊文学（Latine Graeceque, vel in orando vel in fingendis poematibus, promptus [提图斯能从容不迫、胸有成竹地用拉丁文和希腊文演说和作诗，甚至无须准备]，参见苏埃托尼乌斯：《提图斯》第 3 节），这两个例子中的索福克勒斯式的短语可能就来自于这位皇帝自己。

常的热情来建造这项工程，这道围墙被分段建造，不仅各个主力军团，就连那些附属部队也争相参与。（503）每一位士兵都争相取悦十夫长，每一位十夫长都争相取悦百夫长，每一位百夫长都争相取悦保民官，每一位保民官则争相取悦上级指挥官，而这些指挥官之间的竞争由凯撒亲自裁断——凯撒每天都要下去巡视和检查工程的进度。（504）这道围墙始于所谓的亚述营地[1]，就是他自己营地的位置，凯撒下令将这道围墙向下延伸到新城的下方区域（the lower region of the New Town），[2]再从那里穿过克德隆山谷（Kedron），[3]延伸到橄榄山；（505）接着，它向南蜿蜒，直至那块被称作佩利斯特里安的岩石（the rock called Peristereon），[4]以及与之毗连的一座山丘，这座山丘耸立于西洛安谷地（the Siloam ravine）之上；（506）接着，围墙从那里向西延伸，并向下直抵喷泉谷（the Valley of the Fountain），[5]在喷泉谷的另一边，又向上延伸到高级祭司阿南努斯陵墓（the tomb of Ananus the high priest）[6]的正对面，并把庞培先前驻营的那座山[7]也囊括（taking in）[8]进来了；（507）然后，围墙向北折回到一座名叫"豆

---

〔1〕参见第 303 节。

〔2〕［中译按］在惠斯顿本中，英译者将其译作 the lower parts of Cenopolis。

〔3〕［中译按］在惠斯顿本中，英译者将其译作 the valley of Cedron。

〔4〕Peristereon = Dovecote［鸽舍］；其具体位置不详。

〔5〕这个喷泉谷明显指的是西洛安。

〔6〕这位阿南努斯可能指的是老阿南努斯（the elder Ananus）——塞斯的儿子（son of Sethi）。根据《犹太古史》第十八卷第 26 节和第二十卷第 197—198 节的记载，这位老阿南努斯是五位高级祭司的父亲。这五位高级祭司其中就包括被奋锐党人杀害的那位更为著名的小阿南努斯，参见第四卷第 315—316 节。

〔7〕按照《犹太古史》第十四卷第 60 节的记载，庞培驻扎在"圣殿的北边"（to the north of the temple），参见《犹太古史》第十四卷第 466 节和《犹太战争》第一卷第 343 节的记载，庞培驻扎在"圣殿的前面"（before the temple）；当前这个章节表明，庞培驻扎在圣殿的西边。

〔8〕或者可能写作"穿过/横穿"（cutting across）。

子之家"（House of pulse）[1] 的村庄，在越过这座村庄后，把希律纪念碑（Herod's monument）[2] 也圈入其中，最终与提图斯营地的东面（这道围墙的起点）衔接起来。（508）这道围墙的长度达三十九弗隆，外围建造了十三座要塞，它们的周长总计达十弗隆。（509）整道围墙的建造花费了三天的时间，这样飞快的速度简直令人难以置信，因为如此庞大的工程一般需要几个月才能完成。（510）提图斯用这道城墙包围了耶路撒冷城，并在这些要塞里面部署了军队，接着，他亲自在头更时分巡查防务；二更时分，他委任亚历山大[3]负责查看；三更时分，他则委任军团指挥官负责查看。（511）整个晚上有大批哨兵警戒，他们一整夜都要在这些要塞之间的路段上来回巡查。

[3]（512）犹太人所有的逃生通道和出城路口都被罗马人切断了，饥荒的危机程度更加严峻了，一家接一家地大肆吞噬着（enlarging its maw）[4] 民众。（513）屋顶上挤满了奄奄一息的妇女和儿童，巷子里到处都是老人的尸体；饿得浮肿的儿童和年轻人像幽灵一样漫游在市场周围，死亡的噩运随时都会降临到他们身上。（514）至于埋葬他们的亲人，那些病弱之人心有余而力不足，而那些仍有力气的人则因死者太多以及自己命运未卜而却步。许多人在埋葬他人之际，突然倒地暴毙；许多人则在厄运降临前就进入了自己的坟墓。[5]（515）在所有这些灾难当中，既没有哀悼，也没有恸哭：饥荒扼杀了所有的情感，那些濒死之人咧着嘴、眼巴巴地看着先于他们而去的人。整座城市都

---

〔1〕该村庄的具体位置不得而知；"豆子之家"（House of pulse）这个名称的含义请参考"贝特勒赫姆"（Bethlehem）——意即"面包之家"（house of bread）。
　　［中译按］在惠斯顿本中，英译者将其译作 the House of the Erebinthi。
〔2〕参见第 108 节。
〔3〕亦即提比略·亚历山大（Tiberius Alexander），参见第 45 节。
〔4〕其字面含义是"深化自身"（deepening itself）；有可能是"深化（亦即强化）它的控制"（deepening［i.e. tightening］its grip）。饥荒被描绘成一只猛禽。
〔5〕亦即"因为参加别人的葬礼，而加速了自己的死亡"。

陷在深深的寂静和死亡的气息之中；但是，那些强盗却比这些灾难本身还要凶猛。（516）他们闯进已变成停尸房的住宅，大肆搜劫死人身上的财物并抢夺他们身上的遮盖物，接着大笑着离开；他们为了测试刀刃的硬度，用自己的刀尖在那些尸体上划来划去，甚至去刺穿那些倒在地上奄奄一息的可怜之人；（517）然而，对于任何乞求他们挥剑帮助结束自己性命之人，他们却任其由饥荒摆布。所有这些死去之人，在咽气时眼睛都紧紧地盯着圣殿，而不去看那些在他们眼前仍活着的叛乱分子。（518）叛乱分子一开始下令，所有死者的下葬费用全由公共资金承担，因为他们发现尸体的恶臭实在难以忍受；后来，当这种做法难以为继，他们就把尸体从城墙上全部扔进了山谷。

[4]（519）当提图斯四处巡查时，他看到了布满山谷的累累尸体，以及从黏糊糊的尸体里面流出来的浓液，不由得悲从中来，他把自己的双手伸向天空，请上帝来见证所有的一切都不是他所为。（520）与此同时，罗马人则情绪高涨，他们没有再遭到犹太叛乱分子的突袭，因为后者深陷于饥荒和绝望之中不能自拔，而且罗马人从叙利亚和周边省份运来了大批的粮草和其他物资；（521）许多罗马人甚至跑到城墙边，向饥饿的犹太人展示他们丰富的粮草物资，用这种方法引发犹太人巨大的痛苦。（522）叛乱分子对这些痛苦不为所动，而提图斯则同情城内的余民，并渴望尽可能地拯救一些幸存者，他开始重新建造高垒，尽管现在已经很难获得木材了；（523）耶路撒冷城周围的所有树木都因先前的高垒被砍伐殆尽，罗马军队现在必须到九十弗隆开外的地方砍树。这些新建的土丘就矗立在安东尼亚塔楼的对面，它由四个部分组成，远比先前的那些高垒庞大许多。（524）在此期间，凯撒不断地巡视军团并催促他们加快建造，其意图是向叛乱分子明白无误地宣示，他们已经全在自己的牢牢掌控之中。（525）然而，这些恶棍死不悔改，他们将灵魂与肉体割裂开来，对待它们的方式，就好像两

者都不属于他们自己。[1]（526）他们像狗一样继续伤害民众的尸体，粗暴地把虚弱的人关进监狱，他们的灵魂没有一丝的触动，他们的肉体也没有一丝的温情。

第十三章

[1]（527）事实上，西蒙甚至无法容忍马提亚斯（Matthias）不受酷刑就死去，而他能够控制这座城市，应归功于马提亚斯。这位马提亚斯是波埃萨斯的儿子（the son of Boethus），他是一位深得民众信任和尊敬的高级祭司。（528）当民众遭受约翰的奋锐党人残酷对待之时，正是马提亚斯劝说民众邀请西蒙前来支援，[2]但是，当时他没有同西蒙签订协议，也没有想到西蒙会愚弄自己。（529）然而，当西蒙进入耶路撒冷城，并成为这里的主人后，他就把马提亚斯这个拥护他事业的人和其他人一样看作敌人，而他这样行事纯粹是出于简单粗暴。（530）因此，他把马提亚斯带上前来，并指控他倒向了罗马人一边，他甚至没有让马提亚斯申辩，就判处他及其三个儿子死刑；马提亚斯的第四个儿子则逃到了提图斯那里，从而躲过了一劫。此外，当马提亚斯恳求让自己死于其子之前，以作为他打开城门让西蒙得以进城的回报时，西蒙却命令手下最后处死他。（531）在罗马人的众目睽睽之下被带出去杀害了。西蒙就这样把该命令下达给巴加达特斯之子阿南努斯（Ananus son of Bagadates）[3]——阿南努斯是其最凶残的一位侍

---

〔1〕换言之，他们变得像野兽一样，毫不关心自己的灵魂和肉身，也毫不关心别人的肉身或者灵魂上的遭遇。我把这个提议（this suggestion）归功于佩奇博士（Dr T. E. Page）；但是，这个编造的段落（this artificial passage）的意义是值得怀疑的。

〔2〕参见第四卷第 574 节。

〔3〕阿南努斯是一名埃马厄斯人（A native of Emmaus），他后来逃到了罗马人那边，参见第六卷第 229 节。

卫——去执行，并嘲讽道："让他看看他打算投靠的那帮朋友是否会派兵过来帮助他。"此外，他还禁止安葬他们的尸体。（532）接着，一位名叫阿南尼亚（Ananias）的祭司——他是马斯巴鲁斯的儿子（son of Masbalus），同时也是一位出类拔萃之士，以及议事会的秘书（the secretary of the council）[1]阿里斯特乌斯（Aristeus）——他是埃马厄斯人，连同民众中间的十五位杰出之士，也一同遭到了处决。（533）他们还扣押了约瑟夫斯的父亲，接着又发布了禁止任何人在一起交谈或者聚集的公告，因为他们担心诱发叛乱。同时，未经许可而参加集体哀悼的人也要被处死。

[2]（534）犹大之子犹大（Judes son of Judes）——西蒙的一位副手（one of Simon's lieutenants），被西蒙委任看守一座塔楼——是这番悲惨景象的见证者，他出于对那些被杀的受害者的同情，更主要的原因是考虑到他自身的安全，他召集了自己最为信赖的十名手下，对他们说道：

（535）我们还要忍受这些罪行多久？如果继续效忠这帮恶棍，我们的出路何在？（536）难道饥荒没有降临到我们身上吗？难道罗马人没有进城吗？难道西蒙没有对自己的支持者痛下毒手吗？难道我们就不担心，他很快就会以同样的理由来惩罚我们吗？难道罗马人没有发誓保证我们的安全吗？为了拯救我们自己，也为了拯救这座城市，让我们赶紧向罗马人交出这道城墙吧！（537）西蒙现在尚未陷入最坏的困境，一旦他陷入绝境，他将很快会被绳之以法。

---

〔1〕the council（议事会）亦即 the sanhedrin（犹太公会）。

　　[中译按] 在惠斯顿本中，英译者将其译作犹太公会的书记员（the scribe of the sanhedrin）。

（538）这十个人都非常赞同他的说法，因此，第二天一早，他就将其余士兵分派到各个方向，以防别人发现这个密谋；在大约第三个小时的时候，他从塔楼上招呼罗马人。（539）但是，在这些罗马人当中，有些人出于自尊而对他不屑一顾，有些人则心生怀疑，而大部分人则不敢插手，因为他们认为很快就能不冒任何风险占领这座城市。（540）然而，等到提图斯准备率领军队逼近城墙时，西蒙及时地获取了情报，他抢先占领了这座塔楼，在罗马人众目睽睽之下逮捕和杀死了他们所有人，在对这些尸体大肆地乱砍一通后，把它们全部扔下了城墙。

［3］（541）与此同时，在这座城市周围不停劝降的约瑟夫斯被一块石头击中头部，不省人事地倒在了地上。犹太人冲出城来抢夺他的肉身，要不是提图斯及时派出一支营救队伍，他肯定就被犹太人拖进了城内。（542）在接下来的冲突中，被罗马人抢回去的约瑟夫斯完全不知道发生了什么；不过，叛乱分子则以为他们已经把他们最渴望杀死的人干掉了，一个个全都欢呼雀跃起来。（543）当约瑟夫斯死亡的消息流传到城内后，民众都感到非常沮丧，以为那个不断激励他们逃跑的约瑟夫斯现在真的殒命了。（544）约瑟夫斯的母亲在监狱里听到这个消息后，对看守说：“自约塔帕塔以来，[1]我就知道他会有这么一天；现在我将再也享受不到他活着带给我的快乐了。”（545）在对着身边的侍女们进行了一番秘密的哀悼后，她说：“我生养了这么一个非凡的儿子到这个尘世上，这是我毕生的骄傲，我原本希望当我死去之时由我的儿子来埋葬我，现在看来不能实现了。”（546）然而，这个错误的消息并没有给她带来很长的痛苦，也没有给叛乱分子带来很长的快乐；约瑟夫斯很快就苏醒过来，他走到城墙前，大声地对着自己的

---

〔1〕“自约塔帕塔以来”（Ever since Jotapata）或者可能写作“当这个消息从约塔帕塔传来”（when the news came from Jotapata），对比第三卷第432节及以下。

敌人喊道，他很快会为自己所遭受的伤害向他们进行报复。同时，他也重新恢复了对城内民众的劝降行动，并向民众保证他们的人身安全。（547）约瑟夫斯的再次出现，让民众重新鼓起了勇气，同时也让叛乱分子陷入深深的失望。

[4]（548）一些逃亡者别无选择地从城墙上一跃而下，而另一些逃亡者则携带石头动身，以应付小规模的战斗，然后逃到罗马人那里。然而，伴随他们的无情命运比城内民众的命运还要悲惨；他们发现，在罗马那里享受饱足的食物会比在自己家里遭受饥荒更迅速地（more rapidly）[1]致命。（549）因为，当他们到达罗马人那里时，他们已经饥饿得浮肿起来，接着又往空空如也的胃里贪婪地吞食了大量的食物，因此他们的肚腹就崩裂了；只有一小部分人知道限制自己的食量，一点点地给尚未适应的身体补充营养。（550）但是，即使他们逃过了这次劫难，另一场灾难又在等着他们。有一位叙利亚难民，在犹太人的粪便里捡到了几枚金币；正如我们在前面所说，[2]这些金币是他们在逃难前吞进自己肚子里面的，因为叛乱分子到处都在搜刮这些金币；由于城里有丰富的金币，因此，在罗马军营里一枚金币只可以卖到十二枚阿提卡德拉克马硬币（Attic drachmas coin），而之前则可以卖到二十五枚。[3]（551）然而，当这个伎俩在这次事件中被意外发现后，整个罗马军营都传言说，逃亡者带来了大量的金币。因此，阿拉伯人和叙利亚人纷纷切开那些前来避难的犹太人的肚子，在他们的肠胃里到处搜寻金币。（552）在我看来，犹太人所遭遇的最残酷的灾难莫过于此；仅仅一个晚上，就有两千逃亡者被这样剖腹。

---

〔1〕或者写作（另一种解读）："更彻底地 / 激烈地"（more drastically）。

〔2〕参见第 421 节。

〔3〕对比第六卷第 317 节（由于对耶路撒冷的抢劫）："在整个叙利亚地区，金币的价格已经贬值到原来价格的一半。"

[5]（553）当提图斯听说这些暴行后，他几乎要命令自己的骑兵包围和射杀那些作恶者，却因受牵连的人太多而作罢，因为必将受到惩罚的人在数量上要远远超过他们的受害者。（554）然而，提图斯召集了军团和辅助部队的指挥官（因为他自己的一些士兵也被卷入了这项暴行），（555）并对他们说："我对自己的一些士兵为了这些道听途说的不义之财而犯下的暴行感到愤慨，难道你们不为自己的武器感到羞愧吗？要知道你们的武器是用金银制成的。"（556）他对阿拉伯人和叙利亚人直言不讳地表达了自己的愤怒，这首先是因为他们在对外战争中没有克制自己的激情，其次则是因为他们借罗马人之名来为自己残暴的罪行和对犹太人的憎恨正名，以至于罗马军团的一些士兵现在都沾染了他们的恶行。（557）提图斯接着威胁道，如果他发现有人胆敢再犯下这样的罪行，他会毫不手软地处死他们；同时，他命令军团搜寻任何可疑之人，并将他们带到他的面前。（558）然而，贪婪似乎可以践踏所有的惩罚，它根植于人性本身，没有哪一种激情能有如此根深蒂固的魔力；（559）事实上，所有的激情都有其边界，也都会受到其他力量的阻遏；但是，对自己的全部子民深为不满和予以谴责的上帝，已经把所有的拯救之路全都堵死了。（560）因而，虽然提图斯对他们以死相威胁，但是，仍有人在偷偷摸摸地对逃亡者施加毒手：当这些野蛮人外出遇到逃亡者之时，就会将其屠杀，接着，乘四周没有罗马人注意之际，会剖开他们的身体，从他们的肠子里面取出那些污秽不堪的金币。（561）这些野蛮人只在很少一部分人那里找到金币，而在绝大部分被杀的人那里都没有找到金币。事实上，这种恐怖的暴行迫使许多逃亡者又返回城内。

[6]（562）至于约翰，当他发现自己再也不能对民众进行洗劫时，他转而渎圣，将圣殿里的许多供物和许多供礼拜之用的圣器，诸如碗钵、托盘和桌台，全都熔化了；对于奥古斯都及其妻子赠送的盛酒器

皿，他也毫无禁忌之心。（563）罗马的皇帝们一直以来都对圣殿非常尊崇，他们甚至装饰过圣殿；然而，这位身为犹太人的约翰却把外邦人赠送的礼物摧毁殆尽；（564）他对自己的同伴说，为了上帝的利益，他们应该毫无顾忌地利用这些圣物，而且，那些为圣殿而战的人也必应得到圣殿的支持。[1]（565）因此，他倒空了所有的圣酒和圣油——这些圣油都是祭司保存的燃料，它们都被存放在内殿[2]，在向民众施涂油礼时，祭司把它们分发给民众，并让民众喝掉它们。[3]（566）在这里，我抑制不住地想说：在我看来，要不是罗马人及时地摧毁这些恶棍，这座城市必将被张开大口的地面吞没，[4]或者被一场大洪水给冲走，[5]或者被索多玛那样的雷电给摧毁。他们这伙人比上述遭受惩罚的那些人还要更加邪恶，因为他们的疯狂把所有民众都带向了万劫不复的境地。

[7]（567）然而，为什么我要逐一叙述这些灾难呢？拉扎鲁斯之子曼纳乌斯（Mannaeus son of Lazarus）那些天正好在提图斯处避难，他告诉提图斯，从撒西库斯月第十四日（罗马人正是在这一天驻营在

---

[1] 对比《哥林多前书》第九章第13节。

　　[中译按] 你们岂不知为圣事劳碌的，就吃殿中的物吗？伺候祭坛的，就分领坛上的物吗？（《哥林多前书》9：13）

　　[中译按] 在惠斯顿本中，英译者将其译作：凡为殿争战的，就必因殿存活（that such whose warfare is for the temple，should live of the temple）。

[2] 按照《密释纳·解经方法》第二章第6节的记载，圣酒和圣油存放于妇女庭院西南角（the S.W. corner of the Women's Court）的一个房间里。

[3] 一些抄本还进一步写有"超过一赫因"（more than a hin）。

　　[中译按] 赫因是古希伯来人的液量单位，一赫因等于1.5加仑。

[4] 就像可拉和他的同伴（Like Korah and his company），参见《民数记》第十六章第32节。

　　[中译按] 把他们和他们的家眷，并一切属可拉的人丁、财物都吞下去。（《民数记》16：32）

[5] 就像诺亚那代人（Like the generation of Noah）。

犹太人的城墙前[1]）到帕尼穆斯月第一日之间，[2]仅仅从他负责的一扇大门里就抬出去十一万五千八百八十具尸体。（568）这是一个非常庞大的数字，而且这些人全都是穷人；尽管曼纳乌斯本身没有承担这项工作，但是，他负责为搬运这些尸体之人发放薪金，因此他必须清点数目。其余的尸体则被他们的亲属埋葬，尽管埋葬方式只不过是把这些尸体抬出城外而已。（569）继这位逃亡者之后，许多杰出之士也跟着逃到了提图斯那里，他们告诉他，被抬出城门的下层阶级的尸体总计达六十万具，而其他尸体已经不可能再清点清楚了。（570）他们接着对提图斯说道，当他们没有力气抬运尸体后，他们就把尸体堆放在那些最大的宅邸（the largest mansions）[3]里面，随后关上大门了事；（571）一标准量的谷物已卖到一塔兰特，接着，他们连香草（herbs）都不可能找到了，因为整座城市都已经被罗马人修建的围墙包围。一些人悲惨地沦落到在下水道和陈旧的牛粪[4]里搜寻食物，吃食那里面的残渣；他们之前都忍受不了多看它们一眼，现在却要把它们当作食物。（572）这些恐怖的故事让罗马人深感同情；然而，目击这些惨状的叛乱分子却无动于衷，相反却越走越极端。因为他们已被命运女神（Fate）蒙蔽了理智，现在灾难马上就要降临到这座城市和这些叛乱分子身上了。

---

〔1〕 参见第 133 节。

〔2〕 亦即公元 70 年 5 月 1 日到 7 月 20 日（尼斯本）。

〔3〕 或者写作最大的那些房间（the largest chambers）。

〔4〕 "下水道"（the sewers）和"牛粪"（cow dung）这两个罕见的词是荷马式的（Homeric），参见《伊利亚特》第二十一卷第 259 行的 ἀμαρά（水渠）；第二十三卷第 775—777 行的 ὄνθος（动物的粪便）。

第六卷

第一章

[1]（1）耶路撒冷的灾难就这样一天比一天严重，满目疮痍的灾难让叛乱分子也抓狂不已，饥荒现在已经从人民身上蔓延到他们自己身上。（2）整座城市到处是堆积如山的尸体，景象恐怖异常，发出阵阵可怕的恶臭，甚至成为犹太战士出击作战的障碍；他们已经习惯于成群结队在战场上厮杀，在前进时践踏尸体而过。[1]（3）但是，他们这样毫无畏惧也毫无怜悯地踩踏尸体时，却丝毫没有考虑到对死者的这种冒犯会给自己带来什么不祥的凶兆。（4）在双手沾满自己同胞鲜血的情况下，他们冲出去同异族人作战，在我看来，这无异于是在斥责上帝太过迟缓地惩罚他们；战争已经毫无胜利的希望，绝望的他们只能作困兽之斗。（5）与此同时，罗马人尽管在搜集木材方面困难重重，但仍旧在二十一天的时间里建造完成了他们的土木工事。正如我

---

〔1〕 或者写作（另一种解读）："就像人们在战场上前进，战场上遍布（字面含义是"行使"）着不得不践踏过去的无数屠杀。"（like men advancing over a battlefield strewn［literally 'exercised'］with countless carnage they were compelled to trample.）

在前面所说，[1]罗马人砍伐了耶路撒冷城周边方圆九十弗隆区域内的所有树木。（6）这个国家先前是一个树木繁茂且花园纵横的美丽地方，现在却彻底沦落为一个没有树木的荒凉之地，其景象着实令人扼腕。（7）先前见识过老犹地亚和她的首都耶路撒冷城郊区美景的外邦人，现在目睹当下的凄凉景象，没有人不对这种巨变潸然泪下或发出叹息。（8）战争已经摧毁所有的良辰美景；如果有人先前到过此地，现在突然又来造访的话，那么他肯定认不出它来，即使置身其中，他仍会到处找寻这座城市。

[2]（9）高垒现在完工了，但是，对于它的完工，罗马人的忧虑并不比犹太人要少。（10）犹太人认为，如果他们不摧毁这些高垒，那么他们的城市肯定会遭到罗马人的攻占；罗马人则担心，如果他们的高垒再一次遭到犹太人的摧毁，那么他们将再也攻克不了这座城市。（11）因为木材太过稀少，士兵们现在也疲劳不堪，他们的精神由于多次的战败而变得低落。（12）对于这座城市所遭受的灾难，罗马人比耶路撒冷城的犹太市民更加沮丧，因为他们看到对手即使遭遇了这么严重的不幸也死不回头，（13）而他们自己胜利的希望也越来越渺茫，他们的高垒被敌人的诡计摧毁，他们的攻城器械被坚固的城墙阻遏，他们的近战肉搏则遭遇了对手的顽强抵抗；不过，令他们最为气馁的是，他们发现犹太人拥有克服派系、饥荒和灾难的坚强意志。（14）他们觉得，犹太人所表现出来的冲劲是不可抵挡的，犹太人在灾难面前所展现出来的乐观精神也是不可战胜的；在命运女神的眷顾下——命运女神让他们在屡战屡败的情况下越战越勇——还有什么是他们不能忍受的呢？正是基于这些原因，罗马人比先前更加强化了对高垒的警戒和防御。

[3]（15）另一方面，安东尼亚塔楼里的约翰和他的党羽一边在

---

〔1〕参见第五卷第 523 节。

为将来未雨绸缪（倘若城墙遭到攻陷的话），一边在攻城槌被拉来之前对罗马人的高垒进行攻击。（16）然而，对于这项攻击行动，他们并没有成功，他们虽然手持火炬满怀希望而去，却在进抵罗马人的高垒时因希望变得渺茫[1]而铩羽而归。（17）其原因是，首先，他们的行动不一致，他们不时地以小股部队出击，行动迟缓又畏首畏尾，根本不像犹太人的作战风格，犹太民族应有的品质——勇敢、刚烈、协同作战以及身陷绝境也绝不退缩——他们统统付之阙如。（18）但是，比之于他们异常谨小慎微的进攻，他们却发现，罗马人比平常更加英勇果敢：（19）罗马人用自己的身体和盔甲严密地把守这些高垒，以至于在各个方向都没有给叛乱分子留下任何漏洞，而且每一个人宁愿战死也不愿意放弃自己的岗位。（20）因为，倘若这些高垒遭到烧毁，那么，不仅他们的希望会全部破灭，而且士兵们会感到异常耻辱——耻于诡计总是胜过勇敢，疯狂总是胜过武器，数量总是胜过经验，犹太人总是胜过罗马人。（21）此外，罗马人有炮火的支援，他们炮火的射程可以直抵出城作战的犹太人；每一个倒下的犹太人无疑阻挡了在他后面的人，前进的危险也挫伤了他们的热情。（22）其中一些人穿越了罗马人的这些炮火，[2]但是，当他们面对罗马军队的优良秩序和密集队伍，看到自己的同胞遭到罗马人的标枪[3]刺穿之时，他们又因为恐惧而折返回来。最后，他们彼此之间骂对方为懦夫，全都撤退了，他们的目标就这样破产了。这次战斗发生在帕尼穆斯月的第一天。[4]

---

〔1〕字面含义是"比他们的希望更渺茫"（colder than their hope）。

〔2〕"这些炮火"（these projectiles）亦即"远程炮弹"（long range projectiles），参见第三卷第 212 节。

〔3〕这里的 javelins（标枪）亦写作 pila。

〔4〕约在公元 70 年 7 月 20 日。

（23）犹太人一撤退，罗马人就把围城器械运上来，他们受到安东尼亚塔楼发射过来的石弹、燃烧弹、铁器（iron）[1]和各种各样飞弹的袭击；（24）虽然犹太人对自己的城墙非常自信，并且鄙视罗马人的围城器械，但他们仍努力地阻止罗马人把围城器械运上来。（25）罗马人则以为，犹太人这么积极地保护安东尼亚塔楼，是因为安东尼亚塔楼的一些城墙比较脆弱，而且它的地基也已经朽坏了，于是罗马人加倍努力。（26）安东尼亚塔楼抵挡着罗马人的进攻，而罗马人冒着密集的炮火，没有因自身暴露在由上而来的危险中而退缩，他们使攻城器械有效地发挥着作用。（27）尽管他们处境不利，受到对方的巨石的击打，但是，他们一边用手牢牢地把盾牌扣按在自己的身体上，一边用撬棍开挖和破坏地基，通过不懈的努力，他们成功地移除了地基上的四块石头。（28）黑夜让双方的行动都暂停下来；但是在此期间，遭到攻城槌撼动的那道城墙，随着其下方地道的塌陷——在那里，约翰因为意图摧毁罗马人的高垒而开挖了一条地道[2]——在一夜之间突然全部坍塌了。

　　[4]（29）这次意外事故发生时，交战双方都深受震动。（30）对于犹太人而言，城墙的坍塌本应让他们非常沮丧，但因为他们对这场灾难有所准备，他们没有丧失信心，况且安东尼亚塔楼仍然被掌控在他们手上。（31）然而，对于罗马人而言，城墙的坍塌显然是意外之喜，不过，当他们看到约翰及其同伙在里面建造了第二道城墙，他们的喜悦立即被浇灭了。（32）然而，进攻这道城墙看上去要比进攻之前的那道城墙容易许多，因为他们可以沿着坍塌的城墙的残骸攀爬上去；此外，这道新城墙要比安东尼亚塔楼更加脆弱，因此罗马人认为，这

---

〔1〕这里的"铁器"（iron）很可能是指"铁箭头"（iron arrow-heads），参见第三卷第240节。

〔2〕参见第五卷第469节。

道仓促之间建造的城墙会很容易攻破。但是，没有人敢冒险攀爬上去，因为第一个攀爬上去的人肯定凶多吉少。

[5]（33）提图斯认为，在战争中，军队的作战热情主要由希望和鼓舞的讲话所激发，敦促和承诺通常会让人忘却危险，有时甚至会让人蔑视死亡，因此，他把自己军队中的那些坚贞分子召集起来，希望用下面这番讲话激起他们的勇气。他说道：

（34）鼓动士兵去做那些毫无危险的事情，这对鼓动之人来说就是一种耻辱，因为这反映了他自己的怯懦。（35）所以我认为，只有对那些危险而巨大的任务，敦促才是必要的，因为在其他的情况下，人们无须敦促就会主动去做。（36）攀爬这道城墙将会异常艰辛，我一开始就非常认同你们的难处；但是，这些困难也正是成就一个人名声和英勇的绝佳机会，一个人光荣战死肯定不会就这样白白牺牲——对此，我将予以详细阐述。（37）首先，有一些因素——我指的是遭遇长期围困的犹太人所表现出来的铤而走险，以及他们在逆境中所表现出来的勇气——可能会阻碍我们取得最终的胜利。（38）我们罗马士兵在和平时期就积极训练和备战，在战争时期则习惯于征伐掠地，无论是在力量上还是勇气上，我们罗马人都要胜过犹太人；更何况，现在胜利就在我们眼前，而且我们有上帝的协助（the co-operation of God）。（39）我们的困境不过是犹太人绝望反击的结果，而犹太人的噩运则会因为我们罗马人的英勇战斗和上帝对我们的不断协助（the constant co-operation of the Deity）而加剧。（40）派系内斗、饥荒、围城和城墙的坍塌（不是攻城器械作用的结果），在这些事情中，哪一件不是上帝嫌恶他们和协助我们的证明呢？（41）可以肯定的是，倘若你们被低于自己的犹太人打败，那么，这不仅会背离上帝神圣的协助，而且会玷污你们自身的尊严。（42）假如犹太人遭到战败，他们没有什么可羞耻的，因为他们已经习惯于被奴役的生活，为了结束奴役，他们才不顾性命地不断向我们发起冲击和进攻，然而，他们这样行事不是因为他们心存获胜的希望，而是为了证明自己的勇气；（43）但是，假如我们罗马人——整个世界和海洋的统治者——不能征服他们，不能冲进他们的阵营，而是就这样手持武器地干坐着，（44）等他们在饥荒和不幸中自取灭亡，那么，这将是我们终生的耻辱；尽管这样行事我们将会以微小的代价赢得我们想要的一切。（45）是的，一旦攀上安东尼亚塔楼，整座城市就会是我们罗马人的了；攻下安东尼亚塔楼后，即使仍有战斗等着我们（虽然我觉得这样的战斗并不存在），我们所处的较高地势也会有利于取得完全的速胜。[1]

（46）我现在要克制住对那些英勇战死的罗马人的称颂，也要克制住对那些英勇战死的罗马人的宣扬，但是，我诅咒那些表现怯懦的罗马人终将死于和平时期的瘟疫，他们的灵魂同他们的肉身一样注定要进入坟墓。（47）勇武之人并不知道，在战场上，被利剑从肉体中释放出来的灵魂，会受到最纯净的元素——乙太——的热情欢迎，并被安置在星辰之间，将作为善良的鬼魂和仁慈的英雄向他们的后人表明自己的存在；（48）然而，被肉体里的疾病逐渐耗散的灵魂——无论它们多么纯洁无瑕，多么一尘不染——在进入地下的夜晚时，会被深深地湮没，他们的生命、他们的肉身和他们的记忆将同时终结。（49）但是，如果凡人注定无法避免死亡，利剑总比疾病要更加荣耀吧！拒斥公共利益是可鄙的，向命运屈服更

---

〔1〕在这里，里兰德非常富有针对性地注意到，安东尼亚塔楼的位置要高于圣殿的台阶（the floor of the temple），也要高于毗邻它的庭院（court adjoining to it），因此，罗马人可以从这个地方向下顺势攻入圣殿，约瑟夫斯在其他地方也是这样说的，参见第六卷第133节。

是如此。

（50）到目前为止，我的这番讲话是以任何试图完成这一壮举的人都必灭亡为假设的；然而，真正的勇士即使在穿越最危险的地带之时，也会安然无恙。（51）首先，这道坍塌的城墙很容易跨越过去；其次，里面新建的那道城墙也很容易遭到摧毁；只要你们英勇战斗、相互协作和彼此支援，你们的坚定意志很快就会冲垮敌人的斗志。（52）你们可能会发现，这样光荣的行动甚至能够以不流血就达成；尽管犹太人可能会全力以赴地阻挠你们翻越城墙，但是，一旦你们悄悄地接近他们，突然强力发起进攻，他们的抵抗很快就会崩溃，哪怕你们只有少量兵力打穿他们的防线。（53）至于第一位翻越那道城墙的勇士，如果我不授予他令人艳羡的荣誉，我自己都会为自己感到羞愧；而且，幸存下来的勇士将会是他现在同侪的头领，对他勇敢的巨大奖赏将一直伴随着他进入坟墓。

[6]（54）听完提图斯这番慷慨激昂的讲话，全军上下仍然对这一巨大的危险感到恐惧不已；不过，在服役于步兵大队[1]的那些人中间，有一位名叫萨比努斯（Sabinus）的叙利亚人，无论在行动上还是精神上，他都展现出巨大的勇气。（55）然而，凡是在那天之前见识过其瘦弱身躯的人，无不认为他不会是一名好士兵。他的皮肤非常黝黑，身材非常瘦小，但是，在他瘦小的身躯里暗藏着一股喷薄欲出的英雄气概。（56）因此，他第一个站起身来。"凯撒，"他说道，"我非常愿意将自己奉献给您；我会是第一位翻越那道城墙之人。（57）我衷心地希望，我的力量和决心会有您的好运陪伴。[2]但是，倘若厄运阻

---

〔1〕亦即辅助部队（auxiliary troops）。
〔2〕因为提图斯是命运女神的宠儿（the favourite of Fortune），对比第五卷第88节。

碍了我的行动，那么，也请您明白，我的失败不在意料之外，而是我甘愿为您牺牲自己。"（58）一说完这番话，他就用左手把自己的盾牌举到头上，并用右手拔出自己的利剑，那时恰好是白天的第六个小时，他向着那道城墙进发了。（59）他的身后紧跟有另外十一位决心效仿其勇敢的战士；不过，受到某种超自然的刺激和驱动的萨比努斯始终是他们当中的核心人物。（60）城墙上的犹太守军向他们投掷标枪，还用巨石滚向他们，将十一人中的一些人砸倒了；（61）但是，面对飞标和滚石的萨比努斯没有停下自己的脚步，直到他爬上了城墙顶端，并赶跑了敌人。（62）犹太人深深地震惊于他的力量和勇气，并且以为在他后面还会有更多的罗马人冲上城墙，因此他们转身就跑。（63）现在，人们不得不抱怨命运女神，因为她嫉妒英勇壮举，总是阻碍辉煌成就的实现。（64）就在这位英雄实现其目标的那一刻，他被一块大石头给绊倒了，伴随着一声巨响，他的头部急速地向前栽倒。（65）犹太人转身看到他只身一人跌倒在地，就从各个方向攻击他。他扶着膝盖站起身来，并用盾牌保护自己的身体，在绝境中坚持了很长一段时间，并击伤了许多接近其身的犹太人。（66）但是，由于受伤过多，他的右手终于无法动弹，最终，他的身体被插满了标枪。他的英勇无畏本该配得上一个更好的命运，但是，他就这样倒下了。（67）他的三个同伴在登上城墙后，也被犹太人的石头给砸死了；其余八个同伴则在受伤后被抬了下来，送往营地。这些事情都发生在帕尼穆斯月的第三日。[1]

[7]（68）两天后，守卫高垒的二十名前线哨兵聚集在一起，他们还叫来了第五军团的掌旗手（the standard-bearer）、骑兵中队（the squadrons）[2]的两名骑兵和一名号兵；在入夜的第九个小时，他们这

---

〔1〕约在公元 70 年 7 月 22 日。

〔2〕the squadrons（骑兵中队）亦写作 alae，即辅助性的骑兵部队。

些人悄悄地越过废墟向安东尼亚塔楼进军。他们割断了正在熟睡的第一批犹太哨兵的喉咙，并占领了这道城墙，接着，他们命令号兵吹响了号角。[1]（69）其他犹太守军一听到号角，尚未来得及弄清有多少人爬上城墙，就赶紧起身逃走了；因为他们的惊慌失措以及响起的号角声让他们误以为有大批敌军攻了上来。（70）凯撒一听到这个号角声，立即命令自己的军队做好战斗准备，他召集并率领着自己的军团指挥官和一支精兵首先攀上了城墙。（71）犹太人纷纷往圣殿方向逃跑，结果却一一掉进了约翰先前为接近罗马人的高垒而挖掘的那条地道[2]。（72）约翰和西蒙这两派叛乱分子急忙分兵作战，试图阻止罗马人的进军，他们也确实展现出了巨大的力量和勇气；（73）在他们看来，罗马人一旦进入圣殿便意味着最终的占领，而在罗马人看来，这只不过是胜利的序曲。（74）因此，圣殿的入口处发生了激烈的战斗，罗马人拼命地向前挤压以占领圣殿，而犹太人则奋力地把罗马人往安东尼亚塔楼方向驱赶。（75）对于交战双方而言，飞镖和标枪已经毫无用处。他们抽出利剑近战肉搏；在混战之中，根本分不清楚是敌是友，所有人都胶着在这一块狭窄的地方，他们的喊叫声混杂着可怕的喧嚣蹿入耳中。（76）交战双方的士兵大肆地厮杀，将脚下的尸体和死者的铠甲都碾碎了。（77）战争的高潮在各个方向此起彼伏，到处都可以听到胜利者的欢呼和失败者的哀号。也根本没有逃跑和追击的空间；混战之中只有拉锯般的冲杀和后退。（78）那些冲杀在最前面的士兵，不是屠杀别人就是被别人屠杀，他们根本就没有躲避的空间；因为后面的士兵不断地向前挤压，以至于士兵与士兵之间完全没有任何空隙。（79）最终，犹太人的疯狂战胜了罗马人的技能，罗马人的整个防线

---

〔1〕约在 7 月 24 日，另一群人成功地爬上了城墙。
〔2〕参见第 28 节。

开始动摇。（80）罗马人从晚上的第九个小时一直战斗到白天的第七个小时，而犹太人则在圣殿被占领的威胁之下焕发出了巨大的勇气和力量；此外，交战的罗马士兵毕竟兵力有限，大部分罗马军团当时还没有跟上来。因此，罗马人认为，现在能够占领安东尼亚塔楼已经比较知足了。

[8]（81）但是，有一个名叫朱利安（Julianus）的百夫长，他是比提尼亚人（Bithynian），声名卓著，不仅体力惊人，而且非常勇敢。在那场战争期间，无论其高超的战斗技巧、强壮的身体素质还是精神的勇敢无畏，他在我认识的所有人中间无不出类拔萃。（82）当看到罗马人节节败退之际，朱利安一跃而起——当时他正在安东尼亚塔楼上，站在提图斯身旁——单枪匹马地把已经取胜的犹太人重新逼回到圣殿里面。从他身边成群结队逃跑的人，无不认为他这样的体力和勇气有如超人（superhuman）。（83）而朱利安冲进了四散的队伍中间，杀光了所有被他追上的敌人；凯撒从未见过这番精彩的景象，也从未见过令自己的敌人如此恐慌的场面。（84）然而，朱利安自己也是被命运追赶之人，逃不出终有一死的命运。（85）与其他战士一样，他脚穿嵌有密集尖钉[1]的鞋子，当他跑过硬石路面时，他滑到了，背部着地，铠甲重重地发出响声，这让那些逃窜者又折返回来。（86）由于担心他的安全，安东尼亚塔楼上的罗马人不由得尖叫起来，而围绕在他四周的犹太人用标枪和利剑猛烈地攻击他。（87）他用自己的盾牌抵挡这些武器的进攻，许多次都试图站立起来，众人的围攻却让他动弹不得；尽管他躺倒在地，但他仍用利剑刺伤了很多人。（88）由于致命部位有头盔和铠甲的保护，同时他把自己的脖子缩了起来，因

---

[1] 嵌着钉子（studded with nails）：这里的希腊短语是荷马式的，参见《伊利亚特》第一卷第246行（他立刻把那根嵌着金钉的权杖扔在地上）和第十一卷第633行（装饰着许多黄金柳钉的精美酒盅）。

此他不是一下子就被杀死的。最终，他的四肢遭到敌人的猛烈砍击，由于没有人敢上前营救，他就这样被杀死了。（89）对于这位勇士的英勇无畏——尤其是亲眼看到他屠戮了如此之多的敌人——凯撒深受震动；尽管凯撒想亲自去营救他，却被形势所阻，而那些本可以去营救他的人却出于恐惧不敢行动。（90）在经过一番长久而又激烈的战斗后，朱利安最终被杀，不过，他也让攻击他的那些人几乎没有不带伤的；他身后留下了巨大的声誉，不仅罗马人和凯撒，就连敌人也对他钦佩不已。（91）接着，犹太人抢走了他的尸体，而且重新把罗马人击退至安东尼亚塔楼里面。（92）在这次战役中，犹太人一方最声名卓著之人是约翰队伍里的亚历克斯（Alexas）和基弗萨乌斯（Gyphthaeus），[1]西蒙队伍里的马拉基亚斯（Malachias）和米尔顿之子犹大（Judas son of Merton），[2]以土买指挥官索萨斯之子雅各（James son of Sosas），[3]以及奋锐党指挥官阿里之子西蒙和犹大（Simon and Judas sons of Ari）[4]两兄弟。

第二章

[1]（93）提图斯现在命令跟随着自己的军队去摧毁安东尼亚塔楼的地基，并为整个军队修筑一条翻越城墙的便利通道。（94）接着，提图斯了解到，在所谓的"常献的燔祭"（the so-called continual

---

〔1〕［中译按］Gyphthaeus 亦写作 Gyphtheus。
〔2〕［中译按］Merton 亦写作 Merto。
〔3〕参见第四卷第 235 节。
〔4〕正如抄本 C 所写的那样（as read by cod. C），阿里（Ari）可能亦写作加鲁斯（Jairus）。
　　［中译按］在惠斯顿本中，英译者将其译作加鲁斯之子西蒙和犹大（Simon and Judas the sons of Jairus）。

sacrifice）[1]的那一天——亦即帕尼穆斯月的第十七天，由于缺少人手[2]而停止对上帝献祭，这使得民众陷入到深深的沮丧之中。因此，他命令约瑟夫斯向约翰[3]复述一遍先前的那番讲话，那就是：(95)倘若他对战斗的邪恶激情仍旧欲罢不能，那么，他可以随心所欲地挑选人手出来应战，以免这座圣城和这座圣殿因为他而惨遭毁灭；但他不能再玷污圣殿，也不能再冒犯上帝。此外，只要他愿意，他可以在他亲自挑选的犹太人的帮助下，履行先前遭到打断的献祭。

(96)约瑟夫斯站在一个既可以让约翰，也可以让民众清楚地听到自己讲话的地方，用希伯来语（in Hebrew）[4]把凯撒的消息传递给了他们。(97)他真诚地恳求他们"饶恕自己的城市、阻遏即将蔓延到圣殿的大火，并恢复对上帝的赎罪献祭"。[5](98)他的这番讲话让民众深受触动；然而，那位僭主（the tyrant）[6]却大声地斥责和咒骂约瑟夫斯，最后说，他自己"从不担心这座城市会沦陷，因为它是上帝之城"。

---

〔1〕 每天早上和晚上的献祭，希伯来语写作 Tamid，对比《民数记》第二十八章第6节。停止每日的献祭是五大灾难之一，犹太传统将它与塔穆兹月（Tammuz，即叙利亚历法的帕尼穆斯月）的第十七日联系在一起，参见《巴比伦塔木德·禁食》（Talm. Bab. *Taanith*）第四章第6节。

　　［中译按］这是在西奈山所命定为常献的燔祭，是献给耶和华为馨香的火祭。（《民数记》28：6）

　　在惠斯顿本中，英译者将其译作 the so-called the Daily Sacrifice（所谓的"每日的献祭"）。

〔2〕 假如用已更正的文本（with corrected text），"缺少人手"（lack of men）或者写作"缺少羔羊"（lack of lambs）。

〔3〕 亦即基士迦拉的约翰（J. of Gischala）。

〔4〕 亦即"用阿拉米语"（in Aramaic）；对比《使徒行传》第二十一章第40节和第二十二章第2节。

〔5〕 对比第一卷第32节注释。

〔6〕 亦即约翰。

（99）对此，约瑟夫斯大声地回应道：

　　确实，看在上帝的份儿上，你保持了这座城市的纯洁！也保持了圣殿的洁净！你所寻求的那位盟友（Ally）没有被你亵渎，而且他仍然得到了惯常的献祭！（100）最卑鄙的恶棍啊，假如有人剥夺了你们日常所需要的食物，你们肯定会视之为敌人；然而，在你们停止了对上帝的恒久敬拜的情况下，难道你们仍希望上帝在这场战争中成为你们的盟友（your Ally）吗？（101）罗马人非常关心我们的律法，他们甚至试图为你们恢复已遭打断的献祭，但是，你们仍旧把罪责归到罗马人身上。（102）是异族人和敌人在纠正你的不虔敬，而你作为一名犹太人，从小在犹太律法的哺育下成长，却比你的敌人对它更加无情，在这种颠倒面前，谁不为这座城市哀号和痛惜呢？

　　（103）然而，可以肯定的是，约翰，为自己的错误幡然悔悟并不丢人，哪怕是在最后一刻；倘若你希望拯救你的国家，那么，犹太国王约雅斤（Jeconiah）就是一个高贵的榜样。（104）当巴比伦国王兴兵对抗他时，他在耶路撒冷城被占领之前，就主动带着自己的家人出城为虏，他宁可把圣殿交到敌人的手上，也不愿眼睁睁看着上帝之家陷于火海。[1]（105）因此，他得到了全体犹太人的赞扬和纪念，他的故事已变得不朽，被犹太民族的后裔反复颂扬。（106）约翰，这就是在危机时期的一个高贵榜样；我可以向你保证，罗马人会宽恕你。（107）你要记住，我是作为你的一名同胞来劝诫你，我是作为一名犹太人来对你做出保证；你应

---

〔1〕在这里，约瑟夫斯对《列王纪下》第二十四章第 12 节做了扩充。"犹大王约雅斤和他母亲、臣仆、首领、太监一同出城，投降巴比伦王。巴比伦王便拿住他。那时是巴比伦王第八年。"（王下 24：12）同时对比约瑟夫斯：《犹太古史》第十卷第 100 节。

该好好考虑我的建议和我的身份。我永远不会成为一名卑贱的俘虏，以至于放弃自己的民族身份，忘记自己祖先的律法。

（108）你再一次对我大发雷霆，对我大吼大叫；确实，我应该受到更严厉的对待，因为我逆命运而动提出建议，为拯救那些被上帝所谴责的人而奋战。（109）谁不知道我们古代先知的故事，谁不知道预言这座城市灾难的神谕现在就要变成现实？因为它预言，当耶路撒冷城开始屠杀自己的同胞时，这座城市就离沦陷不远了。[1]（110）难道这座城市和这座圣殿没有充满你们同胞的尸体吗？正是上帝自己借助罗马人的大火，来清洗他的圣殿，根除这座城市满地的污秽。

[2]（111）在说这些话时，约瑟夫斯语气沉重，满含热泪，甚至一度因抽泣说不出话来。（112）连罗马人都忍不住同理他的情感和惊叹他的决心；但是，约翰及其追随者却因为约瑟夫斯的缘故而对罗马人更加愤懑，恨不得把约瑟夫斯抓在手上。（113）然而，许多上层阶级都被他的这番讲话打动了。其中一些上层阶级，由于受到叛乱分子的威胁而被迫留了下来，他们内心深信自己和这座城市注定要走向毁灭。不过，仍有一些人在见缝插针地抓住一切合适的机会，安全逃到

---

[1] 这个说法的来源不能确定，不过，我们可以对比《西比拉神谕》第四章第 115 节及以下：ἥξει καὶ Σολύμοισι κάκη πολέμοιο θύελλα | Ἰταλόθεν, νηὸν δὲ θεοῦ μέγαν ἐξαλαπάξει. | ἡνίκα δ᾽ ἀφροσύνῃσι πεποιθότες εὐσεβίην τε | ῥίψουσιν στυγερούς τε τελοῦσι φόνους περὶ νηόν, | καὶ τότ᾽ ἀπ᾽ Ἰταλίης…［一场邪恶的战争风暴将临到索吕摩 | 从意大利席卷而来，将摧毁宏伟的圣殿。| 在用愚昧战胜了虔诚的那一刻 | 他们将在圣殿周围投掷和实施可憎的杀戮，| 那时，由意大利……］（暗指尼禄逃亡和罗马内战）ἐκ Συρίης δ᾽ ἥξει Ῥώμης πρόμος, ὃς πυρὶ νηὸν | συμφλέξας Σολύμων κτλ.［一个罗马的将军将从叙利亚而来，他用火烧毁了 | 索吕摩人的圣殿，等等］《西比拉神谕》第四章（the fourth book of *Sibylline Oracles*）可以追溯到公元 80 年，因此，它几乎是与约瑟夫斯的《犹太战争》同时代的著作。

罗马人那里。（114）在这些逃亡的人当中，有大祭司约瑟（the chief priests Joseph）和约书亚（Jesus），以及一些大祭司的儿子们，分别是以实马利（Ishmael）[1]——此人被斩首于西兰尼（Cyrene）——的三个儿子、马提亚斯的四个儿子和另一个名叫马提亚斯[2]的一个儿子；最后这位在其父死后选择了逃亡，而他的父亲和他的三个兄弟则惨遭基奥拉斯之子西蒙的杀害，对此，我们在前面也有提及。[3]许多贵族也跟随这些大祭司跑到了罗马人那里。（115）凯撒不仅友好地接待了他们，甚至想到这些人不适应异族人的习俗，于是把他们遣送到了戈弗纳，[4]让他们暂时留在那里，并答应他们，一旦战争结束，他立即恢复所有人的财产。（116）因此，他们高高兴兴地撤到凯撒所安排的这座安全的小城；然而，当他们不见踪影后，叛乱分子再一次故伎重演[5]，宣布这些逃亡者被罗马人杀死了——叛乱分子之所以这样行事，是因为他们想借此阻止其他人逃亡。（117）正如我在前面所述，[6]这个诡计在很长一段时间内都取得了成功；出于恐惧，其余的人全都停止了逃亡。

[3]（118）然而，提图斯把这些人从戈弗纳召回，并命令他们和约瑟夫斯一起走到城墙边上，以便让城里的民众看到他们；于是，又有大批民众逃往罗马人那里。（119）这些逃亡者聚集并站在罗马人的

---

〔1〕 这位以实马利（Ishmael）可能是法比的儿子（son of Phabi），关于他的高级祭司任期（tenure of the high-priesthood），及其作为人质被尼禄扣留在罗马的内容，约瑟夫斯在其他地方提及了，参见《犹太古史》第十八卷第 34 节和第二十卷第 179 节与 194—195 节。

〔2〕 亦即波埃萨斯之子马提亚斯。

〔3〕 参见第五卷第 527—531 节。

〔4〕 戈弗纳（Gophna）亦即现在的尤弗那（Jufna），位于耶路撒冷以北大约十二英里处。

〔5〕 对比第五卷第 453—454 节。

〔6〕 对比第五卷第 453—454 节。

队伍面前，他们一边哀号和哭诉，一边向叛乱分子恳求道，他们最好的做法就是让罗马人进城和保全祖国。（120）倘若他们不同意这样的提议，那么就请撤离圣殿，以便保全这座伟大而又神圣的建筑；因为，除非迫不得已，否则罗马人不会贸然放火烧毁圣殿。（121）然而，这些恳求只引发了更加激烈的反对，叛乱分子一边严厉地责备这些逃亡者，一边在圣殿神圣的大门上用速射炮、[1]石弩和弩炮攻击这些人，致使周围的圣殿庭院（the surrounding templecourt）因为有大量的死者，看起来就像一座普通的墓地，而圣殿本身像一座堡垒。（122）这些人手持武器冲进神圣不可侵犯的区域，他们的双手沾满了自己同胞的热血；他们犯下了如此巨大的罪行，对圣地造成了如此严重的亵渎，以至于如果是罗马人给犹太人施加这样的暴行，后者必然会义愤填膺，现在却变成罗马人对犹太人感到愤怒。（123）确实，没有一个罗马士兵不对圣殿怀有敬仰和敬畏之情，他们都祈祷叛乱分子能够在不可挽回的灾难发生之前幡然悔悟。

[4]（124）深为痛心的提图斯再一次斥责约翰和他的同党，他说道：

> 你们这些最无耻的恶棍啊，难道不是你们把这道石栏（this balustrade）[2]置于你们圣所前面的吗？（125）难道不是你们在这些每隔一段距离的柱子上，用希腊语和你们自己本民族的文字，声明禁止任何人越过这道屏障的吗？（126）任何翻越屏障之人，哪怕是罗马人，我们不是也允许你们有权处死他吗？你们这帮恶棍，为什么现在却要在这神圣之地踩踏尸体呢？为什么你们要用外邦人和你们犹太人自己的鲜血来玷污你们的圣殿呢？（127）

---

〔1〕速射炮（quick-firers）或者写作蝎弩（scorpions）。
〔2〕参见第五卷第193—194节。
　　［中译按］在惠斯顿本中，英译者将其译作这道隔墙（this partition-wall）。

我请求我们祖先的诸神（the gods of my fathers）以及照看这个地方的任何神祇（any deity）见证（虽然我觉得现在这里根本没有神祇了），同时也请求我的军队、罗马人这边的犹太人以及你们自己见证，我丝毫没有逼迫你们玷污这些区域。（128）如果你们愿意更换交战场地，那么，我们罗马人绝不会靠近或者冒犯你们的圣地；我会努力地为你们保全圣殿，不管你们愿意还是不愿意。

[5]（129）凯撒的这番讲话通过约瑟夫斯传递给了叛乱分子和他们的僭主，[1]但是，他们却把凯撒这番劝诫归因于怯懦而非善意，他们根本无视凯撒的劝诫。（130）提图斯看到，这帮人既对他们的命运和灾难无动于衷，也对圣殿漠不关心，于是，他很不情愿地再一次对他们开战。（131）提图斯不可能把自己所有的军队都带到这个狭窄的地方，因此，他从每一百名士兵中挑选出三十名最英勇的，又为每一千名士兵分别委任一名保民官，再委任塞里里乌斯[2]作为他们的指挥官，命其在晚上的第九个小时进攻圣殿的守军。（132）提图斯自己也身穿铠甲，准备与手下士兵一同作战，但由于太过危险，他的朋友都劝他不要前往；[3]（133）他们说，作为全军论功行赏的统帅，相较

---

〔1〕亦即基士迦拉的约翰。

〔2〕塞里里乌斯（Cerealius）的全名是塞克斯图斯·塞里里乌斯·维图里努斯（Sextus Cerealis Vettulenus），他是第五军团的指挥官，参见第三卷第310节，等等。

〔3〕对比《撒母耳记下》第十八章第2节及以下：大卫克制自己不与押沙龙争战。
　　[中译按] 大卫打发军兵出战，分为三队：一队在约押手下，一队在洗鲁雅的儿子约押兄弟亚比筛手下，一队在迦特人以太手下。大卫对军兵说："我必与你们一同出战。"军兵却说："你不可出战。若是我们逃跑，敌人必不介意；我们阵亡一半，敌人也不介意。因为你一人强似我们万人，你不如在城里预备帮助我们。"王向他们说："你们以为怎样好，我就怎样行。"于是王站在城门旁，军兵或百或千地挨次出去了。（《撒母耳记下》18：2—4）

于亲往前线作战而把自己暴露于危险之中，坐阵安东尼亚塔楼里无疑更好；因为所有人的作战和表现都将在凯撒的视野之下。（134）凯撒听从了他们的这项建议，对他们说，他留在后方的唯一原因是可以全面评判手下士兵在作战时的勇敢程度，而且没有一个勇士会被忽视，没有一个勇士会得不到应有的奖赏，同时也没有一个怯懦的战士能够逃脱惩罚；所有的惩罚和奖赏都会以他亲眼所见为依凭。（135）因此，在前述所说的那个时刻，他把自己的士兵派遣出去，而他自己则走到一个可以俯视下方全景的地方，焦急地等待着接下来的战况。

[6]（136）然而，被派遣出去的这支军队，并没有像他们先前所希望的那样，发现圣殿里面的卫兵在酣然入睡，后者大叫一声跳了起来，于是他们立即卷入一场近战。圣殿里面的守军一听到卫兵的叫喊声，立即从里面冲了出来。（137）罗马人遭遇了第一排士兵的冲击，而紧随其后的守军撞上了前面的同伴，很多人把自己人当作了敌人。（138）通过声音来辨别是不是自己人根本就毫无可能，因为双方之间的嘈杂声太大，而且在茫茫的夜色里也看不清楚对方；此外，激情与恐惧混杂在一起，他们胡乱地攻击所有挡在他们面前的人。（139）罗马人把他们的盾牌相互连接后一排排地向前进攻，这种布阵方法使罗马人伤亡很少；每一个人都在强记口令。（140）而犹太人却总是分散开来，他们随意地进攻和后撤，经常互相看成仇敌：在黑暗中，每个人面对后撤的同伴时的反应，就像面对着进攻的罗马人一样。（141）因此，比起敌人，犹太人一方有越来越多的人员受伤，直到黎明降临，他们的肉眼才可以看清楚接下来的战斗；[1]随后，他们各自部署阵型，同时发射飞弹，有序地保持自己的防线。（142）双方既没有丝毫退让，也没有松懈战斗。在凯撒的注视下，不管是士兵与士兵之间，还是团

---

〔1〕或者写作"接下来的战斗是通过肉眼分辨的（或者'决定的'）"（the battle thenceforward was separated〔or 'decided'〕by the eye）。

队与团队之间，罗马人都在奋力地竞相厮杀；所有人都相信，如果自己英勇战斗，那么这一天就是自己晋升的开始。（143）犹太人的巨大勇气则源自恐惧，由于担心自己的命运、圣殿的安危以及那位僭主[1]的时隐时现（他有时激励一些人投入战斗，有时又通过鞭打和威胁逼迫另一些人投入战斗），他们才英勇奋战。（144）这场战斗绝大多数时间都在原地进行，[2]你来我往的交战局限在狭窄的空间里，因为根本就没有逃跑或者追击的余地。（145）安东尼亚塔楼时不时地爆发出阵阵咆哮声：当罗马人向前进逼时，他们就大声地喝彩；当罗马人往后撤退时，他们则大声地呼喊他们挺住。（146）这场战斗就像发生在剧场中一样，因为所有的战斗细节都逃不过提图斯及其旁边那些人的眼睛。（147）最终，从晚上第九个小时开始的这场战斗，直到白天第五个小时方才停止；双方都没有在战斗开始的地方击退对手，他们之间的胜负仍然未定。（148）罗马人一方有众多的勇士表现出众；但是，犹太人一方也有一些人表现抢眼，其中包括西蒙队伍里的马里奥特之子犹大（Judes son of Mareotes）和霍萨阿斯之子西蒙（Simon son of Hosaias）、以土买队伍里面的阿卡特拉斯之子西蒙（Simon son of Acatelas）[3]和索萨斯之子雅各、约翰队伍里的格弗萨乌斯和亚历克斯，以及奋锐党人里面的阿里之子西蒙。

[7]（149）与此同时，其余的罗马军队花费了七天时间摧毁了安东尼亚塔楼的地基，这使得进入圣殿的通道更加宽大了。（150）诸军团现在逼近第一道城墙，并开始修筑高垒：第一座高垒正对着内殿的西北角，第二座高垒则位于两道门之间的门厅北边，（151）第三座高

---

〔1〕亦即基士迦拉的约翰。

〔2〕一些抄本亦写作："这场战斗严重地局限在了一个最多一弗隆以内的地方"（was perforce confined at most within a furlong）。

〔3〕在其他地方，阿卡特拉斯（Acatelas）这个名字是以卡萨斯（Caathas）或者卡斯拉斯（Cathlas）这样的名字出现的，参见第四卷第 271 节和第五卷第 249 节。

垒位于圣殿外庭的西边柱廊的对面，第四座高垒则位于北边柱廊对面的外围（outside）。[1]（152）然而，这些工事也耗费了罗马人的巨大精力，因为这些木材都是从一百弗隆远的地方运过来的；[2]同时，他们还时不时地遭遇犹太人的算计，由于他们拥有压倒性的优势，所以在防卫上有时就会疏忽大意，而他们发现逃跑无望的犹太人会变得异常勇敢。（153）一些罗马骑兵在外出搜集木材和草料之时，把自己战马上的缰绳解掉了，让它们自由自在地吃草；而就在这时，犹太人会成群地出击，抢夺这些战马。（154）这种事情反反复复地出现，凯撒认为，这些抢劫之所以发生，是自己手下士兵的疏忽而非犹太人的英勇所致，他决定施行更加严厉的惩罚，以让他们更加谨慎地照看战马。（155）因此，他下令把其中一个丢马的士兵处死，以此为戒，保住其他的马匹；他们不再让马吃草，而是让它们紧紧地跟着自己，好像人和马天生就无法分离一样。（156）罗马人仍在不断地攻击圣殿和建造高垒。

[8]（157）在罗马人登上缺口后的某一天，由于饥饿的驱使和抢劫的失利，大约在白天的第十一个小时，许多叛乱分子聚集在一起，准备进攻橄榄山[3]的罗马哨兵；他们首先希望罗马人没有警戒，其次，他们希望趁罗马人休息之际发动袭击，这样的话，就可以轻易地击败他们。（158）然而，罗马人事先获悉了他们要来进攻，于是赶紧从周围的城堡赶来增援，以阻止犹太人爬越或者突破营墙。（159）双方爆发了激烈的战斗；罗马人展现出高超的军事技能和勇气，犹太人则表现出不顾一切的冲动和不受抑制的激情。（160）一方受耻辱驱动，另一方则受需要驱动：如果让犹太人冲出包围圈，这在罗马人看来是奇

---

〔1〕这里的"外围"（outside）可能指的是"更远的地方"（further out）。
〔2〕对比第 5 节。
〔3〕第十军团驻扎在橄榄山，参见第五卷第 69—70 节。

耻大辱；如果犹太人想要活命的话，他们只有强行通过罗马人的营墙。（161）当犹太人最终被击退并被赶进山谷后，有一个名叫佩达尼乌斯（Pedanius）的骑兵策马疾驰到犹太人的侧翼，抓住一名正在溃逃的敌军的脚踝，（162）这名敌军全副武装、强壮有力；佩达尼乌斯俯在马背上飞奔，他展现出如此健硕的臂力与身体，以及近乎完美的骑术，这着实令人震惊。（163）佩达尼乌斯把这名俘虏当作一个宝贵的礼物献给了凯撒。提图斯赞赏了这位勇士的强大力量和无畏勇气，并下令处死了这名俘虏（因为他进攻了罗马人的营墙），接着，他把注意力集中到了围攻圣殿和敦促高垒的加紧建造上。

[9]（164）与此同时，犹太人也遭遇了重创，随着战争逐步驱向高潮并向圣殿逼近，他们就像从一副困顿不堪的肉身上切去已感染的肢体，以阻止疾病进一步蔓延一样，（165）放火点燃了连接安东尼亚塔楼的那部分的西北柱廊（that portion of the north-west portico）。接着，他们把柱廊砍去了大约二十肘尺，他们亲手开启了焚烧圣地的大火。（166）两天后，也即上面所说的这个月的第二十四日，罗马人放火烧毁了毗邻的柱廊（the adjoining portico）；当火焰蔓延到五十肘尺远的地方时，犹太人又把屋顶给砍掉了——他们对这些艺术品毫无尊敬——安东尼亚塔楼与圣殿的神圣联系就这样被切断了。（167）正是出于这个原因，[1]尽管犹太人原本可以阻止大火烧毁这座建筑，但当大火来袭之时，他们却一动不动，只是根据自己的便利来衡量它的破坏程度。[2]（168）圣殿周围不断有战斗，小股部队之间不断的出击此起彼伏。

[10]（169）在这些天里，有一位名叫约拿单的犹太人——他身

---

〔1〕亦即"切断与安东尼亚塔楼的联系"（to cut the connexion with Antonia）。

〔2〕[中译按] 在惠斯顿本中，英译者将其译作："认为这种火势的蔓延符合他们自己的利益"（deemed this spreading of the fire to be for their own advantage）。

材矮小、相貌丑陋，出身等方面也非常平庸——去到高级祭司约翰的陵墓的对面，[1]对罗马人大声地申斥和谩骂，并向罗马人中最好的战士发出了单挑的要求。（170）大部分罗马人都非常鄙视他，不过，也有一些人对他感到恐惧，因为他们合乎情理地考虑到，避免与亡命之徒交战无疑是明智之举。（171）对于那些意识到自己无望获救的人来说，他们不仅有无法驾驭的激情，还有上帝的怜悯（the ready compassion of the Deity）；[2]冒着生命危险去打败他们，并不是一项巨大的功绩，相反，万一自己遭到战败，这将是奇耻大辱，而且性命堪忧；无论如何，这都算不上一种英勇的行动，而只能说是一项莽撞之举。（172）因此，没有人出来接受这个人的挑战，而这名犹太人则继续大肆地辱骂他们为懦夫——他极度自负，也极度鄙视罗马人——直到有一个名叫帕德恩斯（Pudens）的骑兵，[3]因为厌恶他的语言和傲慢，也可能是草率地轻看了他的短小身材，于是向他冲了过去。（173）帕德恩斯在其他所有方面都要优于他的对手，唯独运气不济；他摔倒了，约拿单就走上前去把他给杀死了。（174）接着，约拿单脚踩尸体，得意地挥舞着血淋淋的利剑，左手则挥动着盾牌，厉声朝罗马军队高喊；他对这具死尸得意扬扬，同时对罗马人大肆地嘲笑。（175）最终，就在他像一名小丑那样又唱又跳之时，一位名叫普里斯库斯（Priscus）的百夫长用一支箭射穿了他；在他中箭的那刻，犹太人和罗马人同时爆发出惊呼，尽管他们分属不同的阵营。（176）约拿单痛苦地倒在了自己敌人的那具尸体上，这个事例充分说明了战场上祸福瞬息万变，根本就没有永恒的胜利可言。

---

〔1〕约翰·希尔堪；提图斯选择以他的纪念碑附近（the neighbourhood of his monument）作为自己第一次进攻的地点，参见第五卷第 259 节。

〔2〕字面含义是"容易让上帝局促不安"（had the Deity easily put out of countenance），亦即"容易被恳求打动"（easily moved by entreaty）。

〔3〕他是辅助骑兵部队（cavalry [alae]）的一员。

第三章

[1]（177）圣殿里的叛乱分子从未松懈每天的努力，去击退高垒上的敌军，在前面所说的那个月的第二十七日，他们设计了如下计谋。（178）他们在西边柱廊的橼子与天花板之间的空隙里填满了干燥的易燃物、沥青和柏油，接着，他们装作彻底精疲力竭的样子后撤。（179）于是，许多未加仔细考虑的军团士兵在鲁莽冲动之下，急忙尾随和追击犹太人，他们借助梯子一下子就登上了柱廊；然而，一些更为谨慎的罗马人则对犹太人这种莫名其妙的撤退心生怀疑，于是待在原地没有动弹。（180）柱廊上已经满是攀爬上去的罗马人，就在这时，犹太人从下面点燃了整座建筑。大火突然从四周燃烧起来，那些没有在危险区的罗马人顿时惊得目瞪口呆，而那些在危险区的罗马人则陷入了彻底的绝望。（181）当他们发现自己惨遭大火的包围后，其中一些人纵身跳进了身后的城市，另一些人则跳入了圣殿里的敌人中间，也有许多人为了自救跳进了同伴中间，折断了他们的四肢；但是，绝大部分正努力逃出火海的罗马人却被大火给困住了。（182）蔓延得太过迅速的大火立即就包围了他们，以至于他们不得不葬身火海。对于在没有接到命令的情况下就登上柱廊而殒命的罗马士兵，尽管凯撒非常愤怒，但他同时也非常同情他们，（183）尽管没有任何人能解救他们，但对这些注定要灭亡的人来说，看到自己为之献身的人的悲痛至少是一种安慰。因为凯撒的身影清晰可见，他对着他们大声呼喊，冲上前去，同时命令身边的那些人赶紧前去救援。（184）因此，他们每一个人无不愉快地死去了——在凯撒的呼喊和对他们的情感中光荣死去，这本身就像是一场壮丽的葬礼。（185）一些罗马人撤进柱廊之墙（the wall of the portico）[1]，虽然里面宽大而可以躲避大火，但是他们遭到了

---

[1]［中译按］the wall of the portico 亦写作 the wall of the cloister。

犹太人的包围，在经过长时间的抵抗后，他们遍体鳞伤，最终全部遭到杀害。

[2]（186）他们当中最后死去的是一位名叫朗格乌斯（Longus）的年轻人，他在这场悲剧中大放异彩，虽然每一个死去的人都值得纪念，但这个人似乎比所有人更值得纪念。（187）犹太人非常欣赏他的勇敢，而且非常想杀死他；于是，他们劝他下来，并答应保证他的安全。不过，他的兄弟科内利乌斯（Cornelius）则劝说他不要玷污自己的名誉和罗马军队的荣誉。他听从了科内利乌斯的建议，在两军面前挥起利剑，自我了结。（188）在惨遭大火包围的那些人当中，有一位名叫阿托利乌斯（Artorius）的士兵，运用计谋逃出了火海；他在屋顶上向与自己同住一个帐篷的战友卢西乌斯（Lucius）高声喊道："如果你能过来接住我的话，那么，我将我的财产都让给你继承。"（189）卢西乌斯立即跑过去，阿托利乌斯便纵身跳到他身上而得救了；不过，接住他的卢西乌斯则由于所受的冲力太大，撞到了路边的石头上，当场身亡。

（190）这场灾难让罗马人沮丧了很长一段时间，尽管它也为罗马人在未来的战斗提供了有益的教训，提醒他们对犹太人的这种引诱不能再冲动，要更加防范犹太人的诡计，他们的伤亡主要源于他们对地形和民情的生疏。（191）大火烧毁了柱廊，并一直蔓延到约翰所建造的塔楼[1]——约翰在与西蒙为敌期间将它建造在通向埃克斯图斯上方的那扇大门上面；同时，在摧毁了那些爬上柱廊的罗马军队后，犹太人也切断了圣殿其余的柱廊。（192）但第二天，[2] 罗马人烧毁了整个北边的柱廊乃至东边的柱廊，而连接这两处柱廊的犄角则建造在克德隆山谷之上，这个地方深邃得吓人。这些就是圣殿周围地区的战况。

---

〔1〕四座塔楼中的第二座是由基士迦拉的约翰建造的，参见第四卷第580—581节。
〔2〕约在8月16日。

［3］（193）与此同时，整座城市死于饥荒的人更是不计其数，他们遭受的痛苦实在难以名状。（194）在任何一处人家，倘若出现一点食物的影子，那么，这就意味着争战的开始，最亲的亲人之间也会因为相互抢夺维持生命的食物而大打出手。（195）即将死去之人也不会被认为是匮乏的；那些强盗甚至搜查快要咽气之人，以免他们故意装死而将食物藏在怀里。（196）他们这些强盗像疯狗一样张开饥饿的大口[1]，像醉汉一样踉踉跄跄地敲打房门；他们甚至迷迷糊糊地在一个小时里闯进同一间房子多达两三次。（197）难以忍受的饥饿驱使他们不断地啃咬任何东西，甚至搜集和吃食那些之前唯恐避之不及的最污秽不堪的动物；最后，他们对腰带和鞋子也不放过，甚至剥下盾牌上的皮革咀嚼。（198）还有人不断地吃食一根根枯萎的干草，一些人搜集这些根茎来卖钱，一小点根茎就可以卖到四阿提卡德拉克马。[2]（199）饥饿逼迫他们吃食这些根本就不能下咽的食物，然而，对于他们的这种悲惨景象，为什么我要进行讲述呢？这类空前的惨剧[3]在希腊人和野蛮人的历史中根本就没有发生过，这种事情太过惊悚，以至于即使亲耳听到，也很难让人相信。（200）就我而言，考虑到后人可能怀疑我[4]

---

〔1〕 对比《诗篇》作者所做的明喻（the Psalmist's simile）："到了晚上，任凭他们转回，任凭他们叫号如狗，围城绕行。他们必走来走去，寻找食物，若不得饱，就终夜在外。"（《诗篇》59：14—15）

〔2〕 与其他地方一样（第二卷第 592 节），这种硬币无法用希腊语来进行表达（the coin is unexpressed in the Greek）。一阿提卡德拉克马是一名普通劳动者一天的工资。

〔3〕 约瑟夫斯非常奇怪地忽略了《列王纪下》第六章第 28—29 节所记载的撒玛利亚被围时的类似事件。对比《申命记》第二十八章第 57 节和《巴录书》第二章第 2—3 节：她两腿中间出来的男婴与她所要生的儿女，她因缺乏一切，就要在你受仇敌围困窘迫的城中，将他们暗暗地吃了。

〔4〕 或者写作"我希望我不会被后人所怀疑……我真的很乐意"（I hope that I shall not be suspected by posterity…and indeed I would gladly）。

是在杜撰，我宁愿遗漏这场悲剧，但是，这些悲惨事件确实是我亲眼见证的；而且，倘若我对自己祖国所遭受的灾难故意隐而不述，这本身就是对祖国的不忠。

[4]（201）在约旦河对岸（beyond Jordan）的居民当中，有一位名叫玛丽（Mary）的女性，她是贝特诸巴村（the village of Bethezuba）——这个地名的含义是"牛膝草之家"（House of Hyssop）[1]——的以利亚撒的女儿（daughter of Eleazar）；她的家世和财富都非常显赫，当时她与其他民众逃到耶路撒冷而被围困在了那里。（202）她把自己的财产从佩拉亚[2]打包带到了耶路撒冷城，但其中大部分都被僭主们（the tyrants）[3]给抢走了；现在，她剩下的那些财产以及她想方设法获得的食物也被每日抢劫的士兵们给抢走了。（203）这个可怜的女人深感愤怒，她大声地谴责和咒骂那些劫掠她的恶棍，以至于他们都被她给激怒了。（204）然而，没有人出于愤怒或者同情而要处死她；她厌倦了为别人寻找食物，而且她现在再也找不到任何食物了，饥饿刺入她的肠胃和骨髓，而愤怒之火甚至超过了饥饿本身；被愤怒和生活苦苦逼迫的她，现在行事非常怪异。（205）她抓起自己的小孩——当时正在她胸口上吃奶的婴儿——哭喊道：

> 可怜的宝贝儿啊，在这场战争、饥荒和叛乱当中，即使我让你的性命保全下来，你又会落入谁的虎口呢？（206）罗马人的奴役无疑在等着我们——倘若我们有幸活到罗马人到来的那一天；然而，当我们尚未被罗马人奴役，就已经被饥荒给摧毁了；而叛乱分子要比奴役和饥荒更恐怖，也更残忍。（207）来吧，你

---

〔1〕即希伯来的贝特－埃诸（Heb. Beth Ezob）；其具体位置不得而知。

〔2〕佩拉亚（Peraea）位于外约旦（Transjordania），参见第三卷第44节及以下。

〔3〕[中译按] 在惠斯顿本中，英译者将其译作"贪婪的卫兵们"（the rapacious guards）。

就做我的口中之食吧，你就做这帮无耻的叛乱分子的报复对象吧，对这个世界来说，我们犹太人的灾难正缺少这样一个故事。

（208）一说完这番话，她就杀死了自己的小孩，将其烤熟后吃掉了其中的一半，又把另一半给储存起来。（209）叛乱分子马上就闻到了这股邪恶的味道，他们威胁说，如果不立即把她准备的饭食交出来，她就会被处死。她回答道，她为他们保留了最美味的部分，接着就把孩子残余的肢体拿给他们看。（210）一看到这个小孩的尸体，他们立即惊恐得目瞪口呆，瘫倒在那里半晌说不出话来。然而，她却说道：

> 这是我自己的小孩，也是我自己烤熟的。你们吃吧，我自己刚刚吃过了。（211）你们不要表现得比一个女人还软弱，也不要表现得比一个母亲还更有同情心。但是，倘若你们因虔敬而有所顾虑，或者厌恶我的贡物的话，就请把留给你们享用的那部分让给我自己吃。

（212）这些人颤抖着离开了，他们从未见过如此恐怖的景象和如此绝情的母亲。这个恐怖故事立即传遍了整座城市，一想到它的恐怖，没有一个人不浑身战栗，就好像这桩前所未闻的恐怖罪行是他自己犯下的一样。（213）被饥饿折磨的民众渴望早早死去，而那些已经死去的民众则被认为是幸福的，因为他们从未听过或者见过这样的罪恶。

［5］（214）这则恐怖的消息很快传到了罗马人那里。其中一些罗马人觉得它难以置信，另一些人则深表同情，不过，绝大部分罗马人都比以前更加憎恨犹太人了。（215）在这件事情上，凯撒宣称自己是无辜的，即使面对上帝也是如此；他辩称，他已经给予犹太人和平与

自由，而且也答应赦免他们过去所有的罪行，但是，他们宁愿选择叛乱，也不要和谐，宁愿选择战争，也不要和平，宁愿选择饥荒，也不要丰收和繁荣；（216）他们最先亲手烧毁罗马人为他们保存的圣殿，因此他们活该吃这样的东西。（217）然而，吃食自己小孩的罪恶行径应该埋葬在他们国家的废墟之下，而不应该让它遗留在地面上，因为，太阳底下不应该存在这种吃食自己小孩的母亲。（218）他进一步地补充道，吃食这样的食物，母亲要比父亲更难下口，在这样恐怖的灾难之下，后者却仍在全副武装地与我们为敌。（219）就在说这番话的同时，他又在沉思这些人的绝望处境；即使他们经历了这样惨重的灾难，他也不指望这些人会恢复理智，因为，倘若他们要真心悔改的话，他们肯定就会避免这些事情的出现了。

第四章

[1]（220）现在有两个军团完成了他们的高垒，[1]在洛乌月的第八日，提图斯下令把攻城槌拉到圣殿外庭（the outer court of the temple）西边门厅的对面。（221）在这些攻城槌运抵之前，其他几种最可怕的围城器械已经连续六天不断地击打城墙，却毫无效果，这座巨大的城墙用坚固的石头砌成，围城器械对它无可奈何。（222）另一组罗马士兵则在努力地挖掘北门的地基，经过一番巨大的努力，他们终于移除了面前的石块；但是，由于这道大门里面仍有石块支撑，它依然非常稳固。在攻城器械和铁撬全都无望的情况下，罗马人最后把梯子搬到了柱廊前。（223）犹太人没有立即阻挡他们，不过，一旦他们爬了上来，犹太人就会立即英勇地进行攻击。其中一些罗马人被犹太人推倒，

---

[1] 对比第 150—151 节。

仰面掉下梯子，另一些罗马人则被遭遇他们的犹太人屠杀；（224）许多罗马人刚走下梯子，尚未来得及用盾牌保护自己，就遭到犹太人的砍杀；一些梯子上爬满了罗马士兵，犹太人则从上方推倒梯子，将他们摔个粉碎。（225）然而，犹太人自己也遭到了罗马人的大量屠杀。连那些扛旗的罗马人都在激烈地战斗，他们认为，倘若自己的军旗倒下的话，这将是一个极其严重的灾难和耻辱。（226）但是，这些军旗最终还是被犹太人夺走了，他们把所有登上城墙的罗马人全给屠杀了。其余的罗马人由于害怕被杀，纷纷撤退了。（227）没有一个罗马人不是英勇地战斗至死；而之前那些勇敢的犹太人现在一如既往地奋战到底，例如僭主西蒙的侄子以利亚撒（Eleazar nephew of the tyrant Simon）。[1]（228）提图斯看到，虽然自己努力保全这座异族人的圣殿，到头来却只换得自己军队的巨大伤亡，于是，他下令放火点燃这些大门。

[2]（229）与此同时，两名犹太逃亡者倒向了他的一边，他们分别是埃马厄斯的阿南努斯——西蒙最嗜血的副手[2]，以及马加达图斯之子阿基劳斯（Archelaus son of Magaddatus）；他们希望得到宽恕，因为他们在犹太人取胜的这个时刻选择了离开。（230）然而，提图斯严厉地责备了他们的欺骗行径；当他听说他们对自己的犹太同胞的残酷统治时，他强烈地想要处死二人。他注意到，他们之所以投奔自己，是因为形势所迫，而非出自本意；并且，由于他们的母城四面着火，

---

[1]［中译按］在惠斯顿本中，英译者将其译作"僭主西蒙兄弟的儿子以利亚撒"（Eleazar the brother's son of Simon the tyrant）。

[2] 西蒙让他充当高级祭司马提亚斯（the chief priest Matthias）——西蒙的前保护人（Simon's former patron）——的行刑人，参见第五卷第 531 节。阿南努斯在那里被称为巴加达图斯的儿子（son of Bagadatus），巴加达图斯可能与马加达图斯是同一人，后者在这里则被称为是另一位逃亡者阿基劳斯的父亲（the father of the other deserter Archelaus）。

他们才从里面逃出来，他们根本不配再苟活下去。（231）不过，他对逃亡者的安全承诺战胜了对他们的憎恶，因此他释放了他们，尽管他没有把他们放在与其他人一样的地位上。

（232）罗马军队现在点燃了这些大门，熊熊燃起的大火很快把周围的银制品都给熔化了，大火迅速蔓延开来，并引燃了柱廊。（233）犹太人一看到包围自己的大火，他们的斗志顿时就消散了；在一片惊恐之中，没有一个人想到防火或者灭火；他们只是呆呆地（paralysed）[1]站在那里，一动不动地看着大火四处蔓延。（234）尽管他们对这场大火造成的巨大灾难甚为惊恐，但面对余下的建筑，他们根本没有吸取任何教训，倒好像圣所现在被烧着了一样，只是激起了他们对罗马人的刻苦仇恨。（235）大火熊熊燃烧了整个白天和第二天的整个晚上，因为罗马士兵只能点燃部分柱廊，而不能一下子点燃整片柱廊。

［3］（236）第二天，[2]提图斯命令自己的一部分士兵进行灭火，并铺设一条通往城门的道路，以便军团前进，而他自己则把军团指挥官召集在一起。（237）因此，他的六名主要将领集合起来，他们是全军的指挥官（the prefect of all the forces）[3]提比略·亚历山大（Tiberius Alexander），以及塞克斯图斯·塞里里乌斯（Sextus Cerealius）、拉尔西乌斯·利皮都斯（Larcius Lepidus）和提图斯·弗里基乌斯（Titus

---

〔1〕字面含义是"突然住口／突然说不出话来"（dry）；对比第一卷第381节，"吓得突然说不出话来"（dry with fright）。

〔2〕约在8月28日。

〔3〕the prefect 亦写作 *Praefectus castrorum*，这是一种"军需将军"（a sort of quartermaster general），负责掌管（control over）所有的营地，对比第五卷第45—46节。

［中译按］在惠斯顿本中，英译者将其译作"在将军领导下的全军的一位指挥官"the commander［under the general］of the whole army。

Phrygius）——分别是第五军团、第十军团和第十五军团的指挥官；
（238）亚历山大里亚两个军团[1]的指挥官（prefect of the two legions
from Alexandria）弗洛恩托·哈特利乌斯（Fronto Haterius）和犹地亚
总督（procurator of Judaea）马尔库斯·安东尼乌斯·朱利安（Marcus
Antonius Julianus）；接着则是其他总督和保民官。提图斯提议他们讨
论圣殿的问题。（239）其中一些人认为，按照战争法则就应该摧毁它，
因为犹太人从未停止叛乱，而圣殿就是犹太民众从四面八方聚集的中
心。（240）其他人则认为，如果犹太人能够舍弃它，并且不会存放任
何武器的话，那么它可以被保留下来；但是，如果他们凭靠它再作抵
抗的话，它就应该被烧毁；因为，它将不再是一座圣殿，而是一座堡
垒，到那时，应受谴责的不虔敬之人不是他们罗马人，而是那些逼迫
他们烧毁圣殿的犹太人。（241）然而，提图斯则宣称，即使犹太人借
助圣殿来抵抗，他也不会对这座无生命的建筑进行报复，不会烧毁这
座伟大的艺术品；因为，只要它矗立在那里，它就是帝国的一件装饰
品，而它的毁灭将会是罗马人的重大损失。（242）由于有弗洛恩托、
亚历山大和塞里里乌斯的支持，他的这个主张得到了进一步的强化。
（243）接着，他结束了这次会议，并下令各军团指挥官让自己的军队
暂作休息，这样的话，士兵们在进攻之时就会更加勇猛；同时，他下
令从骑兵中挑选一支精兵，以在废墟中灭火并杀出一条道路。

[4]（244）在那一天，惊恐和疲倦碾碎了犹太人的抵抗能力；然
而到第二天，[2]他们恢复了力量和斗志，在那天白天大约第二个小时
的时候，他们从东门冲杀到了圣殿外庭的守军面前。（245）罗马人顽
强地抵抗着犹太人的进攻，他们用盾牌组成了一道像城墙一样的屏障，
把自己包裹在里面；然而，他们很明显无法支撑很长时间，因为无论

---

〔1〕参见第五卷第44节。
〔2〕约在8月29日。

在人数上还是勇气上，他们都比不上作为攻击者的犹太人。（246）在安东尼亚塔楼上看到这一幕的凯撒希望打破这个僵局，于是他让自己的精锐骑兵投入战斗，以支援作战的罗马人。（247）犹太人发现自己很难再支撑下去：最前面的犹太人一经倒下，便会导致后面的犹太人溃退。（248）然而，一旦罗马人后撤，犹太人又会上前进攻；而倘若罗马人重新折返，他们又会往后撤退；直到那一天白天的大约第五个小时的时候，他们终于被罗马人制伏了，并被罗马人关在了圣殿的内庭里面。

[5]（249）提图斯于是退到了安东尼亚塔楼，第二天拂晓，他决定用自己的全部兵力进攻和包围圣殿。（250）然而，对于那座建筑，上帝早已裁定要把它付之一炬；时光流转，现在来到了那个灾难性的日子——洛乌月的第十日，[1] 历史上在这一天，圣殿惨遭巴比伦国王的烧毁[2]。（251）然而，这些火焰源自犹太人自身，是上帝自己的子民[3] 引发了它们。提图斯撤军后，叛乱分子在稍事休整后就又向罗马人发起进攻，随后，圣所的犹太守军与试图扑灭内殿大火的罗马军队之间发生了交战；而罗马人最终击溃了犹太人，并将他们一直追杀到圣所。（252）就在这时，一位罗马士兵在没有任何命令的情况下，凭着其一腔热情，毫不畏惧地从大火当中抓起一根烧着的木头，随后，

---

〔1〕约在 8 月 30 日（尼斯本则为 8 月 29 日）。

〔2〕这个日期是根据《耶利米书》第五十二章第 12—13 节进行确定的：尼布甲尼撒的护卫长尼布撒拉旦（Nebuzaradan）烧毁圣殿的日期是 5 月 10 日（希伯来历法的阿布月即叙利亚历法的洛乌月）。另一方面，《列王纪下》第二十五章第 8 节记载的日期则是阿布月第七日。然而，在犹太人的传统中，烧毁两次圣殿的周年纪念日一直是在阿布月第九日。两次围城中相应事件之间的一种虚拟对称（a fictitious symmetry）可能在起作用。

〔3〕"上帝自己的子民"（to God's own people）或者写作"他们自己的子民"（to their own people）。

他被自己的一位战友托起，将燃烧的木棍投进一道低矮的金门[1]——
这道金门可以朝北通往圣所周围的房间。（253）当火焰熊熊燃起之时，
犹太人爆发出痛彻心扉的尖叫声，纷纷从四周赶来救火；他们不再吝
惜自己的生命和兵力，因为他们过去时时刻刻守卫的目标现在就要遭
到毁灭了。

　　[6]（254）当一个传令兵急匆匆地跑来告诉提图斯圣殿着火的消
息时，刚刚结束这场战斗的提图斯正在自己的营帐里休息。然而，一
听到这个消息，他立即站起来跑向圣殿，以阻止大火的蔓延。（255）
所有的军团指挥官都跟随在他的身后，而跟随在军团指挥官身后的则
是激动不已的士兵；当时一片混乱，这样庞大的军队陷入无序的行动
是非常自然的。（256）凯撒用手势和声音指挥参战士兵灭火；但士兵
们既没有听到他的呼喊——因为他的呼喊被淹没在了巨大的嘈杂声之
中，也没有注意到他挥动示意的手势——因为他们已经被战斗或愤怒
弄得心烦意乱。（257）对于冲动的军团士兵而言，一旦投入战斗，任
何劝诫和威胁都阻挡不了他们的激情；只有他们的指挥官仍旧保持冷
静。当他们一起涌进圣殿时，许多人惨遭自己战友的踩踏；许多人则
被挤倒在仍在发烫和焖燃的柱廊的废墟上面，乃至遭到与他们所征服
的人一样的不幸命运。（258）当他们越靠近圣殿，他们越是假装没有
听见凯撒的命令，而是呼叫自己前面的战友将火把扔进去。（259）对
于四面楚歌的叛乱分子而言，他们已经无力扑灭大火了，不是被屠杀，
就是四处逃亡。绝大部分被杀之人都是软弱无力而又手无寸铁的平民，
他们一旦被抓，立即惨遭割喉。圣坛周围的死尸越来越多，一股汹涌
的血流顺着圣殿的台阶不断地向下流淌。

　　[7]（260）凯撒发现，自己根本无法抑制手下那些发狂的士兵，

---

〔1〕"一道低矮的金门"（a low golden door）或者写作"一道金窗"（a golden
　　window）。

而且火也越烧越大，于是就率领手下的将军们一起进入了圣所，他们看到了圣所和圣所里面的所有东西——这些东西远远超出了流传在异族人中间的传闻，也不逊于它们在我们犹太人中间的骄傲名声。[1]（261）由于火焰仍在圣殿周围的房间燃烧，而未烧到里面，提图斯认为这座建筑尚有得救的机会，因此他急忙冲了过去，并亲自劝说手下的士兵前去灭火；（262）他命令一位名叫利比拉里乌斯（Liberalius）的百夫长——他是提图斯身边的一名枪骑兵护卫——用棍棒击打那些不服从命令的士兵。（263）尽管士兵们尊敬凯撒，但是由于担心统帅会禁止他们洗劫，加上他们非常憎恨犹太人，于是他们难以抑制与犹太人作战的欲望。（264）他们大部分人都被洗劫的欲望所激励，认为圣殿里面肯定到处都是金钱，因为他们看到圣殿周围的所有东西全都是用金子制成的。（265）就在凯撒冲出来制止军队之际，一位进入圣殿的罗马士兵在黑暗中（in the darkness）[2]将一支火把扔到了大门的铰链上；（266）大火一下子从里面熊熊燃烧起来，凯撒及其手下将军赶紧撤出了圣殿，这时再也没有什么能阻止外面的人点燃大火了。有违于凯撒的意愿，圣殿就这样被点燃了。

[8]（267）对于这样一座建筑的毁灭——不论就其结构、宏伟、富丽，还是就其卓越名声来说，它都是我们所见过或听过的最伟大的建筑——没有人不会伤心哀叹；然而，倘若想到任何生命、艺术和建筑无不在劫难逃的话，那么，我们或许可以从这种想法中得到一种巨大的安慰。（268）有人会对这个日期的巧合异常惊奇；因为，正如我前面所说，它惨遭毁灭的这一天正好与巴比伦人烧毁圣殿处在同一月份的同一天。[3]（269）从所罗门国王首次建造圣殿到现今这座圣殿的毁灭（韦

〔1〕对比庞培对圣地访问的类似描述，参见第一卷第152节。
〔2〕这处文本是不确定的（Text uncertain）。
〔3〕参见第250节注释。

斯巴西安统治的第二年），总共历时一千一百三十年七个月零十五天；
（270）从哈该（Haggai）[1]重建圣殿（居鲁士统治的第二年）到圣殿
倾覆（韦斯巴西安统治时期），总共历时六百三十九年零四十五天。[2]

第五章

[1]（271）当圣殿熊熊燃烧之时，胜利者则在劫掠眼前的所有东
西，并屠杀他们抓获的所有人。不分老幼，毫无怜悯；不分等级，毫
无尊重。小孩、老人、信徒、祭司全都同样遭到屠杀；战争让所有人
被卷入进来，直至毁灭，不管他们是乞求怜悯之人，还是奋起反抗之
人。（272）火焰的咆哮和遇害者的哀鸣混杂在一起，一直传到很远的
地方；这座山非常高大，而这座圣殿也非常宏伟，以至于有人会觉得
整座城市都在燃烧。没有人可以想象出比这更震耳欲聋、更骇人听闻
的声音了。（273）罗马军团的呐喊声向前蔓延，而叛乱分子的嚎叫声
则被包围在大火和利剑中。从上面匆匆撤离的民众又慌慌张张地掉入
敌人的手里，巨大的惊恐和深重的灾难也就接踵而至。（274）山上的
哭喊声同山下城内民众的哭喊声掺杂在一起；许多被饥饿折磨得瘦弱

---

〔1〕［中译按］哈该（Haggai）：《圣经》小先知书里第十篇《哈该书》的作者，他
是一位先知和耶和华的使者。"哈该"在希伯来语里的含义是"我的节期"。根
据《哈该书》的内容推断，哈该所处的时代应该与先知撒迦利亚及玛拉基一样，
同属犹太人从巴比伦回到家乡耶路撒冷的年代。在这三个先知中，虽然哈该大
约与撒迦利亚所处的时代相同，但应该是最年长的一位。他很可能原本在以色
列故土生活，但后来连同其他犹太人一起被尼布甲尼撒二世俘掳到巴比伦。在
回到巴勒斯坦十六年后，他才开始自己的传道工作。由于犹太人与撒玛利亚人
在重建圣殿上有矛盾，使重建工作停顿了十五年。但在哈该及撒迦利亚的努力
下，重建工作得以恢复。
〔2〕编年体系是不确定的（Chronological system uncertain）。

不堪、有气无力之人，当他们看到圣殿着火后，竟用尽自己最后一丝力气来为它哀悼和哭泣。而佩拉亚和周围的山谷发出的回声，则进一步增强了这种嘈杂。[1]（275）但是，这场苦难本身要比这种混乱更加恐怖。到处都是熊熊大火，你甚至会觉得，这座圣殿山（the temple-hill）从山脚就开始烧沸了，然而，一股股的血流比熊熊的大火更多，被杀的人比杀戮者更多。（276）地面上到处是堆积的尸体，以至于杀手们都看不到前方的道路；不过，为了追击逃亡者，罗马士兵们不得不翻过这些尸堆。（277）大批土匪成功地冲破了罗马人的包围，强行来到圣殿的外庭，他们可以从那里进入耶路撒冷城；而其余的民众则在外面的柱廊（the outer portico）避难。[2]（278）起先，一些祭司把圣所里的尖状物及铅制灯座扯下，用力地掷向罗马人；（279）后来，他们发现这些努力毫无用处，而且火焰向他们猛烈扑来，他们就撤到了八肘尺宽的城墙处，停在那里。（280）其中有两位杰出之士，他们本来可以投靠罗马人而自保，或者可以和其他人一样坚持下去，却选择纵身跳入火海，与圣殿一同化为灰烬，他们就是贝尔加斯之子梅鲁斯（Meirus son of Belgas）和达拉乌斯之子约瑟夫斯（Josephus son of Dalaeus）。

[2]（281）现在圣殿已经烧着了，罗马人觉得圣殿周围的建筑也没有用处了，因此就把它们全部点燃了，包括其余的柱廊和大门，只有东门和南门例外；后来，幸存的这两道大门也被夷为平地。（282）他们接着烧毁了国库室（the treasury-chambers），[3]里面储存有大量的金钱、衣服以及其他珍贵的东西；总之，这是犹太人财富的总储存室，

---

〔1〕对比一系列类似的恐怖声音，包括围攻约塔帕塔时约瑟夫斯所叙述的山脉回声，参见第三卷第247—250节。

〔2〕他们的命运在下面的第283—284节做了描述。

〔3〕参见第五卷第200节。就是在这里，希律·阿格里帕（Herod Agrippa）把卡利古拉（Caligula）在释放他时送给他的金链子（the golden chain）悬挂了起来，参见《犹太古史》第十九卷第294节。

甚至一些富人也在这里拥有存储财富的房间。（283）随后，罗马人去到了圣殿外庭的其余柱廊，有大批的妇女、小孩和民众躲藏在那里避难，总计六千人。（284）在凯撒尚未决定或下令怎样处置这些人之前，盛怒之下的罗马士兵就从下面点燃了柱廊；一些冲出火焰的犹太人被罗马人杀死了，其余的犹太人则被烧死在里面；没有一个人存活下来。（285）犹太人把这些民众的毁灭归罪于一位假先知（a false prophet），这位假先知在那一天对城内的民众公开宣称，上帝命令他们上到圣殿，他们在那里会获得拯救。（286）在这一时期，确实有众多的假先知被那帮僭主收买，他们哄骗民众，让人们等待上帝的拯救；他们这样做的目的无非是阻止人们逃亡，并促使那些不惧怕的人抱有希望。（287）深陷困境的人很容易被说服，因为当骗子许诺他能够从灾难中获得拯救时，他就会在这种希望里丢弃任何别的想法。

[3]（288）因而，可怜的民众就被这些假称传达上帝旨意的骗子忽悠了；他们既不留意也不相信那些预示着灾难降临的明显预兆，相反，他们就像陷入热恋而头昏目盲的人一样，完全不理会上帝的明确警告。[1]（289）实际上，耶路撒冷城上空出现了一颗像剑一样的星辰，还有一颗彗星持续了一年之久。（290）在诱发战争的叛乱和骚乱发生之前，当时民众正聚在一起过无酵节——撒西库斯月的第八日[2]，

---

〔1〕塔西佗《历史》第五卷第 13 节："但是用奉献牺牲或是许愿的方法来回避这些怪事，在这个民族看来，却是不合法的，这个民族虽然一向迷信，然而却反对任何慰藉的仪式。"（evenerant prodigia, quae neque hostiis neque votis piare fas habet gens superstitioni obnoxia, religionibus adversa.）"塔西佗的意思是，犹太人在很大程度上受到他们的宗教（塔西佗称之为迷信 [superstitio]）的影响，但是，与罗马人不同的是，他们并不认为精英有任何义务来避免它们。"

〔2〕三月至四月（March–April）。按照尼斯本，如果约瑟夫斯遵循自己惯常的做法，这个日期就应该是儒略历 4 月 25 日（25 April of the Julian year），但在这里，约瑟夫斯似乎使用了一种更为古老的犹太推算方法（a more ancient Jewish reckoning）。

到了当天晚上的第九个小时，一道耀眼的光线照耀在祭坛和圣殿周围，以至于看起来像白昼一样；这道光线持续了半个小时。（291）一些没有经验的人士把这个现象视为好的预兆，但是，那些神圣的文士（the sacred scribes）当场做出的解释却被其后的一系列事件印证了。（292）也是在这个节日期间，一头用于献祭的母牛被祭司带入圣殿，这头母牛却在圣殿的庭院中间生育了一头小羊羔；（293）此外，内殿的东门——这道门是铜制的，而且非常笨重——在傍晚时关上了，以二十个人的合力几乎都无法移动它；然而，这道被铁制门闩牢牢地固定在坚固的石门槛上的门，竟然在晚上第六个小时自动打开了。[1]（294）圣殿的守门人赶紧跑去把这件事情报告给守殿官，[2]守殿官好不容易才又成功地把这道门关上了。（295）那些缺乏经验的人士再一次将此视为好预兆，因为他们认为，这是上帝自己打开了这道门；但是，那些饱学之士却明白圣殿的安全即将消失，打开的大门意味着敌人就要来临。（296）因此他们公开宣称，这个异象预示着灾难的降临。在这个节日后不久，也即在阿尔特米西月[3]的第二十一日，又出现了一个令人难以置信的神奇异象。（297）如果不是有见证人的陈述，如果不是随后发生的灾难理应受到关注，我觉得，我要叙述的这个异象就是一个传说。（298）在那一天的日落之前，全国各地都可以看到，天空中有双轮战车和全副武装的士兵从云层中疾驰而来，团团包围了各个城市。[4]

---

〔1〕 参见塔西佗《历史》第五卷第 13 节："圣所的门忽然打开了。"（apertae repente delubri fores.）

〔2〕 关于"圣殿的守殿官"（The captain of the temple），参见《使徒行传》第四章第 1 节和第五章第 24 节。

〔3〕 约在五月（按照尼斯本，则是 6 月 8 日）。

〔4〕 塔西佗《历史》第五卷第 13 节："人们在天空中看到了交战的大军，武器闪闪发光，突然间从云间射出的火光照亮了圣殿。"（visae per caelum concurrere acies，rutilantia arma et subito nubium igne conlucere templum.）（部分源于维吉尔《埃涅阿斯纪》第八卷第 528—529 行）

（299）此外，在五旬节，当祭司们按照往常的习惯，在夜间进入圣殿的内殿去执行他们传统的神圣仪式时，他们先是感受到震动和巨响，接着听到鼎沸的人声："我们要离开这里。"（We are departing hence）[1]

（300）然而，还有一个更为恐怖的凶兆。战争爆发前四年，当时耶路撒冷城正安享和平与繁荣，在那个犹太人按照习俗为上帝支搭帐篷的节日里，[2] 一位名叫约书亚（Jesus）的阿南尼亚之子（son of Ananias）——他是一个粗鲁的农民——（301）站在圣殿里突然大声地说道："东方传来一个声音，西方传来一个声音，四方传来一个声音；一个针对耶路撒冷和圣所的声音，一个针对新郎和新娘的声音，[3] 一个针对所有民众的声音。"他日夜不停在城中各条巷子里穿梭喊叫。（302）一些头领被他的这番不吉利的话语激怒，就把他关押起来，并对他进行了严厉惩治。但是，他没有为自己说任何话，也没有理会毒打他的那些人所说的任何话，而是继续像先前那样喊叫。（303）因此，行政当局认为，这个人确实已被超自然的力量左右，于是就把他带到了罗马总督那里；（304）尽管他被鞭打得筋骨外露，但是，他没有为自己乞求任何怜悯，也没有为自己掉下一滴眼泪，而是以最哀恸的声音重复着"耶路撒冷有祸了"（Woe to Jerusalem）这句话，回应着每

---

〔1〕塔西佗《历史》第五卷第 13 节："圣所的门忽然打开了，里面有一个神灵的声音大声地喊道：'诸神离开了'；就在这个时候，人们听到了诸神离开时的巨大的骚动声。"（apertae repente delubri fores et audita major humana vox, excedere deos; simul ingens motus excedentium.）这支持了文本应该解读作 μεταβαίνομεν ［我们离开］，而不是变体"让我们从这里离开"（let us depart hence）。

〔2〕正如第 308 节所表明，这是公元 62 年秋季的住棚节。四年之后，随着公元 66 年秋季塞斯提乌斯的战败（the defeat of Cestius），战事爆发了。

〔3〕参见《耶利米书》的叠句："那时，我必使犹大城邑中和耶路撒冷街上，欢喜和快乐的声音、新郎和新妇的声音都止息了，因为地必成为荒场。"（《耶利米书》第七章第 34 节等）

一次鞭打。（305）当总督（the governor）[1]阿庇努斯询问他是什么人、来自哪里，以及为什么要这样喊叫时，他没有回答一句话，仍在不断地为耶路撒冷城哀恸，直到阿庇努斯认为他疯了而将他释放。（306）在战争爆发前的整个期间，他既没有接近任何一个市民，也没有人看到他与任何市民说话，他像一名祷告者那样每天重复这句哀恸之言："耶路撒冷有祸了！"（307）他既不会咒骂那些天天击打他的人，也不会祝福那些给他提供食物的人，对所有人，他都以那句阴郁的凶兆作答。（308）他重复这句哀号长达七年零五个月，声音始终没有变弱，体力也没有衰竭，直到耶路撒冷被围，他看到自己预言的凶兆得到了应验，方才停歇下来。（309）当时他绕着城墙而行，用尽全身的力气喊叫着："这城、这民、这殿，又有祸了！"接着又补充了最后一句话："我也有祸了！"说完就被一架投石器发射过来的石头击中了，当场死亡。就这样，他生前一直说着凶兆，直到生命的最后一刻。

[4]（310）倘若有人仔细地反思这些事情，他肯定会发现，上帝其实在照看犹太人，向他的子民显示了各种拯救他们的预兆；但是，他们愚蠢地不思反省，从而走向了自我毁灭。（311）结果，在拆毁安东尼亚塔楼之后，犹太人把圣殿缩小为一个方形（a square），按照他们的神谕记载，一旦圣殿变成方形，耶路撒冷城和圣殿就会遭到攻占。[2]（312）在这场战争中，最鼓舞他们征战的是在其圣典中（in their sacred scriptures）发现的一个寓意模糊的神谕，其大意是，从他们的国家中将会出现一位世界的统治者。（313）犹太人尤其看重这个属于他们自己民族的神谕，一些明智之士在解释这个神谕时也误入了歧途。然而，这个神谕实际上指的是韦斯巴西安的统治——韦斯巴西

---

〔1〕 公元 62—64 年，阿庇努斯（Albinus）担任了总督，参见第二卷第 272—276 节。
　　［中译按］在惠斯顿本中，英译者将其译作"我们的总督"（our procurator）。
〔2〕 关于这个神谕的权威性不得而知（Authority unknown）。

安是在犹太人的土地上登基称帝的。[1]（314）然而，任何人都不可能逃脱自己的命运，即使他能够事先预见它。（315）对于其中的一些征兆，他们往往朝着对自己有利的方向解释，而对于另一些征兆，他们则故意视而不见，直到他们的国家和他们的性命都因其愚蠢而惨遭毁灭。

第六章

[1]（316）现在叛乱分子已经逃进了城里，圣所和圣所周围的所有建筑都在熊熊燃烧，于是，罗马人就把自己的旗帜带进了圣殿庭院

---

[1] 参见塔西佗《历史》第五卷第 13 节："大多数人却坚信，他们的古老的宗教文献曾预言，正是在这个时候，东方才能强大起来，而从犹地亚出发的人将会占有世界。这一神秘的预言实际上指的是韦斯巴西安和提图斯，不过普通民众——正像有野心的人那样——却对这些重大的定数做了有利于自己的解释，甚至在遭遇厄运的时候仍不能认识到真理。"（pluribus persuasio inerat antiquis sacerdotum litteris contineri, eo ipso tempore fore ut valesceret Oriens profectique Judaea rerum poterentur. quae ambages Vespasianum ac Titum praedixerat, sed vulgus more humanae cupidinis sibi tantam fatorum magnitudinem interpretati ne adversis quidem ad vera mutabantur.）比较苏埃托尼乌斯的类似陈述，参见《韦斯巴西安》第 4 节："在整个东方都流传着一个古老而坚定的信念，即命运注定，那个时候从犹地亚来的人必将统治世界。后来的世界表明，这个预言里指的是罗马皇帝。可是犹太人却认为指的是他们自己。"（percrebruerat Oriente toto vetus et constans opinio, esse in fatis ut eo tempore Judaea profecti rerum potirentur. Id de imperatore Romano, quantum postea eventu paruit, praedictum Judaei ad se trahentes rebellarunt.）关于这个（弥赛亚式的［Messianic］）预言的讨论以及约瑟夫斯与塔西佗之间的关系，请参见诺登（E. Norden）的《古典时代年鉴》（*Neue Jahrbücher für das klassische Altertum*）第三十一卷第 637 节（1913 年版）和科尔森（P. Corrsen）的《新约科学杂志》（*Zeitschrift für die N.T. Wissenschaft*）第 114 节及以后（1914 年版）。塔西佗不可能读过约瑟夫斯的著作，他们两人明显都依赖于相同的材料。

（the temple court），把它们插立在东门的正对面，在那里为这些旗子进行了献祭，[1]并热情地欢呼提图斯为统帅（imperator）。（317）军队里塞满了劫掠之物，以至于整个叙利亚地区的黄金价格贬到先前的一半。（318）在那些仍在圣所的墙垣上坚守的祭司中间，[2]有一个小男孩由于口渴难耐，他向罗马守兵坦承了自己的身体状况，并恳求他们保证其安全。（319）出于对其年轻和痛苦的同情，他们答应保护他；于是，小男孩就下来喝水，随后将自己身上所携带的一个陶罐装满水，又回到自己人那里。（320）没有抓住他的罗马守兵咒骂他背信弃义，小男孩则回答说，他没有违背誓约，因为他并没有许诺说要留在罗马人那边，而只是说下来喝水和取水；这两件事他都照做了，因此他没有违背自己的誓言。（321）一个小男孩竟然有这样的诡计和智慧，让罗马人深为震惊；然而，在第五天，由于太过饥饿，祭司们被迫下来了，随即被守兵带到了提图斯那里，他们恳求提图斯饶恕自己的性命。（322）提图斯却告诉他们，宽恕的机会已经流逝，而原本可以保存下来的圣殿也被毁灭了，祭司应该与他们的圣殿共存亡。因此，他下令将他们全部处死。

[2]（323）僭主们及其追随者发现，他们的战线已经全线溃败，他们自己也被一道围墙[3]包围，乃至根本没有逃生的机会，因此，他们向提图斯乞求和谈。[4]（324）由于提图斯本性良善，他内心渴望保全这座城市，再加上他的朋友们的劝说（这些人认为叛乱分子现在已

---

〔1〕 哈维尔康（Havercamp）引用了德尔图良（Tertullian）的《辩护书》（*Apology*）第十六卷："sed et Victorias adoratis… Religio Romanorum tota castrensis signa veneratur，signa jurat，signa omnibus diis praeponit." 在这里所提到的这种做法，约瑟夫斯似乎是它的唯一出处。

〔2〕 参见第 279 节。

〔3〕 参见第五卷第 502 节及以下。

〔4〕 西蒙和约翰要求与提图斯进行会谈。

经恢复了理智），于是提图斯在圣殿西边的外庭坐下了；（325）因为这里有敞开的大门，这些大门位于埃克斯图斯的上方，还有一座连接了上城和圣殿的桥，[1] 而这座桥现在把僭主们和凯撒分开了。（326）民众成群地站在两边；一边是在约翰和西蒙的周围满怀赦罪希望的犹太民众，一边则是在凯撒的身旁热切等待犹太人发出赦罪恳求的罗马人。（327）提图斯指示自己的士兵压制怒气，暂停发射石炮，又在自己身边安排了一名译员；为了表示自己的征服者身份，他走上前去首先向犹太人发表了讲话：

（328）先生们，你们现在应该对自己国家所遭受的灾难感到满足了吧；难道你们就没有考虑到我们的强大和你们的弱小吗？你们像疯子一样疯狂行事，最终使你们失去了自己的人民、自己的城市、自己的圣殿，也失去了你们自己的性命。（329）自从庞培首次用武力征服你们以来，你们就未间断过叛乱，直到现在你们也一直与罗马人开战。（330）你们依靠人数上的优势吗？然而，不是一小部分罗马人就比你们更强悍吗？你们依靠忠诚的联盟吗？请问，在罗马帝国的统治之外，究竟会有哪个民族宁愿不选择罗马人，而选择犹太人呢？（331）难道你们依靠身体的蛮力吗？然而，难道你们不知道，即使日耳曼人不也被我们征服了吗？难道你们依靠你们坚固的城墙吗？然而，即使再伟大的城墙，它会有海洋那样难以逾越吗？而四面环海的不列顿（Britons），不也被我们罗马人征服了吗？（332）难道你们依靠你们坚定的意志和你们领袖的智慧吗？然而，难道你们不知道，即便迦太基人（Carthaginians）不也被我们打败了吗？

---

[1] 关于埃克斯图斯和这座桥，参见第二卷第 344 节。提图斯在战争结束时所做的这番演讲，与阿格里帕在战争爆发前所做的演讲几乎发生在同一个地方。

（333）因此，你们一无所有，却偏偏要与我们罗马人的仁慈为敌。首先，是我们罗马人允许你们占据这片土地；其次，是我们罗马人允许由你们自己民族的国王进行统治；（334）再次，是我们罗马人保全你们祖先的律法，并允许你们独自生活或者与其他民族混居，只要你们自己乐意；（335）最重要的是，是我们罗马人允许你们享有献给上帝的贡金和祭品，而且，我们既不规诫，也不阻止其他民族献祭——只因这样，你们才以我们为代价变得更加富足，除此之外，你们甚至还用我们的金钱准备与我们开战。（336）你们享有如此之多的特权，但是，你们却转而与赐予你们大量财富的人为敌，你们就像无法驯服的野兽，以自己的怨恨反咬那些爱抚你们的人。

（337）理所当然地，你们鄙视尼禄的无所作为，而且，你们像骨折或骨裂的人，在一段时间里恶毒地保持沉默，直到一场更严重的疾病爆发，[1] 你们的野心膨胀到无以复加的地步时，你们才暴露出真实面目。（338）我的父亲进入你们这个国家，不是为了塞斯提乌斯事件[2]而惩罚你们，而是在温和地告诫你们。（339）倘若他的目的是要铲除你们的国家，那么他的职责肯定是立即根除你们的力量之源和洗劫这座城市；然而，在摧毁加利利及其周边地区后，他给予了你们充分的时间悔改。（340）但是，你们却把他的仁慈看作软弱，确实，我们的宽恕喂养了你们的莽撞。（341）尼禄一死，你们立即表现得像一个卑鄙的恶棍，对我们的内乱欢欣鼓舞，在我和我的父亲前往埃及之际，你们趁机积极备战。你们毫不羞耻地骚扰和袭击我们，当时身为将军的我们——

---

〔1〕尼禄死后，罗马帝国的东部和西部全都陷入内乱和动荡之中，参见第一卷前言第4—5节。

〔2〕参见第二卷第499节及以下。

而我们现在已成为皇帝——对你们的仁慈，你们都已经亲身体验过了。（342）当帝国移交到我们手上后，其他所有地方全都平静无事，外邦民族甚至纷纷派遣使节前来道贺，唯独你们犹太人在对我们磨刀霍霍。（343）你们甚至派遣使节到幼发拉底河外你们的朋友那里，鼓动他们叛乱；你们建造全新的城墙；你们中间不断爆发叛乱、你们自己的僭主之间也不断恶斗和内战——只有卑劣的民族才会干出这些事来。（344）接着，我来到了这座城市，而这是我父亲的不情愿之举，而且我从他那里接受了令人忧郁的指令。当我听说民众的和平倾向时，我的内心由衷地感到高兴。（345）在这场战争开战之前，我就催促你们停止叛乱；甚至在你们开战之后的很长一段时间里，我都在宽恕你们；我承诺保证逃亡者的安全，当他们逃亡到我的地盘时，我也忠实地遵守了这个承诺；对于那些被俘的犹太人，我都同情地予以照顾，也严禁压迫者折磨他们；我不情愿地把我们的攻城器械拉到你们的城墙前；对于那些嗜血的罗马士兵，我总是予以压制；在每一场胜仗后，我都好像自己被打败一样来恳求你们进行和谈。（346）在我即将开进你们的圣殿之时，我再一次地抛开战争法则，并恳求你们为自己保全祭坛和圣殿。我允许你们不受袭击地走出圣殿，并答应保证你们的安全；甚至，只要你们愿意的话，我还允许你们重新挑选一个可以交战的战争场地。[1]但是，你们鄙夷地拒绝了我的所有提议，正是你们用自己的罪恶之手点燃了圣殿。[2]

（347）给你们提供了如此之多的机会，你们这些最无耻的恶棍却毫不珍惜，然而，你们现在却恳求我进行和谈。你们本来可以挽救的圣殿现在已被摧毁。圣殿被毁之后，你们还有什么值得

---

〔1〕参见第五卷第 360 节及以下，第六卷第 128 节。
〔2〕参见第六卷第 165 节。

保护的呢？（348）你们现在全副武装地站在那里，在穷途末路之下，方才假惺惺地来哀求我们。可怜的人啊，你们凭借什么条件来跟我们和谈呢？（349）难道你们的民众没有死光吗？难道你们的圣殿没有被毁吗？难道你们的城市没有在我的控制之下吗？难道你们的性命没有在我的手掌之中吗？难道你们不是要光荣地战到最后一刻吗？（350）然而，我不会效仿你们的疯狂。倘若你们放下武器并交出人马，那么我将饶恕你们的性命；我会像一位仁慈的家长那样，严惩无可救药之徒，宽恕那些悔改之人。

[3]（351）对于提图斯的提议，他们回答不会接受，因为他们已发誓绝不这样做；但是，他们请求他允许他们带着自己的妻子和儿女穿过罗马人构筑的层层围墙，撤退到旷野，而他们会把这座城市留给他。（352）对此，提图斯非常愤怒——他们现在几乎是阶下之囚，却像胜利者一样对自己提出这样的无理要求。因此，他对他们宣布，他既不允许他们撤到旷野，也不会答应他们的任何条件；（353）因为他不会再宽恕他们任何人，相反，他会用自己的全部军队去剿杀他们；他们只能自我珍重了，因为他将完全按照战争法则行事。（354）于是，他命令自己的军队烧光和抢光这座城市。[1]不过，当天他们并没有采取行动；而到了第二天，他们放火烧毁了档案馆（the Archives）、[2]阿克拉（the Acra）要塞、议事厅（the council-chamber）[3]和奥弗拉斯地区（the region called Ophlas）。（355）大火一直蔓延到位于阿克拉中央

---

〔1〕时为公元 70 年 9 月。

〔2〕这座档案馆的具体位置并不能确定。在四年前战争爆发时，这些"档案"（archives）本身（τὰ ἀρχεῖα［诸多公共建筑物］，放债人的借贷契约［money-lenders' bonds］，等等）就已经被叛乱分子烧毁了，参见第二卷第 427 节。

〔3〕议事厅通常是犹太公会（the Sanhedrin）开会的地方，参见第五卷第 144 节注释。

的海伦娜女王的宫殿（the palace of Queen Helena）。[1]众多的街道和房子（里面堆满了饿殍的尸体）也遭到了大火的烧毁。

[4]（356）就在同一天，国王伊扎特斯（King Izates）[2]的儿子们和兄弟们，连同许多其他的杰出之士，一同恳求凯撒保证他们的安全。尽管凯撒对所有的幸存者无不异常愤懑，但他仍然以其固有的仁慈接纳了这些人。（357）他把所有人都监禁了；随后，他把这位国王的儿子们和亲属们捆锁起来，并解往罗马，以作为他们的国家效忠罗马的人质保证。

第七章

[1]（358）叛乱分子现在冲进了王宫，[3]由于王宫的坚固性，许多人先前把他们的财产寄存在那里；叛乱分子在击退罗马人后，屠杀了所有聚集在这里的民众（总计达八千四百人），并劫掠了他们的金钱。（359）同时，他们还活捉了两名罗马人，其中一名是骑兵，另一名是步兵。他们当场就屠杀了那名步兵，并将他的尸体在整座城内拖拽，就好像用这个人的尸体来向所有的罗马人施加报复一样。（360）而那名骑兵对他们说，他有一个可以确保他们安全的提议，于是，他被带到西蒙那里；然而，由于他没有告诉西蒙任何信息，他被送到西蒙手下的一位名叫阿尔达拉斯（Ardalas）的军官那里处以死刑。（361）阿尔达拉斯把这名骑兵的双手反绑在背后，并用绷带蒙住他的眼睛，接

---

〔1〕 参见第五卷第 253 节。

〔2〕 伊扎特斯（Izates）是阿迪亚比尼国王（King of Adiabene），他改信了犹太教，参见第四卷第 567 节注释。

〔3〕 即位于上城的希律王宫（对照第 376 节）。

着，把他带到罗马人面前，以便让罗马人眼睁睁地看着他被砍头。不过，在这名犹太人拔出利剑的那刻，被俘的骑兵设法逃到了罗马人那一边。（362）当他从敌人那里逃脱后，提图斯不忍心处死他；但是提图斯认定，他不配再做一名罗马战士，因为他已经被敌人俘虏过，于是，提图斯剥夺了他的武器，并把他逐出了军团——这种惩罚是比死亡本身还要更加严重的耻辱。

[2]（363）第二天，罗马人把那些强盗驱赶出了下城，并把下城直至西洛安的所有地方全都点燃了。对于这座城市的烧毁，罗马士兵由衷地感到高兴；但是，对于劫掠的财物，他们则深感失望，因为叛乱分子在撤退到上城之前，已经把所有东西打扫一空了。（364）叛乱分子对自己的恶行没有一丝悔恨，相反，他们甚至把它当作荣耀进行吹嘘；事实上，当他们看到这座城市熊熊燃烧之时，他们满心欢喜地宣称，他们正兴高采烈地等待着末日的来临，因为他们认为，随着民众被杀、圣殿被毁和城市被烧，他们就不会给敌人留下任何东西了。（365）然而，约瑟夫斯即使到最后一刻，都在不断地乞求他们饶恕余下的城区；但是，不管他如何谴责他们的残暴和不虔敬，也不管他如何劝说他们逃跑和自救，他得到的唯一答复却永远只是他们的耻笑。（366）他们根本就没有想过投降，因为他们之前已发过重誓，另外，由于四面被围（像囚犯一样），他们现在已不能与罗马人进行对等的较量了；但是，他们的双手已经习惯了杀戮，他们也如此渴望杀戮，于是他们分散到这座城市的郊区并埋伏在废墟之中，以随时屠戮任何意欲逃跑之人。（367）许多逃亡者被叛乱分子抓获，饥荒甚至让这些人丧失了逃跑的力气；他们全部被杀，尸体则被扔去喂狗。（368）然而，相较于饥荒，死亡无疑是一种解脱；尽管犹太人已经绝望于罗马人的怜悯，但他们仍纷纷地逃往罗马人那里；尽管他们也会落入凶残无比的叛乱分子的魔爪，但他们仍不惜以身犯险。（369）这座城市已经没有了任何一块空地，所有的角落全都堆满了惨遭饿死或被叛乱分

子屠杀的尸体。

[3]（370）僭主们和叛乱分子现在唯一的希望是地下通道。倘若他们躲入地下通道，罗马人就可能搜寻不到他们；等到城市完全被毁，罗马人离开后，他们可以再从地下通道里出来并逃生。（371）可是这无异于痴人说梦，因为他们注定逃避不了上帝和罗马人的眼睛。（372）然而在此期间，他们依靠这种地下掩蔽所，比罗马人更为积极地纵火；凡是逃离火海进入壕沟的人，都被他们无情地屠杀；倘若他们发现受害者带着食物，他们立即就会抢夺过来，狼吞虎咽地吃掉这些被鲜血玷污的食物。（373）最后，他们为了争夺战利品而彼此大打出手；我非常确定无疑地认为，倘若不是他们的毁灭而阻止了这一切，他们肯定会因为野蛮成性而吞吃尸体。[1]

第八章

[1]（374）凯撒发现，由于上城的地形非常陡峭，如果不使用高垒的话，他就不可能把它攻陷。在洛乌月的第二十日，他下令从自己的军队中调拨攻城器械。（375）然而，搬运建造高垒的木材本身就是一项异常艰难的任务，正如我在前面所说，[2]耶路撒冷城方圆一百弗隆的郊区里的树木全都因为先前建造的高垒而被砍伐殆尽。（376）此时由四个军团负责在建的高垒位于耶路撒冷城的西边和王宫[3]的对面，（377）而所有的辅助部队和其他的作战单位，则在毗连埃克斯图斯、桥（the bridge）和塔楼（the tower）的地方筑起了高垒，[4]这座塔

---

〔1〕 对比第四卷第 541 节（同样的夸张手法）。

〔2〕 对比第 151 节。

〔3〕 大希律的王宫。

〔4〕 这些高垒位于上城以东（To the east of the Upper City）。

楼是西蒙在与约翰开战期间为自己建造的一座堡垒。[1]

[2]（378）在这些天，以土买的头领们[2]正秘密地商讨投降事宜，他们派遣了五位代表到提图斯那里，恳求后者保证他们的安全。（379）提图斯希望借助以土买人的投降（以土买人是一支重要的战争力量），而逼迫叛乱分子屈服，因此，在经过一番短暂的犹豫后，他同意宽恕他们，并把这五位代表放了回去。（380）但是，就在他们准备离开之时，西蒙发现了这个计谋，于是他立即把这五位前往提图斯那里的代表处死了；头领当中最杰出的索萨斯之子雅各[3]则遭到西蒙的逮捕和关押；（381）普通的以土买士兵由于群龙无首而变得惊慌失措，西蒙对他们进行严密监视，并在城墙上加派警戒的守卫。（382）然而，守卫无力制止那些逃亡者；尽管大批逃亡的民众遭到杀害，但是，更加庞大的逃亡人群仍在前赴后继。（383）罗马人全部接纳了他们，因为提图斯出于怜悯，抛弃了先前屠杀他们的那道命令，[4]而他自己手下的士兵们也厌倦了杀戮。此外，这些罗马士兵也希望通过宽恕后者，达到从他们身上榨取金钱的目的。（384）罗马人只允许市民留下来，其余的人连同他们的妻子和儿女则被以极低的价格卖掉，因为市场供应过剩，买家却寥寥无几。（385）尽管提图斯之前声明，任何人不得独自逃亡，他们应该把自己的所有家人全都带过来，但他连这样逃亡的人也照样一起接纳了，不过，他也任命了官员，令其从中区分和辨别出所有应受惩罚之人。（386）惨遭卖掉的人数实在庞大；不过，仍

---

〔1〕对比第 191 节关于约翰在与西蒙为敌时所建造的那座塔楼；倘若这两座塔楼是同一座的话，那么，约瑟夫斯在这里无疑混淆了塔楼的名字。

〔2〕在以土买人的主力部队撤退后，仍有一些以土买人继续留在耶路撒冷城，参见第四卷第 566 节。

〔3〕自以土买人远征以来，雅各就是其中的一位头领，约瑟夫斯常常提到他，例如第四卷第 235 节，等等。

〔4〕参见第 352 节。

有超过四万名犹太民众幸免于难，凯撒允许他们各自选择自己想去的地方。

[3]（387）在这些天里，有一位名叫约书亚的祭司，他是特布提的儿子（son of Thebuthi）[1]，在得到凯撒的安全保证后——条件是他要交出自己在圣殿中所保管的一些珍贵宝物——（388）他走了出来，从圣所的墙壁上为凯撒取出了两个烛台——这两个烛台与存放在圣所里的那些烛台非常相似，以及桌台、碗钵和托盘，所有这些东西全都是用纯金打造的，全都沉甸甸的。[2]（389）接着，他把帷幕、高级祭司的法衣、珍贵的宝石以及其他许多用于公共祭司仪式的物件一并呈交了出来。（390）圣殿的司库（the treasurer of the temple）是一位名叫菲尼亚斯（Phineas）的犹太人，他现在是罗马人的俘虏，他向提图斯展示了高级祭司所穿的短袍和腰带，以及大批（用于修补圣殿帷幕的）紫色和朱红色布料、大量（混杂在一起以用于每日向上帝焚香）的桂皮、肉桂和其他东西。（391）许多其他的宝物以及大量神圣的饰物也都被呈送给凯撒；得到这些宝物的提图斯授权他自由行动，尽管他是一名战俘。

[4]（392）经过八天的赶工，高垒得以完工，在格皮亚乌月的第七日，罗马人把攻城器械拉运了过来。一些对守城感到绝望的叛乱分子已经从城墙撤退到阿克拉，另一些叛乱分子则潜入了地道。（393）然而，也有大批犹太人沿着城墙防卫，以试图阻止那些把攻城器械拉运上来的罗马人。不过，罗马人占据了人数和力量的优势，最为重要的是，罗马人士气高昂，而犹太人士气低落。（394）当攻城器械把一部分城墙和塔楼摧毁，犹太守军立即就开始逃跑，而那些僭主们更是

---

〔1〕［中译按］son of Thebuthi 亦写作 son of Thebuthus。
〔2〕在罗马的提图斯拱门（the Arch of Titus）上，描绘了凯旋队伍中的一张台桌，台桌上放有面包、香杯和两个银喇叭。

惊恐万状；（395）甚至在罗马人攻上缺口之前，他们就已吓得六神无主而几乎溃逃。昔日桀骜不驯和趾高气扬的那些人现在变得悲戚而颤抖——这种转变即便发生在这帮恶棍身上，也是令人同情的。（396）因此，为了冲破罗马人的重重包围，获取求生之路，他们不顾一切地冲向包围着他们的围墙；[1]（397）但是，当他们看不到之前忠诚无比的追随者时（因为那些人都已经临危逃跑了），当有人带着各种各样的消息来报信时——一些人声称整个西边的城墙都被攻陷了，另一些人则声称罗马人已经冲杀进来并到处搜寻他们，还有一些人声称从塔楼上就可以看到敌人（由于太过害怕而双眼昏花）——（398）他们将脸俯伏在地，并为自己的狂热行径哀叹不已，他们也无力逃跑了，仿佛他们的肌腱被割断了一样。（399）我们从中可以明显看到，上帝对邪恶之徒的大能和对罗马人好运的青睐；这些僭主失去了安全保障，他们只得从塔楼上下来，因为他们在上面也击败不了敌人，而且饥荒也已经把他们打败了。（400）而罗马人在对较为脆弱的城墙进行一番苦干后，现在终于凭借幸运之神的眷顾，用他们的大炮摧毁了那些坚不可摧的屏障；因为这三座塔楼——正如我在前面所说[2]——可以抵挡住任何攻城机械的攻坚。

　　[5]（401）在放弃这些塔楼后，或者更加确切地说，在被上帝驱赶出塔楼后，他们直接逃到了西洛安下面的峡谷里。然而，经过一段时间，当他们从恐慌中稍稍恢复过来后，他们再一次向毗邻的那部分屏障发起了冲击。（402）但他们的勇气无疑是强弩之末（因为他们的力量已经被恐惧和不幸击垮了），他们很快就被罗马守军击退了，以至于纷纷四散逃亡，躲藏到地道里面。

---

〔1〕参见第 323 节。
〔2〕这三座塔楼分别是西皮库斯塔楼、法塞尔塔楼和玛丽安塔楼，参见第五卷第161 节及以下。

（403）罗马人现在完全控制了城墙，他们把自己的旗帜牢牢地插在这些塔楼上，欢快地拍手庆祝和欢呼自己的胜利。他们发现，战争的结束要比战争的开端容易得多；他们几乎兵不血刃地占领了最后一道城墙，以至于连他们自己都不敢相信，当他们看到没有任何人出来进行抵抗时，他们自己都疑惑重重。（404）接着，他们手持兵刃冲进了耶路撒冷城的各个巷道，不加区别地屠杀所遇到的任何人，并烧毁任何能藏人的房子。（405）当他们进入房间劫掠时，他们发现，里面是一家人的死尸，都是被饿死的；他们看到这番惨烈的景象，无不惊恐得浑身战栗，赶紧两手空空地退出房间。（406）尽管他们对这些死人心生怜悯，但是，他们对那些活人却毫无类似的情感，相反，他们杀死所有眼前看到的人，城里的巷道全都被死尸堵塞了；整座城市到处都是流淌的血水，以至于许多火焰都被血水浇灭了。（407）直到晚上，他们方才停止杀戮，但当夜幕降临时，大火却越烧越旺；格皮亚乌月第八日拂晓，耶路撒冷已经烧成了一片火海。（408）在围城期间，这座城市遭受了重重巨大的灾难，倘若自建城以来它能一直安享幸福，无疑会成为全世界羡慕的对象。此外，在其他任何情况下，它都不应该遭受这些巨大的不幸，可惜它生养了致其倾覆的一代人。

第九章

［1］（409）一入城，提图斯就对它的恢宏感到震惊，对僭主们在愚蠢和疯狂中丢弃的塔楼尤为赞叹。（410）当他看到它们的坚固而又高大的石块、石块与石块之间的紧密衔接，以及它们的巨大宽度与高度，便禁不住感慨道：（411）"上帝确实站在我们这一边啊！如果不是上帝把犹太人从这些城堡里驱逐出来，还有什么人为的力量或者器械能够摧毁这些塔楼呢？"（412）当时他对自己的朋友们还说了许多类

似的话语。同时，他也释放了所有被僭主们关押在城堡里面的囚犯。（413）最后，他拆除了城市的其余部分，并摧毁了城墙，不过，他却把这些塔楼[1]留存下来，作为自己的好运以及部队通力合作而无坚不摧的见证。

[2]（414）由于罗马士兵现在对屠杀已经心生厌倦，而众多的幸存者仍源源不断地涌现出来，于是凯撒下令只屠杀那些手持兵器仍作抵抗的犹太人，其余的人员则关押起来。（415）除了命令中指定的那些人之外，军队还屠杀了年老体衰的人；对于年轻力壮和可资利用之人，罗马人把他们一起驱赶进圣殿，关押在了妇女庭院（the court of the women）里面。（416）凯撒任命自己的一位自由民来负责看守他们，并任命自己的朋友弗洛恩托（Fronto）负责决定他们每一个人的命运。（417）通过相互指认和告发的方法，弗洛恩托处死了所有的叛乱分子和强盗；同时，他挑选出那些高大英俊的年轻人，留作凯旋之用。（418）他将年龄超过十七岁的犹太人捆绑起来，押到埃及的工场（the works in Egypt）[2]做苦役。与此同时，提图斯也把大批的犹太民众作为礼物送至各个行省，让他们在剧场里殒命于利剑或野兽之下；而没有达到十七岁的犹太人则会被卖掉。（419）在弗洛恩托对他们进行严格区分和筛查的这些天里，有一万一千人由于缺少食物而饿死——一些人是由于看守怀恨在心，不给他们食物，一些人则是由于自己拒领罗马人的食物；而且，由于人数实在过于庞大，连谷物都极度短缺。

[3]（420）整个战争期间，罗马人俘虏的总人数达到九万七千人，而整个围城期间，犹太人的总死亡人数达到一百一十万。（421）尽管

---

〔1〕法塞尔塔楼（Phasael）——在"大卫塔楼"这个错误的名字之下（under the erroneous name of "David's tower"）——仍然屹立在那里。

〔2〕惠斯顿将其译作"押往埃及的矿山（the mines in Egypt）做苦役"。对比韦斯巴西安将俘虏押往尼禄那里做苦工，开挖尼禄的科林斯运河（Nero's Corinthian canal），参见第三卷第 540 节。

其中绝大部分都是犹太人，但并不都是耶路撒冷本地人；由于无酵节的缘故，聚集在耶路撒冷城的各地犹太人突然发现，自己被包围在了城内，结果，他们起初惨遭瘟疫的侵袭，接着又深受饥荒的肆虐。（422）从塞斯提乌斯治下的人口统计就可以清楚地看出，这座城市可以容纳如此之多的人。塞斯提乌斯为了让尼禄相信这座城市的庞大力量（因为尼禄轻视犹太人），曾指示祭司长们（the chief priests）尽可能地对全体犹太人进行人口普查。（423）于是，这项工作借着逾越节展开，因为犹太人要在第九时到第十一时之间宰杀祭物，以不少于十人为一组围坐在一起分享祭物（不允许单独享用），（424）有时常常能达到一组二十人，在那次统计中，祭物总数达二十五万五千六百头；（425）每一头祭物的平均用餐人数是十人，照此计算，我们得出的总人数是两百七十万人；[1]（426）患有麻风病和淋病的人，或者行经期的妇女，或者受到玷污的人，则不允许他们食用祭物，（427）也不允许任何异族人进行祭拜。

[4]（428）他们当中有许多人是从国外来的；但是，天命（fate）仿佛把整个国家关押在一座监牢里，当这座城市挤满居民之时，罗马大军团团包围了它。（429）因此，受害者的人数超过了先前任何灾难，不管是人为的灾难，还是天启的灾难。所有出现在这里的犹太人要么被杀，要么被俘；胜利的罗马人开始在地道里搜寻那些犹太人，他们挖开地道，把里面的人全部屠杀。（430）从地道里发现两千多名死者，其中一些是自杀而死的，另一些则是死于他人之手，不过，大部分都是饿死的。（431）这些尸体的恶臭是如此恐怖，以至于大部分闯入者一闻到这种恶臭，就会立即撤出来。不过，在贪婪的驱使下，仍有一些人会踏着这些成堆的尸体进入；因为在这些地道里发现过很多宝物，他们不想错过任何发财的机会。（432）许多之前遭到僭主们关押的囚

---

〔1〕这里的文本或者计算有误（Text or arithmetic is at fault）；其总人数应该是 225.6 万。

犯现在被释放出来；即使在最后一刻，那些僭主们也没有停止他们的残忍。（433）然而，上帝让他们得到了应有的惩罚：由于在地道里深受饥饿的煎熬，约翰和他的兄弟们恳求罗马人的保护，而先前他们常常无比骄傲地对此唾弃；在经过一番长时间的艰苦斗争后，西蒙向罗马人投降了，对此，我们将会在后面的章节中详细叙述。[1]（434）西蒙被留作在胜利庆典上执行死刑，而约翰则被判处终身监禁。罗马人放火烧毁了耶路撒冷城的边远地区，并彻底摧毁了地面上的所有城墙。

第十章

[1]（435）因而，在韦斯巴西安统治的第二年的格皮亚乌月第八日，[2]罗马人攻占了耶路撒冷城。在此之前，耶路撒冷城被攻占过五次，而现在则是它第二次被毁。（436）首先是埃及法老亚索加乌斯（Asochaeus），[3]其后是安条克、[4]庞培、[5]索西乌斯与希律的联军，他们都攻占过这座城市，[6]但也保全了它。（437）而在他们之前，巴比伦国王（the king of Babylon）[7]攻占并摧毁了耶路撒冷城，这发生在

---

〔1〕参见第七卷第 25—36 节。

〔2〕约在公元 70 年 9 月 26 日。

〔3〕埃及法老亚索加乌斯（Asochaeus）亦即《圣经》中的示撒（the Biblical Shishak），他在罗波安（Rehoboam）统治时期（约公元前 969 年）劫掠了耶路撒冷，参见《列王纪上》第十四章第 25 节及以下。在《犹太古史》中，Asochaeus（亚索加乌斯）这个名字写作 Ἴσωκος（Ἴσακος）或 Σούσακος。

〔4〕约在公元前 170 年，安条克·俄皮法尼斯（Antiochus Epiphanes）攻占了耶路撒冷城。

〔5〕发生于公元前 63 年，参见第一卷第 141 节及以下。

〔6〕发生于公元前 37 年，参见第一卷第 345 节及以下。

〔7〕亦即尼布甲尼撒（Nebuchadrezzar），他在公元前 587 年攻占了耶路撒冷城，参见《列王纪下》第二十五章。

它建成后的第一千四百六十八年零六个月。[1]（438）耶路撒冷的第一位建造者是一名迦南首领（a Canaanite chief），在当地的语言中，他被称为"正义的国王"（Righteous King）；[2]事实上，他也名副其实。他是上帝的第一位祭司，同时也是第一位建造神庙并把这座城市命名为耶路撒冷（Jerusalem）[3]之人，耶路撒冷之前叫作索里马（Solyma）。（439）然而，犹太国王大卫（David）赶走了迦南人，把自己的子民定居在那里。在大卫之后的四百七十七年零六个月，耶路撒冷城被巴比伦人夷为平地。（440）从大卫王（犹太人的第一位君主）到提图斯摧毁耶路撒冷城，历经了一千一百七十九年；（441）从耶路撒冷的建造到它的最后毁灭，历经了两千一百七十七年。（442）然而，不管它有多么古老，不管它有多么富饶，不管它的子民多么遍满地面，也不管它有多么神圣的宗教仪式，都无法避免它的毁灭。这就是耶路撒冷被围的最终结局。

---

〔1〕不确定的编年体系。

〔2〕亦即麦基洗德（Melchi-zedek）；在《希伯来书》第七章第 2 节，这个名字可以类似地解释为"正义的国王"（king of righteousness）。事实上，它的表面含义是"我的国王是洗德"（my king is Zedek），Zedek（洗德）是腓尼基的一位神祇的名字；对比 Adoni-zedek，Adoni-zedek 是"我的主是洗德"（my lord is Z.）之意，参见《犹太编年史》第十卷第 1 节。Melchizedek 即"撒冷王"（参见《创世记》第十四章第 18 节），撒冷可能是耶路撒冷的古称。

〔中译按〕亚伯拉罕也将自己所得来的，取十分之一给他。他头一个名翻出来就是仁义王，他又名撒冷王，就是平安王的意思。（《希伯来书》7：2）

又有撒冷王麦基洗德带着饼和酒出来迎接；他是至高神的祭司。（《创世记》14：18）

〔3〕在希腊语中，Jerusalem 亦写作 Hierosolyma；对于 Solyma 与 Hierosolyma 这两个名称，以及流行的希腊语词源，约瑟夫斯不加评判地照单全收，参见史密斯：《耶路撒冷》第一卷第 261—262 节。

第七卷

第一章

[1]（1）军队现在已经没有了可以屠戮或者洗劫的犹太民众，因为这里已经没有留下任何可以发泄的对象了——只要有事可做，他们肯定不会放过任何东西。凯撒下令把整座城市和圣殿都夷为平地，只留下那几座高耸的塔楼（法塞尔塔楼、西皮库斯塔楼和玛丽安塔楼）和耶路撒冷城西边的部分城墙。（2）西边的城墙得以保留下来，是因为罗马军队驻营在这个地方；三座塔楼得以保留下来，是为了向子孙后代彰显这座城市的坚固防御，而它最终仍被罗马人征服。（3）其余的城墙全都被夷为平地，以至于后来的旅行者根本就不会相信，这个地方曾经屹立过城墙。（4）这就是疯狂的叛乱分子给这座举世闻名而又富丽堂皇的耶路撒冷城带来的结局。

[2]（5）凯撒决定让第十军团连同一些骑兵中队和步兵分队（companies of infantry）驻守当地。现在战事都结束了，因此凯撒决定表彰他们的成就，授予他们——尤其是那些表现卓越的战士——合适的奖赏。（6）他下令在之前的营地中央建造起一个巨大的站台，然后他和他的主要将领全都站到上面，为了让全军将士听见，他大声地向

他们发表了讲话。（7）他首先对他们一直以来所展现出的无比忠诚深深地表示感谢。他称赞了他们在整个战争中持有的服从精神，以及多次在巨大的危险当中表现出的个人勇气，他们的行动成倍地增加了国家的力量，他们已经向全人类证明——不管敌人的数量有多么庞大，不管敌人的城堡有多么坚固，不管敌人的城市有多么巨大，也不管敌人有多么勇敢[1]和野蛮，统统都抵挡不了罗马人的英勇气概，尽管运气有时会站在敌人的一边。（8）他接着说道：此刻他们结束了如此漫长的战事，这是一件无比荣耀的盛事；因为当他们开始这场战争时，[2]他们不可能祈祷任何更完满的结局了。（9）但是，唯独有一件事情要比它更加荣耀和光荣，那就是，罗马人推选他们[3]作为罗马帝国的统治者和管理者，当他们前往自己的首都之时，他们受到了罗马人的一致欢迎，罗马人非常感激那些推选他们为皇帝的罗马士兵。（10）因此，（他继续说道）他非常感激他们，因为他知道，所有人无一不是心甘情愿地在尽自己最大的能力完成任务；（11）而对于那些在战场上表现卓越和英勇战斗的战士，他会立即予以嘉奖；对于那些比别人表现得更为英勇的战士，没有一个会错过应得的奖赏。（12）他会亲自过问这件事，因为比起惩罚手下士兵的罪过，他更关心对士兵们英勇行动的奖赏。

[3]（13）因此，提图斯立即命令那些所任命的军官们，把所有在战争中表现优异的人员名单大声地念出来。（14）每一个人被叫到名字时，便走上前来，提图斯向他们鼓掌以示祝贺，他对他们的英勇

---

〔1〕ἀλόγιστοι τόλμαι［鲁莽的大胆（复数形式）］模仿的是修昔底德第三卷第八十二章第 3 节的 τόλμα ἀλόγιστος［鲁莽的大胆（单数形式）］。

〔2〕εἰς αὐτὸν καθίσταντο［他们投身其中］：另一个修昔底德短语（第四卷第二十三章：ἐς πόλεμον καθίσταντο［他们被安排参与战争]）。

〔3〕约瑟夫斯在这里使用了复数形式，这表明，"他们"指代的是"韦斯巴西安和他的同党或者弗拉维王朝"；士兵们的推选包括了提图斯，参见第四卷第 597 节。

事迹是如此欣喜，以至于那些事迹好像是他自己的一样。接着，他给他们戴上金冠，给他们的脖子挂上金制的链子，并授予他们金制的长枪和银制的军旗，同时给他们每人全都晋升了一级。（15）此外，他把大批的战利品，诸如金银、衣服和其他东西，分给了他们。（16）当所有人都得到他认为应得的奖励后，他向全军表达了祝福；接着，他从欢呼的人群中间退下，并亲自为胜利献上感恩祭。大批公牛被带到了祭坛旁边，在将它们全部进行献祭后，他把它们分给军队，作盛宴享用。（17）他和自己的主要将领们连续三天一同参与了庆祝和宴会，接着，他把其余的军队派遣到各自合适的驻地；他委任第十军团[1]驻防耶路撒冷，[2]而没有把他们派回先前在幼发拉底河的驻地。（18）他回想起屈服在犹太人脚下的第十二军团[3]（这个军团由塞斯提乌斯担任指挥官），[4]于是，他把他们全部逐出了叙利亚——因为他们先前驻扎在拉法纳（Raphanaeae）[5]，并把他们派遣到一个名叫米利特尼（Melitene）的地方，这个地方位于亚美尼亚和卡帕多西亚交界处的幼发拉底河附近。（19）对于另外两个军团——亦即第五军团[6]和第十五军团[7]，他觉得，最好还是让他们一直留在自己身边，直到他抵达埃及。（20）接着，他率领军队抵达海滨城市凯撒利亚，并把自己的大批战利品储藏在那里，他还下令把俘虏关押在那里，因为冬季气候阻碍了他航行至意大利。

---

[1] 亦即弗里特恩西斯第十军团（X Fretensis），参见蒙森：《行省》第二卷第 63 节注释。

[2] 参见第 5 节。

[3] 亦即弗米纳塔第十二军团（XII Fulminata）。

[4] 参见第二卷第 500 节。

[5] 或者写作 Raphanaea（第 97 节），或者写作 Raphaneia；它位于上叙利亚（upper Syria）和埃米萨（Emessa）以西。

[6] 亦即马其顿第五军团（V Macedonica）。

[7] 亦即阿波利纳里斯第十五军团（XV Apollinaris）。

第二章

[1]（21）就在提图斯·凯撒（Titus Caesar）专心致志地围攻耶路撒冷期间，韦斯巴西安登上了一艘商船，从亚历山大里亚航行到了罗得岛。（22）接着，他从罗得岛登上了一艘三列桨战船；在航行中访问了沿途的所有城镇，所到之处，他都受到了热烈的欢迎，在穿过爱奥尼亚后，他进入了希腊；他从希腊的科西拉（Corcyra）航行到埃皮基海岬（the Iapygian promontory），从那里取道陆路旅行。

（23）提图斯则率领大军从海滨城市凯撒利亚进发到凯撒利亚 – 腓立比（Caesarea Philippi），他在那里停留了相当长的一段时间，尽情地饱览了当地的各种美景。（24）许多俘虏在这里殒命，其中一些被扔给了野兽，另一些则被逼自相残杀。（25）提图斯也在这里获悉了基奥拉斯之子西蒙被抓的消息，具体经过如下。

[2]（26）在耶路撒冷被围期间，这位西蒙占领了上城；而当罗马军队进入城墙摧毁整座城市之时，他带上一些最忠诚的朋友、一些石匠和必需的工具，以及一段时间的足够物资，下到一个秘密地道里面。（27）他们顺畅地行走在之前挖掘好的地道里面，但是不久就遇到了坚硬的土块，于是他们开始进行挖掘，他们希望能够挖远一点，直至到达安全地带，就可以安然脱身。（28）然而，事实证明，他们的希望注定要落空，地道的挖掘极其缓慢和困难，尽管他们极其节省地使用所带的物资，但这些物资仍被耗尽了。（29）西蒙自认为可以用诡计欺骗和吓唬罗马人，他穿上一件白色的短袍，扣上一件紫色的披风，接着从圣殿此前所矗立的地方钻出地面。（30）围观者一开始都非常害怕，以至于站在那里一动不动；不过，他们渐渐靠近他，并询问他到底是谁。（31）西蒙没有回答他们，而是让他们把将军叫过来，因此他们立即跑去叫来了特伦提乌斯·鲁弗斯（Terentius Rufus）——鲁弗斯被留下来统领那里的军队。鲁弗斯洞悉了西蒙的全部把戏，他

立即把西蒙捆绑起来，并向凯撒报告了这个消息。（32）因而，西蒙对自己同胞的残忍行径和暴虐统治现在终于有了报应，上帝把他交在对他怀有刻骨仇恨的敌人手上；（33）他不是罗马人用武力抓获的，相反，是自己主动送上门的——作为对他以叛逃罗马人这种虚假指控残忍杀害许多人的惩罚。（34）邪恶的行径逃脱不了上帝的怒火（the wrath of God），正义（Justice）也不是软弱无力的，而是终究会适时地追讨那些违犯它的人，而且会加倍地严惩那些罪恶之徒；当有人觉得自己逃脱了惩罚时，要知道，这只不过是他们没有立即受到惩罚而已。[1]当西蒙落入愤怒的罗马人之手时，他对此肯定心知肚明。（35）此外，他的出现也让罗马人发现了这些天一直躲藏在地道里的大批叛乱分子。（36）当凯撒回到海滨城市凯撒利亚时，被铐的西蒙也被押到了他的面前；凯撒下令把西蒙关押在监牢里，以备将来用他庆祝自己在罗马的凯旋。

第三章

[1]（37）在逗留凯撒利亚期间，提图斯热烈地庆祝了自己兄弟［图密善］的生日，[2]为此，他把大量对犹太俘虏的惩罚都留给了这场宴会。[3]

---

〔1〕参见贺拉斯：《颂歌》（*Odes*）第三卷第二章第 31—32 行：raro antecedentem scelestum | deseruit pede Poena claudo.

〔2〕图密善现在刚好十八岁，他出生于公元 52 年 10 月 24 日。

〔3〕"留给了这场宴会"（for this festival）或者写作"献给了他的荣誉"（dedicating to his honour），但这里的动词（就像动词性形容词［the verbal adj.］ἀναθετέον ［必须交给］一样）无疑暗含了"延迟/延缓"（postpone）的含义。

［中译按］在惠斯顿本中，英译者将其译作"他［提图斯］对犹太人施加了大量的惩罚，以示对他［图密善］的纪念"（and inflicted a great deal of the punishment intended for the Jews in honor of him）。

（38）大批的俘虏——超过两千五百人——死于火刑，或者死于与野兽的搏斗以及俘虏们相互之间的搏斗。然而，对于罗马人而言，尽管他们用屠戮报复了无数的犹太人，他们仍旧觉得这只是一种轻微的惩罚。（39）接着，凯撒去到了贝鲁特[1]，贝鲁特是腓尼基人的一座城市，同时也是罗马人的殖民地。他在这里逗留了更长的时间，而且为自己的父亲组织了一场更为盛大的（不管是场面的壮观程度，还是其他大量昂贵项目的新颖程度）生日庆祝宴会。[2]（40）大批的俘虏也像先前那样殒命。

[2]（41）大约就在这个时间，安提阿的犹太余民也受到了连累，而且随时有被杀的危险；安提阿人的社区（the Antiochene community）对犹太人非常不满，这不仅是因为现在对犹太人的不实指控，同时也是由于不久前发生的一些事件，（42）为了让我后面所做的叙述更加易于理解，我在这里首先进行一番简要的概述。

[3]（43）犹太人密集地散居在世界各地的其他民族中间，他们在叙利亚的人数尤为众多，因为两地相隔不远。安提阿尤其聚集了大批的犹太人，这部分是由于安提阿是一座大城，但最主要的原因乃是安条克国王（King Antiochus）[3]的继任者们确保了生活在这里的犹太人的安全。（44）尽管安条克·俄皮法尼斯[4]洗劫了耶路撒冷并抢劫了圣殿，[5]但是，他的王位继任者们却保留了安提阿犹太人所有用

---

〔1〕贝鲁特（Berytus）亦即现在的贝鲁特（Beirut）。

〔2〕韦斯巴西安现在六十一岁，他生于公元 9 年 11 月 17 日。

〔3〕明显指的是安条克一世·索特尔（Antiochus I Soter），于公元前 280—前 261 年在位。

〔4〕亦即安条克四世·俄皮法尼斯（Antiochus IV Epiphanes），于公元前 175—前 164 年在位。

〔5〕约在公元前 170 年，参见第一卷第 31—32 节。

黄铜制成的献祭物（这些献祭物都保存在他们的犹太会堂里）；此外，他们也赋予犹太人与希腊人同等的权利。[1]（45）犹太人从继任的君主们那里继续得到类似的待遇，因此，他们在这个殖民地聚集的人数越来越多；他们用精美昂贵的饰物装饰他们的那座神庙。[2]而且，他们的宗教仪式不断地吸引了大批希腊人，从某种程度上来说，这些宗教仪式已经深深地融入这些希腊人之内。（46）就在当前的这场战争爆发之时，韦斯巴西安也刚刚登陆叙利亚，（47）当时各地的反犹浪潮正值高潮，有一位名叫安条克的犹太人——由于其父亲担任安提阿犹太人的最高行政长官的缘故，他非常受人尊敬——在民众集会期间进入剧院（the theatre）[3]，将自己的父亲和其他犹太人告发，指控他们意图在某个晚上烧毁整座城市；同时，他还交出了一些外邦犹太人，作为这场阴谋的帮凶。（48）一听到这个消息，怒不可遏的民众立即命令他把这些人移交给他们，他们要在剧院里当场烧死这些人。（49）接着，他们纷纷攻击起犹太民众，因为他们认为，自己的城市得救的关键取决于对犹太人的及时惩处。（50）安条克则进一步火上浇油，他想按照希腊人的方式献祭，以此证明自己的皈依和对犹太习俗的憎恶；（51）他建议其他人强迫他们也这样做，这样，密谋者就会因为拒绝而自我暴露。当安提阿人进行这种测验时，一些人顺从

---

〔1〕按照《驳阿庇安》第二卷第 39 节的记载，这些权利是由塞琉古一世·尼卡托尔（Seleucus I Nicator）授予安提阿的犹太人的，塞琉古一世是这座城市的创建者，同时也是塞琉古王朝的创建者（他死于公元前 280 年）。

〔2〕犹太人只承认耶路撒冷有一座"神庙"（one "temple"），这肯定是有意为之的。惠斯顿和特雷尔认为，"他们的那座神庙"（their temple）明显指的是前面所提到的"那座犹太会堂"（the synagogue）。

〔3〕在希腊化城市中，剧院（the theatre）通常会用作国民大会的集会地；对比在以弗所的那座剧院里（in the theatre at Ephesus）的场景，参见《使徒行传》第十九章第 29 节。

了，而那些拒绝这样行事的人则遭到了屠杀。（52）至于安条克自己，他借助于从这位罗马将军那里获得的军队支援，严厉地压制了自己的犹太同胞，不允许他们在第七日休息，逼迫他们像在其他日子一样做事；（53）他如此严格地执行这项暴政，以至于不仅在安提阿废除了每周的安息日（the weekly day of rest），[1] 由此开启的先例也很快扩散到其他城市。

[4]（54）这些就是那时安提阿的犹太人遭遇到的不幸，而现在，第二场灾难又降临到他们身上，为了描述它的来龙去脉，我将对之前的历史进行一番叙述。（55）一场大火把一个方形市场、一个行政长官的驻地、一座公共档案馆和一座长方形会堂（the basilicae）[2] 烧毁了，人们很难阻止这场大火在整座城市的疯狂蔓延，而安条克则指责这场大火是犹太人所为。（56）对于这场混乱，安提阿人——甚至包括之前那些摇摆不定的安提阿人——相信了安条克的造谣中伤；更重要的是，在经历了先前发生的事情后，他们现在越来越倾向于相信安条克的说辞了。（57）因此，他们像疯子一样冲向那些受到指控的犹太人。（58）副总督格纳乌斯·科尔利加（Gnaeus Collega，the deputy-governor）[3] 花费了巨大的力气，才成功地抑制住他们的愤怒，并允许他们在凯撒面前陈情；（59）因为韦斯巴西安派出的叙利亚总督（the governor of Syria）卡森尼乌斯·佩图斯（Caesennius

---

〔1〕［中译按］在惠斯顿本中，英译者将其译作"第七日的安息（the rest of the seventh day）。

〔2〕这种长方形会堂兼具法庭和交易之用。

　　［中译按］basilicae 亦写作 basilica。在惠斯顿本中，英译者将其译作"王宫"（the royal palaces）。

〔3〕格纳乌斯·庞培乌斯·科尔利加（Gnaeus Pompeius Collega）在公元 93 年担任过执政官（consul），参见塔西佗：《阿古利可拉》第 44 节。

Paetus）〔1〕现在还未抵达。（60）通过仔细地调查，科尔利加发现了事情的真相。安条克所指控的犹太人没有一人染指过这件事；（61）犯事之人都是一些恶棍，他们负有巨额的债务，因此想到倘若可以烧毁市场和公共记录，他们就可以免除一切债务。（62）在这些指控悬而未决的情况下，犹太人焦急等待最后的处理结果，他们因此陷入巨大的混乱和极度的惊恐之中。

第四章

[1]（63）与此同时，提图斯·凯撒接到消息说，意大利所有城市都在热烈地欢迎他父亲的到来，尤其是罗马给予了他热情而又盛大的接待，对此，提图斯感到由衷的高兴和满足，他再也不用担心自己的地位问题了。（64）甚至在韦斯巴西安尚未抵达之前，所有的意大利人就在衷心地表达对他的敬意，好像他已经抵达了一样；他们急切地盼望他的到来，而且这是他们发自内心的真实愿望。（65）元老院对罗马帝国频繁更替统治者〔2〕所带来的灾难记忆犹新，没有人比他们更期待一位老成持重而又军事能力卓越的强人来接任皇位了，他们确信，他会让自己的臣民恢复安宁与繁荣。（66）民众已被内乱折磨得精疲力竭，以至于他们更加渴望他的到来，他们希望因此可以永久摆

〔1〕盖乌斯·卡森尼乌斯·佩图斯（C. Caesennius Paetus），公元 61 年担任执政官，公元 63 年同帕提亚人（the Parthians）作战时，因为作战失利而被尼禄剥夺了指挥官职位；担任叙利亚总督期间，他不体面地袭击了无辜的科马根纳国王安条克（Antiochus，King of Commagene），参见第 219 节及以下。

〔2〕公元 68—69 年是四帝之年（the year of the four emperors），这四位罗马皇帝分别是尼禄（Nero）、加尔巴（Galba）、奥托（Otho）和维特里乌斯（Vitellius）。

脱内战的灾难，而且他们满怀信心地认为，这可以让他们重获自由和繁荣。（67）但最重要的是，军队的目光都集中在他身上，因为他们最了解他所赢得的战争的伟大——他们可以作证其他皇帝的怯懦畏惧和经验匮乏，非常希望韦斯巴西安能够洗刷他们的耻辱，也非常希望他能给他们重新带来光荣与伟大。（68）在这种普遍的友好氛围中，那些地位高贵的罗马人迫不及待地想要见到他，于是他们纷纷离开罗马，急匆匆地越过很长的一段路程来见他。（69）其余的人也忍受不了见面的耽延，成群地拥出城外——对他们而言，拥出城外似乎比待在城内更为简单和容易——以至于这座城市第一次变成了一座空城，因为离开的人远远多过留下的人。（70）但当有人报告说他即将到达，先行者开始讲述他接见每一行人的和蔼可亲时，其余的民众连同他们的妻子和小孩便都停在路边，迎接他的到来；（71）当他走过人群时，他们都被他的和蔼与亲切所打动，每个人都激动万分，用各种尖叫声呼喊着他，并热情地称他为"恩人"（benefactor）、"救星"（saviour）和"唯一当之无愧的罗马皇帝"（only worthy emperor of Rome）。（72）此外，整座城市现在像变成了一座神庙，到处都是花环和焚香。由于他周围的人群实在太过拥挤，以至于他费了很大的力气才抵达了王宫，接着，他向家神进行了献祭，感谢其保佑自己平安抵达。（73）接着，民众开始庆祝，部落之间、家族之间、邻里之间相互敬酒庆贺；同时，他们用祭酒向上帝（God）祈祷，保佑韦斯巴西安、韦斯巴西安的儿子及其后代可以长久地统治罗马，他们的王位可以万世永存。（74）这就是罗马人盛情欢迎韦斯巴西安的情形；在韦斯巴西安抵达罗马后，罗马人很快就迈入了巨大的繁荣之中。

［2］（75）然而，在此之前，亦即当韦斯巴西安在亚历山大里亚以及提图斯在围攻耶路撒冷之时，大批日耳曼人发动了叛乱。（76）日耳曼人附近的高卢人也感染了叛乱气息，他们一起密谋摆脱罗马人

的统治。[1]（77）日耳曼人发动叛乱和宣布开战的原因是，首先，日耳曼人本性就缺乏正确的判断力，他们轻率地将自己置于危险之中，尽管成功的希望非常渺茫；[2]（78）其次，他们极其憎恨征服者，除了罗马人之外，没有任何其他的民族奴役过他们。不过，鼓动他们发动叛乱的最大因素是这次千载难逢的机会。（79）他们看到，罗马帝国由于不断地更换统治者而陷入内乱；他们听到，罗马人统治之下的各处地方正深陷动荡和混乱之中。在他们看来，敌人深陷内乱正是他们叛乱的绝佳机会。[3]（80）克拉西库斯（Classicus）和西维利斯

---

〔1〕塔西佗详细地叙述了这场叛乱，参见《历史》第四卷第 12—37 节、第 54—79 节，第五卷第 14—26 节（《历史》在这里中断了）。占领了莱茵河三角洲（the Delta of the Rhine）的日耳曼领袖尤利乌斯·西维利斯（Julius Civilis）——巴塔维亚人的头领（at the head of the Batavians）——最初为韦斯巴西安效力，不过，在维特里乌斯战败后（公元 69 年 10 月），他最终为自己效力。他的高卢伙伴（his Gallic associate）尤利乌斯·克拉西库斯（Julius Classicus）——一位杰出的特里维里贵族（a distinguished nobleman of the Treveri）——则雄心勃勃地希望建立一个高卢帝国（an *imperium Galliarum*）。"在与罗马为敌上，巴塔维亚人和高卢人存在着一种共同的利益，因此，他们之间合作密切；但是，西维利斯完全无意于建立一个高卢帝国"（巴里〔Bury〕）。

〔2〕对比塔西佗的描述："如果他们的本土长年安静无事，那么很多高贵的青年就要自愿地寻找正在发生战争的部落；一则因为他们的天性好动而恶静；再则因为他们在危难之中容易博得声誉；三则因为只有在干戈扰攘之中才能维持人数众多的侍从。"（si civitas, in qua orti sunt, longa pace et otio torpeat, plerique nobilium adolescentium petunt ultro eas nationes, quae tum bellum aliquod gerunt, quia et ingrata genti quies, et facilius inter ancipitia clarescunt.）参见《日耳曼尼亚志》（*Germ.*）第十四章。

〔3〕塔西佗：《历史》第四卷第 54 节进一步补充了敌人欢欣鼓舞的原因："很久很久以前，罗马有一次被高卢人占领，但由于朱庇特的神殿没有被摧毁，所以罗马的权力始终屹立不倒。但现在这一致命的大火却证明了上天诸神的愤怒，并且预言，世界的统治大权将要转到阿尔卑斯山以北各民族的手里了。"（Galli sustulerant animos, eandem ubique exercituum nostrorum fortunam rati…sed nihil aeque quam incendium Capitolii, ut finem imperio adesse crederent, inpulerat.）

（Civilis）——日耳曼人的两位头领——更是进一步助长了他们的这种疯狂的希望。（81）他们两人一直以来都在密谋叛乱，现在正好借机公开自己的计划和检验大众的叛乱态度。（82）大部分日耳曼人都同意发动叛乱，因而，他们的计划没有遭到反对。韦斯巴西安似乎未卜先知一样，他去信给曾担任日耳曼指挥官的佩提利乌斯·塞里里乌斯（Petilius Cerealius）[1]，并授予其执政官的高位，还命其着手接管不列颠（Britain）的统治权。[2]（83）而就在塞里里乌斯正准备前往赴职之时，他听说了日耳曼叛乱的消息，于是，他趁敌人尚未集结完备之际立即进攻他们。罗马军队的战斗阵列威力巨大，他们屠杀了大批敌人，迫使后者放弃了疯狂行径并习得了谨慎行事。（84）然而，即使不是他出击迅速，他们也很快会遭到失败的命运和惩罚。（85）因为他们叛乱的消息一传到罗马，图密善·凯撒就毫不迟疑地扛起了责任，尽管当时他还非常年轻。（86）遗传了其父的非凡才能并接受了超龄训练的图密善，立即就向野蛮人发动了进攻。（87）叛乱者听到他前来的消息，心情立即降到了冰点，心惊胆战地任由他处置；他们发现，再一次回到过去的枷锁之下而不遭受任何新的灾难，这对他们的恐惧来说是一种极大的解脱。（88）因此，图密善非常妥善地处置了高卢

---

[1] 昆图斯·佩提利乌斯·塞里里乌斯（Q. Petilius Cerealius）是韦斯巴西安的近亲，同时也是一个精力充沛而冲动的指挥官，在公元61年，他败于不列顿（Britons）的波亚迪塞亚（Boadicea）之手。他支持公元69年韦斯巴西安对皇位的主张，他在罗马城墙之下遭遇了另一场战败。他成功地粉碎了日耳曼人和高卢人的叛乱，但是，根据塔西佗的记载，塞里里乌斯并没有像约瑟夫斯在这里所描述的那样，迅速地平定这些叛乱。公元71年—72年，他作为执政官的使节（consular legate）被派往统治不列颠，成功地打败了布里根特人（the Brigantes），并召来了才华横溢的阿古利可拉（Agricola），参见塔西佗：《阿古利可拉》第八卷第17节。
[2] 塔西佗没有提及此前在日耳曼的指挥，也没有提到在这一关头下达进军不列颠的命令。

的所有事务，以至于高卢再也不会轻易地陷入动荡了；接着，他带着极大的荣誉和普遍的钦佩回到了罗马，因为他小小年纪就赢得了如此巨大的成就，甚至可以与其父比肩。[1]

[3]（89）就在前述日耳曼叛乱爆发的同时，斯基泰人（the Scythian）也英勇地发动了反罗马的叛乱。[2]（90）斯基泰人亦被称为萨尔马提亚人（Sarmatian），这是一个人口众多的民族，他们偷偷越过了埃斯特河（Ister），[3]进入对面的河岸，随后突然猛烈地攻击了罗马人，他们出其不意的进攻致使大批罗马守军惨遭屠戮。（91）身为执政官使节的弗恩泰乌斯·阿格里帕（the consular legate Fonteius Agrippa）[4]也在迎战中英勇阵亡。接着，他们残酷地蹂躏了南部的所有领土，一路不断地进行骚扰和抢劫。（92）当韦斯巴西安听到斯基泰人入侵和莫西亚（Moesia）被毁的消息，就派遣鲁布里乌斯·加鲁斯（Rubrius

---

〔1〕约瑟夫斯作为弗拉维家族的主顾，明显夸大了图密善在这场战争中所起的作用和贡献。对此，塔西佗在《历史》第四卷第 85—86 节则记述了一个完全不同的故事。当图密善和穆西亚努斯（Mucianus）抵达鲁格度努姆（Lugdunum）时，罗马人已经取得了胜利："既然由于诸神的垂顾，敌人的力量被粉碎，则在战争几乎已经结束的情况之下，图密善再干预别人的荣誉就是不适当的了。"（unde creditur Domitianus occultis ad Cerialem nuntiis fidem eius temptavisse, an praesenti sibi exercitum imperiumque traditurus foret.）由于遭到老军官们的怠慢，图密善就撤退到了自家的私人园地内。

〔2〕关于这个段落所描述的事件，约瑟夫斯似乎是唯一的权威。塔西佗在《历史》第四卷第 54 节仅仅提到说，这样入侵的传闻鼓动了高卢人加入叛乱："外面到处传说，我们在莫西亚和潘诺尼亚的冬营正受到萨尔马提亚人和达契亚人的围攻。关于不列颠，也捏造了类似的说法。"（vulgato rumore a Sarmatis Dacisque Moesica ac Pannonica hiberna circumsederi; paria de Britannis fingebantur.）

〔3〕亦即多瑙河（The *Danube*）。

〔4〕公元 69 年，弗恩泰乌斯·阿格里帕（Fonteius Agrippa）以代执政官的身份担任了亚细亚行省的总督（Proconsular governor of the province of Asia）；公元 70 年，他被召回来接管莫西亚，参见塔西佗：《历史》第三卷第 46 节。

Gallus）[1]前去镇压萨尔马提亚人。（93）在接下来的战斗中，加鲁斯杀死了大批萨尔马提亚人，其余的萨尔马提亚人则惊恐地逃回了自己的地区。（94）这位将军就这样结束了这场战争，接着，他通过在整个地区部署更为庞大和更为强悍的守军，来加强未来的防御，最终使野蛮人再也逾越不了这条河。（95）莫西亚的战事就这样快速地结束了。

第五章

[1]（96）正如我们前面所说，[2]提图斯·凯撒在贝鲁特停留了一段时间。在离开那里后，他在途经的所有叙利亚城市里都组织了昂贵的表演，而且利用犹太俘虏来展示他们的毁灭。在接下来的行军途中，他看到了一条河流，这条河流的特征值得记述一番。（97）它从阿尔塞亚（Arcea）[3]——该城属于阿格里帕的领土[4]——和拉法纳（Raphanea）[5]的中央流过，具有众多独特的特征。（98）当它流淌时，

---

〔1〕 在奥托反维特里乌斯的战争中，鲁布里乌斯·加鲁斯（Rubrius Gallus）扮演了一份角色，塔西佗提到了接下来的事件，参见塔西佗：《历史》第二卷第51节和第99节。

〔2〕 参见第39节。

〔3〕 阿尔塞亚（Arcea）即阿尔卡（Arka），它位于黎巴嫩山脉的北端（the northern extremity of the Lebanon range）和特里波利斯（Tripolis）的东北方（Ἄρκην τὴν ἐν τῷ Λιβάνῳ［阿尔卡，它位于黎巴嫩山脉］，《犹太古史》第一卷第138节）；"亚基人"（the Arkite）在《创世记》第十章第17节中出现过。

〔4〕 韦斯巴西安授予阿格里帕二世（Agrippa II）部分额外的领土，以表彰他在战争期间的忠诚；《犹太战争》第三卷第56—57节没有提到阿格里帕的这部分领土，可能是因为，约瑟夫斯觉得这块地区没有犹太人居住，参见舒尔：《犹太民族史》（第三版和第四版）第一卷第594—595节。

〔5〕 参见第18节。

水流非常湍急，水量也非常巨大；（99）接着，它的源头会突然干涸，在六天的时间里只留下一条干枯的河床；在第七天时，这条河流又会像之前那样奔涌，好像根本没发生任何变化一样。它严格地遵循这样的规律；当地人称呼它为安息河（the Sabbatical River），是以犹太人神圣的安息日（the sacred seventh day of the Jews）命名的。[1]

［2］（100）安提阿人听到提图斯到来的消息，喜悦之情溢于言表，他们甚至都没有留在城内等候，而是赶紧出城去迎见他；（101）他们——其中不仅有男人，还有大量的妇女和小孩——行走了超过三十弗隆的路程。（102）当他们看到提图斯靠近时，便站到了道路两边，纷纷伸出双手热情地欢迎他；他们热烈地欢呼着，并一路跟随他入城。（103）而他们在欢呼他的同时，也恳求他把犹太人驱逐出这座城市。（104）提图斯没有答应他们的请求，只是静静地倾听他们的诉说。然而，不确定其意图和态度的犹太人却陷入了极大的惊恐之中。（105）提图斯没有在安提阿停留，而是继续前往幼发拉底河畔的泽乌格马（Zeugma），[2] 帕提亚国王波洛基塞斯（Bologeses King of Parthia）[3] 派遣了一个使团正在那里等待着他，这个使团给他带来一顶金制王冠，以

---

〔1〕奇怪的是，这位犹太历史学家将这条河流描绘成一位安息日的破坏者（a sabbath-breaker）——这条河流在七天中只工作一天；而异教徒普林尼（the pagan Pliny）将其定义为严守安息日者（strictly Sabbatarian）："in ludea rivus sabbatis omnibus siccatur"，参见《自然史》第三十一卷第 11 节。1840 年，传教士汤姆逊博士（The missionary, Dr. W. M. Thomson）认为，这条河流就是尼巴－埃尔－富亚尔（Neba el Fuarr），"现在沉寂两天，第三天的某个时段会活跃起来"（now quiescent two days and active on a part of the third）。对于这些间歇性喷泉的解释是："只是地下蓄水池根据虹吸原理的排水"，参见汤姆逊：《土地与书籍》（The Land and the Book）第 264—265 节。

〔2〕泽乌格马（Zeugma）位于幼发拉底河上游的右岸，属萨摩萨塔（Samosata）地区；此地的名字取自于它的浮桥（its bridge of boats）。

〔3〕即沃洛基塞斯一世（Vologeses I），等同于阿尔萨塞斯二十三世（Arsaces XXIII），参见第 237 节和第 242 节。

纪念他战胜了犹太人。（106）提图斯接受了这项王冠，并热情地款待了国王的使团，然后他重新回到了安提阿。（107）安提阿元老院和安提阿的民众真切地恳求他去参观他们的剧院（所有的民众都聚集在那里欢迎他），他礼貌地答应了。（108）但是，当他们再一次地恳求和逼迫他把犹太人驱逐出城时，他对此非常中肯地回答道："（109）他们自己的国家已经惨遭摧毁，倘若这里也要驱逐他们的话，那么还有哪个地方会接收他们呢？"（110）当他们的第一个请求遭到拒绝后，安提阿人转而诉诸第二个请求——清除镌刻有犹太人特权的铜碑（the brazen tablets）。（111）但是，提图斯也予以拒绝，他保留了安提阿犹太人的原有特权。随后，他离开了安提阿，去往埃及。（112）途中，他顺道访问了耶路撒冷，面对耶路撒冷现在的荒凉景象，他不禁想起了这座城市之前的辉煌美景、那些建筑被毁之前的恢宏气势与圣洁之美，为此心生怜悯。（113）摧毁这么一座伟大而又光荣的城市，无人会不自吹自擂，但是，他却从未有过任何的夸耀，相反，他诅咒那些把灾难引向这座城市的叛乱分子；他从未想过用这座城市的毁灭与灾难来证明自己的英勇和伟大。（114）灰烬之中仍然可以大量地发现这座城市的巨大财富。（115）罗马人挖走了大笔的财富，但最大一部分财富仍是通过那些俘虏们提供的信息而被挖走的——我指的是，那些金银财宝和其他宝贵物品的原有主人由于担心战争的命运浮沉，就把这些财宝埋藏在了地下。

[3]（116）提图斯现在继续推进他进军埃及的计划，他疾速地横穿沙漠，最终抵达了亚历山大里亚。（117）在亚历山大里亚，他决心乘船前往意大利；对于自己身边的两个军团，[1] 他则把他们分别调遣到各自之前的驻地——第五军团去莫西亚，第十五军团去潘诺尼亚。（118）至于那些俘虏——包括叛乱分子头领西蒙和约翰，以及七百名普通战俘——他则从中挑选了一些身材出众而又相貌英俊之人，下

---

〔1〕参见第 19 节。

令把他们立即运往意大利，作为自己胜战的见证。（119）当他顺利航行到目的地时（正如他自己所愿），罗马人像迎接他的父亲那样迎接他；[1]不过，对于提图斯而言，额外的荣光是他的父亲亲自出来迎接他。（120）当罗马人看到这三位君王（the three princes）[2]同时出现时，他们更是欣喜若狂。（121）许多天过去后，他们决定把取得的成就合并在一起庆祝，尽管元老院已经决定分开庆祝他们的胜利。（122）由于事先已通知要举行盛大的游行和庆典，因此，无数的居民没有一个人是留在家里的，所有人都纷纷外出，以求占据一块立脚之地，他们仅仅为所要注视的人留下必要的通行空间。

[4]（123）当夜色茫茫之时，士兵们就在他们指挥官的统领下成群结队地出发了，他们不是在上王宫（the upper palace）的门前，[3]而是在伊西斯神庙（the temple of Isis）[4]附近排好队形；因为皇帝们（emperors）[5]在夜间尚在休息。（124）天色一破晓，韦斯巴西安和提图斯就出来了，他们头戴桂冠，身穿传统的紫色长袍，一起走向了屋大维走廊（the Octavian Walks）；[6]（125）元老院、执政官和骑士阶层

---

〔1〕参见第63节及以下。

〔2〕包括图密善。

〔3〕位于帕拉丁山（the Palatine Hill）。

〔4〕伊西斯神庙（the temple of Isis）和塞拉皮斯神庙（the temple of Serapis）都位于马提乌斯战神广场（Campus Martius），靠近现在的罗马学院（the present Collegio Romano）；公元80年的一场大火把它们以及战神广场的大部分建筑都给烧毁了。

〔5〕emperors亦写作imperatores（皇帝们），从某种意义上而言，它表示得胜的将军们之意。

〔6〕亦即屋大维娅柱廊或屋大维娅歌剧院柱廊（the Porticus［or Opera Porticus］Octaviae），它最初由梅特鲁斯（Metellus）建造于公元前146年，后来由奥古斯都进行了重建，并以他姐姐的名字进行命名；位于两座神庙之间的这座柱廊以及其他建筑群全都毁于提图斯的大火（the fire of Titus）。它位于卡皮托山（Capitol）的西边，靠近马塞里剧场（the Theatrum Marcelli）。

都在那里等着他们到来。（126）一座特别法庭（a tribunal）建造在柱廊的前面，象牙制的椅子被放置在那里；他们走过来坐在了这些椅子上面。军队立即爆发出阵阵欢呼声，这是对他们勇气的最好证明；这些君王们全都没有携带武器，而是身穿丝袍，头戴桂冠。（127）韦斯巴西安对他们的欢呼表示感谢；但他们仍在欢呼着，于是他示意他们安静下来。（128）当所有人安静下来后，他站起身来（他的披风遮住了他的大半个头），背诵起传统的祈祷文，提图斯也照他父亲那样背诵祈祷文。（129）当祈祷文背诵完毕后，韦斯巴西安对全体民众做了一番简短的演讲，接着，他派遣士兵前去领取皇帝为他们准备的传统早餐；（130）他自己则退到一扇"华丽之门"（the Gate of the Pomp）[1]前面，这扇门之所以这样取名，是因为通过这扇门的人往往都是得胜的队伍。（131）君王们在那里品尝了一些食物；接着，他们穿上了庆祝胜利的长袍，向屹立在这扇门附近的诸神进行了献祭，随后他们让游行队伍往前行进，穿过露天剧场，以便人群可以更容易地看到他们。[2]

[5]（132）我们不可能完整描述这幅壮观的场景和全部的宏大场面，不管是艺术的工艺性、财富的多样性，还是种类的稀缺性，它都是无法想象的。（133）因为所有这些稀有之物几乎只能被偶然地获得，但是他们却在一天之内就把诸多民族的奇珍异宝集中展览了出来，这

---

〔1〕亦即入城时走的凯旋门（the Porta Triumphalis），它坐落在卡皮托山和台伯河之间。

〔2〕通常来说，凯旋之军是从入城的凯旋门穿越到南边的，"穿过波利乌姆广场（the Forum Boarium），进入到圆形竞技场（the Circus），再从那里穿过图斯库斯街（the Vicus Tuscus）进入到广场（the Forum），并沿着圣道（the Via Sacra）到卡皮托朱庇特神殿（the Temple of Jupiter Capitolinus）"，参见布尔恩（Burn）：《罗马》（Rome）第 46 页。在这次游行中，凯旋显然是以向北迂回穿过战神广场上的三座剧院开始的，即马尔塞鲁斯剧院（Marcellus）、巴尔布斯剧院（Balbus）和庞培剧院（Pompey）。

恰好证明了罗马帝国的伟大。（134）银子、金子和象牙制成的各种各样的物件随处可见，有人或许会说，它们看起来不是游行，而是像一条河在流动着；其中有挂毯，一些是最珍贵的紫色挂毯，另一些则绣有巴比伦艺术的生动画像。（135）大量透明的宝石被镶嵌在金制的王冠上，或者以其他样式装饰在金制的王冠上，以至于我们会误以为它们根本就不珍贵。（136）他们的[1]神像也被抬着在游行队伍里面往前行，这些神像不仅体积庞大、制作精美，而且花费昂贵。穿着衣服的各种野兽也被带到了游行队伍之中。（137）每一组动物后面都跟着大批身穿紫色衣服（衣服上面编织有金线）的随员；而被挑选出来参加盛装游行的那些人，他们也身穿精选的服饰。（138）甚至连那些俘虏也没有不被打扮装饰一番，而他们身上的各种漂亮衣服是为了遮盖残损的身体。[2]

（139）然而，在游行活动中，没有什么比移动舞台更让人兴奋的了；事实上，移动舞台[3]这一庞然大物，让人有理由对其平稳性深感担惊受怕；（140）其中许多移动舞台甚至有三层楼或者四层楼那么高，它们庞大的构造给人以兴奋和惊奇的感觉。（141）其中许多移动舞台用编织有金线的挂毯包裹着，所有的移动舞台都有用金子和象牙做的框架。（142）战争的各个阶段通过众多相应的、栩栩如生的图画来表现。（143）我们从中可以看到：一个繁荣国度的被毁，整营敌军的被

---

〔1〕指的是"罗马人的"（Roman）；约瑟夫斯主要是为使用希腊语的读者写作。

〔2〕遮盖或者掩饰他们的伤口，等等；这些俘虏都是被精心挑选出来的，他们都具有俊美的外表，参见第 118 节。

〔3〕希腊语 πῆγμα（骨架）一词，古典拉丁语（in Lat.）将其迻译作 pegma，参见尤文纳尔的《讽刺诗集》第四卷第 122 行；通俗拉丁语 / 中世纪拉丁语（in Low Lat.）将其迻译作 pagina，英语 pageant（建筑架 / 脚手架）一词就由此而来，它最初的含义是"一种可移动的建筑架，就像表现古代的神秘事物时所用的"（斯基特〔Skeat〕）。

杀；一些敌军的逃跑，以及另一些敌军的被俘；被攻城器械摧毁的高大城墙，被攻占的坚固城堡，被完全征服的各个防守严密的城市和在城墙内奔涌的军队；（144）淹没在血海之中的区域，无力抵抗而举手哀求的敌军，起火的圣殿，倒塌在屋主头上的房屋；（145）在遍地的荒凉和悲鸣之中，河流不再灌溉土地，也不再给人和牲畜饮用，而是流淌在一个四面八方都在燃烧的国度里。当犹太人投入战争，这些悲惨遭遇就是他们命中注定的。（146）这些移动舞台上宏大而又精美的工艺栩栩如生地再现了当时的场景，让那些没有亲眼目击这些事件的人仿佛也见证了当时的景象。（147）在每一座移动舞台上，都安置着一名从各个被攻占的城市那里所俘获的敌军将领，而他们的身体则保持着被俘时的姿态。大批的船只紧跟在这些移动舞台后面。[1]

（148）一般性的战利品被随意地堆积在一起；而那些从耶路撒冷圣殿里面劫掠的战利品[2]则被显眼地摆立起来。其中包括一张重达数塔兰特的金制台桌[3]和一座金制烛台（lampstand）[4]——这个金制烛台的构造不同于我们现在日常生活中所使用的样式，（149）它的中央轴被固定在一个基座上面，细长的分枝从中央轴中伸出来，呈三叉戟状排列，每一根分枝的末端都固定有一盏灯。灯盏的数量是七只，象征着犹太人对数字七的尊敬。（150）在所有的战利品中，最后被运送的是一部犹太律法（the Jewish Law）的复制品。（151）跟随在这些战利品后面的是一大群手持胜利偶像的人，这些偶像全都由象牙和金子制成。（152）再后面则是韦斯巴西安，其后是提图斯；图密善则跟在

---

〔1〕这些船只是为了纪念提比里亚湖（the lake of Tiberias）上的那场海战，参见第三卷第 522 节及以下和第 531 节注释。

〔2〕在游行队伍中所呈现的这些犹太战利品——放面包的台桌、香杯和号角——也被镌刻在罗马广场的提图斯凯旋门（the Arch of Titus）上。

〔3〕放面包的台桌。

〔4〕或者写作通常所称的烛台（candlestick），但这种称呼是错误的。

他们旁边一路骑行，穿着一身盛装，跨着一匹令人艳羡的战马。

[6]（153）这次盛装游行结束于卡皮托朱庇特神殿（the Temple of Jupiter Capitolinus），他们到了那里就停下来；因为按照罗马人的传统习俗，他们要在那里等候，直到敌人的将领被处决的消息传来。（154）基奥拉斯之子西蒙也在这个盛大的游行队伍的俘虏里面，一根绳索套在他的头上，行刑人则在一旁鞭打他，他被带到一处毗连广场的地方——罗马人的法律规定，被判处死刑的罪犯要在那里伏诛。[1]（155）当宣布处决西蒙时，人群中爆发出阵阵热烈的掌声；接着，皇帝们开始献祭和祷告，当这些完成之后，他们退回了王宫。（156）皇帝们在自己的餐桌上邀请了一些人同享宴席，其余的人，则已经在他们各自的家里备好了宴席。[2]（157）在那一天，整座罗马城都在欢庆抗敌战役中所取得的辉煌胜利，庆祝他们内乱的终结和未来幸福生活的曙光。

[7]（158）胜利的庆祝仪式结束后，罗马帝国的根基完全得到稳固，韦斯巴西安决定建造一座和平神殿（a temple of Peace）。[3]这座和平神殿很快就被建造完成，[4]其建造风格超出了所有人的想象极限。（159）韦斯巴西安不仅拥有可资建造这座和平神殿的巨大财富，而且他使用了大量杰出的古画和雕塑去装饰它。（160）这座神殿收集并储藏了大批世上难得一见的珍宝，因此，渴望进去观看的人络绎不绝。

---

〔1〕马米尔丁监狱（the Mamertine prison）位于广场的东北尽头。

〔2〕或者写作（以另一种解读［with the other reading］）"丰盛的食物已经准备妥当"（handsome provision had been made）。

〔3〕我们可以从迪奥·卡西乌斯第六十六卷第15节中获悉献祭的日期，即韦斯巴西安统治的第六年（公元75年）。这座神殿被一座广场包围，它位于罗马广场的东南边，在圣道（Via Sacra）与卡利纳（Carinae）之间。普林尼（Pliny）和希律迪安（Herodian）见证过它的富丽堂皇，参见布尔恩：《罗马》第140页。

〔4〕于公元75年建成。

（161）韦斯巴西安也把犹太人圣殿里的金制容器置于这座神殿之内，以标榜自己的丰功伟绩；（162）不过，他下令把犹太人的律法经卷和圣所的紫色帷幕存放在自己的王宫之中。

第六章

[1]（163）与此同时，卢西利乌斯·巴苏斯（Lucilius Bassus）作为使节被派往犹地亚，去接替塞里里乌斯·维提里亚努斯[1]的指挥权，并接管希律迪安城堡[2]及其守军。（164）随后，巴苏斯把众多分散的部队——包括第十军团——全部集中起来，以进军马卡鲁斯。[3]这个堡垒是绝对有必要铲除的，以免它的坚不可摧会诱使许多人反叛；（165）因为这个地方的固有特性尤其会激发占领者对安全性的高度期望，同时也能够威慑和警告来袭者。（166）因为这座城堡所在之处本身就是一座高耸的山冈，因此很难攻克；而且，这里的地势特征也让人难以翻越。（167）它的四面都是深不见底的山谷，难以逾越，也根本不可能架设高垒。（168）山谷一直向西延伸了六十弗隆，直到亚斯法提提湖；[4]马卡鲁斯正好位于这个方向上的最高处，它可以居高临下地俯视其他地方。（169）山谷的北面和南面尽管没有那么开阔，也

---

〔1〕在一些铭文中，塞里里乌斯·维提里亚努斯（Cerealius Vetilianus）亦称作塞克斯图斯·维图里努斯·塞里亚里斯（Sextus Vettulenus Cerialis），在犹太战争期间，他是第五军团的指挥官，参见第三卷第310节等；在提图斯离开后，他是占领军——即第十军团及其他作战单位——的指挥官。

〔2〕希律迪安城堡（the fortress of Herodium）亦即希律的城堡以及希律的埋葬地（Herod's fortress and burial place），位于耶路撒冷以南六十斯塔德处。

〔3〕马卡鲁斯（Machaerus）位于死海以东，靠近死海的北端。

〔4〕亦即死海。

很难逾越和攻克。（170）东面的山谷有不少于一百肘尺的深度，并一直延伸到马卡鲁斯对面的山冈。

[2]（171）当犹太国王亚历山大（Alexander king of the Jews）[1]注意到这个地方的自然条件和自然优势，他首次在这里建造了一座城堡，后来加比尼乌斯[2]在与亚里斯多布鲁斯开战时摧毁了它。（172）然而，等到希律登上了王位，他也认为这个地方值得严肃对待和建造一座坚固的城堡，尤其是它靠近阿拉伯地区，交通便利。（173）因此，他用城墙和塔楼把这一大片地区全都围括起来，在这里建造了一座城市，城内有一条路可以登上山脊。（174）此外，他围着山顶建造了一道城墙，并在城墙的四角建造了塔楼，每一座塔楼都高达六十肘尺。（175）在城墙内的中央位置，他建造了一座宫殿，宫殿里有宽敞的漂亮房间。（176）同时，他还建造了一座巨大的蓄水池接收雨水，以提供充足的水源供应；他在这险固的地势上建造了这些防御工事，使得这座城堡几乎坚不可摧。（177）此外，他也在里面储藏了大批的武器和战争器械，并想方设法把一切可能有助于保卫居民安全的东西全都搬到那里，以便能够长期抵抗围困。

[3]（178）这座宫殿里面生长了一棵极其高大的芸香树；[3]就其高度和粗壮而言，任何无花果树都比不上它。（179）据说，它从希律时代以来就一直生长在那里；倘若不是被占领这个地方的犹太人砍掉

---

〔1〕亦即亚历山大·詹纳乌斯（Alexander Jannaeus），公元前104—前78年在位。

〔2〕作为庞培的使节（Legatus of Pompey），加比尼乌斯（Gabinius）与亚里斯多布鲁斯进行过开战，参见第一卷第140节，此外，在公元前57—前55年，加比尼乌斯以代执政官的身份担任了叙利亚总督，参见第一卷第160节及以下。

〔3〕在《路加福音》第十一章第42节里，芸香（rue）是一种小花园药草。巴勒斯坦现在仍然种植浓香型芸香（*Ruta graveolens*），而多苞型芸香（*ruta bracteosa*）是一种常见的野生植物，特里斯特拉姆（Tristram）引自《圣经百科全书》该词条后面的释义。

的话，它还将继续在那里生长数代。（180）而在环绕这座城市北面的山谷[1]里面，有一个名叫巴拉斯（Baaras）[2]的地方，出产一种与此地同名的根茎。（181）它的颜色是火红色，到了晚上，会发出耀眼的光芒，它会避开那些想去拔出它的人，因为它会收缩回去，除非把人体的某些分泌物倾倒在它上面，才能使它保持静止。[3]（182）尽管如此，触碰到它则是致命的，除非他能够成功地把悬挂在手上的这条根茎摘下。[4]（183）另一种安全捕获它的方式则如下所述。他们在它旁边挖坑，一直挖到只有很小一部分根茎还埋在土里；（184）接着，他们把一条狗拴在它上面，狗会跟着人跑，于是根茎很容易被拔起，但狗会立即死亡，成为那些想要采摘这种植物的人的替死鬼；随后，任何人都可以无须惧怕地将它放在手上把玩。（185）而在冒着风险得到它后，会带来一个好处，那就是，倘若把它涂抹到病人身上，就可以迅速驱逐所谓的恶魔（the so-called demons）——这些恶魔是进入活人体内的恶人之灵，任何活人如果不及时得到帮助，都会被它们杀害。（186）在这个地方也发现有流动的温泉，这些泉水品尝起来味道各不相同，其中一些是苦涩的，而另一些则非常甘甜。（187）这些泉水并不局限

---

[1] 亦即现在的韦德－泽卡（*Wady Zerka*）山谷，这个山谷一直延伸到死海，它可能就是《圣经》中的拿哈列旷野（Nahaliel of the wilderness wanderings），参见《民数记》第二十一章第19节。

[2] 哲罗姆（"iuxta Baaru in Arabia, ubi aquas calidas sponte humus effert"）和其他地方提到了"巴鲁"（Baaru）的热泉（见下述），参见舒尔：《犹太民族史》第一卷第414节。

[3] 参见第四卷第480节。

［中译按］在惠斯顿本中，英译者将其译作"它不会乖乖地让人拿走，除非把女人的尿液或者经血倾倒在它上面"（nor will yield itself to be taken quietly, until either the urine of a woman, or her menstrual blood, be poured upon it）。

[4] 这句话的含义存在可疑之处，有可能是"除非他碰巧带着一根相同的根茎"（unless one happens to bring with one the self-same root）。

于地势低洼地带——那里的所有泉水都排成同一条线。[1]（188）然而，更为奇特的是，在不远处可以看到一个洞穴，它并不很深，被一块突起的石头给挡住了；（189）在这块突起的石头上面有两个间隔不远的"乳房"，一个喷冷水，另一个则喷热水。冷水和热水混在一起，可以进行非常舒适的洗浴；它们不仅具有治疗作用，而且可以恢复人体的肌肉。同时，这个地方还出产硫黄和明矾等矿产。

[4]（190）在全面勘察了这个地方后，巴苏斯决定通过填平东边的山谷来逐渐靠近它。为此，他艰苦奋战，尽可能地加速建造高垒，以使围攻变得更加容易。（191）犹太人一方则把自己与那些外邦侨民分隔开来，他们把后者视为一群乌合之众，并逼迫后者留在下城，首先面临敌人攻击的危险。（192）犹太人自己则占据和控制了上方的城堡，这一方面是考虑到城堡的防御力量，另一方面也是为了自身的安全。他们认为，假如在最后关头把这座城堡交给罗马人，他们就可以得到宽恕。（193）但是，他们觉得首先应该尝试一下，看看自己是否有摆脱封锁的希望；因此，他们每天都士气高昂地主动出击，与那些在土丘上修筑工事的罗马人贴身近战，他们损失了许多战士，但也杀死了许多罗马人。（194）双方都在努力地寻找胜战的机会：如果犹太人趁罗马人松于防备之际猛烈地进攻，他们就会获胜；如果土丘上的罗马人预见到犹太人的出击，从而严阵以待，则罗马人会获胜。（195）然而，这场围攻的终结并不取决于这些零星的遭遇战，而是一个突发的意外事件迫使犹太人交出了城堡。（196）在围城期间，有一位胆大无畏而又精力充沛的年轻人名叫以利亚撒（Eleazar），（197）他在出击中表现出众，并鼓动自己的同胞外出侦察罗马人的工事进程，在作战中，他常常给罗马人造成巨大的破坏。与他一起冒险出战的人都会感到安全和放松，他总是最后一个撤退，掩护他们。（198）在一次战

---

〔1〕"同一条线"（in a line）或者写作"同一个层级"（on one level）。

斗结束后，双方都撤退了，他轻蔑地认为，没有一个敌军会再进行战斗，于是他继续留在城门外，并与城墙上的战友交谈，他所有的注意力都放在了谈话上。（199）有一个名叫鲁弗斯（Rufus）的罗马士兵——他是埃及人——瞅准了这次机会，出人意料地突然冲向了以利亚撒，把他整个人连同铠甲一起举了起来；就在城墙上的观看者目瞪口呆之际，鲁弗斯成功地把以利亚撒驮到了罗马军营。（200）罗马将军下令剥光了这个家伙的衣服，并把他带到使城墙上的犹太人最能看清的地方，让他们眼睁睁地看着这个家伙接受残酷的鞭打。对于这个年轻人的悲惨命运，犹太人深受触动，整座城市都陷入哀伤和恸哭之中，因为他们觉得，只让他一个人承受这种不幸实在有失公允。（201）巴苏斯见状，便想到一个计谋来对付敌人——通过加重他们的痛苦迫使他们交出城堡，来换取这个人的性命。他的这个希望没有落空。（202）他下令矗立起一个十字架，摆出一副立即要将以利亚撒钉上去的架势；城堡上的那些人看到这一幕后，陷入了深深的悲痛，他们大声地哭喊道，不能眼睁睁地看着他被杀。（203）在这紧要关头，以利亚撒恳求他们不要抛下他，不要让他这样悲惨地死去，他劝说他们臣服于罗马人的强权和好运，以获得自救——既然所有的民族现在都已经被罗马人征服了。（204）他的这番呼吁得到城内很多调停人的支持，因为他出自一个尊贵且人数众多的家族。（205）最终，他们屈服于违背他们本性的同情，急忙派遣了一个代表团去讨论城堡的移交问题——他们希望罗马人允许他们安全离开，并带走以利亚撒。（206）罗马人及其将军接受了他们的投降条件；然而，下城的那些外邦民众听说了这份只为犹太人自己考虑的协议后，他们决定在夜间偷偷地溜走。（207）结果，当他们刚刚打开城门，先前与巴苏斯达成协议的那些人就向巴苏斯透露了消息——可能是出于对他们能够逃生的嫉妒，或者是担心要为他们的逃跑担责。（208）那些最勇敢的逃亡者想方设法挤出一条道路，最终成功逃脱，而留在城内的那些人——总计达一千七百人——全都被杀了，妇女和儿童则沦为奴隶。（209）巴苏斯遵守了这份达成一致的协议：让交出城堡的那些人安全地离开了，而且把以利亚撒还给了他们。

[5]（210）解决完这些事情之后，巴苏斯率领自己的军队急速进军到一个名叫加尔德斯（Jardes）[1]的森林地带，因为他听说，在围攻耶路撒冷和马卡鲁斯期间，有许多人逃到了这个地方。（211）巴苏斯抵达该地后，就发现情报是真实的，他让骑兵包围了整个地方，以阻止任何一个试图突围的犹太人逃亡。接着，他命令步兵砍伐那些逃亡者藏身其中的树木。（212）犹太人只得英勇地战斗，希冀通过最后的绝望挣扎来获得逃生的机会，他们成群结队地呐喊着冲向包围自己的敌人。（213）罗马人也在英勇地迎击他们，于是，一方在绝望中拼尽全力，另一方也不甘示弱，战争就这样陷入了胶着；但是，事情的发展完全不像攻击者先前所预想的那样。（214）罗马人只有十二名士兵死亡，有一些士兵受伤，而犹太人却没有一个人逃出去，全都遭到杀害，其总数不会少于三千人。（215）在被杀的这些人当中，有他们的将军犹大——阿里之子，我们在前面就提到过他——[2]当耶路撒冷被围期间，他是一群人的头领，耶路撒冷被破城后，他通过地道成功出逃。

[6]（216）大约与此同时，凯撒命令巴苏斯和总督拉贝利乌斯·马克西姆斯（Laberius Maximus）[3]把犹太人的所有土地都出租出去。[4]

---

〔1〕加尔德斯（Jardes）的具体位置不得而知。

〔2〕阿里之子犹大（Judas son of Ari）是奋锐党的一个头领，他在耶路撒冷被围期间表现抢眼，参见第六卷第92节；对于他怎样逃离耶路撒冷，前文没有提及。

〔3〕一些铭文里提到了卢西乌斯·拉贝利乌斯·马克西姆斯（L. Laberius Maximus）。

〔4〕这里的"出租"（farm out）亦写作"租赁"（lease［verpachten］），而不是写作"售卖"（sell），参见舒尔对蒙森（Mommsen）的回应，舒尔：《犹太民族史》第一卷第640节及以下。

（217）因为他没有在那里建立任何城市，而是将这个国家留作他的私人财产，只把埃马厄斯[1]分配给八百名从其军队里退伍的老兵作为居所，此地距离耶路撒冷三十弗隆。（218）同时，他向所有的犹太人——无论他们居住在哪里——征收两德拉克马的人头税，每年缴纳到元老院（the Capitol），[2] 就像他们之前缴纳给耶路撒冷圣殿的一样。[3] 这就是这个时期的犹太人的情况。

第七章

[1]（219）现在是韦斯巴西安统治的第四年，科马根纳[4]国王安条克及其所有的家庭成员全都陷入一场巨大的灾难之中，[5]具体情形如下所述。（220）时任叙利亚总督的卡森尼乌斯·佩图斯[6]——

———————

〔1〕埃马厄斯可能就是现在的库尔安尼赫（Kulonieh），位于克罗尼亚（Colonia），在耶路撒冷西北大约四英里处。此外，它与《新约》中记载的以马忤斯（Emmaus）可能是同一个地方，尽管《路加福音》第二十四章第 13 节双倍地计算了这段距离（六十弗隆）。关于它的全面讨论，参见舒尔：《犹太民族史》第一卷第 640 节及以下。

〔2〕迪奥·卡西乌斯第六十六卷第 7 节也做了同样的记载：καὶ ἀπ' ἐκείνου δίδραχμον ἐτάχθη, τοὺς τὰ πάτρια αὑτῶν ἔθη περιστέλλοντας τῷ Καπιτωλίῳ Διὶ κατ᾽ ἔτος ἀποφέρειν［从那时起，有一项规定是继续遵守其祖传习俗的犹太人应每年向朱庇特·卡皮托利努斯（Jupiter Capitolinus）缴纳两德拉克马的年贡］。

〔3〕圣殿税最初是三分之一舍客勒（a third of a shekel），参见《尼希米记》第十章第 32 节；后来则是二分之一舍客勒（half a shekel），参见《出埃及记》第三十章第 13 节，二分之一舍客勒相当于两推罗德拉克马（2 Tyrian drachms）。这项圣殿税由二十岁及以上的全体犹太人支付。对比《马太福音》第十七章第 24 节和约瑟夫斯《犹太古史》第十八卷第 312 节。

〔4〕科马根纳位于北叙利亚。

〔5〕公元 72 年—73 年，科马根纳国王安条克遭遇了不幸，受到一个诽谤案的牵累。

〔6〕参见第 59 节注释。

不知道他是据实报告，还是出于对安条克的敌意——给凯撒送信说，（221）安条克和他的儿子俄皮法尼斯决心反叛罗马，而且，他们与帕提亚国王进行了结盟；（222）因此，凯撒应该及时阻止他们，以免他们同整个罗马帝国开战，从而引起不必要的混乱和麻烦。（223）对于这样一份传递到自己手上的报告，凯撒没有丝毫怠慢，因为这些相互毗连的王国更应加倍防范。（224）科马根纳首府萨摩萨塔位于幼发拉底河畔，如果帕提亚人怀有这种企图，那么萨摩萨塔无疑可以给他们提供一条便利的通道和一个可靠的接应站。（225）于是，佩图斯采取了他自以为合适的举措，毫不迟疑地率领第六军团以及一些步兵和骑兵突袭了科马根纳，安条克及其朋友完全没有料到他会率军前来。（226）此外，迦尔西国王（King of Chalcidice）[1]亚里斯多布鲁斯（Aristobulus）和埃米萨国王（King of Emesa）[2]索亚穆斯（Soaemus）也来助阵。（227）他们的入侵没有遇到任何抵抗，整个国家之内没有一个人起来反对他们。（228）面对这个出乎意料的消息，从未想过与罗马开战的安条克决定放弃王国，他把所有东西按原样留给罗马人，自己则带着妻子和儿女乘坐一辆战车逃亡，希望通过这样的方式向罗马人证明自己的清白。（229）当他逃到一个距离首都一百二十弗隆远的平原上，便在那里驻营。

[2]（230）佩图斯派了一支分遣队占领了萨摩萨塔，自己则率领其余的军队急速追击安条克。（231）然而，即使面对这种窘境，这位

---

〔1〕这里的迦尔西（Chalcidice）要么是位于黎巴嫩山脉（the Lebanon range）的迦尔西（Chalcis）——亦即现在的安加尔（*Anjar*），要么是位于叙利亚境内更北的另一个加尔西（Chalcis）。大希律之孙希律是黎巴嫩地区的迦尔西国王（King of Chalcis in Lebanon），他的儿子亚里斯多布鲁斯可能就是这里提到的最高统治者，参见舒尔：《犹太民族史》第一卷第724节。

〔中译按〕Chalcidice 亦写作 Chalcidene。

〔2〕埃米萨（Emesa）亦即现在的霍姆斯（Homs）。

国王也不愿意同罗马人为敌，而是哀叹自己的不幸，宁愿忍耐可能临到他的任何痛苦。（232）但是，他的儿子们却年轻气盛，不仅军事经验丰富，而且体格强壮，他们不愿意未经交战就轻易地接受这种不幸。因此，俄皮法尼斯[1]和卡里尼库斯（Callinicus）决定奋起反击。（233）激烈的战斗持续了一整天，王子们展现出非凡的英雄气概，直到黑夜将两军将士分开时，他们的军力都丝毫没有减损。（234）但是，即使经过这场战役，安条克仍不假思索地带着妻子和女儿逃到了西里西亚，他的逃亡严重地打击了军队的士气。（235）因此，军队出于对自己所要保卫的王国的绝望，他们叛变并倒向了罗马人一方；所有人都觉得国王已无药可救。（236）在自己的人马全部逃亡前，俄皮法尼斯及其追随者也不得不逃亡，以摆脱敌人。事实上，他们两兄弟不过带着十名骑兵穿过了幼发拉底河。（237）接着，他们从幼发拉底河一路毫无阻碍地来到帕提亚国王波洛基塞斯[2]那里。作为逃亡者，他们没有受到蔑视，相反，波洛基塞斯在各方面都非常尊敬他们，就好像他们仍旧没有丧失过去的富足生活一样。

[3]（238）一到西里西亚的塔尔苏斯（Tarsus），安条克就被一名百夫长逮捕了，接着，佩图斯就让他作为一名囚犯，戴着镣铐被押送罗马。（239）然而，韦斯巴西安却不能忍受将一个国王以这样的方式带到自己面前，他认为，比起以战争为托词心怀怒气，尊重彼此之间的友谊显得更为适宜。（240）因此，韦斯巴西安下令解开他的镣铐——当时他正在路上——并命令他不要前往罗马，而是转到拉栖代梦（Lacedaemon）生活；此外，韦斯巴西安还赐予他一笔丰厚的金钱，足以让他维持国王般的体面生活。（241）一听到这个消息，先前非常

---

[1] 他之前在耶路撒冷城墙下表现出一副有勇无谋的激进冒险样子，参见第五卷第460节及以下。

[2] 参见第105节。

担心自己父亲安危的俄皮法尼斯和卡里尼库斯立即释然。（242）他们希望借着波洛基塞斯从中疏通和斡旋，使凯撒能够与他们和解，因为尽管他们生活富足安逸，但生活在罗马帝国之外毕竟难以忍受。（243）凯撒慷慨地赐予他们安全通行证，让他们来到了罗马，在罗马，他们很快就与从拉栖代梦过来的父亲团聚了；他们在罗马安家，而且在各个方面都深受尊敬。

[4]（244）阿兰人（the Alani）——正如我们在前面所说，[1]他们属于斯基泰人的一支，定居在塔内斯河（the River Tanais）[2]和梅奥蒂斯湖（the Lake Maeotis）[3]沿岸——（245）大约在这个时期正盘算着进攻米底（Media）内外，他们与希尔堪尼亚人的国王（the king of the Hyrcanians）[4]进行协商，因为这位国王是亚历山大国王（King Alexander）[5]用铁门（iron gates）关闭的那座关口[6]的主人。（246）在得到这位国王的准入后；他们当中的大批人马突袭了米底人（Medes）——他们发现，这个国家人口众多，牲畜遍地，却没有一个人胆敢反抗他们。（247）因为这个国家的国王帕克鲁斯（Pacorus）[7]由于害怕

---

〔1〕 这是《犹太战争》第一次提到他们；约瑟夫斯在这里说他之前记述了他们，可能是因为把包含这些内容的其他材料误作成《犹太战争》。

〔2〕 亦即现在的多恩河（the *Don*）。

〔3〕 亦即现在的亚速海（*Sea of Azov*）。

〔4〕 希尔堪尼亚位于里海以南。

〔5〕 [中译按] 这位亚历山大国王指的是亚历山大大帝。

〔6〕 "里海大门"（the Caspian Gates）指的是一座隘口或者一系列难走的关口，它位于里海的塔鲁斯山脉（the Taurus range）以南，参见格劳特（Grote）:《希腊史》（*Hist. of Greece*）第四版，第十卷第 127—128 节。在其第三卷第 20 节中，阿里安（Arrian）描述了亚历山大大帝（Alexander the Great）怎样追击大流士（Darius），在到达这个地方之前，亚历山大大帝一直都没能追上大流士；但是，对于约瑟夫斯所提到的"铁门"（iron gates），阿里安并无提及。

〔7〕 帕克鲁斯（Pacorus）是第 237 节提到的帕提亚国王波洛基塞斯一世的兄弟。

而逃进了自己的堡垒，他放弃了所有财产，只从阿兰人手里以一百塔兰特的代价艰难地赎回了自己的王后和妃子。（248）阿兰人没有遭遇任何抵抗就轻易地洗劫了这个国家，他们一路烧杀劫掠，一直进军到亚美尼亚。（249）亚美尼亚国王提里达特斯（Tiridates）[1]迎战了他们，在交战中险些被他们活捉；（250）因为敌人远远地用活套套住了他，如果不是他立即用剑砍断绳子成功逃脱的话，他就被他们拖走了。（251）亚美尼亚人的抵抗更加激怒了阿兰人，后者摧毁了这个国家，掳走了大批人口和战利品，然后回到了他们自己的国家。

第八章

[1]（252）与此同时，巴苏斯[2]死在了犹地亚，弗拉维乌斯·西尔瓦（Flavius Silva）[3]继任了其总督职位；当西尔瓦看到，除了一座城堡仍在负隅顽抗之外，整个国家都臣服在了罗马军队的脚下，于是他把各地的军队全都集中起来对它进行远征。这座城堡就是马萨达城堡。[4]（253）比首党人占领了这座城堡，[5]他们的头目是一个名叫以利亚撒（Eleazar）的人，这是一位具有重要影响力的人物。他是犹大的

---

〔1〕亚美尼亚国王提里达特斯（Tiridates）是帕提亚国王波洛基塞斯一世的另一个兄弟。

〔2〕参见第 163 节。

〔3〕公元 81 年，卢西乌斯·弗拉维乌斯·西尔瓦·诺尼乌斯·巴苏斯（L. Flavius Silva Nonius Bassus）——他在铭文上的全名——担任了执政官。

〔4〕马萨达（Masada）城堡即现在的塞比赫（Sebbeh），它位于死海西岸的上方（above the W. coast of the Dead Sea），靠近其下端（lower end），伊恩－戈迪以南（S. of En Gedi）。罗马人的围城工事据说到现在都清晰可见。

〔5〕约在公元 73 年。

一位后代，[1]正如我们之前所说，[2]当奎里尼乌斯（Quirinius）作为监察官（censor）被派往犹地亚后，以利亚撒成功地说服了大批犹太人拒绝交税。（254）在那个时期，匕首党人联合起来击打那些同意向罗马交税的犹太人，而且在所有方面都将后者视为敌人，他们洗劫其财产、围捕其牲畜并烧毁其房屋；（255）他们声称，后者与异族人无异，因为后者可耻地牺牲了犹太人来之不易的自由[3]，承认了罗马人的奴役。（256）但事实上，这些不过是掩饰他们贪婪和残忍行径的说辞，他们后来的行动明显证实了这一点。（257）对于那些不加入他们的叛乱以及不与罗马人开战的民众，他们会非常残忍地对待他们；（258）他们用这种不实之词来掩盖自己所犯下的罪恶行径，对于义正词严地谴责他们邪恶行径的那些人，他们则会更加严厉地施加迫害。

（259）确实，[4]这个时期犹太人犯下的各种罪行罄竹难书，以至于几乎没有任何罪行是他们没干过的，他们发明的那些五花八门的新奇罪行，甚至超出了一个人的智力极限。（260）不管是私人生活，还是公共生活，所有人都被这些邪恶传染了，他们甚至竟相效仿对上帝不虔和对邻居不义的行为；有权势的那些人在压迫民众（the masses），而民众则想摧毁有权势的人。（261）他们彼此之间都决心以暴力压垮对方，他们相互残杀和洗劫对方的财富。（262）匕首党人第一个树立了这种无法无天而又残暴无情地对待同胞的榜样，没有什么侮辱的话

---

〔1〕这位以利亚撒是加鲁斯的儿子（参见第二卷第447节），而且显然是犹大的孙子。

〔2〕参见第二卷第118节，对比第二卷第433节。

〔3〕"犹太人来之不易的自由"（the hard-won liberty of the Jews）或者写作"犹太人高度珍视的自由"（the highly prized liberty of the Jews）、"犹太人为之奋斗的自由"（to be fought for）

〔4〕约瑟夫斯在这里对马萨达城堡（犹太叛乱分子最后抵抗的据点）以及叛乱分子首领的提及，进一步引出了对其他叛乱分子及其首领的一般性罪孽的话题（参见第274节）。

他们不敢说，没有什么罪恶他们不敢做，他们的阴谋让所有人都沦为受害者。（263）然而，比起约翰[1]来，这些匕首党人的暴行都相形见绌。约翰不仅处死了所有提出正确而又有益建议之人，把他们当作他最痛恨的敌人进行残酷迫害，而且使整个国家充斥着不计其数的受害者。这种到处为非作歹之人甚至对上帝都不虔敬，（264）因为他将非法的食物（unlawful food）摆在了自己的桌子上，而且放弃了我们祖先所建立的纯洁规则。[2]因此，对于一个对上帝如此疯狂和不敬之人来说，如果他拒绝仁慈待人，这又有什么好奇怪的呢？（265）再来说说基奥拉斯之子西蒙，什么罪行是他没有犯过的呢？或者，他对那些拥立他为王的自由民心慈手软过吗？[3]（266）朋友关系或者亲属关系不是反而让他们更加嗜杀成性吗？在他们看来，伤害一名外邦人只不过是一件微不足道的恶行，而残暴地对待自己最亲的亲人，这无疑是对自己决心的最好证明。（267）然而，以土买人的疯狂程度甚至更超过上述这些人。因为那帮最邪恶的恶棍在屠杀了高级祭司后，[4]为了不让任何宗教崇拜继续下去，他们进一步根除留在我们政体里的任何遗迹，将无法无天的行为引入到每一个角落。（268）在这方面，所谓的奋锐党人（the so-called Zealots）更胜一筹，他们的行动与他们的名称是真正名副其实的；（269）他们效仿所有的罪恶举动，先前记载在历史里的罪恶没有哪一样是他们不热衷效法的。（270）尽管他们的名称得自他们自称对德性的狂热追逐（their professed zeal for virtue），

---

〔1〕亦即基士迦拉的约翰（John of Gischala）。

〔2〕［中译按］在惠斯顿本中，英译者将此句译作："因为，摆在桌子上的都是非法的食物，他拒绝了自己国家的律法所规定的那些洁净仪式"（for the food was unlawful that was set upon this table, and he rejected those purifications that the law of his country had ordained）。

〔3〕参见第四卷第574节及以下。

〔4〕参见第四卷第314节及以下。

但这只是他们的遮羞布而已。他们不是嘲笑遭受自己不公正对待的那些人——因为他们本性是如此残忍，就是认为最邪恶的东西就是最善好的。（271）因此，每一个人都得到了他们罪有应得的惩罚，上帝自有其公义和报偿。（272）降临到他们身上的所有灾难都是他们必须要承受的，即使是那些只剩最后一口气的将死之人，也要忍受各种痛苦的酷刑折磨。[1]（273）但是，有人可能会说，他们所遭受的折磨少于他们所带来的罪恶，因为没有任何痛苦能与他们的背叛相抵。（274）然而，现在不是哀悼这些野蛮暴行的受害者的合适场合（尽管他们本应得到哀悼）。因此，我现在将继续之前所中断的叙述。

[2]（275）罗马将军现在向盘踞在马萨达城堡的以利亚撒及其匕首党同伙进军；他迅速攻占了毗连马萨达城堡的所有周边地区，并在合适的地方部署了军队；（276）同时，他沿着这座城堡建造了一道城墙并布置了岗哨，以防止任何被围之人逃亡。（277）他自己则挑选了一个最易于展开围攻的地方扎营，在那里，这座要塞的岩石与邻近的山冈相连接，尽管糟糕的地形不利于获得充足的粮食供应。（278）因为不仅要从远处运进粮食——这需要犹太人付出艰苦的劳动来完成这项任务，而且连淡水也不得不以人力运到军营，因为附近没有泉水。（279）在完成这些初步的部署之后，西尔瓦转而把注意力放到了围攻上；由于这座城堡艰险异常，因此需要花费极大的精力和心思，攻城的情况如下所述。

[3]（280）这里有一块周长巨大且整体极高的岩石，[2]其四周全都被深不见底的陡峭山谷包围，这些山谷太过陡峭，以至于除了两处

---

〔1〕对比第 417 节及以下；对匕首党人施予酷刑，目的是迫使他们承认凯撒是他们的君主；他们具有与早期基督教殉道者相匹敌的决心：不管怎样，这些狂热者都死得非常高贵。

〔2〕亦即马萨达岩石（The rock of Masada）。

地方可以勉强攀上这块岩石，其他地方就连动物也无法涉足。（281）其中一条路线位于亚斯法提提湖[1]的东边，[2]另一条更为容易的路线则位于湖的西边。（282）前者我们称呼它为蛇形路线，因为其狭窄和弯弯曲曲的形状看起来就像一条爬行的蛇；这条路线在绕开突出的悬崖时总是被阻断，以至于常常要折返回来，再逐渐地向前延伸。（283）一个人倘若沿着这条路线行进，那么，他必须先让一只脚牢牢地站稳，另一只脚才能接着往前迈进。死亡随时会降临到他的头上，因为两侧都是宽大的鸿沟，任何人都会望而却步。（284）这条艰险的小道长达三十弗隆，要走完它才能到达山顶，不过，山顶不是尖耸的，而是一块宽阔的平地。（285）在这块山顶平地上，高级祭司约拿单[3]首次建造了一座城堡，并称呼它为马萨达；接着，希律国王花费了巨大的精力来建造这块地方。（286）首先，他把整座山顶全都围了起来，这道围墙都是用白色石头所建，周长达七弗隆，高达十二肘尺，宽达八肘尺；（287）围墙上建造有三十七座塔楼，每一座塔楼都有五十肘尺高，只有通过塔楼，才能进入围墙里面的那些建筑。（288）希律国王把这块山顶耕作得比任何平原都更加肥沃、更加优良，即使切断了外部联系，城堡内的人也不会因为缺少食物而被危及性命。（289）此外，他在西边的斜坡上建造了一座王宫，这座王宫建造在坡顶围墙的下方，向北面倾斜。王宫的宫墙非常高大和坚固，四个角建造有四座塔楼，每一座塔楼都有六十肘尺高。（290）王宫内部的装饰和配备——房间、柱廊和浴室——种类繁多，富丽堂皇；这些建筑都有柱子（每一根柱

---

〔1〕亦即死海。

〔2〕字面含义是"面向太阳升起的地方"（towards the sun-rising），希罗多德（第三卷第 98 节）也使用过这个短语。

〔3〕约拿单（Jonathan）是犹大·马加比（Judas Maccabaeus）的兄弟，他在公元前161 年—前 143 年继任犹太人的首领，参见第一卷第 48—49 节。

子都用同一种石头建造）支撑，而房间的墙面和台阶都铺着各色相间的石头。（291）此外，在山顶抑或王宫周围的每个居住点，以及城墙前面，希律国王都在岩石里凿出许多巨大的蓄水池，因而获得了足够的水源供应，就像这里有泉水一样。（292）他还从王宫那里开挖了一条到达山顶的通道，从外面根本看不出这条通道的存在。不过，即使看到了，敌人也很难利用这条通道。（293）正如我们前面所说，[1]东边的那条通道由于其地理特性难以逾越，而西边的那条通道，希律则在其最狭窄的地方——这个地点距离山顶至少有一千肘尺——建造了一座巨大的塔楼。这座塔楼既无法逾越，也无法轻易攻占；即使是那些访客在通过这条通道时，他们也会胆战心惊。（294）因此，这座城堡既有险峻的自然条件，又有巧妙的人工建造，足以让任何敌人望而却步。

[4]（295）城堡内的储备则更令人惊奇，有着大批上等而又耐用的物资。（296）这里储藏的大批粮食足够他们使用数年，此外还储藏了大量的美酒（wine）和油（oil），以及各种各样的豆子和枣子。（297）当以利亚撒和他的匕首党人通过发动叛乱而控制这座城堡后，[2]发现里面的所有存货都完好无损，其品质丝毫不逊于最近存放之物——尽管从它们存放之日到罗马人攻占这座城堡几乎过去了一个世纪的时间。[3]确实，罗马人发现剩下的水果全都未腐败变质。（298）它们之所以能储藏这么久，完全是因为气候——高耸的城堡彻底隔绝了所有从土里生出的、污浊的杂质。（299）同时，这里发现了大批由国王囤积的各式武器，足够一万名士兵使用；此外，这里还发现有铸铁、黄

---

〔1〕 参见第 281—283 节。

〔2〕 参见第二卷第 408 节和第 433 节。

〔3〕 如果这座城堡的物资是在克里奥佩特拉时代储藏起来的话（第 300 节），那么储藏时间超过了一个世纪，即从公元前 31 年到公元 73 年。

铜和铅；所有这些储备无不表明，希律是为应付最严重的危机做准备的。（300）因为据说希律打算以这座城堡作为自己的避难之地，当时他面临双重危险——一是来自犹太民众的危险，他担心他们处决自己以恢复前朝的王位；二是来自埃及女王克里奥佩特拉的危险，这个危险更加严峻。（301）因为克里奥佩特拉从未掩饰自己的意图，她对安东尼纠缠不休，不断地劝说安东尼处决希律，并催促安东尼把犹地亚的王位授予她自己。[1]（302）让人倍感意外的是，安东尼拒绝了她的要求，要知道安东尼当时对她言听计从，几乎成为她爱情下的奴隶。因此，对于安东尼的拒绝，有人肯定会大为惊奇。（303）希律就是在这种担惊受怕之下修建马萨达城堡的；它注定要在这场犹太战争中成为罗马人需要攻克的最后一道障碍。

[5]（304）正如我们前面所说，[2]罗马将军西尔瓦现在建造了一道围墙，这道围墙把这个地方的外围整个包围了，而且他亲自参与围城，施行了最为严格的警戒措施，以防止任何人逃亡。（305）他发现，只有一处地方适合建造高垒：在这座塔楼后面，有一块突出的岩石，它挡住了从西边通往王宫和山顶的通道，这块岩石相当宽大，伸出很远，但仍比马萨达城堡低三百肘尺；这块石头被称为勒乌塞（Leuce）。[3]（306）因此，在登上和占领了这块高地后，西尔瓦命令自己的军队加紧建造高垒。在众人热火朝天的干劲下，高达两百肘尺的坚固高垒得以建造完成。（307）然而，对于安放攻城器械而言，这座宽大的高垒仍然显得不够开阔，其稳固性也有所欠缺；高垒上面建造有一个平台，是用巨石严丝合缝地紧压在一起做成的，宽达五十肘尺，高也达五十肘尺。（308）一般来说，攻城器械最初都是按照韦斯巴西安的设计建

---

〔1〕对比第一卷第359—360节（约在公元前34年）。

〔2〕参见第275—276节。

〔3〕"勒乌塞"（Leuce）的含义是"白色（峭壁）"（white［cliff］）。

造的，后来则按照提图斯的设计建造。（309）此外，[1]还建起一座塔楼，高度有六十肘尺，外表全部用铁皮包裹，罗马人可以从里面用大量的速射炮（quick-firers）和弩炮（ballistae）快速地向城墙上的守军连续齐射，从而让守军毫无反击之力。（310）与此同时，西尔瓦又把自己装备的一个巨大的攻城槌拉运上来，并下令不断地撞击城墙，经过一番艰苦的攻击，攻城槌终于在城墙上打开一个缺口，进而摧毁了这道城墙。（311）然而，匕首党人已经在里面建造了另一道城墙，就连攻城槌也摧毁不了这道城墙，因为它被建造得非常柔韧，足以抵消攻城槌的撞击力。（312）它是以下述方式建造的：大梁纵向连续铺设，并在两端彼此固定；两列大梁是平行的，之间相隔一堵墙的宽度，中间的空隙里填充泥土；（313）此外，为了防止在土堆抬升的过程中泥土散开，他们在上面再横向地铺设大梁，这样就可以把纵向铺设的大梁牢牢夹在一起了。（314）因而，它呈现给敌人的是一个砖石建筑的样子，但攻城槌撞击在这种柔软的材料上，力度就会减弱很多；此外，攻城槌的撞击造成的晃动只会让它越来越坚固。（315）有鉴于此，西尔瓦认为，用火烧毁这道城墙会更容易一些，他命令自己的士兵用力将燃烧的火炬掷向它。（316）由于它主要是木制结构，因此很快就被点燃了；而且一旦被烧着，中间的空隙就会使它越烧越旺。（317）大火刚爆发时，迎面吹来的一阵北风让罗马人大为惊恐，因为风使上方的火焰转向，烧向了罗马人，使他们几乎陷入绝望。他们担心这会烧毁所有的攻城器械。（318）然而，突然间风向改变了，仿佛是出自上帝的旨意（as if by divine providence），[2]强劲的南风从相反方向吹来，

---

〔1〕韦斯巴西安在约塔帕塔建造了三座类似的塔楼，不过，它们的高度都没有超过五十英尺，参见第三卷第 284 节。

〔2〕关于类似的这种神意的帮助（For similar providential aid），对比第四卷第 76 节（在迦马拉）。

将火焰引向了城墙，现在大火完完全全地[1]燃烧起来。（319）在上帝的帮助（God's aid）下，罗马人高高兴兴地回到了自己的军营，他们决定第二天再向敌人发起进攻；整个晚上，罗马人都在严加看守，以防任何犹太人秘密逃亡。

[6]（320）然而，以利亚撒根本就没有想过逃亡，他也不允许任何人逃亡。（321）当他看见大火中熊熊燃烧的城墙，他再也想不出任何拯救的办法或者英勇奋战的余地。倘若罗马人获胜，那么，罗马人会怎样对待他们以及他们的妻子和儿女？这个问题无疑显而易见地摆在他们眼前，他仔细地考虑了所有人的死亡。（322）在当前的情势下，他觉得，这是最好的抉择了，他把自己最勇敢的那些战士召集起来，用以下这番话激励他们：

（323）我的勇士们，一直以来，除了上帝之外，我们都决心绝不再做罗马人或其他任何人的奴隶，因为只有上帝才是人类真正的公义之主；现在就是我们用行动见证自己决心的时候了。（324）在这危急时刻，让我们不要使自己蒙羞；先前我们在没有危险之时都拒绝为奴，倘若现在我们活着落入罗马人手中，那么，我们不仅既要为奴，又要承受不可想象的惩罚。我们是所有人当中最早发动反叛的人，我们也是所有人当中战斗到最后的人。（325）此外，我相信这是上帝赐予我们的恩惠，使我们有权力自由而高贵地赴死，这是其他遭遇意外失败的人所没有的特权。（326）天一亮，我们的命运注定是要被罗马人俘虏，但是，在此期间，我们仍然拥有高贵赴死的自由。尽管我们的敌人渴望活捉我们，但他们无法阻止这一切，正如我们现在无法指望在战斗中打败他们一样。（327）我们最初选择捍卫我们的自由，但是，接

---

〔1〕"完完全全地"（through and through）或者写作"从上到下"（from top to bottom）。

着我们相互之间就经受了这样痛苦的残杀，并遭受了敌人更为残忍的虐待，我要说的是，我们要认清上帝的旨意（God's purpose），要认识到一度为他所喜爱的犹太民族已经注定万劫不复。（328）倘若上帝继续保持仁慈，或者只是轻微地恼怒，他绝不会对如此大规模的毁灭视而不见，也绝不会遗弃他的最神圣的城市，而让我们的敌人将它焚烧，夷为平地。（329）但是，难道我们真的希望，在整个犹太民族中，只有我们能够幸存下来，并只有我们的自由得到保全吗？就好像我们没有对上帝犯下任何罪恶行径，也没有参与其他人的任何罪恶活动一样——我们甚至是其他人的教导者。（330）上帝给我们带来了完全超出我们想象的悲惨痛苦，这表明，他要使我们相信，我们的希望已经全然徒劳。（331）因为，即使这座坚不可摧的城堡也挽救不了我们；尽管我们拥有足够的食物供应、成堆的武器装备和大批其他的各种物资，但是，我们仍然被上帝剥夺了所有获救的希望。（332）要知道，我们的敌人点燃的大火本来是不会烧向我们建造的那道城墙的；[1]所有这些无不预示了上帝对我们疯狂残杀自己同胞的愤怒。（333）我们遭受的这些惩罚不是出自罗马人，而是出自上帝，他通过我们的双手来执行他自己的意图，因为相较于其他的惩罚，这种惩罚要更容易忍受。[2]（334）让我们的妻子不受羞辱地死去，让我们的孩子像一个自由人而不是奴隶那样死去；当他们死后，让我们慷慨地相互帮助，将我们的自由当作一座高贵的墓碑来保护。（335）但是，现在首先让我们用大火摧毁我们的财产和城堡，因为我深知，罗马人肯定会对我们人身和金钱的同时毁灭感到万分痛心。（336）我们只留下食物，因为我们要向他们证明，我

---

[1] 参见第317—318节。

[2] 对比《撒母耳记下》第二十四章第14节："我愿落在耶和华的手里，因为他有丰盛的怜悯，我不愿落在人的手里。"等等。

们选择自我毁灭绝不是因为缺少食物，而是出于我们最开始的决心——宁死也不愿意为奴。

[7]（337）以上这些就是以利亚撒对他们的讲话；但是，他的这番讲话并没有打动所有的听众。其中一些人积极响应，他们想到如此高贵的死亡就由衷地高兴；（338）但是，另一些心软之人则被妻子和家人的哀求所打动，同时也被他们自己最终的命运所触动，当他们相互凝望时，泪水情不自禁地迸出眼眶，揭示出他们内心的不情愿。（339）当以利亚撒看到他们在这个庞大的计划面前退缩和泄气的样子时，便担心他们的抽泣和泪水会让那些听从他的讲话而一心赴死的人也心生气馁。（340）因此，他非但没有停止劝说，反而情绪高涨地进一步做出有关灵魂不死的演说。（341）他一脸愤懑，眼睛直直地看着那些流泪的人，对他们大声地说道：[1]

我误以为会有奋勇争取自由的勇士与我同心协力，他们要么荣誉地活着，要么光荣地死去。（342）然而，我发现不论是在品德方面，还是在勇气方面，你们并不比普通群众强多少；尽管你们是从最严重的灾难之中幸存下来的，但是你们却害怕死亡，你们本不应该在这件事情上犹豫不决或等候劝导。（343）自古以来，我们祖先的神圣律法从我们记事的那刻起就不断地教育我们：[2]

---

〔1〕战争结束时的这篇演讲，与战争爆发时阿格里帕所做的那篇演讲形成了鲜明对照，参见第二卷第345—401节。民族的罪恶必须借助叛乱分子的首领之口得到承认。

〔2〕对比《驳阿庇安》第二卷第178节："如果有人询问我们当中的任何一个人有关律法方面的问题，他都能对答如流。我们从记事起就开始深入地学习律法，因此，我们已经把律法深深地镌刻在自己的灵魂里。我们中间几乎找不到违法者，也不可能逃脱出律法的惩罚。"但是，与其说是希伯来律法，不如说是希腊诗歌和哲学激发了接下来的内容。对比一下约瑟夫斯在约塔帕塔关于自杀的罪行那篇演讲，这会是非常有趣的事情，参见第三卷第362节及以下。

人的不幸，不在于死亡，而在于活着。我们的祖先也一直用他们高贵的心灵和实际的行动证实着这些教义。[1]（344）因为死亡可以给予灵魂以自由，使它去往自己纯洁的居所，那里没有任何的灾难；然而，只要灵魂被束缚在必死的肉身里，那么，所有的灾难都会影响到它；确实，必死的肉身和死亡联结在一起，它们必然与不朽的神圣不相称。（345）诚然，灵魂的力量是伟大的，即使被囚禁在肉体之中；因为它使肉体成为其感知器官，无形地控制肉体，并引导肉体有超越凡人本性的行动。（346）然而，如果灵魂摆脱了将其拖入尘世并紧紧拉住它的体重，那么，灵魂就会回到它的正确位置，也就可以完全安享其神圣的能量和不受束缚的力量，只不过它像上帝一样，人的肉眼是看不见的。（347）尽管它确实在肉身里面，但是，肉眼看不到它。它来时无可察觉；它离开时也不可见。这就是灵魂的本性，它也不会腐烂变质，但是，它确实会引起肉身的各种变化：（348）只要灵魂一触及，它们就会活着并焕发生机；[2] 只要灵魂一离开，它们就会枯萎和死亡。这就是灵魂所拥有的巨大的不朽力量。

（349）睡眠最能证实我的这番讲话的可信性——在睡眠时，灵魂不被肉身干扰，此时它正安享最甜蜜的休息，亲密地与上帝对话；它漫游宇宙，预告即将发生的许多未来之事。（350）我们为什么要担心死亡呢？要知道，死亡其实和我们安享的睡眠几乎无异。我们活着的时候拼命地追求自由，但我们却憎恶自己的永生，这不是愚蠢至极吗？

（351）因此，我们从小就对此耳濡目染，应当成为欣然赴死

---

〔1〕对比第358节，欧里庇得斯的相似表达。

〔2〕ζῇ καὶ τέθηλεν［活着且茁壮发展］效仿的是索福克勒斯《特拉基斯妇女》第235行的 καὶ ζῶντα καὶ θάλλοντα［活着且茁壮发展］；这位诗人提供了"触摸"（touch，προσψαύειν）一词。

的好榜样；然而，如果我们真的需要从异族人那里寻找这件事上的可靠证据，那么，就让我们看看那些主张哲学训练的印度人吧！[1]（352）他们全都是勇武果敢之人，但是，他们却不愿意忍受尘世的生命，他们只是把生命看作必要的奴役，时刻想着将自己的灵魂脱离肉身。（353）尽管没有任何灾难逼迫或驱使他们，但是出于对永生的渴望，他们向同伴宣布自己就要离开。没有人会阻止他们，相反，所有人都去恭贺他们，并且给他们带去信件（letters），[2]让他们把这些信件捎给自己所爱戴的朋友[3]。（354）而他们坚定而又真诚地相信，在另一个世界里，他们的灵魂可以同其他的灵魂相互对话。（355）当这些人聆听完所有给予他们的嘱托后，就把自己的肉身交付大火，以让自己的灵魂能够以最纯洁的方式离开肉身；就这样，他们在阵阵赞美声中离开人世。（356）当这段漫长的旅程开启时，他们最亲爱的朋友们要比其他的同胞更乐意护送他们走向死亡；这些朋友们为自己哭泣，但他们认为现在重获[4]不朽是幸福的。（357）难道我们不为自己比印度人平庸而感到羞愧吗？难道我们的怯懦不是会让我们国家的律法蒙羞吗？——而这些律法正是全人类所艳羡的。

（358）然而，即便我们一开始被训导一种相反的教义，即人的生命是最宝贵的，而死亡则是一种不幸，[5]我们现在所处的形

---

〔1〕对比《驳阿庇安》第一卷第 179 节提到的印度哲学家们，正如这里所引述的（as there quoted），亚里士多德认为，犹太人是那些印度哲学家的后裔。

〔2〕这里的"信件"（letters）或者写作"委托"（commissions）。

〔3〕指"去世的 / 已故的"（sc. "departed"）。

〔4〕这里的"重获"（regaining）或者写作"得到"（receiving）。

〔5〕正如第 343 节所述，这里也许可以让人想起欧里庇得斯的语句：Τίς οἶδεν, εἰ τὸ ζῆν μέν ἐστι κατθανεῖν, | τὸ κατθανεῖν δὲ ζῆν κάτω νομίζεται；[谁知道，是否生是死，| 而死被视为在冥界生]（丁多夫［Dindorf］，《欧里庇得斯片段》［Frag.］第 634 节）。

势也逼迫我们要勇敢地接受这样的不幸，因为这是上帝的意志，我们不得不死去。（359）上帝似乎早就下达了这条反对整个犹太民族的法令（this decree against the whole Jewish race），如果我们不能正确地利用生命的话，我们就不得不放弃生命。（360）你们不应该把责任归咎到自己身上，也不应该把这场毁灭我们的战争归咎到罗马人身上；因为这些事情不是通过罗马人的力量实现的，而是一些更加强大的力量的介入，给予了他们胜利的表象。

（361）我问你们，是什么罗马武器杀死了凯撒利亚的犹太人？[1]（362）他们甚至没有考虑过反叛罗马，而是当他们守安息日节期（sabbath festival）时，[2]凯撒利亚的暴徒冲进去屠杀了他们和他们的妻子儿女，他们根本就没有抵抗；凯撒利亚的暴徒对罗马人毫无尊重，而罗马人只把我们这些反叛的犹太人当作敌人。（363）然而，可能有人会说，凯撒利亚人总是与居住在他们中间的犹太人发生争吵，他们肯定不会错失良机报复宿怨。（364）倘若非要这么说的话，那么，我们对希索波利斯的犹太人又当做何评论呢？[3]他们当时不是站到了希腊人一边而与我们英勇开战吗？难道他们不是拒绝与我们——他们的同胞——结盟抵抗罗马人吗？（365）可以肯定的是，他们从对希索波利斯人的善意和忠诚里获得很多好处！他们以及他们所有的家人全都遭到无情的屠杀，这就是他们从结盟中所得的回报；（366）他们从我们手中救出他们的邻舍，使其脱离了毁灭的命运，他们自己却承受了这种命运，就好像他们渴望承受一样。现在时间不允许我把所有的

---

〔1〕参见第二卷第457节（战争爆发之初，公元66年）。

〔2〕"他们的安息日"（their sabbath）亦即希腊人的"第七日"（Greek "seventh day"）；耶路撒冷的罗马卫戍部队对耶路撒冷犹太人的屠杀和对凯撒利亚犹太人的屠杀发生在同一时间，亦即都发生在安息日，参见第二卷第456—457节。

〔3〕参见第二卷第466节及以下。

毁灭事件——谈及。（367）因为正如你们所知，在叙利亚地区，没有一座城市没发生过屠杀犹太居民的事，尽管他们对罗马人的敌意要超过对我们的敌意。[1]（368）因此，那些大马士革人[2]甚至在连一个似是而非的借口都编造不出的情况下，就残忍地大肆杀害我们的同胞，以至于整座城市全都淹没在无尽的屠杀之中，大马士革人总计屠杀了一万八千名犹太人，连同他们的妻子和家人。[3]至于埃及，[4]我们知道那里被折磨致死的人可能超过六万。

（369）由于生活在外邦的土地上，那些犹太人没有办法同他们的敌人相提并论，于是只能这样殒命。至于我们这些在自己的国土上反抗罗马的犹太人，难道没有足够的胜利希望吗？（370）武器、城墙、固若金汤的城堡和为了自由而不惧任何危险的英雄气概，这些无不极大地激励了我们反叛的信心。（371）但是，这些优势只维持了一段非常短暂的时间，以至于我们只能用希望再次激励自己，然而事实证明，这些希望只不过开启了我们更大的灾难。因为，我们所有的一切全都被夺走了，所有人全都匍匐在敌人的脚下，就好像这些优势只让罗马人的胜利更加光荣而已，而不是为了保全那些提供了这些优势的人。（372）至于在战争中死去的人，他们理应得到合适的祝福，因为他们都是为了捍卫自由而死，而不是由于背叛自由而死；而那些落入罗马人之手的犹太民众，谁不为他们感到可怜？谁不会在遭受与他们相同的痛苦

---

〔1〕"尽管他们对罗马人的敌意要超过对我们的敌意"（though more hostile to us than to the Romans）或者写作 "尽管他们比罗马人更敌视我们"（though more hostile to us than were the Romans）。

〔2〕参见第二卷第 559 节及以下。

〔3〕按照第二卷第 561 节的记载，总计屠杀了一万零五百名犹太人。在本段中，赫格西普斯（Hegesippus）将其读作 "八千人"。

〔4〕参见第二卷第 487 节及以下。

之前，情愿疾速死去呢？（373）他们当中的一些人殒命在刑架上，或者惨遭火刑和鞭刑的痛苦折磨；至于另一些人，当他们被野兽吃掉一半后，倘若他们仍然活着，那么会被留下来作野兽的第二顿美餐，继续给我们的敌人提供欢笑和娱乐。（374）但最悲惨的是那些仍然活着的人，他们是如此渴求死亡，却无法如愿以偿。

（375）那座伟大的城市，她是全犹太人的首都，有众多城墙的保护，同时也有众多的城堡和巨大的塔楼防卫——其内备有不计其数的作战军火和成千上万的守卫者，但她现在在哪里呢？（376）据信，上帝就是她的创建者（her founder），[1] 她现在怎么样了呢？[2] 她现在已经被连根拔起，唯一剩下的纪念物是仍然留在废墟中的遇害者！（the sole memorial of her remaining is that of the slain still quartered in her ruins!）[3]（377）不幸的老人坐在圣坛的灰烬旁边，此外还有一些妇女，这就是敌人留下的最卑鄙的暴行。

（378）在这种情况下，纵使毫无生命之虞，我们当中有谁能安心地晒着太阳吗？你们面对敌人是如此怯懦，你们是如此爱惜性命，难道你们对今天的苟延残喘就不感到羞愧吗？（379）我真的希望，在我们看到这座圣城被敌人彻底摧毁、圣殿被敌人连根拔起之前，我们所有人就已经全部死去。（380）然而，由于我们先前受到一个并不可耻的希望的迷惑，以至于我们以为可以由

---

〔1〕旧的英译本将其译作"居民"（inhabitant），是不适当的；在第二卷第 266 节中，οἰκιστής（居住者）与 κτίστης（建造者）是同义词。

〔2〕［中译按］在惠斯顿本中，英译者将这句译作："据信，上帝自己就居住在这座城市，这城现在怎么样了呢？"（Where is this city that was believed to have God himself inhabiting therein?）

〔3〕这处文本的含义无法确定（Text doubtful）：倘若它是正确的，那么 μνημεῖον 一词似乎有"纪念物"（memorial）和"陵墓"（tomb）的双重含义。不过，在其他的抄本中，"遇害者"（that of the slain）亦写作"摧毁她的那些营地"（the camp of those that destroyed her），而这有可能是正确的。

此向敌人复仇，但既然这个希望现在已经惨遭破灭，而我们只剩下苦苦挣扎，那么，就让我们赶快光荣地死去吧！在我们当前尚有能力施与怜悯之际，让我们好好地怜悯我们自己，以及我们的小孩和妻子吧！（381）因为，我们生来就要死去，我们和我们的后代都是如此；对此，即使最幸运的人也无法逃脱。（382）但是，虐待和奴役，以及看到我们的妻子与她们的孩子一起受辱的画面，这些都不是自然（nature）强加给人类的必然的罪恶，而是由于其自身的怯懦，才降临到本有机会用死亡来进行阻止的人的身上。（383）然而我们，先前以引以为豪的英雄气概奋起抗击了罗马，而现在在这最后时刻，在他们允诺保全我们的性命之后，我们仍旧拒绝了他们的提议。[1]（384）倘若他们把我们俘虏，谁可以预见到他们对我们的怒火呢？那些身体强壮到足以承受许多折磨的年轻人将是悲惨的，而那些老年人也将是悲惨的，他们无法像年轻人那样承受那种折磨。（385）一个双手被绑的男人，难道他不是只能眼睁睁地看着自己的妻子惨遭侵犯（violation）？[2]难道他不是只能忍受自己的孩子撕心裂肺地哭喊"父亲"？（386）在那些双手仍旧自由地握着利剑之际，就让它们服务于我们光荣的计划吧！让我们在沦为敌人的奴隶之前就死去吧，让我们带着我们的妻子和孩子，像自由人那样一起离开这个世界吧！（387）这是我们的律法命令我们做的，[3]也是我们的妻子和孩子渴求我们做的。上帝也命令我们这样做，而罗马人的愿望却与此背道而驰，他们担心我们当中有任何人在这座城堡被攻陷之前就死掉。（388）让我们赶紧赴死吧，而不是让他们享受

---

〔1〕参见第六卷第350—351节。

〔2〕这里的"侵害"（violation）或者写作"暴力 / 荼毒"（by violence）。

〔3〕这是一种修辞学的叙述：律法（the Law）没有这样明确命令。

"保护"我们的那种快感，我们要让他们震惊于我们的死亡，羡慕于我们的勇气。

第九章

[1]（389）倘若不是遭到听众的打断，以利亚撒仍会继续自己的劝诫，但他们已经按捺不住，全速行动起来。他们像着了魔似的纷纷奔走，每一个人都急于超过自己的邻居，避免自己成为最拖后腿的那个，以此来证明自己所谓的勇气。他们如此热血沸腾，要屠杀自己的妻子、小孩和他们自己。（390）正如人们预料的那样，当他们进行这项任务之时，他们的热情也没有冷却下来，他们持定在聆听以利亚撒的演说之时所立的决心上，尽管每个人仍然心怀情感和怜爱；因为，在他们看来，他们对自己所爱之人的考量是非常周全和理性的。（391）他们温柔地爱抚和拥抱着自己的妻子，把小孩也抱在怀里，饱含泪水久久地吻别他们；（392）就在这同一时刻，他们完成了自己的决定，仿佛不是由他们亲手行动似的，因为他们想到，一旦落到敌人的手上，将不得不忍受无尽的酷刑，而他们在杀死家人时则相当克制，他们就以此来自我安慰。（393）最后，没有一个人对这项行动畏缩不前，所有人都把他们最亲的亲人给杀死了。对这些不得已而为之的可怜之人来说，亲手杀死自己的妻子和小孩似乎是一件最微不足道的罪恶。（394）事实上，他们再也无法忍受自己所做的一切所带来的痛苦，他们觉得，这是对那些被他们杀死之人的一种伤害，哪怕只是片刻的幸存。他们迅速地把所有储备物堆积在一起点燃；（395）接着以抽签的方式挑选出十个人，让他们杀死余下的人；最后，每个人躺在各自的妻子和小孩旁边，用胳膊搂住他们，又把自己的脖子袒露出来，以待那些被抽中的行刑者执行这一悲惨的任务。（396）这十个人毫不动摇

地杀死了所有的人，接着，他们又以相同的方式抽出一个人，这个人将杀死其余的九个人，再以自杀的方式了结自己；他们相互之间是如此信任，以至于无论是在行动方面，还是在受苦方面，彼此之间没有任何的不同。（397）最后，九个人袒露出自己的脖子给行刑者，而最末的那个幸存者会俯身查看倒下的尸体，以确认在凌乱的尸体中间已经没有尚未死亡而需要自己再补上一刀之人，在确认所有人全都死亡后，他就点燃了宫殿，接着用尽全力以利剑刺穿自己的身体，倒在了自己家人的身边。（398）他们以为，他们这样死掉，是不会留下任何一个活口给罗马人的；（399）然而，就在其他人都在全神贯注地忙于杀戮之时，有一个老妇人和一个以利亚撒的亲戚——无论是在智力上还是在学识上，她们都要超过绝大部分妇女——带着五个孩子，一起躲到了地下的渡槽（the subterranean aqueducts）里面。（400）遇难者人数总计九百六十人，包括妇女和儿童。（401）这场悲剧发生在撒西库斯月的第十五日。[1]

[2]（402）罗马人原以为会遭遇犹太人的抵抗，天色一破晓，他们就穿上了铠甲，从高垒那边架起了作为跳板的舷梯，以向犹太人发动进攻。（403）然而，他们没有看到任何一个敌人出现，各个地方都孤寂得可怕，里面火焰冲天，却一片寂静。他们百思不得其解。最终，他们大声地叫喊，音量大得就好像攻城槌重击的声音一样，以试试里面是否有人回应。（404）妇女们听见了他们的叫喊声，于是从洞穴（the caverns）里面爬了出来，告诉罗马人所发生的一切，其中一个妇女[2]详细地向罗马人报告了以利亚撒的演讲和他们采取的行动。（405）然

---

〔1〕约在公元 73 年 5 月 2 日。这个月份和日期来源于尼斯本的推测，年份则来源于舒尔的推测（舒尔：《犹太民族史》第一卷第 639—640 节）；尼斯本估算的年份是公元 72 年（参见舒尔，同上）。

〔2〕她是以利亚撒的亲戚，参见第 399 节。

而，罗马人并没有认真对待和听取她的报告，因为他们不相信犹太人会有这种令人难以置信的勇气；与此同时，他们努力地扑灭火焰，而且很快就开挖出一条直抵王宫的通道。（406）在那里，他们看到了大批被杀的尸体，而不是情绪高涨的敌人。罗马人非常钦佩犹太人崇高的勇气和视死如归的精神，尤其是这么庞大数量的一群人能表现出如此坚定不移的勇气。

第十章

[1]（407）因而，马萨达城堡就这样被攻陷了，接着，罗马将军留下了一支卫戍部队防守这座城堡，他自己则率领军队去到凯撒利亚。（408）现在全国各地已经没有任何一个敌人了，所有敌人都被这场耗时良久的战争给镇压下去了，即使犹地亚最边远的那些地区也被这场战争波及。（409）此外，在埃及的亚历山大里亚，日后仍有许多犹太人遭到杀害。（410）因为许多匕首党人成功地逃到那里，但他们并不满足于逃亡，而是重新积极地从事叛乱活动，他们成功地说服许多款待他们的东道主支持他们的叛乱活动，他们并不认为罗马人优于自己，而且把上帝看作自己唯一的主人。（411）但是，他们遭到一些德高望重的犹太人的反对，于是他们杀了其中一些人，并继续威逼利诱其他人反叛罗马。（412）当长老会的首领们（the leaders of the council of elders）[1]看到匕首党人的疯狂行径后，[2]他们认为，倘若再放任不管

---

〔1〕［中译按］在惠斯顿本中，英译者将其译作"元老院的主要人物"（the principal men of the senate）。

〔2〕从斐洛的《驳弗拉库斯》来看，自奥古斯都时代起，在亚历山大里亚由 γερουσία （长老议事会）取代了单一的 ἐθνάρχης （总督），它由一定数量的 ἄρχοντες （执政官）进行主持。

的话，他们自己的安全都将无法得到保障；因此，他们召开犹太民众大会（a general assembly of the Jews），谴责了匕首党人的疯狂行径，证明后者是他们所有麻烦的制造者。（413）他们说道："从犹地亚逃出来的这些人根本就没有逃脱的希望，倘若罗马人认出他们来，他们肯定会被处死；他们的到来只会给予他们的罪行毫无瓜葛的无辜的我们带来灾难。"（414）他们建议民众大会谨防这些人所带来的毁灭威胁，并建议把这些人移交给罗马人，以便与罗马人修好。（415）认识到危险严重性的民众同意了这个建议，于是愤怒地冲向匕首党人，将他们抓捕。（416）民众当场就抓获了六百人；而所有逃到埃及和埃及底比斯（the Egyptian Thebes）的匕首党人也很快都被捉拿押解回来。（417）这些受害者所表现出的坚韧不拔的精神——你们也可以称之为绝望或者坚强意志——使所有人无不感到惊奇。（418）因为，他们的身体遭受了五花八门的酷刑的折磨和撕裂，而其唯一的目的只是让他们承认凯撒是他们的主人，然而，他们却毫不松口；尽管他们深受重创，但他们所有人都坚守自己的信念，仿佛他们所受的酷刑和火刑不会让他们疼痛，他们的灵魂反而在愉悦地享受这一切。（419）然而，让所有的旁观者最为震惊的乃是那些小孩表现出来的巨大勇气；这些小孩尽管年纪尚小，但他们在酷刑的折磨下却始终不承认凯撒是他们的主人。这就是这些人所展现出来的巨大勇气，他们用勇气战胜了肉身的软弱。

[2]（420）亚历山大里亚当时的统治者鲁普斯（Lupus）[1]立即将

---

[1] 鲁普斯（Lupus）的确切情况不得而知。在图拉真统治时期的后一次犹太战争爆发之际（公元 116 年），马尔库斯·鲁提利乌斯·鲁普斯（M. Rutilius Lupus）——他可能来自于同一个家族——担任了埃及的罗马总督（the Roman governor of Egypt）。

这次骚乱报告给了凯撒。（421）皇帝怀疑犹太人的叛乱倾向会没完没了，担心他们会再一次集结军队并劝诱其他人与罗马人开战，因此，他命令鲁普斯摧毁位于所谓的安尼亚斯地区（the so-called district of Onias）[1]的犹太圣殿（the Jewish temple）。[2]（422）这个地区是埃及的一个殖民地，而它之所以称作这个名字，是出于以下原因。（423）西蒙之子安尼亚斯（Onias son of Simon）是耶路撒冷的一位高级祭司，他从叙利亚国王安条克[3]那里逃出来，在安条克与犹太人开战期间，他来到了亚历山大里亚，并受到托勒密（Ptolemy）[4]的热情款待（因为托勒密非常憎恶安条克）；安尼亚斯向托勒密保证说，假如托勒密遵从自己的建议，那么他会把所有犹太人全都拉拢到托勒密这一边。（424）这位国王表示自己会竭尽所能地遵照他的建议行事，安尼亚斯便要求在埃及的某处地方建造一座圣殿，并按照他祖先的方式敬拜上帝；（425）他进一步补充说，犹太人对洗劫了耶路撒冷圣殿的安条克非常不满，而他们对他本人都非常友好，许多犹太人会为了宗教宽容而成群结队地跑到他这边来。

[3]（426）托勒密遵从了这个建议，给予安尼亚斯一大片土地，

---

〔1〕［中译按］安尼亚斯地区位于埃及。

〔2〕约瑟夫斯经常提到这座圣殿：《犹太战争》第一卷第 33 节，《犹太古史》第十二卷第 387—388 节、第十三卷第 62 节及以下、第十三卷第 285 节、第二十卷第 236—237 节。利安托波利斯（Leontopolis）的位置（《犹太古史》第十三卷第 70 节）就在现在的特尔－埃尔－耶胡迪伊赫（*Tell-el-Yehudiyyeh*），它位于三角洲最南端（the southern end of Delta）和孟菲斯（Memphis）的东北处：这个地方的发掘工作发现了这座犹太圣殿的遗迹，参见弗林德斯·皮特里（Flinders Petrie），《海克索斯和以色列城市》（*Hyksos and Israelite cities*），引自：G. B. Gray on Isa. xix. 19.

〔3〕亦即安条克·俄皮法尼斯（Antiochus Epiphanes）。

〔4〕亦即托勒密·斐洛米托（Ptolemy Philometor），公元前 182—前 146 年在位。

这片土地就位于所谓的赫利奥波利斯地区（the so-called nome of Heliopolis）。它距离孟菲斯（Memphis）一百八十弗隆。（427）在那里，安尼亚斯建造了一座城堡和一座圣殿（其外形看起来像一座塔楼，而不像耶路撒冷圣殿[1]），这座圣殿是用巨大的石块建造的，高达六十肘尺。（428）然而，祭坛是安尼亚斯按照本国的样式设计的，并且用相似的祭品进行装饰，唯独烛台的样式（the fashion of the lampstand）除外。[2]（429）安尼亚斯没有制作烛台，而是用金子锻造了会发光的灯，并用一条金制锁链悬挂起来。（430）整个圣殿区域由一道城墙环绕，这道城墙是用烧制的砖块建造的，不过，门口（the doorways）则是用石头砌成的。此外，国王还授予安尼亚斯一大片土地，作为其收入来源——既可以给高级祭司们提供大批丰富的供给，又可以给上帝献上大批丰富的祭品。（431）然而，安尼亚斯所做的这一切并非出于纯粹的公心；他的目的是与耶路撒冷的犹太人相争，因为他内心深处对自己遭到的放逐怀有极大的怨恨。他希望通过建造这座圣殿吸引大批犹太人离开耶路撒冷，来到自己身边。（432）此外，在大约六百年前，有一位名叫以赛亚（Esaias）的先知预言，[3]有一位犹太人将会

---

〔1〕 在这里，约瑟夫斯纠正了在第一卷第 33 节中关于安尼亚斯圣殿看起来像耶路撒冷圣殿的说法（《犹太古史》第十二卷第 388 节、第十三卷第 63 节和第二十卷第 236 节也做了同样的描述）。正如埃斯勒博士（Dr. Eisler）指出的，就这座圣殿的拆除问题，皇帝同鲁普斯（Lupus）和帕乌利努斯（Paulinus）两位总督（参见第 433 节及以下）之间可能存在通信；从这封通信中，约瑟夫斯了解到这里所提到的具体情况。《犹太战争》第七卷的结尾（The close of Book vii of the War）看起来像一个后加的附录（a later appendix）。

〔2〕 关于耶路撒冷的"灯台"（lampstand）或者"烛台"（candlestic）的描述，参见第 148—149 节。

〔3〕 事实上，以赛亚做预言的时期（The period of Isaiah's prophecies）是在大约公元前 740—前 700 年，早于本书事件发生的时间约八百年。

在埃及建造圣殿。[1]这就是这座圣殿的由来。

[4]（433）一接到凯撒的信件，亚历山大里亚总督鲁普斯就立即赶赴圣殿，他夺走了其中一些献祭物，并关闭了圣殿。（434）鲁普斯不久就去世了，帕乌利努斯（Paulinus）接任了他的总督职位。[2]他严厉地威胁祭司，倘若他们不把所有的东西都交出来，那么他将禁止一切朝拜者接近这个区域；帕乌利努斯就这样彻底夺走了圣殿的全部财宝。（435）自从他关闭圣殿大门，让人无法接近之时起，这里就再也没有留下任何神圣崇拜的痕迹。（436）这座圣殿从建造到关闭，总共历经三百四十三年。[3]

---

[1]《以赛亚书》（Isa.）第十九章第18—19节提到了这件事情，《犹太古史》第十三卷第68节部分地引用了其中的内容："当那日，在埃及地中必有为耶和华筑的一座坛。"（In that day shall there be an altar to the Lord in the midst of the land of Egypt.）现代评论家认为，这个章节是后来插入到《以赛亚书》中的；一些人甚至将其称为"事后诸葛亮/马后炮/事情发生后再做的预言"（vaticinium post eventum），《以赛亚书》第十九章第18节所说的那座城市——它的名字在不同的文本中有不同的称谓，例如"公义之城"（city of righteousness）、"毁灭之城"（of destruction）或"太阳之城"（of the sun）——指的是利安托波利斯（being taken as a reference to Leontopolis）。参见 G. B. Gray，*Internat. Crit. Comm.，in loc.*

[2]约在公元73年。

[3]第一个数字可能是错误的；243年——即大约公元前170年至公元73年——应该是正确的。然而，在即将完成的一部著作中，埃斯勒博士（Dr. Eisler）巧妙地解释了本文中的这个数字："约瑟夫斯的这个数字计算错误并不罕见，也易于理解，因为约瑟夫斯认为的是，安尼亚斯圣殿的存续时间是343（＝7×7×7）年，或者七的周年纪念（seven jubilees）。这个神秘数字表明，在约瑟夫斯看来，这两座犹太圣殿（赫利奥波利斯圣殿和耶路撒冷圣殿）的毁灭，是因为它们违背了《申命记》关于单一圣所的律法规定。一些类似的观念——例如《但以理书》中的七十年周期——可能对约瑟夫斯的思想产生了影响。"

第十一章

[1]（437）匕首党人的疯狂像疾病一样蔓延到西兰尼周围的诸城市（the cities of Cyrene）。（438）有一位名叫约拿单（Jonathan）的恶棍——他是一名织布工——避难于西兰尼城，他赢得了不少穷人的跟从；他把他们带向旷野，并允诺向他们展示神迹和异象。（439）他利用欺诈手段骗过了他们；但是，西兰尼的一些德高望重的犹太人则把他进入旷野以及所实施的行动报告给利比亚－彭塔波利斯总督（the governor of the Libyan Pentapolis）[1]加图鲁斯（Catullus）。（440）于是，加图鲁斯派去了一支骑兵和步兵部队，他们轻而易举地制服了这群手无寸铁的民众；在战斗中，罗马人屠杀了他们当中的许多人，不过也俘虏了一些人，将他们带回到加图鲁斯那里。（441）这场阴谋的始作俑者约拿单当场逃脱了，不过，在经过一番耗时又艰辛的全城搜捕后，他最终仍被抓获。当他被带到加图鲁斯面前时，他设法逃避了惩罚，（442）谎称这场阴谋是这座城里最富有的那些犹太人指示他做的，这个谎言也为加图鲁斯提供了作恶的把柄。

[2]（443）加图鲁斯轻易就相信了他的这些造谣中伤，他高度重视这件事，并极尽夸大其词，以便让人们以为他也赢得了一场犹太战争。（444）更为糟糕的是，他不仅轻易地相信了约拿单所编造的故事，而且实际上错误地激励了这名匕首党人。（445）他指示约拿单指控一位名叫亚历山大（Alexander）的犹太人（这位犹太人先前与加图鲁斯发生过争吵，现在又与他公开为敌），这个指控又进一步牵连到了亚历山大的妻子贝勒尼斯（Berenice）。这两人是加图鲁斯最早的受害者。在这两人之后，他把所有富裕的犹太人全都给屠杀了，其总人数

---

[1]［中译按］Pentapolis 是"五城"之意，因而，the governor of the Libyan Pentapolis 亦即"利比亚五城的总督"。

达三千。（446）他认为，这个行动是安全的，因为他把他们的财产充公到了帝国的国库里面。

[3]（447）为了阻止其他地方的犹太人发现自己的罪行，加图鲁斯进一步扩大了这个错误的指控，他说服约拿单以及与之一同被捕的一些人，去告发亚历山大里亚和罗马城里的那些最有名望的犹太人意图谋反。（448）其中牵连到了约瑟夫斯——这部历史著作的作者。[1]（449）然而，这项阴谋并没有像加图鲁斯先前所预想的那样发展。加图鲁斯亲自把被铐的约拿单及其同伙押解到罗马，他以为通过这种手段，就可以使伪造的指控成为板上钉钉的事实。（450）但是，对这件事情深表怀疑的韦斯巴西安彻底查清了来龙去脉。他发现，针对犹太人的这项指控根本就是不公正的，在提图斯的斡旋下，这些人全都被宣告无罪，而约拿单则受到了应有的惩罚。他先是遭到了酷刑的折磨，接着被活活烧死了。

[4]（451）由于皇帝的仁慈，加图鲁斯只受到了斥责；但是，不久之后他患上了一种复杂而又难以治愈的疾病，在经受了一番肉体折磨和心智错乱后，最终悲惨地死去了。（452）当他精神错乱时，他不断地看到被自己杀害之人的鬼魂立于身旁，以至于他不停地惊声尖叫；由于不能控制自己，他老是从床上跳下来，就好像遭到了酷刑或者火刑折磨一样。（453）他的疾病越来越严重，他的肠子溃烂不堪，甚至脱落；他就这样悲惨地死去了。这个事件是上帝惩罚邪恶之徒的最好例证。

---

[1] 在其自传中（《生平》第 424—425 节），约瑟夫斯再一次提到了这件事情："然而，正因为如此，我也引起了很多人的嫉妒，也使我陷入一种危险之中。一个名叫约拿单的犹太人，他在西兰尼发动了叛乱，还诱使当地的两千居民加入到他的阵营，造成了巨大的破坏。但是，当约拿单被这个行省的总督押到皇帝面前时，他却告诉皇帝是我给他提供的金钱和武器。"

［5］^{〔1〕}（454）在这里，我将结束我的历史叙述——我先前曾允诺要详细地叙述这场战争，从而让那些渴望了解这场犹太战争的人都知道它是怎样进行的。（455）至于写作风格的问题，^{〔2〕}我的读者自会评判；但是，至于它的真实性，我可以毫不迟疑地大胆宣布，在整个叙述中，我唯一的目的就是提供真相。

---

〔1〕这段是这部历史著作的后记（epilogue）。

〔2〕或者可能写作："它是如何（在希腊语中）呈现的"（How it has been rendered ［into Greek］）；对比第一卷第 3 节所提到的阿拉米语原本（但使用的动词是 μεταβαλών ［将转写］）。

索引（一）

（索引中的导言页码为英文原版页码，即本书英译本导言的边码；正文部分的罗马数字代表卷，阿拉伯数字代表圆括号里的小节，n. 代表注释，ff. 代表小节之后的若干内容）

元老院之间充当调停人，ii. 206–213；king of Judaea, etc. 犹地亚国王，等等，214；his death 他的死亡，219；Agrippa's Wall 阿格里帕的城墙，v. 147–155

Agrippa II 阿格里帕二世，Introd. 导言，x–xi, xix ff.；ii. 220；king of Chalcis 迦尔西国王，ii. 223；defends the Jews before Claudius 在克劳狄面前为犹太人辩护，245；king of Trachonitis, Batanaea, Gaulanitis, etc. 特拉可尼、巴珊、戈兰提斯等地的国王，247；his kingdom enlarged by Nero 尼禄扩大了他的王国，252；goes to Egypt 去往埃及，309；returns to Jerusalem 回到耶路撒冷，335；his speech to the Jews 他对犹太人的演讲，345–401；banished from Jerusalem 被驱逐出耶路撒冷，406；418，421；his palace burnt 他的宫殿惨遭烧毁，426；481，483，502；tries to parley with the Jews 试图和犹太人谈判，ii. 523，595；iii. 29；his kingdom 他的王国，57；68；visited by Vespasian 韦斯巴西安造访，iii. 443；456，540–541；territory of 领地，iv. 2；wounded 受伤，14；goes to salute Galba 向加尔巴行礼，498，500；repairs sanctuary 修缮圣殿，v. 36

Agrippa, M. Vipsanius 马尔库斯·维普撒尼乌斯·阿格里帕，i. 400；ii. 25

Agrippeum（Aprippeum），part of Herod's palace 阿格里帕里乌姆，希律王宫的一部分，i. 402

Agrippias（Agrippium），city, formerly Anthedon 阿格里皮亚城堡，从前的安塞顿，i. 87，118，416

Agrippina, wife of Claudius 克劳狄之妻阿格里皮娜，ii. 249

Alani, invade Media 阿兰人侵略米底亚，vii. 244–251

Albinus, procurator 总督阿庇努斯，ii. 272–277

Alexander the Great 亚历山大大帝，ii. 360；settles Jews in Alexandria 在亚历山大安置犹太人，ii. 487；his fortune 他的运气，v. 465；closes the Caspian Gates 关闭里海的山口，vii. 245

Alexander, alabarch of Alexandria 亚历山大里亚的最高行政长官亚历山大，v. 205

Alexander Jannaeus, accession of 亚历山大·詹纳乌斯登基，i. 85；his early wars 他早期的战争，86–87；revolt of Jews against 犹太人对他的反叛，88；defeated by Obedas 被奥比达斯打败，90；long war with his subjects 与自己臣民的持久战争，91–98；defeated by Demetrius 被德米特里打败，94–95；his massacre of Jews 他对犹太人的大屠杀，97；his last wars 他最后的战争，99–105；his death 他的死亡，106；v. 304；vii. 171

Alexander, son of Aristobulus II 亚里斯多布鲁斯二世之子亚历山大, i. 158; his revolt 他的反叛, 160; defeated by Gabinius 被加比尼乌斯打败, 163; surrenders Alexandreion（Alexandrium）交出亚历山大里安, 167; massacres Romans 屠杀罗马人, 176; his death 他的死亡, 185; 551

Alexander, son of Herod 希律之子亚历山大, i. 452, 467, 469, 471, 474, 477; denounced by Herod's eunuchs 被希律的太监斥责, 488–491; arrested 被逮捕, 496; his written statement 他的书面陈述, 498; 504, 508–510; his death 他的死亡, 551

Alexander, Herod's grandson, son of preceding 亚历山大，希律之孙，前一条目之子, i. 552

Alexander, the pseudo- 伪亚历山大, ii. 101–110

Alexander, Tiberius 提比略·亚历山大, ii. 220, 309, 492–493, 497; secures Alexandria for Vespasian 为韦斯巴西安保卫亚历山大里亚, iv. 616; accompanies Titus 伴随提图斯, v. 45; 205, 510; vi. 237, 242

Alexandra, daughter of Aristobulus II 亚里斯多布鲁斯二世之女亚历山德拉, i. 186

Alexandra, Queen（Salina, i. 85 n.）亚历山德拉王后（或萨琳娜）, i. 107; her firm government 她的稳固政府, 108; rise of Pharisees under 在亚历山德拉王后统治下法利赛人的兴起, 110–114; her foreign policy 她的外交政策, 115–116; her illness 她的患病, 117; her death 她的死亡, 119

Alexandreion 亚历山大里安, i. 134, 161, 163–168, 171, 308, 528, 551

Alexandria 亚历山大里亚, i. 279, 598; ii. 309, 335, 385–386; population of 亚历山大里亚的人口, 385; riots at 亚历山大里亚的暴乱, 487–498; iii. 8, 64, 520; iv. 605–606; port of 亚历山大里亚港口, 612–615; 631; Vespasian at 韦斯巴西安在亚历山大里亚, 656 ff.; v. 2, 44, 169, 287; vi. 238; vii. 21, 75, 116, 409, 423

Alexas,（1）friend of Antony 安东尼的朋友亚历克斯, i. 393;（2）friend of Herod, husband of Salome 希律的朋友，撒罗米的丈夫, i. 566, 660, 666;（3）Jew in John's army 约翰军队中的犹太人, vi. 92, 148

Alps 阿尔卑斯山脉, ii. 371

Alurus 阿鲁鲁斯, iv. 522

Amathus 阿马萨斯, i. 86, 89, 170

Ammathus 亚马萨斯, iv. 11

Ammaus 埃马厄斯, iv. 444, 449; cf. Emmaus 对比埃马厄斯

Amygdalon, pool of 阿米格达隆水池, v. 468

accused by Antigonus 受到安提柯的指控, 196–198; viceroy of Judaea 犹地亚总督, 199, 201; his popularity 他受到的欢迎, 207; attacks Bassus 袭击巴苏斯, 217; propitiates Cassius 劝慰卡西乌斯, 222; conspiracy of Malichus against 马里奇乌斯密谋反对安提帕特, 223–224; poisoned 遭到毒杀, 226; 276, 282

Antipater, son of Herod the Great by Doris 大希律与多丽斯之子安提帕特, i. 241, 562; banished 被放逐, 433; recalled 被召回, 448; his intrigues 他的阴谋, 450, 469, 567; declared heir 被宣布为继承人, 451; 453; 455, 467 ff.; all-powerful 有无上权力的, 473; 516; his unpopularity 不受欢迎, 552; practices bribery 行贿, 554; 557; Herod indignant with 希律王对安提帕特的恼怒, 564; his visit to Rome 他访问罗马, 573; discovery of plot to poison Herod 毒杀希律的阴谋败露, i.582ff.; forges letters 伪造信件, 603; returns from Rome 从罗马返回, 608 ff.; his ignominious reception 受到的不光彩的耻辱, 614; at Herod's court 在希律的宫廷里, 617; his trail 审判 620; Herod's indictment of 希律的指控, 622; his reply 他的回应, 630–635; imprisoned 被监禁, 640; his plot against Salome 针对撒罗米的阴谋, 641–643; condemned to

death by Augustus 被奥古斯都判处死刑, 661; his execution 被执行死刑, 664

Antipater, son of Salome, nephew and son-in-law of Herod the Great 安提帕特, 撒罗米的儿子, 大希律的女婿兼侄子, i. 566; accuses Archelaus in Rome 在罗马指控阿基劳斯, ii. 26–33

Antipater, the Samaritan 撒玛利亚人安提帕特, i. 592

Antipatris 安提帕特里斯, i. 99, 417; ii. 513, 515, 554; iv. 443

Antiphilus 安提菲鲁斯, i. 592, 598, 641

Antiquities, the *Jewish*《犹太古史》, Introd. 导言, xiii–xxvi *et passim*（各处）

Antistius 安提斯提乌斯, i. 217

Antonia, daughter of Claudius 克劳狄之女安东尼娅, ii. 249

Antonia, fortress of formerly Baris 安东尼亚城堡, 先前的巴里斯城堡, i. 75, 118, 121, 401; ii. 328, 330, 403; captured by insurgents 被叛乱分子夺取, 430; v. 146, 149, 183, 192; description of 对安东尼亚城堡的描述, 238–246; 260, 267, 304, 356, 358, 467, 469, 486, 523; vi. 15; battered by the Romans 被罗马人蹂躏, 23–32; 45, 68, 74, 82, 86; razed to the ground 被夷为平地, 93; 133, 135, 145, 149, 165–166, 246, 249, 311

Antonius, commander at Ascalon, repels

the Jews 阿斯卡隆的司令官安东尼乌斯反击犹太人, iii. 12 ff., 25–26

Antonius Primus 安东尼乌斯·普利穆斯, iv. 495; opposes Vitellius 反对维特里乌斯, 633; joined by Caecina 卡西纳的加入, 635–639; destroys army of Vitellius 摧毁维特里乌斯的军队, 642; enters Rome 挺进罗马, 650

Antonius, centurion killed at Jotapata 百夫长安东尼乌斯在约塔帕塔城被谋杀, iii. 333 ff.

Antony, Mark 马克·安东尼, i. 162, 165, 171, 184, 225, 242–247; makes Herod king of the Jews 让希律成为犹太人的国王, 281–285; near Athens 靠近雅典, 309; besieges Samosata 围攻萨摩萨塔, 321–322; in Egypt 在埃及, 327; enslaved by Cleopatra 被克里奥佩特拉奴役, 359 ff.; defeated at Actium 在亚克兴被击败, 386; his death 他的死亡, 396; urged by Cleopatra to kill Herod 克里奥佩特拉催促安东尼杀死希律, vii. 301

Anuath Borcaeus 阿努亚特－波尔卡乌, iii. 51

Apamea 阿帕米亚, i. 216, 218–219, 362; ii. 479

Apellaeus, month of 阿皮拉乌斯月, iv. 654

Apheku, tower of 亚菲库塔楼, ii. 513

Aphthia 阿弗特亚, iv. 155

Apionem, Contra 《驳阿庇安》, Introd. 导言, xv, xix, xxvii

Apollonia 阿波罗尼亚, i. 166

Aqueduct, Pilate's 彼拉多的输水道, ii. 175

Arabia 阿拉伯, i.6, 89, 267, 274, 276, 286; iii. 47; v.160

Arabia Felix 阿拉伯－菲利克斯, ii. 385

Arabs, Herod's war against 希律对阿拉伯的战争, i. 365–385, 388; as Roman mercenaries 阿拉伯人作为罗马人的雇佣兵, ii. 69–70, 76; Arab archers at Jotapata 约塔帕塔城的阿拉伯弓箭手, iii. 168, 211, 262; their cruelty and avarice 阿拉伯人的残忍和贪婪, v. 551, 556; et passim（各处）

Aramaic edition of the Jewish War 《犹太战争》的阿拉米语版本, Introd. 导言, ix–xi; i. 3 n.

Arbela 阿尔贝拉, i. 305

Archelaus, king of Cappadocia 卡帕多西亚人的国王阿基劳斯, i. 446–447, 456, 499–512, 513, 516–518, 523, 530, 538, 559, 561; ii.114

Archelaus, son of Herod by Malthace 希律与马尔萨斯之子阿基劳斯, Introd. 导言, xxiii; i. 562; educated at Rome 在罗马接受教育, 602; as Herod's heir 作为希律的继承人, i. 646, 664, 668 ff.; his accession 他的继任, ii. 1 ff.; claims confirmation of title in

Rome 在罗马确认他的头衔，14 ff.；accused by Antipater 遭到安提帕特的指控，26；defended by Nicolas 尼古拉斯对阿基劳斯的辩护，34；made ethnarch 被立为统治者，93；deposed 被废黜，111 ff.

Archelaus, son of Magaddatus, a deserter 马加达图斯之子阿基劳斯，一位逃亡者，vi. 229–231

Archives and Archive office, burnt 档案馆及其档案遭到烧毁，ii. 427；vi. 354

Aretas（III），king of Arabia and Coele-Syria 阿拉伯和科利 – 叙利亚的国王阿里塔斯三世，i. 103；befriends Hyrcanus II and is defeated by Aristobulus 与希尔堪二世交友，并被亚里斯多布鲁斯击败，i. 124–131；attacked by Scaurus 被斯卡鲁斯将军袭击，159

Aretas（IV），king of Arabia 阿拉伯之王阿里塔斯四世，i. 574；ii. 68

Arethusa 阿里特乌萨，i.156

Argarizin 阿迦里茨因，i. 63

Aristeus, of Emmaus 埃马厄斯的阿里斯特乌斯，v. 532

Aristobulus I, son of Hyrcanus 希尔堪之子亚里斯多布鲁斯一世，i. 64, 65；first Jewish post-exilic king 第一位后巴比伦之囚的犹太国王，70；murders Antigonus 谋杀安提柯，72–77；his illness and death 他的患病和死亡，81–84

Aristobulus II, son of Alexandra 亚历山德拉之子亚里斯多布鲁斯二世，i. 109, 114；revolt of 他的叛乱，117；fight Hyrcanus 与希尔堪开战，120；becomes king 成为国王，122；plot against 对他的密谋对抗，124–127；appeals to Pompey 向庞培上诉，131；war with Pompey 与庞培的战争，133–154；taken prisoner to Rome 被俘虏至罗马，157；escapes from Rome 从罗马逃亡，171；defeated by army of Gabinius 被加比尼乌斯的军队击败，172；sent back to Rome 被遣送回罗马，173；set at liberty by Caesar 被凯撒释放，183；his death 他的死亡，184；v. 396, 398；vii. 171

Aristobulus = Jonathan, brother of Mariamme, murdered by Herod 亚里斯多布鲁斯 = 约拿单，玛丽安的兄弟，被希律谋杀，i. 437 n.

Aristobulus, son of Herod by Mariamme 希律与玛丽安之子亚里斯多布鲁斯，his education and marriage 他的教育和婚姻，i. 445–446；his prolonged quarrel with his father 他与自己父亲的长期争吵，i. 445 ff., 467, 478, 496, 516, 519, 等等；put to death 被处死，551；his family 他的家庭，i. 552, 557, 565；ii. 222

Aristobulus, son of preceding, brother of Agrippa I 亚里斯多布鲁斯，前一条

目之子，阿格里帕一世的兄弟，i.
552；ii. 221

Aristobulus, son of Herod, king of Chalcis
亚里斯多布鲁斯，希律之子，迦尔西
的国王，ii. 221；made king of lesser
Armenia 被立为小亚美尼亚的国王，
252；vii. 226（？）

Arius, Roman centurion 罗马百夫长阿
里乌斯，ii. 63, 71

Ark, recovery of, from Philistines 从非
利士人收回约柜，v. 384

Armenia 亚美尼亚，i. 116, 127；vii. 18,
248；greater Armenia 大亚美尼亚，ii.
222；lesser Armenia 小亚美尼亚，ii.
252

Arous, Samaritan village 撒玛利亚的乡
村亚洛斯，ii. 69

Arpha 阿尔法，iii. 57

Artabazes, son of Tigranes 提格拉尼斯
之子阿塔巴泽，i.363

Artemisius, month of 阿尔特米西月份，
ii. 284, 315；iii. 142；v. 302, 466；vi.
296

Artorius 阿托利乌斯，vi. 188

Asamon 阿萨莫恩，ii. 511

Asamonaeus 亚撒曼，i. 36. See Hasmo-
naeans 参见哈希曼

Ascalon 阿斯卡隆，i. 185, 187, 422；ii.
98, 460, 477；attacked by the Jews 被
犹太人袭击，iii. 9, 12, 23；iv. 663

Asochaeus（＝Shishak）亚索加乌斯（＝

圣经中的示撒），vi. 436

Asochis 阿索基斯，i. 86

Asphaltitis, Lake（Dead Sea）亚斯法提
提湖（死海），i. 657；iii. 515；iv. 437–
438, 453, 456；description of 对亚斯
法提提湖的描述，476–482；vii. 168,
281

Assyrian invasion of Sennacherib 亚述人
西拿基立的入侵，v. 387–388, 404,
407–408；Assyrians, camp of the, at
Jerusalem 耶路撒冷的亚述营地，v.
303, 504；Assyrian Empire, historians
of 亚述帝国，亚述帝国的历史学家，
i. 13

Athenians 雅典人，i. 425；ii. 358

Athenion 亚特尼安，i. 367, 369, 375

Athens 雅典，i. 309

Athos, canal at 阿索斯运河，ii. 358 n.

Athrongaeus 阿瑟隆伽乌斯，ii. 60 ff.

Atlantic Ocean 大西洋，ii. 382

Atratinus 阿特拉提努斯，i. 284

Augustus Caesar. See Octavius 奥古斯都·
凯撒，参见屋大维

Auranitis 奥兰尼，i. 398；ii, 95, 215, 421

Azotus 阿佐图斯，i. 156, 166；ii. 98；iv.
130

Baaras 巴拉斯，vii. 180

Babylon and Babylonians 巴比伦和巴
比伦人，i. 6, 70；ii. 86；v.389, 391,
411；vi. 104, 250, 268, 437, 439；

Babylonian tapestry 巴比伦挂毯, v. 212; Babylonian Jews, colony of, in Batanaea 巴比伦犹太人在巴珊的殖民地, ii. 520 n.（iii. 11）

Baca 巴卡村, iii. 40

Bacchides 巴基德斯, i. 35, 36

Bagadates 巴加达特斯, v. 531

Balanea 巴拉尼亚, i. 428

Balsam, of Jericho 耶利哥的香脂树, i. 138, 361; iv. 469

Baris, castle of, afterwards Antonia 先前名叫巴里斯的城堡, 后来则被称作安东尼亚城堡, i. 75, 118

Baris（or Bariscaeus）巴里斯（或者巴里斯卡乌斯）, iv. 335

Barzapharnes 巴萨法尼, i. 248, 255 ff., 433

Bassus, Caecilius 卡西利乌斯·巴苏斯, i. 216, 219

Bassus, Lucilius 卢西利乌斯·巴苏斯, vii. 163; besieges and captures Machaerus, etc. 围困和俘获马卡鲁斯, 等等, 190– 216; his death 他的死亡, 252

Batanaea 巴珊, i. 398; ii. 95, 247, 421, 482; iii. 56

Bathyllus 巴塞鲁斯, i. 601

Battering–ram, description of 对攻城槌的描述, iii. 214 ff.

Bedriacum 比德里亚库姆, iv. 547

Beleus 贝勒厄斯, ii. 189

Belgas 贝尔加斯, vi. 280

Belzedek 贝尔泽德卡, iii. 25

Bemeselis 贝米塞里斯, i. 96

Berendts, A., on old Russian version of the *Jewish War* 伯纳德特, 古俄语本的《犹太战争》, Introd. 导言, x, xi

Bernice, daughter of Salome and mother of Agrippa I 撒罗米之女、阿格里帕一世之母贝勒尼斯, i. 552, 553

Bernice, daughter of Agrippa I 阿格里帕一世之女贝勒尼斯, ii. 217, 220 –221, 310, 312 ff., 333, 344, 405; her palace burnt 她的宫殿被烧毁, 426; 595

Ber（e）nice, wife of Cyrenaean Jew 西兰尼犹太人的妻子贝勒尼斯, vii. 445

Bernicianus 贝勒尼西亚努斯, ii. 221

Berytus 贝鲁特, i. 422, 538; ii. 67, 504, 506; iv. 620; vii. 39, 96

Bersabe 贝尔萨比, ii. 573; iii. 39

Besimoth 贝西茅斯, iv. 438

Betabris 贝塔布里斯, iv. 447

Betharamatha, afterwards Julias 贝特拉马萨（后称朱利亚斯）, ii. 59

Bethela 贝特拉, iv. 551

Bethennabris 贝特恩纳比利斯, iv. 420

Bethezuba 贝特诸巴, vi. 201

Bethhoron 伯和仑, ii. 228, 516, 521, 546, 550

Bethleptenpha 贝特勒布腾法, iv. 445

Bethso 贝特索, v. 145

Bethsuron 贝特苏隆, i. 41

乌斯，ii. 25. See Gaius 参见盖乌斯

Calf（or cow）牛犊（或者牛），temple of the golden 黄金神庙，iv. 3

Caligula. 卡利古拉，See Gaius 参见盖乌斯

Callinicus, son of Antiochus, king of Commagene 卡里尼库斯，科马根纳国王安条克之子，vii. 232, 241

Callirrhoe 卡里尔霍伊，i. 657

Calvarius, Sextus 塞克斯图斯·加瓦里乌斯，iii. 325

Cana（Canna）坎纳，i. 102（in Arabia [在阿拉伯地区]）；i. 334（in Judaea [在犹地亚地区]）

Canatha 加纳特，i. 366–367

Cantabrians 坎塔布里亚人，ii. 374

Cappadocia 卡帕多西亚，i. 501, 530, 553；ii. 114, 368；iv. 632；vii. 18

Capharabis 卡法拉比斯，iv. 552

Caphareccho 卡法里克霍，ii. 573

Capharnaum（Capernaum）卡法纳乌姆，iii. 519

Caphartoba 卡法托巴，iv.447

Caphethra 卡菲塞拉，iv.552

Capito 卡皮托，ii. 298, 300

Capitol, the Roman 罗马元老院，i. 200, 285；ii. 216；fights for 为罗马元老院战斗，iv. 495, 645, 647；tax paid to 向罗马元老院交税，vii. 218；Jupiter Capitolinus, temple of 卡皮托朱庇特神殿，vii. 153

Carmel, Mt. 迦密山，i. 66, 250；ii. 188；iii. 35

Carthaginians 迦太基人，ii. 380；vi. 332

Cassius 卡西乌斯，i. 180, 182；murders Caesar and holds Syria 谋杀凯撒和占领叙利亚，218–225, 230–236；his death 他的死亡，242；280

Castor, Jewish impostor 犹太骗子卡斯托尔，v. 317–330

Catholic Faith, definition of 天主教信仰的定义，v. 310 n.

Catullus, governor of Libyan Pentapolis 利比亚－彭塔波利斯总督加图鲁斯，vii. 439–453

Cave-dwellers, exterminated by Herod 藏匿在山洞的强盗，遭到希律的剿灭，i. 304, 309 ff.

Celadus 塞拉都斯，ii. 106

Celenderis 塞伦德里，i. 610

Celer 塞勒尔，ii. 244, 246

Celt 凯尔特人，i. 5 n.

Cendebaeus 森德巴乌斯，i. 51

Cenedaeus 塞尼达乌斯，ii. 520

Cerealius, Sextus Cerealis Vettulenus（or Vetilianus）, legatus of Legion V, subdues Samaritans 塞里里乌斯，塞克斯图斯·塞里里乌斯·维图里努斯，第五军团的军团长，制服撒玛利亚人，iii. 310, 314；and Idumaea 和以土买，iv. 552–554；at siege of Jerusalem 围困耶路撒冷，vi. 131, 237, 242；vii.

213, 225 n., 366

Colchains（Colchians）科尔基人，ii，366

Collega, Gn. Pompeius 格纳乌斯·庞培乌斯·科尔利加，vii. 58, 60

Commagene 科马根纳，v. 461；vii. 219, 224–225

Commentaries, of Vespasian and Titus 韦斯巴西安和提图斯的《战事记录》，Introd. 导言，xx–xxii, xxiv, xvii; of Julius Caesar 尤利乌斯·凯撒的《战事记录》，Introd. 导言，xxi

Coponius 科波尼乌斯，ii. 117

Coptus 科普托斯，iv. 608

Corbonas, the sacred treasure 库尔班的神圣宝库，ii. 175

Corcyra 科西拉，vii. 22

Coreae（Corea）科里亚，i. 134; iv. 449

Corinth, Isthmus of 科林斯地峡，iii. 540 n.

Corinthian bronze, gate of 科林斯青铜门，v. 201

Corinthus, an Arab 阿拉伯人科林图斯，i. 576–577

Cos 科斯，i. 423, 532

Costobar, relative of Agrippa II 阿格里帕二世的亲戚科斯托巴，ii. 418, 556

Costobarus, husband of Salome 撒罗米的丈夫科斯托巴鲁斯，i. 486

Crassus, governor of Syria, his death in Parthia 叙利亚总督克拉苏，死在帕提亚，i. 179–180

Cremona 克雷莫纳，iv. 634, 642

Crete 克里特，ii. 103

Crucifixion, of Jewish prisoners 犹太俘虏被钉死在十字架上，v. 449 ff.

Cumanus, procurator of Judaea, banished by Claudius 犹地亚总督库马努斯，遭到克劳狄的放逐，ii. 223–245

Cuthaeans 古他人，i. 63

Cydasa 希达萨，iv. 104–105

Cypros, mother of Herod the Great 大希律的母亲塞浦路斯，i. 181

Cypros, wife of Agrippa I 阿格里帕一世的妻子塞浦路斯，ii. 220

Cypros, fortress of 塞浦路斯城堡，i. 407, 417, ii. 484

Cyprus 塞浦路斯，i. 86 n.; ii. 108

Cyrene 西兰尼，vi. 114; sedition of *sicarii* in 匕首党人在西兰尼的叛乱，vii. 437, 439

Cyrenians 古利奈人，ii. 381

Cyrus 居鲁士，i. 70 n.; v, 389; vi. 270

Dabarittha 达巴里特哈村庄，ii. 595

Dacians 达西亚人，ii. 369

Daesius, month of 达西乌斯月，iii. 282, 306, 315; iv. 449, 550

Dagon, god of Philistines 非利士人的大衮神，v. 384

Dagon, fortress near Jericho 耶利哥附近的要塞达戈恩，i. 56

Dalaeus 达拉乌斯，vi. 280

Dalmatia 达马提亚, ii. 369–370

Damascus 大马士革, i. 103, 115, 127, 129, 131, 212, 236, 362, 398, 399, 422; massacre of Jews in 屠杀大马士革的犹太人, ii. 559 ff., vii. 368

Daphne, (1) near Antioch 安提阿附近的达菲纳, i. 243, 328; (2) source of Jordan 约旦河发源地, iv. 3

Darius, son of Hystaspes 赫斯塔斯佩斯之子大流士, i. 476

Darius, cavalry commander 骑兵司令大流士, ii. 421

David, king 大卫王, i. 61; v. 137, 143; vi. 439–440

Dead Sea 死海, See Asphaltitis 参见亚斯法提提湖

Decapolis 德卡波利斯, iii. 446

Deinaeus 德因亚乌斯, ii. 235

Dellius 德里乌斯, i. 290

Delta, of Nile 尼罗河上的三角洲, i. 191

Delta, a quarter of Alexandria 德尔塔, 亚历山大里亚的犹太人聚居区, ii. 495

Demetrius I 德米特里一世, i. 38 n.

Demetrius III, surnamed the Un-ready 德米特里三世, 绰号"无准备者", i. 92–95, 99

Demetrius, commander of Gamala 迦马拉的指挥官德米特里, i. 105

Demetiius of Gadara, freedman of Pompey 迦达拉的德米特里, 庞培的自由民, i. 155

Demosthenes 德摩斯提尼, Introd. 导言, xvi, xviii

Destiny or Fate personified（τὸ χρεών）天命或者命运的人格化, i. 233, 275; v. 355, 514, 572; vi. 49, 314. See also Fate 亦参见命运

Dicaearchia（Puteoh）迪卡基亚（亦叫作普特欧）, ii. 104

Didius 迪迪乌斯, i. 392

Diogenes, put to death by Pharisees 被法利赛人处死的迪奥根尼, i. 113

Dion Cassius 狄奥·卡西乌斯, Introd. 导言, xxvii

Diophantus 迪奥法恩图斯, i. 529

Diospolis 迪奥波利斯, i. 366

Dium 迪乌姆, i. 132

Dius, month of 迪乌月, ii. 555

Dolesus 多利苏斯, iv. 416

Domitian 图密善, iv. 646, 649; acting ruler 代理统治者, 654; marches against the Germans 向日耳曼人进军, vii. 85–88; his birthday 他的生日, vii. 37; 152

Domitius Sabinus, tribune of legion XV 多米提乌斯·萨比努斯, 第十五军团的保民官, iii. 324; v. 340

Dora 多拉, i. 50, 156, 409

Dorcas 多尔卡斯, iv. 145

Doris, wife of Herod 希律的妻子多丽斯, i. 241, 432, 433, 448, 451, 562, 590

Eleazar, son of Jairus（Ari）, rebel defender of Masada 加鲁斯（阿里）之子以利亚撒，反叛马萨达守军，ii. 447；vii. 253，275，297；his speeches to the besieged, counselling mutual destruction 他向被围困者演讲，劝说他们互相毁灭，320–388；399

Eleazar, son of Neus（perhaps = E. son of Ananias, above）纳乌斯（也许是前面的阿南尼亚之子以利亚撒）之子以利亚撒，ii. 566

Eleazar, son of Sameas, Jewish hero 萨米亚斯之子以利亚撒，犹太英雄，iii. 229 ff.

Elephantine 埃勒法恩提尼城，iv. 611

Elephants, Battle of the 象战，i. 41 ff.

Eleutherus, river 伊鲁特鲁斯河，i.361

Elijah 以利亚，iv.460

Elis 埃利斯人，i.426

Elisha, his spring 以利沙，他的泉水，iv，460–464

Elpis, wife of Herod 希律的妻子埃尔皮斯，i. 563

Elthemus 埃提穆斯，i. 381

Emesa 埃米萨，vii. 226

Emmaus, town and toparchy in Judaea 犹地亚的埃马厄斯城镇和政区，i. 222，319；ii. 63，71，567；iii. 55；v. 532；vi. 229；camp of legion V at 驻扎在埃马厄斯的第五军团营地，iv. 444–445，449；v. 42，67. 对照 Ammaus 埃马厄斯

Emmaus, near Jerusalem, Roman veterans settled in 耶路撒冷附近的埃马厄斯，罗马老兵的居住地，vii. 217

Engaddi 恩迦迪，iii. 55；iv. 402

Eniachin 恩尼亚基，iv. 155

Ephraim, town in Judaea 犹地亚的以法莲城镇，iv. 551

Esaias（Isaiah）以赛亚，vii. 432

Esdraelon, plain of 埃斯德拉隆平原，iv. 54–55 n.

Esron 埃斯伦，v. 6

Essenes 艾塞尼人，i. 78；ii.119；description of 对艾塞尼人的描述，120–161；ii. 567；iii.11；gate of the E. 艾塞尼人大门，v. 145

Ethiopia and Ethiopians 埃塞俄比亚和埃塞俄比亚人，ii. 382，385；iv. 608

Euarestus, of Cos 科斯的埃里斯图斯，i. 532

Euphrates 幼发拉底河，i. 5，6，157，175，179，182，321，433–434；ii. 363，388；iii. 107；v. 44，252；vi. 343；vii. 17–18，105，224，236

Eupolemus 欧波勒穆斯，i. 17 n.

Europe 欧洲，ii. 358；iv. 598

Eurycles, the Lacedaemonian villain and his end 埃里克勒斯，这位拉栖代梦人的邪恶和他的结局，i. 513–532

Eusebius 尤西比乌斯，Introd. 导言，xvi. n.

Eutychus, Agrippa's freedman 阿格里帕

Gabinius, as Pompey's lieutenant 庞培的副手加比尼乌斯, i. 140; as governor of Syria restores order in Judaea 作为叙利亚总督恢复了犹地亚的秩序, 160–178, 244; destroys fortress of Machaerus 摧毁了马卡鲁斯要塞, vii. 171

Gadara, in Decapolis (*Mukes*) 德卡波利斯的迦达拉, i. 86, 155, 170, 396; ii. 97, 459, 478; iii. 37, 542; G. "capital of Peraea" 佩拉亚首都迦达拉, iv. 413 (n.) –419

Gades (Gadeira, Cadiz) 迦德斯（迦德拉，迦德茨）, ii. 363

Gaius, son of Germanicus (Caligula), favours Agrippa 日耳曼尼库斯之子盖乌斯，偏袒阿格里帕, ii. 179; his accession and promotion of Agrippa 他的登基和阿格里帕的晋升, 181; threatens the Jews with war 用战争威胁犹太人, 184–203; his assassination 他被刺杀, 203–204, 208

Gaius, friend of Varus 瓦鲁斯的朋友盖乌斯, ii. 68

Galaad (Gilead) 迦拉德（基里亚德）, i. 89

Galba 加尔巴, iv. 494, 498; murdered 被谋杀, 499, 546

Galilaeans 加利利人, ii. 118（Judas [犹大]）, 232, 237, 433（Judas [犹大]）, 622; iii. 42, 199, 233, 293 ff.; iv. 96,

105, 559

Galilee, Upper and Lower 上加利利和下加利利, i. 22; ii. 568, 573, iii. 35–44 (description and frontiers of [对加利利的描述和加利利边境]); rich in olive oil 盛产橄榄油, ii. 592; misc. 各种各样的 / 混杂的, i. 21, 76, 170, 203, 210, 221, 238; G. under Herod 在希律统治之下的加利利, i. 256, 290, 292, 302, 303, 307, 315, 326, 329, 400; ii. 43, 56, 68, 95, 168, 188, 193, 233, 247, 252, 503, 510 ff.; defence of, organized by Josephus 由约瑟夫斯组织和防卫的加利利, 569–576, 585, 589, 647; Vespasian's campaign in 韦斯巴西安在加利利的战役, iii. 30, 34, 48, 63, 110, 115; iv.1, 84, 127, 229; final subjugation of 对加利利的最后征服, 120, 127, 249; v. 408, 474; vi. 339

Gallicanus 加里卡努斯, iii. 344

Gallus, Caesennius, *legatus* of legion XII 第十二军团军团长卡森尼乌斯·加鲁斯, ii. 510–513; iii. 31

Gallus, a centurion 百夫长加鲁斯, iv. 37

Gamala 迦马拉, i. 105, 166; ii. 568, 574; iii. 56; description of 对迦马拉的描述, iv. 2, 4–8; besieged and taken by Vespasian 被韦斯巴西安包围并占领, 11–53, 62–83

Gamalas 迦马拉斯, iv. 160

Gamaliel 伽玛列, iv. 159

Garis 迦里斯, iii. 129; v. 474

Garizim 加利辛, iii. 307, 311

Gaul 高卢, ii. 111, l83 n.; iv. 440, 494, vii. 88; Cisalpine 山南高卢, iv. 547, 634

Gauls 高卢人, i. 5; guards of（Cleopatra and）Herod（克里奥佩特拉和）希律的护卫们, i. 397, 437, 672; their wealth and numbers 他们的财富和人数, ii. 364, 371–373; revolt of 高卢人的反叛, vii. 76

Gaulane 戈兰, i. 90, 105

Gaulanitis 戈兰提斯, ii. 168, 247, 459, 574; iii. 37, 56, 542; iv. 2

Gaza 加沙, i. 87, 156, 396; ii. 97, 460; iv, 662

Gazara 迦萨拉, i. 50

Gema（*al.* Ginaea）基马（亦写作基纳亚）, ii. 232

Gennath, gate of Jerusalem 耶路撒冷的城门基纳特, v. 146

Gennesar（Gennesareth）, lake and district, description of 热内萨湖和热内萨地区，对热内萨的描述, iii. 506–521; ii. 573; iii. 463

Gephthaeus of Garis 迦里斯人格弗萨乌斯, v. 474; vi. 148（= Gyphthaeus［基弗萨乌斯］, 92）

Gerasa 基拉萨, i. 104; ii. 458, 480; iii. 47; iv. 487, 503

Germanicus 日耳曼尼库斯, ii. 178

Germans 日耳曼人, i. 672; ii. 364, 376–377; iii. 4; vi. 331; revolt of 日耳曼的反叛, vii. 75–89

Germany, legions in 日耳曼军团, iv. 495, 546, 586, 595, 647–648

Gessius Florus 基希乌斯·弗洛鲁斯, See Florus 参见弗洛鲁斯

Ginaea 基纳亚, ii. 232 n.; iii. 48

Ginnabris（*al.*Sennabris）基纳布里斯（亦写作塞纳布里斯）, iv. 456

Gion（*v.l.*Simon）基安（亦写作西蒙）, iv. 225

Gioras. See Simon 基奥拉斯, 参见西蒙

Gischala 基士迦拉, ii. 575, 585, 621, 629, 632; iv. 1, 84, 86; taken by Titus 被提图斯占领, 92–120; 123, 124, 130, 208

Gittha 戈塔, i. 326

Gladiators 角斗士, i. 392

Glaphyra 基拉菲拉, i.476 ff.（500, 508）; 552–553; ii. 114–116

Gold, coins swallowed by deserters 金币被逃亡者吞下, v. 421, 550; depreciation of the standard of 金币价值的贬值, vi. 317

Golden Eagle, attempt to pull down from temple 试图拆除圣殿上的金制雄鹰塑像, i. 650 ff.; ii. 5

Gophna 戈弗纳地区, i. 45, 222; ii. 568; iii. 55; iv. 551; v. 50; vi. 115, 118

自己的孙子孙女们的关爱，556–558；his wives and children 他的妻子和子女，562–563；his discovery of plots of his son Antipater 发现自己的儿子安提帕特的阴谋，567–619；his indictment and imprisonment of Antipater 指控和监禁安提帕特，622–640；his illness 他的疾病，645，647，656；represses sedition 镇压叛乱，648 ff.；arrests Judaean notables 逮捕犹地亚的显贵，659；executes Antipater 处决安提帕特，663–664.；his last will 他的最后遗嘱，664；his death 他的死亡，665；reading of his will 宣读他的遗嘱，667；his funeral 他的葬礼，670 ff.；indictment of by Jewish deputies 被犹太代表指控，ii. 84–92；his buildings at Machaerus 他在马卡鲁斯的建筑，vii. 172– 177；his fortification of Masada 他在马萨达的防御工事，285–303

Herod, son of Herod the Great by Cleopatra 大希律与克里奥佩特拉之子希律，i. 562

Herod, son of Herod the Great by Mariamme（II）大希律与玛丽安（二世）之子希律，i. 557，562；as heir to the throne 作为王位继承人，573，588，600

Herod, son of Aristobulus and brother of Agrippa I, king of Chalcis 希律，亚里斯多布鲁斯的儿子，阿格里帕一世

的兄弟，迦尔西国王，i. 552；ii. 217；his death and family 他的死亡与家庭，221，223，252；（？）his tomb 他的陵墓，v. 108，507

Herod Agrippa 希律·阿格里帕，see Agrippa 参见阿格里帕

Herod Antipas 希律·安提帕斯，see Antipas 参见安提帕斯

Herod's Palace 希律的宫殿，v. 177–183，245

Herod's Towers 希律的塔楼，v. 161–175

Herodias, daughter of Aristobulus and wife of Herod（Philip）希罗底，亚里斯多布鲁斯的女儿，以及希律（菲利普）的妻子，i. 552；ii. 182–183

Herodion（–ium）：（1）fortress S.of Jerusalem, built by Herod the Great, and his burial place 希律迪安（希律迪乌姆）：（1）耶路撒冷以南的要塞，由大希律修建，以及大希律的埋葬地，i. 265，419 ff.，673；［gives its name to district 给这个地方命名，iii. 55；iv. 518，555；captured by Bassus 被巴苏斯攻占，vii. 163］（2）another fortress of Herod on Arabian frontier 由希律在阿拉伯边境建造的另一座城堡，i. 419

Herodotus 希罗多德，Introd. 导言 xvii

Heshbon 赫什本，ii. 458；iii. 47

Hesiod 赫西俄德，ii. 156 n.

Hiatus avoided 避免元音分读，Introd.

57, 484, 567; as district of Judaea 属于犹地亚地区, iii. 55; iv. 431, 450; description of neighbourhood of 对耶利哥附近的描述, iv. 451–475; Roman camp at 罗马人的营地, iv, 486, v. 42, 69

Jerome 哲罗姆, Introd. 导言, vii–viii

Jerusalem, captured by Antiochus Epiphanes 耶路撒冷, 被安条克·俄皮法尼斯占领, i. 19, 31; by Antiochus VII 被安条克七世占领, 61; by Pompey 被庞培占领, 141–154; by Herod and Sossius 被希律和索西乌斯占领, 347 ff.; destroyed by Titus 被提图斯摧毁, vi. 363 ff., 392–408; description of 对耶路撒冷的描述, v. 136–183 (and of temple [对耶路撒冷圣殿的描述], 184–247); population of 耶路撒冷的人口, vi. 422 ff.; brief record of its history and duration, the name Solyma 对耶路撒冷（曾叫作索里马）的历史和持续时间的简要记载, vi. 435–42; walls rebuilt by permission of Caesar 凯撒允许重建耶路撒冷的城墙, i. 199; enlarged by Agrippa I 阿格里帕一世扩建耶路撒冷的城墙, ii. 218; v. 148, 152 ff.; et passim（各处）.

Topography: Upper City 地形：上城区, i. 39, 402; ii. 344, 422, 424, 426, 530; v. 11. 137, 140, 245, 252. 260, 445; vi. 325, 363, 374; vii. 26.

Lower City（cf. Acra）下城区（对照阿克拉）, i. 39; ii. 422; iv. 581; v. 11, 137 ff, 253; vi. 363. New Town,（cf. Bezetha）新城（对照贝泽萨地区）, v. 246, 260, 331, 504. Tyropoeon valley 推罗波安谷地, v. 136, 140. Caverns, royal 王室洞穴, v. 147. Gates：g. of Essenes 城门：艾塞尼人的城门, v. 145; Gennath 基纳特, v. 146; near Helena's monument 海伦娜陵墓附近, v. 55; near Hippieus tower 西皮库斯塔楼附近, v. 284, 对照 304（for aqueduct [渡槽]）; upper gates 上城门, v. 337; above Xystus 埃克斯图斯上方, vi. 191, 325. Market–place（agora）市场（广场）, i. 251; upper market 上市场（广场）, ii. 305, 315, 339, v. 137; timber market 廷伯市场, ii. 530; clothes market 服装市场, v. 331. Mines 地道, vi. 370 ff., 392, 402, 429, 433; vii. 26 ff., 215. Monument（sepulchral）of Alexander Jannaeus 亚历山大·詹纳乌斯（阴森森的）陵墓, v. 304; of Ananus the high–priest 高级祭司阿南努斯的陵墓, v. 506; of Herod 希律的陵墓, v. 108, 507; of John the high–priest 高级祭司约翰的陵墓, v. 304, 356–358, 468. Pools：Amygdalon 阿米格达隆水池, v. 468; Solomon's 所罗门水池, v. 145; Struthion 斯特拉斯安水池, v. 467. See also

Siloam 亦参见西洛安水池

Buildings 建筑：Archives 档案馆，vi. 354（对照 ii. 427）. Bridge 桥梁，i. 143；ii. 344；vi. 377. Council-chamber（of Sanhedrin）议事厅（犹太公会），v. 144, vi. 354. Hippodrome 赛马场，ii. 44. Palace of Agrippa and Bernice 阿格里帕和贝勒尼斯的宫殿，ii. 426；of Grapte 格拉皮特的宫殿，iv. 567–569；of Hasmonaeans 哈希曼的宫殿，ii. 344（i. 143, 253）；of Helena 海伦娜的宫殿，v. 253, vi. 355；of Herod 希律的宫殿，i. 402, ii. 44, 301, 312, 329, 429, 431, 530, 557, v. 176–183, 245；of Monobazus 莫诺巴诸斯的宫殿，v. 252. Towers, see Hippicus, Mariamme, Phasael, Psephinus, Women s. Xystus *s.v.* 塔楼：参见西皮库斯塔楼，玛丽安塔楼，法塞尔塔楼，普塞菲努斯塔楼，埃克斯图斯塔楼

Jesus, son of Ananias, predicts fall of Jerusalem 阿南尼亚之子约书亚预言耶路撒冷的沦陷，vi. 300–309

Jesus, son of Gamalas, high-priest 高级祭司伽马拉斯之子约书亚，iv. 160；his speech to the Idumaeans 他对以土买人发表的演讲，iv. 238–270, 283；murdered 被谋杀，316, 322, 325

Jesus, son of Naue（Joshua）高级祭司纳尤（约书亚）之子约书亚，iv. 459

Jesus, son of Sapphas, high-priest in command in Idumaea 约书亚，以土买高级祭司萨法斯之子，ii. 566

Jesus, son of Sapphias（or Saphat）, of Tiberias 提比里亚的萨菲亚斯（或萨法特）之子约书亚，ii. 599；iii. 450, 452, 457, 467, 498

Jesus, son of Thebuti（Thebuthi）, delivers up temple treasures 特布提之子约书亚，交出了圣殿的珍贵宝物，vi. 387–389

Jesus, high-priest, flees to Romans 高级祭司约书亚，逃亡至罗马，vi. 114

Jewish War, titles of《犹太战争》的书名，Introd. 导言，vii–viii；Russian version of 俄语版《犹太战争》，viii, x–xi；Aramaic edition of 阿拉米语版《犹太战争》，ix；Greek edition of 希腊语版《犹太战争》，xi；date of publication of《犹太战争》的出版日期，xii；contents of《犹太战争》的目录，xii；style of《犹太战争》的风格，xiii；vocabulary of《犹太战争》的词汇，xiv；classical models for《犹太战争》的古典模型，xv ff.；sources of《犹太战争》的材料来源，xix ff.；Greek text and mss. of《犹太战争》的希腊语文本和诸抄本，xxvii ff.

Jews, unjust disparagement of 犹太人，对他们的不公正的贬低，i. 7；their fortitude 他们的勇气，148, vi. 13, 17–20, 37, 42, vii. 272；lessons of their

iii. 11；his death 他的死亡，iii. 19

John, the Idumaean 以土买人约翰，iv. 235；v. 290

John, the tax-collector of Caesarea 凯撒利亚的税吏约翰，ii. 287, 292

John Hyrcanus, high-priest and Jewish leader 犹太领袖和高级祭司约翰·希尔堪，i. 54 ff.；opens David's tomb and raises mercenary force 打开大卫的陵墓和招募雇佣兵，61；his victories and prosperous government 他的胜利和繁荣的政府，62-68；his gift of prophecy 他的预言天赋，68-69；his tomb 他的陵墓，v. 259, 304, 356；vi. 169

John, son of Matthias 马提亚斯之子约翰，i. 47

Jonathan, son of Matthias, Jewish leader, his alliance with Rome, and murder by Trypho 犹太领袖马提亚斯之子约拿单，与罗马结盟，并被特里风谋杀，i. 48-49；builds fortress of Masada 建造马萨达要塞，vii. 285

Jonathan, high-priest, Herod's brother-in-law and victim 约拿单，高级祭司，希律的妹夫和受害者，i. 437

Jonathan, son of Ananus, high-priest 高级祭司阿南努斯之子约拿单，ii. 240, 243；murdered by the *sicarii*，被匕首党人谋杀，256

Jonathan, father of Simon and Judas 西蒙和犹大之父约拿单，ii. 451, 628

Jonathan, Jewish soldier, his single combat with a Roman 犹太士兵约拿单，与一名罗马人单挑，vi. 169-176

Jonathan, the weaver, promoter of sedition at Cyrene 织布工约拿单，在西兰尼煽动叛乱，vii. 437-450

Joppa 约帕，i. 50, 99, 156, 292-293, 396, 409；ii. 97, 507-508, 567；iii. 51, 56；destruction of pirates and city of, by Romans 罗马人对海盗和约帕城的摧毁，iv. 414-427；description of 对约帕的描述，419 ff.；iv. 663

Jordan 约旦，i. 86, 223, 307, 380, 404, 406, 657；ii. 43, 59, 168, 566；iii. 37, 40, 46-47, 51, 57；its source and course 它的起源和流经路线，iii. 509-515；iv. 433-435, 437, 450, 454, 456, 458, 474；vi. 201；The little （lesser）Jordan 小约旦，iv. 3

Joseph, Herod's brother-in-law and victim 希律的妹夫和受害者约瑟，i. 441-443

Joseph, Herod's brother 希律的兄弟约瑟，i. 181, 266；besieged in Masada 被囚禁在马萨达，286-288；sent to Idumaea 被派到以土买，303；falls in battle 在战役中阵亡，323-324, 342

Joseph, Herod's nephew 希律的侄子约瑟，i. 562；ii, 74

Joseph of Gamala 迦马拉的约瑟，iv. 18, 66

朱利亚斯（贝特塞达，在热内萨湖畔），ii. 168；iii. 57, 515；iv. 454

Julias（Betharamatha, or Livias, in Peraea）朱利亚斯（贝特拉马萨，或者利维亚斯，位于佩拉亚），ii. 168, 252；iv. 438

Jupiter Capitolinus, temple of 卡皮托朱庇特神殿，vii. 153

Justus, of Tiberias 提比里亚的尤斯图斯，Introd. 导言，xx–xxi, xxvii

Kedasa 凯达萨，ii. 459；perh. = Cydasa 可能是希达萨，iv. 104

Kedron 克德隆，v. 70, 147, 252, 254, 303, 504；vi. 192

Laberius Maximus 拉贝利乌斯·马克西姆斯，vii. 216

Lacedaemon 拉栖代梦，vii. 240；Lacedaemonians 拉栖代梦人，i. 425, 513；ii. 359（381）

Laodicea 劳迪西亚，i. 231, 422

Laqueur, R. 拉克尔，Introd. 导言，vii, x, xxii, xxvi, xxix, xxxi

Lathyrus 拉塞鲁斯，See Ptolemy 参见托勒密

Lazarus 拉扎鲁斯，v. 567

Lebanon（Libanus）黎巴嫩，i. 185, 188, 329；iii. 57；v. 36

Lepidus, Larcius 拉尔西乌斯·利皮都斯，vi. 237

Leuce, cliff 勒乌塞峭壁，vii. 305

Levi, father of John of Gischala 基士迦拉的约翰之父列维，ii. 575, 585；iv. 85

Levi, attendant of Josephus 约瑟夫斯的侍从列维，ii. 642

Levias 列维阿斯，iv. 141

Libanus, Mt. 黎巴嫩山，See Lebanon 参见黎巴嫩

Liberalius, centurion 百夫长利比拉里乌斯，vi. 262

Libya 利比亚，ii. 115–116, 363, 494；iii. 107；iv. 608；vii. 439

Lictor's fasces 护卫的束棒，ii. 365 n.

Life, the, or *Vita*《生平》，Introd. 导言，xix ff., xxvi

Livia, the Empress 皇后利维娅，i. 566, 641. See Julia 参见朱莉娅

Lollius（Lullius）鲁利乌斯，i. 127

Longinus, tribune 保民官洛恩基努斯，ii. 544

Longinus, Roman trooper 罗马士兵朗基努斯，v. 312

Longus, his gallantly 朗格乌斯，他的英勇，vi. 186–187

Lous, the month of 洛乌月，ii. 430；vi. 220, 250, 374

Lucian 琉善，Introd. 导言，xvi n.

Lucius, Roman soldier 罗马士兵卢西乌斯，vi. 188–189

Lucullus 卢库卢斯，i. 116

Mariamme, wife of Archelaus 阿基劳斯之妻玛丽安, ii. 115

Mariamme, daughter of Aristobulus 亚里斯多布鲁斯之女玛丽安, i. 552

Mariamme, daughter of Agrippa I 阿格里帕一世之女玛丽安, ii. 220; v. 474

Mariamme, tower of 玛丽安塔楼, ii. 439; v. 170; vii. 1

Marion 马利安, i. 238–239

Marisa 马里萨, i. 63, 156, 166, 269

Marmaridae 马马里卡人, ii. 381

Mary, daughter of Eleazar, devours her child 以利亚撒的女儿玛丽吞噬自己的孩子, vi. 201–213

Masada 马萨达, i. 237, 238, 264, 266; besieged by Antigonus 被安提柯围困, 286, 292–293, and relieved by Herod 被希律解围, 294, 303; occupied by *sicarii* 被匕首党人占领, ii. 408, 433, 447, 653; iv. 399–404, 504, 516, 555; besieged and captured by Romans 被罗马人围困和占领, vii. 252, 275, 304–406; description and history of 马萨达的历史和对马萨达的描述, vii. 280–303

Matthias or Mattathias, son of Asamonaeus 亚撒曼的儿子马提亚斯, i. 36

Matthias, father of Josephus 约瑟夫斯的父亲马提亚斯, i. 3; ii. 568; imprisoned 被关押, v. 533

Matthias, son of Boethus, high-priest,

invokes aid of Simon and is murdered by him 波埃萨斯之子、高级祭司马提亚斯，邀请西蒙援助，并被西蒙谋杀, iv. 574; v. 527–531; vi. 114

Matthias, another high-priest 另一位高级祭司马提亚斯, vi. 114

Matthias, son of Margolus（Margalus）, promoter of sedition against Herod 马提亚斯，马加鲁斯之子，煽动反叛希律, i. 648 ff.

Maurians 莫里亚人, ii. 381

Medabe 米达比, i. 63

Medes 米底人, i. 50, 62; iv. 176; vii. 245–246

Median Empire, historians of 米底帝国的历史学家们, i. 13

Meirus, son of Belgas 贝尔加斯之子梅鲁斯, vi. 280

Melchizedek 麦基洗德, vi. 438 n.

Melitene 米利特尼, vii. 18

Melos 米洛斯, ii. 103; Melians 米洛斯人, ii. 105, 110

Memnon, tomb of. 门农的陵墓, ii. 189

Memphis 孟菲斯, i. 190; iv. 530; vii. 426

Menahem, son of Judas the Galilaean 加利利人犹大之子梅纳赫姆, ii. 433–440; murdered 被谋杀, 442–448

Mendesian nome or canton 门德斯人的诺姆或者地界, iv. 659

Mennaeus 蒙纳乌斯, i. 103

Mercenary force, John Hyrcanus the first

Jew to raise 第一位招募雇佣兵的犹太人约翰·希尔堪，i. 61

Mero or Meroth 米洛或米洛特，ii. 573；iii. 40

Merton 米尔顿，vi. 92

Mesopotamia 美索不达米亚，iv. 531

Messala 米萨拉，i. 243，284

Messalina 梅塞琳娜，ii. 249

Metellus 梅特鲁斯，i. 127

Metilius, commander of Roman garrison, capitulates 罗马守卫部队的指挥官梅提利乌斯投降，ii，450–454

Mithridates, king of Pontus, death of 本都国王米特拉达梯的死亡，i. 138

Mithridates, of Pergamus 帕加马的米特拉达梯，i. 187–192

Mithridates, a fugitive from Parthia 帕提亚的逃亡者米特拉达梯，i. 178

Moab 摩押人，i. 89；iii. 47；iv. 454

Modein 摩德因，i. 36

Moesia 莫西亚，iv. 619，633，643；vii. 92–95，117

Monobazus, king of Adiabene 阿迪亚比尼国王莫诺巴诸斯，ii. 520；v. 252，253

Mucianus, governor of Syria and adherent of Vespasian 叙利亚总督、韦斯巴西安的支持者穆西亚努斯，iv. 32，495，605，621，624；sent to Italy 被派到意大利，632；enters Rome 进入罗马，654；v. 43

Murcus 马尔库斯，i. 217，219，224，225

Mysia 米西亚，i. 425

Nabataeans 纳巴泰人，i. 178

Nabataeus, Ceagiras son of 纳巴塔乌斯之子塞亚基拉斯，v. 474

Nain, near Idumaean frontier 以土买边境附近的纳因村庄，iv. 511，517

Narbata 纳尔巴塔，ii，291

Narbatene 纳巴特纳王国，ii. 509

Nasamons, Libyan tribe 利比亚部落纳萨莫人 ii. 381

Naue（Nun）纳尤，iv. 459

Naval battle on Lake of Gennesareth 热内萨里特湖上的海战，iii. 522–531

Nazirite vow 修行者的许愿，ii. 313 n.

Neapolis（*Nablus*）尼亚波利斯（纳布鲁斯），iv. 449

Neapolitanus 尼亚波利塔努斯，ii. 335；inquiry of, at Jerusalem 尼亚波利塔努斯在耶路撒冷的查问，338–341

Nebuchadrezzar 尼布甲尼撒，vi. 437 n.

Nechaos（Pharaoh Necho）尼查奥斯（法老尼哥），v. 379

Nero 尼禄，i. 5，20，21，23；accession of 尼禄的继任，ii. 248–249；character of 尼禄的性格，250–251，270，284，309，342，490，555，558；iii. 1，8，339，398，401，540；iv. 440；his death 他的死亡，491–493，497，623；vi. 337，341，422

Netiras 尼提拉斯, iii. 233

Neus 纳乌斯, ii. 566

Nicanor, tribune, friend of Titus and Josephus 提图斯和约瑟夫斯的朋友、保民官尼卡诺尔, iii, 346–355, 392

Nicolas, of Damascus, the historian and champion of Herod 历史学家、希律的支持者、大马士革的尼古拉斯, Introd. 导言, xxii–xxiii；i. 574；speaks against Antipater 批评安提帕特, i. 629, 637–638；supports Archelaus 支持阿基劳斯, ii, 14, 21, 34–37, 92

Nicomedes 尼科梅德, ii. 451

Nicopolis（in Greece）尼科波利斯（在希腊）, i. 425；（in Egypt［在埃及］）, iv. 659

Niese, B. 尼斯本, Introd. 导言, viii, xxvii, xxix–xxx

Niger, of Peraea 佩拉亚的尼格尔, ii. 520, 566；iii. 11, 20, 25, 27–28；killed by the Zealots 被奋锐党人杀害, iv. 359–363

Nile 尼罗河, i. 175 n.；iii. 520；iv. 608, 611, 659；v. 383

Noarus 诺亚鲁斯, ii. 481–483

Nomicus 诺米库斯, ii. 628

Numidians 努米底亚人, ii. 381

Nymphidius 尼姆菲迪乌斯, iv. 492

Obadas, king of Arabia 阿拉伯国王奥巴达斯, i, 487；Obedas, another king of Arabia 另一位阿拉伯国王奥比达斯, i. 90

Octavia, daughter of Claudius, wife of Nero 克劳狄之女、尼禄之妻屋大维娅, ii. 249

Octavius（Augustus Caesar）屋大维（奥古斯都·凯撒）, Αὔγουστος, i. 20, ii. 168, 215；Σεβαστός, i. 118, ii. 167, v. 562；Καῖσαρ, passim（各处）；Καῖσαρ ὁ νεός, i. 225；supports Herod 支持希律, i. 283, 285, 298；reconciled to Herod after Actium 亚克兴之后与希律和好, 386–393；entertained by Herod 受到希律款待, 394；increases Herod's kingdom 扩充希律的王国, 396；divides Herod's kingdom between his three sons 将希律的王国分割给希律的三个儿子, ii. 93–100；detects the impostor Alexander 识破那位冒名亚历山大的骗子, 106 ff.；his death and duration of reign 他的死亡与执政时间, ii, 168；his gifts to the temple 他留给圣殿的礼物, v. 562；et passim（各处）

Olives, Mt, of 橄榄山, ii, 262；v. 70, 135, 504；vi, 157

Olympiad, reckoning by 按奥林匹亚运动会计算年份, i. 415

Olympian Zeus, the 奥林匹亚的宙斯, i, 414

Olympias, Herod's daughter 希律之女奥林皮亚斯, i. 562

Poetry, use of Greek, in Josephus 约瑟夫斯著作所运用的希腊诗歌, Introd. 导言, xv–xviii

Polybius 波利比乌斯, Introd. 导言, xvi; description of Roman army 对罗马军队的描述, iii. 71 n., 77 n., 83 n., 87 n., 89 n., 94 n., 97 n., 109 n.

Pompey, the Great 大庞培, i. 19; advances upon and captures Jerusalem and reduces Judaea 进军并占领耶路撒冷, 征服犹地亚, 127–158; 179; his flight from Rome 从罗马逃离, 183; has Alexander beheaded 将亚历山大斩首, 185; his death 他的死亡, 187; 195–196, 201, 216; ii. 356, 392; v. 396, 408, 506; vi. 329, 436; "Magnus" 也被称作"马格努斯", v. 409

Poplas 波普拉斯, ii. 14

Porcius Festus 波西乌斯·菲斯图斯, See Festus 参见菲斯图斯

Porphyry 波菲利, Introd. 导言, xxix

Portents of the end 末日的预兆, vi. 288–315

Praetorian Camp in Rome 罗马的禁卫军营地, ii. 206 n.

Priesthood, freedom from physical defect essential to Jewish 对犹太人来说, 没有身体缺陷对祭司职位是至关重要的, i. 270; Jewish, limited to a few privileged families 祭司职位仅限于少数特权家庭的犹太人, iv. 148 n.

Priests and high-priest, duties and vestments of 祭司和高级祭司的职责和法衣, v. 228–236

Priscus, a centurion 百夫长普里斯库斯, vi. 175

Priscus, Tyrannius, camp-prefect of Cestius 塞斯提乌斯的军需长官提拉尼乌斯·普里斯库斯, ii. 531（？＝P. commander of Legion VI［？＝第六军团的统帅普里斯库斯］, ii. 544）

Prisoners, statistics of Jewish 关于犹太俘虏的统计数字, vi. 420

Prophets, false 假先知, ii. 258 ff.; vi. 285 ff.

Providence, divine 神意, i. 593; ii. 457

Psephinus, the tower of 普塞菲努斯塔楼, v. 55, 133, 147, 159

Ptolemais 托勒米亚, Introd. 导言, xx–xxi; i. 49, 116, 249, 290, 394, 422; ii. 67–68, 187; site of 托勒米亚的位置, 188–192; 201, 459, 477, 501–507; iii. 29, 35, 38, 53, 64, 110, 115, 409

Ptolemy Auletes 托勒密·奥利特斯, i. 175 n.

Ptolemy Lathyrus 托勒密·拉塞鲁斯, i. 86

Ptolemy Philometor 托勒密·斐洛米托, i. 31–33; vii. 423–426

Ptolemy, son-in-law of Simon, opposed by John Hyrcanus 西蒙的女婿托勒密,

遭到希尔堪的反对，i. 54–60

Ptolemy, son of Mennaeus 蒙纳乌斯之子托勒密，i. 103，115，185–186，239，248

Ptolemy, son of Sohemus 索赫穆斯之子托勒密，i. 188

Ptolemy, Herod's general, killed 希律的将军托勒密，被杀，i. 314–315

Ptolemy, Herod's friend and executor 托勒密，希律的朋友和遗嘱执行人，i. 280，473，667；and friend of Archelaus 阿基劳斯的朋友，ii. 14，16，24，64，69

Ptolemy, brother of Nicolas of Damascus 大马士革的尼古拉斯的兄弟托勒密，ii. 21

Ptolemy, the overseer of Agrippa and Bernice, robbed 阿格里帕和贝勒尼斯的监护人托勒密，被抢，ii. 595

Pudens 帕德恩斯，vi. 172

Puritication, law of 关于洁净的律法，v. 194

Pyrenees 比利牛斯山脉，ii. 371，375

Quadratus, Ummidius 尤米迪乌斯·奎德拉图斯，ii. 239，241 ff.

Quirinius 奎里尼乌斯，ii. 433；vii. 253

Raphanaeae（Raphanea）拉法纳，vii. 18，97

Raphia. 拉菲亚，i. 87，166；iv. 662

Red Sea 红海，ii. 382；iv. 608

Refugees, horrible fate of Jewish 逃亡者，犹太人的恐怖命运，v. 548–561

Reinach, Theodore 西奥多·莱纳赫，Introd. 导言，xxx，*et passim*（各处）

Rhesa 里萨，i. 266，294

Rhine 莱茵河，ii. 371，377；iii，107

Rhinocorura 里诺科鲁拉，i. 277；iv. 662

Rhodes 罗得岛，i. 280，387，424；vii. 21

Roman army, description of 对罗马军队的描述，iii. 70–109

Romans *passim* 罗马人（各处）

Rome *passim* 罗马（各处）

Rome and Augustus, temple of 罗马和奥古斯都神庙，i. 414 n.

Roxane, Herod's daughter 希律之女洛萨尼，i. 563

Rubrius Gallus 鲁布里乌斯·加鲁斯，vii. 92

Rue, plant 芸香树，vii. 178

Rufus, general of Sebastenians 塞巴斯特的将军鲁弗斯，ii. 52，74

Rufus, Egyptian（Roman）soldier 埃及（罗马）士兵鲁弗斯，vii. 199

Ruma 鲁马村庄，iii. 233

Saba 萨巴，iii. 229

Sabbath 安息日，(or seventh day［或第七日］，ἑβδομάς，-όμη，i. 60，146；ii. 147，289，392，517；iv. 99–100，103，582；v，230；vii. 52–53，362，对照99，149），abstention from arms on 在安息

日弃绝武器，i. 146；mistaken idea that Jews fasted on 犹太人在安息日禁食的错误观念，149 n.；observation of, leads to defeat 遵守安息日，并导致战败，ii. 392；violation of 违背安息日，456；special sabbath 特殊的安息日，517；announced by trumpet 由号声宣布安息日，iv. 582；observance of, prohibited 遵守安息日，禁止安息日，vii. 52–53

Sabbatical river 安息河，vii. 96–99

Sabbatical year 安息年，i. 60 n.

Sabinus, procurator of Syria 叙利亚总督萨比努斯，ii. 16–18, 23, 25；provokes Jewish sedition 激起犹太人暴动，ii. 41–54, 66, 74

Sabinus, Flavius, brother of Vespasian 弗拉维乌斯·萨比努斯，韦斯巴西安的兄弟，iv. 598 n., 645–647, 649

Sabinus Domitius, tribune 保民官多米提乌斯·萨比努斯，iii. 324；v. 340

Sabinus, the Syrian 叙利亚人萨比努斯，vi. 54–67

Sacrifices, daily, for the Romans 为罗马人的每日献祭，ii. 197 n.；stopped 停止献祭，409 n.

Sadducees, tenets of 撒都该人的教义，ii. 119, 164–166

Salamis 萨拉米斯，ii. 358

Sallust, his description of Catiline 撒路斯特，他对卡提林的描述，Introd. 导言，xix；ii. 587 n.；iv. 85 n., 208 n.

Salome, Herod's daughter 希律之女撒罗米，i. 563

Salome, Herod's sister 希律的姊妹撒罗米，i. 181；enemy of Mariamme 玛丽安的敌人，433, 441, 443；opposes Alexander and Aristobulus 对抗亚历山大和亚里斯多布鲁斯，446, 475–476, 478–479, 483, 498, 534–535, 538, 545；her husband Costobarus and her lover Syllaeus 她的丈夫科斯托巴鲁斯和情人撒拉乌斯，486–487, 534, 566；opposes Antipater 反对安提帕特，552–553, 569–570, 571–573, 641–642；honoured by Herod 受到希律的尊崇，i. 644–646, 660, 666；opposes Archelaus in Rome 在罗马反对阿基劳斯，ii. 15, 20, 24, 26；her share of the kingdom 她对这个王国的共享，98；her death 她的死亡，167

Samaga 撒马迦，i. 63

Samaria, city of, captured by John Hyrcanus 撒玛利亚城，被约翰·希尔堪占领，i. 64–65；liberated by Pompey and repeopled 被庞培解放并殖民，156, 166；refounded as Sebaste by Herod, etc. 被希律以塞巴斯特的名字重建，等等，64, 213, 229, 299, 302, 303, 314, 333, 344, 396, 403, ii. 69, 247

Samaria, district of 撒玛利亚地区，i. 403；ii. 96, 232；iii. 37；description of. 对它

的描述, 48–50, 309; iv. 449; v. 50

Samaritans 撒玛利亚人, ii. 111; conflict with Jews 撒玛利亚人与犹太人的冲突, 232–245; massacred by Cerealius 遭到塞里里乌斯的屠杀, iii. 307–315

Samos 萨摩斯岛, i. 425

Samosata 萨摩萨塔, i. 321–322, 327; vii. 224, 230

Sapphias (Sapphas or Saphat), father of Jesus 约书亚之父萨菲亚斯（萨法斯或萨法特）, ii. 566, 599; iii. 450

Sapphinius 萨菲尼乌斯, i. 280

Sappho, village 沙普霍村庄, ii. 70

Sarah 撒拉, v. 379

Saramalla (Saramall) 萨拉马尔, i. 259

Sarmatians invade Moesia 萨尔马提亚人入侵莫西亚, vii. 90, 92

Saturninus (Saturninus) 萨图尼努斯, i. 538, 541, 554, 577

Saul 扫罗, （1）relative of King Agrippa 国王阿格里帕的亲戚, ii. 418, 556, 558; （2）Jew of Scythopolis 希索波利斯的犹太人, 469

Saul's Hill 扫罗的山岗, v. 51

Scaurus, as Pompey's lieutenant 庞培的副手斯卡鲁斯, i. 127–129, 132; as governor of Syria invades Arabia, 作为叙利亚总督进攻阿拉伯, 157, 159–160

Schürer, E. 舒尔, Introd. 导言, xxv

Scipio Africanus, conqueror of Carthage 迦太基的征服者西庇阿·阿非利加努斯, ii. 380

Scipio, Metellus 梅特鲁斯·西庇阿, i. 185, 195

Scopus 斯科普斯, ii. 528, 542; v. 67, 106, l08

Scripture, affair of the profanation of 圣书亵渎事件, ii. 229

Scythopolis (Bethshan) 希索波利斯（伯珊）, i. 65, 66, 134, 156, 166; ii. 458, 466 ff., 470, 477; iii. 37, 412, 446; iv. 55, 87, 453; vii. 364

Sebaste (Samaria) 塞巴斯特（撒玛利亚）, i. 64, 118, 403, 551; ii. 97, 288, 292, 460

Sebastenians 塞巴斯特人, ii. 52, 58, 63, 74, 236

Selame 塞拉米, ii. 573

Seleuc (e) ia (in Gaulanitis) 塞琉西亚（位于戈兰提斯）, i. 105; ii. 574; iv. 2, 4

Semechonitis, Lake 塞米克霍尼提斯湖, iii. 515; iv. 2–3

Sennabris 塞纳布里斯, iii. 447; iv. 455 n.

Sennacherib, king of Assyria 亚述国王西拿基立, v. 387–388, 404

Seph 色弗, ii. 573

Sepphoris 色弗黎, i. 170, 304; ii. 56, 68, 511, 574, 629, 645–646; iii. 30–34, 59, 61, 129

Seven Purifications 七种净化, i. 26 n.

Sextus Caesar 塞克斯图斯·凯撒, i. 205, 211–213; murdered 被谋杀, 216–217

Sheba, Queen of, imports balsam 示巴女王, 引进香脂树, iv. 469 n.

Sicarii, rise of 匕首党人, 其崛起, ii. 254–257, 425; occupy Masada 占领马萨达, iv. 400–405, 516 vii. 253; their crimes 他们的罪行, 254–262; 275, 297, 311; massacred in Egypt 在埃及遭到大屠杀, 410–419; further sedition, of, in Cyrene 在西兰尼进一步煽动叛乱, 437, 444

Sichem 示剑, i. 63, 92

Sidon 西顿, i. 249, 361, 422, 539; ii. 101, 479, 504

Sigoph 西格弗, ii. 573

Silas, appointed by Josephus to guard Tiberias 西拉斯, 被约瑟夫斯任命为提比里亚的守卫, ii. 616

Silas, the Babylonian 巴比伦的西拉斯, ii. 520; iii. 11; his death 他的死亡, 19

Silo 西罗, i. 289–294, 297–299, 302, 309

Silo, Antonius 安东尼乌斯·西罗, iii. 486

Siloam 西洛安, ii. 340; v. 140, 145, 252, 410, 505; vi. 363, 401

Silva, Flavius, conqueror of Masada 马萨达的征服者弗拉维乌斯·西尔瓦, vii. 252, 275–279, 304–315, 407

Simon, son of Matthias 马提亚斯之子西蒙, i. 49–54, 61

Simon, son of Arinus (or Ari) 阿利努斯（或者阿里）之子西蒙, v. 250; vi. 92, 148

Simon, son of Ananias 阿南尼亚之子西蒙, ii. 418

Simon, son of Caathas (*al.* Acatelas, Cathlas, or Thaceas), Idumaean chief 以土买首领卡萨斯（亦写作阿卡特拉斯，或者卡斯拉斯，或者萨西亚斯）之子西蒙, iv. 235, 271–282 (speech [演讲]); v. 249; vi. 148

Simon, son of Esron 埃斯伦之子西蒙, v. 6

Simon (Symeon), son of Gamaliel 伽马列之子西蒙（西米安）, iv. 159 n.

Simon, son of Gioras 基奥拉斯之子西蒙, ii. 521, 652 ff.; iv.353; joins brigands of Masada 加入马萨达的强盗队伍, 503–514; invades Idumaea and threatens Jerusalem 侵略以土买和威胁耶路撒冷, 515–544; invited into Jerusalem and becomes despot 被邀请进入耶路撒冷并成为暴君, 556, 558, 564, 573–584; v. 11–12, 21, 23, 104, 169, 248, 252, 267, 278, 304; held in awe 西蒙赢得了敬畏, 309; 322, 358, 423; persecution of wealthier Jews by 迫害富裕的犹太人, 440–441; 455, 473; murders his patron Matthias 谋杀了自己的资助人马提亚斯, 527 ff.; discovers plot to surrender the city 发现了关于交出这座城市的阴谋, 534–

Standards, Roman, Pilate brings, into Jerusalem 罗马旗帜，被彼拉多引入耶路撒冷，ii. 169–174; iii. 123; v. 48; loss of 旗帜的丧失，vi. 225–226; sacrificing to 向旗帜献祭，316; planted on towers 插在塔楼上的旗帜，403, presented as prizes 作为奖品授予的旗帜，vii. 14

Stephen, a slave 奴隶史提芬，ii. 228

Strato's tower 斯特拉托塔台，(1) = Caesarea, 在凯撒利亚，i. 79–80, 156, 396, 408; ii. 97; (2) a place in Jerusalem 在耶路撒冷的一个地方，i. 77, 80

Struthion, pool 斯特拉斯安水池，v. 467

Suetonius 苏埃托尼乌斯，Introd. 导言，xxvii

Suicide, harangue of Josephus against 自杀，约瑟夫斯反对自杀的劝说，iii. 362–383

Sulla 苏拉，i. 149

Sulpicius Severus 苏比修斯·塞维鲁，Introd. 导言，xxiv–xxv

Sun-worshippers 太阳崇拜者，ii. 128 n.

Super-tax 额外税，ii. 383 n.

Syene 塞伊尼，iv. 608, 610

Syllaeus 撒拉乌斯，i. 487, 534, 566, 574–577, 583, 605, 633

Symeon, son of Gamaliel 伽玛列之子西米安，iv. 159. See Simon 参见西蒙

Synagogue 犹太会堂，iv. 408 n.; of Jews at Antioch 安提阿犹太人的会堂，vii, 44

Syphas, son of Aregetes 阿里格特之子西法斯，iv, 141

Syria 叙利亚，i. 31, 46, 62, 127, 131, 157, 160, 176, 179–180, 183, 188, 194, 201, 204–205, 218, 225, 236, 239; Parthian invasion of 帕提亚人的入侵，248; 288, 324, 327, 394, 398–399, 433, 538, 543, 554, 577, 617; ii. 16, 39–40, 91, 97, 239, 268, 280; massacres in 在叙利亚的大屠杀，462–465; general rising against Jews in 在普遍爆发的反犹太人运动中的叙利亚，477–478; 591; iii. 7–8, 29, 35, 66, 416; iv. 32, 501, 609, 620, 662; v. 1, 520; vi. 54, 317; vii.18, 43, 46, 59; Titus exhibits spectacles in 提图斯在叙利亚展现的壮观场景，96; 220, 367, 423. See Coele- Syria 参见科利–叙利亚

Syrtes 叙特斯人，ii. 381

Tabernacles, Feast of 住棚节，i. 73; ii. 515; vi.300

Tabor, Mt. 他泊山，i. 177; iv. 1, 54 ff. See Itabyrion 参见埃塔比里安山

Tacitus 塔西佗，Introd. 导言，xviii, xxii, xxvii; iii, 404 n., iv. 587 n., 619 n., *et passim*（各处）

Tamid, or continuous burnt offering 献祭，或者持续不断的燔祭，i. 32 n.

169, 178–180

Tigellinus 提格里努斯, iv. 492

Tigranes, Herod's grandson 希律的孙子
提格拉尼斯, i. 552, 557 n.

Tigranes, king of Armenia 亚美尼亚国王
提格拉尼斯, i. 116, 127, 363

Tiridates, king of Armenia 亚美尼亚国王
提里达特斯, vii. 249

Tiro 提洛, i. 544–550

Titles of the *Jewish War*《犹太战争》的
标题, Introd. 导言, vii

Titus 提图斯, Introd. 导言, xi; *Comm-
entaries* of 提图斯的《战事记录》,
xx–xxii; author's partiality for 作者对
提图斯的偏爱, xxiv–xxv; life of 提图
斯的生平, xxvii; i. 10, 25; his clemency
他的仁慈, 27, 28; iii. 8, 64, 110, 238;
captures Japha 占领迦法, 298–306;
first to enter Jotapata 进入约塔帕塔城
的第一人, 324; intercedes for Josephus
为约瑟夫斯求情, 396–397, 399, 408,
446; sent to Tarichaeae 被派到塔里基
亚, 470–471; addresses his troops 向
自己的军队发表演说, 472–484;
captures Tarichaeae 占领塔里基亚,
485–503; iv. 32; captures Gamala 占领
迦马拉, 70ff. and Gischala 占领基士
迦拉, 87, 92–120, 130; sent to salute
Galba and returns to Vespasian 被派去
向加尔巴致敬并回到韦斯巴西安身
边, 498–502, 597; pleads for Josephus

为约瑟夫斯辩护, 628; sent against
Jerusalem 被派去对付耶路撒冷, iv.
658 ff.; v. 1; advances on Jerusalem 进
军耶路撒冷, 40–53; his life imperilled
他的生命受到威胁, 54–66; encamps
at Scopus 在斯科普斯扎营, 67; his
valour saves the legion 他的英勇拯救
了军团, 81–97; as favourite of fortune
作为命运的宠儿, v. 88, vi. 57; prepares
for siege 准备围攻, v. 106–135; takes
the first wall 占领第一道城墙, 258–
302; takes the second wall 占领第二道
城墙, 303–347; suspends siege 暂停
围攻, 348–355; attack on Antonia 进
攻安东尼亚, 356, 409, 422; punishes
prisoners 惩罚俘虏, 446–456, 463;
repels Jewish attack 击退犹太人的进
攻, 486 ff.; surrounds Jerusalem with
a wall 筑墙包围耶路撒冷, 491–
511; renews siege-works 重启围城工
程, 522, 530, 540; reprimands his
troops 斥责自己的军队, 553–560,
567; addresses his troops 向他的部队
发表演说, vi. 33–53; takes Antonia and
razes it 占领并摧毁安东尼亚, 70–93;
employs Josephus as mediator 提图斯
用约瑟夫斯做调解人, 94; receives
deserters and renews his appeals 接受
逃亡者并重申自己的呼吁, 115–128;
watches night attack on temple from
Antonia 从安东尼亚塔楼上监督夜

索引（二）

（《犹太战争》的注释对《圣经》章节的引用）

附　录

《犹太战争》与《犹太古史》内容重合的章节比对

（标于洛布版英译本页首）

《犹太战争》	《犹太古史》	《犹太战争》	《犹太古史》
i. 51–53	xiii. 225–227	i. 121–126	xiv. 5–17
i. 53–58	xiii. 228–232	i. 126–131	xiv. 19–34
i. 58–62	xiii. 232–254	i. 131–136	xiv. 47–50
i. 63–67	xiii. 255–288	i. 136–141	xiv. 51–57
i. 68–72	xiii. 299–303	i. 141–146	xiv. 57–64
i. 72–76	xiii. 303–308	i. 146–149	xiv. 64–70
i. 76–80	xiii. 308–313	i. 150–154	xiv. 70–73
i. 80–84	xiii. 313–317	i. 154–158	xiv. 73–79
i. 84–88	xiii. 318–372	i. 158–162	xiv. 79–84
i. 88–92	xiii. 374–376	i. 162–167	xiv. 84–89
i. 92–96	xiii. 377–379	i. 167–171	xiv. 89–93
i. 96–101	xiii. 380–391	i. 171–175	xiv. 92–98
i. 101–105	xiii. 391–394	i. 175–179	xiv. 99–105
i. 105–111	xiii. 398–407	i. 179–183	xiv. 119–123
i. 111–116	xiii. 409–419	i. 184–187	xiv. 124–128
i. 116–121	xiii. 419–xiv. 5	i. 187–192	xiv. 128–135

《犹太战争》	《犹太古史》	《犹太战争》	《犹太古史》
i. 192–196	xiv. 135–140	i. 319–323	xiv. 435–448
i. 196–201	xiv. 141–156	i. 323–327	xiv. 448–450
i. 201–206	xiv. 156–161	i. 327–331	xiv. 451–455
i. 206–210	xiv. 161–169	i. 332–336	xiv. 455–458
i. 210–214	xiv. 169–180	i. 336–340	xiv. 458–463
i. 214–217	xiv. 181ff.–216f.	i. 341–345	xiv. 463–468
i. 217–222	xiv. 270–275	i. 345–349	xiv. 468–474
i. 222–226	xiv. 276–280	i. 349–353	xiv. 474–481
i. 226–230	xiv. 281–288	i. 353–358	xiv. 481–xv. 2
i. 230–235	xiv. 288–293	i. 358–362	xv. 2–5, 88–96
i. 235–239	xiv. 293–298	i. 362–366	xv. 103–111
i. 240–244	xiv. 299ff.–324	i. 366–370	xv. 111–121
i. 244–248	xiv. 325–330	i. 370–374	xv. 121–127
i. 248–252	xiv. 330–336	i. 374–378	xv. 127–146
i. 252–256	xiv. 336–342	i. 378–381	xv. 147–150
i. 256–260	xiv. 342–348	i. 381–386	xv. 150–161
i. 260–264	xiv. 348–353	i. 386–391	xv. 187–193
i. 264–268	xiv. 353–363	i. 391–395	xv. 194–199
i. 268–272	xiv. 363–368	i. 395–399	xv. 200–201, 217, 343ff.
i. 272–276	xiv. 368–372		
i. 276–279	xiv. 372–376	i. 399–402	xv. 360–361, 380, 318
i. 280–284	xiv. 377–384		
i. 284–288	xiv. 384–392	i. 402–407	xv. 318, 296ff., 363–364
i. 289–292	xiv. 392–397		
i. 293–297	xiv. 397–406	i. 407–411	xv. 331–334
i. 297–302	xiv. 406–410	i. 411–414	xv. 334–339
i. 302–305	xiv. 410–415	i. 414–418	xv. 339, xvi. 136–145
i. 305–309	xiv. 415–421		
i. 309–313	xiv. 421–430	i. 418–422	xvi. 145–146, xv. 323ff.
i. 314–318	xiv. 430–435		

《犹太战争》	《犹太古史》	《犹太战争》	《犹太古史》
i. 422–427	xvi. 147–149	i. 552–556	xvii. 6–13
i. 431–435	xv. 14, 164ff.	i. 556–560	xvii. 14–17
i. 435–439	xv. 41ff., 27	i. 560–564	xvii. 17–22
i. 439–443	xv. 65ff., 85, 240	i. 564–567	xvii. 18, 10, 33
i. 443–448	xv. 240ff., xvi. 66ff.	i. 568–572	xvii. 33–48
i. 449–453	xvi. 81ff.	i. 572–575	xvii. 49–55
i. 453–457	xvi. 122, 129ff.	i. 575–580	xvii. 55–59
i. 457–461	xvi. 132ff.	i. 580–585	xvii. 59–65
i. 462–466	xvi. 135	i. 585–589	xvii. 65–67
i. 466–470	xvi. 189ff.	i. 589–592	xvii. 65–70
i. 470–474	xvi. 190–191	i. 592–596	xvii. 69–75
i. 474–477	xvi. 193–194	i. 597–602	xvii. 76–79
i. 478–482	xvi. 201–205	i. 602–606	xvii. 80–82
i. 482–484	xvi. 194–196	i. 606–610	xvii. 82–86
i. 484–488	xvi. 219–220, 229–230	i. 611–615	xvii. 86–91
		i. 615–619	xvii. 89–92
i. 489–494	xvi. 231–239	i. 620–624	xvii. 93–95
i. 494–499	xvi. 241–259	i. 624–627	xvii. 95–96
i. 499–503	xvi. 261–266	i. 627–631	xvii. 99–100
i. 503–506	xvi. 267–269	i. 632–635	xvii. 102–105
i. 506–509	xvi. 269	i. 635–639	xvii. 106–128
i. 509–514	xvi. 269–270, 301	i. 639–644	xvii. 131–144
i. 514–518	xvi. 301–305	i. 644–648	xvii. 146–149
i. 518–521	xvi. 305–307	i. 648–651	xvii. 149–155
i. 526–530	xvi. 314–321	i. 652–656	xvii. 156–169
i. 530–535	xvi. 309ff., 322	i. 656–660	xvii. 169–176
i. 535–538	xvi. 323, 332, 356ff.	i. 660–663	xvii. 177–186
i. 539–543	xvi. 361–373	i. 664–667	xvii. 187–195
i. 543–547	xvi. 373–387	i. 667–673	xvii. 195–199
i. 547–552	xvi. 387ff., xvii. 1	ii. 1–3	xvii. 200–203

《犹太战争》	《犹太古史》	《犹太战争》	《犹太古史》
ii. 3–8	xvii. 203–208	ii. 177–181	xviii. 62, 126,
ii. 8–13	xvii. 209–217		166ff., 237
ii. 13–18	xvii. 218–223	ii. 181–187	xviii 240–262
ii. 18–24	xvii. 223–228	ii. 187–192	xviii 262–263
ii. 24–29	xvii. 228–233	ii. 192–198	xviii. 269–271
ii. 29–33	xvii. 233–240	ii. 198–203	xviii. 272–305
ii. 34–40	xvii. 240–251	ii. 203–207	xviii. 308, xix. 201,
ii. 40–46	xvii. 251–257		236ff.
ii. 46–50	xvii. 257–264	ii. 207–212	xix. 246–254ff.
ii. 50–55	xvii. 264–269	ii. 212–217	xix. 263–277
ii. 55–59	xvii. 269–277	ii. 217–221	xix. 277, 326,
ii. 59–65	xvii. 277–285		343ff., xx. 100ff.
ii. 66–70	xvii. 286–290	ii. 221–226	xx. 104–109
ii. 71–76	xvii. 291–297	ii. 226–231	xx. 110–117
ii. 77–83	xvii. 297–303	ii. 231–235	xx. 117–121
ii. 84–89	xvii. 304–313	ii. 236–241	xx. 122–129
ii. 90–95	xvii. 313–319	ii. 241–247	xx. 129–137
ii. 95–100	xvii. 319–323	ii. 247–252	xx. 138, 148–159
ii. 100–105	xvii. 323–331	ii. 252–258	xx. 159–167
ii. 105–110	xvii. 331–338	ii. 258–263	xx. 167–172
ii. 111–114	xvii. 339–349	ii. 264–268	xx. 172–176
ii. 114–118	xvii. 349–xviii. 4	ii. 268–273	xx. 176–188, 197,
ii. 118–122	xviii. 4, 9, 11		215
ii. 159–163	xviii. 13–14	ii. 273–278	xx. 214–215,
ii. 163–168	xviii. 14, 27–33		252–255
ii. 168–171	xviii. 32–36, 55–57	ii. 278–284	xx. 255–256
ii. 171–176	xviii. 57–61		

译后记

　　本书以洛布古典丛书本（The Loeb Classical Library，由萨克雷〔H. St. J. Thackeray〕英译，简称洛布本）为底本，同时参照了惠斯顿本（惠斯顿本《犹太战争》，由威廉·惠斯顿〔William Whiston〕英译，简称惠斯顿本）和科恩菲尔德本（科恩菲尔德本《犹太战争》，由加尔亚·科恩菲尔德〔Gaalya Cornfeld〕担任总编辑，并由本杰明·马扎尔〔Benjamin Mazar〕和保罗·梅尔〔Paul L. Maier〕担任顾问编辑，简称科恩菲尔德本），其中第二卷亦参照了布里尔本（布里尔本《犹太战争》，由荷兰布里尔出版社〔Brill〕出版，由斯蒂夫·梅森〔Steve Mason〕英译，简称布里尔本）。

　　洛布本《犹太战争》的英译古朴典雅、俊美飘逸，而又不失准确性（洛布本丛书向来以准确性著称），堪称英语世界的经典译本，而且，洛布版（Loeb Library）所依据的底本博采众长，尽管他们的底本仍主要是尼斯版（Niese's）。

　　惠斯顿本《犹太战争》自 1737 年问世以来，一直都是非常流行的约瑟夫斯著作的英译本，而且，它至少再版了 217 次。尽管它是一本非常流行的英译本，但是，它所依据的底本——哈维卡普版（Havercamp）——终究是一个稍差的底本，里面存在诸多不甚准确的地方。此外，由于惠斯顿本问世于 18 世纪，因此，它使用的英语不是现代英语，而明显带有那个时代的英语特色，因而在不少地方，迻译得佶屈聱牙而又繁复生僻，以至于倘若不借助于其他译本，就很难明白它的确切含义。不过，在一些地方，惠斯顿本又迻译得简洁明快。因此，在这些地方，译者是直接根据惠斯顿本进行迻译的。

科恩菲尔德本《犹太战争》则是一个较新的英译本，这个版本出版于 1982 年，它的一大特点是拥有大量相关的评注和考古插图，并且译笔准确而又老道。

另外，由杰弗里·威廉森（Geoffrey A. Williamson）翻译，并收入企鹅经典丛书本（Penguin Classics）的《犹太战争》英译本（Josephus, *The Jewish War*, Penguin Classics ［企鹅经典］, translated by Geoffrey A. Williamson，1959/1984 ［1959 年出版第一版，1984 年出版修订版］），也是一部非常值得称赞的英译本。由于企鹅经典丛书主要面向的是大众读者，因此，威廉森英译本的语言非常平实和现代，而且可读性强。不过，威廉森英译本是一个改写本和节译本，它把七卷本的《犹太战争》改写成了二十三章，内容上也做了大篇幅的缩减。2007 年，山东大学出版社出版了王丽丽等人根据这个英译本迻译的《犹太战争》中译本，不过，无论是译笔还是准确性，这个中译本都有美中不足之处。由于威廉森译本是一本改写本和节译本，因此，译者在迻译时没有参考这个英译本，也没有参考其中译本。

此外，在 20 世纪末，荷兰布里尔出版社组织了一些学者重新翻译和注释约瑟夫斯全集，其中《约瑟夫斯的生平》《驳阿庇安》《犹太战争》以及《犹太古史》前十五卷已经完工。布里尔出版社组织翻译的这套英译本最主要的特点是增加了大量详尽而又丰富的注释，例如，只有短短两卷篇幅的《驳阿庇安》就有多达 2367 个注释（其中第一卷有 1170 个注释，第二卷有 1197 个注释），而《犹太战争》第二卷就多达 3830 个注释，堪称海量，甚至注释的篇幅远远超过正文的篇幅，以至于有喧宾夺主之感。不过，这种详尽而又丰富的注释本在西语世界是司空见惯的。可惜的是，布里尔本《犹太战争》目前只翻译完成了第二卷——该卷可以在"创世记图书馆"（Library Genesis）网站上下载到电子版，其余六卷皆未完工，因此，在迻译本书时，译者只在迻译第二卷时参考了布里尔本。

对于本书的注释，除了译者以"中译按"的形式所标注的注释之外，其余的所有注释都来自上述四种英译本（威廉森英译本除外）。在一些地方，这四种英译本对一些词语和句子的翻译存在明显差异，因此，译者以"中译按"的形式标注出来，以供读者参考。

《犹太战争》是一部非常著名而又非常重要的史学著作和文学著作，据当代著名历史学者，同时也是约瑟夫斯著作的英译者斯蒂夫·梅森（Steve Mason）评价，《犹太战争》"也许是西方历史上最具影响力的非圣经文本"（perhaps the most influential non–biblical text of Western history），能够迻译这样一部著作着实是译者的荣幸。本书的迻译也得到了众多师友的热情帮助，可以想象，倘若没有他们的帮助，译者肯定无法完成这部著作的中译。本书的导言和注释部分有大量的希腊语和拉丁语，导言部分的希腊语先后由毕业于北京师范大学文学院的李劭凯先生、定居于希腊的著名希腊文化学者井玲教授，以及美丽大方的 Natalia Kittou 小姐三人共同译出，并最终由吴越博士和中国人民大学哲学院的谭路博士校订。其中，Natalia Kittou 小姐翻译了导言部分的大部分希腊语，她是一位土生土长的希腊女生，在中国留学多年，中英希三种语言俱佳。注释部分的希腊语由上海的陈雅各牧师和前述的谭路博士译出。关于导言和注释部分的拉丁语，译者请教了华东师范大学政治学系的林国华教授、海南大学社会科学研究中心的程志敏教授和中国人民大学文学院的顾枝鹰博士。本书的注释部分有一些希伯来语词汇，对此，译者请教了南京大学犹太研究所的孟振华教授。另外，对于注释部分的一些德语词句，译者则请教了暨南大学法学院的汤沛丰博士。

此外，在迻译的过程中，对于遇到的众多疑难问题，译者进一步请教了华东师范大学政治学系的林国华教授；由于本人学识粗鄙浅陋，以至于往往提出一些极端简单，甚至极其幼稚的问题，但林国华老师不仅学识渊博，而且非常具有耐心，每次都不厌其烦地帮我解答，译者对此万分感激。对于英译本中的一些疑难句子，译者请教了中山大学中国语言文学系（珠海）的叶然博士，叶然博士热情地查对了一些古希腊语原文，并耐心地向译者解释了它们的含义。对于他们热情而无私的相助，译者在此深表感谢。

需要强调的是，作为国家留学基金委派遣和资助的中以联合培养博士，译者在以色列特拉维夫大学古典学系公费留学期间，非常荣幸地认识和邀请到了特拉维夫大学东亚系的张平教授和特拉维夫大学历史系的约拿单·普莱斯（Jonathan Price）教授为本书撰写中译本序言。张平教授是《塔木德·密释纳》（商务印书馆 2022 年版）的译者，在犹太研究领域造诣非凡。普莱斯教授则是约瑟夫斯研究领域的重量级国际学者，普莱斯教授的博士论文研究的就是约瑟夫斯，而安德鲁·菲尔德与格兰特·哈代主编的《牛津历史著作史（第一卷）》一书的第九章"约瑟夫斯"（陈恒等译，上海三联书店 2017 年版，第 291—324 页），就是由普莱斯教授专门撰写的；为了将这篇序言写得更加"完满"，普莱斯教授甚至专门请教了他的同事——一位专门研究中国历史与文化的教授。此外，译者还非常荣幸地邀请到了 Aryeh Amihay（他的中文名字是阿灵猊）博士为本书撰写中译本序言，Aryeh Amihay 荣获美国普林斯顿大学宗教学博士学位，先后任教于美国劳伦斯大学、加州大学圣巴巴拉分校和田纳西大学诺克斯维尔分校，现在则任教于上海师范大学世界史系。他目前是上海师范大学世界史系副教授，是研究约瑟夫斯的重要学者。

本书在 2016 年的最后一天（正好就在这一天）就已经全部译出，

在迻译完这部著作后，译者立即展开了对波利比乌斯（Polybius）的《通史》（*Histories*）一书的迻译工作，以至于将这部译稿就此搁置起来，没有对它进行进一步的校订。在 2019 年的寒假，因新冠疫情肆虐，而迟迟无法回到学校，这个寒假恐怕由此变成了史上最漫长的寒假；就在被困老家陋室期间，译者再一次捡起了一直静静地躺在电脑硬盘里的这部译稿，重新对它展开了校订工作。花费了足足四个月的时间，对整部译稿从头到尾进行了逐字逐句的校订之后，译者耗时耗力，终于完成了这部译稿的校订工作，而不辞辛劳的唯一愿望就是力求将错误降到最低，毕竟要做到丝毫无误肯定是不可能的。

译事不易，不仅需要花费巨量的时间，而且在语言之间来回切换也是一种巨大的考验。此外，在当下的学术考核体系中，虽然真正的业内之士都知道翻译的必要性和重要性，但是，现行的粗糙体制却将翻译完全沦为一种吃力不讨好的工作，无疑需要当下的那些译者们拥有另一种精神状态。然而，在我的内心深处，我有自己的认知图景和评判尺度。时间是最好的评判者。当时光流逝，岁月无痕地悄然划过五十年或者一百年，乃至更加漫长的历史长河，以至于滚滚辞章被扫进历史的垃圾堆，而沦为文字垃圾之时，那些经过大浪淘沙的经典译著却依然屹立在那里，而广大后世学人也依然要从中汲取丰富的营养。那么，等到那时，到底什么是你的学术贡献呢？答案无疑不言自明。

此外，翻译工作对译者们熟谙文本也是极度重要的。窃以为，逐字逐句的翻译就是对文本最好的精读和研究，因为一个经得起时间考验的中译本，不仅需要高超的外文水平去深刻地理解和把握文本，也需要精湛的母语功底去遣词造句，从而将其转化成地道的中式表达（外文水平高超而中文水平欠佳的译者肯定是做不好翻译的）。因此，译者甚至可以斗胆放言，即使到现在，我们似乎也找不到比翻译更好的精读方式，尽管这种精读方式是一种"最笨的"，同时也是一种"最慢的"阅读方式。从这个角度来说，我们也应该极度重视翻译工作，尤其是在尚有如此之多的西学著作，甚至是西学经典著作仍未有中译本的情况下。就译者而言，事实上，正是借助于翻译，进而对文本的熟悉，方才得以完成自己的博士论文——译者的博士论文研究的就是约瑟夫斯，博士论文题目是《罗马抑或耶路撒冷——约瑟夫斯政治思想研究》。可以肯定地说，如果先前没有翻译约瑟夫斯的《驳希腊人》和《犹太战争》的经历，那么，译者是不可能完成自己的博士论文写作的。

需要强调的是，虽然译者全力以赴而心无旁骛，但是仍然惶惶不安，唯恐自己的迻译存在一些粗陋不堪的误译，以致贻笑大方。尽管迻译之事本身就带有非常鲜明的个人色彩——事实上，翻译是一种再创作，当然，在一些完全没有做过翻译的人士或者业余人士看来，翻译只是一种类似二道贩子的工作，完全不值一提——但是，这不是自己错译的理由，而且，迻译之事没有所谓的"最好"，只有更好，它是一种精益求精的工作，因而，错误或者缺陷之处就不可避免。因此，倘若读者诸君在本书中发现有错译之处，敬请联系译者，以免错误继续留存而贻误他人，译者的电子邮箱是：yangzhihan2008@163.com。最后，需要进一步说明的是，对于本书中可能出现的所有错误和瑕疵，全部由译者一人独自负责和承担，与他人无涉。

是为译后记。

2020 年 5 月末初稿于江西赣州老家寓所
2021 年 5 月末二稿于南京大学哲学系犹太所
2021 年 8 月末三稿于特拉维夫大学古典学系
2023 年年末定稿于福建农林大学公共管理与法学院